U0454618

守望者
The Catcher

阅读　你的生活

列城志 06

BERLIN:
THE STORY OF A CITY

柏林的严谨与叛逆

[英]巴尼·怀特－斯普纳　著
（Barney White-Spunner）

王琼颖　译

金色沼泽

中国人民大学出版社
·北 京·

谨以本书纪念

导师、挚友和灵感之源迈克尔·西森斯
（Michael Sissons）

目录

霍亨索伦家族世系表

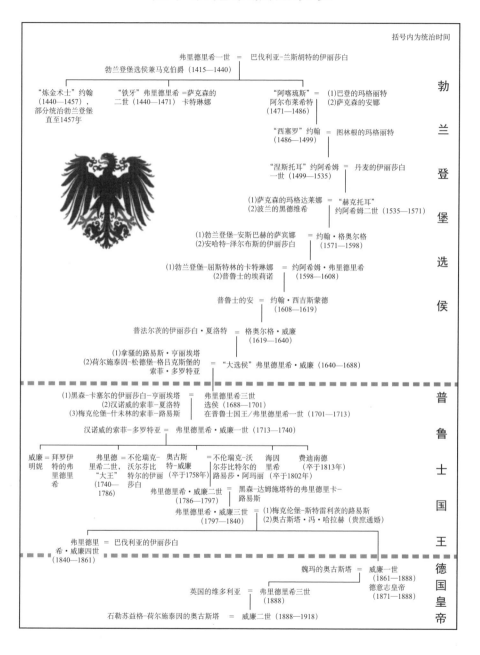

弗里德里希一世　＝　巴伐利亚-兰斯胡特的伊丽莎白
勃兰登堡选侯兼马克伯爵（1415—1440）

"炼金术士"约翰　　　"铁牙"弗里德里希＝萨克森的　　　　"阿喀琉斯"＝（1)巴登的玛格丽特
（1440—1457），　　二世（1440—1471）卡特琳娜　　　阿尔布莱希特　　（2)萨克森的安娜
部分统治勃兰登堡　　　　　　　　　　　　　　　　　（1471—1486）
直至1457年

"西塞罗"约翰　＝　图林根的玛格丽特
（1486—1499）

"涅斯托耳"约阿希姆　＝　丹麦的伊丽莎白
一世（1499—1535）

(1)萨克森的玛格达莱娜　　"赫克托耳"
(2)波兰的黑德维希　　　约阿希姆二世（1535—1571）

(1)勃兰登堡-安斯巴赫的萨宾娜　＝　约翰·格奥尔格
(2)安哈特-泽尔布斯的伊丽莎白　　　（1571—1598）

(1)勃兰登堡-屈斯特林的卡特琳娜　＝　约阿希姆·弗里德里希
(2)普鲁士的埃莉诺　　　　　　　　　（1598—1608）

普鲁士的安　＝　约翰·西吉斯蒙德
（1608—1619）

普法尔茨的伊丽莎白·夏洛特　＝　格奥尔格·威廉
（1619—1640）

(1)拿骚的路易斯·亨丽埃塔
(2)荷尔施泰因-松德堡-格吕克斯堡的　＝　"大选侯"弗里德里希·威廉（1640—1688）
索菲·多罗特亚

(1)黑森-卡塞尔的伊丽莎白-亨丽埃塔　＝　弗里德里希三世
(2)汉诺威的索菲-夏洛特　　　　　　　选侯（1688—1701）
(3)梅克伦堡-什未林的索菲-路易斯　　　在普鲁士国王/弗里德里希一世（1701—1713）

汉诺威的索菲-多罗特亚　＝　弗里德里希·威廉一世（1713—1740）

威廉＝拜罗伊　弗里德　＝不伦瑞克-　奥古斯　＝不伦瑞克-沃　海因　费迪南德
明妮　特的弗　里希二世　沃尔芬比　特-威廉　尔芬比特尔的　里希　（卒于1813年）
　　里德里　"大王"　特尔的伊丽　（卒于1758年）路易莎·阿玛丽（卒于1802年）
　　希　　（1740—　莎白
　　　　　1786）　　弗里德里希·威廉二世　黑森-达姆施塔特的弗里德里卡-
　　　　　　　　　（1786—1797）　路易斯

弗里德里希·威廉三世　＝　(1)梅克伦堡-斯特雷利茨的路易斯
（1797—1840）　　　　　(2)奥古斯塔·冯·哈拉赫（贵庶通婚）

弗里德里　＝　巴伐利亚的伊丽莎白
希·威廉四世
（1840—1861）

魏玛的奥古斯塔　＝　威廉一世
　　　　　　　　　　（1861—1888）
　　　　　　　　　　德意志皇帝
英国的维多利亚　＝　弗里德里希三世　（1871—1888）
　　　　　　　　　（1888）

石勒苏益格-荷尔施泰因的奥古斯塔　＝　威廉二世（1888—1918）

阅读提示[①]

货币。柏林在它的各个阶段使用过的不同的货币着实令人眼花缭乱，而将它们转化为简洁明了的现代货币更是一项挑战。因此，这里给出一份简要说明，因为想要涵盖所有可能性，只会造成进一步的混乱，也无助于提升本书的阅读乐趣。

在1566年之前，神圣罗马帝国境内充斥着大量不同的欧洲货

---

① "阅读提示"其实由两部分组成：名称和货币。"名称"部分是作者就如何处理本书所涉德语人名、地名及德语特殊字母所做的说明。概括而言，主要按照英语读者的阅读习惯处理成约定俗成的英语名称，但仍尽量保留德语形式，如保留德语特殊字母用法如"ß"等。考虑到学界对德语国家的常用人名、地名已有专门的翻译体例，故译者将遵从现有中文规则译出，并在力所能及的范围内纠正其中已被英语化的部分人名、地名，避免中文读者可能因德语、英语的差异产生误解。另外，中文也不牵涉特殊字母保留之类的问题。译者考虑再三，决定删去这部分内容，但仍保留第二部分"货币"，特此说明。——译者注（以下脚注均为译者注，不一一注明）

币。1396 年，柏林获准铸造自己的硬币，这是它经济发展的重要一步；但相比柏林芬尼（Pfennig），德意志北部首选的货币仍是帝国格罗森（Groschen）和古尔登（guilder①）。从 1566 年起，哈布斯堡家族开始铸造帝国塔勒（Reichsthaler），塔勒遂成为德意志北部直到 1750 年一直通用的货币。也正是在那一年，弗里德里希大王因为迫切需要筹集资金打仗，又不想成为奥地利货币的奴隶，遂发行普鲁士自己的"塔勒"。一个（普鲁士）塔勒值 24 个格罗森（后来是 30 个），每个格罗森等于 12 芬尼，很容易就可以把它们想成英镑、先令和便士，先令和格罗森这两个术语往往还同时使用。我会尝试在本书的不同地方粗略地计算它们的现代价值。

　　形形色色的塔勒一直存在到 1871 年德国成立为止。1873 年德意志帝国马克（Reichsmark）发行，它通常被简称为马克，一直使用到 20 世纪 20 年代早期。但即便当时用被认为帮助德国恢复了一定经济信心的地产抵押马克（Rentenmark）做补充，也并未完全取代帝国马克。地产抵押马克的初始估值为 10 亿马克，它采取十进制，一马克等于 100 芬尼。这两种马克都被简写为"RM"，一直沿用到第二次世界大战结束。盟军在战后曾短暂发行一种临时货币，1948 年 6 月正式发行新的德国马克（Deutschmark），写作"DM"。作为反制，民主德国也发行了自己的货币，通常被称为东部马克（Ostmark）。1990 年重新统一后，德国一直使用德国马克，直到 1999 年 1 月 1 日才改用欧元。老派的柏林人依然喜欢把 10 芬尼硬币叫成格罗森，虽然芬尼都早已随欧元的使用而消亡了。

---

　　①　"guilder" 为德语 Gulden 的英语写法。

导言

柏林是这样一群胆大妄为者的家园，你得是一个强硬的家伙，有点小棱角，然后才能勉强糊口。

——约翰·沃尔夫冈·冯·歌德
(Johann Wolfgang von Goethe)，1823 年

1989 年 11 月 9 日，柏林人开始一块一块地推倒柏林墙。这座有着带刺铁丝网屏障的巨大混凝土块，连同它的瞭望塔、无人区、机关枪和讨厌的边防守卫队，将柏林与欧洲隔绝了 28 年，但在接下去的几周内，它将被拆除，只留下一小部分用来提醒人们曾经发生过的事情和它所造成的痛苦。不到一年，德意志民主共和国（民主德国）与德意志联邦共和国（联邦德国）重新统一。当然，很多人会思考，这个重新统一的国家能顺理成章地恢复柏林作为它的首都吗？在 1870 年到 1945 年德国作为统一国家的短暂时间里，柏林

都是自然而然地作为首都（Hauptstadt），是普鲁士和德国的国都。因为德国皇帝从柏林宫发号施令，帝国国会大厦位于柏林，成就德国的众多历史就掩藏于柏林的街道、机构、博物馆和它的人民之中。但很多人对此并不赞同。

很多德国人觉得柏林首先是与普鲁士，然后是与纳粹军国主义联系在一起的。这些人认为横亘在民主德国和联邦德国之间的边界，不仅仅是苏联设计分裂欧洲的企图。对他们来说，这是两个德国的边界，是勃兰登堡和梅克伦堡平坦的沙土平原与莱茵河沿岸更西化的地区的边界。很多更具历史意识的人辩称，后者曾被罗马人殖民，又面向欧洲，而柏林则朝东面向俄罗斯和大草原。柏林并不代表联邦德国自 1945 年以来矢志不渝想要努力达成的目标，当然也不会成为他们期盼已久而今到来的德国统一的象征。

这场全国性的辩论持续了一年半之久，既艰难又情绪化。最终投票是在位于莱茵河畔不起眼的小城波恩的联邦议会（Bundestag），即德国国会举行。波恩这座城市恰如其分地总结出联邦德国得以重建的价值所在。但投票结果咬得很紧。1991 年 6 月 20 日，德国政界以 18 票的微弱优势决定首都定在柏林，不过若干重要政府部门仍留在波恩。

柏林人却感觉这场激烈争论匪夷所思，因为他们并不觉得自己是旧普鲁士的代表。他们争辩称，柏林不仅不是普鲁士真正的首都（应该是柯尼斯堡，也就是今天的加里宁格勒，一块夹在波兰和立陶宛之间，距离德国东部 800 千米，属于俄罗斯的小小飞地），而且它的性格、历史和人民，从建城伊始就站在曾让莱茵兰代表大惊失色的普鲁士军事崇拜的对立面。近 500 年来，柏林或许确实一直充当着普鲁士的行政首都，但它始终保持着自己独特、叛逆、玩世不恭的性格；它从来都不是一座"普鲁士"城市。

柏林在勃兰登堡位于普鲁士最初的领土以西数百千米的地方。1486 年，它成为勃兰登堡的首都，但直到 1701 年才成为普鲁士的首都。1871 年，柏林成为德国的首都，这个国家在俾斯麦一手创造它之前并不存在。巧合的是，柏林到莱茵河东岸及德国西部边界的距离与其到加里宁格勒的距离完全相同。它今天的地理位置已非常接近现代德国与波兰的奥得河边界，仅有近 50 千米。因此，它既是一座东欧城市，也是一座西欧城市，它是由一直延伸到草原的广袤平原的风向与氛围所塑造，但也受此限制，因为它不得不承受同样极具破坏性、但与来自西方的截然不同的压力。柏林一直都是一座边缘城市。

这座城市的故事也是一部霍亨索伦家族的故事，他们先是勃兰登堡选侯、公爵，然后是普鲁士国王，最后是德国皇帝。在有他们参与的大部分历史中，柏林的命运都和这个王朝交织在一起。本书并不是一部普鲁士的历史，而是一部选侯、国王和他们的首都相互交织的故事，这座城市从或支持或反对他们到逐步对他们产生厌恶，最终将其流放。

柏林有一种结合了兴奋、期待、紧张和意外的特殊氛围，这种氛围贯穿这座城市的全部生命。它位于欧洲边境上，因此称为"马克"（Mark，意为"边区"）。基督徒和异教徒、匈人和斯拉夫人、欧洲和俄国在这里相遇；波美拉尼亚与普鲁士肥沃的土地和砂石、沼泽和森林在这里交汇。这一切赋予了它地理上的焦虑。它也是一座长期处于宗教焦虑中的城市，主要是数量庞大的路德宗群众与一个加尔文宗的政府（甚至它后来完全倒向无信仰）之间的紧张。19世纪，这座城市的政治冲突也越发尖锐，它一面日益民主，是马克思和黑格尔的家园，一面又拥有欧洲最专制的政权之一。1918 年，这种紧张局势点燃了革命，德国军方用"背后一刀"（Dolchstoß）的神话声称自己从未被击败，但这套说辞伴随着 20 世纪 20 年代的经济混乱为纳粹登场铺平了道路。1945 年至 1989 年，民主德国与西柏林这座被共产主义国家包围的西方城市之间的政治紧张局势将这种氛围推向极致。从 18 世纪起，得到像弗里德里希大王这样的君主支持的自由思想和自由运动，就开始在艺术上直接叫板正式的（也有人称为愚蠢的）官方文化。到了 20 世纪 20 年代，以及最近的几十年中，柏林都在以思想的多元性挑战欧洲其他地区。

隐藏在这一切背后的则是种族多元的柏林人与普鲁士人之间的民族紧张。柏林从来都是一座移民城市。虽然许多欧洲首都历史上都拥有数量庞大的移民人口，但很少能像柏林这样多元。这可能是因为鲜少有欧洲城市像柏林那样遭受过两次如此灾难性的破坏，也可能是许多人未能成功将新身份与自身的独特性格加以融合。柏林人往往过分夸大所谓"传统柏林人"，但其实压根儿不存在这样的人。恰恰相反，典型的柏林人是那种来到柏林并接受了由一代代定居者传下来的性格的人：有点小脾气，嘴上不饶人但又很热心，热衷享乐，充满活力。勃艮第人、匈人、温德人、佛兰德人、波兰人、犹太人、胡格诺派教徒、法国人、奥地利人、西里西亚人、土耳其人、非洲人、越南人等等，都是典型的柏林人，以至于如今只有极少数人可以将其家族的先辈追溯到这座城市的建立之时。"可能最典型的柏林人就是那些初来乍到者。"巴伐利亚人克里斯托弗·施特尔策尔（Christoph Stölzl）回忆道：

1987 年 10 月 1 日，我开始担任德国历史博物馆馆长。我记得放在我书桌上的是一封来自柏林市政府的邀请信，邀请我参加主题为"今日城市规划问题"的论坛。我给邀请我参会的人打了个电话，礼貌地解释我才走马上任第一天，不想冒昧对这些复杂的议题发表意见。但电话那头以尖利的柏林腔命令道："您现在都到这儿了，有意见就提！"在汉堡能够发表意见需要两年时间，甚至在慕尼黑至少也得一年才行。但在柏林，一落地，你就是柏林人。

但不幸的是，柏林的性格也为那些已经离开的人所定义。它既是移入者的城市，也是移出者的城市，这一点是 20 世纪这座城市最残酷的特征。

没有一位普鲁士或德国的统治者，在柏林体验过被真心拥戴的感觉，这是柏林人追求独立自主和反抗权威的明证。为此，从最早的霍亨索伦家族到 1945 年之后的德国，统治者们的解决之道是在这座他们不得不运作政府加以管理的城市之外生活。一代又一代的霍亨索伦人在柏林郊外建造乡村度假胜地，虽然这些地方让他们备感舒适惬意，但建造的本意是为了远离这座城市。柏林在 1914 年都不曾像德国的其他地方那样坚决拥护皇帝；也正是 1918 年的柏林革命导致他逊位，当然德国也需要和平。希特勒同样讨厌这个地方，这让柏林人深感欣慰。这座城市也是大批反纳粹分子的所在地，虽然矛盾之处在于，它在希特勒战争中所遭受的苦难比其他任何德国城市都多。1949 年至 1963 年，伟大的联邦德国总理康拉德·阿登纳（Konrad Adenauer）把柏林称为"北部大草原上的巴比伦"，并打算拿它交换民主德国的部分地区，因此柏林人压根儿不喜欢他。

正因为柏林独特的独立自主个性促使其保留并珍视自己的记忆，无论要面对这些记忆是多么令人痛苦，但这也正是它吸引人之处。有一些城市，特别是那些遭受众多苦难的东欧城市，通过重建它们想象中城市曾经的样子来实践某种"英雄主义的否定"，但柏林拒绝隐瞒它的过去。它的建筑，如帝国国会大厦（Reichstag）和柏林宫，将故事的不同面向串联起来，如此便可以通过建筑进行纪念。"记忆，"尼尔·麦格雷戈（Neil MacGregor）说，"塑造了柏林。它从不遁入过去，而是直面过去并尝试与之共存。"

对柏林的最佳描述是自由中又带着某种程度的秩序。和许多德国人一样，柏林人遵纪守法；行人在标志性的交通灯小人（Ampelmann）① 变绿之前穿过空旷街道的情况依然十分罕见。但柏林又曾发生过五次动乱，且长期以来都是欧洲最具社会和文化创新力的城市之一。之所以有那么多人尤其是年轻人喜爱它，原因是那里没有人会对你评头论足。这是一座艰苦的城市，但也是一座鲜活而宜居的城市。正如本书所要展示的那样，它可能还是一座残酷的城市。柏林人素以直率甚至粗鲁闻名，这个特征更多是源于传统，而非其个性的真实写照，但这一点绝不意味着这座城市不再适合居住。它拥有如此多的活动空间、公园，各式各样的娱乐，无数

---

① 柏林主城区的交通信号灯由一个张开双臂站立、头戴帽子的红色小人和一个行走的绿色小人组成，因此被称为"Ampelmännchen"［即由"交通灯"（Ampel）和"小人"（Männchen）组成］。它最早是由民主德国交通心理学家在 1961 年设计，1969 年东柏林的主干道菩提树下大街与弗里德里希大街的十字路口安装了首个"交通灯小人"。两德统一后民主德国的这一交通信号灯系统一度被替换，但引发了民众不满，最终于 1997 年重新启用。重新启用后的"交通灯小人"除了成为柏林的城市标志之一，也被许多原来的联邦德国城市效仿。

的餐馆和咖啡馆，连同它的政治、文化生活，成千上万的宠物狗，痴迷自行车的骑手，以及它的游行、历史、河道、新建住宅以及除机场之外的畅通交通，无怪乎来自德国各地的人们如今都在此定居，移民人口也稳定增长——他们因为德国最好的传统源源不断地涌入。尽管重新统一耗费的时间可能比人们想象的还要长，城市分裂、东西差异的因素仍十分强烈，但如今也开始逐步消失。问题是柏林将在21世纪何去何从？它是否在欢迎移民并让多元文化有宾至如归之感的同时，继续保有它曾震慑歌德的粗粝边缘感？抑或是它成为如此宜居之所的事实已经改变了它的个性？许多人认为城市士绅化过程对其传统特征的威胁远大于移民的持续涌入，这些将在终章加以讨论。

　　对我而言，柏林是一段成长的经历。20世纪70年代，此时距离推倒柏林墙尚时日久远，我第一次知道了这座城市，但从那时起它就令我着迷不已。今天当我来到这里，依然能体会到与40年前自己游历民主德国并穿越柏林墙时同样的兴奋，甚至恐惧。这座城市鬼影幢幢——中世纪的鬼魂、霍亨索伦家族的阴魂、纳粹恶魔、民主德国的阴影。但当我开始动手写作本书时，许多柏林人跟我说，"请不要再写一本有关纳粹和第二次世界大战的书了。我们的历史其实早于1933年"。让许多普通德国人尤其是柏林人感到沮丧的是，他们觉得自己依然在被纳粹时代、被直到1945年为止的那可怕12年定义，还有一小部分则被铁幕及柏林墙支配。然而，正如他们已经指出的那样，那些年是失常的、被打断的，而且无可否认是可怕至极的，但这是某个业已开篇良久的故事被打断的篇章。柏林的故事，它的特征和惯习，它的个性与精神，并非开始于1961

年柏林墙的修建抑或 1989 年的倒塌，也不是从希特勒或是 1871 年
德意志帝国建立才开始的；它也并非开始于 1848 年或 1815 年驱逐
法国侵略者，也不是从 1648 年这座城市首度从遭受惩罚中复苏开
始算起的。正如本书所展现的那样，柏林的一切，从有文字记载的
历史出现时就开始了。

第一章

1237—1500 年　柏林氛围

地球上怎么会有人想出在那一整片沙砾堆中间建造一座城的点子？

——司汤达，1808 年

柏林位于易北河与奥得河之间一马平川的勃兰登堡沙土平原上。站在位于市中心亚历山大广场旁曾经的电视塔（Fernsehturm）塔顶向北远眺，数公里内都不会出现任何可能干扰你视线的起伏。望向东南方，可以看到穆格尔湖上有一些低矮的丘陵，那是穆格尔山，而它也仅仅上升了 90 米左右。你或许还能看到在奥得河上的一片突起，它们被充满自信地称为泽洛高地，1945 年苏联人正是从那里发起对这座城市的最后进攻。在南面，曾经的滕珀尔霍夫机场有一些凹凸不平，不过它们几乎称不上是小丘。西边倒是有一座规模相当可观的土丘，即托依弗尔山，但它是一座人造山，是由这座城市在第二次世界大战中被摧毁的数以亿吨的断壁残垣堆积而成的。若非如此，那四周将极度平坦、一望无垠，以至于柏林完全没有天然屏障。

勃兰登堡因其土地贫瘠而被嘲笑为"沙石罐"，但它甚至都不能算是德意志的土地。早在冰河时期，来自斯堪的纳维亚半岛的三条巨大冰川向南流至今天柏林所在的位置，这让柏林人可以抖机灵说为什么这是一座如此非典型的德国城市。在近代早期的欧洲，勃兰登堡几乎没有什么重镇，因此无论是人口还是财富，根本无法与南面繁荣的萨克森城市德累斯顿和莱比锡及东边的波兰城市相抗衡。易北河以西则是成功的帝国城市马格德堡与汉诺威平原肥沃的农田。勃兰登堡的主要定居点位于奥得河畔的法兰克福（请不要与相比大得多的美因河畔法兰克福混淆）和同名的"勃兰登堡"——这座小城可能是以首都的面貌出现，因为它真的短暂存在过。但勃兰登堡的地理位置表明，它几乎不可能成为一个帝国的中心，更别提让柏林成为这个帝国的首都。

柏林还位于施普雷河流入哈维尔河的地方，后者蜿蜒逶迤，穿过平原后在哈维尔山汇入易北河。与德国的大江大河相比，施普雷河可能连河都称不上，充其量是一条溪流。然而，它却是欧洲近代早期能够通行船只、用于运输的河道，且水产资源丰富，仅凭这两点就已证明，这里适合人类定居。于是，在它与哈维尔河交汇处周围建立定居点便顺理成章。货物随后可以沿着易北河抵达汉堡及即将形成汉萨同盟城市的港口。施普雷河在距离这个交汇点几公里的地方向北弯曲，途经一座小岛顺势分流成两股，由此形成能够兼顾鱼类捕捞和船只停泊的河道。这座岛屿被称为"渔人岛"（Fischerinsel)，很久之后它又被称为博物馆岛（Museuminsel），尽管名称不一而足，但这里即将成为这座城市的中心。

勃兰登堡平原有人类居住的历史已达数千年，至少可以追溯到公元前 4000 年，而早在公元前 2000 年时，这座小岛上就已存在定居点。最初的居民可能是罗马人口中的"塞姆诺人"，塔西佗（Tacitus）将他们描述为戴着奇怪头饰、崇拜马匹和树木的好战民族。到公元前 3 年，提比略（Tiberius）和他的罗马军团已抵达易北河畔。尽管与塞姆诺人订下契约，但他并不打算继续向东拓殖，这个决定可以说对日后的德国历史造成了根本性影响。不过，弗里德里希大王这位于 1740 年起在位的著名普鲁士君主，曾经在他诙谐但史实存疑的《勃兰登堡家族回忆录》（*Memoirs of the House of Brandenburg*）中声称，在柏林附近的措森曾发掘出重要的罗马遗迹。[1]还有人则试图将柏林的建立与阿尔米尼（Arminius，或称赫尔曼）联系在一起，这位德国王子以公元 9 年在条托堡森林歼灭由瓦鲁斯（Varus）指挥的三个罗马军团而闻名遐迩，但没有证据证明确有此事。

罗马人在易北河上的边界一直维持到公元 4 世纪，虽然塞姆诺人此时受来自今天已属于丹麦领土的勃艮第移民的推动而向南迁移。而在公元 400 年左右，无论是勃艮第人，还是塞姆诺人，均迫于自东来的匈人的压力向西迁移。匈人，这个被污名化为欧洲历史上最卑劣的野蛮人的民族，使他们的名字（Huns）成为日后对德国人的贬称。这些人在后来成为柏林的地方定居下来，在今天已成为柏林南部一个行政区的新科伦，就曾出土过埋葬着一位匈人战士及其马匹的墓穴。不过，匈人是一个迁徙成性的民族，已经习惯于继续向西推进，他们的领袖名叫阿提拉，一代代的西方儿童都曾被这个名字吓唬过。阿提拉不断追赶着逃亡的勃艮第人，不过瓦格纳的粉丝都知道这个故事的结尾：公元 453 年阿提拉在酒后昏迷死去。[①] 现在轮到匈人被赶着向西跑了，因为从公元 500 年左右起，来自俄罗斯和喀尔巴阡山脉的斯拉夫人一波接一波地在波兰地区定居，一直延伸到易北河畔。但正是伴随着这批被称为"温德人"的南方人或西斯拉夫人的到来，柏林故事才开始呈现出更清晰的轮廓。

温德人与其已基督教化的东斯拉夫兄弟不同，直到公元 1000 年他们都没有留下任何文字材料，因此他们的早期历史有些模糊不清。不过我们知道他们在渔人岛对面的施普雷河两岸，建立起双生子般的定居点：柏林和科伦，并在那里与留在当地的匈人和平相处。这被认为是柏林吸收外来移民并采纳其宗教习俗的早期案例。这两个地区极有可能还有犹太人，而且肯定在公元 1000 年前后就已定居于此。今天，温德人给柏林留下很深的印记；许多以 -ow、-itz 或是 -ick 结尾的地名大多有温德语渊源：潘考（Pankow）、特雷普托（Treptow）、施泰格利茨（Steglitz）、贝利茨（Beelitz）、克珀尼克（Köpenick）和施潘道（Spandau），通通都是温德语地名。据说，在勃兰登堡更偏远的地区，人们直到第二次世界大战爆发伊始依然在使用温德语——或者更确切来说是波拉布语，但这些拥有"令人不适"的斯拉夫血统的后裔，很快就被消灭了。柏林长期以来以熊作为城市的象征，城市的名字"Berlin"取自于熊（Bär），寓意也相当美好，但它其实很可能源自温德语的"berl"，即"沼泽"；而科伦（Cölln）则可能出自"定居点"或"殖民地"

---

① 这里应指威尔第的歌剧《阿提拉》（*Attila*，1846），作者误记为瓦格纳的作品。

这个词，与莱茵河上另一座城市科隆（Köln）① 如出一辙。

　　但无论是柏林，还是科伦，一开始都无足轻重，温德人主要的定居点和防御工事都位于施潘道和勃兰登堡。从 10 世纪开始，柏林才卷入统治易北河西岸的基督教法兰克国王们（他们是查理大帝的继承人和神圣罗马帝国皇帝的先驱）与异教徒温德人之间大规模斗争的历史。公元 781 年，查理大帝（Charlemagne）就已占领了易北河与奥得河之间的国家，但这里对他的王朝来说鞭长莫及。公元 843 年的《凡尔登条约》② 再次重申温德人与德意志人沿易北河的边界。但直到公元 928 年，才由"捕鸟者"亨利③（兼任法兰克国王和萨克森公爵）牢牢巩固德意志人的统治，并建立起由马克伯爵治理的"马克"。他最初试图阻止温德人崇拜树木或用牺牲者的血浇灌树木的做法，但未获成功。公元 946 年，亨利的继承人奥托一世（Otto Ⅰ）在勃兰登堡建立起一个主教区，但在公元 983 年时因为一场大规模的温德人叛乱而功亏一篑。奥托一世之子，即另一个奥托，遂将目光转向南欧。这对于无情推进的德意志殖民和强迫不情愿群体信仰基督教的进程而言，是一个重大挫折。

　　这种拒不皈依等级森严的有组织宗教的特性，是柏林性格的一部分。直到一个多世纪之后，才由 1125 年至 1137 年在位的奥托家

---

　　①　科隆是古罗马人在公元前 19 年左右在莱茵河地区建立起的定居点，于公元 50 年获得罗马帝国城市地位。

　　②　《凡尔登条约》是公元 843 年 8 月加洛林王朝的一份王国分割条约，条约规定由虔诚者路易（查理大帝之子）的三个儿子（及其后人）分别拥有王国的领土，这些领土日后演变为今天的意大利、德国、法国等国家。

　　③　这里指的是 919 年当选东法兰克国王的萨克森公爵海因里希一世（Heinrich Ⅰ），作者原文写作"Henry the Fowler"，"亨利"为"海因里希"的英语化表达。但因"捕鸟者"亨利之名更为中文读者熟知，故予以保留。

族的末代国王洛泰尔三世（Lothair Ⅲ）重建马克。他完成了两件事情，让温德人的异教传统无以为继。首先，他与此时已皈依基督教的波兰达成和解，就此从东面对勃兰登堡构成压力。其次，他在1137年任命"大熊"阿尔布莱希特（Albrecht der Bär）① 为马克伯爵。或许是因为这个名字，也可能是因为他以相貌出众闻名，阿尔布莱希特似乎已获得某种类似柏林英雄的历史声誉。施潘道就有一尊他的雕像，看上去孔武有力。卡莱尔（Carlyle）② 形容他"不安分、工于心计、好斗"，但此人确实是一位野心勃勃的萨克森贵族，他嗅到了摆在自己面前的发财机会。

勃兰登堡在1137年至1157年间经历了激烈的战斗，温德人为捍卫独立发起反对阿尔布莱希特的"受洗，毋宁死"（Tod oder Taufe）斗争。温德人曾取得阶段性的胜利，在克珀尼克（今天柏林的一个郊区）的雅克萨（Jaxa）的领导下，他们起先成功将阿尔布莱希特逼退至易北河，柏林甚至因此还铸造了一枚带有雅克萨头像的硬币。但这一切在1157年画上了句号。雅克萨被波兰盟友抛弃，在他最后的据点投降。尽管此时在神圣罗马帝国，弗里德里希·巴巴罗萨（Friedrich Barbarossa）的霍亨斯陶芬王朝已成功取代奥托家族，但无人敢挑战阿尔布莱希特作为马克伯爵的统治。"对东部的渴望"（Drang nach Osten），德意志人开始燃起以牺牲斯拉夫人为代价向东挺进的愿望。

---

① 作者原文写作"'大熊'阿尔伯特（Albert the Bear）"，"阿尔伯特"为"阿尔布莱希特"的英语化表达，下同。

② 此指苏格兰历史学院、散文家托马斯·卡莱尔（Thomas Carlyle，1795—1881）。此处评价出自他撰写于1858—1865年的《普鲁士国王弗里德里希二世》（History of Friedrich Ⅱ of Prussia）。

基督教最初在柏林生根发芽的速度十分缓慢。温德人崇拜一位名叫斯文托维特（Sventovit）的至尊，如今依然有柏林人以他的名字命名。这个人的形象通常是有四张脸，刻在一棵树上，因为树木对温德人而言仍具有特殊含义。他们觉得基督教令人费解。而将主祷文翻译成波拉布语的尝试也不成功，由于温德人的语言中不存在表示诱惑的词语——这一点发人深省，因此不得不从德语中借用，但这样一来让他们更加困惑。热心将《求主垂怜》（Kyrie Eleison）翻译成温德语的传教主教博索（Boso）认为此举或能鼓励人们皈依基督教，但当他发觉当地人将文字篡改成"树林里有一棵桤木"时，大为恼火。[2]

不过，随着波兰人成为基督徒，条托骑士团的征伐让普鲁士皈依了基督教，丹麦人又迫使他们的北方亲属皈依，再加上德意志人如今牢牢占据优势，柏林人意识到他们别无选择。至 12 世纪中期，基督教在这里的地位已安如磐石。柏林的第一座教堂尼古拉教堂，始建于 1232 年前后，是献给商人守护者圣尼古拉的。这是一座罗马晚期风格的大教堂，有柱廊和三座半圆形后殿。它曾两次被毁，一次毁于 1380 年的大火，一次毁于第二次世界大战中的轰炸。尽管它在 1938 年被改为博物馆，但依然是柏林生活的中心，在大教堂缺席的那些年里，它长期充当了柏林的精神中心。负责城市基督教教会事务的主教就将办公室设在这座教堂内；这里也是非常受追捧的安息之所，教堂墙上布满了大人物和大善人的纪念碑文。1307年，柏林和科伦两城的议事会决定合并，就是在这座教堂简洁而实用的正厅中做出的决策。1809 年，第一届民选的柏林议会在此召开会议；1991 年柏林议会的代表在这里举行了重新统一后的第一次选举大会。尼古拉区（Nikolaiviertel）是围绕尼古拉教堂发展起来的一座重要商业街区，它位于后来成为奶制品集市（Molken-markt）的老集市（Alter Markt）内。尽管经过了大量重建，但在13世纪基础上重建的教堂双塔仍占据主导地位，这里依然是这座城市中最古老、最具吸引力的部分之一。

不甘落后的科伦则几乎在同一时期建立起一座专门供奉渔民守护者圣彼得的教堂，这样他就能保佑施普雷河沿岸获利丰厚的渔业生产。1237年时供职于这座教堂的是某位名叫西米恩（Symeon）的神父，在他为马克伯爵和勃兰登堡主教之间的法律纠纷作证的文献中首次提到柏林或科伦，因此1237年被认为是柏林的建城元年。但彼得教堂的境遇比尼古拉教堂更糟糕，它重建多达五次，直到1945年终因严重损毁而无法修复，其遗迹后来被民主德国夷为平地。

虽然皈依基督教不情不愿，但柏林和科伦依然抓住了阿尔布莱希特的统治所提供的机会，进行商业扩张，由此构成这座城市独特性格的第二个部分，即一个举足轻重的贸易中心。阿尔布莱希特在柏林拥有一处房产，即柏林的奥拉庭院，但由于这座城市缺乏天然防御屏障，主要的权力中心仍位于施潘道和克珀尼克的城堡以及勃兰登堡。因此柏林和科伦的早期发展与其说是行政中心的产物，不如说是它们自力更生成为贸易城市。由于战争导致马克人口严重减少，因此阿尔布莱希特及其继任者制定了吸引移民定居勃兰登堡的政策，正是这一政策助推了两座城市在贸易方面的发展，日益增多的移民来到这里，尤其是佛兰德人和萨克森人。佛兰德人和荷兰人则格外受欢迎，因为他们熟悉河道和排水系统，而正是施普雷河和哈维尔河使得两座双子城镇成为日益重要的交通枢纽。

两条长途贸易路线在河流汇合处相交，一条是东西走向，从易北河上的马格德堡（仍是发展更为成熟的城市）经勃兰登堡，再从那里经柏林和科伦前往奥得河畔的法兰克福，最后抵达波兰。柏林日后将始终维护这条东西向线路。随着它的发展壮大，其重要性也日益凸显。南北走向则分为两条线路：第一条从奥得河汇入波罗的海的港口斯德丁①出发，经过双子城镇，随后往南抵达萨克森人口稠密的重要市集哈勒、莱比锡和迈森；第二条则从北海边的汉堡出发，沿易北河和哈维尔河南下到达施潘道，最后抵达柏林和科伦。

　　这对双子城镇还从勃兰登堡平原中部的优势地形中获益匪浅，这处平原虽然多沙，但相对肥沃，拥有大片森林。因此木材是主要出口产品之一，通过制成木板供应给对此有大量需求的城市，例如汉堡的造船、建筑以及制桶业都对木板需求极大，其中木桶是 13 世纪欧洲的首选容器。记载柏林交易活动最早的文献之一出自 1290 年：来自科伦、绰号"跛脚"的蒂波（Tippo）向汉堡发运了 18 000 块木板，不甘人后的柏林人约翰内斯·罗德（Johannes Rode）卖出了 27 500 块。这都是当时相当可观的大买卖。1274 年柏林出产的橡木还被出口到英国，用于建造诺里奇大教堂。黑麦——或者也称"柏林黑麦"（Roggen），因为这是一种传统的柏林谷物——同样实现大量出口；还有捕自施普雷河的淡水鱼，以及从勃兰登堡乡间收集起来的羊毛料在柏林进行加工，制成成衣出售。柏林还是汉萨同盟的早期成员，汉萨同盟是北方贸易城市联盟，组建之初是为了保护它们的共同利益，在 13 世纪后期成为正式组织。柏林和科伦在 1290 年前后向汉堡出口的商品价值是其他任何勃兰登堡城镇的两倍。[3]

---

　　①　斯德丁（Stettin）在二战后被划入波兰，此后改用波兰语名，称"什切青"。

贝利茨的康拉德（Konrad von Beelitz）是我们所知最早的柏林人之一，他以布商的身份发家致富。康拉德是柏林裁缝行会的创始人之一，1295 年在汉堡售出成捆的衣物，价值 343 银马克，这笔钱足以让他在 1308 年去世前置办一座体面的墓地。而和裁缝捆绑在一起的是面料工人，他们是将收购来的原料进行加工，制成成品后出售的熟练工。但柏林颇受人敬仰的体面阶层很看不起这群人，他们被怀疑和那些用手摇织布机纺织的女工过从甚密，而后者又以不修边幅的着装并与过路的游吟诗人和妓女往来而闻名。因此，为了提高这个行业的道德感，面料工人们成立了一个行会。其他的行会还有河道船长、骨雕师傅、屠夫和面包师行会，但其中最知名的莫过于鞋匠行会，该行会在 12 世纪初就与包括伦敦和罗马在内的许多欧洲城市建立了联系。

这对双子城镇现在发展迅速。至 1230 年前后，它们已是勃兰登堡经济的重要组成部分，1237 年，马克伯爵授予它们与马格德堡同等的城市地位，给予城墙内的市民保护并保障他们的所有权，同时也开始进行商业监督。更重要的是，柏林和科伦在 1260 年还获得了一项"堆栈权"（Stapelrecht）[①]，这意味着所有途经这两座城镇的商品都必须在当地市场上出售，商品交易因此大幅增加。两座城镇共有四个这样的市场，从南面进入科伦的商品首先被要求停放在彼得教堂外的鱼市（Fischmarkt），然后经磨坊大坝（Mühlendamm，这是一座建在施普雷河上的水坝，可以驱动磨坊工作、调节水位并充当

---

① "堆栈权"的实质是一种强制卸货销售权，即获得"堆栈权"的城市有权要求过路商人就地卸货并在指定市场出售。如果要避免被强制，商人可以通过支付费用的方式免除。

桥梁之用）到达位于尼古拉区内的老集市。与此同时，一座新集市（Neumarkt）如今也在亚历山大广场靠近长桥（Lange Brücke）的地方建立起来。柏林和科伦还率先提出举办展销会的想法：柏林举办三次，分别在"五月节"①、9 月 14 日的圣十字节和圣马丁节（11 月 11 日）。

伴随着两座城镇财富的增加，树木崇拜无可避免地日益局限于更为偏远的村庄；因为强制去教堂，柏林人开始建造更多的教堂。大约是在 1250 年前后，在马克伯爵奥托五世（Otto V）提供的土地上建起了圣方济各会的修道院，毗邻奥拉庭院。虽然在 1380 年和 1712 年两度遭遇火灾，但这栋建筑仍以各种形式幸存了下来。最著名的是它在宗教改革后改建为一座高规格的学校，即格劳恩修道院文理中学，直到 1945 年盟军的轰炸才让它最终屈服，不过教堂的轮廓依然保留了下来。这所学校最著名的学生是俾斯麦。另外，"大熊"阿尔布莱希特的后代，即阿斯卡尼世系的马克伯爵们，大多安息于此；许多其他知名的柏林人也在这里长眠。多明我会同样在科伦修建了它的大本营，但这座修道院未能在宗教改革中幸免于难，它的土地被马克伯爵侵占，修士遭到驱散。

另外两座重要的教堂也在同一时期被建造起来。玛利亚教堂（即圣母教堂）始建于 1270 年左右，它控制着新集市和柏林地区。这是一座北德哥特式风格的砖砌厅堂式教堂，带有中殿和两侧走道。虽然因大火和战争而进行过大规模重建，但教堂大部分原始结构——更重要的可能是那种氛围——都得以留存下来。今天它仍作

---

① "五月节"通常为 5 月 1 日，或是五月的第一个周一。

为教堂使用，正如其牧师所说，玛利亚教堂①"或许可以被当成一部有关基督教信仰与历史的作品来阅读，它同时也是一座柏林城的丰碑"4。教堂后来的壁画还为柏林故事做出了巨大贡献，其图书馆亦然，它收藏了尼古拉教堂幸存下来的档案。5第二座教堂是作为修道院医院礼拜堂修建的圣灵礼拜堂（Heilig-Geist-Kapelle）。这是柏林最简洁优美的早期建筑之一。它的拱形天顶其实是后来增建的，教堂奇迹般地在战争期间幸存下来，也躲过了民主德国对它的关注，后者曾决定将其完全拆除，但后来却改建为学校食堂。如今它幸运地成为洪堡大学的一部分。最后是圣殿骑士团——也就是出于保护前往耶路撒冷的朝圣者的目的组建并加入十字军战争的修士会——于1237年在滕珀尔霍夫建造了一座教堂，土地由马克伯爵提供，以协助完成他们的使命。但随着骑士团在1312年解散，伯爵收回了土地，将其短暂授予圣殿骑士团的竞争对手，即圣约翰骑士团。直到1435年这块土地才重新回到柏林人的手中，而他们将在很久之后感恩这件事。

犹太人社区也在13世纪中叶建立了起来。迄今为止，在柏林周边发现的最古老的墓穴就属于犹太人，其中以施潘道的最为著名，从1244年起就已存在。这让纳粹党非常不爽。但与他们分散在中世纪欧洲各处的同胞一样，柏林犹太人也遭到迫害，他们往往在与非犹太人隔绝的地区生活和工作，并被禁止同基督徒贸易和社交。不过，相比德国其他城市，他们在柏林的境遇似乎多少好一些，并且已经形成一个庞大群体。在城市的早期发展阶段，他们充当屠夫、羊毛商人和织工；1295年的一份档案显示，非犹太人被

---

① 玛利亚教堂原为天主教教堂，在宗教改革之后成为新教教堂。

禁止从犹太人那里购买面料，这其实暗示了后者一直在提供优惠折扣。犹太人还充当了放债人，这个行当对基督徒毫无吸引力，因此他们不得收取利息，也不得从事典当业。到 14 世纪 50 年代，登记在册的犹太人当铺已有 11 家。[6]

✣ ✣ ✣

至 13 世纪末，当初施普雷河上生计艰难的双子渔村，如今已成为富裕且设施完善的商业城镇，是聚居着匈人、德意志人、温德人、荷兰人和犹太人的基督教共同体。但无论是柏林还是科伦，仍不能与慕尼黑、马格德堡或科隆这样的中世纪大城市相提并论，二者缺乏诸如大教堂一类地位举足轻重的建筑物。不过，在过去 150 年中，这里大多数市民的生活安定而富裕，假若你是德意志人而非温德人，则更是如此。阿尔布莱希特和奥托的后继者们，也就是德意志的骑士们，被授予广大土地以换取他们的服务，他们将大批温德人安置在那里的村庄里；而在柏林，温德人往往从事织工或雇工的工作。许多村民只会说波拉布语，而不是如今勃兰登堡的通行语言德语，并由代表马克伯爵或其手下男爵的"总管"（Schultheiß）进行管理。由于柏林和科伦的扩张极为强势，因此不得不用削尖木桩搭建起一堵相互隔绝的新墙，而它也成为或包围或分割城市的第一堵"柏林墙"。这两座城镇的人口在 1 200 人左右，各由一个 12 人组成的议事会管理，其中还包括两名选举产生的市长。城市还拥有高效运作的司法体系，由议事会成员代表马克伯爵行使权力。[7]食物似乎也极大丰富，肉类便宜，作为主食的面包、香肠和奶酪就着自酿的啤酒和干白葡萄酒下肚，今天的柏林人早已十分熟悉这些。

　　但很快在柏林出现的紧张局势并非因德意志人和温德人而起，而是出现在一个富有且日益强大的商人集团与一位热衷剥削城镇财富、又不希望自身权威被削弱的马克伯爵之间。那些从事贸易的德意志人如今自然处境优渥，约有一半人已经拥有市民权（Bürgerrecht），这意味着他们享有作为市民的所有权利，而且事业有成的商人还可以出钱购买这一权利；有趣的是，女性和男性享有同等资格。不体面的职业，如牧羊人和磨坊主，则被排除在市民行列之外，"废马屠夫、理发师的子嗣……掘墓人的后代、罪犯子女以及神父的私生子"[8]同样被排除在外。柏林如今还在铸造自己的硬币，市民也享有在城市周边所有的乡村放牧的权利。

　　几个显赫的家族即将执掌议事会，例如冯·贝利茨（von Beelitz）、里克（Ryke）、拉特诺夫（Rathenow）和布兰肯费尔德（Blankenfelde）——这些名字将不断在这个故事中出现，甚至时至今日仍在这座城市中占据一席之地。他们清醒地意识到"城市的空气使人自由"（Stadt luft macht frei），即一旦住在像柏林这样的城市里，就能享有这些作为自由人的特权，且不受当地王公的世俗权威影响——这在德国的其他城市早已根深蒂固。1307 年，柏林和科伦的行政部门合并，并建立起一套联合议事会，共享同一个市政厅。市政厅象征性地位于长桥，因为它就坐落于双子城镇之间，而且还被漆成红色。柏林的主导地位体现在它拥有两名市长和十名议员，而科伦仅有一位市长和五名议员。正是从这时起，熊成了这座联合城镇的官方象征，而鹰（科伦和勃兰登堡的象征）则位于它的下方。原来的双子城镇从此简称为柏林。虽然马克伯爵指定了一位

"总管"（日后柏林知名度最高的一款啤酒就以"Schultheiß"命名），作为自己在柏林的代表，但此人的影响力显然不及议事会。因此，柏林经久不衰的特性的第三个部分，即长期抵制外部权威的历史，即将一触即发。

和欧洲的许多地区一样，13 世纪的柏林发展势头良好，但 14 世纪的情况就大相径庭了。首先是"大熊"阿尔布莱希特的阿斯卡尼世系随着马克伯爵瓦尔德马（Waldemar）在 1319 年去世而断绝，由此引发了一段动荡。萨克森人试图夺取马克，却遭到来自南德的维滕斯巴赫王朝的反对，后者声称他们更具优先权。柏林人也更偏爱维滕斯巴赫家族。在与柏林主教尼古拉斯·冯·贝恩瑙（Nikolaus von Bernau）的斗争中，暴民们在新集市将这位总管整座城市教堂，同时也是萨克森热心支持者的教士殴打致死并焚尸灭迹。作为惩罚，柏林被教皇禁止举行圣事活动长达 20 年：不得行弥撒，不得祝圣，也禁止举行基督教葬礼。从中亦可管窥教皇反对维滕斯巴赫的立场之坚定。

不过柏林人似乎并未像德国其他城市那样为此惴惴不安，虽然他们也费尽心思才达到解除禁令的要求：向圣母教堂捐献一座祭坛，向勃兰登堡主教支付巨额罚款，在发生罪行的地方竖立一个石质十字架——而今它伫立在玛利亚教堂西门左侧。然而，事实证明维滕斯巴赫家族也非最优选择。和他们的阿斯卡尼家族前辈一样，他们觉得柏林议事会太过强势，并因此支持 1346 年爆发的城市手工业者起义。最后一任维滕斯巴赫家族的马克伯爵是于 1373 年退位、绰号"懒人"的奥托七世（Otto Ⅶ）。他以 2 000 弗罗林的价格将马克出售给卢森堡家族的查理四世，但这笔钱其实从未兑现——这也证明他已经发现统治这块麻烦重重的边疆领地是多么困难。皇帝们同样对这里毫无兴趣，查理四世是唯一在 1373 年到访过这座城市的皇帝。

但 1346 年的叛乱很快就在 1347 年销声匿迹，因为当时的柏林遭遇了黑死病的严重打击。柏林历史上曾爆发过多次后果严重的毁灭性打击，但考虑到途经此地的贸易商和游客数量，这将是这些打击中的第一次。虽然死亡率已低于其他许多德国城镇，但估计仍有 10％的城市人口因此死亡。而和其他的欧洲城市如出一辙的是，犹太人立即遭到指责，这一点并不出人意料。一部分人被公开烧死以抵罪，还有许多人不得不迁居波兰。不过那些仍然挤住在修道院街设防区周围的犹太人，倒是在 1354 年得到了马克伯爵将保护他们的承诺。但不幸的是，这并非犹太人因为城市遭遇不测而成为众矢之的的终点。而当瘟疫终于消退，下一场灾难又接踵而至：1376 年科伦大火，1380 年柏林大火，火灾摧毁了这座木结构城市的大部分地区。一位名叫埃里希·冯·法尔科（Erich von Falke）的倒霉骑士被当成纵火犯处决，他的头被挂在奥得贝格门外的一杆长矛上。在这个动荡不安的时期，公序良俗似乎都受到了挑战。"柏林的已婚男人们是当时公认诚实但嫉妒成性的丈夫，"弗里德里希大王就曾告诉我们，"马格德堡主教的一位秘书前往柏林的公共浴室洗澡，偶遇一名年轻女子，她是一位市民的妻子。他开玩笑要求她与自己共浴。这名女子被这个提议冒犯到了，于是一群人将秘书团团围住，开不起任何玩笑的柏林市民将可怜的秘书拖到一个公共集市，他们在那里不经任何审判就把秘书的头砍了下来。"[9]

不过，在这一切不幸当中，还是出现了两类相对积极的发展。首先，马克伯爵在柏林拥有一家铸币厂，而城市也在 1369 年取得自行铸造硬币的权力。尽管依然要与皇帝波希米亚格罗森竞争，但柏林芬尼还是迅速成为流通货币，这为柏林转向举足轻重的金融与商业中心奠定基础。其次，1391 年柏林成为神圣罗马帝国的自治城市，柏林人如今手握自己的司法体系，并且也有能力成为汉萨同盟的正式成员，虽然他们多年来已经以非正式成员的身份参与其中。

到了 15 世纪初，勃兰登堡变得越发混乱。卢森堡家族的统治软弱无力，正如弗里德里希大王津津乐道记载的那样，"驿道上满是成群结队的强盗，一切民事机关被排除在外，司法诉讼过程被中断"[10]。1402 年，条托骑士团暂时接管了马克，这个军事团体 1283 年就成为普鲁士的统治者。不过到了 1415 年，西吉斯蒙德皇帝意识到自己必须整肃政府，又将马克赎了回来。瘟疫导致农村人口锐减，进一步加剧了农业萧条和赤贫，地方豪强和地主正是利用这一日益混乱的局面及高效中央权威的缺乏，建立起了自己的武装。这些"强盗男爵"（Raubritter）不断劫掠马克，夺走他们想要的东西。享有自治地位的柏林虽然富庶依旧，但也因此蒙受极大损失，尤其是面临冯·奎措夫（von Quitzow）家族的威胁。

❖ ❖ ❖

西吉斯蒙德皇帝恢复勃兰登堡马克秩序的办法是在 1411 年以400 000 匈牙利金古尔登的价格将马克"授予"腰缠万贯的南德纽伦堡行宫伯爵弗里德里希·冯·霍亨索伦（Friedrich von Hohen-zollern）。他还赏赐后者"选侯"的荣誉，使其成为帝国境内有权选举继承人的七位君主之一。霍亨索伦家族是 15 世纪强权政治世界中的暴发户，和那些发大财的家族一样，它们日后会花上漫长到荒唐的时间证明自己是古代伟人后裔，尽管他们是通过在德意志南部积累土地才变得极其富有。而西吉斯蒙德则像大多数皇帝那样以破产告终。话虽如此，弗里德里希仍花了四年时间才制服了强盗男爵们。

尽管后来柏林人因为不再热情追捧霍亨索伦家族的统治，而将那些强盗男爵浪漫化，使之成为某种自由斗士的代表，但 15 世纪头十年的现实是，他们的的确确威胁到了柏林的生存，因为法纪废弛导致贸易活动无以为继。1402 年，柏林的议员们向马克伯爵投诉冯·林道夫（von Lindow）和冯·奎措夫在一周内就焚毁了 22 座村庄；而一封出自迪特里希·冯·奎措夫（Dietrich von Quitzow）之手的威胁信则声称他将取走柏林和科伦所拥有的一切，除非他收到 600 个"波希米亚金格罗森"[11]。这就解释了为什么柏林人欢迎霍亨索伦家族，但男爵们却偏要与其针锋相对。"哪怕天上下一年整的行宫伯爵雨，他们都不可能在 3 月的勃兰登堡生根发芽。"一位男爵这样叫嚣道。但这场行宫伯爵雨下了四年之后，到 1415 年左右，弗里德里希恢复了地区秩序——主要原因是他拥有一支强大而纪律严明的军队，并用大炮轰开了冯·奎措夫的据点。[12]

1415 年弗里德里希正式进入柏林，并于 10 月 18 日宣誓就任马克伯爵。和他的前任一样，他选择住在施潘道，毫无疑问，哈维尔河上由护城河环绕的堡垒要比更为开阔的柏林安全得多。其长子约翰（Johann，绰号"炼金术士"）于 1426 年宣布放弃自己对马克的权力，并身体力行地加以执行；但约翰的弟弟，选侯弗里德里希二世［Friedrich Ⅱ，他更为人知晓的名字是"铁牙"（Eisenzahn）］的想法则截然不同。1443 年，"铁牙"占领了渔人岛上的一处土地，并在那里开始建造被柏林人称作"城堡"（Zwingburg）的宫殿，今天的柏林宫正矗立在其原址之上。若不是铁牙选择了柏林，这座城市本来会走上神圣罗马帝国境内的其他德意志城市的发展道路，例如法兰克福、奥格斯堡，以及汉萨城市汉堡或吕贝克。但作为霍亨索伦家族的首都，它的生活现在注定与一个存续至 1918 年的王朝的命运紧密联系在了一起。本书并非要记录勃兰登堡或日后的普鲁士乃至德国历史，但它必然涉及霍亨索伦家族和柏林的恩怨，因为率先奋起反抗他们的正是柏林人，然后转而支持他们，接着又逐渐充满怨恨，最终彻底摆脱了这个家族。

柏林人很快发现，"铁牙"会像对待"强盗男爵"那样对待自己，他们过去的特权正在慢慢被侵蚀。城市议事会和法院遭到解散，取而代之的是"铁牙"自己的行政机关，他还出手干预柏林获利丰厚的贸易活动，于 1442 年强令柏林及所有勃兰登堡城市退出汉萨同盟。1447 年，市民们终于忍无可忍，他们重新打开旧市政厅，发动起义。施普雷河上的闸门被打开，淹没了"城堡"的地基，"铁牙"的城墙被推倒。然而，他们无法与"铁牙"的军队相抗衡。后者由那些从霍亨索伦家族征服行动中受益，并得到施潘道军械库补给优良装备的骑士组成。据称"铁牙"带着由 600 名骑士组成的军队挺进柏林，重新取得城市控制权，流放了最麻烦的市民，还将耸立在科伦集市广场上的一尊罗兰雕像丢进了施普雷河。（将不受欢迎的雕像扔进施普雷河，从此成为柏林又一根深蒂固的传统。）但弗里德里希大王对此的说法则截然不同，霍亨索伦家族的宣传声称柏林人"长期对残暴的主人逆来顺受，在面对他们温和的合法政府时却表现得桀骜不驯"。"铁牙"以"审慎和宽容的态度平息了他们的骚乱"，他继续写道，但这无法解释为何需要出动如此庞大的军队才能恢复秩序。[13]柏林人从未成功推行过任何一场暴力革命，1447 年、1848 年、1918 年和 1953 年，他们均以失败告终；

直到 1989 年他们转而采取和平的方式才得以成功。

　　柏林人后来试图制造更多有关罗兰（Roland）的事迹，这可能已经超出了他原本的形象：罗兰在龙塞沃吹响号角，从叛乱的巴斯克人手中拯救其主公查理大帝，但他其实是法国布列塔尼边境上的总督，与勃兰登堡并无瓜葛。到了 11 世纪，他的事迹因诗歌《罗兰之歌》（*The Song of Roland*）而永垂不朽，这首诗让他在包括柏林在内的整个欧洲被视为鼓舞人心的自由斗士。但如果不是一位机智的柏林作家威利巴尔德·亚利克西斯（Willibald Alexis），在拿破仑战争之后撰写了一部有关柏林罗兰的历史小说——因为当时传统的德意志英雄弥足珍贵，否则罗兰带给柏林的遗产可能依然躺在施普雷河的淤泥中。亚利克西斯的故事描绘了两位市长，柏林的约翰内斯·拉特诺夫（Johannes Rathenow）和科伦的马托伊斯·布兰肯费尔德（Matthäus Blankenfelde），带领城市反抗邪恶的马克伯爵弗里德里希。1904 年，列昂卡瓦罗（Leoncavallo）将其改编为歌剧，让这个缺乏历史依据的故事变得家喻户晓。重铸后矗立在马克博物馆后的罗兰雕像相当高大、棱角分明，但已无从得知它是否真就是原来的面貌。

　　不过 1447 年起义确实催生出"柏林不乐意"（Berlin Unwille）的观念。它是柏林留给后人不愿屈服于"铁牙"之流专横行为的遗产，也构成这座城市自我意识的重要组成部分。但受到压迫的并不仅是柏林人，在近代早期的德国历史上也多次发生类似的事件："自由"城市试图保全自己的权利免于被拥有垄断权力的强权统治者侵害。只不过柏林要比斯德丁幸运得多，波美拉尼亚的统治者在 1428 年的城市暴动过后杀了发起行动的首领，还在新建城堡时将他们的骨头包裹起来埋入地基。[14]

　　15 世纪 50 年代对柏林而言是相当悲惨的十年，随着"城堡"城墙拔地而起，柏林人不得不屈服于"铁牙"的独裁统治。当时全城人口约为 7 000 人，其中 500 人是"铁牙"的士兵；柏林的又一传统就此确立——与大量的驻军共存。除了 20 世纪 20 年代的短暂时光，直到 1989 年为止，柏林人是和压迫者还是保护人共同生活，这由他们自己说了算。但同生活共作息千真万确：士兵们被安排住在当地人家里，因为军人们集中在一起的兵营，彼时还是遥不可及的概念。1450 年，"铁牙"征召 1 000 人参加与萨克森的战争，柏林遂引入了另一项新鲜但存在争议的习俗：征兵。它最终成了柏林人生活的一部分，当然后来他们还是设法避免出现过度征召现象，这一点与勃兰登堡农村地区有所不同。

　　虽然民众怨声载道，但"铁牙"的统治确实让柏林重新恢复稳定。在经历了 14 世纪 80 年代的两场灾难性大火之后，城市重建工作仍然持续。这一切都让"铁牙"能在 1453 年自信满满地前往耶路撒冷朝圣，随后他在"城堡"边上修建了一座被教皇提拔为堂区教堂的小礼拜堂，供奉圣徒的遗物。这是一座献给福尔米亚的圣伊拉斯谟的教堂，圣伊拉斯谟是水手的守护者（考虑到柏林对河流的依赖，这一点很容易理解），但也可以保佑人免遭胃痛之苦，这表明"铁牙"可能在旅途中遭受过类似的病痛。到 1470 年前后，尼古拉教堂重建工程结束，方济各会在柏林的修道院即修道院教堂，以及多明我会位于河对面的科伦兄弟街的教会建筑一一完工。坐落于施潘道门内的圣灵医院也恢复运作。

　　1484 年，瘟疫再次重创这座城市。疾病虽然恐怖，但至少催生出中世纪柏林最生动、最令人印象深刻的艺术作品之一。《死亡之舞》（*Totentanz*）是一幅绘制在玛利亚教堂前厅内的壁画，其如实报道了当时柏林的境况而不仅是它的艺术价值，因而备受瞩目。这幅 22 米长的画卷的一侧展现的是一系列教会要人，每个人都由一个身披裹尸布、代表死亡的骷髅引领，走向中央被钉在十字架上的基督；而在画卷的另一侧，死神引领的则是代表世俗社会的人物。下方则是一段残酷而诙谐的对话。死神解释说自己的降临无可避免，无论他们尘世地位如何，他都会降临到每个人头上。这是当时欧洲面临的共同主题，但玛利亚教堂的对话十分刻薄，堪称柏林"损嘴"（Schnauze）或"大嘴巴"（Schnoddrigkeit）的先驱，而这已成为柏林特色。

教会人物序列从地位低下的方济各会修士到教皇，不一而足。僧侣（画中就有几位）的遭遇尚可（也可能是修道院方面为这幅画的绘制掏了钱），但修道院院长仍被告知他得享"高位"时就应该想想最后会发生什么；而医生被告知他因试图延长病人的生命而触怒死神。世俗人物的情况则离谱得多。最底层描绘了一个傻瓜，他告诉死神自己是个"蠢货"，还为他准备了一个小品。接下来是一位旅店老板，她被告知"曾经不老实地偷听和算账"，她对没来得及丢掉自己动过手脚的量壶追悔莫及。乡绅被批评热衷狩猎和求偶，而放债人的地位居然高于乡绅——这本身就是一个有趣的评价。放债人被告知他将承受"一石二鸟的重大打击，重新回归穷光蛋的行列"。公爵被告知他"残暴压制穷人，却让富人逍遥法外"。不过位居世俗秩序顶点的皇帝仍极受尊崇，虽然死神实际上只赞颂了他美丽的妻子和漂亮的马匹，而不是他的政府。皇帝被告知他坐享"人间天堂"，但现在必须追随死神而去，"无论您是否接受"。[15]

值得关注的是《死亡之舞》被保存了下来，虽然它在 16 世纪时有所改动，人物的腿变弯了，这让他们看上去能舞动得更有活力似的。但到了1614年，随着加尔文宗在柏林站稳脚跟，这幅壁画被覆盖了起来，直到1860年才重见天日并加以清理。第二次世界大战期间，玛利亚教堂遭到轰炸，壁画亦遭损坏。起初《死亡之舞》并不受民主德国重视，直到1987年建城750周年庆典期间才由东柏林政府出面修复，原因是民主德国共产党意识到这幅宗教艺术品中蕴藏着某些彰显众生平等的内容。

1471年，时年58岁的"铁牙"将选侯之位让给他的兄弟，阿尔布莱希特，也称阿喀琉斯（Albrecht "Aechilles"）。前后两位选侯将这种被弗里德里希大王称为"给王公加个别名的荒唐习俗"一直保持到1539年。[16]那一年，"铁牙"退隐到他位于德国南部的霍亨索伦领地生活，并于次年逝世。阿尔布莱希特的主要成就是决定由其长子继承选侯之职和勃兰登堡，而其他的儿子则将获得位于德国南部的其他家族领地。这一决定催生出一系列令人眼花缭乱的头衔和公国，这让德国族谱学者的生活变得精彩纷呈，而让历史学家苦恼不已。1486年初，当阿尔布莱希特绰号"西塞罗"的长子约翰（Johann "Cicero"，因为据说他是位伟大的演讲者而得此诨名）宣布自己将以"城堡"为主要驻在地，便拉开柏林成为勃兰登堡首都和霍亨索伦家族首府的序幕。曾经因为贸易城市而繁荣兴盛的柏林，如今被"强加上"都城（Residenzstadt）即王朝政府中枢的身份。尽管它在15世纪下半叶依然无足轻重，但很快就要成为欧洲的主要王室之一和欧洲克星。

如今霍亨索伦家族的规矩左右"城堡"，然而具体情况如何只能依靠推测。虽然柏林自从13世纪就以熊为象征，但到目前为止没人知道这一象征出自何处。勃兰登堡的森林当然少不了欧洲棕熊，而从阿尔布莱希特的绰号来看，也有可能是出自他的纹章。罗马人曾为他们的斗兽场进口过野生动物，而中世纪的欧洲对于亚热带的非洲仍所知甚少。因此在设计纹章时，猛兽就多少突显出了高级感，于是熊和鹰的形象数量激增。勃兰登堡的象征是一只棱角相当分明的愤怒红鹰，后来演变为黑鹰，是现代德国国徽的基础。现存最早的柏林印章大约出自 1300 年，在这枚印章上描绘了由两头熊撑起的勃兰登堡雄鹰。有一个美好但缺乏事实根据的故事，说是柏林人豢养了一头脖子上挂着链子的熊，作为他们征服霍亨索伦家族的象征，而这头熊的背上还骑着一只鹰。但其实霍亨索伦家族最初的纹章是一头用后腿站立的狮子，反而是后来与普鲁士军国主义联系在一起的鹰，才是最初勃兰登堡纹章上的那一只。但无论柏林的象征物缘起何方，从 15 世纪后期开始，姿态、表情各异的熊，无论是压抑的、愤怒的、友好的还是困惑的，都已成为柏林及其精神的象征，而霍亨索伦家族则大量使用鹰的图案。这些鹰经常被认为具有双重面孔，因为它"既是国内专制的象征，又是抵御那个狂暴的外部世界的象征"[17]。

不过，尽管不那么自由，柏林的生活至少还是井井有条的。现存最早的记录是一份详细登记官员信息的城市施政登记簿（Stadtbuch），记载了 1272 年至 1489 年与市政管理相关的所有事件。由于许多重要记录在 1380 年的大火中毁于一旦，城市议事会遂聘请"公证人"海因里希·舍恩弗利斯（Heinrich Schönfließ）收集和复制幸存下来的记录，并组织进行适当的登记。舍恩弗利斯的工作始于 1397 年，这份施政登记簿正是他的劳动成果。[18]和大多数官方保留的记录一样，它相当枯燥乏味，但作为历史资料而言却是无价之宝。这本册子罗列了城市的固定收益及其来源，城市官僚的收入，城市的权利和特权、债务和继承权、证券和债券，并对所有享有市民权的人进行了登记。有意思的是，它专章列出妇女和犹太人享有的权利。此外还有相当骇人听闻的司法惩戒，显然，无论是在自由城市时期，还是在霍亨索伦家族统治时期，惩罚都一样严厉。施政登记簿记录下一个年轻人因偷鲱鱼被烧死，一名男子因在森林里生火被砍头，一个年轻女孩因偷盐被施以鞭刑，三名男子因用锌冒充银出售被活活烧死，一名妇女因非法入侵而遭活埋，两名男子因在教堂行窃而被判处轮刑，一名鞋匠因骚扰一名妇女而被砍头，还有一位科伦居民的妻子因为偷了一件外套而被割掉双耳。[19]

轻罪惩罚如鞭打和断肢于每周一、周六执行，每两周的周三则会在奥登堡门进行公开斩首。1391 年至 1448 年，在大约 7 000 人中，有 46 人被绞死，20 人被烧死，22 人被斩首，11 人遭轮刑，17 人被活埋，其中 9 人为女性。轮刑是一种令人极度不适的处决方式，受刑者的四肢会被人用锤子击碎，这样他的身体就可以被穿在车轮的辐条上示众。[20]

但倘若人们行事规矩，那么生活倒也不错。托马斯·冯·布兰肯费尔德（Thomas von Blankenfelde）——威利巴尔德在他的小说中也提到了这个名字——在 1481—1493 年七次当选市长。他被描绘成"一个机智过人的商人"[21]，和"铁牙"关系密切，在后者逼迫斯德丁交出继承权时指挥过军队的右翼。从波罗的海的但斯克到巴伐利亚的慕尼黑都有他的生意。此人在莱比锡接受教育，是第一个上过大学的市长。他还结过两次婚，两任妻子均来自柏林的世家，共为他生育了 21 名子女。布兰肯费尔德的住宅位于施潘道大街 49 号，宅子大门上方镌刻着他的纹章。他在柏林周边拥有大量地产——地产正日益受到成功商人的欢迎。他还让人将自己和家人描绘成跪在耶稣受刑的十字架脚下，而他的子孙将在柏林世代相传。这幅画至今仍悬挂在玛利亚教堂内，十字架的右侧是布兰肯费尔德和他的儿子，而他长期受苦受难的妻子则居于左侧。布兰肯费尔德的成功并非孤证，许多 15 世纪留下的精美宅邸便是证据，遗憾的是这些房屋如今大多只存局部而非整栋建筑。

较贫困的家庭通常阖家住在一间屋子里，而日常生活则在街头上演。虽然相对重要的公共建筑和私人宅邸已经采用石材建造，但它对于大多数不得不靠木材凑合建造住处的人来说太过昂贵。许多人受雇于城外的村庄，因此城门会在日出前半小时打开，并在日落前半小时关闭。人们的生活受到严格约束，一如对违法者的惩戒那般显而易见，行会的买卖原则也是如此。从 1334 年起，欧洲普遍出台了旨在确保市民地位的法规。这些法规规定在公共场合允许穿怎样的衣服，佩戴多少珠宝；禁止在关闭城门后的大街上跳舞，甚至还限制出席婚礼的宾客人数。[22]柏林城内已俨然一个国际社会，虽然它对生活在其中的人们有种种严格规定，但自那时开始，这种特质就已经成为这座城市的典型特征。当时甚至乞丐都有执照，并在他们的衣服上打上一块代表贫困的补丁。[23]柏林人还拥有令人羡慕的传统：向重大问题发出挑战，但讽刺的是，他们又在日常生活中小心翼翼地窥视规则。

犹太人群体也从黑死病罪魁祸首的指责中恢复了过来。尽管勃兰登堡定期会发生屠杀犹太人事件，包括在 1446 年发生的那场令人发指的迫害①，但柏林的犹太人群体幸免于难。犹太人生活在极其严格的规则之下，处处受限：犹太人不能雇用基督徒仆人，也不得与基督徒缔结婚约。在公共场合，还可以通过是否佩戴犹太人帽

① 这里指的是由"铁牙"弗里德里希二世发起的第一次对犹太人的驱逐行动。

(Judenhut) 的方式来识别犹太人。犹太人不得改变信仰，并且相比犯下同等罪行的基督徒，他们所受的惩罚更为严苛。但他们如今好歹可以从事医生（它是许多人的职业起点）、放债人和典当等高等职业。他们还可以获得公民身份，只是被禁止担任公职。1472年，选侯阿尔布莱希特曾公开表态要让整个犹太人群体更紧密地融入勃兰登堡，这或许是基于当时犹太人所纳的税金据估计已达每年4 000 金古尔登所做的表态，但它证明犹太人已经成为一个具有相当规模且相对富裕的群体。[24]

柏林在 300 年间从施普雷河畔的双子渔村发展成为神圣罗马帝国选侯的都城，拥有教堂、宫殿和活跃的商业共同体。它令勃兰登堡城相形见绌，后者不仅一度是早期马克伯爵都城，还以突出的防御工事控制着施潘道和克珀尼克。柏林是通过让自己成为举足轻重的金融和贸易中心，形成成熟老练的行政体系，开放城墙允许各色人等前来定居，来达成这一目标的。柏林人发展出似乎格外与这个地方相得益彰的独特个性和环境，即所谓"柏林氛围"（Berliner Luft），并且他们从那时起就一直保持这一特色。数个世纪起来，围绕"柏林氛围"有着形形色色的解释，它还因为一首如今已成为这座城市非官方代言的歌曲而闻名遐迩，它还是一款鸡尾酒和另一种极受欢迎的利口酒的名字。倘若硬要把它翻译成英语，那么可能对标"柏林氛围"的只有"伦敦骄傲"了。

中世纪的柏林，不仅存在于"柏林氛围"之中，也存在于柏林的建筑物以及它由施普雷河和渔人岛所明确界定的市中心之中。今天，在一座曾经饱受破坏的城市中，依然可以清晰辨识出它的早期样貌，这一点相当了不起。虽然不得不承认，科伦的情况要比柏林差一些，但人们依然可以穿过磨坊大坝（如今这是一座双车道大桥），经渔人岛，沿着沙伦街（Scharrenstraße，它的字面意思是"集市摊位街"）进入尼古拉区，这里原本就是老集市的所在地。虽然如今游客商店和酒吧已经入侵这个地区，一如许多中世纪中心的欧洲城市，但人们依然可以感受到它曾经的样子。这一整片区域在1945—1989 年都位于东柏林，多年来一直被弃之不用，直到 1987年，民主德国政府为庆祝柏林建城 750 周年，才开启一项雄心勃勃且获得认可的改造计划。让人不可思议的是红色市政厅（Rote Rathaus），它与原来位于长桥上的柏林原市政厅几乎一模一样。人们还可以继续经修道院教堂（在经历了二战空袭后只剩骨架，但依然令人震撼）抵达新集市——这里现在其实是亚历山大广场，正在恢复《死亡之舞》的玛利亚教堂依然占据支配地位。不过，你不得不忽略亚历山大广场上的电视塔和略显粗犷的购物中心，但如果你一心专注于中世纪，这一点倒是不难做到。附近还有圣灵礼拜堂，尽管需要与柏林大学协商后才能入内参观，但可以在毗邻的施潘道大街上观赏到礼拜堂经过大量重新修复的外立面。然后可以穿过曾经矗立着市政厅的长桥，看到洪堡广场，它便是最近重修的柏林宫，就坐落于"铁牙"城堡的原址上，并将在适当的时候正式揭幕。

柏林人还要经过 150 年才能从霍亨索伦家族的统治中大量受益。但在这之前，他们还必须经历塑造现代欧洲样貌的宗教改革与三十年战争。

第二章

1500—1640 年　"柏林不乐意"的起点

　　即使拥有最强大的心智，也无法公然违抗时代的偏见而不
受惩罚。

——弗里德里希·席勒

　　柏林在 15 世纪末的人口约为 8 000 人，根本不能与其他德国大
城市相提并论。奥格斯堡当时有 30 000 人，易北河畔的格但斯克
和马格德堡情况也类似。甚至霍亨索伦家族的老家纽伦堡也拥有
20 000 人，汉堡有 15 000 人；而当时欧洲最大的城市巴黎，拥有
超过 200 000 人，伦敦则为 75 000 人。[1]往东看，即使面对克拉科夫
和布雷斯劳，柏林同样相形见绌，这两座城市的面积均为柏林的两
倍之多。它不像马格德堡那样拥有大教堂，也不像莱比锡那样拥有
大学；即使选侯约阿希姆后来建立了一座大学，他选择的也是奥得

河畔的法兰克福，而非自己的首都，足见他对柏林的厌恶。

1499 年，演说家选侯约翰·"西塞罗"（Johann "Cicero"）去世，其继任者便是约阿希姆一世（Joachim Ⅰ），他被称为"涅斯托耳"（Nestor），这个名字取自古希腊神话中一位以足智多谋著称的国王。约阿希姆一世是首个出生在柏林的霍亨索伦人，他认为自己即使不是柏林人，至少也是个勃兰登堡人。他接受过良好的教育，对人文学科抱有兴趣，因此，以"涅斯托耳"为名多少是合情合理的。弗里德里希大王称赞他为首位"现代"霍亨索伦君主，并"使一个曾经处于野蛮状态的国家变得文明起来"。他"精通数学、天文学和历史学，能够流利使用法语、意大利语和拉丁语，还讲究礼数"；奥得河畔的法兰克福大学则吸引了来自整个德意志地区和波兰的 900 名学生。[2]不过，1505 年访问柏林的莱茵兰施蓬海姆修道院院长约翰内斯·特里特米乌斯（Johannes Trithemius）可不这么看，他觉得"选侯的宫廷禀性良善，但无知且粗鲁"，朝臣们"更喜宴饮和狂欢，而非获取知识"[3]。当然，柏林还只是一座相当淳朴的城市，一座"贵族们依然在外面驿道上劫掠"[4]的边境小城，但情况正在慢慢发生改变。

在接下去的一个世纪中，柏林即将创造出自己独特的语言，宗教改革使得柏林人找到一种他们可以接受的有组织的宗教模式，他们为一场即将拉开序幕的文化复兴欣喜不已，虽然它的到来相比南面和西面的德语地区晚。不过，随着国际贸易从汉萨城市转移到欧洲北部和西部，他们也将经历商业衰退。虽然不情不愿，但他们发现自己的经济越来越依靠霍亨索伦家族才能生存下去。在之后的130 年左右的时间里，宫殿——即"城堡"——"并不在柏林，但柏林就是宫殿"[5]的说法即将出现。因此，这个故事的下一部分必须围绕霍亨索伦家族的命运和阴谋展开，它们的决策对柏林的发展造成了巨大影响。

1502 年，约阿希姆迎娶丹麦的伊丽莎白（Elizabeth of Denmark）为妻，这是一段最初幸福美满的婚姻，两人育有五名子女。因为阴暗、坚固的"城堡"不合这对夫妻的口味，于是他们开启了在远郊村庄建造宅邸的霍亨索伦传统。约阿希姆的选择是波茨坦，这里景色优美，哈维尔河在距离柏林西南 32 公里的地方穿过树林和草地，走出一条更为蜿蜒的线路，由此形成了一系列的湖泊和岛屿。波茨坦时至今日依然美丽动人，虽然它后来发展成为一座驻扎卫戍部队的重要城池，接着又在第二次世界大战中被英美轰炸机夷为平地。但在 16 世纪最初的几十年里，在柏林挺过了 1501 年又一场瘟疫袭击之后，波茨坦看上去就像一座人间天堂。它还能提供在开阔的格伦瓦尔德狩猎的机会，正是这片壮阔森林的存在，让柏林时至今日仍是欧洲人口密度最低的首都。在首都以外的地区建造静居之所，是当时欧洲王室家族的普遍做法。霍亨索伦家族总是对他们南面更有钱的邻居，即位于德累斯顿的萨克森宫廷，怀有一丝妒忌之心。韦廷王朝已经拥有阿尔布莱希特堡，很快还将开启在德累斯顿郊外建造更为宏伟的莫里茨堡的工程。类似例子还有伦敦的汉普顿宫和巴黎的枫丹白露。约阿希姆让霍亨索伦家族养成了这个习惯，他的许多继任者几乎永远住在柏林郊外。可他并没有钱来建造任何非常牢固的建筑，将波茨坦变成王室重镇，将是他在 17 和 18 世纪的继承人的任务。

不过柏林发生的事件，不仅很快构成对约阿希姆权威的挑战，也毁了他的婚姻。约阿希姆将勃兰登堡和柏林的未来（及家族未来）寄望于忠诚地服从皇帝。他是虔诚的罗马天主教徒，任命以狭隘、保守的神学观点著称的康拉德·温皮纳（Konrad Wimpina）领导他新建的大学。施蓬海姆修道院院长也曾指出约阿希姆宫廷是如何虔信宗教，没有人比"他们参加弥撒更虔诚，因为他们是最后一批皈依基督教的德意志人"[6]——可能柏林人自己也是这么觉得的。在统治初期，约阿希姆发现天主教信仰相对容易维护，只要再次迫害犹太人即可，这一直被视为证明自己信仰并引导公众偏见的好办法。1510 年，一则亵渎圣体丑闻震惊了整个柏林。1510 年 2 月，一名信奉天主教的铜匠从柏林西面的小镇克诺布洛赫的一座教堂里偷走了一个金制圣体匣和两块圣体[①]。为求脱身，他将这项罪行归咎于施潘道的一名犹太人，声称是此人想要圣体。在随后发生的歇斯底里的行动中，51 名犹太人遭到围捕并被指控犯有亵渎圣体和绑架基督教儿童的罪行，尽管没有任何证据表明确有儿童失踪。审判公开举行，它将当时柏林最愚昧的一面暴露无遗。38 名不幸的犹太人被烧死在玛利亚教堂门前的新集市上，另外 3 名在生命最后一刻皈依基督教的犹太人和那名铜匠一起被斩首。剩下的 13 人要么死于酷刑，要么设法逃亡。而在公开处刑之后，迫害犹太人在整个勃兰登堡都变得尤为普遍，但当时对犹太人的迫害往往并不长久，因为没有犹太人，货币市场就无法运行，也找不到好医生。[7]

　　就在渎圣丑闻发生后不久，多明我会一位名叫约翰·特策尔（Johann Tetzel）的肥胖修士来到柏林兜售"赎罪券"。赎罪券的理论如下：作为上帝工具的神父有权赦免罪过，前提是罪人真心悔过自新。但如果有罪之人其实是要免除上帝将其贬入炼狱的罪过，那

---

　　① 所谓圣体，即基督教圣餐礼中经神父祝圣后分发给教徒的无酵饼，象征着基督的身体。

么就要付出更多。赎罪就是付钱给教会以减轻罪责。这套理论今天听来颇为稀奇，但在16世纪早期的欧洲，有关天堂与地狱的观念极为强势而直接，因此特策尔的买卖始终红红火火。据说筹集的款项会用于支持罗马的圣彼得大教堂重修，但真相其实更为不堪。选侯约阿希姆的弟弟阿尔布莱希特年方28岁即当选枢机主教，他既是马格德堡大主教，又是美因茨大主教。实际上这两个获利丰厚的职位是不允许由他一人兼任的（"兼职"意味着对教会的冒犯，应当禁止）。但阿尔布莱希特却和教皇利奥十世达成一项资金协议，他以高于竞争对手——萨克森选侯选派的候选人——开出的价码保住了主教之位。因此，由特策尔募集的钱款，有一半通过复杂的交易手段进入教皇的金库。这笔交易由托马斯·布兰肯费尔德的儿子约翰（Johann Blankenfelde）出面办妥，他从奥格斯堡的银行家家族富格尔那里借到了钱。特策尔获准在勃兰登堡自由兜售赎罪券，布兰肯费尔德从中收取费用以偿还富格尔并获取可观的利润，而阿尔布莱希特则可以保住他的两个大主教头衔。但整件事的恶劣之处在于，特策尔其实并不能确保那些买了赎罪券的人真心悔过，他只求有钱入账；更离谱的是，赎罪券还可以赎买尚未犯下的罪过，这就让那些赎罪者得以肆意妄为。

这一切看上去是如此顺理成章，直到1517年10月31日。萨克森的奥古斯丁修会修士马丁·路德（Martin Luther）在那一天把他的《九十五条论纲》（Ninety-Five Theses，简称《论纲》）钉在了维滕贝格教堂的大门上，一举成名。任教于维滕贝格大学的路德曾在罗马待过一段时间，因此虽然对教会的做法颇有微词，但他依然是一名虔诚的天主教徒。正是特策尔——路德称其为"这个无知又无理的修士"——的举动，将路德推向反抗的边缘。《论纲》第

27 条写道："那些说只要把钱投进功德箱，灵魂就会应声飞出炼狱的人，就是胡说八道"；《论纲》第 28 条写道："随着钱财在功德箱里叮当作响，贪婪和进益便会增加，这是当然的事，但教会的投票权只取决于上帝的旨意"；《论纲》第 86 条写道："今日财富远超克洛伊索斯①的教皇，为何不自掏腰包修建圣彼得大教堂，却反过来要让穷信众花钱？"[8]当时有一条基于上述内容的流行语是这样说的："钱箱里的金子一响，获救的灵魂就能上天堂。"[9]

路德的举动犹如一块石头激起千层浪，起初只是单纯抗议这种不可宽恕的滥用行为，随后却演变为宗教改革乃至教会的大分裂。特策尔本人被要求回应路德的指控。他在约阿希姆新建的大学内答辩了两回，均不能服众，最后于 1519 年去世。但除了风暴因他而起，他的大部分生平都已被遗忘。不过约阿希姆依然坚定地忠于教皇，考虑到他兄弟的地位，他想反其道而行之也很难。但路德的行动确实表达了教会内部的不满情绪，而这种情绪在北欧格外普遍，人口多元且对天主教持怀疑态度的柏林尤其如此。路德现在开始发展他的思想，并逐步成为一场要求教会进行彻底改革的运动的领导者。1521 年，皇帝查理五世在沃尔姆斯召开帝国会议，会议发布了一项谴责路德为异端的敕令。他的著作即将遭到焚毁，任何追随他的人同样也会被宣布为异端。约阿希姆也在柏林忠实地执行了焚书行动，但为时已晚，一场波澜壮阔的运动不仅席卷整个德意志，也开始向欧洲蔓延。

事情随着约阿希姆公开与时年 21 岁的卡塔琳娜·霍尔农（Katharina Hornung）的恋情而变得越发错综复杂，后者是多子多

---

①　克洛伊索斯（Croesus）是末代吕底亚国王，以极其富有著称。

产的托马斯·布兰肯费尔德的女儿，也是办妥赎罪券一事的约翰的妹妹，生得美丽动人。她出现在玛利亚教堂耶稣受难画中布兰肯费尔德家族跪拜群像中的后方。1524 年，卡塔琳娜嫁给了一位名叫沃尔夫·霍尔农（Wolf Hornung）的富有科伦商人，此人也是约阿希姆的一位密友，选侯出钱给夫妇二人购置了豪宅。不过，约阿希姆似乎并不认为自己出钱买房理所应当，而是就此享有更多对这位年轻的"霍尔农太太"（Frau Hornung）的权利。霍尔农容忍这段婚外情一年之久，但当他在 1525 年聆听了一场马丁·路德谴责通奸的布道后恼羞成怒，刺伤妻子腹部。因为害怕选侯怪罪，他选择逃跑并设法来到萨克森。已经认定约阿希姆是宗教反动分子的路德则接手了霍尔农的案子。

　　约阿希姆的婚外情自然遭到妻子丹麦的伊丽莎白的反对，这让他的麻烦从此一发不可收拾。夫妻二人之间的关系多年来已持续恶化。只要约阿希姆前往波茨坦和勃兰登堡旅行，伊丽莎白就称病留在"城堡"内。1527 年，约阿希姆甚至携卡塔琳娜对波兰进行正式访问。伊丽莎白还供养着自己挥霍无度的弟弟，此人已定居柏林，但显然并不愿意偿还抚养费。但对她影响更大的还是她的兄长，即丹麦国王克里斯蒂安（Christian），他是路德的早期追随者。1527 年，伊丽莎白勇敢地告诉约阿希姆，她现在决定效仿哥哥信奉路德宗。约阿希姆要求她放弃，但遭到拒绝。伊丽莎白趁约阿希姆离开柏林之际，逃往萨克森并投靠舅舅选侯约翰，约翰被称为"坚定者"（Beständige），接替兄长弗里德里希成为路德的保护人。

　　此时的德累斯顿正在成为抵抗天主教柏林的路德宗中心。霍尔农在后来的帝国会议（于施派尔召开）①向皇帝请愿，不出所料，并未获得令人满意的回应。而在奥格斯堡帝国会议②之后，争议变得越发尖锐。在这次会议上形成的《奥格斯堡信纲》（*Augsburg Confession*），对路德宗的内涵进行了总结，为改革后的基督教提供了明确框架和教义；但它也在 1531 年引发德国北部信奉改革派宗教国家军事联盟，即施马卡尔登联盟的形成，这一军事联盟现在有能力向皇帝以及诸如约阿希姆这样的天主教诸侯发起挑战。路德本人耗费了大量时间来推动霍尔农案的进度，他撰写了 150 页反对约阿希姆的陈述依据，打算提交帝国法院。在引领一种新宗教期间，他却始终致力于此事，个中含义颇耐人寻味。[10] 但柏林在推动宗教改革方面所发挥的作用要比它自己意识到的更大。

伊丽莎白和约阿希姆依然没有和解，而已经为约阿希姆生下三个孩子的卡塔琳娜此时发现和他一起生活十分痛苦，但这场同居仍持续到约阿希姆 1535 年 7 月 11 日去世，他享年 51 岁。不过卡塔琳娜也没活太久，她的三个孩子（通通拜约阿希姆慷慨所"赐"）由卡塔琳娜的侄子，日后另一位柏林市长约翰·布兰肯费尔德抚养长大。

如果说路德的努力有什么是徒劳的话，那么便是约阿希姆的儿子，即绰号"赫克托耳"（Hector）的约阿希姆二世（Joachim Ⅱ）即位，他也是命中注定最后一位拥有古典式连名的霍亨索伦家族成员。其父临终时，曾让赫克托耳承诺保持天主教徒的身份。起初他

---

① 施派尔帝国会议于 1526 年 6 月召开。

② 此指 1530 年 6 月 20 日在德国南部城市奥格斯堡召开的帝国会议，会议引发了信仰天主教和新教的德意志诸侯的分裂。

看上去会遵从父亲的遗愿。柏林和科伦联合议事会在 1539 年 2 月 13 日宣布柏林人"将慷慨地做出承诺和让步，他们将在复活节期间坦然面对和接受两种基督教教仪和教规下的圣礼"[11]。约阿希姆对此表示拒绝。但他是一名信仰坚定的新教徒，更多受到他母亲的影响。早期霍亨索伦家族成员总能结上一门好亲事。无论是新教还是普鲁士，它们之所以能在勃兰登堡生根发芽，都是得益于霍亨索伦家族成员与有能力、有权势的女性结合，而伊丽莎白之所以能在德国历史上脱颖而出，也是因为她的道德和勇气具有特殊而深远的影响。

鉴于皇帝与宗教改革派之间的战斗无休无止，约阿希姆二世不得不等到他感觉足够安全后才开始他的"基督教改革"。在他于 1539 年 4 月利用《决兰克福条约》拒绝议事会倡议后，便很快迎来了接纳新教的机会。虽然"教随君定"原则（cuius regio eius religio，即一国之君可以决定自己的国教）直到 1555 年才得以正式确立，但在这之前已得到普遍应用。1539 年夏天，约阿希姆二世召集改革派神学家前来柏林，11 月 1 日，勃兰登堡的新教圣餐礼首次在位于施潘道的圣尼古拉教堂举行。第二天，它又首次在科伦，而不是柏林的尼古拉教堂举行，主持仪式的是柏林教长格奥尔格·布赫霍尔策（Georg Buchholzer）。布赫霍尔策是柏林人，曾在位于奥得河东岸诺伊马克（它是勃兰登堡的一部分）担任牧师。此前他已和约阿希姆默默合作数月，从事新教布道工作，直到 9 月才抵达柏林。整个 1539—1540 年冬天他都在勃兰登堡全境布道，因此柏林和整个马克如今都坚定地信奉路德教派。伊丽莎白则直到 1545 年才从德累斯顿返回，当时她已 60 岁。她不喜欢约阿希姆的第二任妻子，即波兰天主教徒黑德维希（Hedwig of Poland），后者弥撒照听，还拒绝学习德语，但伊丽莎白仍帮助后者的小儿子改变勃兰登堡-屈斯特林的信仰，那里是祖父约阿希姆一世留给他的部分马克。伊丽莎白在施潘道度过了她的余生。[12]

柏林一直对信仰采取务实的态度。柏林人在16世纪40年代所接纳的新教，在1555年"奥格斯堡和平"[①] 缔结之后获得合法地位，皇帝也正式承认"教随君定"原则。但在柏林，主教仍被保留下来，圣徒和他们的纪念日也被保留了下来，而弥撒仪式依然使用拉丁语。这是一套非常适合柏林人的做法，以16世纪德意志的标准看来非常自由和宽容。当后来霍亨索伦家族成员的宗教信仰日益激进，以至于让柏林人感受到威胁，他们便会奋起捍卫自己的信仰。

成就柏林宗教改革的人是布赫霍尔策，他感到柏林人需要这种轻松的接触。更值得一提的是，20年间他"勤恳而忠诚地主持"在尼古拉教堂和玛利亚教堂的柏林各类主要集会，"讲道、领圣餐，并维护其他基督教仪式"[13]，因此被称为"柏林的宗教改革者"。他在很多方面都是一个领先时代的人。他是路德的密友和通信者，深受其影响；他也是人文主义者梅兰希顿（Philip Melanchthon）的追随者，并从他那里激发出对教会领导人文主义教育和行善必要性的兴趣。布赫霍尔策还运营着三家城市医院。尽管他并不介意卷入今天看来匪夷所思的神学论争之中，例如与约阿希姆的宫廷牧师，嫉妒他影响力的约翰内斯·阿格里科拉（Johannes Agricola）持续

①　此指1555年2月在奥格斯堡召开的帝国会议。在这次会议上，神圣罗马帝国皇帝查理五世和各帝国诸侯签署《奥格斯堡宗教和约》，正式确立宗教信仰自由、天主教与新教地位平等等原则。

数年的争执。他们争执不下的问题是布赫霍尔策是否在布道时提到圣母玛利亚是神与人之间的调停者。但布赫霍尔策本质上是一位实用主义者，是他让教会和柏林人关系密切起来。最终，约阿希姆也开始怀疑布赫霍尔策的社会改革倾向是否走得太远，并于 1564 年解雇了他。不过，柏林人将在未来几十年中激烈地捍卫布赫霍尔策所倡导的这种宽容、人道主义的宗教实践。它还引导出宁静致远而又具备社会福利意识的强势基督教，这种宗教意识成为许多柏林人的典型特征，并为对 18 世纪的柏林至关重要的虔敬运动做出重大贡献。

　　阿格里科拉本是一位开明的神职人员，曾在维滕贝格跟随路德学习，而且是在萨克森宫廷认为他的布道过于激进时获得约阿希姆任命的。因此，从很多方面来看，这个任命都出人意料。阿格里科拉的社会观点相当极端。他写过一篇虔诚的新教徒与社会革命者的对话，结尾有言"我们应当如何摆脱暴君？"。这些文字相当具有煽动性，尤其它出现在 1525 年农民战争爆发前（尽管勃兰登堡并未爆发起义），这场运动随后向整个德语地区蔓延。阿格里科拉还在 1537 年撰写了一出关于 1415 年在布拉格烧死捷克宗教改革家扬·胡斯（Jan Hus）的戏剧。1566 年他在柏林死于瘟疫，但在生命的最后阶段，阿格里科拉却变得相当保守，致力于寻求与天主教会的和解。他最伟大的遗产可能是在他原创的作品《德国人惯用但无人知晓出处的 300 句常用谚语》（*Dreihundert gemeine Sprichwörter, der die Deutsche nuns gebrauchen und doch nicht wissen, woher sie kommen*）中所表现出的世俗性。在这部作品中呈现出的是一位知识分子领袖受人尊敬。他对教会拉丁语无感，却对日常会话充满兴趣。他列举的很多谚语，今天仍在柏林普遍使用，例如"会叫的狗很少咬人"，而另一些谚语，诸如"头发长见识短"，则或多或少地消失了。阿格里科拉老派的革命精神可以在他最著名的一篇文章中找到蛛丝马迹："在宫中，可以经常伸出双手，却少有可以交心者。"[14]

1539 年，约阿希姆二世还允许犹太人返回柏林——严格来说他们从 1510 年起就被禁止定居于此。1556 年，他还任命他"亲爱的、真诚的利波德（Lippold）"担任整个马克犹太人群体的领袖。[15]不过，利波德并不受犹太人的欢迎，部分原因是人们觉得他对宗教信仰的坚持过于严苛，部分原因是他是约阿希姆的银行家才获得此任命。1564 年，犹太人社团支付 8 000 古尔登建造了一座犹太会堂，并购置下一片土地，这片土地随后成为这座城市首个犹太人墓地。

约阿希姆二世治下的柏林其实称不上一座真正沐浴着文艺复兴光芒的城市，但它无疑是一座正在发生变化的城市，艺术也开始在这里扎根。约阿希姆本人是一位坚定的建设者。行动的起点是死气沉沉的"城堡"，他聘请萨克森石匠康拉德·克雷布斯（Konrad Krebs）制定方案，后者建造了一座 L 形的宫殿，拥有两座不同的角楼和一个可以用来举行庆典游行的大型内部庭院。克雷布斯使用的材料是砂岩，而非普通的勃兰登堡砖，他还在以人行步道连接宫殿的多明我会修道院的旧址上修建起一座被夸大为"柏林大教堂"的建筑。不过，工程尚未完工，克雷布斯就溘然长逝了，而约阿希姆的钱更是在此之前就已花完。这一点倒并不出人意料，因为他同时还在克珀尼克建造一座河畔狩猎行宫，只消花上一天路程，他就可以到达柏林的东面，融入达姆河与施普雷河交汇处的壮丽风光之中。最初的建筑早已不复存在，在其遗址上兴建起的是一座由弗里德里希一世建造的全新巴洛克式宫殿。但这个建筑由于历经改建，充当过兵营、监狱和学校，如今也已面目模糊。但无论如何，约阿希姆开启了一种受欢迎的柏林习俗：逃离城市，前往克珀尼克寻欢作乐。今天，成千上万的柏林人涌入附近的穆格尔湖游泳、野餐。穆格尔湖是施普雷河上游蜿蜒穿行而成的系列湖泊之一。不过接下来的两个世纪里，克珀尼克仍是一处环绕森林的迷人村庄。

约阿希姆二世还在格伦瓦尔德修建了一座狩猎行宫，保留至今的这座行宫倒是与他初见时别无二致。格伦瓦尔德狩猎行宫于 1542 年完工，这是一座简洁而朴实的大型乡间别墅，虽然算不上一座真正的宫殿，但它是至今保存最完好也最具特色的 16 世纪柏林建筑之一。这座坐落于格伦瓦尔德湖畔空地上的行宫，无论是乘车还是步行，距离柏林的主商业街选帝侯大街都仅"咫尺"之遥，却给人一种它仿佛隐藏于森林深处的感觉。和许多欧洲王室家族一样，狩猎基因也深深地印刻在霍亨索伦家族的血液里，约阿希姆在格伦瓦尔德度过的时间也越来越长。但追逐格伦瓦尔德的雄鹿并非他留在那里的唯一理由。他的第二任妻子波兰的黑德维希，是一个不会说德语又非常虔诚的天主教徒，遭遇了一场不幸的事故。她从约阿希姆另一座狩猎行宫的地板上掉了下去，楼下房间里陈列的鹿角刚好刺穿了她。这场事故不仅让选侯夫人落下残疾，也让她发现，自己的位置正日益被约阿希姆的情妇安娜·叙多（Anna Sydow）取代。安娜是柏林一家重要的铸铁厂老板的妻子。约阿希姆把她安置在狩猎行宫中生活，直到她 1571 年去世。他还要求自己的继承人约翰·格奥尔格（Johann Georg）承诺确保安娜衣食无虞。但父亲刚一断气，约翰·格奥尔格就把她关进行宫内的一个楼梯间（不过关于这个故事，取决于人们想要相信哪个版本。但最近的研究发现，狩猎行宫中有一处楼梯间恰好是在约阿希姆去世那年才修建起来的，这应该绝非巧合）。

　　狩猎行宫如今也是约阿希姆和他的父亲两代人的穷奢极欲结出丰硕果实的家园，这里收藏着老卢卡斯·克拉纳赫（Lucas Cranach the Elder，1472—1553）与其子小卢卡斯·克拉纳赫（Lucas Cranach the Younger，1515—1586）的绘画作品。克拉纳赫父子来自德意志南部，但受雇于萨克森宫廷，担任宫廷画师。约阿希姆二世结识这对父子后，并成为他们的朋友和积极的赞助人。狩猎行宫的一层后来专门提供给两人用于工作。克拉纳赫父子的工作坊非常大，并根据订单创作各类官方肖像，其中包括许多年轻时的约阿希姆画像，画像上的他看上去孔武有力，适合在勃兰登堡周边分发。老克拉纳赫还为约阿希姆一世绘制了至少两幅著名的肖像画，展现了他辉煌的选侯生涯，但对他其他方面的呈现就十分直截了当（精光闪烁的小眼睛和刻薄的嘴）。约阿希姆二世后期的肖像看上去也十分严厉，但这种不妥协的威严形象可能也是当时人所需要的。更多的作品是克拉纳赫工作坊为柏林绘制的。有一系列令人叹为观止的激情之作，展示了大量的裸体，这在当时的德国宗教画场景中显得非同寻常。然后是约阿希姆二世为"城堡"（或者称柏林宫为好，因为我们应该在它翻新过后用更准确的名字提及它）定制的一系列历史和神话题材的"审判"画作，它们都是为约阿希姆私人起居区域设计的，因此格外有趣。画作最大限度地减少了红色和蓝色的使用，这是当时最昂贵的颜料，因为制作这些颜料的材料难以获取，这或许也暴露出选侯阮囊羞涩的窘境。

　　格伦瓦尔德狩猎行宫持续为霍亨索伦家族逃离柏林提供休憩之所，证明了西柏林的乡村地区如何保留到 20 世纪。有一幅精美的画作描绘了 1887 年皇帝威廉一世（Wilhelm Ⅰ）抵达行宫开启平日狩猎的场景，行宫前门外是一排身着红衣的骑手和一支正在演奏的军乐队，但狩猎行宫的艺术品收藏故事还另有一层转折。在藏品中有一幅充满了血腥和暴力，近乎虐待的《鞭笞》（*Flagellation*），出自 14 世纪科隆画匠之手。[①] 它最初归柏林的一位英国商人爱德华·索利（Edward Solly）所有。1821 年，索利将整个画廊卖给弗里德里希·威廉三世（Fridrich Wilhelm Ⅲ），因为当时霍亨索伦家族也开始建立国家美术馆。《鞭笞》原本一直悬挂在狩猎行宫内，但当 1945 年整个德国陷于混乱，这幅画也随之凭空消失。直到不久之前，柏林市当局才在网上追寻到它的踪迹，并最终惊讶地发现：它出现在美国印第安纳大学的藏品中。赫尔曼·B. 威尔斯（Herman B. Wells）是二战结束后负责柏林文化事务的美军军官，巧合的是他后来成了美国印第安纳大学的美术学教授。[②]《鞭笞》如今安全地回到它本应在的地方，周围还有许多俯瞰格伦瓦尔德的克拉纳赫父子作品。

约阿希姆还成立了柏林第一个正规乐团。当时的尼古拉教堂和玛利亚教堂都拥有自己的合唱团，但约阿希姆还是在 1540 年招募了十来名小号手和鼓手，还有一名歌手，后来又增加了弦乐，这样一来，到 1570 年时他就拥有了一支由乐队指挥（Kapellmeister）带领的小型管弦乐队。这些音乐家都是面向国际招募，一份工作记

---

① 这幅画的全名为《受鞭笞的基督》（*The Flagellation of Christ*），创作于 15 世纪晚期，非原文所称的 14 世纪。

② 印第安纳大学官方则称"威尔斯 1967 年从伦敦一处画廊购入此画，并于 1985 年捐赠给大学附属艺术博物馆"（参见 https://newsinfo.iu.edu/web/page/normal/20442.html，2022 年 5 月 4 日访问）。威尔斯并非印第安纳大学教授，而是该校校长（1938—1962 年在任）。2011 年 11 月，印第安纳大学将《受鞭笞的基督》归还给柏林狩猎行宫博物馆。

录表明，他们的演出曲目出自整个欧洲。没有大教堂或宫廷活动安排时，这支乐队也可以为其他教堂会众自由演出而不受约束。而由这个小团体派生出两个重要的柏林传统。首先，柏林人被允许聆听路德教派的礼拜唱诗，礼拜起初使用的是拉丁语，但德语的使用频率正变得越来越高，以便让人们也可以参与进来。吟唱赞美诗因此迅速成为去教堂最受欢迎的环节，人们还可以参与原先相当枯燥的拉丁语环节，这成为路德宗吸引人的重要因素。其次，约阿希姆的小乐队开创了公共音乐会的概念，也是从那时起，音乐会成为柏林生活的重要组成部分。柏林或许并非众多伟大德国作曲家的诞生地，但它一定是其中很多人——从巴赫到贝多芬——想要演出的地方，不仅为获得在宫中表演的荣誉，也为柏林观众的热情和欣赏而演奏。

　　柏林在宗教改革后的另一项创新是柏林剧院。虽然完全不能与莎士比亚在伦敦上演的剧目相提并论，但据记载，该剧院1541年就上演了首部公共戏剧。这出戏的标题十分直白：《关于我主基督恩典诞生的动人而有益的戏剧》（*Ein sehr schön und nützlich Spiel von der lieblichen Geburt unseres Herrn Jesu Christi*），由海因里希·克劳斯特（Heinrich Klaust）撰写。克劳斯特是科伦的一位校长，戏剧的某些章节由他的学生出演，且该剧大部分采取演唱的方式。遗憾的是，公众在首演当日的反应今天已无从知晓，但这个相对温和的开端开启了欧洲最闻名遐迩的戏剧传统之一，并且还将被迅速发扬光大。[16] 尤其随着与英格兰的文化交流日益频繁，部分是缘于英格兰不断增长的贸易利益，部分是缘于英格兰士兵的到来——他们在16世纪下半叶大批滋扰欧洲的军队中服役。英国的演员带来了喜剧，英国喜剧人物（Englische Komödianten）很快被接纳和改编为汉斯·武斯特（Hans Wurst）之类经典的德意志喜剧角色，并由此形成一种在柏林小酒馆（Kneipen）里流行的诙谐剧形式，数世纪经久不衰。他们还将威廉·莎士比亚（William Shakespeare）的戏剧带到柏林，就此引发柏林人对其作品的持久热爱，这种情感直到今天依然十分浓烈。早在 17 世纪早期的前几十年，莎士比亚的喜剧和悲剧就以德语结集出版，选侯还出资供养着一个由约翰·斯宾塞（John Spencer）领导，由 19 名演员和 16 名乐手组成的柏林剧团；斯宾塞退休之后，剧团还跑到伦敦发布广告招募接班人。[17]

一个重要的变化是柏林人使用的语言。几个世纪以来，这里使用的是一种略显粗鲁的低地德语（Plattdeutsch），充斥着大量出自汉萨城市港口的短语和表达，这让其他地方的德意志人很难理解。但随着柏林与德国中部的贸易联系开始占据主导地位，商人们倾向于关注南面的莱比锡和德累斯顿，而不是北面的波罗的海和北海，情况开始发生变化。而路德的作品也让萨克森德语——被称为"迈森话"（Meissenisch）的高地德语（Hochdeutsch）——广为人知，它也成为德意志大部分地区（也包括柏林）的政府和法律首选用语。1510 年渎圣案审判使用的便是这种高地德语，虽然被告席上可怜的犹太人可能什么都听不懂，但这依然证明这座城市的语言正在变化。最杰出的商人家族也改变了他们的名字拼写，以彰显自己的教养；例如里克（Ryke）家族变成"赖歇"（Reiche），舒姆（Schum）家族更名为"绍姆"（Schaum）。变化是如此迅速，但柏林照例仍要以自己的方式对此加以诠释。如此一来，尽管到 16 世纪中叶柏林几乎人人都在讲这种迈森话，但他们依然保留传统的口音和风格。柏林人"接受了上萨克森方言（迈森话），但他们说起来仍像是低地德语"，后来又与持续不断的移民浪潮带来的各色语言和表达相结合，更赋予了柏林人独特的口音和方言，成为一直保留至今的柏林话（Berlinerisch）。[18]

柏林话是一种不断发展的方言，很难确定它在什么时候确切吸收了哪些词语和习语，但它一开始作为一种街头语言，似乎就在追逐各种特性，而非遵守各种规则。元音被压扁，于是讲高地德语的人念"auch"（意为"也"）或"auf"（意为"……之上"）会发"au"音，但柏林人会念成"owch"（发音作"əʊ'hə"。——译者注）和"owf"（发音作"ʊf"。——译者注），"u"在这里的发音类似英语"push"的"u"。他们还把"klein"（意为"小"）念成"kleen"（发音作"kleɪn"。——译者注），而规范的德语发音则是"kline"（即"klaɪn"。——译者注）。可能最著名的柏林话发音习惯是用"ick"（发音为"ɪk"）代替"ich"（即德语中的"我"，"ch"读作"çɪ"）。字母"g"发音是"j"（但这里指的是德语中的"j"发音，即"jɒ"。——译者注），因此"jut"表示"gut"（即"好"）；而"s"则变音为"t"，因此"wat"取代"was"（即"什么"），抑或是"dit"或"det"取代"das"（即"这"）。名词的复数形式后面还会多加一个"s"，于是"Klopse"（即"肉丸"的复数）就变成了"Klopses"。名词前面有一个额外的定冠词，例如"dem sein Haus"（"他的房子"），而不是传统的"sein Haus"。语法可能存在随机性，但专有名词和名称却成了固定表达。"Nachti-jall ick hör dir trapsen"，在德语中原本应写作"Nachtigall ich höre Dich kommen"（意为"夜莺，我听你啼唱"，或"我对某事表示怀疑"），是德语文学中一句脍炙人口的台词。五芬尼的硬币被称为"Sechser"，泰格尔至今保留着一座塞克瑟桥（Sechserbrücke），原因是它过去的通行费就是五芬尼。柏林话似乎还包含着一些刻意为之的不尊重，甚至是叛逆的内容，似乎它也包含了"柏林不乐意"的精神。一个经典的例子是这样的，讲究礼数的德国人可能会用"nicht wahr?"（"不是吗？"）结束一个句子，但柏林人会简明扼要地用"Huh?"（"嗯？"）。

　　克拉纳赫父子、克雷布斯建设柏林宫，还有上述语言上的变化，都表明萨克森文化之于柏林的影响如何之强盛，宗教争端和约阿希姆一世婚外情似乎都没能制止私人之间和文化联系的发展。柏林将继续对德累斯顿保持敬畏之心——其实带着点嫉妒，这种心态直到 18 世纪发生了令弗里德里希大王最忍无可忍的行动之一，还有日后的德累斯顿大轰炸①才宣告终结。有一则插曲就证明当时的柏林注定还有很长一段路要走，才能赶上老谋深算的萨克森：1532 年一个来自科伦的商人米夏埃尔·科尔哈斯（Michael Kohlhaas）前往莱比锡做生意。当科尔哈斯骑马穿过萨克森时，当地一名领主掳走了他的两匹马，说是充当买路钱。科尔哈斯试着告上萨克森法庭要求赔偿这一损失，却以失败告终。一怒之下他烧毁了维滕贝格的几栋房子，然后聚集了一帮亡命之徒，继续在萨克森烧杀抢掠，最终他回到柏林时已沦为彻头彻尾的强盗。今天在策伦多夫还有一个名叫科尔哈斯桥的地方，据说他打算在那里打劫选侯运送银两的车队，当时这支车队正要渡过哈维尔河的支流巴克河，得手后的科尔哈斯将银锭藏在河岸边。但不久之后他就被抓获，并于 1540 年

---

　　①　这里指的是 1945 年 2 月 13 日—15 日英美空军对德累斯顿发起的无差别大规模空袭。空袭共造成 22 700～25 000 人死亡（其中绝大多数是平民），德累斯顿城区大部分被毁。

被判处车轮刑处死。若不是海因里希·冯·克莱斯特（Heinrich von Kleist）在他 1810 年的《短篇小说集》（*Erzählungen*）中把科尔哈斯塑造成一位深受爱戴的英雄，那么科尔哈斯很可能已经从历史视野中消失了。他被塑造成对抗过于强大的萨克森选侯，捍卫普通人和自己权利的罗宾汉式的人物。这在当时普鲁士被拿破仑占领的背景下，是一种十分有效的宣传。柏林还需要很多年才能信心满满地与德累斯顿打交道。

柏林的软肋主要在于萨克森比勃兰登堡富裕得多。在 16 世纪下半叶，随着汉萨同盟城市的港口开始失去对沿海峡经营的荷兰和英格兰商船的贸易优势，差距被进一步拉大。这导致在柏林周边拥有土地的富裕商人家庭离开城市，回去经营自己的庄园，如此就造成两个影响。首先，这意味着城市的财富减少。虽然宫廷成员成为城市的主要消费者，但税收却不见增长。总是缺钱的约阿希姆二世并不反对向富裕市民突击收取"财富税"。1567 年 8 月 4 日，他对城市所有的黄金、珠宝和硬币进行了估价，然后想方设法让自己从中分到一杯羹。不出所料，这一举动极不受欢迎，尤其约阿希姆的大部分支出是为了他的各种建筑项目，另外可想而知，他的犹太银行家利波德也因此受到指责。

约阿希姆的财务问题或许也揭示出他如此热衷宗教改革的另一原因：他和利波德逐渐意识到柏林的教会是多么的富有。格伦瓦尔德狩猎行宫就是用出售教堂土地的收益建成的。而霍亨索伦家族的改革热情似乎随着可以到手多少教会财富而不断高涨。但问题是要为此寻找市场。其中的大部分资金流入了那些已扎根更广阔的勃兰登堡地区的柏林富裕商人家族。以泰格尔宫（它日后因成为冯·洪堡家族的宅邸而闻名）为例，它由约阿希姆的一位姓布赖特施耐德

（Brettschneider）的官员于 1550 年修建，而这里的土地原来属于一家修道院。出于媚上的考虑，布赖特施耐德聘请了一位名叫卡斯帕尔·泰斯（Caspar Theyss）的萨克森建筑师进行建设，与约阿希姆建造格伦瓦尔德如出一辙。富裕商人家庭的外流削弱了柏林人的政治实力，随着农村地主——众所周知的容克〔虽然"容克"（Junker）一词出自普鲁士〕——实力大增，柏林的实力也相应削减。

约阿希姆二世于 1571 年去世。虽然长期资金短缺，他仍自恃为北欧日益举足轻重的统治者之一。1562 年，他曾率领"由 68 位绅士和 452 匹马组成的随从"参加斐迪南（Ferdinand）皇帝召开的选举继承人的帝国会议。[19] 他的葬礼也极尽奢华，他的继承人约翰·格奥尔格虽然将父亲的情妇幽禁在格伦瓦尔德行宫的楼梯间内，但"仍为他举办了一场豪华的葬礼"[20]。可怜的利波德也没能因此逃脱厄运，他在被捕后即遭极为可怕的处决，随之而来的是如今已成传统的大屠杀。犹太人被"永远"禁止进入柏林，他们还需要近百年时间才能重返这里。不过没钱也没能阻止约翰·格奥尔格，他依旧格外热爱显摆。"那时候的风俗就是混合了狂暴和华丽，"弗里德里希大王这样说道，"造成这种诡异的原因是这个国家必须摆脱其野蛮属性的愿望……但他们的愚蠢之处在于将典礼与礼仪、富丽堂皇与典雅庄重、放浪形骸与娱乐享受、学究与学习混为一谈。"[21] 约翰·格奥尔格在柏林举办了整整四天的游乐活动以庆祝其长子的诞生。活动的举办地位于大花园，这是柏林宫以北的一处开放空间，而它也将不断与这座城市及其统治者发生关联。游乐活动包括骑士们的长矛比武、施普雷河上的海军角逐，以及约翰·格奥尔格尤其热衷的烟花。他坐在柏林宫的一扇窗前，向点火者发送信号，亲自监督整场烟花表演。

　　他还将莱昂哈德·图尔奈瑟（Leonhard Thurneysser）带到柏林，后者自称是炼金术士、冶金专家和医生。在科学知识尚不足以反驳其疯狂理论的年代，他处于现实和想象之间的灰色地带。图尔奈瑟出生于巴塞尔，在几个欧洲国家和北非（如果他的话可信的话）碰过运气之后，在奥得河畔的法兰克福治好了约翰·格奥尔格的妻子。心存感激的选侯高薪聘请他前往柏林，把他安置在格劳恩修道院。图尔奈瑟在那里建了一个实验室，并成为柏林当地的名流。他于 1575 年出版了一本名为《基础入门》（*Archidoxa*）的大部头书籍，声称可以解释行星运动，从而赋予他预测自然事件的能力，还能告知客户其所属的星座，这一点可能更有利可图。图尔奈瑟声称施普雷河河底有黄金，而马克也拥有丰富的贵金属资源，这让他更得穷困选侯的欢心。不出所料，他也认为自己有能力把廉价金属变成黄金。这场骗局一直持续到 1584 年，各类婚姻纠纷迫使他返回巴塞尔。尽管他后来又回到柏林，但那时他的魔力已被破除，因为并没有变出什么黄金来，而他本人最终也在皈依天主教后死于贫困。即便如此，图尔奈瑟还是给柏林留下了极为有益的遗产，因为他建了一家印刷社。1600 年，柏林人就读上了他们的第一份正规报纸，这是一份由选侯的邮政局长克里斯托弗·弗里施曼（Christoph Frischmann）出版的周报。1614 年，约翰和萨穆埃尔·卡勒（Johann and Samuel Kalle）两兄弟创办了一家出版社及附属书店。

　　尽管约翰·格奥尔格性喜炫耀，吹捧诸如图尔奈瑟这样的骗子，鼓动暴民发起导致利波德被处决的暴力活动——所有这一切都指向了弗里德里希大王所感叹的"野蛮"。但在他的治理之下，其父统治时期表现为松散、实用主义的路德宗宗教实践的的确确实现了逐步收紧。布赫霍尔策和阿格里科拉此时都已谢世，而柏林开始意识到需要一套更有条理地解释宗教改革的说法。约翰·格奥尔格接受了 1548 年《奥格斯堡临时条约》（Augsburger Interim），这意味着柏林和马克教会如今将遵循德语世界其他地区常见的路德宗信仰，包括圣礼、主教和圣人。另外，虽然他是坚定的路德宗教徒，但他允许信仰加尔文宗的难民在柏林定居。约翰内斯·加尔文（Johannes Calvin）是一位来自日内瓦的法国宗教改革家，加尔文宗即得名于他。他比路德年轻不少，早年是一名天主教徒，他认为路德的宗教改革未能给出合乎逻辑的结论。加尔文宗的核心观念在于人与上帝的交流不需要任何中间人。基督徒的《圣经》确实需要帮助才能对其进行解释，但饶是如此，也并不需要主教或是任何被路德保留下来的天主教教会仪式从旁协助理解。加尔文在《基督教要义》（*Institutes of the Christian Religion*）中对这一观点进行了清晰的表述，该书于 1536 年首次出版，随后不断再版，直到加尔文 1564 年去世。不过加尔文宗仍被认为过于极端，不得作为奥格斯堡所达成的"教随君定"原则下的普通宗教为人所接受，它还被许多统治者认为具有危险的激进主义色彩，因为它可以被解释为赋予人民反对公认的等级制度的权力。然而这是一种误解，正如一些王公所意识到的那样，如果无法对付主教，那么就由他们自己来担任主教的角色。而柏林人很快就意识到这将意味着什么。

✣　✣　✣

在 16 世纪接近尾声之际，霍亨索伦家族依然在欧洲政治生活中位居末流。约阿希姆二世或许已经正式走进帝国议会；而到他去世时，被他父亲一分为二的马克［其弟约翰（Johann）在屈斯特林统治马克的东部］也可能已经重新统一，但勃兰登堡在经济和文化上仍犹如一潭死水——特别是和萨克森相比。相比上一个世纪，柏林也并没有变大多少。从规模看，它大体上还是那几个区域：科伦、岛和柏林自己。约阿希姆将所有的精力都放在了柏林宫的建造上——此时这座宫殿已经拥有柏林首个网球场和室内骑术学校，但除此之外几乎没有其他的建筑物。因此柏林依然给人一种农业集镇的感觉，许多人每天离开这里去周边的农场上班。其人口在 12 000人左右徘徊，但随着瘟疫在 1566 年进一步扩散，并在 1576 年惊人地暴发（据称是一名妇女偷了一位瘟疫病人的外套，致使疫情遍及全城）导致约 4 000 人死亡，城市人口急剧下降[22]；与之相比，1618 年时伦敦人口为 130 000 人。[23]瘟疫似乎成了这座城市需要很多年才能摆脱的某种诅咒。疫情的影响，连同经济下滑和导致当地饥荒的粮食歉收，都意味着城市发展微乎其微。

因此，对于柏林人来说，16 世纪的最后二十年是相当悲惨的，贫困变得日益普遍。那些有幸成为某一行会成员的人好歹有伙伴照料；但行会外的那些人就没那么走运了，不过他们还是得到了 1596年《济贫法》的全面照顾。在整个欧洲的福利措施还只是最基本的时代，这部法规无疑非常领先。病人可以在四所城市医院中的一所接受治疗，费用由城市负担。穷人家的孩子能得到资助，并获准在别人家门外合唱挣钱。那些因为无法工作而陷入赤贫的工匠，即所谓"无力养家者"（Hausarmen），每两周接受一次施舍。乞丐需要接受检查，如判定确实无法工作，他们将佩戴官方发放的标志，并获准每周有三天在上午十点至日中这段时间行乞。城市还通过了几部法规，以减少卖淫活动。卖淫是一个格外受欢迎的工作，仍能在经济不景气的时期得到蓬勃发展，因为始终有大量客商前往柏林。尽管城市数度立法加以抵制——首部禁止法甚至可以追溯至 1486 年——或是予以宽容，但随着梅毒在 16 世纪中叶的欧洲大肆传播，卖淫成为更为严重的问题。1583 年，选侯颁布"清洁生活"谕令，试图控制问题泛滥。[24]

即便如此，富人们依然有机会享受更美好的生活。每个行会都会举办盛大的年度庆典，大肆宴饮，大量用柏林种植的葡萄酿造的葡萄酒以及啤酒被喝掉。1565 年前后，城市周边已有 70 座葡萄酒庄和 26 家葡萄酒酿造商。1580 年城市议事会认为有必要颁布"奢侈"法令，它将城市人口分成四个"等级"，根据收入来判断人属于哪个等级，这将决定着装和娱乐。这一点听上去很离谱，但这种监管的方式在 16 世纪的欧洲并不罕见，甚至到 19 世纪中叶还成为柏林等级选举权的一部分。裁缝被禁止为任何选择与自己等级不匹配的面料的顾客缝制衣物。婚礼此时已成为一个重要节庆活动，但它同样受到严格控制。法令里详细规定了不同等级允许邀请的宾客人数、桌数，以及仆役、乐手和火炬手的人数。婚礼往往被允许举行三天，其中包括了周日举办的教堂仪式婚礼以及当晚举行的大型晚会；周一则是祝福环节，然后是更多的宴会；周二亲朋好友们在新婚夫妇不出席的情况下再次聚在一起。[25]

尽管经济不景气，移民依然持续涌入。如今这一群体主要来自南部，来自德语世界中经济条件同样困难的其他地区。历史在这里出现了有趣的转折，来自萨克森的移民人数格外多；还有来自位于德累斯顿和莱比锡正西的图林根，以及德意志南部巴伐利亚北面的法兰克尼亚的移民。但这一时期的人数并不能与中世纪时涌入柏林的人数相提并论，也不像日后那么引人瞩目，但 16 世纪的柏林依然称得上是一座移民城市。新居民所带来语言和文化上的变化，也被这座城市迅速吸纳。但从本质上改变城市与王朝命运的，是在 17 世纪头十来年发生的三件事情：一是，霍亨索伦家族即将成为普鲁士的统治者；二是，他们将要接受加尔文宗；三是，1618 年，神圣罗马帝国皇帝特使被布拉格的新教市民毫不客气地从窗户扔下去，酿成"布拉格掷出窗外"事件，由此揭开三十年战争的序幕。

霍亨索伦家族的命运与柏林人的命运完全交织在一起，可能缘起于继承普鲁士一事。但在此之前，可能先要对导致一位霍亨索伦成为普鲁士统治者，而另一位霍亨索伦以柏林为都城的王朝变迁做一番解释。普鲁士位于勃兰登堡以东，波兰外围，立陶宛的南面和西面，这是一片平坦的沼泽地带，与波罗的海接壤，柯尼斯堡是它的首都。作为欧洲最后的异教地区之一，它遭到十字军军事组织条托骑士团的血腥征服；骑士团在 13 世纪和 14 世纪强迫这里的居民皈依基督教。条托骑士团里有许多德意志人，但绝非全员德意志人，和许多十字军运动一样，它为众多来自欧洲各地、渴望获得土地的战士提供了机会。至 1283 年前后，这个军事组织或多或少掌握了控制权，并通过一系列强势城堡统治他们的新疆域，其中最重要的是骑士团大本营所在地的玛利亚堡。15 世纪初，波兰人和立陶宛人已被骑士团跨越普鲁士边境惯于突袭的作风搞得筋疲力尽，而普鲁士人则对骑士团这一高压政权怨声载道。1410 年，波兰和立陶宛联军在坦能堡给了骑士团致命一击。在随后的一个世纪里，骑士团逐步丧失其对领土的控制，以至于到 1525 年时，他们的大团长阿尔布莱希特（出自霍亨索伦家族安斯巴赫一支）做出决定，唯一的出路是臣服于波兰国王，并将普鲁士作为一个公国并入波兰王国。不过，波兰依然是坚定的天主教国家，但阿尔布莱希特却是首批热情拥抱路德宗的统治者之一。

　　如前所述，勃兰登堡的霍亨索伦家族擅长联姻。约阿希姆二世的第二任妻子，即那位不幸从地板上掉落而被鹿角刺穿的黑德维希，是波兰国王西吉斯蒙德·奥古斯都（Sigismund Augustus）的妹妹。约阿希姆在 1564 年和大舅子达成协议，如果阿尔布莱特·弗里德里希（Albrecht Friedrich①，时任普鲁士公爵兼西吉斯蒙德·奥古斯都的封臣）在没有男性子嗣的情况下去世，那么约阿希姆的儿子将被指定为继承人。作为回报，他承诺一旦波兰遭到袭击，他将提供军事援助。但这只是他一厢情愿的说法，因为勃兰登堡当时并无常备军，任何军队的招募都不得不通过柏林的强制征兵才能实现。在普鲁士公爵阿尔布莱特·弗里德里希与克利夫斯的玛丽·埃莉诺（Marie Eleanor）缔结的合法婚姻中，只有女儿活了下来，其中包括安和埃莉诺。

　　但天不遂人愿，约阿希姆的儿子约翰·格奥尔格于 1598 年去世，他的继承人约阿希姆·弗里德里希（Joachim Friderich）决心确保祖父的计划能够顺利实施。他明知自己儿子约翰·西吉斯蒙德（Johann Sigismund）已经被其母告知安相貌奇丑无比，仍于 1599 年安排两人完婚。公爵阿尔布莱特·弗里德里希仍健在，虽然他的智力日益衰退。约阿希姆·弗里德里希从 1603 年起在柯尼斯堡担任摄政王，原因是他亲自上阵，迎娶了安的妹妹埃莉诺做自己的第二任妻子。当他于 1608 年去世，由其子（兼连襟）约翰·西吉斯蒙德继续担任摄政王，终于等到了年迈的公爵阿尔布莱特·弗里德

---

　　①　原文为英语化的"Albert Frederik"。

里希在 1618 年与世长辞。

　　普鲁士的安作为结婚对象其实是相当令人满意的。她不仅带来了普鲁士，还带来了她母亲继承自于利希-克利夫斯-贝格的约翰·威廉（Johann Wilhelm von Jülich-Kleve-Berg）的遗产和他在莱茵的大片土地（位于今天德国北莱茵-威斯特法伦州及相邻的荷兰海尔德兰省）。于利希-克利夫斯的法律允许女性继承，而安也发现自己至少在名义上持有的，不仅仅是于利希-克利夫斯，还包括贝格、马克①和拉文斯贝格。问题在于于利希和贝格的居民均为天主教徒，反感任何由信仰路德宗的普鲁士人统治。如此一来双方就爆发了战争，并于 1609 年签订了《克桑滕条约》。于利希和贝格这两个邦国归信仰天主教的普法尔茨-诺伊贝格公爵（这里请不要与信仰新教的普法尔茨选侯混淆）所有，而霍亨索伦家族则最终获得克利夫斯、马克和拉文斯贝格（这三个地方的居民都是新教徒）。马克也是一个相当富裕的省份，其富裕程度大致相当于现代德国位于鲁尔河畔的工业区，同时信奉加尔文宗。而在下一个世纪的大部分时间里，所有这些地方都将完全融入勃兰登堡，它们的合并还意味着柏林如今不仅往东看向波罗的海和普鲁士，而且还要向西望向莱茵河。它将不再是一座砂石罐头的城市，但柏林人对于霍亨索伦家族的领地可能大幅增加的反应，被城市本身发生的事件掩盖了。

　　约翰·西吉斯蒙德的第二个行动是皈依加尔文宗，他这样做部分是出于自身信仰。他曾被父亲送到斯特拉斯堡大学学习，在那里折服于加尔文的才智及其能言善辩的追随者。他还对夸夸其谈的柏林教士长西蒙·格迪克（Simon Gedicke）颇有微词，后者全无布

---

　　① 这里的"马克"是地名的音译，与勃兰登堡马克（即"边区"）意义不同。

赫霍尔策那种难以言表的魅力。1610 年，他的弟弟恩斯特（Ernst）率先改宗；1613 年圣诞节，约翰·西吉斯蒙德公开宣布自己改变信仰。但这个举动未能得到柏林人认可，无论选侯的个人信仰如何虔诚，柏林人都强烈反对改宗。1615 年复活节，约翰·西吉斯蒙德邀请改革派教士马丁·菲塞尔（Martin Füssel）在宫殿礼拜堂讲道，将整个事件推向顶峰。虽然 1615 年 4 月发生的一切并不能被描述为一场革命，但也已经接近革命，它是柏林人战胜王朝的罕见例子。柏林人认为约翰·西吉斯蒙德的改宗是算计于利希-克利夫斯遗产的政治权宜之计。路德宗教士彼得·施图勒（Peter Stuler）站在科伦彼得教堂的讲坛上进行棕枝主日布道时这样呐喊着："你想改宗，那就搬去于利希！在那里可以一次改个够。"[26] 柏林人也十分重视由约阿希姆二世倡导的宽松的路德宗教规，他们认为这多少能有点保障。因为他们和约翰·西吉斯蒙德一样意识到，在加尔文宗的体系下，选侯可以直接控制教会，因为加尔文本人也强调国民必须遵守统治者的宗教。

　　约翰·西吉斯蒙德离开了柏林，他的兄弟则下令从复活节周开始移除宫殿礼拜堂内的画像、祭坛、塑像和十字架。但施图勒的抗议引发了严重骚乱。加尔文宗传教士的房屋被洗劫一空，靠着选侯的卫队才勉强恢复秩序。菲塞尔不得不缩短周日的传教布道，因为他浑身上下只剩"一件亮绿色的贴身内衣，这是暴动者留给他的全部家当"[27]。但抗议终于还是平息下来，虽然休战的局面并不稳固。施图勒被认为做法太过分而逃往维滕贝格，但城市议事会也同约翰·西吉斯蒙德保持距离。选侯被迫承认路德宗，并允许柏林教会维持他们的信仰工作，但他本人无视其虔诚的路德宗妻子的强烈抗议，依然坚持自己的加尔文宗信仰。可怜的安！她注定要成为王朝

的棋子，虽然起初婚姻美满，如今却和约翰·西吉斯蒙德渐行渐
远，后者从不回复她写给他的无数信件。[28]霍亨索伦家族的加尔文宗
信仰与柏林的路德宗信仰之间的争执，将在此后的一百年中主导这
座城市。

不过，霍亨索伦家族取得普鲁士及莱茵兰的领土，以及围绕宗
教仪规产生的争论，都将被第三件也是最可怕的事件掩盖，这便是
决定了17世纪上半叶柏林乃至其后几个世纪历史的重大事件——三
十年战争。柏林在它整个发展过程中曾两度遭受惨烈的战争蹂躏：
一次是三十年战争，另一次是第二次世界大战的轰炸和1945年苏
军长驱直入。两次战争不仅造成约一半的人口丧生或流离失所，也
让这座城市沦为废墟、道德崩塌。1945年所发生的事情至今依然
为许多还在世的人所熟知。相比之下，三十年战争似乎已成为被遗
忘的历史，尽管一代又一代学童会在历史考试中被问及这是不是一
场宗教战争，但其实它既不为人所知晓，也不被人理解。然而，三
十年战争对柏林，对勃兰登堡，对普鲁士和德国的影响之深刻，堪
比第二次世界大战。它致使500万欧洲人死于非命，占战前总人口
的20%。相比之下，一战死亡人口约占总人口的5.5%，二战则约
为6%。德国人的受害者意识在很大程度上源于德语世界在那个可
怕年代中所遭受的苦难，而柏林则从它所忍受的一切中淬炼出冷
漠的韧性。待1648年战争最终结束，柏林已失去了它一半的
人口。

和其他令人毛骨悚然的欧洲战争一样，三十年战争爆发的起因
看似明确，但实际原因却很难说清。在15世纪的最后十来年和16
世纪的前几十年，面临经济衰退的不仅仅是柏林。通货膨胀率居高
不下，银行倒闭，甚至连为约阿希姆一世的穷奢极欲提供资金保障

的富格尔家族，也在 1614 年因欠下 800 万古尔登债务而宣告破产。[29]欧洲到处在爆发战斗，本地社会都致力于推翻外来政府，西（班牙）属尼德兰、爱尔兰尤其如此，还有在法国爆发的内战。武装叛乱被视为实现政治目标必要且高效的手段，而导致德意志农民战争的农业生产环境仍在持续，农村的骚乱因此还在蔓延。在这种凄风苦雨的经济和社会背景下，由宗教改革带来的压力和德意志邦国对哈布斯堡皇帝的权力发起的挑战，都意味着 1618 年在布拉格爆发的战争，将一发不可收拾。

战争大致可以分为三个部分：从 1618 年"布拉格掷出窗外"事件到 1629 年，哈布斯堡家族基本成功消除对自己的权力构成威胁的因素，于是志得意满地颁布一部归还敕令，宣布加尔文宗非法，并要求归还所有被没收的天主教教产。但这一举动并不明智，次年瑞典人就入侵德意志北部，战争旋即进入最血腥的阶段，这便是明证。1635 年战争再次按下暂停键，哈布斯堡家族在《布拉格和约》中承诺不再阻止路德宗和加尔文宗传播。不过从 1635 年开始，到 1648 年为止，随着天主教法国加入与哈布斯堡家族、天主教西班牙和神圣罗马帝国的战斗，这场战争已完全丧失宗教目的，成为一场王朝间对抗的全欧战争，并最终在 1648 年以签订《威斯特发里亚和约》而告终结。

但战争的爆发并未让柏林从它的统治者那里得到好处。格奥尔格·威廉（Georg Wilhelm）于 1619 年接替父亲成为选侯，但他是个懦弱的人，用弗里德里希大王的话来说，这是一段"最不幸的君主统治时期"。格奥尔格·威廉是"一位没有治理能力的主政者"，战争的大部分时间都在柯尼斯堡度过，并且他选择留守柏林的首席部长还是一个"叛国者"［亲哈布斯堡的施瓦岑贝格（Schwarzenberg）］。[30] 格奥尔格·威廉虽位居选侯，还迎娶了普法尔茨选侯的妹妹——这位普法尔茨选侯争夺波希米亚王位是导致三十年战争爆发的主要因素，但格奥尔格·威廉没有军队，因此实际上是被边缘化的君主。此时西班牙人和荷兰人正在争夺克利夫斯，瑞典人则入侵普鲁士，而他却因自觉阮囊羞涩到无以参加 1630 年在拉蒂斯邦德召开的帝国会议：马克"已筋疲力尽，根本无力负担我的日常开支，更不消说那种旅行费用了"。[31] 他确实意识到自己所处的劣势以及马克的防御有多糟糕，但他依然尽可能保持对新教事业的支持及对皇帝的忠诚。

因此，柏林在战争初期遭受的损失相对较小，相比之下在波希米亚和德意志南部的战争更为激烈一些。尽管如此，反对战争引发的物价上涨和通货膨胀的抗议活动仍在柏林时有发生，其中就包括 1622 年爆发的一场大规模示威，有数人在示威中丧生，由于众所周知的"货币缺斤短两"（Kipper und Wipper①，当时德意志各邦为了筹措军费，普遍采取裁剪硬币并降低成色这种双管齐下的做法），人们对于货币的价值失去信心。柏林的物价在 1621—1623 年翻了八倍。[32] 但选侯议事会的成员之一，汉斯·格奥尔格·冯·里贝克（Hans Georg von Ribbeck）却依然能在 1624 年信心满满地在布赖特街修建一座极考究的文艺复兴式豪宅——人们但凡有些想象力，不难在它今日的各种重建下想象它当年的盛况。但到了 1627 年，勃兰登堡发现自己被夹在自北面入侵的丹麦军队和自南面由曼

---

① 意为裁剪钱币边缘以减少分量的人。

斯费尔德（Mansfeld）指挥的新教军队之间。[1] 为了防止这两股势力联合，皇帝的佣兵将领瓦伦斯坦（Wallenstein）[2] 出兵勃兰登堡并占领了整个马克。1627 年 11 月 15 日，一支帝国军队占领了柏林，但耐人寻味的是，他们的指挥官是一个名叫汉斯·格奥尔格·冯·阿尼姆（Hans Georg von Arnim）的勃兰登堡人，信奉路德宗。其实格奥尔格·威廉也曾试图派遣一支人数少得可怜的军队（由 60 名皇家卫队成员组成）来阻挡进攻，但柏林人却不领情，他们向选侯的卫队投掷铺路石，因为他们觉得这些人是被派来试图重新恢复加尔文宗的。这样一来，这座城市除了屈服别无他法。而更惨烈的一次占领行动则发生在 1630 年，但是一支规模更大的帝国军队（由 40 000 人组成）占领了这座城市，并在此逗留长达一年。

　　这些军队的问题在于他们主要是雇佣军，也就是被临时招募起来为军事将领卖命的人，要么是像瓦伦斯坦和蒂利（Tilly）[3] 那样为皇帝提供军事服务，要么是像曼斯费尔德那样为新教王公而战。

---

　　① 此处时间有误。1625 年欧洲大陆战火重燃，丹麦军队在国王克里斯蒂安四世（Christian Ⅳ，1577—1648）的率领下南下入侵德意志北部，三十年战争进入史称"丹麦阶段"的第二阶段。"曼斯费尔德"指曼斯费尔德伯爵彼得·恩斯特二世（1580—1626），是三十年战争初期受雇于反哈布斯堡家族的新教阵营的重要军事指挥之一，在 1626 年 4 月 25 日的德绍战役中惨败于瓦伦斯坦之手。丹麦国王与曼斯费尔德伯爵撤退至勃兰登堡后，重新集结并开始向南方转移，但此后的军事行动仍以失败告终。伯爵不得不逃往萨拉热窝，并于 1626 年病逝。

　　② 瓦伦斯坦（1583—1634），原为波希米亚贵族、天主教徒，三十年战争中最著名的军事将领，曾为神圣罗马帝国皇帝斐迪南二世（Ferdinand Ⅱ，1578—1637）立下赫赫战功，几乎完全主导战争走向。后因功高盖主，遭人嫉恨，继而为手下所杀。

　　③ 蒂利（1559—1632），效力于巴伐利亚公爵马克西米利安一世（Maximilian Ⅰ，1573—1651）和"天主教联盟"的著名军事将领，曾在 1620 年的白山战役中打败波希米亚和普法尔茨的联军，1632 年 4 月在与瑞典军队争夺纽伦堡时身受重伤，后不治身亡。

因此，他们只忠于自己，甚至许多人认为服兵役只是一种养家糊口的方式，或是为了牟取暴利——军官尤其如此。后者开给士兵的工资要么来自劫掠，要么出自雇主的金库。尽管柏林逃过了大屠杀的劫难，没有重蹈它不幸的邻居马格德堡的覆辙——马格德堡在1631年5月遭到帝国军队洗劫，有30 000人死于非命。但以柏林10 000人左右的人口规模，根本不可能养活四倍于它的士兵。到处要求供粮威胁、劫掠，及因为军纪涣散而导致的强奸和谋杀，让柏林人在这一年中吃足了苦头。军队还带来了疾病，瘟疫卷土重来，1630—1631年估计有2 000人因此丧生。

士兵的生活可能和他占领的土地上不幸的人民一样艰难，况且很多人也是因为战争早期自己的家园和生计被毁于一旦，才不得不参军入伍。彼得·哈根多夫（Peter Hagendorf）因"一贫如洗"而加入1627年入侵勃兰登堡的瓦伦斯坦部。他的日记之所以读来令人兴味盎然，是因为其日记只专注于记录他与家人如何展开生存斗争，对实战几乎绝口不提。他在战争期间结了两次婚，两任妻子先后成为随军家属，但他和两任妻子生的九个孩子只有两个活了下来。哈根多夫描述了从新斯德丁到施潘道、穿越勃兰登堡乡村的行军过程，这些村庄物资供应充分，但表面上的好日子维持不了多久了。[33]

柏林的灾星其实并非皇帝麾下的天主教军队，而是在冷酷无情的国王古斯塔夫·阿道夫（Gustavus Adolphus）统率下的新教瑞典军队；此人还迎娶了格奥尔格·威廉的妹妹，但瑞典人的国家野心似乎高于他对家族的忠诚。先行入侵波兰的古斯塔夫·阿道夫于1631年6月进军勃兰登堡，最终抵达柏林。刚刚摆脱瓦伦斯坦军队不久的格奥尔格·威廉不得不试图全力阻拦自己的妹夫，后者声称姐夫曾允诺将施潘道割让给他，但食言了。因此古斯塔夫·阿道夫现在要将枪口对准柏林。格奥尔格·威廉赶忙派遣自己的妻子和岳母前去斡旋，然而收效甚微。古斯塔夫·阿道夫的狡辩之词虽荒谬但让人无从辩驳：既然柏林已对帝国军队开放，那么为何不对他开放？"我所需要的一切，"他说道，"不过是安全、适量的钱财，还有部队给养；作为回报，我将承诺保护（这个）国家。"[34] 这是柏林历史上最离谱的谎言之一。格奥尔格·威廉被迫骑马前往克珀尼克与妹夫会面，约阿希姆二世曾在那里建造了一处狩猎行宫。由于没有自己的军队（这一教训还将影响到他的那些继任者），格奥尔格·威廉完全被古斯塔夫·阿道夫吓破了胆，只得将勃兰登堡的资源以及施潘道、屈斯特林的要塞交给古斯塔夫·阿道夫处置，并保证后者每月能拿到 30 000 帝国塔勒的补贴，随后两人喝了个酩酊大醉。[35] 正因为选侯如此轻而易举地放弃，给柏林带来了一段炼狱般的岁月：瑞典人占领柏林长达三年。瑞典人和帝国军队于 1635—1638 年在整个马克境内开战，这座城市几乎不断被争夺。

帝国军队的占领几乎将柏林毁于一旦，但瑞典人依然将其作为大本营，从其锐减的人口中榨取本已所剩无几的价值。虽然古斯塔夫·阿道夫通常被认为是一位伟大将领，但他极度欠缺治军能力。瑞典人从柏林人身上榨取钱财的惯用手段，要么是在孩子身上撒上火药，然后在孩子父母面前点上火；要么是把肮脏的污水灌进他们的喉咙——时至今日，柏林人仍称未处理的污水为"瑞典饮料"。彼得·蒂勒（Peter Thiele）是柏林近郊的一个村子贝利茨的行政人员，他写道："强盗和凶手们抄起一根木头，把它塞进一个可怜人的喉咙里，边搅边往里灌水，然后加上沙子和人的排泄物。为了搞钱，他们竟如此卑劣地折磨受害者。这桩惨剧落在贝利茨市民达维德·厄特尔（David Örrtel）身上……很快他就因此而死去。"[36] 当时的一幅木版画展示了一名面带笑容的瑞典士兵是如何对可怜的受害者们施以各种类似的酷刑，包括将他们的眼珠子挖出来，活剥他们的皮，将他们吊在烟雾之中并削去他们的脸。[37] 柏林面包师于尔根·韦伯（Jürgen Weber）作证称，士兵们"将一根半指长的木棍塞进他的瘘管，逼他供出钱放在哪里"[38]。

当时流传着这样的说法，一个瑞典士兵要配三个农民——一个放弃他的住所，一个献上他的妻子，一个代替他在地狱里的位置。[39] 年轻女性早就在柏林街头消失不见了，她们要么被强奸，要么被掳为人妻，或者只是为了逃避这种命运而选择逃难。蒂勒形容这一切"一言难尽。他们（瑞典士兵）在贝利茨的表现如同野蛮人一般，他们连老年妇女都袭击，其中不乏 60 岁的老妇，更不消说年轻女子了"。

如果说这些暴行还算偶尔为之，那么让士兵在家中驻扎，同时官方不断攫取金钱和食物维持其供给危险始终存在。"我们被骑在我们头上的那些收税人掐住了脖子，"蒂勒抱怨说，"他们的数量比蝗虫都多，"仅在贝利茨村"有时就超过 40 人"。"而且我们还不得不给他们提供口粮和生活费，更别提那帮人从老百姓那里盗窃的东西——牛羊、面包、谷物，他们在农庄里什么都偷。除了战地牧师和刽子手还没向我们伸手，几乎所有人都来这儿强行募捐过了。"[40] 游历经过此地的英国人托马斯·罗（Thomas Roe）写道，"除了哀号和尸体，我什么都听不到，什么都看不到。方圆 80 英里（约 128 千米）内没有一座可以安心入睡的房舍，看不到居民，除了几个贫穷的妇女儿童"，他们在寻找食物。因此，饥馑不可避免地随之而来，"频繁使用的绞刑架被掳掠一空，人们甚至连坟墓也不放过。

有一个例子说的是人们在一座墓穴里发现了新鲜的人骨，其中的骨髓旋即被吸吮干净"[41]。

随着战争的推进，饥荒变得越来越严重。彼得·蒂勒记录下"穷人开始吃一些奇奇怪怪的东西……他们千方百计找来山毛榉、亚麻籽残渣、卷心菜茎，尤其是荨麻……许多人因此死于这些怪异的食物。在贝利茨，街上通常会躺着百来号可怜人"。人口减少意味着"最丰饶的农庄凋敝，大约有一千英亩（约 4.05 平方千米）土地（这还不包括另外的外围土地）荒芜不堪"。最终，士兵也和那些被他们加害的人一样陷入饥饿。当时有一个军团来到贝利茨，他们"吃掉了狗、猫和已经腐烂的死马。任何在谷仓外被发现的东西，要么被他们吃了，要么被他们毁了"[42]。

而柏林的受难似乎还在继续。人们彻底放弃去回忆生活多少还有点盼头是怎样一回事，即使路德宗与加尔文宗之间的争论似乎也成为一个消失的时代的奢侈品。到了 1641 年，距离最初被帝国军队占领已过去 14 年，战斗依然在继续。格奥尔格·威廉早在 1638 年就永久搬往柯尼斯堡，将柏林留给强势的帝国拥护者施瓦岑贝格，此人在 1641 年试图用大火挫败另一支企图接近城市的瑞典军队，结果将整个科伦烧得所剩无几。结果证明，那不过是一群毫无组织的乌合之众。但到 1641 年 3 月柏林周边的战斗（但不是战争本身）终于告一段落时，柏林只剩下 4 000 个饥肠辘辘、沮丧且疾病缠身的可怜人，不到 1627 年的一半，而且只剩下 850 座房屋，其中 200 座已无法居住。

柏林遭受的精神创伤可能比物质损害更为严重。一个多世纪之后，弗里德里希大王这样写道："战争的'痕迹'在今天的德意志依然清晰可辨。"[43]然而，并非只有当时的柏林遭受如此这般的折磨，战争造成的心理创伤将让世世代代的德国人伤痕累累，可以说直到今天依然如此。作为欧洲曾经相对富庶、繁荣和美丽的部分，德意志各邦遭到哈布斯堡军队来自南面的进犯，从巴尔干地区调集来的军队甚至和奥地利人的军队一样多。克罗地亚人可能是最令人闻风丧胆的帝国军队，他们在接下来的几个世纪依然如此。有记载称，克罗地亚人在占领城镇时会将孩子扔进火堆，以此取乐。[44] 德意志人还先后遭到来自北部的丹麦人和瑞典人，以及自西而来渡过莱茵河的法国人的进攻。但当时他们并未受到来自东方的进攻。

斯蒂芬·格林（Stephen Green）认为，这场战争在德意志各邦，尤其是在柏林，"培育"出"在 19 世纪蔚为壮观的受害者意识"[45]。当柏林人在 1648 年审视他们的生活和家园是如何支离破碎时，当《威斯特发里亚和约》最终叫停战斗，他们体验到的不仅仅是悔恨，还有痛苦。曾经住在勃兰登堡和西里西亚之间的诗人安德烈亚斯·格吕菲乌斯（Andreas Gryphius）在他的诗歌《祖国之泪》（*Tränen des Vaterlandes*）中详细描绘了自己的感受：

> 毁灭业已达成——其实不止如此！厚颜无耻、成群结队的异族，刺耳的战号，血迹斑斑的剑，雷鸣般的攻城炮——他们毁了我们辛苦付出换来的一切。[46]

那么为何他们单单将这场战争视为迫害？蒂勒在写下"这场战争完全是名副其实的强盗与盗窃行径"时总结过许多柏林人的观点："将校们将他们的口袋塞得鼓鼓囊囊；王公和领主被牵着鼻子走，但一旦有人谈及要实现和平，他们又对自己的名誉格外关注，这就是土地被毁、生灵涂炭的原因所在。"[47]

弗里德里希·席勒是 18 世纪德国伟大的思想家和作家之一，

他写下一部极为详尽的战争史——似乎为这一时期的德意志著书立传势在必行。席勒认为，"半个世纪以来，这场战争扼杀了德意志文明的微光，使这个国家不断改善的风俗又倒退回野蛮和蒙昧的原始状态"[48]。甚至到了 1939 年，著名的柏林剧作家贝托尔特·布莱希特（Bertolt Brecht）依然将他的经典反战剧目《大胆妈妈和她的孩子们》（*Mother Courage and Her Children*）置于三十年战争的背景下。大胆妈妈是个屠夫，她推着一辆手推车随军叫卖，打算从战斗中挣钱糊口，在这个过程中她失去了三个孩子。但她并不气馁，继续前行，直到剧终时她依然推着货物前进，而她最后一个孩子已遭到枪杀。

柏林人从中吸取的教训与大胆妈妈如出一辙：无论生活带给你什么，都应继续活下去并努力重建。但物质任务是艰巨的。勃兰登堡依然为瑞典军队所占领，柏林本身已成一片废墟。尸体需要掩埋，街道必须清理。2007 年，考古学家在维特斯托克发现了 17 世纪 30 年代众多乱葬坑中的一座，瑞典人和帝国军队在通往城区的西北方向发生过数场战斗，其中的一场就发生在维特斯托克。有超过 100 名士兵的尸体被发掘出来，他们身上都带有严重刀伤或是火枪弹造成的伤口，而且所有有用的东西都被拿了个精光。那么柏林有可能恢复如初吗？马克"当时宛如一片令人战栗不已的沙漠，呈现出的是令人感伤不已的废墟、大火和伴随一场漫长而激烈的战争而来的灾难场景"，它有能力幸存下来吗？[49]

相比柏林人，霍亨索伦家族则从战争中吸取到截然不同的教训，但柏林人的利益将再一次与由勃兰登堡普鲁士贡献的最杰出统治者之一，即如今被惯称为"大选侯"的弗里德里希·威廉（Friedrich Wilhelm）的利益相重合。

第三章

1640—1740 年　大选侯

你必须让自己成为子民们的好父亲。

——弗里德里希·威廉致信其子，1667 年

　　弗里德里希·威廉，也称"大选侯"，对柏林人而言，他是"Großer Kurfürst"①。在统治勃兰登堡普鲁士长达 150 年的四位杰出的霍亨索伦选侯和国王中，他位居第一。弗里德里希·威廉的个人统治从 1640 年持续至 1688 年，此后由其子弗里德里希三世（Friedrich Ⅲ）继任。1701 年，弗里德里希三世以"弗里德里希一世"之名成为"在普鲁士"（而非"普鲁士"）国王。1713 年接替他的是他的儿子弗里德里希·威廉一世（Friedrich Wilhelm Ⅰ）。1740

————————————

① "Der Großer Kurfürst"即"大选侯"的德语写法。

年，弗里德里希·威廉一世的王位又传给了他的儿子弗里德里希二
世（Friedrich Ⅱ），也就是如今众所周知的弗里德里希大王。1640
年之后所有的霍亨索伦君主都以威廉或弗里德里希，抑或两者的结
合命名，这令人困惑。这些在旁人看来颇为复古的名字，被弗里德
里希大王认为愚蠢至极。霍亨索伦家族唯一的共性似乎是（集体）
厌恶他们各自的父亲，但他们又出奇地团结一致，决心要让勃兰登
堡普鲁士跻身欧洲强国行列，并确保柏林能够成为一座与之相匹配
的首都。因此，至少在他们相继统治的前一百年里，君主的利益与
柏林的利益是一致的。

　　大选侯弗里德里希·威廉是柏林人，他 1620 年出生在柏林宫，
父亲是优柔寡断的格奥尔格·威廉，母亲是信仰加尔文宗的普法尔
茨公主伊丽莎白·夏洛特（Elisabeth Charlotte）。其父 1640 年去
世时战争仍在继续。考虑到勃兰登堡形势不稳定，弗里德里希·威
廉是在舅祖父、荷兰执政弗里德里克·亨德里克（Friderik Hen-
drik）① 的宫廷中被抚养长大，他甚至陪同后者参与过军事行动。
随后他前往莱顿大学求学，这所大学是当时欧洲最领先的新教知识
中心之一，可见弗里德里希·威廉深受秩序井然的荷兰文化及主导
荷兰生活的加尔文宗的影响。从这一点来说，弗里德里希·威廉又
几乎没有在柏林生活过，父亲的大臣施瓦岑贝格处心积虑地与他保
持距离。继荷兰的经历之后，他又被送往柯尼斯堡生活。另外，柏
林宫在 17 世纪 30 年代中期就已因为屋顶塌陷而无法居住；而在战
争最艰难的那几年，是普鲁士的财富才让霍亨索伦家族勉强支撑下

---

　　① 原文为英语化的 "Fredrick Henry"。另外需说明一点，此处原文写作 "his
uncle"，但其实弗里德里克·亨德里克是大选侯母亲的舅父，因此译为舅祖父。

来。因此弗里德里希·威廉不得不谋求波兰王室对普鲁士的庇护，并在 1641 年 10 月成功达成这一目标，当时他屈膝跪在弗瓦迪斯瓦夫（Wladyslaw）国王面前，他的普鲁士公爵身份得到确认，作为交换，他承诺向国王慷慨纳贡（虽然并未兑现），并交出了部分关税。

有人提议，或许他可以考虑迎娶弗瓦迪斯瓦夫的妹妹，但弗里德里希·威廉对于维持她对自己的好感并不关心：他出现在一场招待会上，公主"想以优雅的芭蕾舞姿取悦他"，而他却"戴着肮脏的领饰，穿着一双一边早已磨破的靴子；半条腿上还满是泥泞。这全套敷衍了事的装扮，即使是最马虎的人也能轻易察觉他对那场晚会上的舞蹈完全无动于衷"[1]。波兰王后路易斯·玛丽亚（Louise Maria）似乎也对他青睐有加，她的秘书官这样记录道：王后觉得"这是位身材高大、体格健硕的王子，拥有坚毅的外表，面庞饱满，有着大鼻子和一双美目，又很有礼貌；而且他懂得如何与人周旋，说话很有技巧，并且能够迅速抓住要领"[2]。他很快就领悟到重建柏林确有必要。

普鲁士的安全得到保障之后，弗里德里希·威廉就可以将注意力转向柏林和勃兰登堡，以及他所继承的整个国家。当时这个国家是一幅相当惨烈的图景。"波美拉尼亚丢了，于利希丢了，我们在普鲁士瞎搞一通，而且我们还得把整个马克抵押出去。"他的一位大臣这样抱怨道。[3]但弗里德里希·威廉却不这么认为，并且他意识到如果自己想要获得摆脱一片狼藉的机会，就必须立即谋求和解。因此他登上王位后的首要目标是结束战争，这意味着要与瑞典人签订条约，但这是对皇帝的忤逆，后者希望在依然被瑞典人占领的德意志东部地区继续战斗。

　　仍旧牢牢控制柏林的帝国分子施瓦岑贝格想要竭尽全力阻止这一切的发生。弗里德里希·威廉意识到，自己必须与其正面交锋。选侯命令他的大臣解散依然控制这座城市的 4 000 名雇佣兵，但施瓦岑贝格不仅拒不从命，还鼓动佣兵上校们宣誓效忠皇帝，拿出实际行动反抗新上台的选侯。这样一来，弗里德里希·威廉就必须拿他开刀了。1638 年，施瓦岑贝格解散了聚集在柏林的勃兰登堡枢密院的剩余成员，弗里德里希立即将他们召集到柯尼斯堡。这些人中有些是加尔文宗的教徒，有些则信奉路德宗，但几乎所有人都反对皇帝发起的这场旷日持久的战争并希望获得和平。他选择了其中一位忠诚的军队指挥官——康拉德·冯·布格多夫（Konrad von Burgsdorff），作为自己的执行者前往柏林。施瓦岑贝格意识到自己大势已去，于 1641 年去世。尽管如此，施潘道和屈斯特林的长官仍在负隅顽抗，布格多夫于是设下圈套，将施潘道长官罗肖（Rochow）上校诱骗至相当壮观的要塞防御工事外。罗肖立即遭到逮捕，并被迅速处决。现在，柏林重新掌握在霍亨索伦家族手中。

　　布格多夫成了弗里德里希·威廉在柏林的首席大臣，与选侯的堂兄、耶根多夫的马克伯爵恩斯特（Margrave Ernst von Jägerndorf)①一同执政。他们首先集中精力重建等级议会，这是由勃兰登堡所有主要地主家族和商业家族组成的机构，其前身受到约阿希姆二世的大力支持，因为当时的他（一如既往地）极度缺钱，而且这个机构的重要性也随着战争日益陷于混乱而不断凸显。虽然施瓦岑贝格将其解散，但它的支持无疑对重建城市和马克至关重要。

---

　　① 这位马克伯爵出身于勃兰登堡选侯家族的旁支，其父约阿希姆·弗里德里希（Joachim Friedrich）是选侯约翰·格奥尔格之子，受封于耶根多夫。

1641 年 7 月与瑞典人签订停战协议使敌对行动在 9 月告一段落，这一状态一直保持到战争结束。而在雷根斯堡，弗里德里希·威廉连哄带骗让皇帝同意大赦。"1641 年 11 月 30 日，宣布大赦的帝国法令被钉了施普雷河畔的科伦，即勃兰登堡选侯的土地上，然而夜晚的风雨就已将其撕碎，并肆无忌惮地把碎片吹到街头"[4]，故步自封是大多数柏林人对皇帝表达诚意的方式的看法。但不知何故，莱茵河上的战斗仍在继续，而柏林却保住了和平。瑞典人向选侯提出了苛刻的要求，并且一直坚持到了最后。瑞典军队继续占据着勃兰登堡的部分地区，在那些地方，他们并未收敛，依然肆无忌惮地予取予求。他们的将军利耶赫克（Lilljehöök）觉得"选侯应该没可能缓过来了"[5]。但他确实缓过来了，只不过那时已经不是他的时代了。

三十年战争最终在 1645—1648 年威斯特法伦州奥斯纳布吕克和明斯特举行的一系列复杂谈判中结束。1643 年，弗里德里希·威廉从柯尼斯堡返回柏林，并在接下来的五年中致力于巩固自己的地位，以便能让勃兰登堡-普鲁士能从这些谈判中取得比之前与瑞典人谈判时更有利的位置。他已多多少少捍卫了自己在普鲁士的权力，但如今还要确保自己对 1609 年从祖母那儿继承来的富裕西部邦国——克利夫斯、马克和拉文斯贝格——的控制权。他还想重新控制因为《克桑滕条约》而失去的贝格。为了贯彻这些主张，同时考虑到自己的父亲在 1627 年是如何孱弱不堪，他下定决心要组建一支新军。

施瓦岑贝格的雇佣兵完全解散后，勃兰登堡的军队只剩下区区2 000 人。步兵部队受命卫戍要塞并驻扎在柏林，还有一支小规模的骑兵部队则被下放乡村负责维持治安，但收效甚微。柏林人不信任他们，本就在所难免。然而，一小股被派去保卫勃兰登堡乡镇的骑兵部队居然在 1641 年 11 月"推倒了几座已存在多年的房屋的墙体，拆掉了门楣和柱子，捣毁地板，并放火焚烧房梁"[6]，这一行径让弗里德里希·威廉彻底不受到柏林人的欢迎，何况柏林人最不希望看到的就是日益增多的士兵。同样地，西部邦国也不接受他，因为这几个邦国已经形成自己强大的等级议会，因此他们的反应也大体一致。这让选侯意识到，至少在短期内，他必须通过结盟才能巩固自己的地位。

出乎所有人意料的是，他的首站居然是瑞典。而在与瑞典人谈判的过程中，反复讨价还价的问题是他是否要与表妹、时年 17 岁的女王克里斯蒂娜（Christina）结婚。尽管女王被形容为"刚愎自用的女学究"，但一旦娶到她，将立刻消除瑞典对勃兰登堡及其邻居波美拉尼亚的威胁，并使弗里德里希·威廉成为北欧最强大的君主之一。议婚最终失败的原因恰恰就在这里：极其强势的瑞典首相阿克塞尔·奥克森谢尔纳（Axel Oxenstierna）并不打算与柏林分享权力；而勃兰登堡与瑞典联姻的可能性，还让波兰人和哈布斯堡家族忧心忡忡。[7]就在弗里德里希·威廉经历了在华沙和斯德哥尔摩接二连三的挫折，并大声埋怨他的顾问"怕不是打算给他配个鞑靼人"之后，1646 年 12 月 7 日，他最终与另一位打小就认识的表亲——奥兰治的路易斯·亨丽埃塔（Louise Henrietta of Orange）成婚。路易斯·亨丽埃塔年方 19 岁，是他舅祖父的女儿。与荷兰人的联姻在几个方面帮了他，不仅让他在各类和谈中平添一位强大盟友，强化了他对西部邦国的主张；而且和他一样，路易斯·亨丽埃塔也是坚定的加尔文宗教徒。[8]为了自己的终身大事，弗里德里希·威廉甚至特意在海牙宫殿的一间小房间里将自己打扮了一番，他穿上一身黑白缎面礼服，上面"饰有钻石和金色刺绣"。所有这一切所需费用，都出自柏林议会提供的 50 000 塔勒贷款。虽然有传言其实路易斯·亨丽埃塔芳心另有所属，但事实依然证明，这是一段长达 20 年的美满而忠贞的婚姻，并打造了一个即将让柏林获益匪浅的联盟。

虽然 1646 年试图干预贝格未果，但弗里德里希·威廉的坚持还是得到了回报，勃兰登堡普鲁士在最后的《威斯特发里亚和约》中脱颖而出。除了继续拥有他现有的三个西部邦国之外，他还得到了明登，它是坐落于威悉河畔的一个穷邦，但战略地位突出，位于勃兰登堡与莱茵河、马格德堡（或者说是它在经历帝国军队洗劫后剩下的部分），以及哈尔伯施塔特（马格德堡西部富庶的前主教区）之间，如此一来就再次建立起勃兰登堡普鲁士与西部的联系。尽管他失去了东波美拉尼亚（即奥得河对岸的部分），但却依然控制着更为富裕的西波美拉尼亚。但纠正这个被他认定是历史错误的问题，将在其统治的大部分时间里占据主导地位。不过，对于选侯来说，或许同样至关重要的是，《威斯特发里亚和约》正式承认了加尔文宗。这一点，连同对皇帝权力的限制，巩固了弗里德里希·威廉的地位，因为他处心积虑地要将自己支离破碎的领地整合为一个具有凝聚力的国家。勃兰登堡普鲁士如今比萨克森都大，是仅次于哈布斯堡家族的德意志第二大邦国。如果回忆一下 17 世纪 30 年代弥漫的绝望和勃兰登堡在战争中的卑微地位，毫无疑问这是一项了不起的成就。现在，它需要一个与之匹配的首都。

但要让柏林成为首都并非大势所趋。柯尼斯堡作为普鲁士的首都，自然可以提出这一主张。它比柏林大得多，是一个繁忙的港口城市，将波兰和立陶宛的琥珀、木材、玉米、皮革运往西欧，而且还拥有一座信誉卓著的大学。只不过它远离弗里德里希·威廉的西部领土，且仍是波兰的采邑。虽然选侯被任命为公爵，并与弗瓦迪斯瓦夫国王及其继任者约翰·卡奇米日（John Casimir）交好，但要让霍亨索伦家族彻底摆脱波兰的干预，变得有安全感，还要等到下一个世纪。柯尼斯堡还被强大的三院制"等级议会"左右，它由通常出自大贵族家族、普通贵族和城镇的各地治理者组成。等级议会把持着核心权力，即军事和税收，并依旧视波兰国王为终极庇护者，认为他们的公爵不过是后来的添头。他们中的大多数都是路德宗教徒，内心从未接纳过加尔文宗，为此还限制弗里德里希·威廉只能在自己的法庭上听取案情。他甚至不得不在 1642 年低声下气地恳求弗瓦迪斯瓦夫国王向等级议会施压，允许由加尔文宗的神职人员主持他父亲的葬礼，因为自格奥尔格·威廉两年前逝世以来，不得不一直对其尸体做防腐处理。当弗里德里希·威廉因其堂兄马克伯爵恩斯特在 1642 年 10 月死于精神错乱而回到柏林时，面对这座富饶而充满活力的城市，他的内心想必颇为欣慰。

虽然接下来的几十年里，勃兰登堡的等级议会，连同柏林的市民，同样是令他头疼不已的存在。但在 1643 年，当务之急是重建这座城市，并重新安置其中心碎的幸存者。除了战争本身造成的死亡以及人们在战争期间逃离家园的损失之外，饥荒的后遗症是人们的身体变得羸弱不堪。由于缺乏维生素 C，败血症十分常见，在儿童中尤其如此。维生素 D 的缺乏导致了佝偻病、脑膜炎和肺部感染。到 1648 年时，儿童的死亡率达到 45％。[9] 和 400 年前的"大熊"阿尔布莱希特一样，弗里德里希·威廉首先将目光投向荷兰，他慷慨授予荷兰农民土地和优厚的税收优惠，以期他们帮助恢复勃兰登堡荒芜已久的土地。勃兰登堡的乡村也和柏林一样蒙受了巨大的战争损失，流失了约 50％ 的人口，而重建农业需要几十年的时间。储存的粮食全没了，房舍和农具被毁，还缺乏可雇用的劳动力。一位旅行者发现，对勃兰登堡盛行的等级社会制度而言，最大的羞辱莫过于贵族家庭不得不"带上自己的孩子、犁头和耙耙，在自己的土地上耕种劳作，他们不得不依靠自己的双手艰难糊口，推独轮车、制作面包、汲水"[10]。

在战争结束12年之后的1652年，选侯位于勃兰登堡附近的农庄中只有约一半有人劳作；而在鲁平地区，直到1687年时，仍有13％的农庄无人居住。奥得河畔的法兰克福和勃兰登堡这两个较大的城镇，双双遭遇严重损失；勃兰登堡的人口减少四分之三，从此一蹶不振。从17世纪中叶开始，柏林将成为整个马克无可厚非的商业和政治中心。在17世纪50年代，在低地国家经济普遍相对不景气的条件下，荷兰的工匠和技术工人极受优待。但一开始的移民人数并不多，到1654年前后也仅约四分之一的房屋有人居住。一部分定居者成绩斐然，例如军事改革家本雅明·劳勒（Benjamin Raule）、画家雅克·瓦扬（Jacques Vaillant，他后来成了宫廷画师）、建筑师米夏埃尔·马蒂亚斯·斯米兹（Michael Matthias Smids），还有一些液压工程师和造船工人，直到1680年时，也仅有4 000人受到吸引前来勃兰登堡。

但选侯的移民安置与重建计划被他自己持续不断的战争打断，由于瑞典国王卡尔十世①入侵普鲁士，他不得不在1655—1660年再

---

① 原文为"瑞典的查理"（Charles of Sweden），考虑到国内将瑞典国王这一常见的名字通译为"卡尔"，此处仍从习惯用法。这里的卡尔国王应为1654—1660年在位的卡尔十世·古斯塔夫（Karl X Gustav，1622—1660）。他是从17世纪将波罗的海沿岸国家（如瑞典、勃兰登堡普鲁士、丹麦、波兰和俄国）悉数卷入一系列北方战争的主要发起人之一。

次与瑞典人交锋。之后又与前者联手进攻波兰，以报复约翰·卡奇米日国王入侵勃兰登堡。为此柏林不得不在 1656 年秋直面令人闻风丧胆的波兰骑兵威胁；更糟的是，由于 1658 年 4 月选侯再度改弦更张，变更自己效忠的对象，导致三支独立的瑞典军队逼近这座城市。就在柏林人看似有机会重建生活之际，他们却两度心不甘情不愿地接受改变：首先，他们必须为选侯的军队提供兵员和资金，15 年前他们曾强烈抵制该要求。就在战争打响之际，勃兰登堡等级议会并不认为自己有需要为保卫普鲁士付出任何代价——这与他们在 1643 年认为没必要保卫于利希-克利夫斯的想法如出一辙。于是当弗里德里希·威廉将等级议会召集到柏林，他们给出的建议只是"相信上帝，静待事件揭幕"[11]。直到弗里德里希·威廉组建起一支具备战斗力的军队，这才让他开始在与等级议会的相处中占据主动权。但随着他逐渐取得战斗胜利，并找到不可或缺的资金保障，征兵的负担不可避免地落到了柏林人和早已数量稀少的农村人头上。1660 年，选侯的步兵近卫军团（Leibregiment）及由军需官奥托·克里斯托弗·冯·施帕尔（Otto Christoph von Sparr）率领的军团都驻扎在柏林城里，总计 1 500 人。如果再加上军人的妻子、孩子和仆从，那就意味着柏林人要养活 2 500 人。柏林和科伦所有的新建房舍如今都必须配备一间阁楼，方便部队进驻居民家中。但真正让市民怨声载道的是士兵的给养费用也要由他们出，每人每年大约需支付 2.5 个帝国塔勒。[12] 至选侯去世时，他的军队人数已达 30 000 人，尽管其中实际驻扎在柏林的兵员从未超过 2 000 人。但与之相比，铁牙当年那点少得可怜的兵力带给柏林人的负担完全微不足道。

另一个改变是重建柏林的防御工事。虽然柏林和科伦周围古老的木墙早在 13 世纪就被石墙取代，其中的一部分如今依然伫立在修道院教堂的后面，但这座城市在三十年战争期间的遭遇证明城墙毫无招架之力。弗里德里希·威廉现在决定用由半月堡、护城河和棱堡组成的现代防御体系取而代之，这套防御体系是沃邦①在法国开创的，彼时正风靡欧洲。1658 年 4 月瑞典人颇具威胁力的进攻曾让 4 000 名柏林人组成的强制劳动队不得不仓促防御，直到瑞典人的注意力转向哥本哈根，危险逐步消退，修建新防御系统的工程才正式启动。1658—1665 年，这一非同寻常的防御工事在柏林和科伦周边建立起来，它由军事工程师兼杰出的建筑师约翰·格奥尔格·梅姆哈特（Johann Georg Memhardt）主持建造。外护城河宽46 米，城墙本身只有 9 米高，厚度却达到 6 米。它还拥有 13 座棱堡和 6 座巨大的城门，每座城门都有一座吊桥。虽然这套防御工事最后的结局是在从未接受过战争考验的情况下，为了给城市开发让路，而在一个世纪之后被拆除。但至少在接下去的这一百年中，它将主导这座城市。

　　防御工事或许能让柏林人感到更安全，但考虑到新的兵役要求，抱怨也就接踵而至。柏林的防御体系由荷兰工程师设计并建造，仅成本就超过 102 000 塔勒；人均 21 塔勒，因为按照 1654 年人口普查提供的准确数据，柏林的成年人共 3 599 人，科伦则为2 598 人。而它的完工也动用了强制劳动。与柏林的众多历史一样，有关建筑物的账目都被精心保管起来，其中就包括为土地征收拆除

———————————

　　①　这里指法国元帅塞斯蒂安·德·沃邦（Sébastien Le Prestre de Vauban，1633—1707），他是著名的军事工程师，提出筑城理论体系并付诸实践。他不仅对要塞建筑进行了系统改造和创新，还亲自指挥过一系列的要塞围攻战。

房屋所付的补偿金记录——这恰好说明房产价格之低廉。它还表明，虽说柏林已经是一座城市，却依然是一派乡村风貌，拥有谷仓、农场房屋、果园和小片的田地，它们取代了大火过后光秃秃的土地。造价高昂的两层小楼十分罕见，它的补偿金达到 400 塔勒。可怜的特罗滕太太仅仅收到 50 塔勒，以补偿她的谷仓、菜园和"小茅屋"。[13] 在进行货币计算时，将塔勒（或者更确切地说是帝国塔勒，即 1750 年之前在德意志北部和普鲁士流通的标准货币）换算成现在的币值往往十分困难。因此要了解所涉金额多少的最佳方式，可能是将它们与柏林当时的平均工资做比较。当时非熟练工和临时工每年大约能挣 12 个帝国塔勒，而一名高级仆从每年能挣大约 300 塔勒。相比之下，负责管理柏林宫的宫廷高级元帅路得维希·冯·普林岑（Ludwig von Printzen）的收入则超过 10 000 塔勒。根据这些显示收入差距悬殊的数字，大致可以认为一个塔勒相当于今天的 100 英镑。[14]

　　1660 年 5 月签署的《奥利法和约》终于实现了和平，弗里德里希·威廉的普鲁士公爵身份也得到了承认。但他仍将继续与瑞典人作战，直到 1675 年 6 月，他才在哈维尔河上的费尔贝林取得重大胜利，将他们赶出德意志北部，并在 1678 年彻底消除瑞典人对普鲁士的威胁。不过从 17 世纪 50 年代后期开始，他就在柏林度过更多时光，并将自己的一部分精力投入重建工作中去。随着城市防御工事即将竣工，他还可以对生活质量的改善抱有期待。

　　柏林宫部分沦为断壁残垣，重修工作就此展开，但弗里德里希·威廉似乎一直没什么钱，也不打算去完成更多的相关工作，因此这项任务留给了他的儿子。不过，选侯确实跟一位在战争中表现出色的军人、施潘道驻军指挥官冯·里贝克借过钱，后者的家族曾

在布赖特街修建极考究的豪宅。弗里德里希·威廉任命梅姆哈特和
意大利建筑师菲利普·德·谢兹（Philippe de Chièze）这一组合来
完成一些基建工作。1658 年，选侯开始在柏林宫对面的大花园
（约翰·格奥尔格曾在这儿庆祝长子的诞生）建造荷兰风格的庭院。
这里还算有点花园的样子，借用一位在 1591 年目睹过这里的大学
生所言"一个有着美丽果树，美轮美奂的园子"，而且通过某些复
杂的安排，让一些"不守妇道的妻子"在此劳作，她们被"委派了
一些无需特殊技能的工作，以期加强她们的道德操行和端庄举
止"15。和其他地方一样，大花园在战争期间遭到破坏，因此选侯和
梅姆哈特合作建了一座欢乐屋（Lusthaus）和一处乳汁洞穴①。他
俩还设计了一座新的菜园子，并在那里种下柏林第一批马铃薯。起
初马铃薯的流行非常缓慢，而一旦种植得法，就成为一种最廉价的
食物，养活了数十万在工业革命时期涌入这座城市的人。和在爱尔
兰一样，马铃薯既是食物，也是苦难的根源；不过，它在 16 世纪
50 年代还是观赏植物。在植物学家约翰·西吉斯蒙德·埃尔斯霍
尔茨（John Sigismund Elsholtz）的指导下，马铃薯连同从意大利
进口的 200 棵橘子树构成了柏林第一座植物园的基础，不久之后这
座植物园就将拥有超过 126 个品种的郁金香和几间温室。

　　但无论是弗里德里希·威廉，还是路易斯·亨丽埃塔都不喜欢
柏林宫，尽管有过翻修，又加盖了花园，但这座宫殿依然潮湿阴
暗。它更多充当政府办公地，如今又增添了典型的霍亨索伦样式。

---

　　①　乳汁洞穴是《圣经》的典故，指神圣家族（即圣母、圣子和圣约瑟）在逃往埃
及的途中曾藏身于一处洞穴，圣母玛利亚在喂养婴儿时不慎将乳汁滴落在地上，地面因
此变成了白色的。

因此选侯致力于在柏林北部哈维尔河上的村庄博茨夫为自己打造一所荷兰式的住房，并用妻子娘家姓氏重新命名为奥拉宁堡，今天这里是轻轨最北的一站。它至今依然是柏林一处迷人而安宁的避难所，虽然后来又增添了一些冷漠的成分，而且它距离记录下柏林最黑暗历史的纪念地萨克森豪森（集中营）也很近。奥拉宁堡给人一种宁静致远的感觉，但多少带有一抹忧郁的思乡之情，因为可怜的年轻选侯夫人试图重现她荷兰家乡的花园与氛围。这项工作被交到梅姆哈特手上，他修建了一座高大的方形荷兰式乡间别墅，还在河边设置了一座公园。工程于 1655 年完工，路易斯·亨丽埃塔和弗里德里希·威廉此后便经常在此居住，直到他们在波茨坦新建另一处住所。今天，这里收藏了大量的肖像和银器，其中大部分是由弗里德里希·威廉和路易斯·亨丽埃塔收集起来的，两人都是狂热的收藏爱好者，喜欢各色玩意儿。

考虑到选侯在资金方面长期捉襟见肘，夫妇二人为收集这些东西所耗费的时间和金钱就着实显得十分扎眼。约阿希姆二世的收藏在战争后期的搬迁过程中丢失了（走运的是，他的肖像被保留了下来）。弗里德里希·威廉在柏林宫重建了艺术品收藏室（Kunstkammer），并开始往里放东西。他尤其钟爱银器，因为银制品工业开始恢复生产，而其中大部分都在柏林制造；他也喜爱古钱币（他的收藏品很快将达到 4 900 枚）和珍奇玩物，其中赫赫有名的是华丽的普鲁士波罗的海琥珀。但他也常常冲动购物。1648 年，当时的选侯无论是在政治还是经济上都处于焦头烂额的境地，但他依然豪掷 150 000 波兰古尔登从波兰买了一个玉杯，"这笔钱比普鲁士等级议会表决通过的当年税额还要多"。1661 年，他又花了 8 000 荷兰古尔登给自己的岳母买下一枚钻戒，为她在克利夫斯举办了一场盛大的生日宴，并"向在场的所有宫廷仆从赠送银制盘子"[16]。他也热爱书籍，收集了 90 000 册图书和 1 600 份手稿，这些书籍迅速填充起柏林宫内的大型图书馆。随着弗里德里希·威廉的统治日益稳固，柏林也开始逐步吸引国际目光，需要带给大使们一些印象深刻的东西。他的收藏开始构成普鲁士王家收藏品的基础，也成为日后的柏林博物馆的起点。因为受到勃兰登堡应当发展海外殖民地的想法鼓动，弗里德里希·威廉还广泛从东南亚收集藏品，并从日本、锡兰和马鲁古群岛购买手工艺品，重启国际收藏，这也让柏林博物馆因此声名远播。

尽管在最缺钱的时候这么干确实挥霍无度，但选侯在柏林启动的工作却切实产生了收益，帮助这座城市重新站稳脚跟。随着安全感和信心的提升，柏林的生活也随之改观。弗里德里希·威廉是位称职的委托人，由于他常常不在柏林，因此他将大部分政策的具体实施交给两位杰出的人物。第一位是奥托·冯·什未林（Otto von Schwerin），他是一位经验老到、游历广泛的波美拉尼亚贵族，虔诚的加尔文宗教徒、诗人和思想家，并很快成为选侯夫人的蓝颜知己。1651 年，弗里德里希·威廉解除了布格多夫在柏林政府中的职务，由冯·什未林逐步取而代之。1658 年，他成为选侯议事会的主席，并占据这一位置直至 1679 年去世。虽然他主要负责外交事务，并处理柏林、柯尼斯堡和克利夫斯这三者间的关系，但与选侯夫人合作，也让他承担起许多柏林城市的改进工作。第二位则是弗里德里希·耶拿（Friedrich Jena），他最初是选侯议事会中的非贵族成员之一，经常和冯·什未林唱反调，但凭借自己的金融头脑和法律知识，于 1663 年晋升为贵族，还在柏林以外的地区获得了大片庄园。这两个家族也将与柏林和普鲁士一代又一代的统治者保持密切联系。库尔特·克里斯托弗·冯·什未林（Kurt Christoph Graf von Schwerin）伯爵将成为弗里德里希大王的陆军元帅之一，而格哈德·冯·什未林（Gerhard Graf von Schwerin）伯爵则因为在 1944 年拒绝执行希特勒摧毁亚琛的命令，险些被盖世太保处决。冯·耶拿家族依然住在西柏林，在战争结束时也侥幸逃过被处决的厄运——但这一次的命令来自苏联人。

两人为振兴柏林的贸易和工业而开展的工作包括一系列雄心勃勃的基础设施建设，并将之与积极的贸易促进活动结合起来。1667年，这部分工作得到了由政府任命的税务专员的大力支持，税务专员的设立实际上夺走了议事会对这座城市的征税权，而这正是后来霍亨索伦家族发展集权化道路的早期步骤。柏林的预算权于 1714年被交到王室手中，而至 18 世纪中叶，甚至连市政府的合法权力也被移交给当时的王家官吏。[17] 由于战争，柏林的人口锐减，实力也被削弱，再加上勃兰登堡等级议会此时正为弗里德里希·威廉的四处征战而与他展开斗争，因此柏林人几乎全盘接受了上述做法："柏林不乐意"精神就此暂时搁置。[18]

冯·什未林和冯·耶拿在 1660 年利用未投入战斗的士兵开挖弗里德里希·威廉运河，这条运河长 10 公里，串联起柏林东南部的 11 座水闸，并与施普雷河合流后汇入米尔罗泽湖。运河的投入使用，对柏林的贸易产生了重大影响，因为它将易北河和奥得河连接起来，由此重振柏林作为港口的活力。1649 年，冯·耶拿还彻底改革了邮政服务，但这是整合选侯各自分散领土的另一重要环节。在冯·耶拿的领导下，这一工作的开展十分有效，邮件从柏林到柯尼斯堡只消花上五天，而到克利夫斯也只要六天。这一服务后来又拓展到德国北部的其他邦国，到 1688 年前后，它每年能为选侯的小金库赚取 40 000 塔勒的收入。[19]随着格劳恩修道院重新开放，一所全新的加尔文宗文理中学也被建立起来，基础教育也得以重建。1670 年，施莫尔茨夫人（Frau Schmolz，她是一位宫廷官员的妻子）请求利用尼古拉教堂的教堂墓区开办一所完全面向女孩的学校，1674 年为士兵子弟设立的学校也兴建起来，二者在当时的德意志都是相当具有革命性的方案。

而在重振制造业方面，无数的计划被提了出来，有些十分成功，有些则不然。柏林的优势一直是它作为贸易城市的身份，以及对制造业（制鞋业这类受行会保护的传统行业除外）的投资。弗里德里希·威廉对于贸易的理解多少也对此有所限制。他认为他应当努力遏制外国商品进口，如此才能保证国内生产并防止黄金外流——虽然他的首都之城的历史本应让他明白，只有活跃的双向贸易才能带来税收、市场和盈利优势。他还认为自己没有必要为勃兰登堡提供国内原材料制造商。弗里德里希·威廉的主要项目之一是建立甘蔗厂，但这很快被英国人和荷兰人打压了下去，因为英国人和荷兰人可以用更便宜的价格进口甘蔗。另一个雄心勃勃的毛纺织业项目也以失败告终，本来这个方案已接近成功，因为无论是城市还是邻近的乡间都一如既往地拥有大量的手工织布机。烟草业的努力也失败了，但白银生产大获成功，玻璃工厂亦然，二者的原材料都近在咫尺。创办于 1677 年的"货币与商业学院"并不受欢迎，但 1684年在其原址上重办的新商业学院则十分出色，并将在未来的几十年间持续发展。造船业的表现则更为突出，新的造船厂位于施普雷河北岸，至今仍被称为"造船工大道"（Schiffbauerdamm）的地方兴建起来，与弗里德里希大街车站隔河相望。不过今天这片区域以剧院和餐馆著称。

　　然而，想要让这些新兴产业运转起来，并实现这座依然十分空旷的城市的人口再生产——其人口即使到了1670年前后依然远低于战前水平，真正需要的是熟练工人。这才是弗里德里希·威廉的宗教宽容政策将真正给柏林带来的益处。弗里德里希·威廉和他的妻子都是虔诚的加尔文宗教徒，他与同时代其他欧洲君主的不同在于，他对其他信仰也一视同仁。不过，这种宽容仍具有强烈的权宜色彩，这倒是与其家族中的许多人如出一辙，因为试图阻挡普鲁士和勃兰登堡的路德宗信仰是不可能的，而他也无心于此。但弗里德里希·威廉坚持一点，路德宗教会必须承认他作为君主的宗教权威，尤其当《威斯特发里亚和约》明确承认加尔文宗之后。在普鲁士，他明白自己必须谨小慎微；在勃兰登堡，他则坚持所有路德宗神职人员必须以书面形式承认《威斯特发里亚和约》确认加尔文宗为合法的条款。果不其然，与其他试图坚持全盘接受某一意识形态的君主一样，他发现这事很棘手。

　　不过在这方面，他得到了冯·什未林以及他的宫廷牧师约翰·贝吉乌斯（Johann Bergius）的协助。前者为他实际推进各个环节，后者则是相对极端的加尔文宗教徒，也是绝对君权的坚定支持者，他认为"最糟糕的暴政也比一个没有任何主权可言的国家强"。而与他们针锋相对的，则是当时德意志最擅长鼓舞人心、最才华横溢的路德宗牧师保罗·格哈特（Paul Gerhardt）。他于1607年出生于维滕贝格，并在那里的大学接受教育，从始至终沉浸于纯粹的路德宗传统之中。在战争行将终结的1643年，他第一次来到柏林，担任一位名叫安德烈亚斯·贝特霍尔德（Andreas Berthold）的高级律师的心灵导师和牧师。随后他遇见了尼古拉教堂的管风琴师约翰·克吕格（Johann Crüger），两人共同创作了一部包含18首赞美诗的作品，很快在城市路德宗教众中间风靡开来。这些赞美诗拨动了公众的心弦，它们赞美《威斯特发里亚和约》，哀悼遭破坏的马克，也在柏林人试图重建自己生活之际，为他们敲响审判将至的警钟。柏林人因此聚集在尼古拉教堂，在他们支离破碎的家园中，通过歌声寻找慰藉：

> 感谢上帝，它已响起，
> 喜乐与平安的祝福声！凶手的统治终究有限，
> 枪与剑终将停止。来吧，取下你的七弦琴，
> 我的国，再一次，
> 振作起来，全体大合唱
> 那昔日欢快的曲子。

1651 年，格哈特开始担任城外米滕瓦尔德的牧师。1657 年，当时已娶贝特霍尔德之女为妻的格哈特，被任命为柏林尼古拉教堂的牧师，这是柏林教会最显赫的职位。他继续与克吕格合作创作和谱写最优美动人的赞美诗，其中许多首至今仍在日常生活中吟诵。至1661 年前后，两人出版了他们的第十版赞美诗，包括已创作完成的 90 首，其中就有《以喜悦唤醒我心》（*Awake My Heart with Gladness*）。但他最为人所知的作品可能还是《至圣之首今受伤》（*O Haupt vol Blut und Wunden*），巴赫在《马太受难曲》（*St Matthew Passion*）中为其谱曲。[20] 在柏林人看来，格哈特是布赫霍尔策的接班人，并提供给他们能够接受的、感到舒适的礼拜方式。谁知道他丝毫不妥协，反对弗里德里希·威廉颁布的法令。这部1664 年 9 月 16 日出台的法令其实并不极端，仅要求教派间相互宽容，路德宗的牧师不得诽谤加尔文宗，但格哈特领导的路德宗教会仍

着自己根基深厚，根本不承认加尔文宗是真正的教派。他的言论相当具有攻击性，冯·什未林报告称他将加尔文宗教徒称为"无神论者、没有思想的人……及魔鬼之子"[21]。正因为如此，他于1666年2月被免职，又因公众对此强烈抗议而官复原职。尽管什未林后来苦口婆心地劝说他让步，但最后的结果是仅一年之后他就被永久性解除职务。次年，格哈特心爱的妻子安娜·玛丽亚（Anna Maria）也撒手人寰，而他们四个孩子有三个已在此之前离开了人世。万念俱灰、形只影单的格哈特遂离开柏林，前往位于吕本的一个教区，去寻求更为本真的乐趣，1676年在那里去世。在去世前，他还给自己唯一活着的儿子写下一份感人肺腑而又忧伤的遗嘱。

格哈特被免职在宫廷和城市中造成了令人不安的紧张气氛。本性宽容的柏林人，本来自然地倾向于支持弗里德里希·威廉的政策，即柏林应当向任何他认为对这座城市大有益处的宗教信仰张开怀抱，但鉴于格哈特如此这般的遭遇，真的要弥合裂痕还有待时日。弗里德里希·威廉虽然在禁止耶稣会士活动方面立场鲜明，并在1687年驱逐了20名耶稣会修士，但他并不限制天主教徒私下听弥撒，这一点也得到了柏林人的支持。不过，传统的反犹主义依然存在感极强，因此自1573年的可怕事件以来，几乎没有犹太人返回柏林。直到1665年，弗里德里希·威廉雇用波兰犹太人以色列·阿伦（Israel Aaron）担任自己的军队承包商，而此时的哈布斯堡家族正处于一个"自废武功"的奇怪时期：1670年皇帝甚至下令将犹太人全部逐出维也纳。这一举动必然将对帝国经济造成无可估量的损失。弗里德里希·威廉迅速做出反应，为50位最富裕、最杰出的犹太人开具庇护函（Schutzbrief）——只要他们愿意定居柏林。最先接受选侯邀约的是犹太法学者莫德尔·里斯（Model

Ries）和他的三个儿子及家人。这些人接到指令，需先将家人留在边境，本人前往柏林接受选侯面试，以便了解他们的家底到底有多丰厚。尽管这段经历相当屈辱，但这些人显然说服了选侯。至 1672 年前后，50 个家庭都成功移民。[22]而随着哈布斯堡家族于 1683 年再度采取行动迫害犹太人，其他人也步他们的后尘来到柏林。1703 年，哈布斯堡家族又一次发起迫害行动，致使奥本海默（Oppenheimer）和韦特海姆（Wertheim）这两个日后扬名柏林的家族也不得不离开维也纳，到萨穆埃尔·奥本海默（Samuel Oppenheimer）撒手人寰时，维也纳的帝国宫廷还欠着他 500 万古尔登没还。[23]

柏林的等级议会曾就这些邀请向选侯提出抗议，但因格哈特事件的前车之鉴，弗里德里希·威廉坚持自己的立场毫不动摇。他理智地辩称"犹太人不仅不会伤害国家，而且似乎是能派上用场的"；他还指出，"众所周知，基督徒和犹太人一样会搞贸易欺诈，并逍遥法外"[24]。虽然犹太人在 1700 年前后还只占柏林人口的约 2%，但没过多久，柏林方言就吸收了一批意第绪语词："Ische"指年轻女孩（但今天要慎用这个词，因为它更确切的翻译是"雏儿"），还有"meschugge"（疯狂的）或是"tacheles"（意为"说到点子上了"）。

不过弗里德里希·威廉之后邀请前来定居的另一批移民就鲜有人反对了，而这次迁居是这座城市重建的转折点之一，也是这位极其精明的统治者所留下的最负盛名的遗产之一。哈布斯堡家族固然短视，路易十四亦有过之而无不及，他受皈依天主教不久的情妇曼特农夫人（Madame de Maintenon）的影响，于 1685 年 10 月 19 日撤销旨在保障法国新教徒（即胡格诺派教徒）权利的《南特敕令》。胡格诺派教徒虽长年受迫害，但当敕令真正撤销，他们将面临的是更为苛刻的境地。"所有现存的新教教堂和学校都要被摧毁……禁止一切新教集会和礼拜仪式，所有牧师被驱逐出境。所有法国新教徒在海外的资产都被没收。甚至巴黎以外的外国新教徒的墓地……也遭到破坏。"[25]由于弗里德里希·威廉天然对胡格诺派教徒抱有好感（因为他们中的大多数是加尔文宗教徒），因此于 10 月 29 日签署《波茨坦敕令》，承诺向定居在自己领土上的胡格诺派教徒提供庇护和经济援助。随后他又通过自己驻巴黎的使节埃策希尔·施潘海姆（Ezechiel Spanheim）设立了一个难民办事处来处理这些事务，并建立中转站协助他们抵达勃兰登堡。为了给予援助，他还于 1686 年为胡格诺派教徒开设了一个志愿基金，但由于他的路德宗臣民几乎不予配合，不得不采取强制募捐措施。如果说接纳维也纳犹太移民是有针对性的有意为之，那么《波茨坦敕令》则具有明确的道德目的，但它和霍亨索伦家族的所有政策一样带有妥协的一面。至少有 10 000 名胡格诺派教徒定居勃兰登堡普鲁士，其中大多数选择了柏林。不久之后，又有 7 000 名来自普法尔茨和一小部分来自瑞士的加尔文宗教徒到来。这些人都在技术和贸易方面做出了极大贡献，他们给予了柏林自 1640 年以来就始终缺乏的经济刺激。这些人还带来了重建生活的决心和加尔文宗所推崇的职业道德。

　　胡格诺派教徒对柏林产生了重要的直接影响。至 1698 年前后，其人数已达 7 500 人，约占总人口的四分之一，分布在各个社会阶层。最为德高望重的是 75 岁高龄的朔姆贝格（Schomberg）元帅，他曾是路易十四最倚重的著名将领之一，因此很快应选侯征召领导他的部队。朔姆贝格还带来另外数百名胡格诺派军官，这使弗里德里希·威廉得以在 1687 年组建完成两个完全由胡格诺派流亡者组成的火枪手连队，充当自己的卫队。总共有 600 名左右的胡格诺派教徒成为军官，其中就包括即将成为柏林军事总管的德·福卡德（de Forcade）将军。[26]与士兵一同抵达的还有约 46 种新行当的熟练工人，他们利用柏林现有的行会架构，使新的商机和他们的工场迅速在城市周围生根发芽。在抵达柏林的人当中，约 90％是商人。珠宝加工、帽子生产所需的毡制品制作、丝绸和纺织品生产，通通发展蓬勃，深受柏林人喜爱的法国美食也被他们带来此地。与柏林主食黑麦面包（Roggen）截然相反的白面包、花椰菜、洋蓟和芦笋（它将成为柏林生活中的一大特色）迅速流行开来。[27]柏林家喻户晓的肉丸至今被称为"Buletten"（即法语的"肉丸"）。毫无疑问，柏林方言采纳了许多法语的表达方式。部分柏林的街道被称为"chaussee"，人行道是"trottoir"；而"etepetete"意味着挑剔，"budike"则是小客栈。"Bring ma nich in de Bredullje"（意为"别给我惹麻烦"），其中"Bredullje"就出自法语"bredouille"，这句话至今都是很常见的。

还有一些胡格诺派教徒开始兴办重工业，例如来自梅茨的拉文纳（Ravené）家族，他们开办了一家知名的铁器工厂并持续经营了好几代。克劳德（Claude）家族的 29 名成员也于 1687 年离开梅茨前往柏林，其中具有代表性的是三代人。他们在施潘道和柏林建立起的皮革生意，直到 20 世纪仍在进行国际贸易。法国的损失很快成了柏林的收益。弗里德里希·威廉授予胡格诺派教徒建筑用地，免除他们的兵役，还允许他们发展自己的学校和教堂。虽然不宜高估胡格诺派对柏林做出的贡献，上述广泛特权最初是遭到柏林本地人抵制的，尤其是那些眼看着自己的地位受到威胁的传统行会，但胡格诺派融入的速度仍十分惊人。"他们为这座城市带来了富足和繁荣，并使之成为欧洲最杰出的城市之一。"卡尔·路德维希·

冯·珀尔尼茨（Karl Ludwig von Pöllnitz）因此这样写道："我们应当将我们的工厂、警察、周末集市乃至鹅卵石街道归功于他们。正是他们让我们对艺术和科学产生了兴趣，而且通过遏制我们粗鲁的举止，他们让我们能够与最开明的国家相提并论。"[28]但这是一种夸张。其实胡格诺派教徒在很多方面都是以几个世纪以来的柏林旧传统为基础，而他们产生影响之时，适逢这座城市正在努力自我重建，因此这些影响才十分重要和持久。其实胡格诺派一开始也倾向于在本群体内部通婚，但到了第四代时，60％的教徒是与本群体以外的人结婚。[29]

所有这些新来乍到者，都意味着：在战争结束之后，柏林第一次需要扩张，超出原先经过精心设计的环绕岛屿和柏林宫，以及柏林和科伦市中心的防御工事范围。1662 年，弗里德里希·威廉开始着手开发城墙内的一处空地，它位于施普雷河西岸，正对着科伦的条形地带，紧挨着柏林宫。它被称为弗里德里希的河心绿洲（Friedrich's Werder），但它并没有大到足以容纳大量的房屋，而且这里很多建筑物其实是与宫殿相连的仆役办公场所，彼此以一座名称颇为有趣的"猎犬桥"（Hundebrücke）相连，这座桥将宫殿和选侯的狗舍连接了起来。

路易斯·亨丽埃塔于 1667 年去世，这让选侯和他三个年幼的儿子陷入深深的悲痛之中。他们婚姻幸福美满，两人的心灵相通既源于青梅竹马的童年，又得到加尔文宗信仰的加持。由于路易斯·亨丽埃塔与冯·什未林关系密切，因此他承担起教育选侯孩子的职责。但弗里德里希·威廉仍感到有必要续娶一位妻子，部分原因就是要给孩子们找一位母亲。他于 1668 年再婚，这次的对象是不伦瑞克-汉诺威公爵的遗孀多罗特亚（Dorothea）。她当时 32 岁，无子，而选侯 48 岁。多罗特亚的性格与路易斯·亨丽埃塔迥然不同，但她同意从路德宗改信加尔文宗。她与弗里德里希·威廉相处十分融洽，因为相较矜持的前任，她更享受户外，喜欢狩猎、聚会、饮酒，显然她也更热衷于金钱和礼物。

弗里德里希·威廉赠予她的结婚礼物是柏林城墙外的一大片土地，它位于施普雷河南岸，就在从柏林宫前的桥通向选侯狩猎场蒂尔加滕①的大路南边，而从蒂尔加滕又可以进入格伦瓦尔德森林。凭借着商业头脑，多罗特亚开始开发自己名下的土地，把它们划分为建筑用地。她沿着道路南面种下一排排椴树，由此创造出柏林最著名的大街——菩提树下大街②。随着大量移民的涌入，她的新城，即多罗特亚城（Dorotheenstadt）得以蓬勃发展，而她又开始在菩提树下大街的南端开始进行类似的开发，那里将成为弗里德里希城（Friedrichsstadt）。今天，与菩提树下大街平行通往北面的主干道就称为多罗特亚大街。尽管选侯夫人开发的这些地产，远超许多新来乍到者的经济负担能力，但他们依然能获得远离城市、位于施普雷河和蒂尔加滕北面的土地，移民们在用"摩押"（Moab）的典故（即以色列人在被允许进入应许之地迦南之前必须停留等待的地方）称呼这片土地为"莫阿比特"（Moabit），这个地名一直沿用至今。

1679 年，弗里德里希·威廉从他此生最后一场重要战争中归来。1675 年，他在费尔贝林将瑞典人赶出勃兰登堡；如今他在这

---

① "蒂尔加滕"的德语"Tiergarten"字面意思是动物园，此地曾是选侯的猎苑，但今天是柏林市中心的一个行政区，因此这里使用今天通行的译名。

② "菩提树下大街"的德语"Unter den Linden"按照字面直译应为椴树大街，菩提树和椴树虽是完全不同的两类树种，但因其在德语语境中的含义类似中文语境中的菩提树，因此这一译名沿用至今。

场战争中将后者赶出普鲁士，这其中还包括了一场推进异常迅速、被称为"大雪橇攻势"的冬季攻势，随后他占领了斯德丁。1680年，弗里德里希·威廉又与法国结盟，以捍卫他的西部领土，这个联盟在他颁布《波茨坦敕令》后依然保留。1683年，哈布斯堡家族在维也纳城外击败了土耳其人，因此弗里德里希·威廉又于1685年与皇帝结盟；1685年，他再次重申与荷兰人的盟友关系。由于患有痛风——大多数霍亨索伦家族成员都有此病，他在波茨坦和奥拉宁堡逗留的时间越来越长，那里充满了与路易斯·亨丽埃塔有关的回忆，对多罗特亚而言也是如此，但她渴望带给四个男孩以及她和弗里德里希·威廉所生的两个女孩以安宁。

弗里德里希·威廉的长子，备受推崇的卡尔·埃米尔（Karl Emil）在1674年战役中因病去世。而他的次子，如今递补为王储的弗里德里希则一贯不被人看好，他被描述为"内向、敏感、易怒，还因婴儿期跌倒而落下残疾"。路易斯·亨丽埃塔十分宠他，但弗里德里希·威廉觉得这个孩子"一无是处"，英国大使则认为他"顽劣、拧巴，而且似乎缺乏理智"[30]。多罗特亚极为厌恶他，而他也对继母要毒死他这件事深信不疑，当他的弟弟即路易斯·亨丽埃塔的第三个儿子路易，于1687年死于猩红热，进一步加深了他的这种恐惧。弗里德里希一直生活在富丽堂皇的克珀尼克，这里远离柏林。1683年第一任妻子去世后，他于1684年再娶不伦瑞克-汉诺威的索菲-夏洛特（Sophie-Charlotte），但这个儿媳妇也不得弗里德里希·威廉和多罗特亚欢心。因为确信邪恶的继母现在想要将他俩双双毒死，夫妻二人逃往汉诺威。此时夏洛特已经怀孕，这招来了弗里德里希·威廉的刻薄评论："天晓得孩子是谁的。"父子翁媳之间的关系直到1688年才得到修补。

弗里德里希·威廉和多罗特亚还开始携手修建他们的波茨坦狩猎行宫，这座宫殿最初是由约阿希姆一世在约 150 年前修建起来的。梅姆哈特和谢兹因此再次受命将这里变成一座小小的宫殿。虽然法国大使对此嗤之以鼻，认为它不过是间农舍[31]，但它终将变成重要的城市宫殿，不过现在它还只是一处远离柏林的隐居之所。因为路易斯·亨丽埃塔丝毫不让步的加尔文宗信仰，她从未得到过柏林人的真心爱戴，他们对她的葬礼也没有一丝崇敬，这些都让选侯进一步远离自己的都城。即使是选侯本人之于柏林宫，也犹如偶尔到访的客人，但那里正在成为一个拥有烦琐礼仪又隐隐引发嫉妒的宫廷中心。1680 年，选侯的侄子奥兰治亲王（Prince of Orange）到访，迎接他的是 24 名小号手和 40 名男仆，所有选侯的侍从均身着带有金色穗带的崭新制服。一位法国访客视其为德意志最豪华的宫廷，"除了名号，其他都堪称皇家气派"。当然，它仍无法与金碧辉煌的凡尔赛相提并论，而兢兢业业的冯·什未林还得兼任掌礼大臣和首相，但这一切，相比 40 年前弗里德里希·威廉第一次从柯尼斯堡返回时所面对的那个连屋顶都没有的空架子，不可不谓天壤之别。

当年弗里德里希·威廉被迫重修自己的首都，虽然在这方面还有很长的路要走，但等到他在 1688 年去世时，柏林已旧貌换新颜。伴随着新防御工事的修建，老城中心的重建，新花园、林荫大道以及西部定居点的开辟，柏林此时已是一座拥有约 20 000 人的城市。居民大多是移民，他们有些是加尔文宗教徒，但路德宗教徒仍占大头，还有一些天主教徒和少量犹太人。城市人口约有四分之一是士兵及其家属，选侯的军队如今有 30 000 人之众，很多人是从欧洲各地招募来的。军队除了代表选侯出征打仗，还参与了很多工作：

他们是警察、守夜人、消防员、街道环卫工人，还要充当建筑项目的义务劳动力。

然而，这座城市的核心人口依然是那些在（三十年）战争之前就阖家居住于此的柏林人，他们要么是老牌商人家族，要么是在之前的两个世纪就来到柏林的移民。法语是和德语一样的通用语言，并且很快成为宫廷语言，法国文化无处不在。不过人们也听得懂荷兰语、波兰语、英语和意大利语。柏林还变得整洁了起来。在这方面有一位总管，市民们必须保持自家门前的街道整洁无垃圾（这一点今天依然适用）；如果有人推着满载的手推车进城，那么在他们回程时必须捎上一大堆垃圾。把垃圾留在街道上的惩罚，是将它们从你家窗户扔回屋里。如今农场动物也被禁止带上街，狗则不再被当成食腐动物和讨人厌的东西，而是家养宠物。人们喜欢带着它们去散步，因为这给了他们一个炫耀"使用昂贵材料制成的配件"的机会，也正因为如此，在城市各处张贴寻狗启事也变得司空见惯。[32]谷仓则被禁止与房舍肩并肩建造，它们被集中在老城东北部以外的地区，谷仓区（Scheunenviertel）由此而来。1680年，路灯被引入这座城市，每隔三户人家，市政府就要求在夜晚挂出灯笼。柏林正在成为一座国际大都市，也在迅速扩张成为一座成功的城市，但它可能算不上一座德意志城市。柏林人如今将享有长期的和平，除了新建的防御工事将永远不被投入使用，而这多少有点讽刺。

❖ ❖ ❖

今天，除了依然是首都，你已无法窥探太多属于大选侯时期的柏林城市样貌。但如果没有他，这里只能是又一座勃兰登堡城。他的功绩在于拯救了勃兰登堡，在其周围创建了一个需要首都的国家，为这个国家提供能够保障安全的边界和军队，并重建有能力支撑起这一切的经济。当然在奥拉宁堡你可以更接近大选侯，因为那里有选侯的全家福；或许你还可以在某个春日傍晚，漫步于多罗特亚栽下椴树的菩提树下大街；但他已从波茨坦（如今过于制度化）和柏林宫消失不见了。令人印象深刻的还有他的骑马雕像，是由格但斯克雕塑家安德烈亚斯·施吕特（Andreas Schlüter）受命创作完成的。雕塑原本矗立在柏林宫外的桥上，但因为某些不为人知的原因，它被移至夏洛滕堡宫门前，但这里在弗里德里希·威廉在世时还只是一座名唤"列措"的小村子。他可能也是普鲁士国家创建过程中最令人难忘的君主，虽然真正让霍亨索伦家族成为普鲁士的国王而不仅仅是勃兰登堡选侯的，是被他极度嫌弃的儿子弗里德里希。不过弗里德里希·威廉所扮演的重返柏林的角色应当被铭记。他通过赋予有产者以自由，把他们变成柏林人，但讽刺的是，这些人在欣然抓住柏林抛出的机会的同时，又帮助重建几乎被三十年战争完全摧毁的"柏林氛围"（Berliner Luft）。

弗里德里希·威廉于 1688 年驾崩，他走得相当从容，这对加尔文宗教徒而言十分重要，"来吧，我主耶稣，我准备好了"，话音刚落他便断了气。"他的家族应该可以从中吸取经验，一个人应当如何死去"，奥托·冯·什未林的儿子这样想道，其父已先于他的主人撒手人寰。[33] 除了指点后来的弗里德里希三世保护整个家族（但这一点立刻被儿子抛在脑后）之外，弗里德里希·威廉留下的遗命还包括照顾胡格诺派教徒，防范路德宗教徒与加尔文宗教徒之间的争斗。其实，早在 1667 年写就的密札中，他已向儿子提出对绝对君主而言最为开明的建议之一，即特别强调"爱民如子，不分信仰"，以及"时刻竭尽所能增加他们的福祉"。君主还应"努力促进各地贸易，并时刻关注勃兰登堡马克的人口增长"³⁴完全无法想象路易十四会写下类似的东西，而哈布斯堡的皇帝也做不出来。

弗里德里希大王承认，弗里德里希·威廉"具备成为伟人所需的一切资质，天意也为他提供了展现这些资质的恰当时机。这位为君者宽厚仁慈、高尚包容"。弗里德里希大王对他多少有些不吝溢美之词：他还是一位专一而长情的丈夫，而这个品质正是他的曾孙所缺乏的。不过，弗里德里希大王有多赞美父亲，就有多鄙视儿子。儿子"偏激暴力，反复无常，中间还穿插着好逸恶劳；会把琐事和宏大混为一谈；喜欢表面功夫，对实质问题视而不见；忙于炫耀空洞之物，而不是真正建功立业"。弗里德里希大王继续提高嗓门，尖刻地指出，"他的大使馆造得跟葡萄牙人的一样亮闪闪"，和他本人一样粗鲁无礼。但弗里德里希三世的真正问题在于，人们总是用他孙子那几页以尖酸刻薄的文字满怀恶意勾勒出的形象来评价他；在风趣但刻薄的只言片语中，他儿子则拒绝了他实现众多目标的企图。令人惊讶继而失望的地方也在于此：这位君主并没有一部客观的传记。当然他确实有过一些奇奇怪怪的外交决策，但他也为柏林的发展做出了巨大贡献——就这一点而言，他称得上是霍亨索伦家族中最伟大的一位。正是在他统治时期（1688—1713），这座城市的人口增加了两倍。

此时的霍亨索伦家族已是北欧举足轻重的统治者，在德语国家中的地位仅次于哈布斯堡家族，因此弗里德里希认为，他的家族应当成为国王。虽然他后来因这一虚荣心备受嘲笑（话虽如此，他的后继者可没有一个人打算回归选侯之位），不过他的抱负也并非孤例。汉诺威选侯即将走马上任大不列颠的国王，萨克森选侯"强人"奥古斯都（August der Starke）即将成为波兰国王，他甚至为此不惜皈依天主教，哪怕此举让他在萨克森的路德宗子民深感震惊。在弗里德里希即位的头十年里，欧洲正陷于战争之中：在法国与哈布斯堡家族、大不列颠和荷兰之间展开的九年战争。再加上恶劣的天气、农业歉收、饥荒和瘟疫，这段时间对于北欧来说可谓暗无天日。尽管柏林想方设法避免被直接波及，但它的贸易依然受到影响。这场战争最终以 1697 年缔结《里斯维克和约》而宣告结束，法国无论是在经济上还是军事上都略胜一筹，或者说至少看上去如此，而（神圣罗马）帝国的实力却被战争拖垮了。待到 1700 年，西班牙哈布斯堡家族的最后一位国王绝嗣去世，从而引发法国与（奥地利）哈布斯堡家族围绕西班牙王位的争夺。随后的西班牙王位继承战争让欧洲再次陷入长达 13 年的战争之中。

在这种动荡不安的局势下，弗里德里希看到了自己的机会。他向利奥波德皇帝提供一支由 10 000 人组成，训练有素、装备齐全的军队——这是大选侯留给他打仗用的，而这一举动彰显了勃兰登堡普鲁士在政治上支持哈布斯堡家族。不仅如此，弗里德里希还在帝国选举中把票投给了哈布斯堡家族的儿子，正因为如此，他被允许使用"在普鲁士（in Prussia）国王"称号。[①] 弗里德里希不可能

---

① 自选侯弗里德里希三世于 1701 年加冕为"在普鲁士国王"起，霍亨索伦家族便获得了国王头衔（1772 年起正式改称"普鲁士国王"）。1871 年德意志帝国建立，威廉一世加冕为德意志皇帝，但同时仍兼任普鲁士国王，这一皇帝兼国王的称号（德语写作"Kaiser und König"）一直持续至 1918 年威廉二世逊位。考虑到霍亨索伦家族存在从国王到皇帝的转变，加之哈布斯堡家族直到 1806 年都拥有神圣罗马帝国皇帝称号，译者将 1701—1871 年涉及霍亨索伦家族及普鲁士的表述翻译为"王室""王国"，1871 年后则译为"皇室""帝国"，以示区别，特此说明。

称"普鲁士（of Prussia）国王"，因为严格来说，普鲁士仍属于波
兰的领地，虽然凭借大选侯的连年征战与 1654 年的条约已经确保
了勃兰登堡与普鲁士的不可分割，但即便是称"在普鲁士国王"，
他也不受人待见。可以想象，在柯尼斯堡的普鲁士等级议会对此是
如何恼羞成怒，不过弗里德里希大王声称，鉴于英国需要盟友来对
抗法国，因此这帮人的怒火被英国慷慨的补贴压了下去。教皇也强
烈反对这一头衔，他在给路易十四的信中写道："我们不能置之不
理。此番行径与使徒的戒律背道而驰……非天主教徒不得攫取神圣
的国王称号。"[35] 然而，想要叫板弗里德里希这样坚定的加尔文宗教
徒毫无意义，即便他视路易十四为自己的偶像（并在柏林效仿后者
在凡尔赛所做的大部分事情）也于事无补，因为只要能将霍亨索伦
家族推向王位的机会，他就不会轻言放弃。

　　加冕典礼必须在柯尼斯堡举行，可以想象它将异常精彩。弗里
德里希任命约翰·冯·贝塞尔（Johann von Besser）担任司仪，
冯·贝塞尔对策划细致入微的仪式情有独钟，因此他在这个位置上
如鱼得水。前无古人的加冕典礼让他有机会创造出得到弗里德里希
大力支持的最精致仪式。这场仪式的起点是向心存疑惑的柯尼斯公
众宣布君主制的诞生，然后是黑鹰勋章授予仪式，它后来成为普鲁
士的高级骑士勋章。冯·贝塞尔在制定勋章章程方面可说是使出浑
身解数。它仅授予 30 人，这些人每天都要身披橙色绶带并佩戴他
们的徽章——徽章是一个八角形珐琅十字架，环绕着"弗里德里希
国王"（Fredericus Rex）的首字母"F"和"R"；一旦有人忘戴
了，就必须向柯尼斯堡的孤儿院捐出 50 个杜卡特金币。而在授勋
仪式之后便是加冕典礼，弗里德里希亲手将王冠戴在了自己的头
上，从此成为国王弗里德里希一世，随后他又加冕妻子索菲-夏洛

特为王后。这一举动看上去相当傲慢，部分原因是柯尼斯堡等级议会只是勉强同意加尔文宗的牧师参与传统上由路德宗掌控的仪式。加冕典礼过后是宴会和庆祝活动，随后这对新鲜出炉的王室夫妇便动身前往柏林，并于 1701 年 3 月抵达。

冯·贝塞尔先将他们安顿在奥拉宁堡，那里曾是路易斯·亨丽埃塔抚养弗里德里希长大的地方，可能也是让他倍感幸福的地方。国王夫妇在那里还接见了刚刚被任命为掌礼大臣的冯·瓦滕贝格伯爵（von Wartenberg）。瓦滕贝格 1688 年从荷兰来到柏林，在为弗里德里希效力的过程中迅速脱颖而出。他的妻子卡塔琳妮（Katharine）本是莱茵河上的船家女，后来成了弗里德里希的情妇之一。卡塔琳妮提出"应该由她来捧王后礼服的托裙"，这让冯·贝塞尔大伤脑筋。他起初打算用花言巧语打消她的念头，比如指出她会疲惫不堪，游行会无休无止，但都无济于事。她的丈夫也是个怕老婆的主儿，因此无论是恳求还是威胁，都无济于事。冯·贝塞尔不得不向他的朋友克里斯托弗（Christoph），即身为普鲁士高级贵族的多纳（von Dohna）伯爵求援，虽然这招致了"她把手放在屁股上，开始骂我"，多纳伯爵这样抱怨道。但最终卡塔琳妮被说服了，她意识到自己可能十分愚蠢可笑，并做出让步。正因为如此，冯·多纳得到了国王、王后以及瓦滕贝格本人"最衷心的感谢"[36]。

尽管这些鲁里坦尼亚①事件让可怜的冯·贝塞尔心惊肉跳，但柏林似乎还是相当欢迎新君的到来。国王一行人从奥拉宁堡前往舍恩豪森，那里后来成为弗里德里希的住所，最终于 5 月 6 日进入柏

---

① 鲁里坦尼亚（Ruitania）是一个小说虚构出来的中欧国家，它的现代含义指稀奇古怪的欧洲小国，或者在法律上指代某个不确定的国家。

林市中心。这是一场盛大的庆典游行：36 辆马车载着朝臣和军官，11 辆马车载着王室成员，还有 16 辆额外的马车，由 20 匹国王的御马引导；御林军、火枪手，24 名号手，然后是更多的卫兵、马车。瓦滕贝格伯爵夫人现在安然地坐在载着侍女的八辆马车之一缓缓前进。此情此景令冯·贝塞尔欣喜若狂，并且当他们进入柏林时要经过六座庆典拱门，在其中的一座拱门处，"两名身着罗马服饰的少女站在两个侧拱门的基座上，为她们的陛下歌唱了几首歌……以最古老的城市柏林之名欢迎他们"。钟声响起，架在由大选侯建造起来的防御城墙上的 205 门大炮齐发，一个名叫贝尔特拉姆（Bertram）的铜匠不知用了什么法子"站上了玛利亚教堂高塔最外面的尖顶，还把他的六个铜片以不可思议的方式插上塔顶，点燃了三次，同时不停地挥舞旗帜，扔下大量的鞭炮"[37]。国王一行最终抵达柏林宫，当晚还将举行一场壮丽的烟花表演，国王和王后还将在夜间坐车环绕"被火花、灯笼、火炬和篝火照亮的"城市一周。柏林人把街道挤了个水泄不通，他们穿上制服或自己最好的衣服，跟着各自的行会游行。据冯·贝塞尔估计，现场至少有 8 000 人。

　　柏林人有理由感激弗里德里希。虽然柯尼斯堡的"公众无法摆脱对这位君王的偏见"，但柏林的反应截然相反。冯·多纳是个顽固的普鲁士人、极度虔诚的加尔文宗教徒，还是公认的弗里德里希的支持者，他就认为"柏林居民为他们的好国王登基感到欢欣雀跃，每个人都争先恐后地向国王表示自己看到了他以如此荣耀的方式实现目标"[38]。不过，倘若我们来看看弗里德里希在柏林的所作所为，以及他的工作量，就可以理解这种反应了。

　　1702 年，一个名叫约翰·托兰（John Toland）的英国人到访柏林。他被派去参观英国人尤为感兴趣的德意志宫廷，因为他们选择了汉诺威选侯夫人索菲继承无子嗣的安妮女王的王位。索菲的儿子将成为乔治一世（George Ⅰ），而她的女儿索菲-夏洛特则嫁给了弗里德里希——为避免被继母毒死，与弗里德里希一同逃离柏林的正是她。因此英国人对他们未来的王室家族相当感兴趣。托兰的描述无可避免地充斥着阿谀奉承和大量谎言，但即便如此，弗里德里希似乎依然给他留下深刻印象，称"当今的欧洲王公，没有一位拥有像他一样高尚而伟大的灵魂"。虽然他也承认人们对弗里德里希"一些问题行为"的批评，但他坚持认为，弗里德里希为艺术和科学所做出的巨大贡献足以让"古罗马人"大为震惊，如果他们"能够穿越回来……他们会发现野蛮在他们钟情的意大利横行，而艺术和科学在德意志中部蓬勃发展，虽然在他们那个时候，德意志还只是巨大的森林和沼泽"[39]。

　　有三件事给托兰留下了深刻印象。首先，"大批法国难民"以及他们所做出的经济贡献；其次，"一切良善的基督徒都能在这里享有完全的良心自由"，而且路德宗教徒和加尔文宗教徒如今和睦相处；"第三件也是最重要的事，是陛下下令建造大量住房"。[40]记录的内容令人印象深刻。柏林摇身一变成为王朝首都，这让很多柏林人发了大财。

　　弗里德里希开始住进柏林宫，这里虽然经其父母之手被打造得能够居住，但还远远不够。在 1701 年 5 月那个光荣的日子，当他和索菲-夏洛特来到这里，这才第一次见识到从 1698 年起开始工作的安德烈亚斯·施吕特是如何将这座兼具中世纪和文艺复兴风格的城堡改造成一座巴洛克式宫殿。在保留中空的方形形态的同时，施吕特在北面朝向大花园和西面临河的地方增加了令人叹为观止的外墙，还设了一个主入口，一排"体量甚至超越凡尔赛宫的巨大廊柱"矗立于此，廊柱顶端是一系列古典人物。庭院则装点着古希腊神话中的场景，一个同样宏伟的楼梯耸立在主入口之后，它被视为大师杰作。未来还会有几位霍亨索伦家族的成员对柏林宫进行修改和增补，但只有施吕特赋予了这里直到1950年前都主宰柏林市中心的风格和形态。然而，施吕特的结局并没有因为设计出杰作而变得圆满。弗里德里希委托他在宫殿的西北角加上一处"造币厂塔"，那里有一座桥梁跨越与菩提树下大街交界的施普雷河，然而高塔还在打地基阶段就坍塌在沙地上，施吕特因此遭到解雇。弗里德里希用约翰·伊桑德·冯·歌德（Johann Eosander von Göthe）取代了他。伊桑德在施吕特设计的西边又增加了第二座庭院，这让宫殿的面积增加了一倍。现在，柏林宫变得极为庞大，从岛的一侧延伸到另一侧。他很明智没有再多加一座塔楼，直到一个半世纪之后才在宫殿的西面上加上了一个穹顶。毫无疑问，伊桑德的设计让宫殿变得太大了，与周围环境并不相称，它虽然很吸引眼球，但少了点优雅。不过在将柏林视为自己新首都的弗里德里希看来，它并非格格不入。托兰还很欣赏宫殿的收藏，在他造访此地时，这些藏品都已经被安置于新的房间里。

施吕特还参与了军械库（Zeughaus）的工作，但它主要是由约翰·阿诺德·内林（Johann Arnold Nering）为弗里德里希设计的，这栋建筑矗立在河的西岸，沿着菩提树下大街步行时位于右侧。如前所述，军械库并非施吕特一个人的作品，不过他为这里做出的最令人难忘的贡献是创作了由22个垂死战士的头颅组成的系列作品，"这是对奠定普鲁士荣耀之基及人类为此付出的巨大政治代价最真实和坦率的描述"[41]。因此这些头颅可能实际代表的是普鲁士敌人，但随着柏林在这之后经历的苦难，使得人们形成了对它们的不同解释。军械库的作用如其名称所示，直到柏林驻军的需求超过了它所能提供的。如今这里是杰出的德国历史博物馆。

弗里德里希本人大部分时间还是留在舍恩豪森田园诗般的小宫殿里，当时这里是一座位于柏林北部潘考的一处庄园，风景如画。潘考之名则出自流经这片平原的潘克河。舍恩豪森曾是有权有势的冯·多纳家族的乡村庄园，弗里德里希在 1691 年以 16 000 塔勒从这个家族手中把它买了下来。然后他委托内林将其改造成一座宫殿，当施吕特在柏林宫开展工作时，弗里德里希就住在这里。虽然舍恩豪森还将在柏林的故事里反复出现几次，但此时在这里展开的施工，相比内林为曾经的选侯夫人、日后的王后索菲-夏洛特在列措完成的项目，不可不谓相形见绌。列措堡宫的规模当时公认要比舍恩豪森宏伟得多，它是一座狭长的两层巴洛克式建筑，并在施普雷河拐弯的地方造了一座带有穹顶的建筑，施普雷河沿柏林西面蜿蜒前行，朝着与哈维尔河交汇的施潘道方向流动。列措堡可能是霍亨索伦家族所有的宅邸中最雄心勃勃的一处，它坐落于蒂尔加滕以北一片迷人的树林里，被打造成兼具宫殿和消夏别墅之用，拥有剧院和凉亭、观景台以及掩隐在通往河边的花园中的寺庙。这里的亮点是光线的运用。宫殿室内设计由佛兰德斯艺术家安东尼·科克西（Anthonie Coxie）完成，其中最闻名遐迩的房间是"琥珀屋"（Bernstein Zimmer），出自施吕特之手，它因墙上覆盖着产自波罗的海的琥珀而得名。不过遗憾的是，这间房间已不复存在，因为它被索菲-夏洛特的儿子作为礼物赠予俄国沙皇。内林在宫殿落成前就去世了，施吕特接替了他的位置。

索菲-夏洛特因为拒绝成为加尔文宗教徒，虔诚信仰自己的汉诺威路德宗，而在柏林享有盛誉。这位曾经身怀六甲逃离公婆的羞

怯公主，如今已成长为坚强、有教养、精力充沛的王后。被派去采
访她的托兰提到，她虽"身形略显丰腴"，但在其他方面堪称"她
那个时代最风华绝代的公主"。她"学识渊博、举止得体，能够弹
一手优美的大键琴，嗓音甜美，喜好结交陌生人"，并让他们"告
知自己在他们的国家中一切有价值或意义非凡的东西；她对政府只
有一种看法，以至于整个德意志都称其为'共和王后'"[42]。但她似
乎很快就失去了弗里德里希对她的爱。她曾在病中写道："我快要
死了，这样就能尽我所能为陛下分担一些事情，因为我不会再让他
感到我的出现是压在他肩头的负担，而且还能为他提供举办豪华葬
礼的机会。"[43]她的苦涩与弗里德里希公开自己的情妇——也就是那
位在加冕典礼上大惊小怪的瓦滕贝格伯爵夫人——不无关系。他把
王后安置在施普雷河北岸的蒙比永宫，正对着岛的北端（如今这里
是座脏乱的公园），这让事情变得更加糟糕。国王的母亲曾在这里
拥有一座小宫殿，还种上了马铃薯。后来弗里德里希命伊桑德扩建
了宫殿，然后把它送给了瓦滕贝格和他的妻子。蒙比永宫后来为几
代霍亨索伦家族的王后所用，但遗憾的是，如今它已不复存在。它
在第二次世界大战中遭到严重破坏，并被认为不值得重建。

　　索菲-夏洛特让列措堡成为文化圈的中心，这是柏林一直以来
所缺乏的。正是她充当施吕特的赞助人促成了 1696 年艺术学院的
诞生，随后她与科学家戈特弗里德·威廉·莱布尼茨（Gottfried
Wilhelm Leibnitz）的友谊及给予后者的资助又推动了艺术学院的
姊妹机构科学学院的成立。"不要想当然地以为，"她写信给莱布尼
茨，"我爱万众景仰的庆典与华冠，我更享受哲学愉悦身心的魅
力。"[44]反过来，莱布尼茨也相当敬重她。"夫人，"他在回信中写道，
"没有什么能够让您满足，因为您总是想了解原因和理由。"[45]但这两

所学院都设在柏林宫的马厩边，因此有好事者指出，应该在大门上标明"缪斯和骡子"（Musis et Mulis）。[46]索菲-夏洛特于 1705 年去世，年仅 36 岁，弗里德里希为了纪念她，将列措堡更名为夏洛滕堡。这座宫殿在二战中遭到狂轰滥炸，但如今已得到妥善修复。人们依旧可以强烈感受到索菲-夏洛特和她的小圈子在沿河的花园中漫步，或是穿行于光线充足的各个房间，房间里收集的霍亨索伦家族肖像虽不完整，但相当有趣。

柏林宫与军械库，舍恩豪森与夏洛滕堡，还算不上弗里德里希建筑野心的极限。除了第一次结婚时居住的克珀尼克以及奥拉宁堡，托兰记录下的王室住所还位于"法兰特、弗里德里希费尔德、罗森达尔、鲁道、布兰肯费尔德、迈恩德豪森、霍珀加滕"，以及截然不同于唐格明德、马格德堡、克利夫斯和柯尼斯堡等同类建筑的望景楼①。[47]弗里德里希还耗费大量时间在靠近奥拉宁堡的弗里德里希达尔的一个小型模范农场，"国王本人担任建筑师。与经过挑选的宾客一同放松，或是独自阅读各类书籍，弗里德里希达尔将是我最钟爱的地方。国王成了农夫，拥有一座美丽的农庄和一个整洁的奶牛场，这里由瑞士负责人负责打理，他们制作出的黄油和奶酪和出自他们山里的一样好"[48]。

随着人口的增长，柏林自身也在不断向菩提树下大街以南的农田扩张，再加上由弗里德里希的继母开发的弗里德里希城，这些地方都在成为这座城市不可分割的一部分。由于分别通往波茨坦和夏洛滕堡，舍恩豪森和奥拉宁堡的道路状况良好，那些地方也开始吸

---

① 望景楼原是一类用于休憩和眺望景观的建筑物的统称。这里指的是位于柏林夏洛滕堡宫花园内的一处具有类似功能的小宫殿（Belvedere）。

引土地开发商的目光。在建筑繁荣和贸易增长中赚得盆满钵满的商人们倾向于营造全新的舒适住房，他们不再受大选侯防御工事导致的空间不足的约束。"新房子大多是按最卓越的建筑品味建造的，"托兰这样报道，"通常外观优美，内部装饰也并不总是那么陈旧；相比之下，剩下的老房子则犹如在正派的体面人映衬下衣衫褴褛且身体畸形的侏儒。"49

尽管这座城市在索菲-夏洛特推动下已拥有两座学院，但它依然缺少一所大学，宫廷之外的娱乐也乏善可陈。它是有几家剧院，但按照弗里德里希大王的说法，是"夸夸其谈和插科打诨的可怕混合。这里只有低俗闹剧，与一切品味、礼貌和道德背道而驰"。尼古拉教堂教长的补充也证明君王此话未失公允，"演员们完全漠视所有要求他们放慢语速的警告，因此除了禁止演出，没有其他任何法子能够处置这种公共滋扰，并在上帝面前保持荣誉感"50。不过，王后倒是供养着一座很不错的小型意大利歌剧院，还邀请法国的巡回剧团前来列措堡演出。当时的时代氛围是法国的一切都是有品位的，这种感觉部分是因为路易十四设在凡尔赛的华丽宫廷而起，部分是因为生活在柏林的胡格诺派教徒，他们依旧说法语，吃法餐，而且很明显思念法国文化。这些习俗将在之后 50 年间逐渐退散，但在此之前，它会在 1710 年前后臻于巅峰，并出现了某些极端的荒谬。当时备受推崇的德国诗人之一是冯·卡尼茨（von Canitz），弗里德里希大王称其为"德意志的蒲柏"〔这里指英国诗人亚历山大·蒲柏（Alexander Pope），而非教皇（Pope）〕。冯·卡尼茨的母亲被认为是对法国时尚俯首帖耳的狂热爱好者，以至于传说她"让人从法国给她捎个丈夫回来，此人必须年轻、英俊、壮硕、机智，还得出身良好。这种类似对某种商品的想象倒也司空见惯"。不想错过有利可

图买卖的生意人于是推出一位年逾半百的 "M. 德·布兰伯（M. de
Brinboc）先生，体质虚弱，身患重病"。但由于冯·卡尼茨夫人迷恋
法国的一切，因此依然执意嫁为人妇。[51]

　　一种不怎么流行但很吸引人的娱乐活动是斗熊。1700 年 5 月，
弗里德里希与索菲-夏洛特的女儿路易斯-多罗特亚嫁给黑森-卡塞
尔领地伯爵——这刚好可以让冯·贝塞尔在加冕典礼之前演练一下
他的庆典操办技能。而婚礼庆典的部分娱乐活动便是驱车前往熊
园，"在那里可以观赏一些诸如熊、水牛和野牛之类的野兽间的战
斗，这是选侯殿下从他遥远的普鲁士和卡舒比亚省份带来的奇景"。
狩猎总管冯·潘内维茨（von Pannewitz）的职责之一是使新鲜捕获
的猎物准备就绪，并保持"非常野生"的状态。[52]这是一种极为骇人
听闻的娱乐活动，但似乎在整个德意志都十分流行。无论是在格伦
瓦尔德宫，还是在柯尼希斯伍斯特豪森堡，都有展现大批狐狸被赶
进一处围栏，而观众则为用棍棒将其打死的人欢呼的画作。尽管相
当匪夷所思，但这无疑是一种主流的娱乐活动。

　　弗里德里希唯一没有为柏林打造的建筑物是大教堂。尽管柏林
宫的礼拜堂从功能上来说可以被称为"大教堂"，但它还算不上德
国大城市那种传统的大教堂。加尔文宗确实不需要一座装饰巧夺天
工的教堂；此外，即便弗里德里希有心建造一座教堂，柏林也没有
那么多加尔文宗教徒来把它填满。当然他也不会命人建造一座路德
宗大教堂。因此胡格诺派教徒最后在菩提树下大街自行建造了他们
自己的教堂。法兰西大教堂于 1701 年由路易·加亚尔（Louis Ga-
yard）开工，四年后由亚伯拉罕·魁奈（Abraham Quesnay）完工，
它坐落在今天仍被称为御林广场的地方，这是一处开放空间，因曾
为普鲁士军队效力的胡格诺派军团驻扎此地而得名，后来又成为弗

里德里希城的集市所在地，面积翻了一番。

法兰西大教堂是一栋朴素的方形建筑物，设有中庭和画廊，如今是胡格诺博物馆的所在地。在它对面，1708 年落成了一座属于路德宗的新教堂（Neue Kirche），以示平衡。天主教徒本可以早于路德宗教徒拥有一座大教堂，但直到霍亨索伦家族的加尔文宗信仰与柏林信众的路德宗信仰就柏林是否能真正拥有一座路德宗教堂的激烈争论尘埃落定都没能达成所愿。不过，随着胡格诺派教徒的涌入，以及大选侯坚决要求路德宗神职人员承认加尔文宗，两大教派都开始降低这场激烈争论的热度，尽管它在柯尼斯堡表现得比在柏林更激烈。其中部分原因是虔敬主义的影响日深，它正成为 18 世纪早期城市的主要运动。

虔敬主义是一种源于路德宗的运动，倡导精神的重生。其本质是个人应当更多关注自己的良知，减少对教会各类职事的依赖，更专注自己的精神纯洁与善行。和所有的教会改革运动一样，它并不受欢迎，因为它被认为是对路德宗的威胁。许多人尤其是加尔文宗教徒，则认为它的主教制、圣礼、赞美诗乃至装饰的祭坛与天主教太过相似。虔敬主义是由菲利普·雅各布·施宾纳（Philipp Jakob Spener）从萨克森传入柏林的（一如许多其他的文化运动），他于 1691 年 3 月被任命为尼古拉教堂的教长。但虔敬主义后来得到加尔文宗教徒的尊重是可以理解的，他们从其教义中看到自己所信仰的大部分内容，而这些教义还受到弗里德里希的欢迎。1694 年，一所新的大学成立（同样不在柏林，而在哈勒），它以虔敬主义原则加以组织安排，并将对德意志的启蒙运动产生重大影响。

虔敬主义对柏林的影响是双重的。首先，施宾纳在很多方面被视为继承了布赫霍尔策及其他柏林早期宗教改革者的衣钵。他坚信基督教社会不应允许贫穷存在。1702 年，在他的指导下，柏林政府成立济贫委员会；同年，又开设了一家孤儿院（这是柏林众多孤儿院中的第一家，虽然其中大部分后来都转为私人资助），还为老者和病人设立了弗里德里希医院。其次，它让路德宗教徒很难反对形成于自己教会内部的这一运动，它日益受尊重，还得到教会中更有思想的教徒追捧。虽然弗里德里希以迅雷不及掩耳之势接受了虔敬主义可能是一种投机行为，但同样几乎没有任何证据表明，他的宗教信仰就一定不真诚——虽然他确实喜好奢华与炫耀。不过，无论国王动机如何，虔敬主义确实让路德宗与加尔文宗之间水火不容的局面逐渐缓和下来，二者对柏林人来说不再是问题。而他的儿子弗里德里希·威廉将继续成功执行他的这一政策，以至于到他孙子宣称自己是无神论者时，柏林人对自己的信仰多少是满意的。

弗里德里希壮志凌云的建筑计划和他奢华的宫廷可能给柏林人带来了 20 年的舒适与繁荣，但在他的统治行将结束之际，可以料到他的钱也花光了。"他的宫廷，"弗里德里希大王打趣道，"仿佛那些吞没了小溪流的大江大河。"英国大使雷比（Raby）勋爵这样写道，自己的"马车即使在伦敦也算得上十分时髦，但根本不能和国王的马车相提并论"，而且他怒火中烧地补充说，"我发现我的大使职务压根儿挣不到钱"[53]。虽然在弗里德里希统治的大部分时间里，整个北欧都处于持续交战状态，但他却想方设法让普鲁士的积极参战程度降至最低，"仅"提供了 30 000 名士兵。然而从 1710 年起，东普鲁士面临据称是由瑞典军队传入的瘟疫的严重侵扰，紧接着是饥荒，造成多达 250 000 人身亡。由于任命瓦滕贝格之流担任大臣，这些人的无能让弗里德里希变得无所作为；他还严重依赖来自普鲁士王室领地的收入，但那里恰恰是受灾最严重的地区之一。瓦滕贝格于 1710 年被解雇，他连同与其共事的冯·维特根斯坦（von Wittgenstein）及冯·瓦滕斯莱本（von Wartensleben）被并称为"三重悲剧"；与此同时，王储的派系开始取得控制权。[54] 而冯·贝塞尔的经历就有些离谱：多才多艺如他，转行写起了歌剧，还让普鲁士王国开始到处传唱"这到底是我的福气啊！在我的边界范围内，到处可见和平与快乐"[55]。至弗里德里希统治末期，柏林志得意满，但普鲁士就是另一番景象了。

❖ ❖ ❖

弗里德里希·威廉一世（Friedrich Wilhelm Ⅰ）于 1713 年登上王位，和父亲一样，他是"在普鲁士国王"，而非"普鲁士国王"。如果说他有什么让所有柏林人牢记的特质，那便是这是个脾气暴躁的军人，高度专注于军队，甚至不惜以牺牲城市为代价。不过这只是一种肤浅的判断，说明人们对他知之甚少，与对他父亲的认识如出一辙。令他声名远播的事情，确实比他应当被记住的事情更引人注目。人们同样倾向于用其子女的话来评价他，但弗里德里希大王与其父的关系比霍亨索伦君主与其继承人祖传不睦的亲子关系还要糟，而他的长女拜罗伊特马克伯爵夫人威廉明妮（Wilhelmine）也憎恶自己的童年。弗里德里希大王是留下最多文字的欧洲君主，而他那位为其成就奠定众多基础的老父亲却鲜为人知，这一点令人匪夷所思。

弗里德里希·威廉是一个复杂的人物。弗里德里希一世虽然也有很多缺点，但他仍被认为"心地善良、和蔼可亲、宽厚大方、气度不凡"；而弗里德里希·威廉则莽撞粗鲁，且"极度猜疑、易怒，还会突然之间陷入忧郁"[56]。他看重实践而非思想，关心能够立竿见影的政策。但他也确如其祖父大选侯一般，天生具备执政能力和对"责任"的一片赤诚；他对王朝和勃兰登堡普鲁士建功立业的渴望高于一切。尽管这一渴望也是早期霍亨索伦王朝的特点，但他显然表现得更为直白。1735 年 11 月 19 日，他致信自己的大臣库尔魏因（Kuhlwein），"你这家伙休想染指我的家族，否则你会发现施潘道要塞留了个坟头给你"。两周之后，他在出自同一个库尔魏因的报告上写道："库尔魏因这个白痴，可以给我滚了。"[57]

他的早年生活起伏不定，导致他对柏林宫廷充满了不信任。五岁时他就被"发现不服德·蒙贝尔夫人（Madame de Montbel）管教……一位信奉新教的法国显贵夫人"[58]，这位夫人是他的家庭教师。于是他被送到汉诺威和表兄格奥尔格——后来成为英国国王乔治二世（George Ⅱ）——一起接受教育。这两个男孩从见面的第一刻起就互相憎恶，两人打架打得十分凶，这导致弗里德里希·威廉不得不被带回柏林交给冯·多纳伯爵照看。后来他又被送往荷兰（和大选侯一样，那里带给他很多如何提升柏林的点子），接着是英国。卡罗琳娜·冯·安斯巴赫（Caroline von Ansbach）是他的初恋，可她爱上了汉诺威的格奥尔格王子，这进一步加剧了表兄弟之间的嫌隙。母亲去世时他人在别处，随后在 18 岁那年娶了死对头的妹妹，即汉诺威的索菲-多罗特亚（Sophia-Dorothea）。她的父亲是汉诺威选侯格奥尔格，日后的英王乔治一世（George Ⅰ）。两人的头生子出生后不久即死去；次子弗里德里希于 1712 年出生并活了下来，他后来继位为弗里德里希二世。弗里德里希·威廉最后的青春岁月是在低地国家与马尔博罗（Marlborough）和欧根亲王（Prinz Eugene）并肩作战中度过的，他带领普鲁士军队参与了马尔普拉凯战役。[①] 尽管他常常被称为从未参加过战斗的士兵王，但这恰恰证明他不为人知。正是 18 世纪初欧洲战场上的经历带给他难以磨灭的影响。

柏林人反感弗里德里希·威廉，主要是因为他登基为王之后所采取的第一个行动：他不仅拒绝宣誓加冕，还大规模削减弗里德里希一世宫廷奢侈靡费的支出。然而，宫廷是这座城市主要的收入来源，这就意味着许多商人因此蒙受重大损失。弗里德里希一世 1713 年的宫廷薪酬支出为 157 647 帝国塔勒，弗里德里希·威廉硬是砍掉了其中的三分之二，因此 1714 年此项支出为 54 086 塔勒。[59] 他还取消了由其父亲和冯·贝塞尔设立的冗长而繁复的宫廷职级与官位。当时的职级分为 131 级，跨度从掌礼大臣到 16 级的狩猎总管、20 级的礼宾官，再到 122 级的宫廷糕点师到最底层的葡萄酒酒保。这些职级被减少为 12 级，但即便是被保留下来的宫廷官职，他们的收入也被削减 75%。王室马厩中的马匹被送往骑兵队，官员们因此不得不步行，而非乘坐马车。柏林好事之徒将这件事打趣为"国王创造了神迹，瘸子都能重新上路"[60]。忧心忡忡的冯·贝塞尔因此向国王请求另一个职位，但他的信被付之一炬。随后他逃往德累斯顿，因为在那里的萨克森宫廷依然处事得体。

但弗里德里希·威廉严重破坏了首都蓬勃发展的文化生活，可能才是对柏林更具毁灭性的。他将父亲动物园里的狮子送给波兰国

---

① 这里指的是普鲁士作为盟友参与哈布斯堡奥地利、英国与法国之间围绕西班牙王位的西班牙王位继承战争（1701—1714），马尔博罗即英国军事统帅、第一代马尔博罗公爵约翰·丘吉尔（John Churchill），欧根亲王则是哈布斯堡奥地利的统帅。马尔普拉凯战役则是 1709 年 9 月爆发的一场重要战役。

王，姑且称得上是明智的经济之举。但抛弃伊桑德·冯·歌德并解散成立不久的柏林管弦乐团便是不受欢迎的行为，他将施吕特为夏洛滕堡设计建造的琥珀宫赠予俄国沙皇也是如此。他还完全无视其母亲设立的双子学院，使之几乎形同虚设。当莱布尼茨于 1716 年逝世之际，他竟然以一个名唤雅各布·保罗·冯·贡德林（Jacob Paul von Gundling）的酒鬼接替他。冯·贡德林是个荒唐人物，他起初是以学者身份开启自己的职业生涯，在冯·贝塞尔的首席宣传官办公室担任历史学家，研究贵族家族史。但这个办公室毫不出人意料地在 1713 年遭解散，之后贡德林的职业生涯出现倒退，他成了弗里德里希·威廉的宫廷小丑（Hofnarr）。这种对待学者的方式极不友好，但国王也不尊重学院，它被指派专注于改善军队的医疗保健水平。而艺术学院则更像是一所培训肖像画家的学校，创作了大批拙劣的王室及重要将领的肖像。

　　弗里德里希·威廉不喜欢柏林。他曾在其执政之初接待过俄国沙皇彼得大帝，深深为后者如何在远离莫斯科的芬兰湾建造新首都，以及他如何在宫殿旁的简朴小屋中生活的故事所打动。但如果说沙皇的到访对弗里德里希·威廉来说是无上的光荣，那么对索菲-多罗特亚来说就并非如此了，她将自己当时居住的蒙比永宫慷慨地出借给俄方，但这一举动显然不太明智。当沙皇从停泊在施普雷河的船上走下来时，曾试图给她一个充满热情的拥抱，被王后成功躲开。但随后沙皇便向她介绍起 400 名"宫廷命妇"。她们每个人"都怀抱着一个穿着华丽的孩童，每一个都要寒暄一番是不是她的孩子，然后还要接受一连串俄国式的鞠躬与屈膝礼，和'王后陛下荣幸之至'。这场野蛮的盛会直到两天后才告一段落。王后急忙赶回蒙比永宫，但在那里遭遇的却是耶路撒冷的毁灭——从未见过如此景象。所有的东西都被毁了，王后不得不下令重修整座宫殿"[61]。

弗里德里希·威廉针对自己不甚喜爱的柏林给出的解决方法，是延续正牌霍亨索伦家族的风格：住到城外去。柏林宫再次成为政府办公所在地，其中的重要藏品因此遭到无视，甚至被偷盗。1718年4月2日，一名胡格诺派金匠热雷米·帕约（Jeremie Payot）收到宫廷锁匠达尼埃尔·施蒂夫（Daniel Stieff）馈赠的几枚非常罕见的古希腊硬币，这让他大为吃惊。他把它们带给德·拉·克罗兹（Monsieur de la Croze）先生鉴定，后者是王室图书馆的管理员，也是一名胡格诺派教徒。两人推断，施蒂夫自弗里德里希·威廉即位以来，一直伙同宫殿保管员瓦伦丁·伦克（Valentin Runck）盗窃艺术品，且从未有人察觉。施蒂夫当即否认与此事有干系，并指使其妻将两名虚构出来的小偷的供词钉在柏林宫的大门上。但令施蒂夫始料未及的是，此时有一名学童跳了出来，到处宣扬施蒂夫的老婆出100帝国塔勒让他杜撰前述的供词。这样一来，即便不珍惜藏品，弗里德里希·威廉也意识到此事太过分。施蒂夫和伦克被处以绞刑，他们"先是被用烧红的钳子夹住"吊了起来，为避免威慑力不足，他俩的四肢还被捆到车轮上碾碎。两人于6月8日在施潘道门外被处决，有60 000名凑热闹的群众围观行刑。[62]

弗里德里希·威廉先是在波茨坦住了一段时间，他在那里修建了一座相当富有吸引力的小型狩猎行宫，称为"大星"，如今它依旧安然地屹立在波茨坦东面的高速公路旁。但国王主要的住所还是位于伍斯特豪森（从东柏林出发的话一天可达，今天是开往城市东南部的轻轨线的最后一站）的一座小城堡。众所周知，柯尼希斯伍斯特豪森堡①主要出现在弗里德里希大王和威廉明妮对那里无聊、

---

① 这座城堡全称是"Königs Wusterhausen"（意为"国王的伍斯特豪森"），此处仍采用音译，称为"柯尼希斯伍斯特豪森堡"，或简称"伍斯特豪森堡"，特此说明。

寒冷和不舒适的生活回忆中。"如果说在柏林，"威廉明妮写道，"我不得不忍受炼狱般的痛苦，那么在伍斯特豪森堡，我必须忍受的是地狱般的痛苦。"不过弗里德里希·威廉很是钟爱那里，伍斯特豪森堡为他提供了乡绅式的生活，他的家人经营着他的家庭；同时，他们还可以打猎、喝酒和祈祷。不幸的威廉明妮被派去负责亚麻壁橱和缝纫。[63]但王后可能对这里颇有微词，例如 1735 年圣诞节的特别礼物，居然是"价值 1 600 塔勒①的金质壁炉扫帚"。

打猎完毕，国王会躲去他的烟草同好会（Tabakskollegium），和志同道合的伙伴聚在城堡楼上的大厅里，毫无疑问其中大部分是军官。虽说这是种无上的荣誉，但被邀请出席吸烟会并不那么有趣：因为抽烟是强制的，于是可怜的德绍老王子——以"德绍老头"（Der Alte Dessauer）著称的杰出将领——不得不嘴里叼着个没点燃的烟斗，而举止优雅的（神圣罗马）帝国大使泽肯多夫伯爵（Seckendorf）也被迫点上烟斗，"像个老烟枪似的抽着"。晚上 7 点会送来面包和奶酪，人们从宗教到政治，再到（绕不开的）狩猎，无话不谈。[64]

打猎属于弗里德里希·威廉以满腔热情对待连细节都不放过的事情，一如他对军队的热忱。但对于可怜的王后而言，比获赠金壁炉扫帚更让她困惑的是，她被告知用于经营伍斯特豪森堡的家庭津贴还要用于购买打鸥鸪（这是国王最热衷的活动）的火药和子弹；作为回报，她可以出售这些猎物。考虑到国王每年秋天都坚持射杀 4 000 只鸟，而他本人也频繁开枪，平均每天要射上 600 发子弹，

---

① 原文为"1 600 dollars"，也未给出具体出处，推测应为"塔勒"之误，特此说明。

打猎无疑是奢侈活动。不过弗里德里希·威廉"极其认真地履行与王后之间的契约，甚至当他患病不起时，还要派被誉为最佳射手的福斯（Fauss）将军替他打鹧鸪"。还有一项活动是带着猎犬打野猪，不过这原本就在柏林东部的广袤森林广受欢迎，因为野猪在那里造成相当大的破坏。1729 年有不少于 3 600 头野猪被射杀，其中一些甚至重达 600 磅。

今天从车站出来，穿过那座虽然坐落于苏联第五突击军的行进路线上但却在 1945 年幸免于难的迷人小镇，便可以抵达伍斯特豪森堡。或许有人会认为将发现一座被弗里德里希和威廉明妮深恶痛绝的阴森、黑暗的城堡，但实际情况是：穿过小河（它是达姆河和施普雷河的支流），映入眼帘的便是一座中等规模的乡间别墅，算不上漂亮，但颇具勃兰登堡式的迷人风范。它保存得相当完好，依然摆满了弗里德里希·威廉时期的画作和家具。烟草同好会的大厅里还保留着他们聚会的桌子，以及由格奥尔格·利西维斯基（Georg Lisiewski）创作于 1737 年的非凡画作，展现了他们聚会的场景。国王坐在一端，面对着王子弗里德里希和海因里希①，两人都以可笑的微型人物形象出现。远处是坐在一只野兔边上的贡德林，为了表明他不如其他人那般勇敢（野兔在德国传统中被视为懦弱的象征）。伍斯特豪森堡还收藏了弗里德里希·威廉自己的画作。当他晚年因为霍亨索伦家的祖传痛风而无法外出打猎时，他就选择作画。他主要是临摹古典大师的杰作，偶尔才会画出不错的作品。他还决定试试靠自己的艺术创作挣点钱，这一点可以说是非常"弗里德里希·威廉"。虽然他的抽烟同好会给出了明智的建议，但他坚

---

① 海因里希为弗里德里希·威廉第三子。原文为英语化的"Henry"（亨利）。

持认为自己的画作至少得值上个一天一塔勒，才对得起他每天花在上面的时间。由于完成一幅画作平均需要五天时间，他找到了柏林的一位画商，要求后者出价。画商嗅到了其中的机会，当即开出每幅画 100 塔勒的价格，然后还将其公开展出。这引发了柏林人的疯狂嘲笑，国王则十分尴尬。最终，他不得不支付一笔相当可观的钱，才把这些画收了回来。

伍斯特豪森堡另外还有两类引发人们观赏兴趣的画作。首先是一组普鲁士军官肖像。但它们更像是一份服役人员名录，而非出于艺术目的；它们挂满了整面墙，具有独一无二的历史参考价值。其次是描绘狩猎场景的画作，尤其是那些描绘观众为将狐狸赶进围栏打死而欢呼等异乎寻常的场景的画作依然留存下来。虽然这不是弗里德里希·威廉热衷的"打猎"类型，但它依然留下一种说不清道不明的古怪味道。遗憾的是，今天参观柯尼希斯伍斯特豪森堡的人并不多；不过这是一段从柏林出发的轻松有趣的旅行，而且它为人们提供了了解弗里德里希·威廉和 18 世纪早期城市宫廷生活的最佳去处。

不过以上依然是以传统方式描绘这位古怪国王，毫无疑问，他性格乖张，独断专行，即便我们可能已经发现他在伍斯特豪森堡的另类生活很有趣。但类似的逸事掩盖了他作为勃兰登堡普鲁士实际统治者的所作所为，尤其是为他的首都所做的一切。对他更公平的评价是要观察柏林在其治下的发展。虽然他大肆削减父亲的宫廷开支，但这在业已厌倦以路易十四的凡尔赛宫为代表的巴洛克式靡费的欧洲并不罕见。这不仅是因为它耗资巨大，不再行之有效，而且从圣彼得堡到伦敦，整个欧洲都认为富丽堂皇是一种糟糕的，甚至娘娘腔的品位。

有一则关于弗里德里希·威廉的家喻户晓的故事，说他习惯穿士兵制服，并和军纪长（负责管理纪律的粗鲁士兵）欢迎装束浮夸的法国大使及其随员。双方的造型都矫揉造作，佩戴着"大帽子、羽饰、假发套。他们外套袖子的袖口，都和背心采用相同材质。罗滕堡伯爵（大使）在超过 30 名随从的簇拥下下了马车，惊讶地发现军纪长们的穿着跟自己及自己的随从是如此相像"[65]。到 1723 年前后，宫廷开支（为 104 097 帝国塔勒，几乎回到 1713 年的水平）主要花在禁卫军和建筑项目上，而非奢侈品，但它依然为首都创造了收入，因此若要暗示这座城市没有正经的宫廷生活，也是错误的。王后一有机会就离开柯尼希斯伍斯特豪森堡，她经营着自己的宫廷，还要招待外国大使与到访者。而军事检阅活动的定期举行，第一次让许多在菩提树下大街活动的柏林人感到愉悦、被打动、感到恼火和受到惊吓；年度大检阅是"柏林的一大奇景"，邻近的君主连"强人"奥古斯都都曾受邀见证普鲁士日益强大的实力。[66]

弗里德里希·威廉还子承父业，继续改善柏林的基础设施。弗里德里希一世的宫殿和熊园，无疑赋予了柏林精致的外观，而且尽管柏林很早为救济穷人做出努力，然而依然被像玛丽·沃特利·蒙塔古女士（Lady Mary Wortley Montagu）这样的到访者认为，这里不过是"一件破衣烂衫"，底下"有一群肮脏的人……狭窄破旧的街道年久失修，瘦得可怜的居民，还有超过一半的人在沿街乞讨……这和英国太不一样了"[67]。弗里德里希·威廉为此启动了两个雄心勃勃的住房项目，一个是扩建弗里德里希城，另一个是在波茨坦兴建一座荷兰风格的新城，但它们均让弗里德里希大王失望至极。"我们原本希望，"他写道，"这位君主在建筑上投入的大量资金，是在有能力的建筑师指导下完成的。"[68]但他这话再次有失公允。

这些郊区固然朴实无华，但造型也算得上古典而雅致。它们被设计出来不一定是为了容纳负担不起这些住房的新居民，而是提供给富裕的柏林人作为投资之用。现金补贴和建材由王室提供，甚至他们还向对此反响热烈的贵族家庭打包票，但依然架不住成本飙升，以至于到 1735 年时，即便节俭成性如弗里德里希·威廉，也不得不面对 343 814 帝国塔勒的债务——这相当于整个宫廷预算的两倍多。波茨坦和弗里德里希城都设计了宽阔笔直的道路，栽种上椴树，此举旨在有计划地提升这两个城区的面貌。

不过，弗里德里希·威廉也确实破坏了他父祖辈留下的部分遗产。位于大花园的著名巴洛克式花园被挖开，改建为阅兵场。到 1733 年时，由于柏林已近一个世纪没有遭到外来攻击，十分安全，他便授意摧毁大选侯建造的牢固防御工事。虽然如今的城市规模早已超出了前代君主时代的城市，但直到 18 世纪 30 年代，老城区才形成自己的特性，并带给人强烈的安全感。但既然这座城市被建造得如此坚不可摧，那么拆除它们也要持续好多年。哈克集市（如今它是柏林最繁忙的轻轨车站和餐馆、商店林立的区域之一）建在其中一座防御工事尽头的右面，直到 1750 年才由汉斯·弗里德里希·冯·哈克（Hans Christoph Friedrich von Hacke）开发建设。轻轨驶离哈克集市前往亚历山大广场时需要拐一个大弯，它走的便是当年半月堡的线路。马克博物馆（Märkisches Museum）① 的所在地最初也是一处防御工事。弗里德里希·威廉以柏林的第三堵城墙取代了防御工事。这堵墙本身不具备防御性质，而是被称为关税墙。它总长 14.5 公里，环绕着新开发的地皮，并将大批即将建成

---

① 马克博物馆是柏林展现其城市及周边区域（即勃兰登堡马克）历史的博物馆。

的开放空间围合了起来。其目的是通过一系列城门（共计 14 道）控制货物进出，当然柏林人打趣说这是国王为了将他的士兵留在城里，防止他们溜号而建造的。时至今日，这些城门依然是柏林重要的地标和名称：勃兰登堡门控制着沿菩提树下大街和蒂尔加滕延伸的东西主轴线（不过这处著名的大门日后才出现）；奥拉宁堡门控制北面的道路；法兰克福门引导着东面的道路，而西里西亚门则控制着东南面的道路；科特布斯门和哈勒门则分别控制着通向科特布斯和哈勒的道路。

柏林的两条知名街道，即弗里德里希大街和威廉大街，是作为这个项目的一部分而被开辟出来的。出生于施潘道的约翰·菲利普·格拉赫（Johann Philipp Gerlach）受命设计了三处优雅的广场，将整个项目联系在一起。虽然历经沧海桑田，但这些地方依然是这座城市为人熟知的地方：巴黎广场位于勃兰登堡门的内侧，莱比锡广场位于别称"波茨坦门"的莱比锡门内（莱比锡广场今天几乎与波茨坦广场合二为一）。圆形广场也在哈勒门内，它后来一度为了纪念英国和普鲁士在滑铁卢取得的胜利而被改为"丽盟广场"，如今则称梅林广场。虽然在 1945 年遭到盟军空袭，但波茨坦的荷兰区依然大部分被保留下来，相比之下弗里德里希城的南部地区则不得不进行大量重建。而到弗里德里希·威廉去世时的 1740 年，波茨坦的人口已从几百人增至近 20 000 人。在柏林优秀的马克博物馆中，有一个颇富启迪意义的模型，它展现的是这座城市在修建城墙时的形象：弗里德里希城和多罗特亚城整洁的新建房舍、花园，与柏林和科伦自中世纪以来形成的混乱格局、沿河开放空间，形成鲜明的对比。

弗里德里希·威廉另一项重大投资是军队，很多人认为，他极其乐于招募非常高大的士兵，几成癖好。他确实拥有这样一支特殊的部队——巨人卫队（Lange Kerls），即波茨坦掷弹兵团，这些人是他从欧洲各地招募来的，为此他还向掮客们支付高到离谱的赏金。他在位期间还对自己继承得来的岌岌可危的军队进行了重大改革。他明白普鲁士是一个四分五裂的国家，不仅是地理意义上的四分五裂，王国内部的种族和宗教信仰也格格不入。因此军队成为团结王国不同部分的力量之一，它不仅要在北欧国家对普鲁士普遍感到不满的时代确保自身安全，还要代表普鲁士的精神。

米拉波后来有言，大多数国家拥有一支军队，而普鲁士军队则拥有一个国家。正是弗里德里希·威廉将这支军队发扬光大，才诞生了这句格言。他继承了约 35 000 人的军队，等到他 1740 年去世时，军人人数已增至 80 000 人。养兵显然非常昂贵，但军费开支同时又有利于经济发展，尤其是推动柏林的经济。1724 年弗里德里希·威廉禁止进口武器，在施潘道和波茨坦开办军工厂，到 1730 年前后，这里生产的武器已出口整个欧洲。1719 年，他禁止进口外国面料，并下令他所有的上校每两年就要用当地生产的纺织品重新给他们的军团制作军服。事实证明，这给柏林的羊毛产业带来了繁荣。柏林仓库（Lagerhaus）是为柏林毛织业设立的，其为优质产品额外支付 25% 的费用，这使得柏林的羊毛产量在 1720 年至 1730 年几乎翻了一番，有超过 5 000 名织工搬来这座城市。普鲁士的预算可能大部分被投入军队建设，但其中很大一部分重归柏林家庭。纺织，这个柏林曾经的主要行当，如今再次成为城市经济的重要组成部分，直到工业革命开始才变得无足轻重。

不过，以柏林人的角度来看，弗里德里希·威廉最重要的军事改革可能还是兵役区征兵制的建立。柏林人在 1713 年前后已能坦然与军队共处，到 1740 年时，这座城市四分之一的人口要么是穿军服的，要么靠军队谋生。而且这一集中在农业地区招募兵员的兵役区制度（即从地主中选出军官，而他们的庄园和地方则负责提供士兵）意味着柏林得以摆脱一个极其糟糕的局面：合适的青年劳动力始终被排除出劳动力的行列，被迫从军数年。兵役区制度还能提供预备兵员。它遵循的原则是：所有身体健全的男子都有义务服兵役，一旦接受训练，除每年两个月或三个月的恢复训练和战时，他们都是自由的。至关重要的一点是，这套兵役制度免除了工匠和商人的兵役义务，这样一来，即使是在未来几十年最血腥的战斗时期，柏林也不会像勃兰登堡农村那样遭受巨大损失。这套征兵制度高效，却不受欢迎。但弗里德里希·威廉之所以能够引入并贯彻这一制度，恰恰表明霍亨索伦家族的权力已经得到全面巩固；政权的持续将给它的首都以极大好处。

它还让地主坚决肩负起对国家的义务，因为作为军官服役同样也是强制性的，柏林专门成立了一所新的军官学院对他们展开培训。在那里接受训练的"注定要从军的年轻贵族"可能不会对柏林的文化做出多大的贡献，因为他们"认为努力学习是一种卑劣的行径"，而且"他们将无知视为荣耀"[69]。但来自普鲁士各地的统治阶级，以及那些在弗里德里希·威廉的制度下全面陷入困境的贵族，现在至少一年中会有部分时间在柏林度过。兵役区制度可能并不受普鲁士农村地区的欢迎，但军校却大受追捧，原因在于处境窘迫的贵族可以依靠国家资助让他们的子弟接受正规教育。无论弗里德里希大王是否对此持保留意见，这些军校生学习法语、历史、地理、逻辑、工程、击剑、军事测绘，还有众多军队的究极奥义——跳舞。不过，这套制度虽然行之有效，但还是要付出一定的代价。

1740年至1763年，波美拉尼亚的魏德尔（Wedel）家族失去了72名年轻人，冯·克莱斯特（Von Kleist）家族失去了53人，勃兰登堡的贝林（Belling）家族失去了33人中的20人，他们都是为即将到来的七年战争献出了生命。毫无疑问，柏林是幸运的。[70]

除了军费开支带给柏林好处之外，弗里德里希·威廉还推出了一项有效促进工业更普遍发展的计划。他积极鼓励移民，他对柏林最大的贡献是为1731年被萨尔斯堡大主教驱逐出奥地利的20 000名新教徒提供庇护，此举为歌德日后撰写的叙事诗《赫尔曼与窦绿苔》（*Hermann und Dorothea*）提供了素材。[71]他们中的大多数人原定前往东普鲁士，因为那里在1710—1712年瘟疫暴发之后人口持续锐减，但很多人最后选择的终点是柏林。这座移民城市再次证明了它享有盛誉。1734年柏林出台了一部全面的新城市法规，各个区都听命于1709年成立的市政管理机构的指挥。最初胡格诺派在其聚居区域建立的警察部队，得以在全市范围内铺开。城市还设立了持证上岗的出租马车服务，清理乞丐也是柏林定期开展的行动之一。1740年，柏林甚至还第一次开设城市彩票。但这座城市不太成功的地方是对任何可能被认为需要艺术天分的行业支持力度不够。伯切尔（Bottcher）是一位成功的化学家，正在对瓷器制造进行试验，却因缺乏资助而感到绝望，最终离开柏林前往德累斯顿定居，他在那里"向国王敬献了……一个秘密，无论是人物的优雅，还是装饰的精美，都能超越中国瓷器"。这也成为这座城市最大的损失之一。[72]

最后，弗里德里希·威廉的统治还见证了虔敬派的胜利。国王本人是一位虔诚的虔敬派教徒，深受奥古斯特·赫尔曼·弗兰克（August Hermann Franke）的影响，后者在哈勒创办了一所著名的虔敬派学校。弗里德里希·威廉似乎从未想过他还能信仰其他教派（许是丧失头生子的悲痛激发出他更深的信念）。也因为他是虔敬派教徒，他的一些个人想法，其他人也必须遵从。不知是出于信念，还是机缘巧合，虔敬主义连同它所能提供服务的意识，都与这个政权相当契合。1717 年，政府在勃兰登堡普鲁士各地推行一项立足于虔敬主义的全民学校教育计划。军官学院便深受虔敬派牧师的影响，因为随军牧师多为虔敬派。这是一个明智之举，因为直面战斗的士兵相比慷慨激昂的布道，通常更容易接受安静的反思和精神指导。而在接下来的几十年中，虔敬主义将被证明是支撑普鲁士军队最强大的力量之一。

在他的统治时期，最令人动容的虔敬主义发挥作用的例子是玛丽亚·罗西娜·辛德勒（Maria Rosina Schindler）的故事——许多手头宽裕的柏林人也这样认为，但她并不是最后一位拥有该姓氏的德国慈善家。她出身于莱比锡，1704 年与在柏林成功建立金银制品工厂的泽韦林·辛德勒（Severin Schindler）成婚。泽韦林事业有成，在城东购置了两处庄园，分别是舍内埃谢（Schöneiche，意为"美丽的橡树"）和玻尔尼克。遗憾的是，两人膝下无子，因此玛丽亚·罗西娜在 1730 年决定将舍内埃谢改造成一座孤儿院。首批 7 个男孩于 5 月 6 日抵达，最终这家孤儿院同时能照顾 30 个孩子。1746 年 1 月玛丽亚·罗西娜去世，在她被安葬于尼古拉教堂泽韦林的身边之前，男孩们将玩具放入她的棺材。这些东西是在 1956 年的一次考古发掘中发现的。与当时柏林的许多葬礼一样，她的葬礼布道以路德著名的 1519 年《为死亡准备的布道》为蓝本，随后被印刷分发给亲朋好友。但这更像是真正的精神纪念，而非任何自我宣传。1748 年，弗里德里希大王介入孤儿院的资助工作，确保了它能继续开办下去。

　　弗里德里希·威廉还是一位教堂建设者，他在柏林和波茨坦建造了卫戍教堂。虽然很可惜这两座教堂均未能躲过二战的炮火，不过它们注定要在弗里德里希·威廉之后 200 年的柏林生活中扮演核心角色。国王还重建了 1730 年毁于大火的彼得教堂。所有这三座教堂的尖顶现在都带有他姓名字母缩写"FWR"的风向标。[73] 他还完成了静谧而优雅的索菲教堂的建设（这里再次引用格拉赫的说法），他的父亲原本打算将这座教堂送给他疯狂的第三任妻子，即"弱小无助、愚蠢又忧郁的"梅克伦堡-什未林的索菲-路易丝（Sophie-Luise of Mecklenburg-Schwerin，两人在索菲-夏洛特去世后于 1708 年结合，但弗里德里希·威廉很受不了这位继母）。他一开始直接将这座教堂更名为施潘道教堂，但后来又改了回来。虔敬主义有时会产生一些有趣的副作用：1727 年，多罗特亚·施蒂芬（Dorothea Steffin）被判犯有巫术罪，但她并没有像在英国或美洲那样被烧死，而是被送到施潘道要塞并在那里学会了纺纱。[74] 不过弗里德里希·威廉的虔敬主义并未惠及犹太人。1737 年前后，居住在柏林的犹太人家庭已增至 180 户。但和 16 世纪早期的黑暗时期一样，人们再次对一名犹太人发起莫须有的指控，指控他偷盗了一些银子。弗里德里希·威廉任命一个犹太委员会（Judencommission）来调查此事，并指示要将犹太家庭的数量削减至 120 户，在那之后就有 387 名犹太人遭到驱逐。对于一位如此看重柏林商业发展的君主，这是一个奇怪的动作，这或许也反映出他在步入晚年后，情绪变得日益不稳定。[75]

　　最后，按照他同时代人的说法，他"不仅半野蛮，而且还性情古怪"[76]，"非常任性和怪异"，甚至打算处死自己试图逃离普鲁士的

长子弗里德里希。弗里德里希幸运地保住了性命，但他的同伴冯·
卡特（von Katte）则在囚禁王储的屈斯特林城堡的窗户下被处决。
1730 年弗里德里希获释，他作为王储保持低调，居住在远离柏林
的新鲁平迷人的莱茵贝格宫中，周围簇拥着音乐家。他开始撰写自
己有关王权的研究《反马基雅维利》（*Anti Machiavel*）——这是一
项得到泽肯多夫和哈布斯堡宫廷的大量资助的工作——并等待属于
他的机会降临。机会终于在 1740 年降临了，这一年他 28 岁。

第四章

1740—1786 年　柏林"启蒙运动"

> 柏林与其说是一座城，不如说是世界的一部分。
>
> ——让·保罗（Jean Paul），德国浪漫主义作家，1667 年

　　1740 年，也就是弗里德里希大王登基的那一年，柏林人口增至 98 000 人。前三位霍亨索伦家族成员兢兢业业打造出的首都，如今俨然一座大城市，人口是 75 年前的 20 倍。这座城市还开始向规划整齐的郊区以外的地区扩张，但即便坐拥弗里德里希一世的宫殿与弗里德里希·威廉的优雅街道，柏林依然无法媲美其他欧洲首都。改变现在才开始。在接下去的 50 年中，即弗里德里希二世（或者可以用更广为人知的名字——"弗里德里希大王"来称呼他）漫长的统治时期，柏林城市人口几乎又翻了一番；至 18 世纪末，能在人口规模上与柏林相提并论的（德意志）城市是汉堡和维也

纳。随之而来的地产开发项目会将开发的重点从环绕柏林宫的老城区转到分别向西和向南延伸的新建道路上来。到弗里德里希去世时，有150 000人生活在柏林，其中约四分之一是士兵及其家属，一部分人如今居住在国王为其卫队新建的八座兵营内，其他人则依旧住在涵养极好的柏林市民家中。其他的市民还包括犹太人和胡格诺派教徒，以及大量来自德语国家的移民，他们构成了1740年时的柏林城市人口；但之后又加入了来自法国、瑞士、荷兰、波兰的工人，大批萨克森人、图林根人，尤其是（被弗里德里希吞并的）西里西亚人也涌入城市。所有这些人都加入最早的柏林人行列中，那些家族在三十年战争中幸存下来，并赋予这座城市最初的独特个性，即粗犷、尖酸、刻薄的柏林损嘴，他们既守法又愤世嫉俗，不过现在他们面对大量新居民泰然处之。

但从15世纪"铁牙"粗暴地滥用权力，到接受宗教改革的考验并直面三十年战争的可怕破坏，柏林仍不过是霍亨索伦家族的都城（Residenzstadt），选侯和国王们决定着城市发展，指引着它重建，并运用大选侯制定的法律来运作政府。三十年战争对城市物质形态及柏林人的精神和信念的打击程度也不宜高估。事实上，德国大部分地区的情况都大同小异，而且复兴任重道远，比1945年之后还要慢得多。但当柏林普鲁士最著名的君主开启统治，柏林终于发现自己是如此的强大、富有和多元，可以开始重建自己的身份认同。弗里德里希大王历来都与这场复兴联系在一起，毫无疑问，柏林既从他的一些政策中获益匪浅，但也因此遭遇无休无止的战争；而当他的统治走向终点，这座城市又再次回归自我。

和父亲一样，弗里德里希大王也是个神秘莫测的人物，虽然两人的风格和方式大相径庭。他同样受为勃兰登堡普鲁士建功立业的霍亨索伦家族信念驱使，只不过对他而言，这已不仅仅意味着要成为一个国家，而是要成为德意志人主导的国家，并成为哈布斯堡帝国的竞争对手。他真诚地自恃为公仆，其著名格言便是"普鲁士国王是国家的第一公仆"，当然这个国家还是他说了算。他或许是位开明的君主，但依然是位绝对君主。他被誉为自由主义者，因为他为严苛的普鲁士法律制度迈向现代化做出了大量贡献：废除酷刑并将死刑限定为对谋杀罪的惩戒，他还坚持亲自签署每份死刑判决书。他积极倡导艺术和科学的发展，并因柏林的文化复兴而广受褒奖，这场运动紧接着其父沉闷的军国主义手段之后展开，并见证了柏林工商业活动夺人眼球的扩张。他是个无神论者，所有宗教只要它们的活动契合普鲁士的目标，他都能接受。他热衷社交，而且几乎可以肯定，他是个同性恋者，而且乐于被人们效仿。他多少还能容忍批评。正如伏尔泰（Voltaire）所打趣的那样，他坚信普鲁士拥有"道德和性的自由"[1]。

　　然而，我们不能将弗里德里希的"'启蒙运动'与今天的民主、自由混为一谈"[2]。虽然最常被用来形容弗里德里希文化复兴的德语词是"Aufklärung"（即"启蒙运动"），但它和许多德语词汇一样，具有多种解释。而在弗里德里希统治时期，柏林发生了两场不同的"启蒙"运动。在波茨坦，知识分子们环绕在弗里德里希周围，他生活在一座金碧辉煌但已过时的巴洛克式宫殿里，这是一个由法国思想家和作家主导的奇特旧世界。在经历伍斯特豪森的贫瘠岁月之后，这当然是一场文化的觉醒，但它还称不上真正的文化复兴。但与此同时，柏林也在制定属于自己的、截然不同的规则。弗里德里希另一句有关柏林人的脍炙人口的名言是："只要让我做我想做的事，他们就可以说什么是他们想做的。"柏林如今还形成了自己的文化推动力，一场真诚坦率的试验，且日益强调德意志属性，这是一场柏林的"启蒙运动"，与簇拥着国王的过时法国圈子分庭抗礼。

弗里德里希的一生之所以无人挑战，主要基于以下三个原因。首先，他通过高效运作的官僚体系维护绝对权力及自己对权力的垄断。这意味着普鲁士得到了妥善治理，几乎没有人想要改变这种局面。他被民众真诚爱戴，也不用像法国那样面临民众要求民主代表制的压力。其次，他在国际上，尤其是在整个欧洲，享有自由主义者的盛誉。他被誉为为受压迫者挺身而出的国王，是勇于挑战天主教哈布斯堡帝国、俄国，以及后来居上的法国的新教君主。他在英国这个和普鲁士一样渴望从七年战争中受益的国家中也大受欢迎，后者因此补贴了他大部分的军费。在他诞辰那天，伦敦还点起了篝火以示庆贺；此外英国还有数以百计以"普鲁士国王"为名的小酒馆。（不过可以想见，到了 1914 年，这些酒馆通通迅速改名。）

最后，他的军事能力出众，作为国王，他成功指挥自己的军队作战，并亲自上阵出生入死，因此收获了巨大的声望，并获得了令他看上去无懈可击的光环。他纵使曾濒临绝境，眼睁睁看着柏林第一次被俄国人占领，自己辛苦建立起来的蓬勃经济因此遭遇致命打击，还额外损失 20 万人，却依然被视为军事天才，而普鲁士军队也仍是欧洲最令人闻风丧胆、最值得敬佩的军队。1740 年 12 月，刚刚即位没几个月的弗里德里希，就率领从父亲那里继承来的训练有素的 81 792 名军人，挺进哈布斯堡家族领有的西里西亚，它是奥得河沿岸人口众多、相对发达的天主教省份，位于柏林的西南方向。尽管他字斟句酌地编造了一份声明，但此次进攻无疑是一场侵略，是趁哈布斯堡帝国式微且毫无防备之际，扩大普鲁士的地盘，夺取西里西亚盛产的原材料。普鲁士在莫尔维茨取得了一系列胜利，但一开始弗里德里希几乎是仓皇逃离了那里，直到被告知自己的军队其实已经打败了奥地利人，才重新折返。查图西茨会战①最终导致柏林在 1742 年 6 月和布雷斯劳缔结和约，普鲁士正是根据这份和约将西里西亚收入囊中。然而哈布斯堡家族的女皇玛丽亚·特利莎（Marie Therese）一心想要匡复西里西亚，但在 1744—1745 年的第二次西里西亚战争中，却见识了弗里德里希占领布拉格与德累斯顿，还在霍亨弗里德贝格②取得辉煌战绩。最终双方在 1745 年 12 月缔结《德累斯顿条约》，又充分证明了弗里德里希的丰硕收获。

对玛丽亚·特利莎而言，这是一场难以承受的打击，而她将在之后的十年里努力创建一个旨在边缘化弗里德里希的欧洲同盟，行动的关键是把俄国拉入伙。其结果是七年战争的爆发，这场战争不仅席卷整个欧洲，还在欧洲列强激烈争夺的殖民地爆发火并；它也让普鲁士几乎陷入灭顶之灾。虽然在萨克森的罗斯巴赫，以及 1757 年在西里西亚的罗伊滕采取的军事行动十分漂亮，但弗里德里希发现自己越发处于守势。1760 年 7 月，这是他最具争议的行动之一，

---

①　1740—1748 年欧洲围绕奥地利王位，即哈布斯堡家族出身的女皇玛丽亚·特利莎是否有权继承奥地利王位而爆发战争，史称"奥地利王位继承战争"。（玛丽亚·特利莎是神圣罗马帝国皇帝查理六世的长女，由于查理没有男嗣，哈布斯堡家族的事业均由女儿继承。因此，玛丽亚·特利莎虽然没有行加冕礼，但拥有神圣罗马帝国皇帝的地位。奥地利王位继承战争正是对其继承权的合法性发起的挑战。）其中包括两次西里西亚战争，普鲁士和奥地利是主要参战国。查图西茨会战是第一次西里西亚战争（1740—1742）中的一场重要战役，发生于 1742 年 5 月 17 日。奥地利经此一役无力再战，被迫求和，最终将西里西亚让给普鲁士结束战争。

②　霍亨弗里德贝格战役是第二次西里西亚战争中一场著名的突袭战，发生于 1745 年 6 月 4 日，以普鲁士获胜告终。

即决定再次围攻德累斯顿——奥地利和萨克森联军于 1759 年收复了德累斯顿。但这一次，弗里德里希架设起大炮，对这座城市一通狂轰滥炸，摧毁了至少三分之一的城市；100 000 名萨克森人在炮火中丧生，占其总人口的 5%。这可能是出于老柏林对萨克森的嫉妒，再加上德累斯顿可以追溯至中世纪和宗教改革时期的辉煌，让弗里德里希格外仇恨萨克森人。这座拥有美丽宫殿和知名艺术收藏的城市在经历炮轰之后需要很多年的时间才能缓过来。随后弗里德里希又摧毁了（萨克森）选侯位于皮尔纳的花园，对于一位开明君主而言，这无疑是毫无意义的报复之举。

到了 1760 年前后，弗里德里希的处境已岌岌可危，他甚至认真考虑起是否应该将王位让给自己的侄子。1757 年，一支奥地利军队几乎占领柏林；1760 年 10 月，当时他正在西里西亚针对奥地利人调兵遣将，却让一队俄国、萨克森和奥地利的联军出其不意地占领了柏林。在此情势下，再加上见识过普鲁士人在德累斯顿烧杀抢掠，这支军队对柏林的军事占领只会更恶劣。多亏俄国人就待了三天，他们的表现总算要比想象中好一些：虽然夏洛滕堡和舍恩豪森损失严重，还有 15 名俄国士兵在试图炸毁一处磨坊时丧生，除此之外伤亡倒是不大。对于柏林人来说，虽然他们依然强烈支持弗里德里希，但这已是足以引发众怒的奇耻大辱，我们从一位普通柏林人——而非帝王将相抑或神职人员——有关当时生活样貌的一手资料中，发现了其中的有趣之处。面包师傅约翰·弗里德里希·海德（Johann Friedrich Heyde）在米特街开了一家面包房谋生。他在日记中交替记录着弗里德里希的一系列战争与黑麦、小麦的价格。和许多商人一样，他在开战之初的生意还是不错的，军队需求令物价攀升，但随着其他食品的价格也紧接着水涨船高，而货币价格又贬值五倍，他为此苦不堪言。然而，他又是个爱国者兼国王的铁杆粉丝，始终对他取得胜利抱有热切期盼。他强烈批判俄国人的入侵，提到柏林幸运地逃过一劫，躲过了俄国人的炮击（这座城市确实在这方面只遭到了轻微的破坏）；但造船工大道，这条在弗里德里希大街处穿过施普雷河的街道遭到哥萨克的全面劫掠，柏林宫也被 1 000 名士兵占领。"走在街上或待在屋里的人，没有一个是安全的"，"你能做的是花上几个格罗森买块表，花上三个格罗森买杆枪"，海德抱怨道。波茨坦的火灾损失总计达 60 000 帝国塔勒，他因此苦涩地总结道："总而言之，我们觉得柏林已经重新变成了野蛮人的游乐场。"[3]

高昂的物价和食物的匮乏可能比俄国人的占领更糟糕，这也意味着柏林人在 1762 年前后面临着营养不良的威胁。一个普通劳动者每周能挣上 1～2 个帝国塔勒，也就是 24～48 个格罗森（或者约等于 100～200 英镑）。当时的主食仍是黑麦面包，但它在战时的价格上涨了大约四倍。1748 年时 1 磅牛肉的价格为 1 个格罗森（约合 4 英镑），1 升啤酒为 6 芬尼，2.5 磅面包的价格也在 1 个格罗森左右。因此，在 1748 年，你花上 1 格罗森 6 芬尼就能在外面吃得相当不错。而当俄国人离开柏林时，1 个格罗森只能买 8 盎司面包，现在 1 磅面包就要花上 8 个格罗森（约合 32 英镑）。[4]而且几乎到哪儿都买不到皮革了。战前一双鞋的价格是一个塔勒，但现在的价格是过去的三倍。普鲁士农村历来对人员的巨大损失最为敏感，但如今柏林也未能幸免。尼古拉教堂的牧师吕迪克（Pfarrer Lüdicke）在那年的教会记录中悲哀地指出，本教区有超过 609 名居民被杀，超过了出生人口；并且因为可怕的战争"吞噬了无数人"，男性人数还将持续减少。[5]海德有三个儿子在军中服役，他欣慰地记录道，自己在 1761 年取得了"（工匠）师傅"头衔，同年约翰·弗里德里希返乡（因此免于再次征召入伍），虽然格特弗里德和威廉·海因里希仍在服役，驻扎在位于奥拉宁堡大街新建的兵营里。[6] 事实上，这两个男孩也在战争中活了下来。

弗里德里希和柏林之所以能在七年战争中幸存下来，是历史上最阴差阳错的事件之一。1762 年 1 月，就在普鲁士似乎已经完蛋，俄国人即将再次入侵之际，俄国女沙皇伊丽莎白（Elizabeth）驾崩。女皇是弗里德里希的死敌和哈布斯堡奥地利的盟友，但她的继任者，即精神失常的沙皇彼得三世（Peter Ⅲ），与其说是弗里德里希的盟友，不如说对他抱有"难以言喻的热情"，称其为"世界上最伟大的英雄之一"；他还习惯穿着普鲁士的将军制服。这里部分是出于迷恋，部分是因为他出生于荷尔施泰因（18 世纪的俄国沙皇，无论男女，他们身上的德意志血统远多于俄国血统），需要借普鲁士之手从丹麦手里夺回荷尔施泰因。[①] 结果便是俄国军队被勒令停止进攻普鲁士，沙皇还于 1762 年 5 月 5 日与弗里德里希缔结和平条约，双方于 1763 年 2 月签署《胡贝图斯堡和约》，确认普鲁士拥有西里西亚。但该和约在很多人看来只是对在布雷斯劳和柏林的条约中已达成协议部分的再确认。丹麦大臣冯·伯恩斯托夫伯爵（von Bernstorff）就曾质疑，过去的七年战争是否只是"为了让普鲁士国王以娴熟的技巧和惊人的速度，通过震惊一些欧洲国家、愚弄另一些国家的方式建立起来的新兴君主国"而战？他继续说道，

---

① 彼得三世的母亲为俄国沙皇彼得一世长女、女沙皇伊丽莎白之姐，因女皇无嗣而被指定为俄国皇位继承人，其父为荷尔施泰因-哥道普公爵。但因彼得幼年时父母早逝，其领有的荷尔施泰因公国被并入丹麦。

普鲁士是一种新类型的国家，"彻头彻尾的军事国家，在其年轻而狭长的躯体上依然具备全部的气势、生命力和贪婪"[7]。

但军事和外交的胜利就意味着柏林要受制于弗里德里希。国王最初打算在菩提树下大街修建一座雄心勃勃的宫殿，它将极为宏大，并且需要拆除大部分现存建筑；希特勒后来为了实现自己重建市中心的宏伟计划，也有过类似的计划。但考虑到现有的柏林宫已经十分庞大，弗里德里希的计划似乎没有实施的必要，他很快偃旗息鼓，转而支持在波茨坦大兴土木。他讨厌带给他不快记忆的柏林，在将莱茵贝格宫留给弟弟海因里希亲王后，波茨坦成了他的家园，他冬天居住在柏林宫，夏天则待在无忧宫（Sanssouci，意为"无忧无虑"），这是一座迷人、小巧、建在山坡上的优雅宫殿，可以俯瞰花园和城外的葡萄园。柏林宫毁于第二次世界大战，而无忧宫无疑成了弗里德里希的"名片"。走运的是，这座宫殿保存完好，因此今天可以像弗里德里希那样观赏它——虽然民主德国修建的一些乏味的高层建筑破坏了最初的景观。

无忧宫始建于 1745 年，虽然挂名建筑师是参与莱茵贝格宫工作的格奥尔格·文策斯劳斯·冯·克诺贝尔斯托夫（Georg Wenzeslaus von Knobelsdorff），但其实是由弗里德里希亲自操刀设计。它是最私密、最不像 18 世纪皇家住所的宫殿之一。其设计完全满足了弗里德里希想要住在里面的所有想法，不掺杂半点想要承担某些国家职能，抑或补偿妻子——不幸的不伦瑞克-沃尔芬比特尔的伊丽莎白-克里斯蒂娜（Elisabeth-Christine of Brunswick-Wolfenbüttel）——的虚情假意。1733 年，弗里德里希迫于父亲的压力娶妻，但几乎完全无视这位妻子。王后生活在柏林，主要待在舍恩豪森，而弗里德里希则在波茨坦过上了自己理想的生活。但即便如此，他依然极为厌恶王后，称她为"那个让人受不了的雌儿"，并在他们长达 53 年的婚姻中刻意无视这个可怜的女人。[8]无忧宫的设计与生活方式彰显出一种对于男性的强烈偏好。有小道消息称弗里德里希阳痿，要么是因为他父亲对他过于苛刻，要么是因为 1728 年还是年轻小伙的弗里德里希访问德累斯顿时，从一个妓女那里染上了梅毒（有好事者甚至推测，这可能是他满怀恶意炮轰那座城市的诱因）。当然，在其统治时期，他与宫廷里的各色幕僚及仆从保持着非常亲密的关系，从贴身男仆米夏埃尔·加布里埃尔·弗雷德斯多夫（Michael Gabriel Fredersdorf，曾在军中担任乐师）和意大利人弗朗克斯科·阿尔加罗蒂（Francesco Algarotti，弗里德里希为他写下无数蹩脚的诗歌），正如他的批评者想让我们相信的那样，有数不胜数的男仆和年轻军官。有意思的是，弗里德里希的弟弟海因里希亲王也是一位同性恋者；当时的柏林上流社会即便不带恶意，也会对同性恋问题刨根问底，但海因里希从未试图隐藏这一点令人刮目相看。

　　无忧宫的魅力在于可以使人轻而易举地联想到弗里德里希在那儿的生活。他似乎依然在音乐室里吹奏长笛，抑或是带着狗坐在露台上。整栋建筑只有一层楼高，一端是弗里德里希的图书馆、卧室和书房。设置在他书房窗外的是一尊约出自公元前 300 年的古希腊雕像《祈祷男孩》。它在当时获得了《安提诺乌斯》的别名，皇帝后来将其奉为神明，这一将自己的同性恋取向昭告天下的意图十分明显。弗里德里希的卧室与音乐室和餐厅相连，前者是他举办长笛演奏会的房间；后者则是他与自己的朋友圈子以及像伏尔泰这样的知名访客相聚就餐的地方，而且人们在那里只说法语，此外卧室还通向一间毫不掩饰其恢宏气派的大理石大厅。远处则是一系列客房，每个房间都直通露台，可以欣赏阶梯花圃，以及从葡萄园到花园再到远处树林的壮丽景色。弗里德里希在那里的生活将工作（这一点他从未遗忘）、音乐、交谈与美食结合在一起，他的周围环绕着他的狗（他钟爱惠比特犬）和朋友。在 19 世纪中叶饱受批评的柏林画家阿道夫·门采尔（Adolph Menzel）后期的画作就描绘了这一轻松高雅的生活，从此为无忧宫的流行形象定下主基调。弗里德里希后来又增添了一间画廊和一座用来种植他十分喜爱的异域水果的温室；他从 1763 年起开始投入相当板正厚重的新宫（Neue Palais）的建设工作。新宫距离无忧宫的花园约 1.6 公里，由在柏林完成大量类似工作的卡尔·冯·贡塔德（Carl von Gontard）以及约翰·戈特弗里德·比林搭档设计。为了应对日益扩大的王室家族规模以及令弗里德里希深恶痛绝的礼仪和娱乐活动，不得已设计建造这座宫殿。从无忧宫出发，走上一小段轻松愉快的路程便可抵达新宫，但二者的魅力抑或氛围截然不同。

　　无忧宫之于弗里德里希，不仅仅是为了逃离柏林。在这里，他可以聚集起志同道合的思想家、作家和音乐家，在他们的陪伴下放松身心。这话听上去就颇具吸引力，但无忧宫的田园诗并非总如弗里德里希所愿，尽管环境确实完美，而受到如此知名的主人的款待也令宾客受宠若惊，然而他所召集起来的知识分子围绕着他，多少有些刻意为之。他最著名的访客当属法国作家、思想家和智者伏尔泰。虽然他早在 10 年前就与弗里德里希相识，但直到 1750 年才首次造访无忧宫，并停留了很长一段时间。弗里德里希为能得到这位如此闻名遐迩的大作家的垂青（后者也不吝言辞地大肆恭维他）而感到欢欣鼓舞，他也希望伏尔泰能指点自己写作。弗里德里希的作品（虽然其中大多数仍在印制中）和他流利的法语，固然给人留下深刻印象，但他似乎已经意识到自己的文笔并没有想象中的好。而从伏尔泰的角度来说，他热衷与欧洲最著名的君主保持联系，"与他保持友谊的标签让我眩晕"，而且他也不反对通过担任国王的侍从获取巨额报酬。[9] 他可能还惦记着收集能传回凡尔赛宫去的有用情报。然而，这是一段注定不会成功的关系，"因为归根结底，无论作为智识辩论的伙伴如何出色，弗里德里希和伏尔泰都是薄情寡义的老愤世嫉俗者，他们之间几乎连感情转淡都谈不上"[10]。

伏尔泰开始在背地里嘲笑弗里德里希的作品，随后居然被牵连进一个名叫亚伯拉罕·希舍尔（Abraham Hirschel）的柏林犹太人的战争债务欺诈交易中。但真正让他反感的是，当他踏足柏林之时，他就只是弗里德里希小圈子中的一员，而且他还发现，自己需要同弗里德里希引进的另一位法国知识分子，皮埃尔·路易·莫佩尔蒂（Pierre Louis Maupertuis）展开竞争，此人被任命为重新焕发生命力的柏林科学院的院长。莫佩尔蒂卷入一场与科学家同行萨穆埃尔·柯尼希（Samuel König）的科学争论中。弗里德里希力挺莫佩尔蒂，他确实也必须这么做，他还致信伏尔泰论证自己的观点。但作为回敬，伏尔泰出版《阿凯基亚博士的谩骂》（*Diatribe of Doctor Akakia*），对莫佩尔蒂——可以推断也是针对弗里德里希——发起猛烈攻击。这个举动在弗里德里希看来太过了，他因此下令在柏林公开焚烧这本小册子。1753 年 3 月，伏尔泰离开了普鲁士，他先是去了萨克森，并在那里重新出版了《谩骂》一书，然后回到法国。但他中途在法兰克福遭弗里德里希逮捕，并被关押长达六周，直到他确定伏尔泰已经交出国王未出版作品的全部副本——这显然是非法的，因为法兰克福当时并非普鲁士的领土。不过两人之间的争吵总算平息了下来，后来还重新恢复友好的书信往来，但无忧宫本应代表的精神已遭到严重玷污。

柏林人带着一脸嘲弄的笑意旁观这一切，不过弗里德里希依然很受这座城市的欢迎，他也知道如何迎合支持他的民众。据说有一次他微服骑马穿越城市，就遇到了一大群人"站在一条从屋顶上垂下来的标语前，兴高采烈地大声欢呼。据描述，国王陛下当时膝盖间还夹着一个很大的咖啡研磨机，听闻动静的弗里德里希骑着马，下令将标语挂得再低一些，这样人们就可以完全看清楚了。而当他离开时，人们异常欣喜，三次为陛下发出激动的欢呼"[11]。当时咖啡税很高，这让已经喝咖啡上瘾的柏林人尤为不满，他们特别憎恨官方的"咖啡探子"，这些人的工作就是向警方告发非法饮用咖啡。

虽然弗里德里希的确很受欢迎（上述看似不相干的纷扰发生在七年战争爆发前，此时他的名声到达了巅峰），但无忧宫的世界在柏林人看来，不仅遥不可及，文化上也居高临下。甚至王后忠实的侍从伦多夫伯爵（Lehndorff）——此人的八卦日记相当引人入胜——也写道，"柏林人受到盛情款待，"然后明智地补充，"但所有这些伟大的心灵都是坏种"[12]。弗里德里希对德意志文化和德语有一种奇怪的憎恶，但恰恰是德语以及柏林人在不断同化众多新生力量时所形成的个性土话，成为团结这座城市的重要力量之一。"德语，"弗里德里希写道，"分离出无数的方言。"它"需要合适的规则来确定其真正的标准；此外我们也缺乏经典作家；即使我们拥有一些古老的共和自由遗址，也不过是一项根据我们的喜好与想象来打破粗鲁和近乎野蛮的语言的无价值特权"[13]。他还对柏林人的文化天赋嗤之以鼻。按照他的估算，只有极小部分人（大约千分之一）真正对艺术感兴趣，何况"在任何时代，哲人的数量都是很少的，整个寰宇都将为某种形式的迷信所支配"[14]。"愚蠢的大众生来就是过呆板而单调的生活，并且终生都被他们空洞的偏见奴役。"[15]

　　弗里德里希日益逃避返回柏林（1750—1767 年他仅仅去了 34 次，而在之后的 20 年中一年都去不了一次），但这座城市仍在竭尽所能管理日常的移民潮，同时还试图建立他们所寻求的生活。因此在弗里德里希统治的大部分时期，市中心始终如同一座建筑工地。他一放弃在菩提树下大街修建巨大宫殿的计划，就转头投入另一个规模较小但可能更为成功的项目，其中包含了四座建筑物。这些建筑其实没有按照既定的顺序建造，但彼此间十分协调。众所周知的弗里德里希广场（Forum Fridericianum）占据了柏林宫西面的位置，将军械库和弗里德里希斯韦德与弗里德里希城连接起来。如今它被称为倍倍尔广场，菩提树下大街从其北侧穿越广场。这是一个安静的广场，虽然备受滑板爱好者的青睐，但依然保有自己的魅力。

　　弗里德里希委托建造的首座建筑物是歌剧院，同样出自克诺贝尔斯托夫之手，它在某些方面直接迎合的是他的而非大众的口味。歌剧院是一座简洁的方形建筑，带有结实的廊柱入口，于第一次西里西亚战争期间完工。首场演出是在 1742 年圣诞节前上演的卡尔·海因里希·格劳恩（Carl Heinrich Graun）的《恺撒与克里奥佩特拉》（*Cesare e Cleopatra*）。克诺贝尔斯托夫能如此迅速完工堪称奇迹，因为这里的地基与施普雷河沿岸质地相同，是见证可怜的施吕特垮台的沙土；况且弗里德里希动辄要求做无意义的修改，没完没了。歌剧院完全仰赖弗里德里希的资助，建成之后他还继续承担所有的运营成本和艺术家们的工资。演出大厅按照社交要求进行分区，头两排留给宫廷人物和朝臣们，而公众被允许坐在后排，军人则拥有固定座位。问题是它可以容纳的观众数量远远超过了柏林所能提供的人数，结合弗里德里希对于柏林人文化品位的评价，这一点并不让他感到意外。因此他的解决办法是命令所有高级官员及其下属都出席演出，后者按时完成了任务，恭顺地站在为国王及其小圈子保留的扶手椅后面。在那之后，每个军团也被分配了门票，而士兵们为了取暖，往往很乐于参与其中。慢慢地，歌剧院就越来越受欢迎，有时免费门票能否使用都成了问题。著名剧作家戈特霍尔德·埃弗拉伊姆·莱辛（Gotthold Ephraim Lessing）就曾恼怒地评论，国王"想让除平头老百姓之外的所有人进剧院，尤其那些访问这座城市的游客。但是……人们发现最好的位子被那些堕落的荡妇占据，而备受尊重的人不得不忍受最严厉的言语攻击而被拒之门外"[16]。

　　弗里德里希的处事原则让他对自己喜欢怎样的歌剧有着明确看法，而他的品味也相当保守。格劳恩在他还是王储时就曾在莱茵贝格宫指挥过他的管弦乐队，因此深得国王倚重，经常被要求重写他的乐谱，直到这个可怜人以陛下的谱曲精妙绝伦为由拒绝。"如今的音乐已沦为喧嚣"，弗里德里希在他晚年曾这样抱怨道。莫扎特（Mozart）似乎与他擦身而过，他要到 1789 年才为弗里德里希的继承人演奏。他觉得海顿（Haydn）的作品是糟蹋耳朵，而 1776 年成为乐队指挥（Kapellmeister）的约翰·弗里德里希·赖希哈特（Johann Friedrich Reichardt）被告知他根本不可能写出一部能在柏林上演的歌剧，理由是"他要么不懂该怎么做，要么做什么都是错的"[17]。赖希哈特的职业生涯本身就是这座城市音乐品味变换的一个例证。原籍柯尼斯堡、遍历欧洲的他，想要推介的不仅是自己立足当时强势的新歌剧形式并在巴黎上演的作品，还有歌曲与他——也包括作曲家如亨德尔（Handel）——的音乐结合起来的"灵歌音乐会"（Concert Spirituels）。但弗里德里希却以歌剧是"用声音和视觉展示的静态媒介"[18]为由强烈反对。意兴阑珊的赖希哈特从此专注于创作歌曲，而歌剧院也因此奄奄一息。弗里德里希送给柏林的歌剧院，是首批有专门用途的建筑物之一，并开创出一项将在未来200 年间发展起来的城市传统，柏林因此能够创作出一些世界上最优秀的歌剧。

弗里德里希对于音乐的态度也受到他自己演奏长笛的影响。他主要演奏约翰·约阿希姆·宽茨（Johann Joachim Quantz）为他谱写的曲目。宽茨是他的老师兼缪斯，不过弗里德里希自己也创作了不下百首作品，其中大多数都给鉴赏者留下深刻印象。当然，勃拉姆斯（Brahms）曾毫不客气地评价晚期的德意志宫廷："永远不要批评某位殿下的作品，因为你永远不知道是谁写的。"[19]另一位为弗里德里希服务 30 年的作曲家是卡尔·菲利普·埃马努埃尔·巴赫（Carl Phillip Emanuel Bach），他是声名远播的约翰·萨巴斯蒂安·巴赫（Johann Sebastian Bach）的二儿子。卡尔·菲利普曾在波茨坦演奏羽管键琴，1768 年因为试图获得跟宽茨和格劳恩同样丰厚的报酬未果，愤而离职。他的父亲也曾在 1747 年拜访过一次无忧宫，弗里德里希急不可耐地抓住他聆听自己演奏，这位伟大的作曲家运气很好，他圆滑地糊弄了过去，然后将自己的作品献给国王。

弗里德里希广场的第二部分是罗马天主教大教堂，它供奉的是圣黑德维希，曾经的西里西亚公爵夫人和西里西亚的主保圣人。弗里德里希因大力支持天主教教会而备受赞誉。实际上，大多数德国城市都拥有一座天主教大教堂，而圣黑德维希教堂不仅是为了彰显在天主教的西里西亚巩固普鲁士统治的政治姿态，也是某种解放尝试。但其实弗里德里希并不打算为教堂买单，而是让其治下迅速扩张的天主教团体（至七年战争结束时已超过 8 000 人）从欧洲各地募集资金。这座被不客气地形容为"倒扣咖啡杯"的教堂，同样由克诺贝尔斯托夫操刀，他以罗马的万神殿为蓝本进行设计。整个筹款工作费时费力，再加上受战争影响，教堂的建造也变得十分复杂，直到 1773 年才启用。1943 年的一次轰炸将其毁于一旦，后虽经民主德国重建，但效果不佳。它的奇怪之处是作为一栋建筑物，却偏居倍倍尔广场一隅，挤在歌剧院和豪华的罗马酒店之间，让人看着不舒服。尽管如此，它依然是一座活跃、热情的教堂，经常举办友好的家庭弥撒（虽然如今它因重大修缮而关闭）。

弗里德里希广场的第三部分是归弗里德里希弟弟海因里希亲王所有的一座宏大宫殿，它位于菩提树下大街的北侧，今天是洪堡大学的所在地。一种说法是，由于弗里德里希在波茨坦过着简单而舒适的生活，因此柏林的宫廷从未真正发挥过作用。弗里德里希的母后直到去世前的 1757 年，都在她的蒙比永宫维系着一个重要的宫廷，考虑到伍斯特豪森堡带给她的极大不适，蒙比永宫显然有趣得多。与此同时，身在舍恩豪森的可怜王后伊丽莎白-克里斯蒂娜则被完全忽视了：据说当弗里德里希从七年战争归来见到出迎的王后，竟用"夫人胖了"问候她。"我如同一个囚徒，被困在这古老的城堡里，"她这样抱怨道，"其他人则四处找乐子。"[20]

其他人四处找乐子，身处新宫的海因里希亲王尤其如此。这座宫殿于 1766 年竣工，雇了不下 90 名工作人员。一天晚上，海因里希亲王和他的朋友通通装扮成犹太人，这在今天看来十分无聊，但在当时却被认为滑稽可笑。奥古斯特-威廉亲王（August-Wilhelm）是夹在弗里德里希和海因里希之间的老二，由于大哥无嗣，是当仁不让的王位继承人（虽然他也不怎么聪明）。他被蒙上眼睛带进一个看起来像是犹太会堂的房间，在那里，装扮成圣人的宫廷内务大臣突然出现，将他们所有人"变回"基督徒。但伴随着如此高调的恶作剧的是宫廷生活更为严肃的一面。大使们必须要招待（虽然弗里德里希本人对此也不屑一顾），有永无止境的阅兵式需要检阅，宫廷还要在一年一度的柏林狂欢节扮演重要角色。狂欢节是为期一周的音乐、舞蹈、烟火和街头集会，每年冬天都会成为柏林社交生活的重头戏，而此时宫廷生活的中心也会搬回已主要成为政府办公场所的柏林宫。

除了没完没了的阅兵式和年度检阅，柏林偶尔还会上演一些精心设计的活动。最有意思的一次莫过于 1750 年 8 月欢迎弗里德里希的姐姐威廉明妮举办的酒会（Carousel），它在西里西亚战争结束后演变为普遍的庆祝活动。大花园举行了为期三周的戏剧演出、音乐会、宴会，甚至还模仿了"骑士竞技与芭蕾"[21]。比赛在晚上举行，30 000 支火炬被点燃，由坐在宫廷席观战的弗里德里希的兄弟们分别指挥罗马、迦太基和波斯军队。伏尔泰当时也在场，当他出现在看台上时，还听到群众中有人低声说道："伏尔泰！伏尔泰！"他为此还为巴黎的媒体撰写了一篇热情洋溢的报道。[22]

弗里德里希广场四座建筑中的最后一座是王家图书馆，位于广场西侧，而且因为它的弧形，在柏林经常被称为"五斗橱"（Kommode）。弗里德里希对设立一家收藏德语图书的图书馆毫不在意是情理之中的事，但他最终还是发了慈悲，于 1775 年委托格奥尔格·克里斯蒂安·翁格尔（Georg Christian Unger）根据最初由约翰·伯恩哈德·费舍尔·冯·埃拉赫（Johann Bernhard Fischer von Erlach）设计的方案建造了这座颇具维也纳风格的建筑。它为大选侯的藏书提供了家园，并再次成为闻名遐迩的柏林国立图书馆的核心。今天这家图书馆是德语世界出类拔萃的研究型图书馆，拥有超过 1 100 万本藏书。

弗里德里希为柏林留下的另一份遗产则表明，无论他多么抵制君主制和宫廷的装饰，他仍意识到它们是自己政权的重要支柱。1748 年，他为参加过西里西亚战争的伤残士兵设立荣军院（Invalidenhof），地点就选在其父的医院，即沙里泰（Charité）医院附近。这家医院始建于 1708 年，最初为了帮助瘟疫患者，但由于柏林幸免于难，它便转而成为一家为柏林穷人服务的综合医院。而荣军院则马上因为与其相连的墓地而声名鹊起。这里很快就变成了国家公墓，有权有势者都想安息于此。其草地小径的两边布满参与弗里德里希战争者的墓碑，上面展示着普鲁士君主所授予的全部荣誉。以弗里德里希·威廉·冯·罗迪奇（Friedrich Wilhelm von Rohdich）为例，他是陆军将领，参加过弗里德里希大部分的战争，也是战争部部长和战争委员会主席。在其墓碑上就展示了他的众多荣誉和头衔：国王卫队，即国王的贴身掷弹兵（Leibgrenadier）部队上校。而在很久之后，柏林墙将直接穿过荣军院。

这些都是宏伟的公共建筑和机构，但柏林现在亟须为其急速增加的人口提供大量住房，为他们提供食物，以及雇用他们从事产业。这些问题是弗里德里希所必须直面的，因为这座城市直到此时仍处于中央政府的掌控之中。1742 年，弗里德里希将城市治理权限从战争和王室领地总署（这是一个中央官厅，其父几乎将所有职能都纳入其中）移了出来，并任命了一名城市总督。这个部门成为统领柏林的主管部门直到 1876 年。弗里德里希修建了 150 座市民公寓（Bürgerhäuser），真心实意地为各政府部门的新录用官僚设计住房，尽管如此，这种在一栋建筑楼中聚集大量住户的方式，后来发展成了"出租兵营"（Mietskaserne），而这种大型居住楼将成为下一个世纪柏林生活中令人沮丧的一部分。对于长期受苦受难的柏林人而言，引入兵营无疑也是大受欢迎的创新之举。1777 年前后，柏林仍拥有 21 334 名士兵，而在他们身边，还有 11 301 名妻子和 14 334 名孩童，并且柏林人还在为这些人支付 1720 年出台的"保护费"（Servisgeld）。士兵们通常举止得体，如若不然，他们就会遭到严格的纪律惩罚，在奶制品集市遭到鞭打甚至被处决。因此，虽然每天有 1 000 名士兵在城市周围巡逻，但逃兵依然是一个持续存在的问题，自杀事件也层出不穷：仅 1781—1786 年，就有132 名士兵选择结束自己的生命。从 1753 年起到 1872 年为止，柏林城市和郊区共建成 13 个专门的兵营，这多少让柏林人过上了相对舒坦的日子，也提升了士兵的整体待遇。

弗里德里希大力倡导食用马铃薯，它是一种将会在下个世纪引发轩然大波的食物；他还热情鼓励喝啤酒，在这一点上他同样坚持认为，人们应该饮用优质的普鲁士啤酒，而不是进口咖啡。还有越来越多的柏林人开始喝起了"塞尔特斯水"（Selters），这是一种被装在石头瓶子里的矿泉水，被认为有益健康。用黏土烟斗吸烟也很常见，并且烟斗通常预装上烟草出售。雕塑家约翰·戈特利布·格鲁姆（Johann Gottlieb Glume）于 1753 年在克珀尼克大街创办了柏林第一家烟斗厂，仅仅两年之后，萨穆埃尔·劳厄（Samuel Rhaue）开设了第二家烟斗厂。大街上烟斗不离手的老烟枪比比皆是。无论柏林的房子如何气派，这里依然采取明火烹饪，虽然战后的进口食品有所萎缩，穷人也依旧忍饥挨饿，但城市市场的食品供给仍算得上充足。柏林的主食除了奶酪和香肠外，最常见的肉类是羊肉。某天柏林宫的后厨就烹制了"羊肉，然后是牛肉和小牛肉，一些鹿肉（既有牡鹿，也有牝鹿），一只野兔，14 只鹧鸪，49 只云雀，52 只小鸡仔，42 只肥母鸡，一只阉鸡，10 只鹅，18 只鸭子，46 只鸽子，此外还码上了梭子鱼、鲤鱼、鲈鱼、螃蟹和 5 根烤香肠"[23]。仅弗里德里希在 1748 年 12 月中旬至 1749 年 1 月中旬在柏林宫的例行年度逗留期间，光食物的花费就达到 1 400 帝国塔勒，还有 700 塔勒的甜点和 312 塔勒的葡萄酒，约等于 25 万英镑。[24]

　　弗里德里希尤其注重柏林城市的工业发展，特别是在七年战争结束之后。他为纺织厂注入政府资金，延续其父鼓励本地纺织业、钟表制造业以及包括火药生产在内的武器制造业的传统。他还扶持了一些主要由胡格诺派教徒经营的精致手工业。为伯切尔转投德累斯顿懊恼不已的弗里德里希于 1761 年购入格茨科夫斯基瓷器场，并将其更名为王国瓷器工场（Königliche Porzellanmanufaktur，简称 KPM），他甚至不惜激怒萨克森人也要从迈森①把工人挖过来，随后便开始向整个欧洲出口造型精美、品质优良的瓷器。时至今日，这家工场依然在选帝侯大街和乌兰德街交界处拥有一家经营得法的商铺。弗里德里希甚至还想到一个新点子，尽管这个主意本身充满歧视色彩，即要求犹太人必须从工场购买大量昂贵的瓷器以换取他们的特权。1755 年，他还创办了一家丝绸工场，以此支持皮埃尔·梅西耶（Pierre Mercier）的挂毯作品。弗里德里希是一个贸易保护主义者，这一点颇有乃父之风。他虽然成功创办了首家国家

---

　　①　迈森（Meissen）是德国最著名的高品质瓷器产地，1710 年，接纳了伯切尔的萨克森选侯"强人"奥古斯都（1670—1733）在迈森的阿尔布莱希特堡建立欧洲首个王家瓷器工场，从此这里出品的瓷器均被称为"迈森瓷"。

银行，但也曾这样说过："我所拥有的土地十分贫瘠，因此我必须给树木留出扎根并茁壮成长的时间，如此才能指望它们结出硕果。"[25] 不过，他对于批评其政策的官僚的容忍度就到此为止。1763年，在"总署"① 担任高级财政的埃哈德·乌尔西努斯（Erhard Ursinus）向弗里德里希呈送了有理有据驳斥这种贸易保护主义做派的详细报告，称其导致普鲁士的商品定价太高而无法出口，同时还鼓励了国内劣质产品的生产。弗里德里希读罢报告龙颜大怒，将乌尔西努斯送入施潘道关押长达一年。

不断发展的城市生活也引发了各种不同反应。英国日记作家詹姆斯·博斯韦尔（James Boswell）在 1764 年称柏林为"我所见过最美丽动人的城市"[26]；在听到一位与其共进晚餐的军官公然批评弗里德里希——引用他的说法"既不虔信宗教也无人性可言"而且还"相当无能"——时十分惊讶。当他看到在蒂尔加滕操练的士兵会因为"细枝末节的差错会像狗一样被肆意殴打"时，则感到十分震惊。[27] 此人还参观过妓院，接到过决斗挑战的邀约。虽然已灌下一大杯白葡萄酒给自己壮胆，但他还是想方设法通过道歉走运地避免了决斗。尽管如此，他也提出，人们发现这座城市的生活极其无聊，按照英国大使查尔斯·汉伯里·威廉（Charles Hanbury Williams）爵士的说法，"你不能在没有正式获邀的情况下进食或喝汤，不然就惹麻烦了，虽然这种事很少发生"[28]。

三位当时的德国作家为我们展示了他们如何看待弗里德里希统

---

① 即前文提到的战争和王室领地总署，简称为"总署"（General Directory，德语为"Generaldirektorium"）。

治时期的柏林生活以及它如何发生改变。弗里德里希·格迪克
(Friedrich Gedike) 1770 年来到柏林，并成为《柏林月刊》(*Berli-
nische Monateschrift*) 的联合编辑，这份刊物是柏林最早创办的众
多报纸之一。他记录下新来乍到者对于糟糕的街道状况、妓女人数
以及触目皆是的士兵的评论。这座城市的法式风情、蒂尔加滕及其
周边乡村的秀丽风景，柏林人的直言不讳，也让这些人震惊不已。
大多数的评价可能放在 15 世纪也适用，放在今天的柏林依然适用，
例如格迪克发现大多数柏林人租房而居，而不是拥有自己的房子，
即使是 "最富有的商人、国王，最受景仰的军官、官员，甚至普鲁
士王国的首相，还有其他一些朝臣和将领都住在一套大房子中租来
的房间里，与制造商和商人毗邻而居"[29]。

　　但这座城市也有太多表面功夫的东西。格迪克觉得柏林居民有
点像他们的房子，"金玉其外，败絮其中"，部分原因是房租与房价
伴随移民的到来持续水涨船高。不断涌入新移民给人一种临时社会
之感。宫廷和政府无处不在，而且过于富裕。他们 "想不出比相互
拜访更好的办法来消磨他们令人厌烦的闲暇时光……并展示他们的
豪华体面"。柏林也是一座布尔乔亚之城。在伦敦、巴黎和维也纳，
贵族家庭拥有大宅子，他们一年中的大部分时间在首都的政治和社
交圈子中度过。这样的情况并未出现在普鲁士，因为大多数的容克
买不起类似房产这样的奢侈品，且无论如何都要保持与军队及自己
庄园的紧密联系，这一点与他们的工人如出一辙。他们年轻时会
在军校度过一段时间，在那之后，只有当他们在政军界谋得高级
差事，才会回到柏林（当然还是有一些持有房产的例外，例如家
大业大如冯·多纳这样的东普鲁士家族）。得益于与国王和宫廷
保持了一定距离，17 世纪的柏林社会一如既往地由工商业者有效
领导。

格迪克还大肆抱怨移民的人数,尤其是那些来自德意志其他地区的人。他本人是个骄傲的普鲁士人,祖父曾担任随军牧师。他因此评价"没有祖国、信仰、道德抑或原则的下等人制造出令人不齿的混乱,以及美德与堕落、文化与野蛮之间不成比例的落差,在这里都臻于顶峰"[30]。其他人倒是采取更富有包容心的泛德意志观。

1769 年,颇具影响力的柏林出版商兼小说家弗里德里希·尼古拉(Friedrich Nicolai)创作了三卷本的《柏林与波茨坦宫城志》(*Description of the Royal Court Cities of Berlin and Potsdam*,简称《城志》)。这是一部体量庞大、耗费巨大精力的作品,由历史、指南、地名词典和百科全书各部分组成,在 20 年内就再版三次,足见其受欢迎的程度及柏林变化之迅速。尼古拉的着眼点在于"自建城以来塑造与重塑城市的根本性变化",虽然他不可避免地将城市的历史置于霍亨索伦家族统治的背景下,但相比王朝与战争,他所记述的这段历史更强调中间阶层对金融、法律和教育的关注。尼古拉估计,柏林在 1786 年时拥有 7 000 栋房屋,这表明每栋房子里多少有人居住,还有 7 000 家工场。他还详细列出城市的一些藏品,以此证明霍亨索伦家族并不是吃干饭的收藏家。海因里希亲王的收藏似乎最优质,他拥有几幅鲁本斯、一幅凡·戴克、一幅伦勃朗、一幅"勃鲁盖尔"的作品①,还有特尼尔斯、帕尔米贾尼诺、华多等人的

---

① 鲁本斯(Rubens,1577—1640)、凡·戴克(Van Dyck,1599—1641)、伦勃朗(Rembrandt,1606—1669)、勃鲁盖尔(Brueghel)均为出生于尼德兰地区的重要画家。鲁本斯和凡·戴克为师徒,鲁本斯是公认的巴洛克绘画第一人,凡·戴克后供职英国宫廷成为宫廷画师。伦勃朗则是欧洲巴洛克绘画的代表画家之一,也被称为尼德兰最伟大的画家。西方美术史上著名的勃鲁盖尔是父子两人,而原文又加有引号,因此指代不明。

作品①。而王家美术馆还有多幅伦勃朗、卡拉瓦乔、凡·戴克、鲁本斯及一幅普桑的画作②。唯一一位值得一提的私人收藏家是舒伦贝格（Schulenberg）男爵，他坐落于威廉街的房子里收藏了里奇、提埃坡罗、维罗内塞的意大利作品③。

　　尼古拉的作品在整个欧洲广为流传。如今每个人都听说过普鲁士国王和他的常胜军，不过在尼古拉告诉他们这一切之前，鲜有人知道这个王国的首都，但现在成千上万的游客到访此地。尼古拉还对柏林没有成为德意志民族的首都——如巴黎之于法兰西，抑或伦敦之于不列颠那样的德意志首都——感到惋惜，他觉得这样柏林就落了下风。《城志》以得体的措辞题献给弗里德里希，但尼古拉后来的作品则致力于推动"德意志性"。1773 年，他出版了《泽巴尔杜斯·诺特安克硕士生平及时代》（*The Life and Times of Herr Magister Sebaldus Nothanker*，简称《泽巴尔杜斯》），讲述了一位乡村牧师因其超前的宗教观念而被一位正统派上司驱赶动身的故事。此人即将抵达柏林时，一位虔敬派教徒警告他，柏林是"滋生一切形式的腐败与堕落的温床……自私到了新的高度，所有基督徒

---

　　① 特尼尔斯，应为小大卫·特尼尔斯（David Teniers the Younger，1610—1690），是出生于尼德兰地区的巴洛克画家；帕尔米贾尼诺（Parmigianino，1503—1540），意大利画家；华多（Watteau，1684—1721），法国洛可可时期画家。

　　② 卡拉瓦乔（Caravaggio，1571—1610），著名的意大利巴洛克画家；普桑（Poussin，1594—1665），法国巴洛克时期的重要画家，为法国古典主义绘画的奠基人。

　　③ 里奇，指塞巴斯提亚诺·里奇（Sebastiano Ricci，1659—1734），是意大利巴洛克晚期的重要画家；提埃坡罗（Tiepolo，1696—1770）被认为是 18 世纪意大利最重要的画家，威尼斯画派的杰出代表；维罗内塞（Veronese，1528—1588），著名画家提香的学生，16 世纪威尼斯画派的重要画家，其本名为保罗·卡利亚里（Paolo Caliari），因其出生于意大利北部城市维罗纳，被戏称为"维罗内塞"并流传至今。

的爱俱已熄灭"[31]。泽巴尔杜斯认为这绝不可能，因为柏林如果真的拥有如此众多可怖之人，那就不会变得如此繁荣。这个虔敬派教徒之后的说辞被称为最极端的话语之一，他反驳道："哦，城市……你若像索多玛和蛾摩拉，上帝马上就要将他的烈火和硫黄降临在你的头上。"到达柏林后，泽巴尔杜斯遂打算眼见为实。他在周日那天来到蒂尔加滕，当时数以千计的柏林人正在野餐。他躲开火焰和硫黄，对那里的树木大为赞赏，他（以尼古拉特有的口吻）指出，正是公园让柏林优于维也纳和巴黎。

留意过伏尔泰与莫佩尔蒂争论的尼古拉对知识分子有充分的挖掘。"我注意到，"泽巴尔杜斯说，"那些在大学里如雷贯耳的人，在柏林完全籍籍无名"，而且"在柏林，末世论的名声比哲学还要臭"。但彼时柏林尚未有大学，此番说辞完全是吹毛求疵。不过重要的是，泽巴尔杜斯得出结论，柏林是一座美好而自由的城市："真正的自由之地，每个人都可以畅所欲言，没有人会被谴责为异端。"泽巴尔杜斯在有关这座城市后来如何在政治上走上两极分化之路，提出了一个有趣见解：郊区的思想往往是最正统的，而市中心的思想则更加宽容和自由。[32]

这显然不是那种能得到弗里德里希赞同的作品。尼古拉借泽巴尔杜斯之口将他所认为健康的德意志乡村价值观引入柏林。在他看来，柏林无论多么国际化，都必须代表真正的德意志。因此《泽巴尔杜斯》成了超越除歌德以外其他作者作品的畅销书。弗里德里希可能会鄙视泽巴尔杜斯，但他确确实实极度看不上尼古拉的朋友兼合作者戈特霍尔德·埃弗拉伊姆·莱辛。莱辛也是萨克森人，曾于18世纪50年代在柏林、汉堡和莱比锡工作，后来又在60年代短暂地重返柏林。虽然在柏林城住了将近十个年头，但他声称自己从未真正喜欢过这座城市，他对国王的批评和对无忧宫的不满一样多。他在给尼古拉的信中写道，普鲁士是欧洲最具奴性的国家，柏林所谓的文化自由不过是一场空。他还指责弗里德里希当时正如日中天的宗教宽容政策"无非是随心所欲地把许多荒谬的反宗教观点推向市场的自由，任何正直的人谅必很快就会为利用这种自由而感到羞耻"[33]。

莱辛的作品透着一种辛酸（这或许是因为他发现自己很难保住一份全职工作，还常年缺钱），这使得他能够呈现出七年战争的直接后果带给柏林的截然不同于普遍认知的一面。莱辛的首部杰出作品，即已成德语戏剧经典作之一的《明娜·冯·巴尔赫姆》（*Minna von Barnhelm*）于 1767 年被首次搬上舞台。虽然为了将作品与战争联系起来，莱辛早在 1763 年就完成了作品。但它遭到弗里德里希的审查员的禁止，不得不在汉堡上演，不过之后便迅速风靡整个欧洲。这是一个通过退伍的受伤军官冯·台尔海姆少校和他的未婚妻明娜·冯·巴尔赫姆的经历讲述战争影响的故事。冯·台尔海姆和他的前中士维尔纳是英雄——他们无私地为普鲁士服务，然而一旦弗里德里希政府不再需要他们，就遭到了抛弃。柏林的济贫委员会在 1764 年"估计有 175 名士兵的妻子和 160 名士兵的遗孀必须得到救济和免费面包"，因此莱辛的说法肯定是有依据的。[34]

在这座日益富裕而自信，不断积聚自身力量的城市里，这些作家成为在启蒙运动时期日益发生深刻变化的公共面孔代表。报纸数量激增，出现了无数阅读和辩论社团、乐队，还有以巴黎和伦敦为榜样的书店、咖啡馆以及越来越多的沙龙。宫廷外的文化生活如今正在蓬勃发展。1760 年，一座可以容纳 1 000 名观众的新剧场在施潘道开张，尽管弗里德里希不喜欢莫扎特，倒也没有禁止上演他的歌剧。而当弗里德里希和海因里希亲王还在热衷于收集传统的大师杰作，一群生气勃勃的新艺术家已开始在柏林从事绘画工作。其中的一些人，例如安娜·多罗特亚·特尔布什（Anna Dorothea Therbusch，她是当时女性登上职业巅峰绝无仅有的例子）和安东·格拉夫（Anton Graff）虽然绘制的是传统肖像，但其作品质量远超伍斯特豪森堡展示的那些。顺便提一下，其实特尔布什早年不得不协助丈夫经营他在柏林的小酒馆（Kneipe），直到中年才开启自己的艺术创作生涯。还有人则开始描绘柏林的各种场景，这让我们能够更好地了解这座城市的真实面貌。雅各布·菲利普·哈克特（Jacob Philipp Hackert）和卡尔·特劳戈特·费希黑尔姆（Carl Traugott Fechhelm）不仅描绘柏林的建筑，也刻画居住其中的人们、蒂尔加滕的行人、游行中的士兵，抑或施普雷河畔的工人。不过弗里德里希时代最具革命性的人物可能还是达尼埃尔·霍多维茨基（Daniel Chodowiecki）。1743 年，他从老家格但斯克来到柏林，终其余生描绘和讽刺这座城市与它的人民，并留下了超过 6 000 幅作品——从弗里德里希检阅军队到自家笑料百出的精彩家庭郊游。他还是一位多产的书籍插画家，正是他使得柏林成为这种艺术形式在德意志的中心。弗里德里希在他统治时期重振了艺术学院，一如他恢复科学院一样。1786 年，就在他去世前不久，艺术学院举办了一次当代绘画展览，展出了超过 300 幅作品，足以证明启蒙运动传播之广。

音乐同样蓬勃发展，部分原因是各种音乐团体和个人举办了大量的音乐会。对乐器、乐谱和音乐课的需求持续增加，因为每个人如今都可以在宫廷或歌剧院外欣赏音乐。1783 年，约翰·卡尔·弗里德里希·雷施塔伯（Johann Carl Friedrich Rellstab）开设了首家拥有印刷机并提供乐谱借阅的图书馆，他还兼营大键琴、古钢琴、小提琴，当然还有长笛。随着财富增长，人们有能力并渴望去演奏、聆听，他们也有时间这样做。闲暇时光——至少对于那些负担得起的人来说——是值得珍惜的。脚踩高得离谱的高跟鞋，装饰大量的羽毛和褶边，柏林在这个世纪初从巴黎抄来的那种过分讲究的着装风格，终于在 18 世纪 80 年代让位给能够享受穿着的衣物。低跟女鞋变得更平更宽，如今时兴的女装是在裙子外面套一件前襟直扣的"英式"长服。

　　柏林人并不认为这种文化享受一定要与弗里德里希的法式宫廷背道而驰，相反，他们可以同时享受和发展它们。不过在新出现的社团和俱乐部里还是出现了一些批判普鲁士绝对主义的辩论。周一俱乐部成立于 1783 年，成员包括莱辛、卡尔·菲利普·巴赫（Carl Philipp Bach）和尼古拉，它或许是其中最激进的一个。虽然有人打趣称弗里德里希更喜欢无权无势的贵族，而非有教养的布尔乔亚，不过这些团体也不像法国的雅各宾俱乐部那样反对君主制，而且也接纳了像恩斯特·克莱因（Ernst Klein）这样参与普鲁士法制改革的国家官员。因此他们辩论的主题更多是关于如何改进而非推翻政府，以及如何增进社会包容性，例如其中一个主要论题是"改善犹太人的公民地位"，这是克里斯蒂安·威廉·冯·多姆（Christian Wilhelm von Dohm）的一篇论文。

　　据说弗里德里希立下遗嘱鼓励犹太人定居和解放，其实这与事实大相径庭。莱辛以他一贯的毒舌评论道出了真相：国王的名声源于他的无神论者立场，因此他才宽容和鼓励一切宗教。弗里德里希并不真的同情天主教徒，他是出于巩固对西里西亚的控制的实用主义考虑，才为他们建了一座大教堂。类似地，在其统治期间发生部分犹太人解放运动，更多是为犹太社区找寻领袖和核心人物。1750年时柏林的犹太人只有区区 2 000 人，但就在这一年的 4 月 17 日，弗里德里希颁布了《普鲁士王国犹太人一般权利与规范修订案》（Revised General Privileges and Regulations for the Jews in the Kingdom of Prussia），该修订案限制之多，以至于后来被米拉波嘲讽为"堪比食人者"[35]。除了最富裕的犹太家族，所有的犹太家庭仅允许生育一个孩子，而最低收入者甚至不得结婚。这显然就跟启蒙无关。然后就到了七年战争，弗里德里希在这期间赫然发现自己日益依赖犹太资金，尤其是依赖法伊特尔·海涅·埃弗拉伊姆（Veitel Heine Ephraim）。此人是磨坊大道旁极尽奢华的埃弗拉伊姆宫的建造者，有能耐在不让公众受损的情况下，设法减少王家铸币的白银成色。虽然埃弗拉伊姆宫在纳粹统治时期遭破坏并不出人意料，但它今天依然是柏林的主要景点，经常被用来举办展览。

然后是在 1743 年，摩西·门德尔松（Moses Mendelssohn），一个来自德绍的年轻犹太人来到柏林，他本打算在拉比大卫·弗兰克尔（David Fränkel）的指导下继续他的《旧约全书》研究，随后便一直生活在柏林，直到他 1786 年去世。门德尔松先是担任一家丝绸厂的经理，后来又成为另一家丝绸厂的老板，生意十分成功。但他又是一位善于言辞的知识分子，与莱辛和尼古拉这样的人过从甚密，还能指出犹太社区遭受的不公平对待是一种迫害，并由此引发激辩。他为原来就十分知名的成功犹太家族——如埃弗拉伊姆、伊扎茨（Itzigs）和伊扎克-弗莱斯（Isaac-Fleiss）这些在全市握有 19 家重要企业的家族——继续添砖加瓦。一些犹太女性则经营着成功的沙龙，例如亨丽埃特·赫茨（Henriette Herz），她的宾客包括威廉·冯·洪堡（Wilhelm von Humboldt），后来亚历山大·冯·洪堡（Alexander von Humboldt）也加入这一行列，还有年轻的剧作家和诗人海因里希·冯·克莱斯特（Heinrich von Kleist）和拉赫尔·莱温（Rachel Levin）。许多人认为，弗里德里希对此持反对态度。门德尔松的卓越地位再次得到极大提升，是在莱辛于 1779 年出版他的第二部戏剧《智者纳旦》（*Nathan the Wise*，但它直到 1783 年才真正上演）之际，剧中宽容而富于同情心的主角正是以他为蓝本。经营周一俱乐部的约翰·埃里希·比斯特（Johann Erich Biester）一直试图说服门德尔松加入自己的俱乐部。他写道，门德尔松"在探讨上帝的存在就像在聊一种新出的丝绸样式那样既轻松自在，又清晰明了，而在聊丝绸时又像是在探讨上帝存在那样精准无误"[36]。

凭借冯·多姆的论文，犹太人团体得以用一种他们此前认为绝不可能的理智方式来讨论自己的问题。像门德尔松这样的人物，也试图说服自己的同胞相信，他们应当自视为恰巧身为犹太人的普鲁士人，而不是正好生活在柏林的犹太人。但这一点并未对弗里德里希造成太大影响，他依然对一切有组织宗教持怀疑态度。他将基督教描述成"一种古老的玄学捏造，充斥着奇迹、矛盾和荒谬"[37]，他对犹太人还要更粗鲁，他写道："（他们）是最危险的，因为他们损害了基督徒的贸易，并且对这个国家而言一无是处。我从未因此迫害过他们或任何其他团体，但我们需要密切关注他们，确保其人数不会增加。"[38]尽管如此，门德尔松依然是弗里德里希坚定且公开的支持者，他甚至支持后者发动战争。然而，虽然他两度被传召至波茨坦，但两人从未真正见面，而且弗里德里希还阻止门德尔松成为科学院的成员。

虽然国王依然冥顽不化，但重点是柏林作为一个共同体开始重新建构自己，并成为一个更加开放和国际化的社会。将来可能会发生可怕的反犹屠杀，但与其说它源于城市，不如说它源于普鲁士及之后的德国统治集团内部。柏林人也十分支持共济会，至世纪末时已形成数十家分会。莱辛就是一名共济会成员，他将发展成员视为启蒙运动的自然延伸并巩固中间阶层。"共济会与中间阶层同龄，"他写道，"二者可以并存。"[39] 但这座城市主要的变化不在于这种宽容的精神，虽然它之于未来城市文化的建立至关重要；而在于柏林当时开始将自己视为一座德意志城市，不再仅仅是普鲁士的首都。1773 年，雕工约翰·大卫·施洛恩（Johann David Schleuen）完成了一幅柏林地图。这是一幅上佳的地图，详细、准确，还包括了一些重要建筑物的微型鸟瞰图。它可能不那么令人称道的地方，是附上了一些相当粗鄙的诗句，例如：

> Was Paris zum Wunder macht
>
> Ist auch in Berlin zu finden

它大致可以翻译为"让巴黎如此美妙的地方，在柏林也能找到"。施洛恩明确传达的是这样一种感觉：德国文化长期以来被认为低人一等，但如今的柏林是一座繁荣、富庶、多元的城市，"一座都城、王城、制造业的中心、贸易城市、地方城市，一座用朴素城墙将乡村和农庄都囊括在内的城市"，它有理由声称自己相当于德意志的巴黎、罗马和伦敦。[40]

当弗里德里希在 1772 年同意伙同俄国和奥地利瓜分波兰，他就盘算着在外交政策上取得更大的成功（如果你是普鲁士人的话；但如果你是波兰人，那将是一场灾难）。波兰，一个古老的千年君主国就此烟消云散，直到 1918 年才重新成为一个国家。但从普鲁士的角度来看，此举创造出一个统一的国家，东普鲁士和柯尼斯堡现在与波美拉尼亚和勃兰登堡真正连接起来，这让柏林成为一座越发举足轻重的首都。可以想象弗里德里希晚期——现在他被称为"老弗里茨"（Alt Fritz）①——骑马进入柏林，他的缰绳拖得老长，背影就像出自霍多维茨基之手那样。他穿一件破旧的蓝色外套，佩戴一顶破破烂烂的帽子和他的黑鹰勋章，沿菩提树下大街骑行，并向欢呼的人群致谢。他扭头向助手说道，如果有只猴子打扮得像他一样，人们也会果断为它欢呼。

歌德是当时最出名的德国作家，他曾在 1778 年访问柏林。但他并不认为柏林是一座城市，而是一个粗俗的地方，并且是"这样一群胆大妄为者的家园，你得是一个强硬的家伙，有点小棱角，然后才能勉强糊口"[41]。但他也为弗里德里希和像他一样支配臣民的生活直至细枝末节的统治者所吸引。他觉得这些人非常有趣，因为"他们不仅支配人类的命运，而且还共享着这一点，而这比决定人类命运但又不参与后果的上帝本身还要有趣"[42]。弗里德里希也不看好歌德，主要原因是后者使用德语写作。"莎士比亚是可以原谅的，"他在给伏尔泰的信中写道，"因为他生活在一个英国文化稍有进步的时代。然而，我们这个时代的人没有任何借口犯同样的错误——已经犯下的错误如歌德的《葛兹·冯·伯利欣根》（*Götz von Berlichingen*），它刚在柏林首演就广泛赢得掌声，"弗里德里希接着写道，"但它只是对那些蹩脚英国戏剧进行了拙劣模仿。"[43]

歌德曾在柏林观摩过一次阅兵式，当他看到如此这般"可怕的发条装置"，既震惊又为之着迷。那台军事机器围绕着年迈的国王

---

①　"老弗里茨"是柏林人给弗里德里希大王起的绰号，一直流传至今。

旋转，但一旦他走开，运转就不那么流畅了。当弗里德里希终于在
1786 年去世，柏林人简直不敢相信这个消息。"1786 年 8 月 17 日，
虽然没有哀悼，但全城笼罩在一种沉默的氛围中，人们看上去很麻
木，但并不悲伤，几乎没有一张脸不挂着如释重负，甚至是满怀希
望的表情。没有人为此感到遗憾，也没有一声叹息，没有一句赞
美！难道这就是对他取得如此多战斗胜利，拥有众多名望和荣耀的
概括吗？这意味着跨越近半个世纪，拥有如此丰功伟绩的统治就此
终结吗？"米拉波这样问道。[44]当弗里德里希询问医生是否见证过许
多人进入另一个世界时，照顾垂死国王的医生冷静地给出了绝妙的
回答："不如陛下您见多识广。"

第五章

1786—1840 年　从战争中蜕变

　　能够拯救祖国，并赋予德意志自由的，只有一种声音、一
种情感、一种恐惧和一种爱。
　　　　——恩斯特·莫里茨·阿恩特（Ernst Moritz Arndt），1813 年

　　虽然弗里德里希影响深远，但他的遗产依然让很多人备感困
惑。"柏林，"法国沙龙女主人兼评论家斯塔尔夫人这样写道，"有
一张双重面孔，就像两面神，一面是军事的，一面是哲学的。"[1]弗
里德里希的幽灵依然支配着这座城市，一个已对其权威习以为常的
社会似乎正日趋僵化。就在弗里德里希去世三年之后，巴黎爆发了
革命，尽管许多柏林人也认为普鲁士的绝对主义转型势在必行，但
鲜有人愿意为此采取行动，因为即使没有弗里德里希，政府依旧运
作良好。周一俱乐部尽管围绕法律改革和犹太人解放问题展开辩

论，但他们几乎没有倡导任何更本质的改变。柏林依然是宫廷、官僚和军队的中心，虽然同样充满思想和实验，但暂时仍幸免于两个世界的碰撞。

若非如此，直言不讳如安娜-路易斯-热尔曼娜·德·斯塔尔（Anne-Louise-Germanine de Staël）① 也不会认为"整个德意志的奇景都不及柏林所呈现的那些"。她评论柏林给人的感觉已经像是一座现代城市，但她不喜欢大多数使用勃兰登堡砖而非石头砌成的重要建筑。她觉得"这个国家没什么像样的历史"，但喜欢"男人扎堆的晚宴，无论是官方的还是私人的，都不怎么严格执行戕害德意志的等级划分，但这些属于各个阶层的宽容者，都是被挑选出来的"，不过她仍对"这些男人除非彼此相邻，不然交谈甚少"颇有微词，还抱怨"军队里的环境"让"这些人变得有些粗鲁，这倒避免了给社交场上的女士添麻烦"。尽管如此，在广泛游历德语世界之后，她认为柏林是德意志启蒙运动的中心，哪怕像魏玛这样（产生了歌德和席勒）的城市对此强烈反对而她依然坚持己见。她还着重提到德语如何开始取代法语成为受教育阶层的语言。² 这种对成为德意志人而不仅仅是普鲁士人的专注，将在即将到来的世纪对柏林产生强烈影响。

弗里德里希的王位本应由其弟奥古斯特-威廉继承，但他毫不留情地欺负这个弟弟，责备他懦弱，甚至还在 1757 年普鲁士在科林战败后公开羞辱他，致使奥古斯特-威廉从未从打击中恢复过来，最终于 1758 年撒手人寰。1772 年弗里德里希终于摆脱了相当可笑的"在普鲁士"称号，因此新的普鲁士国王是奥古斯特-威廉的长

---

① 即上文中提到的斯塔尔夫人。

子——弗里德里希·威廉二世（Friedrich Wilhelm Ⅱ）。这是个热情而轻浮的男人，"和蔼可亲、合群、肆无忌惮地喜欢女人"[3]，他和自己的妻子生了七个孩子，又和情妇生了七个。他还是位受人尊敬的音乐家，连莫扎特都送过他乐谱。弗里德里希·威廉二世出生在柏林宫，但和家族里的许多人一样，他最快乐的时光是在波茨坦度过的，他和他的一大家子在那里过得很是舒心。直接从弗里德里希之死中获益的人则是他长期恬退隐忍的妻子伊丽莎白-克里斯蒂娜王后，她如今发现自己可以在宫廷中发挥一定作用。她和新科国王关系很近，因为他是她妹妹的儿子，对她也很敬重。舍恩豪森某种意义上成了宫廷生活的中心，伊丽莎白-克里斯蒂娜也开始享受生活。在舍恩豪森有两幅并排悬挂的王后肖像，颇具说服力。在第一幅由弗里德里希·雷克拉姆（Friedrich Reclam）绘制于 1764 年的画像中，年轻的王后身穿蓝灰色的丝绸衣服，眼神阴郁地凝视着画框外的东西，她的表情满是悲伤。而在第二幅由安东·格拉夫所作的绘画中，年迈的王后着正装为已故的丈夫戴孝，但她脸上洋溢着幸福与自信，黑色的裙子与奢华的皮草相得益彰。她比弗里德里希多活了 11 年，直到 1797 年才离开人世。

　　柏林景观的一个重大变化发生在 1788 年，当时弗里德里希·威廉二世委托时任宫廷建筑师的西里西亚人卡尔·戈特哈德·朗汉斯（Carl Gotthard Langhans）为巴黎广场设计一座城门，那里的勃兰登堡路是菩提树下大街的延伸段，它穿过关税墙进入蒂尔加滕。朗汉斯此前除对夏洛滕堡宫进行一些改造，并完成坐落在御林广场上的民族剧场的建设（它位于两座教堂之间）外，并无太多建树。但这一次他超越了自我，设计了一个简洁但比例优美的古典结构建筑，它拥有 12 根多利安柱以及五条以雅典卫城山门（Propylaea）为蓝本的通道。它的顶端是一辆由胜利女神驾驭的四马两轮战车（Quadriga），由土生土长的柏林人约翰·戈特弗里德·沙多（Johann Gottfried Schadow）设计，但起初沙多让女神手上握着的是一根带有月桂花冠的权杖。在接下去的两个世纪中，这辆战车的故事连同女神所携带的东西构成了这座城市的一段微观历史。它一开始被称为和平门（Friedenstor），但很快众所周知的名字便成了勃兰登堡门，与熊一起成为柏林的象征。

勃兰登堡门之所以能够逐步代表柏林精神，尤其是代表这座城市的自由精神，部分是因为它的位置（它矗立在城市最醒目的区域之一，位于柏林最重要的东西向轴线上），部分是因为它的简洁之美；部分是因为它象征着柏林"施普雷河上的雅典"的理念（这是为许多启蒙运动的支持者所珍视的理念），此外还有部分原因是它即将遭到严重破坏。这里需要强调的是，1961 年柏林墙直接在勃兰登堡门面前拔地而起，而当它在 1989 年轰然倒塌时，正是勃兰登堡门，在那个历史性时刻成为全世界关注的焦点。今天，勃兰登堡门的形象无处不在，印在每辆地铁车厢的窗户上、每张地图上、每本指南上。

弗里德里希·威廉二世和他的姨妈同年（即 1797 年）过世，其子弗里德里希·威廉三世即位，他在位 43 年。这是一个性格懦弱的人，因此注定在柏林和普鲁士呼唤其叔祖弗里德里希大王，抑或是其祖先大选侯式的坚定领导时，表现得尤为优柔寡断，拿破仑就形容他"既蠢又假"[4]。他比较拿得出手的决定之一是在 1793 年迎娶梅克伦堡-斯特雷利茨的路易斯（Luise of Mecklenburg-Strelitz）。路易斯成了柏林名人，而这座城市其实并不擅长应付平易近人的美丽王后。弗里德里希·威廉和路易斯也生了七个孩子。在她抵达这

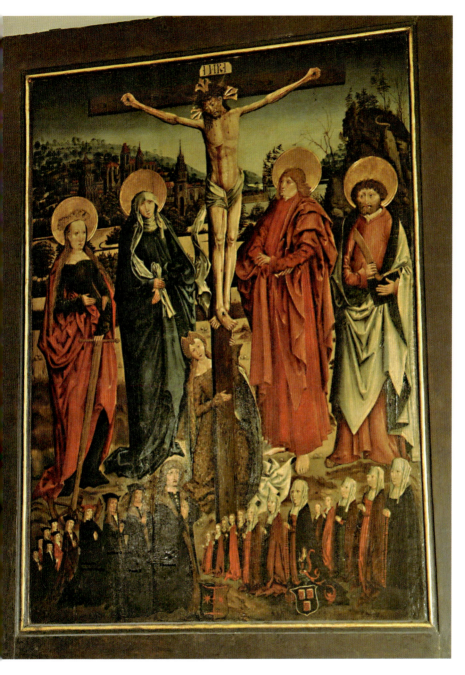

玛利亚教堂的布兰肯费尔德家族跪拜像。在这幅图中，托马斯位于左侧最前方，他长期受苦受难的妻子则位于右侧，后面是他们的21个孩子。托马斯身后是约翰，正是在他的资助下酿成了特策尔日益放肆的丑闻。约阿希姆一世的情妇卡塔琳娜则是其最小的女儿。

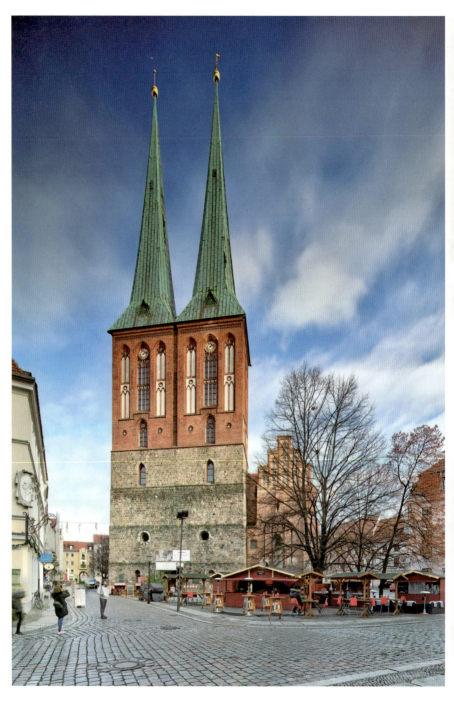

尼古拉教堂不仅是柏林最古老的教堂，也是 19 世纪这座城市精神生活的中心。

克拉纳赫绘制的约阿希姆一世和约阿希姆二世。这些肖像画悬挂于格伦瓦尔德的狩猎行宫内，据说约阿希姆二世的儿子（即约翰·格奥尔格）将父亲的情妇幽禁于此。

"大选侯"弗里德里希·威廉、路易斯·亨丽埃塔与他们的三个儿子。

"在普鲁士"国王弗里德里希一世。

（上）弗里德里希·威廉与他的"烟草同好会"。贡德林和他的野兔子位于长桌的尽头。国王左边小一号的人物是弗里德里希大王和他的兄弟。

（下）弗里德里希二世，即弗里德里希大王。

（左）16、17世纪的柏林宫风貌，这座宫殿是在城堡的基础上兴建起来的。
（右）18、19世纪的柏林宫风貌。

奥拉宁堡。这座宫殿由路易斯·亨丽埃塔设计，能让她回想起家乡荷兰。

达尼埃尔·霍多维茨基的《家庭出游》。霍多维茨基在弗里德里希大王统治时期创作了 6 000 余幅描绘和讽刺柏林生活的作品。

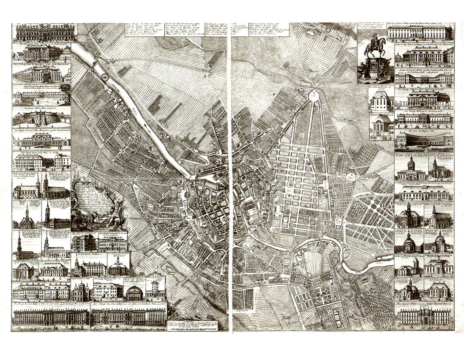

施洛恩的柏林地图旨在说明普鲁士首都正变得越发壮观。

弗里德里希大王极度厌恶自己的妻子伊丽莎白－克里斯蒂娜，正如雷克拉姆在 1764 年所描绘的那样，王后在舍恩豪森的生活相当不幸。

但丈夫的死让她大为振作，这一点被安东·格拉夫很好地捕捉到了。

　　柏林"启蒙运动"的两位杰出领袖，摩西·门德尔松与戈特霍尔德·莱辛正在辩论。正是门德尔松扭转了这座城市对日益增加的犹太人的态度。

1770 年卡尔·费希黑尔姆笔下的菩提树下大街。它表明，城市面貌正在变得日益复杂精致，而城市居民则越来越精于世故。

卡尔·弗里德里希·申克尔，画家、雕塑家、家具工匠，但他最重要的身份是建筑师和"铁十字"勋章的设计者。

申克尔设计的新岗哨，这座位于菩提树下大街的警卫所日后成为德国国家纪念馆。

相比其他建筑师，柏林城市风貌的形成更应归功于申克尔。

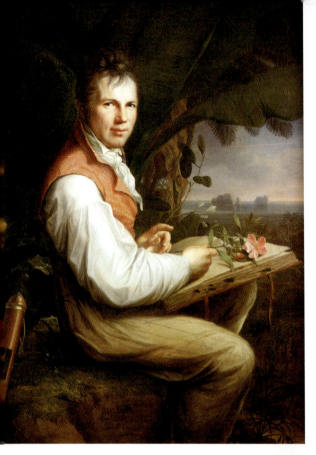

亚历山大·冯·洪堡,探险家、地理学家、科学家、教育学家。柏林洪堡大学如今以他和他同样杰出的哥哥威廉的姓氏命名。

执掌这所新大学哲学系的黑格尔。他曾说过只有一个人能够理解他的讲座,这一点甚至"他本人都做不到"。

　　无忧宫，弗里德希大王的私密庇护所。这是一栋位于波茨坦的洛可可式迷人建筑，由国王和克诺贝尔斯托夫共同设计，但其建筑风格在18世纪的柏林早已过时。

　　申克尔为洪堡家族设计的泰格尔宫，被许多人认为代表了更为精致的日耳曼品位。

柏林的城市景观。申克尔的老博物馆位于远处的左侧，它旁边是（柏林）大教堂。大教堂前的空地是拆除共和国宫后留下的，如今这里修建起了洪堡广场。前景部分则是尼古拉教堂的双尖塔，玛利亚教堂位于右侧的中间地带，就在红色市政厅的背后。

比德迈尔时代的柏林生活场景。爱德华·格特纳的《教堂街》
（*Parochialstraße*）展现了一条典型的住家街道。

座城市时曾有一则动人的故事：当她的马车行驶在菩提树下大街上时，一个小女孩跑上前来，递给她一束鲜花。令她的扈从大惊失色的是，路易斯居然将孩子抱在怀里还亲吻了她，这让未来的王后瞬间成为柏林的女英雄。正如弗里德里希大王习惯被描绘成身着戎装的样子，路易斯则让王室家族被描绘成一个大家庭，这在很大程度上也是柏林人如今拥抱资产阶级生活方式的体现。沙多因他的四马两轮战车而出名，但他的一些其他作品则可能被忽视了：除了一些弗里德里希大王和他的指挥官们的雕塑外，他最美、最感人的作品是他创作于 1796 年的等身大理石雕像，刻画的是弗里德里希·威廉和路易斯的两个女儿，少年时的路易斯和弗里德里克公主①。这幅作品因为被认为令人浮想联翩而遭雪藏多年，今天它被陈列在老国家美术馆中。

　　在 1789 法国出现重大变革之后，（普鲁士）政府确实在某些领域收紧了弗里德里希大王时期的相对自由政策。无论是路德宗教会还是加尔文宗教会均认为，弗里德里希那种公开表态的无神论已无以为继，并相当义正词严地坚称，城市中的普通人都被他给搞糊涂了：为什么他们要像布道人和导师所坚称的那样，举手投足都表现得像个敬畏上帝的基督徒；而他们在俗世的主人国王陛下，却能光明正大地认为有组织宗教是个笑话？但弗里德里希大王走得更远的地方可能是邀请极端派教士约翰·克里斯蒂安·埃德尔曼（Johann Christian Edelmann）前往柏林定居。埃德尔曼的布道反对圣礼，从而激怒了教会领袖。他的书在德国其他城市遭到焚毁。以各种形

---

　　①　此处记述有误，这座公主姊妹花（Prinzessinnengruppe）雕塑刻画的是路易斯本人和她的妹妹梅克伦堡的弗里德里克（Friederike zu Mecklenburg，1778—1841）。

式出现的上帝，也是当时柏林许多知识分子激辩的主题。伟大的普鲁士思想家和哲学家，在柯尼斯堡生活并从事教学工作的伊曼努尔·康德（Immanuel Kant）的著作就引发大量争议。起初康德被认为对普鲁士政府模式颇有助力，因为他坚持认为，在同一个人（例如弗里德里希）身上"融合主权与启蒙思想"改变了政治和社会的关系。[5]然而，他 1781 年发表的《纯粹理性批判》（*Critique of Pure Reason*）不仅激怒了王国审查员，也在沙龙中激起讨论浪潮。机智过人的诗人海因里希·海涅（Heinrich Heine）将康德比作法国大革命的领袖罗伯斯比尔（Robespierre）。"大自然，"他写道，"本来注定他们去称量咖啡和砂糖，然而命运却要他们去衡量另外一些事物，并在一个人的秤盘里放了一个国王，在另一个人的秤盘里放了一个上帝。"[①]彼时刚刚去世的莱辛也被人无耻地攻击为无神论者，他的朋友摩西·门德尔松对此进行了激烈的辩护。

　　不过，所有这一切多少有些夸张，它们其实都是些晦涩难懂的、普通柏林人对此兴趣极为有限的辩论，带着些许伏尔泰与莫佩尔蒂争论的影子。但在让柏林人激动之余，也造成了不安。1788年，曾被弗里德里希大王称为"诡计多端的牧师"约翰·克里斯托弗·沃尔纳（Johann Christoph Wöllner[②]）出任文化大臣，他于同年 8 月发布了一项旨在"扭转理性主义思辨对基督教教义完整性的影响"的措施。[6]此外，还有一些限制媒体公开批评政府的措施也陆续出台。1775 年到访柏林的英国人约翰·穆尔（John Moore）曾

---

① 引文出自海涅名篇《论德国宗教和哲学的历史》中译本（北京：商务印书馆，2017 年，第 106 页）。文中的"他们"即指康德和罗伯斯比尔。

② 原文将此人姓氏误作"Wöllmer"，中译已更正。

这样写道："当我第一次踏足柏林，没有什么比大多数人拥有高谈阔论施政举措与国王举止的自由更让人吃惊的了。"[7]而且弗里德里希大王还曾将法律法规的修正案原原本本地公之于众，以广泛征求公众意见，此举引发瞩目。敏锐的柏林人还想知道，允许柏林四家新办的报纸公开赞扬巴黎正在发生的事情，是否真的明智。相比维也纳或伦敦，这些措施并不具有压迫性，但即便如此，它们还是导致尼古拉打包他的生意搬去了汉堡，以示对新政府种种限制的不满。

　　一个亟待改革但纹丝不动的领域是普鲁士军队。弗里德里希大王的胜利让他的将军和普鲁士民众普遍认为他们的军队无与伦比、无坚不摧。由此造成了一个危险的假象，即认为许多成功的国家都备受普鲁士胜利余威的困扰。这也意味着，在七年战争之后，几乎没有贯彻任何军队现代化改革。但四十多年光阴荏苒，又到了再次需要真正用兵的时刻。由于弗里德里希大王坚持只从贵族家族的狭隘圈子里招募军官，因此未能实现如法国革命军队走向成功的改革；同时普鲁士又过度依赖诸如"侧面进攻"（这是一种描述进攻敌人软肋要比强攻其长处更有效的复杂说法）之类的弗里德里希式战术，但这些战术到了 19 世纪初就意味着军队已经大大落后，它的大部分建制、战术和装备都过时了。柏林或许依然到处是士兵，这座城里的兵营或许仍生机依旧，但却早已今非昔比。

　　18 世纪 90 年代一系列在国外采取的冒险行动看似成功，实则掩盖住了军队的缺陷。法国大革命的爆发让普鲁士暂时放下对哈布斯堡奥地利的固有敌意。1792 年，一支普奥联军入侵法国，却在瓦尔米被击败。不过瓦尔米之耻很快被成功压制波兰人试图重新独立的努力取而代之——即使后一场行动只是权宜之计。1795 年波兰再次遭到瓜分，普鲁士现在占领了但泽，也就是格但斯克，还有华沙及大片领土，此举将西里西亚和东普鲁士连了起来，这让普鲁士的国土面积增加三分之一，人口增加 300 万。整个吞并过程在1795 年《巴塞尔条约》中得到确认。为了让法国承认其在波兰的利益，普鲁士同意退出第一次反法同盟；法国还同意归还莱茵河以东的所有东普鲁士领土，以此换取普鲁士放弃其西面的领土。随后，在 1803 年的雷根斯堡帝国议会上，根据与法国签订《吕内维尔和约》达成的协议，全德 70 个主教区悉数世俗化，45 座帝国城市被重新划分各邦归属。普鲁士的规模和财富再次膨胀，它赢得帕德博恩、明斯特、希尔德斯海姆、埃尔福特、埃森等城市。这个在德语中被简称为《帝国代表会议总决议》（Reichsdeputation-shauptschluss）的文件还额外让 50 万德意志人变成普鲁士人。这是三年后导致神圣罗马帝国灭亡、哈布斯堡家族成为奥地利皇帝进程的一部分。

这种选侯约翰·格奥尔格在三十年战争开战之际即奉行的中立政策，一直服务于柏林直至 1806 年。那一年，震惊于法国野心日益增长的弗里德里希·威廉与俄国、瑞典、萨克森及英国第四次结盟，向拿破仑和法国宣战。但这并非明智之举。其实国王只消考虑一下不到一年之前奥地利人和俄国人在奥斯特里茨所经历的一切，就应该意识到拿破仑军队之强大。果不其然，拿破仑以入侵普鲁士作为回敬，并于 10 月 14 日在耶拿和奥尔施泰特的双城战役中彻底击溃普鲁士军队。更为糟糕的是，那些没有被击败的普鲁士余部也于两天后在埃尔福特和普伦茨劳投降。10 月 25 日，法军元帅达武（Davout）率领他的胜利之师挺进柏林，第二天拿破仑本人也进入这座城市。王室则逃亡柯尼斯堡，遂成"普鲁士之耻"。

法国随后对柏林的占领，却并不像他们占领德国其他领土那样暴力或以暴力为荣。达武的军队在普鲁士（也包括汉诺威）的一些地区臭名昭著，致使数以万计的当地人逃离家园，他们中的很多人最终加入由英国人训练并提供装备的国王军团以抵抗法国人。在他们中间还激发出一种强烈的仇恨，以至于布吕歇尔和他的部队在九年后的滑铁卢战役之后占领巴黎意欲以牙还牙。无论如何，对柏林人而言，这是奇耻大辱，而这种耻辱感对塑造未来普鲁士及日后德国的对法态度至关重要。柏林人本身并未大批参与战斗，因为这些战斗主要发生在南部。兵役区制度也意味着再次由容克担任军官，并从农业地区征召兵员，因此当战败的消息第一时间传入城市，人们的反应是震惊到无以复加。尽管城市总督冯·德·舒伦贝格（von der Schulenberg）无法说服自己接受普鲁士军队被击败的事实，但他仍发表声明称："国王陛下输了战斗，每位市民的首要职责是保持冷静。"柏林人响应了他的号召。此时柏林市内已进驻两个完整的法国军团，还有两个骑兵师。大花园因此成为一个巨大的露营地，士兵们在那里载歌载舞，彻夜畅饮。10 月 27 日，柏林人大多以敢怒不敢言的神情围观拿破仑和他志满意得的扈从行进在菩提树下大街上，但"在盛装的将军和元帅中，你几乎找不到那个裹在不起眼灰斗篷里的地表最强者——即便他的随从表现得如此毕恭毕敬，也无法证明那就是他"。走到勃兰登堡门前，"他那张凝重的脸才挤出一丝笑容……他笑得有些勉强，对他来说尤其如此"，直到他"发现高喊'皇帝万岁'（Vive l'empereur）的不仅有自己的部队，还有一部分柏林人时，才真正笑逐颜开"[8]。

确实并非所有人都对拿破仑心怀不满，有些人认为他的到来意味着绝对君权统治的缓和。如今拿破仑搬进了柏林宫，将冯·德·

舒伦贝格扫地出门，他将 2 000 名有头有脸的柏林市民召集起来，并告知将从他们中间选出一个 60 人组成的市议会。10 月 29 日，这些人在彼得教堂首次会晤，这也是这座城市自"铁牙"时代以来第一次由民选机关进行管理。拿破仑还从胡格诺派法国人中组建起一支警察部队，这些人趾高气扬地穿着蓝色的法国制服。[9] 随后他还带领随从前往波茨坦的卫戍教堂，并在弗里德里希大王的墓前举起他的帽子，说道："脱帽致敬吧，先生们。要是他还活着，我们今天可到不了这儿。"在弗里德里希·威廉蛰伏柯尼斯堡期间，柏林成了拿破仑的囊中物，但恰恰是他在柏林的所作所为，才让法国占领柏林这一事实变得十分扎眼。

法军的行为举止或许循规蹈矩，但他们真的不受欢迎，总在街上游荡、抽烟，而这在柏林的公共场所是不允许的。最初的那点热情因此也很快烟消云散。最紧迫的问题是法军的住房和补给。"过度膨胀的临时住所让这座城市不堪重负，食品价格因此高到离谱，"书商古斯塔夫·帕泰（Gustav Parthey）写道，"面包师傅和屠夫都声称是军队夺走了他们所有的面粉和肉类。在乡下，人们也在抱怨法军抢走了太多东西，以至于他们都没有足够的食物来养活自己。"[10] 什未林伯爵夫人索菲（Sophie）写道："大部分将领就住在我家附近，我透过窗口就能瞧见一片汹涌的火红羽毛装饰的海洋，听到震耳欲聋的法语口令在排成长列的士兵中回荡。他们漫不经心地倚靠着自己的步枪，傲慢地微笑着。"她觉得其中很多人只有 15 岁。[11] 伯爵夫人对法军将教堂作为补给站和马厩感到愤愤不平，而更让她怒不可遏的则是与其家人同住的雅里（Jary）将军在动身前往波兰前，顺走了她丈夫收藏的 50 瓶好酒。[12] 不过，许多法国军官确实对这座城市抱有好感。佩尔西（Percy）男爵是拿破仑的高级医

生，他热爱"笔直的街道"和"优雅的建筑"，他认为柏林和巴黎
一样"才华和品味"兼备，并发现这里"到处是机敏而富于艺术气
息的人们"，他们十分自信，但在和法国人打交道时却举止放肆粗
鲁，通常还刻意展现出来，以表达自己对征服者的不屑。[13]

　　法国军官还试图打入柏林社交界，但并未奏效。他们在戏剧之
家（Schauspielhaus）举办舞会，但什未林伯爵夫人很不屑地评价
道："只有极少数人参加，我只知道有那么几位年轻的女士去了，
但她们本来就是外国人。这些参加舞会的人永远不会被真心原谅，
这让他们日后在柏林的社交生活举步维艰。"[14]不过法国人还打算尽
可能以浪漫的方式征服柏林，柏林方言中的"Fisimatenten"（可以
大致翻译为"胡闹"，这个词至今仍在使用）就源于法语"visitez
ma tente"（看看我的帐篷）。① 这座城市的非婚生子女的数量从
1750 年的 4％上升至 1820 年的 18.3％，这表明他们取得了一定的
成功。[15]但更恶劣的还是拿破仑下令将柏林的瑰宝洗劫一空带回巴
黎，其中就包括沙多的四马两轮战车。此举不出所料招致了极度反
感，拿破仑因此获得"柏林盗马贼"的绰号，但这只是一个开始。

　　在拿破仑的随从中有一位艺术鉴赏家，维维昂·德农（Vivant
Denon），他此前已对拿破仑早期掠夺的珍宝进行整理，并放置在
卢浮宫。德农于 11 月 5 日抵达柏林，开始对各类藏品展开调查，
并决定哪些将被运往巴黎。不过，很不走运的是，他在柏林的对手
是王国图书馆管理员和艺术珍宝馆馆长（这个职位要求他能高效负

---

　　① 在法国占领柏林期间，很多法国士兵为消磨时间，会用"看看我的帐篷"之类
的话诱骗德国少女与自己"约会"。此后年轻女孩外出时，她们的母亲会在临出门时提
醒不要跟法国人"胡搞"（Fis ma tenten）。这个词后来演变为"胡闹、惹麻烦"。但需要
说明的是，这里给出的只是"Fisimatenten"的词源之一。

责所有王室收藏品）让·亨利（Jean Henry）。亨利致力于将柏林宫的艺术珍宝馆转变为一家公共博物馆。他早在 1805 年就对所有收藏品进行过一次完整的盘点，知晓所有物品的位置。由于担心法国入侵，他还开始着手收拾珍贵的钱币和宝石，为撤离做好准备。尽管他那个由 13 名助手组成的团队几乎被他极其缓慢而细致的准备工作逼疯，但最终他们还是将大部分硬币和珠宝送往梅默尔。不过大部分藏品尤其是雕塑和绘画，则不得不留待日后转移。德农帮他处理了遗留下来的 12 000 枚硬币连同大部分重要的艺术作品。在这些包含 116 幅画作在内的作品中，有《祈祷男孩》，就是那尊树立在弗里德里希大王位于无忧宫书房外，在他去世后被小心翼翼移除的"安提诺乌斯"雕像，以及《掷骨骰者》，这些作品均在巴黎公开亮相。[16]

而比这更令人感到耻辱的是拿破仑在 1807 年 7 月的《提尔西特和约》中肢解了普鲁士。占领柏林之后，他继续向东挺进，并于 1807 年 6 月在柯尼斯堡附近的弗里德兰血战中击败俄国人，随后与俄国沙皇亚历山大在涅曼河上的一艘驳船上会面。涅曼河曾是俄国与东普鲁士的界河。但正如拿破仑的姿态所清晰传达的那样，东普鲁士如今是他帝国的一部分。而普鲁士的西部领土也大多被剥夺，组成由拿破仑兄弟统治的威斯特发里亚王国。波兰重新建立起华沙公国，但泽成了自由市，萨克森与俄国也获得了大片东普鲁士领土，普鲁士的人口减少了一半，国家收入因此大幅减少，拿破仑还准备向这个现在濒临破产的国家索要 1.2 亿法郎的战争赔款——这是一笔相当于政府七年总收入的巨款。[17]普鲁士军队也减员至 42 000 人，其中有 16 000 人要受拿破仑调遣。然而，其中最伤人的地方或许是，当拿破仑和沙皇亚历山大在河上讨价还价，弗里德里希·威廉和路易斯却不得不一直待在岸边，他们并未被邀请参会。当时被路易斯带在身边的是他的小儿子，即年方十岁的威廉。此情此景成为令他永生难忘的屈辱，64 年后他将彻底复仇。

法国占领柏林长达八年之久，这期间最大的特点是低效的行政管理与不经意间流露的傲慢，而非真正的野蛮行径。但拿破仑的士兵骑在柏林人身上的影响越发恶劣；在一份 1807 年呈送国王的报告中提到，"许多人，尤其是穷人，不得不变卖他们的家具和最后一张床，他们中的一些人甚至是因饥饿与悲伤而死"的说法绝非夸张。[18] 考虑到征服的速度和范围，拿破仑的问题在于他没有资源，可能也无法保证其新领土能够按照预想加以妥善管理。柏林也不例外，由于宫廷现在远在柯尼斯堡，城市只能自行管理。它面临的第一个主要问题是债务。这个问题之前被普鲁士政府掩饰了过去，但《提尔西特和约》让它暴露无遗，因为当时的海外贸易尤其是与英国的贸易，已经因为拿破仑的大陆封锁体系及法国的赔偿要求而陷入困境。其次，被占领之初的柏林完全给人一种被占领城市的感觉。一开始有 25 000 名法国军人驻扎在夏洛滕堡，不过随着其他地方出现驻扎需求，人数逐渐减少，1808 年之后，占领军就只剩下一支骨干部队了。

但这个懒散的法国占领政府有一个显著优点，那便是能让柏林的改革者慢慢实现对城市的控制。从 1806 年至 1814 年最终将法国人赶出普鲁士，柏林由一群极富能力的人领导——他们中大多是男性，也有部分女性。这些人不仅改变了城市，也将改变普鲁士，并为建立作为民族的德国，而非语言和地理概念上的德意志创造条件。首先阐述这种"德意志特性"，并将反法情绪转化为运动的人是一位名叫约翰·戈特利布·费希特（Johann Gottlieb Fichte）的哲学家。他被描绘成"身上具备某种路德气质的人：路德的大智慧，他那朴实的正直，是教授与煽动家的混合体"。费希特还是康德的学生。他在耶拿惨败之后便来到柏林，宣布将举办一系列公开演说。[19] 这些表面谈哲学，实则形成《对德意志民族的演讲》（*Speeches to the German Nation*）的演说，更多是号召所有德意志人欣赏他们共同的民族遗产，把握住在费希特看来业已筋疲力尽的欧洲旧王朝及其政府体系走向衰弱的机会，作为一个民族采取行动。法国人似乎把他当成一个无伤大雅的怪老头不予理会，甚至连法国军官也坐在了他的讲堂里，但其实费希特是在鼓励柏林人——并由此鼓励整个德意志——起来反抗拿破仑，并坚称他们不是巴伐利亚或符滕堡人，不是莱茵人或普鲁士人，而是德意志人。他用以下这段话结束了自己的一次演讲[①]：

> 如果你们继续这样浑浑噩噩、漫不经心地生活下去，那么，等待你们的首先是一切受奴役的痛苦、贫困和屈辱，是征服者对你们的嘲弄和傲慢；你们将总是被赶到各个角落，因为你们在哪都不合适，碍手碍脚，直到你们通过牺牲你们的民族性和语言，给自己买到一官半职，直到你们以这种方式逐渐灭绝你们的民族。相反地，如果你们振作精神，留意现状，那么，你们首先会找到一种可以过得去的和光荣的日子，并且在你们当中和你们周围还可以看到一个时代的振兴，这将使你们和德意志人得到最隆重的纪念。通过这个时代，你们在精神世界里会看到德意志的名字上升为一切民族中最光辉的名字，你

---

① 引文出自费希特《对德意志民族的演讲》的"第十四讲 结语"（北京：商务印书馆，2017年，梁志学等译，第224-225页）。

们会看到这一民族成为世界的再生者和重建者。[20]

此番论调可能让人对纳粹分子的大部分意识形态都取自他的学说不再感到惊讶，而费希特在 1945 年之后不再流行也顺理成章，但这不能否定他对当时人的影响及对创建德国的重要性。

但反过来说，费希特也利用了人们对古代和近代早期德意志历史和文化的兴趣，这种兴趣伴随启蒙而来，又赋予启蒙灵感。随着这场伴生运动日益为人所知（也可能是误导），它被冠以浪漫主义的名号，它追忆诸如阿尔米尼之类的英雄的时代，回看由德国森林和山脉构成的纯净世界，回顾他们启迪心智的语言、历史和音乐，并崇拜一个未受现代文明的软弱侵袭的纯粹者的身体与户外活动。这是一场艺术运动，却也强调古老的德意志土地应有的价值、爱国主义意识、服从的义务和受害者的感觉，还有在实现其民族潜力时所遭受的挫败感，这种挫败感在三十年战争时被强化，而今又在拿破仑轻松获胜的羞耻和屈辱中被再次加固。浪漫主义将主导下个世纪的德国文化，它在某些方面持续的时间更长。它构成了德意志民族创立的背景，也赋予了柏林许多 19 世纪的氛围：部分建筑物的"古典"样式，从报纸到铁路标志都使用几乎无法识读的花体字（Fraktur），还有城市周边的森林和湖泊开始大受欢迎。它最精彩的部分是激发出诗人如海因里希·冯·克莱斯特的灵感，以及诸如格林童话和瓦格纳的音乐等作品；它最极端之处是促成了 19 世纪中期疯狂但神话般的巴伐利亚城堡的建成，又允许像科尔哈斯这样的恶棍成为传奇英雄。而它最糟糕的地方是允许强调种族纯洁性，并使"人民"（Volk，即德意志人）一词成为被纳粹主义曲解的历史错误。

浪漫主义在柏林最知名的支持者之一是海因里希·冯·克莱斯特。除将米夏埃尔·科尔哈斯①的强盗行径改编成戏剧外，冯·克莱斯特最后一部也是最知名的作品是剧本《洪堡王子》(*The Prince of Homburg*)，其中的主人公是一位年轻的王子，在大选侯击败瑞典人的费尔贝林一战中扭转战局，使战斗向有利于普鲁士的方向发展。但他这么做是违背军令的。那么，他的成功和随后取得胜利是否能够中止他因违背军令而被执行的处决？王子本人坚持认为不应中止行刑并准备慷慨赴死，如此才能维持完全服从压倒一切的要求不变。这出戏剧设定了令人热血沸腾的戏剧框架，如"消灭勃兰登堡的所有敌人"，还有面对那些像法国人一样悍然入侵祖国的人，"杀了他们！历史不会质问你缘由！"在许多柏林人看来，冯·克莱斯特笔下的王子正是德意志英雄的典范，涵盖了他们当时正苦苦追索的所有爱国品质。冯·克莱斯特在法国人被击败前的 1811 年结束了自己的生命，他的墓地很快成为朝圣场所。今天它依然很容易找到，就在万湖湖畔，一处沉静且风景相当秀丽的地方，可以在前往格利尼克和波茨坦途中做短暂停留。

这种全新的德意志价值观的另类支持者则是体操运动家弗里德里希·路德维希·雅恩 (Friedrich Ludwig Jahn)，他发起了一项名为"体操协会"(urnverein) 的运动，号召大家在迷人的哈岑海德 (Hasenheide，原意为"野兔荒地")② 集合。年轻男子和男孩们在那"掩映在冷杉林中，周围环绕着一条中等宽度沟渠的……空旷地

---

① 原文此处误写为"汉斯·科尔哈斯"，已更正。

② 哈岑海德在柏林东部，今天是一座位于新科伦和克罗伊茨贝格两个市辖区交界处的公园。

带"进行一些基本的体操训练。雅恩将世界一分为二。他的体操运动员们（Turner）禁止饮食任何类型的酒精饮品、糖果和糕点，不得使用任何法语表达。剩下那些前来观看并被迫坐在沟渠远处的柏林人则是"糕点师傅"。虽然备受嘲笑，雅恩的运动仍变得越来越流行。当普鲁士最终在 1813 年开始反抗法国时，大名鼎鼎的格劳恩修道院的高年级学生——他们都是雅恩体操协会的成员——均自愿参军。

柏林的生活也在另外三个领域发生着变化。由于国王缺席，政府领导权首先落到海因里希·弗里德里希·卡尔·冯·楚·施泰因（Heinrich Friedrich Karl Freiherr vom und zum Stein）男爵身上。施泰因是一位能干且精力充沛的职业文官，出生于法兰克尼亚，1780 年来到柏林。作为一名社会改革者和能干的管理者，他现在致力于重建普鲁士国家。他和他的继任者卡尔·奥古斯特·冯·哈登堡（Karl August Fürst von Hardenberg）侯爵一起废除了普鲁士的农奴制，对土地所有制进行改革，让土地可以自由交易，还引入人才本位的选拔机制服务民政事务，并发起地方自治。1808 年拿破仑有关柏林选举议事会的指示被编入城市条例（Städteordnung）：柏林人有权选举市议事会、市政府和一位市长（"Bürgermeister"）——后两者负责城市的基础设施。虽然只有不到 10% 的柏林人拥有选举资格，甚至某些关键岗位如警察局长（Polizeipräsident）依然由王室任命，但按照当时的标准来说，这已然是某种新的起点。一个持民族主义观点的国家委员会成立了，各个部门也实现了现代化。坐落于尼德克什纳大街（曾经的阿尔布莱希特亲王大街）上的柏林市议会大楼（Abgeordnetenhaus）外伫立着施泰因和哈登堡的雕像，他们是当之无愧的改革英雄。

施泰因也是一位激烈反法的忠诚爱国者。"拿破仑,"他写道,"就是恶棍和人类之敌。"法兰西帝国是"被疯狂和应该遭到诅咒的暴政哺育成长,沾满数百万人鲜血与泪水的怪物"[21]。他在柏林组织了一个旨在推翻法国人的网络,由于一份书信被拿破仑的间谍截获,他不得不于 1809 年初选择逃亡。施泰因其实并不喜欢柏林,他武断地认为柏林缺少抵抗法国的动力,并将之归咎于这座都城"坐落于选侯马克内"。他这样抱怨说,"那些平原给居民带来了怎样的影响……你能对居住在那些沙土草地上,那些整齐而无情的树林里没文化的木头人有什么期待",但就这点而言,他大错特错,后来发生的事情很快证明了这一点。[22]

哈登堡接替了施泰因的首相之职,继续贯彻他的改革。两人关注的第二个领域是教育,1809 年柏林终于有了自己的大学。海因里希亲王在菩提树下大街的宏伟宫殿,坐落于弗里德里希广场北侧,这座宫殿于 1807 年 9 月连同每年 150 000 帝国塔勒的预算一起移交给另一位杰出的柏林改革家威廉·冯·洪堡。他和弟弟地理学家兼探险家亚历山大·冯·洪堡,当之无愧地成为柏林最知名的两位知识分子。威廉还是一位职业官僚,曾担任过行政官员和大使,并终身保持对语言的兴趣。但真正让他闻名遐迩的是他创建了弗里德里希·威廉大学(1945 年民主德国为了纪念他将大学更名为洪堡大学)。这所大学于 1810 年 10 月正式揭幕,首任校长是费希特,至 1840 年时其学生人数已增至 1 750 人,国际声誉亦稳步提升。

当哥哥大刀阔斧地改革柏林教育时,弟弟亚历山大也在奠定自己作为欧洲最杰出自然科学家之一的地位。1769 年他出生于柏林一个富裕贵族家庭,正是在童年住所泰格尔宫附近的树林里,他对自然界产生了浓厚的兴趣。1800—1805 年,他遍游南北美洲,并将考察结果以多卷本出版。亚历山大对为什么植物长在这里以及自然界中的不同部分如何相互关联格外感兴趣。日后他还将出版一本多卷本的《宇宙》（Kosmos），将自己的科学发现汇总在其中，并试图解释上述问题。亚历山大涉猎广泛，并跻身欧洲名流，这个名字在当时颇具意义。到他 1859 年去世时，他将拥有以他的名字命名的一个海湾、一股洋流、一座冰川、一条河流、两片湖泊、四座高山和四条山脉，还有一道瀑布、一片森林、一处天坑、一处月海、两颗小行星、九所学校和三所大学。从柏林的角度来说，亚历山大的有趣之处在于，他不仅是本城最优秀的子弟，本人也是注重实验与探索的启蒙思想的产物。不过亚历山大还是更喜欢住在巴黎，直到 1827 年才最终返回柏林并住进位于奥拉宁堡大街的房子，因为国王再三强调如果他想保留自己的国家养老金，就必须回来。而此时亚历山大已将原本属于自己的庞大财富消耗殆尽。他法语和德语切换自如，与歌德和哈登堡过从甚密，因此他既代表了德意志精神的兴起，又代表着远离民族主义的一类人。

威廉·冯·洪堡也在他位于泰格尔的宅邸里为柏林留下另一份非凡的遗产。1766 年威廉和亚历山大的父亲拿到了泰格尔宫的租约，1820 年威廉聘请他在罗马结识的建筑师朋友卡尔·弗里德里希·申克尔（Karl Friedrich Schinkel）翻修这所住宅。申克尔的任务是建造一座适合冯·洪堡一家的房子，他们可以在里面展示威廉收集的大量艺术品、书籍和珍藏品。为此他设计了一座迷人的低矮白色小楼，带有四个角楼。他不仅完成了任务，而且让这栋建筑很好地融入周围的乡村风光，然后还附带葡萄园和农田。这栋建筑物在二战中奇迹般地幸存了下来，遗憾的是，威廉收藏的书籍、家具和其他许多艺术品都在 1945 年出于安全考虑被转移至梅克伦堡。

留在原地的雕塑则被苏联人接管，但这些雕塑最终还是回到了民主德国，如今大多数已回归当年申克尔设计的原位。所以如果你今天访问这里，依然能够切身感受这个家族的杰出。

位于与其同名的机场附近的泰格尔宫，如今仍归冯·洪堡家族的直系后人所有。他们向游客开放这座宅邸及其周边的公园，这无疑带给人出乎意料的惊喜。它不仅展示了柏林曾经的乡村风情，也证明了为何它能以欧洲人口密度最低的城市自居。漫步公园，还能看到申克尔设计的安葬威廉和亚历山大的家族墓地。很难再有人写出比特奥多尔·冯塔纳（Theodor Fontane，他在 19 世纪后期写了大量有关马克的文字）更能打动人的句子："一种爱与人性的光辉笼罩在这一切之上。"虽然勃兰登堡历史悠久的乡间别墅大多数以宗教为主导，他写道，要么是"路德宗的坚实堡垒"，要么是"自由散漫思想"的圣地，而泰格尔宫是唯一一栋"容纳第三种要素……"的房舍，"那种既与正统派保持距离，又不轻浮的精神，从古典时代缓缓吸取养分壮大自己，微笑面对冲突和两派极端分子的长期不和，享受当下，同时也寄望于神秘的来生"[23]。

走访泰格尔宫便可把握柏林在 19 世纪初发生的变化。无忧宫有它的独特魅力，但与泰格尔宫简洁的新古典主义相比，它花哨、法式、过时。虽然两处宅邸都在歌颂施普雷河与哈维尔河沿岸乡村的壮丽景色，但前者采用的是一种北欧的专制国家的口吻，而后者则是开明的柏林社会的产物。申克尔即将在市中心更开阔的画卷上施展他的魔法，但当务之急是柏林必须摆脱法国人。并非所有的德意志邦国都像普鲁士那样激烈反对拿破仑，也并非所有邦国都遭受如此深重的灾难。例如，萨克森虽然一开始站在普鲁士的一边（1806 年），但很快就与拿破仑达成和解，其制造业也得益于大陆封锁政策繁盛起来，经济发展势头良好。歌德甚至还被授予法国荣誉军团（Légion d'honneur）成员称号[24]，因此只有在柏林，才开始形成真正的德意志反法力量。一群普鲁士军事改革者在哈登堡的鼓动下，在法国占领军的眼皮子底下重建起普鲁士军队并使之实现现代化。这是拿破仑政府行政效率低下的明证。

1802 年，柏林成立了一个军事协会，讨论如何从法国军队的胜利中吸取教训，当时颇有远见的普鲁士军官们已经清楚地意识到欧洲的军事形势正在迅速变化。然而，当时的军队依然是由从弗里德里希大王的战场走下来的老兵们主导，例如不伦瑞克公爵，抑或是陆军元帅默伦多夫（Möllendorf）。他们认为没有改革的必要，直到耶拿战役之后，才正式成立军事委员会，负责全面改革。但领导这个委员会的人不一定非得是普鲁士人或贵族，其中的领袖人物是格哈德·约翰·达维德·冯·沙恩霍斯特（Gerhard Johann David von Scharnhorst），他是出身小地主家庭的汉诺威人，1801 年加入普鲁士军队，并成为柏林军校的校长。他联合奥古斯特·威廉·奈德哈特·冯·格奈森瑙（August Wilhelm Neidhardt von Gneisenau，萨克森人）和赫尔曼·冯·博延（Hermann von Boyen，一名普鲁士军官的儿子），反对卡尔·冯·克劳塞维茨（Karl von Clausewitz）的军事学框架，以惊人的速度重建普鲁士军队。沙恩霍斯特计划以师团和军团为基础整编正规军，独立编队则拥有自己完整的骑兵、步兵、炮兵和后勤支持，各部分既能独立采取军事行动，又能作为一整支部队投入战斗。他们还打算建立一支人数庞大的预备役部队（Landwehr）作为支持，这些人可以利用部分时间服役，遍及全国。它成为兵员的"蓄水池"，并在国家行动的背后团结整个普鲁士。预备役部队由职业军人组成的战争部负责监督。

　　过去根据纹章（Wappen）选拔军官的老办法被废除，通过勒令 142 名现役将军中的 103 人退役，实现对高级军官的大清洗；理论上军官的招募面向所有人开放——尽管实际上它依然完全为富裕地主和商人阶层所保留。如今也不再根据弗里德里希·威廉一世设立的兵役区制度征兵，但这意味着，过去没有在弗里德里希大王一系列战争中遭受严重损失的城镇，尤其是柏林，现在也被纳入征兵范围。士兵的待遇也比过去有所提高，因为残酷的军事体罚被取缔，而且现在更强调领导能力，而不是盲目服从。冯·格奈森瑙的贡献是创立普鲁士总参谋部，由一批训练有素的军官组成，他们知晓如何管理军事总部，并能制订作战及支援前线指挥官的后勤计划。相比其他国家的军队，参谋长对其作战指挥官的控制力要大得多（德军将这一传统保留至今），这个体系很快就将经受滑铁卢的检验，当时冯·格奈森瑙发现自己将要直接与布吕歇尔并肩作战。虽然克劳塞维茨的著作引的人多，懂的人少，但他依然占据了陆军参谋学院学生的大量时间，并为部署和利用这支新力量提供了智识的基础。冯·博延则曾是康德在柯尼斯堡的学生且著述颇丰，他于 1813 年出任战争大臣。

　　由于当时仍处于法国占领时期，正规军不得不保持较小的规模，但预备役的创立意味着一旦时机成熟，军事力量就能迅速得到加强。然而，法国人的占领似乎无休无止。拿破仑命令国王在 1809 年返回柏林，但他始终犹豫不决。1809 年春，奥地利再次向法国发起进攻，虽号称第五次反法同盟，但它唯一的真正盟友是英国，后者还搞了一场组织不力、拖拖拉拉的远征瓦尔赫伦岛行动。弗里德里希·威廉当然不愿意参加这样的反法同盟，俄国人也没参加，但他即将承担某一事件带来的巨大压力。1808 年秋，一个名叫斐

迪南·巴普蒂斯塔·冯·席尔（Ferdinand Baptista von Schill）的
普鲁士军官——他以在 1806 年对法国人开展游击战而闻名——将
他的非正规军团带到柏林，获得民众的普遍拥护。虽然拿破仑在决
定性的瓦格拉姆一役中战胜奥地利人，结束了战争，但冯·席尔仍
率领他的志愿军与法国人作战，而在他被彻底打败并人头落地之
前，他已夺取远至施特拉尔松德①的土地。11 名追随他的军官同样
被法国人以违背对国王的誓言为由处决。柏林因此受到更为严密的
监视，这时的拿破仑终于想起来过问普鲁士军队为何扩张如此迅
速。他威胁要将达武连同他的部队打包送回柏林，这个威胁并非空
穴来风，正因为达武的军队在勃兰登堡的种种骇人行径才让当地居
民如此痛恨法国。与此同时，冯·席尔成了民族英雄，在波茨坦还
矗立起一座他的雕像，而国王也因未能给予其支援而遭严厉批评。
像格哈德·莱布雷希特·冯·布吕歇尔（Gerhard Leberecht von
Blücher）这样的高级军官则开始号召泛普鲁士主义者对占领当局
进行广泛破坏并开展游击战。

　　反抗者活动如今转入地下，冯·席尔和诸如沙恩霍斯特之类的
人，都曾是"德行社"（Tugendbund）的成员。其正式名称是"德
行、宗教和公共精神复兴之道德与精神联盟"[25]，但它逐渐演变为在
德意志各地拥有分支机构的秘密反法社团，例如在柏林，他们就在
科赫大街上的赖默尔书店会面。由于拿破仑现在坚决要求支付战争
赔款，反法情绪进一步高涨，哈登堡从中斡旋，呼吁民众做出贡
献。1810 年 7 月，路易斯王后死于不明疾病。布吕歇尔因此指责法

---

①　施特拉尔松德（Stralsund），是位于今天梅克伦堡-前波莫瑞州的城市，在拿破
仑战争期间属于瑞典，1815 年才并入普鲁士。

国人，"我们的圣人，"他说道，"现在去了天堂。"[26]

直到 1812 年，拿破仑发起针对俄国的致命行动，摆脱法国人的机会才真正到来。那年春天，当拿破仑在普鲁士集结大军，弗里德里希·威廉的声望降至最低点。随着军队向东移动，柏林再次被全面占领，拿破仑坚决要求普鲁士为他的侵略行动提供 20 000 名兵力，弗里德里希·威廉屈服了，沙恩霍斯特和冯·博延愤然辞官。在渡过涅曼河进入俄国之前，拿破仑将庞大军队集结于东普鲁士，造成那里及立陶宛的大规模饥荒，因为法国人夺走了他们的口粮。汉诺威外交官路德维希·奥姆帕特达（Ludwig Ompteda）如此说道，法国人让普鲁士人"除了为他们的苦难流干眼泪，别无他物"。而当法国人开始在俄国受苦受难的消息传到柏林，所有人都为之欢欣鼓舞。法国外交官勒卡罗（Lecaro）曾在拿破仑政府任职近四年，他为柏林人表现出的"如此强烈的仇恨和如此公开的愤怒"而感到震惊。他认为，柏林"已不再掩饰它希望与俄国人一起消灭属于法国体系的一切事物的打算"[27]。弗里德里希·冯·根茨（Friedrich von Gentz）则在给受法国支持组建的莱茵联盟诸侯的信中总结当时普遍的情绪时，这样写道："这是德意志最深的耻辱。法国的授薪将领、法国的海关官员和各路法国官吏勒索并挥霍着德意志人的汗水，嘲讽那些不幸的人。对此无动于衷的人称不上德意志人，也不配当王公。"[28]

伴随着拿破仑撤出莫斯科，俄国在 1812—1813 年冬天发起进攻，弗里德里希·威廉的决策危机也不期而至。残存的法军（前一年 6 月出发时有近 50 万人，而今只剩 3 万人）在混乱、沮丧和战败的耻辱中回撤，他们挣扎着穿越柏林。路德维希·雷尔施塔布（Ludwig Rellstab）看着一列列忍饥挨饿的伤员拖行着穿过城市，

"这些不幸者的样貌非常可怕",他这样写道。[29]彼时仍流亡俄国的施泰因也在写给妻子的信中说,他看到了一座修道院的院子里有一座尸体堆积起来的金字塔,"有三层楼的窗户那么高,都冻在了一起"。而当他一路西进时,他的雪橇就从散落在路上的士兵尸体上划过,其中很多人的尸体已经被狼啃噬得支离破碎。[30]在溃逃的法国人身后,则是推进中的俄国军队,此时一位普鲁士将领做出了最出人意料的抉择。约克·冯·瓦滕贝格(Yorck von Wartenberg)伯爵主动违抗国王的命令,加入俄国人抵抗拿破仑。普鲁士军队通常不会容忍这种不服从命令的行为,但这次却让约克成了大受柏林欢迎的英雄。1813 年 2 月 6 日,一支哥萨克先遣部队进入柏林,要求10 000 名强壮的法国驻军投降。法国人进行了抵抗。不过到了 2 月23 日,犹豫不决的弗里德里希·威廉(他人已到布雷斯劳)在此时已抵达普鲁士的施泰因的热烈鼓励下,宣布反对拿破仑,并发表了《致我的人民》(An Mein Volk)的著名演说,呼吁普鲁士人志愿参军,奋起抵抗法国人,演说立即得到了热烈回应。约有 6 500 名柏林人立即参军,占到全市人口的近 5%,这也让施泰因有关他们没兴趣与法国人作战的观点不攻自破。沙多和费希特也加入预备役,这支部队的黑色制服搭配红色翻领和金色穗带,将成为德国民族主义的颜色,虽然费希特本人通常选择穿他那奇奇怪怪的中世纪制服。柏林人还以捐赠了相当于 120 万帝国塔勒的珠宝和碗盏热烈响应募捐的号召。现在普鲁士重新与法国交战。

3 月 4 日,柏林的法国驻军终于投降了。3 月 17 日,约克的部队进入柏林,引发民众的热烈欢呼。弗里德里希·威廉则又过了一周才返回柏林,并宣布设立一枚新的勋章,即"铁十字"(Eisernes Kreuz)勋章,它是一个简洁的铁质十字架,由申克尔设计。这是普鲁士军队第一次为嘉奖英勇，不论军衔普遍授予的勋章。而在此之前，为表彰英勇卓绝的为国效力行为，弗里德里希大王曾在 1740 年设立"功勋"（Pour La Merité）勋章，但该勋章仅授予军官，况且它还有个法语名字。但现在的嘉奖不仅使用德语，还用坚固的德意志铁打造，首位获颁勋章者是已故的路易斯王后。申克尔其实还想在勃兰登堡门的顶端架设一枚巨大的铁十字勋章，幸运的是，这个想法被人劝阻了。从 1812 年到 1815 年，总共颁发 5 041 枚铁十字勋章——这既证明这个设想的成功，也表明日后战斗之激烈。一年之后，国王还将颁发路易斯勋章，同样不分等级，授予 100 名为普鲁士做出杰出贡献的女性。

　　然而战争远未结束，只要拿破仑打算重整旗鼓，柏林就依然面临威胁。1813 年 8 月，他指示乌迪诺（Oudinot）元帅夺回柏林，试图将普鲁士踢出其与俄罗斯和奥地利联合反对他的三国同盟。乌迪诺遂率领着由 60 000 名法国人、波兰人和萨克森人组成的混编部队，分成三路纵队，由西南向柏林推进。而此时的柏林，既有经过改革后的普鲁士军队的护卫，预备役部队的实力也大幅增加，此外它还拥有一支强大的瑞典特遣部队。更具讽刺意味的是，所有的部队都听命于一位改弦更张的拿破仑的前元帅贝尔纳多特（Bernadotte）指挥，他的家族已经成为且至今仍是瑞典的王室家族。幸运的是，柏林夏天极为潮湿，哈维尔河周围沼泽地带的道路几乎无法通行，乌迪诺的部队因此延误严重。他的第一支部队由雷尼耶（Reynier）将军指挥，当部队于 8 月 23 日抵达距离波茨坦不远的格罗斯贝尔村，他发现自己面对的是弗里德里希·威廉·冯·比洛（Friedrich Wilhelm von Bülow[①]）将军率领的普鲁士第三军团。雷

①　原文这里写作"Bulow"，已更正。

尼耶立即发动进攻，但被冯·比洛的部队彻底击败，由于他的两个
侧翼编队无法给予支援，雷尼耶不得不在损失了 4 500 人的情况下
回撤，还损失了大部分大炮。但包括特奥多尔·冯塔纳的母亲在内
的很多柏林人，都在那个交战之夜跑出来救治伤员。冯塔纳家是胡
格诺派教徒，在家依然说法语。当时他母亲比孩子大不了多少，但
她却帮助了一个身受重伤、几乎断气的法国年轻人，她用法语安抚
他；后来她告诉自己的儿子，这个人惊讶地坐了起来，而后在她的
怀中死去。

　　但格罗斯贝尔一役依然成为柏林值得庆贺的胜利，不仅仅是因
为它拯救了这座城市，还因为它是柏林人、新普鲁士军队及市民预
备役部队所取得的胜利。鉴于那一年欧洲战争频发，它如今已多少
被人遗忘，虽然那里有一座纪念塔，却是在战役胜利 100 周年时才
建立起来的。但这场战役并未终结对柏林的直接威胁。拿破仑现在
用内伊（Ney）元帅取代了乌迪诺。9 月 6 日，一支重新集结的法
国、萨克森、巴伐利亚联军沿着和上个月相同的路线向柏林推
进。但这一次当他们推进到登讷维茨时，便再次遭冯·比洛的部
队拦截。冯·比洛部队占据核心阵地，战斗持续一整天，尽管双
方伤亡惨重，但内伊始终未能夺取这块阵地，而等到贝尔纳多特
赶来，内伊的部队就彻底溃败了。登讷维茨成了法军最后一次进
攻柏林。感激涕零的国王授予贝尔纳多特登讷维茨伯爵（Graf
von Dennewitz）称号①，申克尔设计了一座与此相关的纪念碑，
至今仍矗立在战场上，当然在这座纪念碑的顶部少不了一个铁

---

　　①　此处记述有误，1814 年被授予"登讷维茨伯爵"称号的将领应为冯·比洛，
而非贝尔纳多特。

十字。

直到那年秋天，拿破仑在整个拿破仑战争期间最血腥的莱比锡战役中被打败，德意志战场上的战斗才告一段落。普鲁士军队再次脱颖而出，尽管沙恩霍斯特本人在 5 月的吕岑战役中负伤，并于次月因伤在布拉格逝世，但由他创建的军队已经完成了自我救赎。1815 年 3 月，当拿破仑从流放地逃脱并再次威胁欧洲，也是普鲁士军队及其强悍的柏林分部在布吕歇尔的统率下与之作战，冯·格奈森瑙任参谋长，冯·比洛部任前锋，会同英国及其他德意志军队，最终在滑铁卢击败了拿破仑。这场在柏林被称为"丽人联盟"（La Belle Alliance）①之战的战役，最终因为击败拿破仑而被广为歌颂。原来弗里德里希·威廉一世位于哈勒门内的圆形广场，也因此被更名为"丽盟广场"。这片区域在第二次世界大战中遭到严重轰炸，并于 1947 年以社会主义革命家弗朗茨·梅林（Franz Mehring）的名字更名为"梅林广场"。不过布吕歇尔的雕像依然充满自豪地矗立在弗里德里希广场，也就是今天的倍倍尔广场上。沙恩霍斯特也被从布拉格迎回，他在荣军公墓内拥有了一座最为显眼的纪念碑。但讽刺的是，这个为团结柏林和德意志做出巨大贡献的人，日后却长眠在柏林墙下。但这座纪念碑在历经磨难后还是保留了下来，今天依然伫立于荣军公墓内，它的顶端是一头沉睡的狮子，安静地主宰着这片日后埋葬普鲁士历史上其他一些著名人物——如冯·史里芬（von Schlieffen）和冯·毛奇（von Moltke）——的墓地。

① "La Belle Alliance"原本是比利时首都布鲁塞尔数公里外的一处小酒馆。1815 年 8 月 18 日晚，在取得滑铁卢战役胜利后，普军统帅布吕歇尔亲王和英军统帅威灵顿公爵在此庆祝。普鲁士和德国史学界也因此将滑铁卢战役称为"丽人联盟"战役。

❖　❖　❖

1814 年普鲁士军队在莱比锡战役后占领巴黎，四马两轮战车也被送回柏林。运送它需要六辆巨型马车，每辆车由 32 匹马牵引，申克尔的任务是用普鲁士鹰、代表胜利的橡树叶以及铁十字取代女神的手杖。当年 8 月 7 日，普鲁士举行了胜利游行，国王和他的将领们骑马经过菩提树下大街和修整一新的勃兰登堡门，它显然不是为了庆祝和平，而是庆祝战争获胜。勃兰登堡门东边广场被更名为巴黎广场，而波茨坦门内的八边形广场，即阿赫泰克^①，则被更名为莱比锡广场。

有关柏林应当如何纪念自己获得拯救，还引发了广泛争论。申克尔提议建造一座大教堂，并积极投身以斯特拉斯堡大教堂为蓝本的设计，他和歌德都认为这座教堂将代表德意志精神的精髓。教堂原本打算设计成一座巨型建筑，拥有一个约 300 米高的尖顶，位于莱比锡广场的中心，"这座城市和整个民族的想象（与之相比）都将黯然失色。从普鲁士平原数公里远的地方就能看到它，每个个体在它的巍峨庞大面前都渺小如尘土"³¹。但它从未建成，斯特拉斯堡也在维也纳会议上被划给了法国——这场在 1814—1815 年召开的全欧大会决定了如何瓜分拿破仑帝国。因此将斯特拉斯堡大教堂作为普鲁士首都的中心建筑的样本似乎并不合时宜。但这样可能也不是坏事，申克尔的设计不仅会彻底改变柏林的景观，而且可能还会

---

① "阿赫泰克"，德语写作 "Achteck"，字面意思即 "八边形"。

阻碍他贯彻执行他即将开展建设的其他建筑物方案。柏林将不得不再等上个几十年才能迎来自己的大教堂。但申克尔的方案并非唯一一个未能实现"阿赫泰克"开发的伟大设计。1797 年，年轻的建筑师弗里德里希·吉利（Friedrich Gilly）为这个广场设计了一座同样庞大的古典主义庙宇，用以纪念弗里德里希大王，并作为他的陵寝，其中还包括了一座巨大的波茨坦门，但这个计划同样以流产告终。但需要重申的是，如果为弗里德里希大王灵魂安息考虑，这样做可能更为妥当，不然他会因为过于庞大的规模和费用而震怒不已。[32]

争论的结果是制作了一个相当朴素的纪念装置，在一处对柏林而言宛如小山的土丘上竖起一个十字架，那里后来也被称为克罗伊茨贝格（Kreuzberg，意为"十字山"），它由申克尔设计并于 1821 年揭幕。这个十字架由出自王国铸铁工场（Königliche Eisengießerei）的铸铁制成，这个工场起初为生产军备物资而开设，但正越来越多地参与制造装饰性的铁制品，包括铁十字勋章。正是在烽火连天的战争岁月中，铁日益成为柏林精神的代表；国王使用铁制餐具进餐，柏林人自豪地佩戴着刻有"我以金换铁"或"交换祖国的福祉"字样的铁制首饰，以回应哈登堡和国王在 1813 年提出的资金募捐呼吁。铁也代表了费希特所渴求的德意志性格：毫不妥协，拒绝向征服者低头的坚韧民族精神。申克尔的十字架今天仍竖立在克罗伊茨贝格的维多利亚公园内，距离"空中走廊"广场地铁站仅一步之遥。

柏林对于维也纳会议结果的反应喜忧参半。除了斯特拉斯堡之外，一部分波兰领土也被割给俄国，不过普鲁士总算是收复了它从前的领土，而且还得到了更多的地盘：威斯特发里亚（但它从各个方面看都曾是普鲁士的一部分）、波美拉尼亚以及萨克森的大部分地区——它因为极不明智地站在了拿破仑的一边，而成了普鲁士的一部分。莱茵兰也是如此，不过它有价值之处在于它位于萨尔和鲁尔的铁煤矿床。如今的普鲁士从东边的立陶宛一直延伸到南边的荷兰，它的人口增加了一倍多，柏林顿时成为一个坐拥超过 1 000 万人口的国家的首都。尽管如此，令人惆怅的是，维也纳并没有让这个国家成为一个德意志国家，虽然许多志愿前往柏林的人想当然地认为，他们为普鲁士而战就是为德意志而战。但当奥地利首相梅特涅（Metternich）掌控了维也纳会议，他就永远不允许一个可能威胁到哈布斯堡奥地利霸权的德意志国家出现。权宜之计是成立莱茵邦联，以此取代之前在雷根斯堡做出的安排。[①] 它将之前的 300 多个德意志邦国减少到只剩 39 个[②]，但这些邦国仅凭借一个相当没有效力的中央议会（它设在法兰克福）联合在一起。这是一个刻意为之的构成：人口和领土大致相当的奥地利和普鲁士，一下使位居第三的巴伐利亚相形见绌，后者的面积仅有前者的十分之一。它无可避免地预设了两个超级大邦之间的冲突，如果它成为现实，就牵涉

---

① 这里表述有误。莱茵邦联是 1806 年 7 月以巴伐利亚和符腾堡等南德大邦为首的 16 位德意志诸侯与法国签署协议、从神圣罗马帝国脱离出来的另立的统治联合体，它受拿破仑保护并与法国结成军事同盟。莱茵邦联的政治基础之一是 1803 年对德意志政治格局及领土构成做出重大调整的雷根斯堡帝国议会决议，因此与梅特涅及维也纳会议完全没有关系。1814—1815 年维也纳会议达成的德意志安排决议称《德意志邦联文件》，成立的政治联合体称"德意志邦联"。

② 确切来说，德意志邦联的最初成员包括 34 个德意志邦国和 4 个自由城市（即吕贝克、法兰克福、不来梅和汉堡），后来才加入黑森-霍姆堡（1815 年成为主权邦国），为第 39 个德意志邦国。

到谁将领导"德意志"民族的问题。

除了让那些顺理成章地将建立"德国"当成解放战争结果的人失望之外，维也纳还强化了德意志诸侯作为绝对世俗统治者的权力，这让那些希望在反拿破仑的王朝国家失败之后建立更自由、更民主制度的人同样感到沮丧不已。曾经鼓励年轻人自发与拿破仑作战的精神，如今围绕建立德意志民族国家与民主制度的双重目标，呈现出两极分化的态势。1815 年 6 月，耶拿大学的学生成立了一个致力于实现"自由、荣誉、祖国"的（大学生）兄弟会（Burschenschaft）。他们采用预备役制服的黑、红、金配色作为自己的社团颜色。1817 年 10 月 17 日至 19 日，来自 13 所大学的大学生们齐聚萨克森-魏玛的瓦特堡，庆祝路德《论纲》诞生 300 周年及莱比锡会战胜利 4 周年。瓦特堡是一处容易激发情感的地方。据说中世纪时的德意志行吟诗人曾聚集在这里举行"赛歌会"（Sängerkrieg），路德也曾在此处翻译《圣经》。大学生们在瓦特堡聆听激动人心的民族主义演说，焚烧《拿破仑法典》（*Code Napoleon*）和反动作家奥古斯特·冯·科策布（August von Kotzebue）的《德意志帝国史》（*The History of the German Empires*）。两年后的 1819 年 3 月，兄弟会的一名成员卡尔·路德维希·桑德（Karl Ludwig Sand），在科策布位于曼海姆的家中刺杀了他。作为此案的直接后果，当月晚些时候，梅特涅下令在整个邦联内执行苛刻的《卡尔斯巴德法令》（Carlsbad Decrees），该法令严格限制新闻媒体的活动，并取缔像兄弟会这样的民族主义社团。

民族主义活动在柏林尤为盛行，但在 1814—1815 年成功恢复威望的弗里德里希·威廉则开始排斥改革者，转而支持后来被称为

"卡玛利拉"（Camarilla①）的反动小集团，这个团体负责向他建言献策。柏林大学的神学教授威廉·德韦特（Wilhelm de Wette）因致信桑德的母亲，并在信中称其子的所作所为是"时代美德典范"而遭解雇33，甚至连体操家可怜的老雅恩也未能幸免，他因为兄弟会成员的身份而被送上法庭，被判入狱五年。弗里德里希·威廉还在 1822 年公然食言，拒绝成立普鲁士全国议会（以地方议会取而代之）和制定成文宪法的承诺。地方议会原计划每三年召开一次，并被分成三院：贵族院、城市院和平民院，但贵族院拥有否决权。这一设计在诸如莱茵兰或威斯特发里亚这些拥有强大自治传统并接受（且依然通行）《拿破仑法典》的地方，显然是荒谬的；但在其他地区，例如东普鲁士，它实际上运作良好，因为这套制度适合相对更古老和半封建的社会结构。然而，它让柏林人感到困惑和愤怒，施泰因因此于 1815 年辞职。曾在维也纳代表普鲁士谈判的哈登堡也因坚持己见而失宠，直到他 1822 年去世，他几乎都没有时间享受申克尔为他在新哈登堡建造的优雅、古典的乡间别墅。甚至连冯·格奈森瑙这样的高级将领也辞职了，不过他在 1818 年仍以柏林总督的身份重返公共生活，并随后再次在波兰边境指挥普鲁士军队。他和哈登堡一样，不仅在菩提树下大街拥有一座雕塑，还有一条街道和一座地铁站以他的名字命名。后者是柏林给予他们的终极荣耀。

　　柏林将对这种镇压有两种反应。首先，是那些反对它的人，他们本着"柏林不乐意"的精神致力于改革，因此当这一切最终降临

---

　　① "Camarilla"意为围绕在君主身边的廷臣或亲信，但不担任正式官职，类似君主的私人内阁。

时，他们采取了暴力行动。其次，有些人意识到改革还有一段路要走，因此现在只想延续他们的生活。拿破仑战争持续了 23 年之久，并导致近 700 万人丧生；欧洲部分地区被完全摧毁，虽然柏林并没有遭受像三十年战争那样的苦难，但年轻的一代除了战争与入侵的威胁之外一无所知。[34] 再加上普鲁士人不爱打破常规且服从命令的天性使然，他们如今更愿意安居乐业，其结果是许多柏林人的平凡和日常将在接下来的数十年间取得某种胜利。这种平凡和日常称为比德迈尔式样（Biedermeieresque），是一种遍及整个中欧的德式体面。这一名词源于"bieder"（一个用来描述老实巴交或不愿冒险的德语术语）和"Meier"（这是一个再平常不过的德国姓氏）。这些人专注于自己的家庭和家族，普遍笃信宗教，追求体面的工作，在蒂尔加滕散步，光顾柏林日渐增多的商铺和咖啡馆。更富裕些的人则会找艺术家为自己绘制肖像，例如约翰·埃德曼·胡梅尔（Johann Erdmann Hummel），他在家制作了近乎照片的家族肖像画，例如《福斯别墅里的象棋赛》（*The Chess Match in the Voss Villa*）[35]；或是卡尔·贝佳斯（Karl Begas）用死板但大气的手法绘制自己和家人的肖像[36]；又或是爱德华·格特纳（Eduard Gärtner）的《五金师傅 C.F.E. 豪谢尔德的客厅》（*The Living Room of C.F.E. Hauschild, Ironmaster*）[37]。对于艺术家而言，五金师傅家的客厅或许并不是最令人兴奋的主题，但此类委托广受欢迎的事实在很大程度上表明了当时很多像豪谢尔德这样的柏林人的愿望。

比德迈尔艺术本身并不缺乏深度，除了绘制精美，它还深刻洞察了富裕柏林人及其家庭的生活，相比于大战抑或寓言式的场景，更能告知我们当时柏林的情境。它严格遵循路易斯王后在 19 世纪初建立起来的传统，即在一种半家庭的环境中将王室家族描绘成国家的榜样，柏林人热爱她也是因为她曾牵着国王的手出现在公开场合。

　　建筑师如申克尔也为柏林提供了让所有人引以为傲的建筑物和街道。卡尔·弗里德里希·申克尔1781年生于柏林西北面的新鲁平。他的家族1794年搬到柏林。与许多杰出的柏林人一样，他在格劳恩修道院接受教育，随后他跟随达维德·吉利（David Gilly）及其子弗里德里希学习，后者为弗里德里希大王设计了不朽的陵寝。申克尔于1803年初前往意大利游历，归国后便决心以画家为业。不过，虽然确实创作了一些颇获好评的画作，但他的重心正在逐步转向建筑。1810年5月，威廉·冯·洪堡发现了他的才华，给他在王国建筑管理局找了个职位。他在这个新职业角色上完成的第一座建筑，可能也是他最著名的一座：新岗哨（Neue Wache），坐落于菩提树下大街正对着从柏林宫穿桥而来的地方，用来安置国王卫队。

　　这里因第一掷弹兵卫队护卫1818年沙皇亚历山大的国事访问而正式启用，直至1919年都充当卫队兵营。1931年，这里成为纪念第一次世界大战死难者的国家纪念地，整个纳粹统治时期也一直维持这一纪念职能，因此它在民主德国时期顺理成章地变身为"法西斯主义受难者"纪念地。一位无名战士和集中营受害者被埋葬在长明的火焰下，并由整齐划一举行换岗仪式的民主德国士兵守卫。今天，这里依然是一处国家纪念地，只不过德国人将悼念"战争与独裁统治受害者"的焦点集中在一座由凯绥·珂勒惠支（Käthe Koll-witz）创作的动人的《母亲与亡子》（Mutter mit totem Sohn）雕塑上，很多人或许知道新岗哨是申克尔本人最满意的建筑之一，原因在于这座宛如多立安神庙式建筑物是申克尔偏爱的略带严肃而又朴实无华的古希腊风格，非常契合柏林的氛围。而今站在新岗哨内，还可以让人充分了解柏林自申克尔设计这座建筑以来所遭遇的最可怕的经历，并与之产生共鸣。

其他伟大的古典主义建筑紧随其后。1817 年，御林广场上由朗汉斯设计的王国民族剧场被烧毁，申克尔遂于 1818 年受命重新建造，这就有了今天位于法兰西大教堂和德意志大教堂之间的戏剧之家（虽然它经过了大规模的重建）。接下来是连接岛和菩提树下大街的宫殿桥；然后在 1822 年，他开始建造一座博物馆，用于收藏让·亨利从 18 世纪 90 年代就开始编目的艺术品，收藏品还包括那些刚刚从巴黎拿回来的作品。建成后的老博物馆（Altes Museum）连同它位于大花园对面、通往王宫的爱奥尼亚式柱廊，是申克尔最有名，也最受喜爱的建筑之一，如今几乎与勃兰登堡门并列为柏林的标志形象。它唯一的问题是规模太小了，无法容纳收藏品。王储弗里德里希·威廉（Friedrich Wilhelm，他将在 1840 年成为弗里德里希·威廉四世）呼吁将申克尔新建的这座博物馆背面的整个岛的北部开辟为博物馆区域。但直到他登基后，才开始着手实现自己的梦想。

申克尔还为柏林设计了许多大得多的项目，菩提树下大街、巴黎广场和柏林市中心内敛古典的外观都应归功于他。申克尔的非凡之处在于他的才华横溢与涉猎极其广泛。他不仅能作画、设计建筑、构思铁十字勋章、设计国家纪念地，还是一位多才多艺的剧院设计师、雕塑家和家具设计师。他设计建筑，既可以用砖块也能用石材；他还可以轻而易举地设计哥特复兴式的教堂，例如他未能实现的大教堂，抑或是目前正在修复中的弗里德里希斯韦德教堂，以及近乎现代主义的砖砌建筑建筑学院——这座建筑最初也在附近，但于 1962 年被完全拆除，以便为民主德国外交部腾地方。他还在波茨坦留下了自己的印记，设计了市中心的古典式广场和巴贝尔斯贝格的浪漫主义城堡，这座城堡虽然部分模仿温莎城堡，但与其在环绕柏林的勃兰登堡乡村设计的乡间别墅如泰格尔宫如出一辙。

　　但除了申克尔，19 世纪初的柏林相比过去和未来，在艺术天赋方面都乏善可陈。虽然有大批作家和音乐家到访此地，但却少有人定居下来。诗人兼喜剧作家海因里希·海涅因为他的刻薄诙谐看上去相当"柏林范"而常常被当作柏林人，但其实他只在这座城市生活了两年，从 1821 年到 1823 年。海涅因为决斗被哥廷根大学开除，不过靠着一位富有叔父的资助，他得以在柏林拉埃尔·莱温（Rahel Levin）的沙龙里消磨时光，并在那里与费希特及冯·洪堡兄弟结为朋友。1822 年海涅出版了自己的第一本诗集和一系列寄自柏林的书信，他几乎对所有的人和事都持批评态度。申克尔的建筑是"一长串样式统一的房子，还有长长的宽阔街道……却毫不在意民众的意见"[38]。他还曾猜测冯·克莱斯特的剧本《洪堡王子》之所以未能搬上舞台，是因为"某位与克莱斯特笔下英雄同姓的贵族后裔，一位贵妇，在读到剧本描写王子不那么英雄气概的地方，感觉受到侮辱，并成功发起抵制"[39]。他在 1823 年离开柏林时留下的最后一句话是：

> Verlass Berlin, mit seinem dicken Sande
>
> Und dünnen Tee und überwitz'gen Leuten,
>
> Die Gott und Welt, und was sie selbst bedeuten,
>
> Begriffen längst mit Hegelschem Verstande.

它大致可以翻译为"再见柏林，你的沙子很厚，茶水很淡①，多亏了黑格尔的逻辑，才能了解有关上帝和世界的一切与你有多重要"。

柏林没能像其他德国城市那样产生过音乐天才。不过 1829 年 3 月 11 日，费利克斯·门德尔松（Felix Mendelssohn）演绎的巴赫的《马太受难曲》（*St. Matthew Passion*）在 19 世纪 20 年代的音乐界引发了轰动。门德尔松是摩西·门德尔松的孙子。门德尔松家族在过去的 30 年间不断壮大，在创办银行的同时仍密切参与这座城市的智识和文化生活。摩西的女儿多罗特亚（Dorothea）嫁给了作家费利克斯·施莱格尔（Felix Schlegel），将年轻的费利克斯带到了魏玛。在那里，他得以见到歌德，这对任何心怀抱负的德意志文化人而言，几乎等同于一场成人礼，而歌德则称赞了他的作品。虽然门德尔松对巴赫的最初版本进行了改编，使之呈现他所认为的当代听众想要听的内容，但在由 400 人合唱团演出的歌剧中演奏《马太受难曲》依然获得如雷鸣般的掌声。门德尔松是个十足的柏林人，他将这座城市视为自己的家园和灵感的来源。话虽如此，他也对自己遭到忽视未能出任合唱协会负责人一事耿耿于怀，他主动前往德累斯顿，并于 1847 年在那里与世长辞，年仅 38 岁。

但柏林仍一如既往地热爱音乐，对演出的需求也水涨船高，于是歌剧院和戏剧之家在布吕尔伯爵执掌下作为一家公司来运作。此人喜爱德意志音乐和歌剧，但国王同样也是一位敏锐的音乐家，爱好法国和意大利的歌剧。这样一来就几乎完整重现弗里德里希大王

---

① 德文原版在"茶水很淡"后还有半句"…und überwitz'gen Leuten"，意为"还有过于爱开玩笑的人们"，但作者并未译出。此外，这里"Hegelschem Verstande"应译为"黑格尔的知性"。特此补充说明。

与赖夏特的争吵。这两派人马的代表之一是加斯帕罗·斯蓬蒂尼（Gasparo Spontini），他是弗里德里希·威廉亲自招揽来的意大利人，是一位多才多艺的成功作曲家和指挥家，但却从未真正吸引柏林观众。与之相对的则是卡尔·玛利亚·冯·韦伯（Carl Maria von Weber），他的作品巧妙囊括所有吸引柏林人的德意志浪漫主义元素，得到布吕尔的赏识。其作品《自由射手》（Der Freischütz）首演于1821 年 6 月 18 日，是那种会激怒弗里德里希大王的一类歌唱作品，其中混合了古代德意志神话与传说，十分出彩。它相当受欢迎，以至于英国人朱利叶斯·本尼迪克特（Julius Benedict）在等候入场时发现自己"完全是被汹涌的人潮卷进去的"。要求返场的呼声也此起彼伏，而且"17 次掌声中有 14 次如雷鸣般热烈"[40]。"甚至在彩排中表现欠佳的巨大机械猫头鹰临场也发挥自如，翅膀扇动了起来。观众们沉浸在这德意志森林诗的魅力之中。"[41]

　　而来访的音乐家际遇则大相径庭。通常缩写为"E. T. A. 霍夫曼"的恩斯特·特奥多尔·阿马多伊斯·霍夫曼（Ernst Theodor Amadeus Hoffman）1814 年到达柏林，并火速成为柏林人。他撰写过一些离奇的浪漫故事，也创作音乐。1816 年，布吕尔就将他的作品《温蒂妮》（Undine）搬上戏剧之家的舞台，但他最广为人知的身份是后来被奥芬巴赫改编成音乐剧的那些故事的作者。霍夫曼 1822 年因酗酒和梅毒在柏林去世，这是一个饱受折磨的灵魂，在他有生之年似乎从未将自己的潜力发挥得淋漓尽致。另一个例子是瓦格纳（Wagner），他的作品本应引发关注，但 1841 年他在戏剧之家首次指挥自己的作品《漂泊的荷兰人》（Fliegender Holländer）时，却未获成功。第一幕根本没有赢得任何掌声，第二和第三幕也仅得到出于礼貌的回应；到了第二场演出时，他得到的嘘声和掌声一样多。他被告知，被喝倒彩的原因是批评家路德维希·雷尔施塔布（此人也批评蓬蒂尼）在那天早晨发表了一篇谴责评论①，而柏林观众的表现也恰如评论所预期的那样。瓦格纳从未被柏林的观众打倒，但当他 1847 年故地重游时，却发现自己的风头又被珍妮·林德（Jenny Lind）② 盖住了。

李斯特（Liszt）的待遇则要好得多。1841 年圣诞节，他在柏林逗留了三个月，受到歇斯底里般的欢迎。在履行完为王室献演的义务之后，他还举办了 20 场公共音乐会，并将其中的一半收益捐给了慈善机构。"优雅的女士们四处展示他的浮雕肖像，在他的音乐会上尖叫着上蹿下跳，一种对值得一看的流行音乐会的大众歇斯底里就此展现。"⁴² 19 世纪 40 年代访问柏林的柏辽兹（Berlioz）在离开时则形容柏林的"音乐无处不在"。"人们能在剧院、教堂、公园，在任何地方呼吸到它。因为每个人都尊重柏林的音乐，无论贫穷还是富贵，是神职人员还是士兵，是平民还是国王。"⁴³ 这种大众对音乐的欣赏与热爱，业已成为柏林的传统；而随着 1826 年一群音乐家组成柏林爱乐协会，这种传统得到进一步提升。

柏林在作家和音乐家方面的匮乏，或许可以通过它的智识生活加以弥补。这座城市正慢慢成为知识分子聚集的地方，部分原因是大学的存在，部分是因为即便存在审查制度，柏林仍是一座文明日益开化的城市，在 19 世纪 20 年代拥有自己的音乐和公园，还有众多开业的咖啡馆和餐厅。长期以来，柏林只有大量的小酒馆和少数

---

① 　路德维希·雷尔施塔布是一位保守的音乐评论家。此处指的是他于 1844 年发表在《福斯报》上的评论，在文中他批评瓦格纳对音乐十分无知。

② 　珍妮·林德是出生于瑞典的女高音歌唱家，被认为是 19 世纪最杰出的歌手之一。

几家餐馆，比如今天你仍可前往"终审"（Zur Letzen Instanz）餐厅就餐，这家餐厅至少从 1621 年起就在它位于尼古拉街区的店面提供吃食。19 世纪 20 年代出现的变化，是一种截然不同的业态——维也纳式的咖啡馆——异军突起，例如坐落于菩提树下大街和弗里德里希大街交界处的克兰茨勒咖啡馆，立即大获成功。而在接下去的十年间，有超过 100 家类似的咖啡馆开张——通常由瑞士、意大利或奥地利移民经营；紧随咖啡馆而来的是格外吸引民族主义者的葡萄酒和啤酒酒窖。其中最负盛名的是位于御林广场，由葡萄酒商路特和魏格纳（Lutter und Wegner）经营的路特酒吧（Lutter Keller），它因经常辩论到深夜的大学生而出名。在这群人中有两个人：卡尔·马克思和弗里德里希·恩格斯，后者当时正在国王的炮兵部队服役。"路特和魏格纳"如今依然在销售葡萄酒，同时也是一家出色的老式柏林餐馆。

冯·洪堡创立的大学之所以能吸引众多知识分子前来柏林，一个特别的原因是它的教学质量。冯·洪堡在创建大学之初，将索菲-夏洛特原来的科学院，与柏林各类医学院及其他一些学术机构进行合并，同时制定了一套全新的制度，其章程包含三个"自由"，即研究自由、个人自由和民族自由。这所大学自行选举校长和院长。虽然科学系被设定为核心院系，但最初由费希特领导的哲学系至关重要（primus inter pares）。不过，这种半独立的地位仍不能确保大学能够避免一切来自王室的干扰，不幸的韦特被解职便是明证，但它仍赋予了大学一定程度的自由，这一点在后者与一些根基深厚的传统大学——例如有着一长串杰出校友的哥廷根和耶拿——竞争时十分重要。1826 年在柏林就读的哲学家路德维希·费尔巴哈（Ludwig Feuerbach）将它描述成一个非常肃穆的地方。"这里不存在喝酒、决斗和愉悦身心的郊游；在其他任何一所大学，你都找不到如此对工作的热忱，如此对激发大学生好奇心的事物的兴趣，如此热爱科学，如此平静和沉默。和这座工作的殿堂相比，其他大学看起来就像是酒馆。"[44]

　　1812 年费希特辞职，生活对他残酷的嘲弄是他死于妻子在护理伤员时感染的斑疹伤寒。格奥尔格·威廉·弗里德里希·黑格尔（Georg Wilhelm Friedrich Hegel）于 1818 年被任命为他的继任者。出生于斯图加特的黑格尔被证明影响力空前。他也是某种给政府的馈赠。在他的首次演讲中，他就提到普鲁士国家"如今将我召集到它身边"。黑格尔认为国家是"一个民族伦理实体的最高表现"。它并非单纯管理其臣民的生活，也是他们本性的一部分。黑格尔是一位冷漠的授课人，他的喃喃自语让他的学生很难理解他。他自己也说，他觉得只有一个人能够真正理解他，"甚至他本人都做不到"[45]。尽管如此，他还是提供了一个有效的模式，即人们应当拥护国家，因为它提供了一个人们可以在其中生活并谋得政治发展的框架。1831 年，黑格尔死于柏林暴发的严重霍乱，而此时马克思和恩格斯尚未来到这所大学。尽管如此，马克思依然是黑格尔的弟子，并受他坚决维护国家权威和权力的强烈影响，正如马克思所说，"我站在黑格尔的头上，并指引他走上正确的道路"。当然，马克思构想的社会和政治模式与 19 世纪早期柏林的等级社会迥然不同，但他对按照自己的发现解释世界并无兴趣，他想改变世界。而他于1836 年 10 月抵达柏林，这座城市提供了许多让他觉得理应这么做的理由。

第六章

1840—1871 年　迈向多面的现代城市

蒙上帝眷顾，命运就此改变。

　　　　　　　——1870 年张挂在勃兰登堡门上的条幅

　　拿破仑战争结束时，柏林的人口约为 20 万；但到 19 世纪 40 年代时，这个数字就翻了一番；等到 19 世纪 70 年代，它还将达到 100 万。人口的激增让柏林成为欧洲发展最迅猛的城市。表面看来，这座城市给人的印象是平静、恪守法度的首都，拥有整洁的房舍和优雅的社交圈。柏林人还自豪于他们曾经击败拿破仑的成就，许多人骄傲地佩戴着装饰有普鲁士王家黑、白、红绶带的战争勋章；而那些没能得到勋章的人会在胸前画上一块，等同于佩戴了。19 世纪 40 年代访问柏林的无政府主义者巴枯宁（Bakunin）写道："这是一座美丽的城市，有精妙的音乐，廉价的生活，水平相当可以的剧院，咖啡馆也总能提供充足的报纸……总之一句话，非常棒。要是德国人不是那么彻头彻尾的布尔乔亚就好了。昨天我注意到一家商店外的招牌：一个裁缝熨斗上下都是普鲁士鹰。下方还有这样的对句：

> Unter Deinen Flügeln
> Kann ich ruhig bügeln. "[1]

这句话大致可以翻译为"在你羽翼护卫下，我才能安心熨烫"[2]。然而，正当那些有能力负担这一切的人牢牢抓住和平及一切由"比德迈尔时代"提供的大好机会，有两股势力也在不断壮大自身，不安因此滋生，侵扰着这个坦然接受别人敬意的舒适世界。第一股势力是民族主义者，他们继承了兄弟会以及对在维也纳会议达成成立邦联而非一个德国的拙劣决议感到沮丧者的衣钵。第二股势力则谋求扩大政治代表权利，改善社会条件。二者并不互相排斥，并且一旦采取行动的时机成熟，它们就会联合起来反对君主制。

　　一系列符合民族主义者议题的事态发展令他们深受鼓舞。1818年，普鲁士建立起一个旨在促进其境内贸易的关税同盟。以从柯尼斯堡到莱茵河的货物为例，以前要接受18次检查，但如今所有的国内关税都被取消。同时普鲁士还邀请相邻的邦国一同参与，很多邦国都欣然加入。到1833年时，柏林提出建立一个商品可以自由流通的泛德意志关税同盟，即"Zollverein"①。1834年元旦，约90％的邦联成员加入这一同盟，但耐人寻味的是奥地利并未包括在内，因为梅特涅对普鲁士的领导能力表示怀疑。后来连瑞典和挪威

---

① 德语"关税同盟"之意。

也加入该关税同盟。而在此前一年，即 1832 年 5 月，来自德意志各地的 20 000 名学生齐聚莱茵兰，参加汉巴哈节。他们再次身着如今已被普遍接受的民族主义颜色——黑色、红色和金色（不同于普鲁士的黑色、白色和红色），要求政治改革和民族统一。然后是法国，它在 1840 年重申法德应以莱茵河为界的历史要求，但这将极大损害德意志的领土。正是这一要求点燃了德意志各邦国的爱国主义热情，一首新谱就的歌曲《保卫莱茵河》（*Die Wacht am Rhein*）在公开场合被反复演奏，其鼓舞人心的第一小节大致如下：

> 咆哮如雷电轰鸣，
>
> 如巨浪翻滚，钢铁撞击，
>
> 莱茵河！莱茵河！我们德意志的莱茵河！
>
> 谁来保卫我们的圣河？

1841 年 8 月，奥古斯特·海因里希·霍夫曼·冯·法勒斯莱本（August Heinrich Hoffman von Fallersleben）创作了《德意志之歌》（*Deutschlandlied*）呼吁统一、正义和自由。这首诗配上海顿（Haydn）起初为庆祝哈布斯堡皇帝弗朗茨二世（Franz Ⅱ）诞辰而创作的音乐，一炮而红。凭借著名的开场白"德意志，德意志，高于一切"（Deutschland，Deutschland über alles），它在第一次世界大战之后成为德国国歌，讽刺的是，海顿的配乐从 1806 年之后也成为奥地利国歌的旋律。媒体也日益倾向泛德意志主义。至 19 世纪中叶，柏林本地的周报有 58 份，日报 32 份，但这依然无法让人们停止对诸如 1846 年在海德堡创刊的《德意志报》（*Deutsches Zeitung*），抑或 1843 年 3 月遭禁的马克思创办的左翼刊物《莱茵报》（*Rheinische Zeitung*）[3]之类的报纸的渴求。柏林和维也纳的政权日益被认为是对德国应当成为一个国家的大众呼声的阻碍。

但柏林所面临的社会压力更胜民族主义一筹。拜主要来自波兰和德意志境内移民的涌入所赐，城市人口急速增长。1830年，波兰人奋起反抗俄国，引发激烈战斗的同时产生了大量的难民。1846年，波兰人再次起义，这次针对的是俄国和普鲁士，又一次造成更多的难民。此外，还有源源不断来自西里西亚的移民，因为那里的经济条件在19世纪30—40年代格外糟糕，全新的纺纱机和工厂取代了当地传统的手工纺织业。1844年，大约5 000名织工发动起义，砸毁工厂的织布机，要求获得工作机会。这场起义被普鲁士军队用相当残酷的手段镇压了下去，海涅因此写下了他最为人称道的诗篇之一——《西里西亚织工》（Die Schlesischen Weber），但这首诗很快在柏林被禁。

柏林的吸引力其实已不仅限于它的军队和官僚机构、大学及传统贸易这些能够带给人优于普鲁士其他地区工作机会的行业，工业革命也需要大量工人以养活它的工厂。柏林工业化的速度和规模是带给其极大繁荣并形成底层工人阶层的原因，这些工人在未来几十年间的境遇都将是全欧洲最差的。1815年，柏林尚未拥有一台蒸汽机，而在英国等国，工业革命已为制造业注入动力达半个世纪之久。至拿破仑战争结束时，柏林的产业结构相比弗里德里希·威廉一世改革时期并无太大变化，仍严重依赖纺纱和纺织品，雇有28 000名工人。军队其实是这个行业最大的客户，同时铸铁厂负责军备生产。奢侈品行业虽然发展势头强劲，但它雇用的人数只有几十人而非数百人。鉴于此，哈登堡决心改变这一切：他在1818年成立贸易和工业部，1821年设立国立技术学院，官员们主要负责学习他们可以从其战时盟友大不列颠那里获得的东西。其中核心人物是另一位杰出的普鲁士公务员彼得·克里斯蒂安·博伊特（Peter Christian Beuth），他参加过战争，获得过铁十字勋章，如今则致力于确保柏林经济能够迎头赶上。他从 1830 年起执掌贸易和工业部。柏林能在工业领域取得成功，很大程度上归功于他为之耗费的精力和远见卓识。

这座城市的扩张也异常迅猛，与美国发展最快的工业城市不相上下。至 1847 年时，它已拥有 33 家毛纺织厂、35 家丝织厂、22 台花布印染机和 17 家化工厂。快速工业化强化了英国与柏林之间本就牢固的联系——这种联系在结盟反拿破仑时就已表露无遗。1816 年，伦敦的帝国大陆煤气协会在柏林开办了第一家煤气厂，它获得 21 年的营业许可，为从 19 世纪 20 年代出现的新路灯提供燃气，第一组灯在菩提树下大街亮起。英国的技术和投资还将在柏林重工业现代化方面发挥重要作用。1830 年前后，科克里尔兄弟（Cockerill brothers）拥有 15 台运转中的蒸汽机，同时还经营着毛纺厂和造纸厂。英国的蒸汽船也开始在柏林的水面航行，19 世纪 40 年代中期已有 17 艘正在运营的蒸汽船，它们慢慢取代了风帆动力或由马在岸上沿固定路线牵引前进的旧驳船。蒸汽船业务还可以沿易北河北上进入汉堡，如今一天就可以完成一次旅行。还有一家英国公司引入了管道饮用水，但下水道系统还要等到 70 年代才普及。

不过，这座城市最显著的变化还是引进铁路。柏林的早期繁荣应当归功于它的水路网络，而今它又将成为蓬勃发展中的德意志铁路网络的中枢。首条铁路是从柏林开往策伦多夫，然后再驶向波茨坦。它共有六辆机车，连同所有的轨道，都是在英国生产的，但这种情况即将改变。柏林工业革命最令人印象深刻的故事是来自布雷斯劳的木匠奥古斯特·博尔西希（August Borsig）的经历，他曾在柏林学习，随后跟随一位英国工程师在其铸铁厂里工作。1837 年，博尔西希选择离职，并在公路大道开设了自己的工厂。他先是办制糖厂，但之后就转而生产机车。由他生产的第一辆机车于 1840 年投入使用，而且很快就证明比乔治·斯蒂芬孙（George Stephenson）生产的英国机车跑得更快。到 1844 年前后，已有 24 辆博尔西希生产的机车行驶在三条新开的铁路线上。而到他逝世的 1854 年，第 500 辆博尔西希机车下线，而他也成为仅仅 12 年就铺设完成 5 471 千米铁路线的主要供应商，超过 2 000 名工人在他的工厂里工作，工人们的待遇不错，享受疾病和教育保险；博尔西希去世后，企业业务仍继续增长，最终成为欧洲最大的机车制造商。博尔西希也变得异常富有，他在莫阿比特为自己建造了一座极尽奢华的宅邸，还被授予"商业枢密参事"（Geheimer Commerzienrat）的称号，这在沉迷军衔和头衔无法自拔的普鲁士社会是一项非凡荣誉。博尔西希是一个才华横溢的人，他不安于现状，发奋图强，但又极具德意志精神，他会通过举办传统节庆的方式庆祝生产中的里程碑事件。

当最早的一批车站拔地而起时，旧的关税墙依然"健在"。只有当它在 19 世纪 50、60 年代阻碍城市扩张的影响日益凸显，才面临被拆除的命运。因此，最早的车站——波茨坦、安哈特、斯德丁和汉堡站要实现它们的终点站的功能，必须建在城墙外。柏林因此成为交通枢纽，随着铁路网线遍布普鲁士，它始终居于中心位置。1860 年，柏林拥有了第一条地面城市轨道交通线，即"Stadt Bahn"[①]（后来被称为"S-Bahn"），它取代了过去的马拉公交，并

---

① 德语直译为"城市轨道"。

逐步将数个终点车站连接起来。

　　虽然像博尔西希这样的企业家很有同情心，但新兴产业吸引大批移民，以及他们抵达的速度超过了柏林现有基础设施能够负荷的范围，各类严重问题因此层出不穷：住房短缺、缺乏干净的水源、学校和医院数量不足，但更多博尔西希的同时代人并不像他那样能为员工提供贴心保障。移民从波兰和西里西亚远道而来，甚至来自更遥远的奥地利帝国的移民也越来越多，他们无家可归，只能住在城外条件极其恶劣的棚户区，疾病——特别是霍乱——因此很快在这些地方流行开来。柏林曾在 1831 年（黑格尔正是死于这场大流行）和 1866 年暴发严重的霍乱疫情。

　　柏林这座 25 年前才刚刚热烈庆祝战胜拿破仑的城市，总体发展连续且运作良好。大多数人拥有充足的食物和工作机会，然而到了 1840 年前后，它所呈现出的生活景观却已分化为两个世界，不再讨喜。由城墙围合起来的市中心提供的是舒适而文明的生活，它拥有开阔的街道、美轮美奂的房舍、咖啡店、商铺、音乐会，以及安全感；但在城郊，特别是东部郊区，由于不像西部郊区那般受到格伦瓦尔德和蒂尔加滕的照拂，移民工人生活尤为悲惨。移民们几乎没有住处，没有医疗服务，也没有太多的食物，他们在数量不断增加的工厂里做工，收入却不足以养家糊口。他们几乎没有讨价还价的能力，因为移民不断涌入就意味着总有人想要获得他们那份微薄的工资。据估计，底层民众中最垫底的那部分人包括"10 000 名妓女、12 000 名罪犯、12 000 名驳船工人、18 000 名女仆和 20 000 名无法通过工作维持生计的织工，还有 6 000 名拿救济金的人、6 000 名贫困的残疾人、3 000～4 000 名乞丐、2 000 名监狱囚犯、2 000 名私生子、2 000 名寄养儿童、1 500 名孤儿"等等，这些是已为人所知的。[4]古斯塔夫·屈内（Gustav Kühne）在 1843 年前后写道："街头生活变得越发喧闹，中间阶层日益活跃。奢侈和富裕水平不断升级，但底层民众的痛苦也在日益加深。这两个阶层现在相互对立，彼此间的鸿沟越来越大。贵族与暴民之间的冲突不断增加，傲慢越发不加掩饰，犯罪也更加赤裸裸。"[5]

一个新柏林正在形成。在这些穷人中，还有不少是受伤的退伍军人，这些年轻人在战争中落下严重残疾，如今不得不在街头谋生。一个名叫弗里茨·韦克曼（Fritz Werkmann）的人曾有一首知名的小调。他在莱比锡战役中失去双腿，荣获铁十字勋章，如今靠着假肢缓慢游走在御林广场上，胸前还佩戴着自己的勋章，却惹恼了路过的军官，原因是他哼唱一首名为《我是普鲁士人！你还记得我的颜色吗？》的流行歌曲和一首自己谱曲的歌。后一首歌大致意思如下：

> 在那刚结束的战争中，
> 我的双腿被卸走，
> 但我男子汉的胸膛装点上
> 来自吾王的酬谢
>
> 他说："我最亲爱的弗里茨，
> 为了能让你谋生，
> 我们将赐予更多：
> 就在这街头摇风琴。"
>
> 感谢吾王大慈悲

我用歌声把钱挣，

哦，生命太短

死亡太长。

所以这为自由而战的老家伙

今天还有命他做的事，

自豪站直求关注

号召大家"为吾王三呼万岁?"[6]

不少铁石心肠的军官发起投诉，韦克曼的表演执照遂被吊销。为免于饿死，韦克曼试图自杀，不过好在被此事激怒的柏林人开始为他筹集钱款，还让他在阿特赖里亚斯街当了一名收税员。

但饥饿从未远离柏林所有的穷人。据估计，产业工人70％的工资花在食物上。最便宜的主食是马铃薯，它最初由大选侯引入柏林，用来装饰花园，也成为一道美味佳肴。但现在，马铃薯成了城市和农村穷苦人的主要口粮。虽然柏林正在迅速工业化，但到1840年时，70％的普鲁士人仍生活在农村。恰恰是在40年代，全欧洲的马铃薯都歉收，歉收危机爆发最终在爱尔兰引发大饥荒。1847年，马铃薯疫病严重暴发，导致西里西亚出现饥荒，紧接着又暴发斑疹伤寒，16 000 人因此丧生。就在那一年，40万农民离开普鲁士的东部省份，很多人彻底移民海外。还有很大一部分人来到柏林周围业已人满为患的棚户区，但即使是住在那里的工人也发现，他们根本吃不上饭。因此，饥肠辘辘的工人在1847年冲进城里的食品商铺，暴力抗议和骚乱就此产生。这场被称为"马铃薯战争"的骚乱最终被人数众多的城市驻军（仅柏林市就派出 20 000 名军人，波茨坦的人数更多）镇压下来。这就难怪马克思从中找到充足证据来佐证他在 1847 年《共产党宣言》（*Communist Manifesto*）中提出的社会理论。300 年前，赎罪券在柏林的大卖促使路德发起宗教改革，如今这座城市又点燃了欧洲的第二次社会革命：马克思主义。

这两股革命势力——民族主义和反对社会剥削——的联合，引发了柏林的第二次暴力革命。尽管事实证明，它并不比第一次革命更成功，但它针对的是类似滥用绝对权力的行为。弗里德里希·威廉三世死于 1840 年，其实有很多柏林人哀悼他的去世，因为他们认为，国王或许是在 1806 年抛弃了他们，但至少在被占领时期和他们一起受苦受难。在路易斯王后去世后，他又迎娶了迷人的奥古斯塔·冯·哈拉赫（Auguste von Harrach），两人相识于波希米亚的一处矿泉疗养胜地。冯·哈拉赫是一名天主教徒，因此人们起初对这桩婚姻保持缄默，但当她 1826 年改信新教，便开始赢得这座城市的喜爱和尊重。

弗里德里希·威廉三世的继承人是他 45 岁的儿子，又一个弗里德里希·威廉，他如今即位成为弗里德里希·威廉四世。俾斯麦曾在他的回忆录中观察到霍亨索伦家族会交替出现对清教主义的执着和对显摆的酷爱：弗里德里希·威廉四世的父亲害羞腼腆，几乎算得上是沉默寡言，但他本人绝对属于俾斯麦说的后一类人。正是他为普鲁士军队引入了那个举世闻名但中看不中用的尖顶头盔（Pickelhaube），后来成为既彰显地位又备受耻笑的东西。有时他还被称为"浪漫主义者"。他是以一种和解的姿态开始自己的统治的：与议会对话并解雇了令人憎恨的柏林警察局长卡尔·阿尔伯特·冯·坎普茨（Karl Albert von Kamptz）。但其实他的心思并不在这上面，柏林人给他起了个"胖头鱼"的绰号。不过，他仍将给柏林留下重要遗产，因为正是他率先将"博物馆（即申克尔的老博物馆）背后的整座施普雷岛开辟为艺术与科学的庇护所"。但他并不是一位改革家，他和他的政府也没有意识到柏林正在酝酿的压力，控制权依然掌握在他的强势顾问手中，例如冯·格拉赫（von Gerlach）和冯·罗肖（von Rochow），他们将改革视为对两大神圣支柱君主制和虔敬主义的攻击。

1843 年，作曲家兼作家贝蒂娜·冯·阿尼姆（Bettina von Arnim）出版了《本书献给国王》（*Dies Buch Gehört dem König*），抨击政府在解决柏林日趋严重的社会问题方面过于自满的态度，并将矛头直指国王的政府。在附录中，她列出了一份报告，报告由一名生活在柏林北部一个名叫福格兰（这个地区有很多移民来自德国南部的福格兰，因此得名）的地区的贫民窟里的瑞士大学生撰写。这名大学生对那里人们生存苦难与赤贫状况的生动描述，赋予了这本书影响力。艺术家海因里希·齐勒（Heinrich Zille）也描绘过自己孩提时代随家人来到柏林最臭名昭著的"出租兵营"公寓楼时的情景："墙上糊着破烂的墙纸，原本放床和家具的地方有一个脏兮兮的轮廓，看上去仿佛图案一般。在一个角落里堆着一堆稻草，那是我们的床。"[7]

冯·阿尼姆是柏林名流。她出生于一个成功的意大利商人家庭，嫁给了浪漫主义诗人阿希姆·冯·阿尼姆（Achim von Arnim）。其兄也是一位著名的作曲家，姐夫则是柏林大学的法学教授兼广受尊敬的法学家弗里德里希·卡尔·冯·萨维尼（Friedrich Karl von Savigny）——柏林的萨维尼广场便以他的名字命名。冯·阿尼姆的朋友圈包括歌德（虽然她与歌德的妻子关系不睦）、贝多芬和李

斯特，甚至还有国王本人。1831 年霍乱流行期间，她曾在贫民窟
工作，为柏林堕落的速度和程度深感震惊。因此，她不仅代表了古
老的普鲁士贵族——姓冯·阿尼姆的普鲁士将军和姓冯·克莱斯特
的几乎一样多，还代表了以大学为中心的知识界。但她并不是唯一
挺身而出的人，在 1830 年巴黎革命（但并未给柏林带来直接影响）
之后，其他的作家和讽刺撰稿人便开始加入呼吁改革的行列之中。
与宫廷关系密切，又仰仗柏林中间阶层默许的普鲁士统治集团，被
像阿道夫·格拉斯布伦纳（Adolf Glassbrenner）这样通过撰写诸
如"证明国家公仆必要性的逻辑"的诙谐诗句来发起攻击的人给激
怒了。格拉斯布伦纳最搞笑的作品之一当属《卫队中尉》（*Lieute-
nants of the Guard*）：

> 如果没有卫队中尉
> 就没有荣誉，
> 如果没有荣誉——
> 耻辱如何用鲜血抹去？
> 如果耻辱不能用鲜血抹去，
> 就不会有挑战或决斗；
> 然而，挑战和决斗必须存在，因此
> 卫队中尉必须一直存在。[8]

到 1848 年时，工业革命带来的早期红利已消耗殆尽，迅速工业化
使城市失业率不断攀升，导致整个欧洲陷入经济不景气的境地，一
场革命（如果可以这样称呼它的话）就此爆发。1 月西西里岛的起
义几乎无人在意，2 月在巴黎的事态就极速升级了：法国的君主制
被推翻，取而代之的是一个共和国，由拿破仑的侄子路易·拿破仑

(Louis Napoleon)① 领导（这或许也是在向柏林发出警告）。来自巴黎的新闻在柏林咖啡馆里被如饥似渴地阅读，"餐厅、点心店、咖啡馆从没像那几天那样被挤得水泄不通。来自巴黎的报纸是如此稀罕，以至于新报纸一到，谁拿到手就必须大声朗读出来，以便让所有人都能听到。而他一念完，立刻就会引发热烈讨论"⁹。然后是3 月 13 日的维也纳起义，梅特涅被迫逃亡，这让柏林人相当欣慰，因为他们认为他代表了反对改革和德意志民族主义的极端保守势力。但就在同一天，军队向一群从被称为"大帐篷"的地方和平示威回来的抗议者发起冲击，"大帐篷"原是供在蒂尔加滕散步的人们购买食物和饮料的地方，但当时已成为改革者的非官方讲坛。十来岁的少年卡尔·路德维希·蔡特勒（Carl Ludwig Zeitler）就习惯在周日早晨和他的织工父亲一起过来参加这些演讲，他提到"一切都非常奇怪，因为街道已被清空，就看到骑兵向前推进，迫使人群后退"¹⁰。政府现在彻底慌了手脚，下令"父母、教师和工匠师傅管住他们的孩子、学生和雇工。工厂主有义务阻止其工人和学徒擅离车间"¹¹。

面对这场骚乱，弗里德里希·威廉四世在 3 月 17 日决定召开议会起草改革方案，虽然他在同一天还任命了强硬的近卫军上校卡尔·路德维希·冯·普里特维茨（Karl Ludwig von Prittwitz）为柏林驻军司令。3 月 18 日，柏林人聚集在宫殿广场，聆听国王在王宫阳台上发表的讲话，他在讲话中承诺起草宪法并放松审查。这一切似乎开始得很顺利，人们为国王高声欢呼，但一转头，群众就开

---

① 路易·拿破仑的全名为夏尔-路易·拿破仑·波拿巴（Charles-Louis Napoléon Bonaparte），1852 年恢复帝制，建立法兰西第二帝国，称"拿破仑三世"。

始反对驻扎在大花园两侧的强大军事力量。不断要求士兵撤离的呼喊最终让冯·普里特维茨下令他的手下整肃广场。骑兵推进的速度其实很慢，但人群受到了惊吓，于是不习惯应对内乱的士兵们开始反应过度。有一组示威者被法尔肯施泰因（Falkenstein）少校的中队逼得退回到布赖特街，而另一组人则被迫穿过宫殿桥进入菩提树下大街。人们开始设置街垒，第一个街垒出现在弗里德里希大街，那里的"施密德克妈妈水果店"不幸被征用[12]，另一个则位于奥伯瓦尔街和耶格街的拐角处。至当晚战斗停止时，柏林市中心已被封锁，230 人丧生——其中大部分是平民。

无论是对军队还是对抗议者而言，3 月 18 日的事件都是一场混战。不过后者中有一部分显然已有所打算。那天上午十点半，蔡特勒就被校长通知"赶紧回家，今天就要开始行动了"。然后蔡特勒被他母亲唤去接弟弟，再把中饭带去店里给父亲。他记得自己看到弗里德里希·威廉"站在进入城堡第一道门上方的阳台上，捂着脑袋站着，他刚向一群市民和官员发表过讲话，大约有 50 个人，他们只是想表达他们对国王的谢意……但我看到广场从比武场那里开始已经被一支横跨整个广场的军事纵队彻底腾空了"。蔡特勒赶紧找地方躲起来，藏进布赖特街与宫殿广场相交的一个门洞里。士兵从他身边走过，就在这时，他看到前排的两个人拿起他们的步枪向人行道射击，由于布赖特街的路基略高，子弹马上炸开花了。"士兵们看上去就像是被这两枪打懵了一样。我听到'停'的命令，看到前排后面出现一位军官，他靠近两名士兵"，正是这两声枪响"揭开了三月革命的序幕"。

此时被困在旋涡中心的蔡特勒后来记录道，大部分枪击事件都发生在当天下午和傍晚的晚些时候，以第八步兵团从法兰克福赶来时最为激烈，他们一路从法兰克福门猛攻至亚历山大广场。"大多数受伤甚至被射杀的人，仅仅是出于好奇或是偶然被击中"，他写道。"一名鞋匠被枪杀了，他刚好从他位于普伦茨劳大街的商店里走了出来，想看看发生了什么事。就在他向拐角处望去，想看一眼被士兵占领的国王桥的瞬间被击中了。他的妻子紧紧地把他抱在自己腿上，也惨遭杀害。"

一部分士兵失控了。列兵沙德温克尔（Schadewinckel）承认，因为自己身后的伙伴被从布赖特街街垒后面射出的子弹打死，他陷入"从未经历过的激动状态"，他和他的部队冲进附近的房子"砍杀任何试图抵抗的人"[13]。而大多数的高级军官对此束手无策，根本不知道该如何应对。阿尔弗雷德·冯·瓦尔德泽（Alfred von Waldersee）当时是一名 16 岁的军校士官生。他的长官，冯·贝洛（von Below）将军和里希特（Richter）上校都是"虚弱的老人——全是老头，而且大部分都参加过解放战争"。这些人遇事踌躇，因此冯·瓦尔德泽和他的同学决定，他们必须为了自己的荣誉保卫军校免受暴徒侵害，直至他们的步枪里再无弹药。但在 3 月 19 日，他们被带至柏林宫。国王街上"大部分窗户都被打碎了，所有的房子上都留下子弹的痕迹"，尽管如此，当他们抵达时，却被引入王宫的庭院内，每人还得到了一杯咖啡，这让他们松了一口气。[14]

但年轻的冯·瓦尔德泽和他的同伴之所以没能走上一线"战场"，是因为国王现已同意将军队撤回波茨坦，他反对冯·普里特维茨及由其兄弟威廉亲王领导的鹰派提出的强硬建议。由于弗里德里希·威廉夫妇膝下无子，威廉成了王储，而他这派人马想要出动大炮炮轰这座城市。国王向这座城市分发了题为《致我亲爱的柏林人》（*My Dear Berliners*）的公开信，并在信中承诺将部队管束在若干兵营内。3 月 19 日，当人们抬着前一天被杀的遇难者尸体在宫殿广场上游行时，他重新出现在柏林宫的阳台上，伫立默哀。3 月 21 日，他甚至跟在民族主义运动黑红金旗帜后面游行至大学，并在那里再次发表讲话，表达了自己对心爱的柏林人失去生命的遗憾之情。后来当为遇难者送葬的队伍穿过城市前往弗里德里希海因的公墓，他和自己的首席大臣们再次束上黑红金腰带，低头伫立。如此一来，全社会立即掀起一股黑红金狂热。"黑红金的表带、手杖流苏、笔记本、雪茄盒、手帕，甚至还有枪架。每个人都盼着能戴点什么，即使只是帽子上的一个徽章。在罗森塔尔大街，一家颇为进取的烟草店就会在您购买雪茄时赠送（三色）帽徽。"15 威廉亲王则成为万众唾弃的反派人物，无法公开露面。就在国王亲自赶往波茨坦之时，威廉选择流亡英国。但当国王向一群目瞪口呆的军队指挥官解释他的决定时，这些军官却用剑鞘敲打地板作为回应，足见普鲁士军队与君主意见不合的程度之深。

原本许多人认为，民族主义者和社会主义者之间不太可能结盟，1848 年起义也让人吃惊地发现，柏林人全身心地投入其中。它与其说是一场一无所有者的反抗，不如说是来自中间阶层的抗议，而这个群体从来就被认为是自在沉浸于比德迈尔世界，忠于王室且表现出普鲁士特有的服从权威品格。他们强烈反对叛乱，但也受到"柏林不乐意"精神的充分鼓舞，冲向街垒，例如"熟练锁匠格拉斯瓦尔特（Glaswaldt）和齐纳（Zinna）"，他们"保卫了耶格街的一处街垒。当时一队步兵从弗里德里希大街步步进逼，格拉斯瓦尔特硬是靠着一杆老掉牙的步枪将他们打退，直到自己被子弹击中。然后是齐纳，他单枪匹马用一把生锈的军刀向这队士兵发起进攻，砍伤了军官；又拿起铺路石砸向士兵，直至自己被击中，最终伤重不治"[16]。

蔡特勒看到自己的大高个校长赫脱先生（Herr Herter）"逮捕了"同样高大的冯·默伦多夫（von Möllendorf）将军，后者"独自一人穿过桥去往亚历山大兵营"，打算和叛乱者谈判，随后一辆水车将他带走了。在拿破仑战争期间，"不乐意"精神针对的对象是遭人唾弃的法国人；但从现在开始的几十年，它将致力于保证被柏林人视为自己权利的民主自由。不过，它也是柏林人表现他们对政府普遍极为苛刻的政令多么愤怒的机会。"在三月革命前时期①，人们的不满已十分普遍，"蔡特勒又补充道，"而且这种不满又因警察的愚蠢、肆意妄为而不断助长，抗议他们遭到全无公正可言的虐待。"最让柏林人恼火不已的事情之一是禁止在街上抽烟。蔡特勒看到过"一个男人嘴里叼着根点燃的雪茄从自家窗户向外看，把雪茄从嘴里扯了下来"，但他"马上就被宪兵给抓了。另外，由于是在街上抽烟，因此他不得不支付两个塔勒的罚款"。反抗的结果是在城门外设立了一系列的"吸烟区"，烟草贩子可以在那里和那些迫切为了抽上一口然后离城的人进行友好交易。

对蔡特勒来说，3 月"起义"的主要好处之一是让他和自己的伙伴能够收集到足够的废弃火药制作够用一整个夏天的烟花。言归正传，从政治上来看，最初的结果似乎让改革者看到了希望。柏林正式成立了三院制的议会，并在那年夏天完成了一些相当无关紧要的辩论，还任命了两位首相。第二位首相是冯·普菲尔（von Pfuel），

---

① "三月革命前时期"特指德国在 1848 年三月革命之前的一个重要历史时期，称"Vormärz"，其时间上限学界尚存分歧，但主要表现为在奥地利主导的反民族主义和自由主义运动政策压制下，德意志各邦普遍陷入政治危机和社会动荡之中。

他也是冯·普里特维茨的前任。冯·普菲尔并不热衷于动用大炮，而且这位候选人似乎能团结保守派和改革派；虽然事实证明，即使是他也无法调和派系间的对立。但议会的垮台仍是一场突发事件。弗里德里希·威廉任命立场强硬的弗里德里希·威廉·冯·勃兰登堡（Friedrich Wilhelm von Brandenburg）①取代普菲尔。11 月 9日，他通知议会休会。消息宣布的话音刚落，正当代表们热火朝天地辩论才被通知的内容，新上任的柏林军事总督弗里德里希·冯·弗兰格尔（Friedrich von Wrangel）将军——他多少被认为是一位战斗英雄——就率领 13 000 名军人进入这座城市。他行军至议会召开会议的御林广场，下令代表们撤离建筑物。但代表们拒绝了这一要求。弗兰格尔遂搬来一张椅子，在双方会面的申克尔的戏剧之家外坐下。从议会里出来的一名代表告诉他，他们只"向不可抗力因素低头"，弗兰格尔笑着回答："不可抗力因素现已抵达。"他给了议员们 15 分钟的撤离时间，他们不得不低头照做。随后全城进入戒严状态，议会也于 12 月正式解散。[17]弗兰格尔"老爹"由此成为柏林传奇——遭改革派憎恶，为反动派热爱。他担任柏林的军事总督直到 1877 年以 93 岁高龄去世，是普鲁士军事力量在首都的体现。他住在一栋小型宫殿式样（schlössischen，小型城堡或庄园式样）的漂亮四边形古典宅邸里，位于施泰格利茨。这栋建筑物今天依然屹立，被称为小弗兰格尔宫（Das Wrangelschlösschen），可以租来举行

---

①　弗里德里希·威廉·冯·勃兰登堡（1792—1850）为普王弗里德里希·威廉二世与多恩霍夫伯爵夫人索菲（Spohie Gräfin von Dönhoff，1768—1834/1838）贵庶通婚所生的子女之一，但这段关系仅维持两年（1790—1792）。按照欧洲通行的王朝继承法则，王族与非王室出生女子贵庶民通婚所生子女不得享有继承权。不过弗里德里希·威廉于 1795 年与其胞妹被赐姓"冯·勃兰登堡"，弗里德里希·威廉还被封为伯爵。

派对，不过弗兰格尔的鬼魂对此做何感想就不得而知了。

尽管弗里德里希·威廉呼吁柏林人保持冷静的行动或许是勇敢而鼓舞人心的，但他随后的举动表明，无论他个人感受是什么，他的政府都牢牢控制在获得军队支持的反对派系手中，他们认为 1848 年最后的几个月足以证明他们的立场。有一幅著名的漫画叫《我与我的人民之间插不进一张纸》（*Zwischen mich und mein Volk soll sich kein Stück Papier drängen*），展现了改革者们为了呈送请愿书，想要奋力挤进一扇被肥胖的国王关上的门里，国王反过来又被一个头戴他的新式尖顶头盔的普鲁士士兵从后面推着顶住门。[18]新一届议会被召集起来，但很快又因为投票反对国王而遭解散。这个议会最终于 1850 年根据新宪法被另一个两院制议会取而代之，按照宪法，所有成年男子被授予了投票权（但仅限于选举根据收入划定的本"阶级"，女性则不享有该权利），除此之外，还有一座类似英国上院那样由世袭贵族组成的贵族院（Herrenhaus）。这个新生的议会慢慢开始形成自己的立场，当政府在 19 世纪 60 年代前期试图通过军队改革，议会至少暂时拒绝通过。另一个变化则是国王本人日益远离日常政治，转而依赖一位首相。首位总揽大权的首相是出自另一个伟大容克军事家族的奥托·冯·曼陀菲尔（Otto von Manteuffel）。

一面是类似的政治风暴席卷，一面是这座城市本身不得不接受日新月异的极速增长及与之相连的苦难和贫穷。和其他许多拥有大量移民的城市一样，它直到 20 世纪都是一座贫困居民与弱势群体多到不成比例的城市，甚至到 1900 年时，60％的柏林居民要么是一代移民，要么是二代移民。不过到 19 世纪中叶，情况已慢慢有所好转。虽然 1848 年 3 月的种种事件可能无法成功引发持久的政治变革，但它们切实引起了人们对数量如此庞大的柏林人所忍受的可怕社会现实的关注。

首个要求是住房。这座亲眼见证 1848 年起义的城市，核心区域是以岛为中心、受柏林宫支配的中世纪区域，历史最为悠久。它还包括 18 世纪发展起来的弗里德里希斯韦德、弗里德里希斯城和多罗特亚城，都位于即将被拆除的关税墙内。这片区域经克诺贝尔斯托夫和申克尔美化，如今正面临新的发展。谷仓区（它最初是柏林人饲养牲口的谷料区）在弗里德里希·威廉一世下令犹太人聚居于此而成为犹太人区，与此同时，大规模的移民也导致西部地区大规模开发，并混合了较高档的住宅，蒂尔加滕周围地区尤其如此。但在东面，棚户区一直延伸到东北部的普伦茨劳贝格和弗里德里希海因，以及东南部的克罗伊茨贝格。当莫阿比特和施普雷河以北地区成为正在建设中的新兴工厂的主要聚集地，夏洛滕堡、滕珀尔霍夫、潘考和舍内贝格仍是乡村地带——但这些乡村即将被吞噬。负责制定这一计划的人名叫詹姆斯·霍布莱希特（James Holbrecht），他是供职于王国城市规划总署的测量员。不过在他之前，也曾有人尝试制定城市总体规划。弗里德里希·威廉四世早在 1840 年就曾委托景观建筑师和花园设计师彼得·约瑟夫·伦内（Peter Joseph Lenné）做过类似准备，但成果并不显著。霍布莱希特的报告则更为全面。他着重考虑的城市是介于关税墙和新建的城市轨道环线之间的区域。随后他在 1858 年至 1862 年间制定的规划是设想柏林的人口增长至 150 万～200 万人，并建设后来被称为“威廉环线”的地区。按照这个计划，像维丁、格松德布鲁能和新科伦都将被纳入城区范围。这是一个充满想象力和未来主义风格的规划，但很快就会遭到质疑，因为霍布莱希特还提出了应当如何开发的建议。

这些新区的实际布局是从中心点分出宽阔的街道向外辐射，类似弗里德里希·威廉一世对弗里德里希斯城的最初设计，但争议出现在霍布莱希特所构思的住房规划，即建造令柏林臭名昭著的"出租兵营"（对外出租的"兵营"，确切来说是公寓街区），此类住房最大限度利用一切可以利用的空间，并得名于弗里德里希大王建造的兵营。这些居住区实际临街的面积相当小，但每个街区都从临街的位置向后延伸，因此包括一系列院落，通常有 2～3 进，但有时会达到 6 进。按照规定，每个街区都不得超过 20 米长，而每个院落面积不得小于 5.34 平方米，以便消防车能进得来并转弯——如若不然，开发商就会放开手脚塞进更多的房间。在这个模式下，前面临街的公寓价格更昂贵，用于租给有钱人；而穷人则不得不退至没有日照或通风不良的地方居住。

但霍布莱希特的规划引发了意见分歧。许多人认为他是单纯想要迎合建筑开发商，让他们能最大限度地在每个平方里塞进更多的家庭，从而实现利润最大化；到 1910 年时，典型的"出租兵营"街区住宅可以容纳 76 人，是欧洲每平方米人口密度最高的地方。[19]由于柏林当时考虑的只是提供足够的空间，以便塞进城市快速工业化所需的劳动力，这个方案并未试着为工人阶级提供体面且负担得起的住所（就像欧洲其他城市正在考虑的那样）。因此"出租兵营"被指责为触发一切社会问题的根源，加速疾病的迅速传播；据说还是即将到来的 20 世纪 20 年代恶性街头斗殴的源头。尽管如此，还是存在另一种看法，即这个方案打破了原来富裕家庭居住在某个街区，而贫困家庭住在相对落后街区的社会规范。在柏林，居住隔离当然依旧存在，但不如伦敦或巴黎那么明显，原因就在于"出租兵营"原则将不同收入阶层的家庭安置在同一个街区。这意味着穷人和富人家庭每天抬头不见低头见，他们的孩子也不可避免地会玩到一起，"出租兵营"街区的社区意识由此产生。公正地说，这才是霍布莱希特构思的初衷，他曾谈到过邻居们为"住阁楼的老鞋匠威廉"和"后院出租屋里卧床不起的舒尔茨太太"带来了食物和保暖衣物，从地下室出来前往免费学校的孩子们和前往文理学校的议员或商人家的孩子走在同一条走廊上。许多在"出租兵营"里度过一生的人或许都会同意这点，虽然旁人并不觉得这有什么好。还有一个作用则是延续柏林家庭选择赁房而居，而非拥有自己房产的传统。时至今日，这种做法不仅在柏林，也在整个德国继续存在。地产所有者不愿意看到人们因为永久置产而打破整个街区的现状，因此居住模式过去立足于租赁，现在依然如此。无论柏林人如何看待生活在其中的人们，"出租兵营"仍赋予柏林许多物质与精神特质。而许多街区的风貌则要归于 1842 年逝世的申克尔和他创造的内敛的古典主义的外立面。

霍布莱希特的规划也推动了柏林周边乡村的开发。实际上，有几座村庄此时已处于很古怪的半开发状态——部分是传统的乡村中心，部分是郊区；不过威廉环线内的村庄在 1860 年至 1900 年间已完全实现城市化。当地农民发现自己一夜暴富，因为开发商准备好为建设地块支付高昂的费用。不过由于开发速度过快，一些村庄或多或少被吞噬了，只能在柏林郊区找到诸如乡村教堂、磨坊和中世纪的房屋之类的美丽遗存。例如，你可以在如今称为新科伦的一部分的布考（得名于波拉布语的山毛榉）和鲁多——二者今天都属于新科伦——辨识出曾经的温德人的村庄中心，其中大部分最有魅力的地方，如他们的教堂，还有一座磨坊，都被保留了下来。这种快速扩张还留下了另一份遗产，即它带给柏林人一种强烈的地方意识。不可否认，很多大城市都存在这种地方意识，但这种在大规模建设时期仍竭尽全力保持这种身份意识，无论是在过去还是现在，在柏林都表现得尤为明显。这种意识出现在非常本地化的街道中，人们（通常是男人们）会聚集在他们的小酒馆里，而这些酒馆决定了某条街或某个广场，甚至是整个街区的风格。柏林如今已是欧洲出行最便捷的城市之一，但柏林人依然不太愿意远离他们居住的街区。

　　但房子依然是个大难题，因为住房供应根本跟不上需求，柏林的人口增速至 19 世纪中叶远超欧洲其他城市。一种解决方法是单纯让房间变得拥挤不堪，但如此一来，公共卫生风险也随之提高：1868 年柏林再次暴发霍乱；1871 年暴发天花，共造成 6 478 人死亡。据统计，有 5％的人口感染永久性性病，这是大家被迫挤住在一起的普遍后果。但考虑到污浊的空气和不卫生的居住条件，最大的杀手仍非肺结核莫属，1860 年全部死亡人口中有 15％死于肺结核。[20] 每到 4 月 1 日和 10 月 1 日这两个半年一次的收租日，街上就挤满了人，他们因无力支付房租而离开住处，绝望地四处游荡，寻找可以替代的落脚点。有些人最终成了到处与人合用同一张床铺的"（轮流）租床客"（Schlafleute）①，还有些人则成为暂时借宿在新

---

　　①　"Schlafleute"由"睡眠"（Schlaf）和"人"（Leute）两个单词构成，是指那些因无力负担一间房间，只能承租其中一张床铺的人，以外出打工的单身年轻人为主；更有甚者，这些人因经济能力或工作关系仅需在床铺上休息几小时，故选择与他人轮流使用同一张床铺。这种极端的借宿形式在 19 世纪的欧美大城市如柏林、维也纳或纽约十分普遍。但在德语中，用于描述这一群体更常见的单词是"Schlafgänger"。因译者才疏学浅，实在无法找到对应的中文译名，退而选择意译，特此说明。

建筑直至墙面石膏干透的"毛坯住户"（Trockenwohner）^①。

另一个重大进步是运河系统。有一个问题可能会萦绕在到访柏林的游客心头：这座城市的水道令人疑惑，水体和桥梁无处不在，但又一时半会搞不清楚它们流向何方，或者彼此如何连通。冯·耶拿（von Jena）为大选侯建设完成的奥得-施普雷运河，因为 1845 年开凿的预备役运河而得到强化，预备役运河避开市中心将施普雷河西面的主要内河港口西港（Westhafen）和东港（Osthafen）连接起来，如此水路交通就可以快速前往哈维尔河，而无需再经过施普雷河狭窄的中央河段。这条运河由伦内设计，在距离中心城区以南 10 公里处流淌，将蒂尔加滕一分为二，并在那里穿过一处水闸；然后经克罗伊茨贝格再次汇入位于弗里德里希海因的自然河道中。如今的它已成为柏林生活相当富于魅力的一部分，而不仅是一条经济命脉，而在当时，这条运河对航运时长构成了重要影响。伦内还设计了霍亨索伦运河，这条运河直接连通西港与位于施潘道上游的哈维尔河，从而快速汇入奥得河。1848 年，他又展开了夏洛滕堡短驳运河的建设工作，将施普雷河与霍亨索伦运河连接起来。他最后完成的运河是路易斯城运河，它贯穿市中心与预备役运河及施普雷河相连。但这条运河几乎从未投入使用，并于 20 世纪 20 年代被填埋。

此时的柏林依然是一座保留兵营和军事演练场的城市。普鲁士军队大量驻扎在波茨坦和施潘道，尤其前者是国王卫队与国王近卫军的所在地。虽然弗里德里希·威廉四世在 1848 年向暴动的民众

---

① "Trockenwohner"是由"干燥的"（trocken）和"居民"（Wohner）两个单词构成的组合词，抓住了此类居住形式的最大特点，此处亦选择意译，原因同上。

做出保证，弗兰格尔也率其部队离开，但军队最终还是打算留下，因此 19 世纪的柏林依然和过去一样充斥着士兵。但即便是在暴力事件发生过后，沿菩提树下大街行进的阅兵和柏林宫的卫兵换岗，照旧是大受追捧的热门场景。不同之处在于，士兵们如今几乎全被安置于分散在城市各处的兵营里，其中许多营房即使是遭遇战时损坏也依然清晰可辨。市中心周围还有大型操练场。最大的操练场位于滕珀尔霍夫，其面积超过 385 公顷，蒂尔加滕也经常被用于操练。另一块重要场地是炮兵操练场，它从海德街向西延伸，越过荣军公墓，一直延伸至莫阿比特。如今它已成为弗里茨宫运动公园，今天在那里踢足球的人可能不会意识到曾有多少代普鲁士士兵曾在他们踢球的地方接受训练。

　　尽管如此，柏林的控制权正日益从军队转到警察手里。1848年 3 月之后曾有过一次组建市民警察部队——“Bürgherwehr”①（字面意思为“市民卫队”）——的尝试。尽管这次尝试相当失败，但它通过严格制定规则，规定诸如其公民成员应做什么，他们公务以外的居家时间应如何不被打扰，以及应如何只在公共场合穿着制服，将其与其他市民进行区分。不过，这支部队既未能阻止 1848年 6 月 14 日针对军械库的大规模武装行动，也未能在弗兰格尔占领御林广场时现身。到了 1849 年初，一位杰出人物，卡尔·路德维希·冯·欣克尔戴伊（Karl Ludwig von Hinckeldey）出任城市警察局长一职。市民卫队遂经过巧妙重组，还穿上了配备头盔的军装制服。冯·欣克尔戴伊则拥有广泛的权力。除了负责维护法律和秩序，他也为企业颁发执照、签发护照，并且可以否决城市议会的

---

　　①　原文如此，现代通行的写法是“Bürgerwehr”，特此说明。

决议——这是他经常动用的权力。他引入消防部门，与一家英国公司签订铺设水管和消防栓网络的合同，制定有关居民排泄物和垃圾清理（柏林直到 1900 年时还只有 8％的房屋配备厕所）的规章制度。但欣克尔戴伊最令人难忘的一项工作可能还是"利特法斯"柱，这是柏林的一种装置，至今仍在使用中——与当年将其引入柏林时别无二致。1848 年，欣克尔戴伊对贴满城市各个角落的海报的挑衅和杂乱无章分外恼火，遂与恩斯特·利特法斯（Ernst Litfaß）① 签订了一份垄断协议，由其在城市周围竖起 150 根柱子，同时利特法斯还拥有在柱子上张贴和印制海报的唯一权利，其他所有海报一律禁止张贴。正是这些今天仍随处可见、被称为"胖夫人"（Dicke Damen）的矮胖柱子，让利特法斯家族发了大财。

不过有一个领域未能让欣克尔戴伊留下十足的影响，这就是控制业已成为攸关容克贵族和军官荣誉法则的决斗行为。尽管决斗被像格拉斯布伦纳（Glassbrenner）② 这样的人讽刺嘲笑，说它解决的争议往往只是些鸡毛蒜皮的小事，但用剑或是手枪决斗在一些比较有年头的德国大学里是根深蒂固的传统，那里的学生社团，即"corps"（军团）③，使它变成了一种仪式。决斗在军队中也根基深厚，并总能得到高级军官和法院的宽恕。有一个决斗的伤疤，最好是在脸上，是一种荣誉的象征。问题是，这种虽然对浪漫主义者非

---

① 恩斯特·利特法斯（1816—1874）是柏林的印刷工厂主、出版商。由于他开启了这种全新的张贴广告方式，德语中的"广告柱"写作"Litfaßsäule"，直译便是"利特法斯柱"。

② 指阿道夫·格拉斯布伦纳（Adolf Glassbrenner），活跃在柏林的讽刺作家。

③ 这里的军团并非普通意义上的军事组织，而是特指 19 世纪主要由贵族大学生组成的学生团体，与之相对的是由平民大学生组成的"兄弟会"。

常有吸引力，但其实已相当过时的"荣誉"观念，变得极为普遍，甚至连最高级的军官也未能免俗。

其实，如果快速浏览一下规模较大的大学生"军团"——如波恩（大学）的"普鲁士"——的成员名单，就会发现其中有很多德意志王室家族的成员、重臣及高级军官，从未来的皇帝威廉二世到俾斯麦都是它的成员。柏林最自由、最进步的市长兼进步党的创始人之一，马克斯·冯·福肯贝克（Max von Forckenbeck）在吉森上大学时则是条托"军团"的成员。首相奥托·冯·曼陀菲尔的堂弟埃德温·冯·曼陀菲尔（Edwin von Manteuffel）将军，因为自由派记者卡尔·特维斯滕（Karl Twesten）在一本小册子中对他进行诋毁，遂在决斗中将后者打伤，这一举动在很大程度上可以阻止其他记者起而仿效。甚至连卡尔·马克思也决斗过。而此时，身为柏林最干练公务员之一的冯·欣克尔戴伊，则收到某位容克的挑战，此人因为局长关了他的赌场而心烦意乱。一位叫诺尔纳先生（Herr Nörner）的下属曾试图阻止这场战斗，但冯·欣克尔戴伊却以相当轻蔑的口吻回答："诺尔纳，你不懂这些事！"两队人马遂在荣费恩海德公园展开决斗，"一个小时后他就死了"[21]。而在不久之后，柏林还将以同样的方式失去另一位伟大的改革者。① 今天荣费恩海德公园内有一处相当漂亮的冯·欣克尔戴伊纪念碑，在他去世地点附近竖有一个简洁的十字架。

而从城市日益普遍的自由主义立场中获益的一个群体是犹太人。哈登堡的改革之一是在1812年通过了《解放犹太人敕令》，终

---

① 这里暗指下文中的斐迪南·拉萨尔。冯·欣克尔戴伊于1856年死于决斗，拉萨尔则死于1864年。

结了城市犹太人必须申请"犹太人庇护"（Schutzjuedenschaft）的旧例。正是"犹太人庇护"原则导致他们被区别对待，并受种种限制措施的约束，例如弗里德里希大王就非常歧视性地要求他们必须从国家瓷器工场购买一定数量的瓷器。因此，哈登堡的行动有效地使所有犹太人成为普鲁士公民，并允许他们在军中服役。犹太人对于 1813 年的战斗召唤给予了热烈回应，犹太人也首次被任命为军官——这可是能让"老弗里茨"弗里德里希大王气得从棺材里爬出来的举动。

柏林的犹太人已经超过 10 000 人，他们在商业领域地位稳固，并通过诸如亨丽埃特·赫茨（Henriette Herz）的沙龙，抑或门德尔松这样的家族，在柏林的文化生活中扮演极为重要的角色，这或许也是他们第一次感到有安全和有价值。他们不再以犹太人——为求自保互相抱团在普鲁士城市生活的共同体——自居，而是自认为刚好信仰不同的普鲁士人。超过一半的犹太人供职于银行业或商业领域，像约瑟夫·利伯曼（Joseph Liebermann）这样的人就在工业革命降临之际充分把握住了机会。他的纺织品开创了新的技术，成为柏林最成功的产品。他成为家喻户晓的"那个利伯曼"（Der Liebermann），并和博尔西希一样，得到了"商业枢密参事"的荣誉称号。至 19 世纪末，在柏林获此称号的近一半是犹太人——戈尔德施密特家族（Goldschmidt）、迈尔家族（Meyer）和赖兴拜姆家族（Reichenbeim），还有利伯曼，这一比例远远高于普鲁士其他地区。[22]

但在柏林的知识界也好，军界也好，街头也好，仍强烈涌动着反犹主义暗流。举例来说，直到 1848 年以前城市行政部门都没有一个犹太人，甚至连阿希姆·冯·阿尼姆（诗人，他更为人所知的身份是贝蒂娜的丈夫）都曾说过要把"所有的犹太人、法国人、市侩和女人"从他的知识分子圈子"桌社"（Table Society）①中踢出去。[23]门诺·布格（Meno Burg）是参与反拿破仑战争军衔最高的犹太军官，但他从未晋升为中尉，他敏锐地将这一点归结为自己拒绝皈依基督教。1850 年 9 月，作曲家理查德·瓦格纳（Richard Wagner）出版了他的《音乐中的犹太主义》（*Judaism in Music*），这部作品是针对德意志犹太人最激烈的、几近歇斯底里的论辩。"有必要对我们不自觉反感犹太人禀赋与个性的原因进行解释"，他在一篇后来对纳粹分子构成影响的悲观文章中这样写道。[24]

正因如此，1848 年街垒由大量犹太人驻守，而且死者中也有犹太名字，就不足为奇了。1850 年宪法虽然确实切实保护了犹太人拥有作为公民的完整权利，这种状态一直维持到 1918 年，或者确切来说持续到纳粹上台，但反犹主义在柏林社会大多数领域都普遍存在。[25]不过 1866 年 9 月 5 日，位于奥拉宁堡街的新犹太会堂（Neue Synagogue）落成，它成为犹太社区的一个显著标志。这是一座大型的犹太会堂，可容纳 3 000 名礼拜者，它还清晰而醒目地传达出犹太人获得解放的消息，并对柏林犹太人社群的未来充满信心。会堂由爱德华·克诺布劳赫（Eduard Knoblauch）和弗里德里希·奥古斯特·施蒂勒（Friedrich August Stüler）设计，他们使用一目了然的摩尔风格、大圆顶、尖塔的元素，并参照阿尔罕布拉宫进行室内设计。这座会堂在 1938 年的"水晶之夜"中遭纳粹破坏，

---

①　桌社于 1811 年 1 月 18 日成立，全称为基督教德意志桌社（Christlich-deutsche Tischgesellschaft），阿尼姆为创始人之一。其成员均为柏林各界名流，每两周聚会一次就政治进行讨论，是反法、反哈登堡改革政治保守团体。

自 1989 年以来已部分得到修复，今天会堂正面和它初落成的样子相差无几，只不过背后的建筑损毁严重，无法再利用。

大约在同一时期，柏林的另一个重要地标也已完工，而且它也在第二次世界大战中遭到严重破坏，不过如今已完全修复。这便是夺人眼球的"红色市政厅"（Rote Rathaus），它位于亚历山大广场东南侧，原来老柏林市政厅所在的同一位置上。1307 年柏林和科伦决定合并，便将位于长桥上的联合市政厅漆成了红色，因此"红色"市政厅的理念就成为柏林崇拜的一部分，不过新建筑本身就是典型的柏林红砖建筑，因此也的确是红色市政厅。后来随着柏林日益社会主义化，这一名称也含有政治原因。1808 年由拿破仑设立的议会是法国占领时期少数流传下来、历久弥新的遗产之一。只不过 1850 年的宪法修正将拥有选举资格的人限定在那些收入达到1 200 马克的人群中，并且这一规定也适用于整个普鲁士，而这也意味着它并非一个完全民主的机构。诸如冯·欣克尔戴伊之类的官僚有权推翻它的决议，因此也形成了一定的局限性。但无论如何，这座快速扩张的城市的行政机构需要重新进行安排。红色市政厅由赫尔曼·弗里德里希·韦泽曼（Hermann Friedrich Waesemann）以申克尔最初的设想为基础进行设计，1869 年完工。红色市政厅既有拥趸，也有大批反对者。但它本身就是一份 1848 年之后的柏林的自白书。它的建筑风格与柏林宫及其周围建筑截然不同，更接近意大利城邦的市政厅，还拥有一座面向宫殿广场的高塔，传达出强烈的公民自治意愿，一如新犹太会堂所传递出犹太社区的信息。它的宝藏之一很难靠近，即是环绕整座建筑物的赤褐色吊饰带，描绘了柏林的种种历史场景。

✤　✤　✤

　　1861 年，弗里德里希·威廉去世。继任者是他的弟弟，立场强硬的王储威廉，后称威廉一世。与 1848 年鼓吹炮轰宫殿广场暴民的"霰弹亲王"相比，成为国王后的他变得受人敬仰，他还是那个 55 年前牵着妈妈的手站在提尔西特河边的小男孩，那是一场拿破仑乘机羞辱普鲁士和霍亨索伦家族的政治秀。1862 年，他的战争大臣冯·罗恩（von Roon）说服他任命奥托·冯·俾斯麦（Otto von Bismarck）为首相。俾斯麦通常被描述成一个总是身穿制服的老派普鲁士容克，发表了"铁血演说"，还是让军国主义的德国在 70 年代三次入侵法国的始作俑者。俾斯麦确实是个普鲁士容克。"我，"他曾这样说过，"是一个容克，这使我想充分利用这一事实。"[26] 他出生在勃兰登堡境内易北河畔的舍恩豪森，在波罗的海沿岸的斯德丁附近长大成人。然而，虽然他总声称自己讨厌柏林，但他依然称得上是个柏林人：在格劳恩修道院接受教育，并从哥廷根大学转到柏林大学。他或许曾反复试图逃离这座城市，但又因同样的坚持回到这里；而他留下的遗产，证明他为城市发展做出的努力，几乎与他为建立德国所做的战略决策一样清晰。

　　俾斯麦可能是继大选侯之后柏林故事中最强势、最吸引人的人物，但在他的早年生活中，几乎没有任何迹象表明他会成为铸就德意志民族的建筑师。作为普鲁士邦议会的一名年轻议员，他是激烈的保守主义者和坚定的保王派，主张在 1848 年之后采取严厉措施并反对民主。1851 年，弗里德里希·威廉四世派遣他作为普鲁士代表参加法兰克福的帝国议会①，正是在那里，他开始意识到，如果要建立一个统一的国家，就必须解决奥地利与普鲁士之间的竞争。1859年，威廉一世担任摄政王，他认为俾斯麦性格具有侵略性，容易破坏稳定（这两个人的长期合作虽然十分成功，但却永远无法融洽相处），于是将他从法兰克福召回，派往俄国担任普鲁士公使，又在1862年将他调往法国。那年秋天，威廉一世极不情愿地再次将俾斯麦召回，因为他是唯一能控制普鲁士议会的政治家——后者才拒绝批准国王的军事预算。俾斯麦被任命为普鲁士首相和外相。虽然在法兰克福逗留期间让他认识到与奥地利分道扬镳的结局无可避免，但在圣彼得堡和巴黎的经历又告诉他，如果普鲁士同时受到来自东西方的威胁，那么它将变得十分脆弱。这个经验将指导他未来30年的外交政策。俾斯麦是位虔诚的虔敬派教徒，他待在自家位于波美拉尼亚的庄园里更自在些，而且经常身穿据描述应该是预备役军官的制服。因此，相比暗示他是个典型容克，他的个人形象显然更复杂、更矛盾。

自掌权伊始，俾斯麦就将他所拥护的、愿用鲜血锻造和建立德意志民族认同的双重运动与他口头提出的政治改革区分开来。在他执政的28年间（从1862年被任命为首相到1890年被威廉二世解职），柏林的命运将再次被改写。俾斯麦将其作为他创建的德意志"帝国"的首都和德意志皇帝的驻在地。不过，随着王权的扩大，柏林人将日益成为政治斗争和社会改革的拥护者，一开始是为了自

---

①　这里的表述并不准确。原作者使用的是"Diet"一词，它特指神圣罗马帝国时期的帝国议会。由于神圣罗马帝国已于1806年寿终正寝，因此俾斯麦作为代表派驻法兰克福的机构应为按照1814—1815年维也纳会议的相关决议（即《德意志邦联文件》）成立的各邦代表会议"邦联议会"。

己所在的城市，后来则是为了整个国家。"柏林不乐意"，现在往往
被视为"红色柏林"精神，通过改革者、艺术家和社会主义者加以传
达，他们将与受人敬仰的、官方的、工业化的、商业的和军事化的柏
林，柏林政府和宫廷，即一切巩固其帝国首都地位的因素进行抗争。

　　这种"柏林不乐意"精神早期且相对温和的代表是斐迪南·拉
萨尔（Ferdinand Lassalle）。他是柏林大学的又一个毕业生，深受
费希特和黑格尔作品影响——尽管他过于年轻而无缘接受黑格尔本
人的教海。拉萨尔在 1848 年之后成为政治改革的主要鼓吹者。由
于政治观点不够激进而遭马克思和恩格斯鄙视，他主张男子普选，
既是社会主义者，又是民族主义者和君主主义者。正因为如此，他
与俾斯麦关系融洽，虽然身处不同的政治两极，但俾斯麦后来承认
曾受到他强烈的影响。[27]拉萨尔令人难忘的功绩在于他 1863 年 5 月
23 日创建了全德工人联合会（Allgemeiner Deutscher Arbeiter Ve-
rein，ADAV），这是一个致力于通过和平方式实现普选的社团。到
1890 年全德工人联合会将演变为德国社会民主党（Sozialdemokra-
tische Partei Deatschlands，SPD），它将在未来几十年和当今柏林
乃至德国政治生活中成为发出中左翼声音的关键角色。但和许多有
才华的人一样，拉萨尔也在 1864 年 8 月的一场决斗中丧生，但这
场争执无关政治，关乎爱情。[①] 这一年他年仅 39 岁。

　　俾斯麦现在的策略是让自己成为民族主义运动的化身。法兰克

---

　　① 19 世纪 60 年代初在柏林逗留期间，拉萨尔结识了一位巴伐利亚女子海伦娜·
冯·多尼格斯（Helene von Dönniges，1843—1911），1864 年两人订婚，但遭到海伦娜
的父亲强烈反对。拉萨尔遂向爱人之父发起决斗挑战，但最终决定由海伦娜的前未婚夫
冯·扬科维策（von Racoviṭă）代替她父亲出战。1864 年 8 月 28 日，冯·扬科维策在决
斗中打伤拉萨尔，8 月 31 日拉萨尔不治身亡。

福的帝国议会，即 1815 年诞生于维也纳并无控制力的泛德机构，曾于 1849 年制定过一部宪法。① 然后他们派遣一个代表团前往柏林，向弗里德里希·威廉四世献上德意志王冠。他予以拒绝，因为感觉自己不能接受民选议会的王冠，它就像"是一顶从阴沟里捡来的王冠"[28]。但他的拒绝只有部分原因是骄傲。对于普鲁士而言，它依然并未强大到足以对抗奥地利。虽然梅特涅在 1848 年倒台了，但由费利克斯·冯·施瓦岑贝格（Felix von Schwarzenberg）亲王领导下的强力政府决定了普鲁士尚不能统治一个德意志国家。

　　1850 年 11 月，施瓦岑贝格在奥尔米茨强迫普鲁士签订了一个侮辱性极强的条约，迫使后者撤出石勒苏益格-荷尔施泰因，为阻止丹麦占领石勒苏益格，普鲁士曾出兵进入上述地区。十四年后的 1864 年，俾斯麦拥有了一支更强大、装备更精良的普鲁士军队，他遂决定利用石勒苏益格-荷尔施泰因问题建立普鲁士的霸权。石勒苏益格-荷尔施泰因问题的复杂性远超本书能力所及的范围。英国首相帕默斯顿（Palmerston）勋爵在谈及石勒苏益格-荷尔施泰因问题时曾有名言："它太复杂了，全欧洲只有三个人懂。一个是阿尔伯特（Albert）亲王，他已经死了。第二个是一位德国教授，他疯了。我是第三个人，但我已经把它忘了个精光。"1864 年夏天，普鲁士和奥地利军队通过一场血腥残忍的战争打败了丹麦，无论是在火力上还是在战术上，不幸的丹麦人

---

　　①　作者这里混淆了法兰克福曾存在过的两个"议会"：1815 年之后成立的是邦联议会，尽管按照《维也纳最后议定书》的设想，确有制定一部类似宪法的邦联基本法的打算，但因德意志两大邦普鲁士和奥地利的政治角力而未能实现。1848 年在法兰克福成立的是全德国民议会，其代表在全德范围内普选产生，试图建立一个统一的德意志国家。国民议会于 1849 年通过《德意志帝国宪法》，并选举普鲁士国王为德国国王。

都一败涂地。普鲁士随后又在 1864 年 10 月在维也纳签订的和约中成为赢家，但这只是俾斯麦打算彻底除掉奥地利这个德意志统一障碍的前兆。

1866 年 6 月 18 日，俾斯麦以国王威廉一世的名义发表了一份《鼓舞普鲁士人民诏书》。他宣布德意志邦联及法兰克福议会解散，并向奥地利开战。仅仅七周之内，奥地利就在萨多瓦（或称柯尼斯格莱茨）被普鲁士军队彻底打败，在随后签订的《布拉格条约》中，普鲁士取得对整个德意志世界的领导权。奥地利皇帝被迫"解散德意志邦联，并同意在没有奥地利帝国参与的情况下建立一个全新的德意志国家"。其结果便是 1867 年成立的北德意志联邦，但此时南部的四个主要德意志邦国——巴伐利亚、巴登、符滕堡和黑森-达姆施塔特——并未加入。工作才完成了一半。

俾斯麦意识到，要想最终说服这些邦国加入统一的德意志国家，就不得不将法国而非普鲁士描绘成欧洲和平的主要威胁。凭借一系列日后被视为辉煌外交成果或阴谋诡计的事件，他设法通过埃姆斯电报使拿破仑三世成为侵略者，根据这份电报，法国被认为向普鲁士发出有关西班牙王位要求的最后通牒。[①] 果不其然，法国向普鲁士宣战，其结果便是爆发了 1870 年的普法战争，这场战争也是战争大臣冯·罗恩与普鲁士总参谋长赫尔穆特·冯·毛奇（Hel-

---

① 1868 年 9 月西班牙女王伊萨贝尔二世（Isabella Ⅱ，1830—1904）被推翻，新上台的西班牙政府选定霍亨索伦家族支系的利奥波德亲王（Leopold，1835—1905）为新王。这个消息阴差阳错地在 1869 年 7 月初传至法国，引发舆论哗然，法国政府要求威廉一世以族长身份阻止利奥波德继位，并保证霍亨索伦家族永不登上西班牙王位。俾斯麦于 7 月 13 日收到普王从度假胜地埃姆斯发来的电报，对其加以修改并公布于众。此事史称"埃姆斯电报事件"。被彻底激怒的法国于 7 月 19 日正式向普鲁士宣战。

muth von Moltke）的联合军事规划的胜利。

由于预备役的光荣传统以及它在反拿破仑战争中所取得的胜利依然具有相当大的影响力，因此两人顶住来自柏林的巨大反对声音，通过延长常规服役期，以便让他们的编队得到更好的训练，使普鲁士军队得以实现专门化。德国军队穿过阿尔萨斯-洛林进攻法国，仅用了六周时间就迫使法国皇帝拿破仑三世在色当投降。这是一场令人瞠目结舌的完胜。巴黎现在被占领了。1871 年 1 月 18 日，威廉一世在凡尔赛宫的镜厅被宣布成为首任德意志皇帝，这显然是告慰提尔西特亡魂的甜蜜一刻。而柏林现在成了帝国的首都。

知名的柏林女演员卡罗琳娜·鲍尔（Caroline Bauer）在 1870 年写道：

> 我爱老柏林，1824 年时那里只有 193 000 名居民，没有煤气，没有铁路，没有自来水供应，没有人行道，只有两家剧院和两份报纸。一个躲避他师傅的鞋匠学徒，要么是一个放风筝的人，要么是一辆翻倒的马车，都能提供数小时的娱乐……至于这个世纪的下半段，这座大都市的街道上有耀眼的煤气灯，有 24 家剧院，有蒸汽机的轰鸣，还有对财富的狂热追求，哲学虚无主义和悲观主义——它让我感到厌恶。[29]

然而这一切还只是开始，柏林即将发生翻天覆地的变化。它不再是施普雷河上的双子渔村和贸易村落，也不仅是勃兰登堡马克的首府，甚至已不是普鲁士国王的首都，柏林是首个德意志民族国家的首都，并很快成为德意志帝国的首都，它还将成为欧洲最大的城市。

第七章

1871—1918 年　繁荣与艰难

你疯了，我的孩子，你应该去柏林。

——弗朗茨·冯·苏佩（Franz von Suppé），

奥地利作曲家，1876 年

海因里希·冯·特赖奇克（Heinrich von Treitschke）是一位柏林历史学家，从 1871 年起成为帝国国会议员。虽然他最初是一名自由主义者，但逐渐成为极端民族主义的拥趸。直到 1896 年去世，无论是作为大学讲师，还是煽动家，特赖奇克都广受欢迎。他坚持认为俾斯麦所取得的成就是德国的宿命。英国人、犹太人和社会主义者通通应当被谴责，因为英国人"没有任何可取之处"，犹太人"对整个世界一无用处"，社会主义者正在阻挠由霍亨索伦家族所代表的一种纯粹政府形式。战争是一种完美的状态，它是为"民族荣誉的道德至善"[1] 发动的。特赖奇克的诸种极端言论代表了从 1871 年至第一次世界大战结束的四十多年间主导柏林政治与思想两极分化的一极。而在特赖奇克（当然也少有人像他那么极端）的背后，则是由俾斯麦建立的宫廷、军队和政府，以确保皇帝及其大臣的有效权力。它们的反对者则是社会主义者，他们已逐步将影响力扩散至整座城市。1871 年，在柏林的六个选区中，只有两个选区的社会党政治家得以重返国会；但到了世纪之交，他们已经控制了其中的五个区。威廉·李卜克内西（Wilhelm Liebknecht）、保罗·辛格（Paul Singer）和奥古斯特·倍倍尔（August Bebel）都是拉萨尔遗产的继承者。1875 年他们在哥达实现了社会民主主义工人党与全德工人联合会的合并，虽然他们自身也面临从马克思和恩格斯那里受到启发的极左翼的挑战，但仍选择继续阐明自己的政治和社会理由，可以这样说，现在的德国正变得日益军事化，柏林却在不断社会主义化。

德国的建立对柏林构成两个直接影响。第一个影响是它发现自己如今成为德国议会——也就是俾斯麦紧接着凡尔赛宫胜利宣言建立的帝国国会（Reichstag）——的所在地。当然柏林已是依据 1850 年宪法建立的普鲁士两院制议会的所在地，它包括上院（Herrenhaus，即贵族院）和特权等级议会（Landtag，即根据按照收入划分的奇怪的三级特权选举法选举产生的下院）。但现在，统一的德国由 25 个邦组成，它们也要求召开泛德议会。考虑到普鲁士是德国无可争议的领袖，这个议会就自然而然地设在柏林。国会也是两院制，上院是联邦议会（Bundesrat①），代表各执政邦君；

---

① "Bundesrat"也可以译成"联邦参议院"，这指的是联邦德国与联邦议会并立的最高立法机构，由各联邦州派驻联邦政府的代表组成。尽管从职能和架构来看与帝国时期的联邦议会有类似之处，但为了表示区别，一般将 1871—1918 年的"Bundesrat"称为联邦议会。

而国会即下院，从全德各地的成年男子中普选产生。表面看来，这是赋予这个新生的国家前瞻性民主政体的一次公平尝试，这也是俾斯麦想要达到的效果；但现实是权力牢牢掌握在普鲁士手中，而在普鲁士内部，权力甚至更为牢固地掌握在皇帝和他的首相手中。

　　每届联邦议会召开期间，只需 14 票就可以否决任何变更提议；普鲁士控制了其中的 17 票。巴伐利亚居次席，但仅拥有 6 票；而曾经强大的萨克森则减少至 4 票。[2]而像德意志帝国这样将所有大臣的权力收归于德意志帝国兼普鲁士首相手中的内阁设计不仅前所未有，也意味着核心领域如外交和军事将不受国会控制，其宪法也不包含许多人竭力声张的一系列权利。因此，这是一套旨在将权力集中于俾斯麦的体制——用李卜克内西的话形容，是"给反民主上了保险"。只要俾斯麦掌权一天，这套体制对柏林和德国来说都会运转良好；一旦他离开，又没有具备相似能力的人替补，问题就会出现。不过在接下去的 19 年中，由于俾斯麦始终处于上升期，柏林也从他的眼界中受益匪浅。1871 年帝国国会开幕，现在需要的是一栋与之相匹配的建筑物。1872 年，围绕国会在国王广场（位于蒂尔加滕公园边缘，勃兰登堡门和施普雷河之间的区域）如何选址的问题发起了一场场地设计竞赛。但由于皇帝、俾斯麦及议员始终各执一词，这个选址拖了足足 23 年，其间，议员们选择在过去弗里德里希大王位于莱比锡大街上的旧瓷器厂集会。

　　德国成立带来的第二个影响是让柏林人发现自己如今腰缠万贯，或者说至少一部分柏林人察觉到了这一点。这里的部分原因是德国向战败的法国索取的 50 亿法郎战争赔款流入这座城市，部分是因为这个畅通无阻的新生国家内部贸易开始增加，部分是因为这座城市取代了美因河畔法兰克福的传统地位，成为德国的金融中心。德国最主要的三家银行，即德意志银行、德累斯顿银行和达姆施塔特银行，都将其总部迁往柏林，贝恩斯街因此成为德国的华尔街。而在 1871 年开启的经济繁荣规模空前，使得柏林本就狂飙突进的发展速度进一步提速，这几年也被称为柏林的"奠基年"（Gründerjahre）。人流如潮水般涌入这座城市，1875 年时柏林人口不足百万，而到了 1900 年时已达到 200 万，当然这个统计值依然偏低，严格来说，还有数以百万人居住在尚未成为城市的一部分的郊区。

出租兵营的发展使得它已遍布城市东部和北部，超出了现有的工业区域和工人阶级聚集区的范围。维丁（位于莫阿比特北部）、格松德布鲁能（意为"健康泉"）和普伦茨劳贝格（亚历山大广场的东面和北面）都被它吞并了；甚至连普伦茨劳贝格外围的潘考，连同其位于舍恩豪森令人心生愉悦的公园，也未能幸免。滕珀尔霍夫的南面和舍内贝格的外圈则提供了大量的中产阶级住宅，而条件更优越的住宅位于蒂尔加滕公园以南和以西地区及威尔默斯多夫。但最宏伟的宅邸则要更远一些，它们或位于格伦瓦尔德的边缘地带，或位于像策伦多夫这样靠近波茨坦的乡村，或是沿哈维河及其湖泊分布，例如风景优美的万湖。"全家老小住一间房"的公寓楼的悲惨境遇与肮脏环境，与郊区的"别墅"有着天壤之别，别墅构成（并依然是）西柏林景观的一部分，一如出租兵营之于东柏林。这些别墅中有一部分是用如今轻松挣来的快钱造起来的，其设计"汇聚了一切已知的、既丑且贵的风格"，克里斯托弗·伊舍伍德（Christopher Isherwood）[1]

①　克里斯托弗·伊舍伍德（1904—1986），英裔美国作家，1929—1933 年曾旅居柏林，作品多描述 20 世纪 30 年代的柏林，并将个人经历融入其中，代表作为《柏林故事》。

如此这般评论[3]；"枢密院参事哥特风"（Geheimratsgotik）成为公认的贬义词。另一些别墅，尤其是那些傍湖而建的建筑，则为负担得起的人提供了一种最富吸引力的城市生活方式。不过，老派的柏林家庭仍乐于住在他们位于弗里德里希大街周围、带有大阳台的申克尔式华厦中，而暴发户们还是更喜欢彻底远离城市。

俾斯麦本人与柏林的关系则颇为勉强。虽然当他 1866 年，从菩提树下大街的一场刺杀中幸存下来，就已成为一位备受瞩目的英雄。当时俾斯麦谒见国王后正返回，一个年轻人朝他后背开了三枪，但没有一颗子弹穿透首相厚厚的外套。俾斯麦徒手制服了年轻人并将其扭送警方，然后他悄悄离开，返回自己位于威廉街的办公室。[①] 精心谋划战胜奥地利和法国后更使俾斯麦成为家喻户晓的英雄。然而，他从未喜欢过这座城市，还告诉自己的传记作者，柏林人"总是针锋相对，他们有自己的主意"[4]。随着社会主义在柏林扎根日深，这种感觉将变得越发强烈。尽管如此，俾斯麦还是为这座城市做出了直接贡献，他认为柏林作为帝国首都需要变得比现在更宏伟一些。1873 年，在距离勃兰登堡门数百码的国王广场上竖立起一根巨大的胜利纪念柱，恰恰正对着帝国国会大厦。这根被称为"胜利柱"（Siegessäule）的纪念柱高 67 米，基座是一个用红色花岗岩建造的柱廊。起初，建造它只是为了庆祝 1864 年普鲁士对倒霉的丹麦人那场不算特别具有启迪意义的胜利。不过等到它完工时，奥地利和法国也被击败了，因此这些胜利需要通过青铜浮雕饰

---

①　此指 1866 年 5 月 7 日发生的斐迪南·科恩-布林德（Ferdinand Cohen-Blind，1844—1866）刺杀俾斯麦未遂案。时值普奥开战在即，科恩-布林德视俾斯麦为内战发动者，遂决定刺杀普鲁士首相，但以失败告终。

带来彰显，它们描绘了战无不胜的普鲁士军队和被它打败的邻国。此外，在纪念柱的顶端还有一座由弗里德里希·德拉克（Friedrich Drake）设计的巨大金色雕塑，它被柏林人称作"金色埃尔泽"（Goldelse），其原型是德拉克的女儿。

犹太青年瓦尔特·本雅明（Walter Benjamin）觉得胜利柱让他很困惑，因为他无法理解浮雕为什么要描绘法国人用金色的大炮作战，但胜利柱又让他感到安心。"伴随着法国人被击败，世界历史似乎被完完整整地埋葬进它充满荣耀的坟墓之中，而这根柱子就是墓碑。"⁵作为柏林市中心重建计划的一部分，纳粹党人在 20 世纪 30 年代将胜利柱从国王广场挪到了今天位于蒂尔加滕公园中心的大角星广场，贯穿公园的几条主干道在这里交汇。1945 年法国人移走了展示他们战败经历的浮雕，不过密特朗总统还是在 1987 年柏林建城 750 周年时将其奉还。在整个冷战期间，胜利柱都是西柏林的焦点所在，它面朝勃兰登堡门，是观赏东柏林的最佳视角。如果 270 级台阶对诸位而言应付裕如的话，那么今天依然值得以同样的视角一览全城。

俾斯麦还构想了一条连接城市和格伦瓦尔德的宽阔林荫道，类似巴黎香榭丽舍大道，两边是高档住宅区，道路西端尽头则通向森林。约阿希姆二世为更快抵达格伦瓦尔德的狩猎行宫和安娜·叙多的温柔乡曾经修过一条路，但现在俾斯麦想要把它变成一条开阔而时髦的林荫道，精致的商店、住宅由一排排的梧桐间隔开。1875 年选帝侯大街破土动工，虽然并不是俾斯麦设想中的宏伟大道，但它依然很快成为城市夜生活、咖啡馆和主要购物中心的聚集地。街道起点在动物园车站，绵延 3.5 千米，穿过夏洛滕堡和威尔默斯多夫后，抵达位于城市环线的哈伦湖车站，靠近今天的轨交线。以库达姆（Ku'damm）①之名为人所熟知的选帝侯大街受纳粹屠杀犹太人的严重影响，因为那里很多商店的所有者是犹太人；它在第二次世界大战中遭到轰炸，随后又在 1945 年得以重建。当柏林墙关闭了从西面进入柏林历史中心的大门，选帝侯大街就成为西柏林的主街道。因此，尽管它是 60 年代爆发严重学生运动的主要舞台，但始终在城市心脏地带占据特殊位置。

在俾斯麦的倡议下，新林荫大道南北的土地被迅速开发，威尔默斯多夫很快成为高档居住区之一，时至今日依然如此。1907 年，在靠近库达姆东端的陶恩齐恩街上开设了大型商场"西方百货公司"（Kaufhaus des Westens）。通常被称为"卡迪威"（KaDeWe）的这家百货公司在二战期间因一架美军轰炸机坠毁而遭灭顶之灾。但它已经重建起来，每天在原址上为超过 40 000 名顾客提供服务。其他百货公司，例如同样赫赫有名的韦特海姆，原本在莱比锡街开业，但由于战时损坏严重而搬至库达姆。

建设与开发狂热掩盖了这样一个事实，即 19 世纪 70 年代的柏林依然是一座一分为二的城市。大批移民在工业扩张的驱使下源源不断地涌入这座用工作和工资引诱他们的城市。许多在 19 世纪 30 和 40 年代起家的企业家事业蒸蒸日上，这座城市也不再依赖英国进口的技术了。旧式的英国式权力架构被两头柏林巨兽取代，柏林议事会在 1881 年进行自我重组后分成两个部分：传统的议事会角色由以市长为首的市政府继续扮演，而公共事业则交由市议会议长（Stadtverordnetvereinmeister）负责，他领导一个由 144 人组成的

---

① 选帝侯大街（Kurfürstendamm）在口语中被缩读为"Ku'damm"，故音译为"库达姆"。

市议会（Stadtverordnetenversammlung），他们的工作比起头衔来要简单不少，只需要运作公共事业。柏林很快也将成为德国乃至欧洲电力工业的中心。一位名叫维尔纳·冯·西门子（Werner von Siemens）的炮兵军官起初开发的是一种可以在铁路沿线使用的绝缘电线工艺，后来则研制出一种电报并成功投产。他一开始工作的地点位于舍内贝格大街，随后在日后被称为西门子城的地方兴建了一座大型工厂综合体。1880 年，他将电灯（而非燃气灯）引入柏林市，并接通了最早的 200 部电话。至 1900 年时，西门子已拥有员工 13 600 人和 5 400 万马克股份资本。

西门子的竞争对手埃米尔·拉特瑙（Emil Rathenau）同样也是柏林市最成功的实业家之一，他以在德国生产爱迪生灯泡发家。随着将业务向发电机制造拓展，拉特瑙开始建造发电站和有轨电车。这家如今名叫通用电气公司（Allgemeine Elektricitäts-Gesell-schaft，AEG）的企业雇用着 17 300 名柏林人，发展势头之迅猛甚至超过了西门子。至 1911 年时，它的 114 家发电站承担着全德31％的电力供应。[6]柏林本身也由 AEG 的子公司柏林电厂（Berliner Elektricitäts-Werke，BEW）供电，这家电厂于 1885 年设立首个城市电站，之后因为菩提树下大街及巴黎广场架设电力照明而受全城追捧。接着 BEW 又应建筑开发商和"活跃的城市夜生活"的巨大需求，启动了一项快速电气化方案。1895 年前后，柏林轻松超越汉堡和慕尼黑，成为德国"电气化"程度最高的城市。到了 1914年，电力供应已可以超出城区，覆盖半径 30 公里的范围。尽管柏林消耗的电力比伦敦和芝加哥都多，但 BEW 每千瓦供电的费用依然要低得多。这是柏林在工程领域的一项了不起的创举，一时间，用上电的家庭要多于使用水管供水的家庭。[7]

发动机制造和重工业依然是重要的就业源头，博尔西希已经将他的工厂迁往泰格尔，与来自东普鲁士的犹太人贝特尔·亨利·斯特劳斯柏格（Bethel Henry Strousberg）展开竞争，后者"从暴富到潦倒"的故事验证了 70 年代柏林的所有机会与偏见。斯特劳斯柏格发家致富靠的是在东普鲁士建铁路线，他利用一套相当巧妙的系统，即通过向承包商支付自己的公司股份，保证它完全围绕自己的铁路线运营，以此贯穿全德。本来只要保持对运营的信心就会一切顺利，但他在罗马尼亚开发的一个项目出现严重纰漏，致使斯特劳斯柏格在 1872 年宣告破产，人脉了得的柏林投资人因此损失惨重。斯特劳斯伯格是一个富于魅力的人（他能者多劳，还拥有一家炼钢厂，控制着柏林的牛市，同时是德国国会议员），他的主要遗产之一是斯特劳斯柏格宫，当他这座坐落于威廉街的恢宏宅邸不得不被挂牌出售时，立即就被英国政府买下用作大使馆。1945 年这栋建筑因毁损过于严重无法修复，随即在同一地点建起了新的英国大使馆。

1871 年兴起的"热钱风潮"导致过度投机，果不其然，在繁荣过后的 1873 年就爆发了严重的金融崩盘。同样可以预见到的是犹太人因此成为众矢之的，例如斯特劳斯伯格就遭到炮轰。而发起这场遵循特赖奇克思想运动的领导者之一——阿道夫·施特克尔（Adolf Stöcker），也应该被深入了解一番。此人是一名新教教士、皇宫附属教堂的牧师，鼓吹放债和股票市场是邪恶的，并将此刻所面临的一切金融困境都归咎于犹太人，但施特克尔这个如此简单粗暴的说法之所以广为人知，就在于他利用了当时的反犹情绪。1879年，施特克尔因为在演讲（"我们对现代犹太人的要求"）中肆无忌惮地攻击犹太人而上了头条，这也让反犹主义成为看似值得敬仰的东西，随后由其创立的政党，即基督教社会主义工人党（Christian Socialist Worker Party）吸引了大批听众。尽管施特克尔失意于宫廷，但他却留下了极为可怕的遗产。

1873 年的崩盘导致了一部分人的破产，失业率因此短暂上升，但柏林的经济实力意味着这座城市将很快复苏。不过社会问题依旧十分普遍，19 世纪 70 年代早期，无家可归者的比例始终徘徊在 5％上下。7 月发生了两天骚乱，有 159 人被警察杀害，剩余的幸存者则被判处长期监禁。这座城市在很多方面依旧分裂，一如 1848 年之前的情形，柏林西部和南部聚集着生活舒适惬意的成功人士，而穷困的产业工人则聚集在东部和北部。和整个欧洲普遍存在的情况一样，柏林再次出现成千上万的家仆，许多为了寻求更好的生活来到此地的移民女孩发现自己必须在相当糟糕的条件下为中产阶级家庭卖命。1905 年前后，开门营业的国内职业介绍所不少于 267 家，仆佣们会随身携带一本仆役登记本（Gesindebuch），上面记录了他们的服务情况和推荐信。各主火车站都设有妇女派遣站，为刚刚抵达的年轻女孩在找到工作前提供帮助和住宿，防止她们消失在谷仓区的不良职业中。有一个可怜的姑娘，初来乍到时刚满 15 岁，她或许也希望自己从未来过这里。她是一个全职女仆，"我不得不照顾一个小孩、做饭，承担所有的家务。因为下午必须带孩子出去，因此所有的家务都得在晚上完成。然后还要承担所有的洗涤工作，这就常常到了下半夜。有一天，当我的主人凌晨 3 点回家，发现我睡着了，然后他就说我不可靠、懒惰。当我鼓起勇气争辩自己一整夜没合眼，他们竟说'脸皮太厚！不懂规矩！'"[8]。

人们很容易夸大当时笼罩大多数欧洲城市的贫困问题，但这样一来也掩盖了这样一个事实，即许多移民确实抓住了工业革命赋予的机会，为自己挣得一份好前程。随着市议会开始启动公共事业的改善工作，环境也随之变好。爱丁堡市政官员詹姆斯·波拉德（James Pollard）曾在世纪之交应邀前来调研柏林的公共服务状况，他在报告中对柏林赞誉有加。1871 年在法国战俘中暴发了天花大流行，疫情过去之后当局在莫阿比特新建了一座大型医院。如此一来，到 1900 年时，除了由令人敬仰的弗里德里希·威廉一世创办的沙里泰医院，柏林就拥有了三家大型医院（另两家是弗里德里希海因医院和城市医院）。它们总共能提供 3 000 张公共床位，由市议会下属的一个委员会直接管理。学校则实行义务教育，据波拉德估计约 14% 的城市人口随时可以入学，这一比例高于他的家乡爱丁堡（当然，由于持续涌入的移民人口始终居高不下，这个数字无论如何不能代表全貌）。虽说波拉德的报告在某些方面多少有点粉饰太平的意味，显然他是受邀去制造一些赞美之辞，不过他的报告还是相当详尽，而他的数据也确实表明柏林正在前进。[9]

　　稳步改善的迹象也可以从当时的家庭日记和信件中看出，基尔施泰特家族便是少数设法留下记录的家族之一。特奥多尔·基尔施泰特（Theodor Kirstaedter）初来柏林时年方 20 岁，找到了一份瓦匠的活计。他娶了一个姓施特尔茨（Störzer）的锁匠的女儿安娜（Anna），施特尔茨家住在由施蒂勒尔建造的马蒂亚教堂附近，这个地方在 1844 年时位于正在开发中的波茨坦广场西边和蒂尔加滕南部地区。安娜还记得某天早上在上学路上与弗兰格尔老爹聊天的情景。脾气火爆的老将军让她给他看她挎包里的画，然后给了她一个小木雕匣子作为回报。基尔施泰特夫妇共育有 11 个孩子，其中 5 个活了下来。得益于 1871 年的繁荣，特奥多尔成了一名建筑商，一度有很多房子的大门上都镌刻上他姓名的首字母（但这个地区在二战遭到严重轰炸，据悉没有一栋幸存下来）。这家人由于经营得法，从马蒂亚教堂搬到十二使徒教堂旁齐藤街的一栋整洁的新房子里，靠近诺伦多夫广场，这是另一块新开发的区域。他们后来又从齐藤街短暂搬往莫茨街。最终特奥多尔在那里拥有了三栋房子，他们家住 88 号，85 号和 86 号则租了出去。特奥多尔和安娜的儿子约翰内斯（Johannes）生于 1866 年，日后成为柏林高等行政法院院长。

生动描述了 1848 年起义的织工之子卡尔·路德维希·蔡特勒，尽管他接受了父亲这一行的职业训练，同样受惠于 70 年代的经济繁荣日后却成了一名建筑商。他的事业相当成功，因此有能力资助若干基金会支持寻求帮助的妇女和希望获得教育的女孩。他还在位于格赖夫瓦尔德大街的格奥尔根郊区公墓兴建了精美的家族墓园，它用精美的马赛克镶嵌画记录下卡尔·路德维希的晚年。[10]

还有一项严肃的尝试是改善工人住房。一个保存完好的例子是柏林东南部的维尔道，搭乘轻轨的话，到达伍斯特豪森之前可以经过那里。① 施瓦茨科普夫是一家制造铁路机车的重工企业，1897 年时在此设立工厂，并专门为其工人建造了环绕工厂的住宅。这是一处模范工业村，乡村环境下的一排排整齐的红砖房，本应成为内城狭隘住房的替代而大受欢迎，维尔道本身的历史也是乡村环绕城市的典型。但是，这些村庄还是为柏林的繁华所吞没。起初这里是达梅河上的一处小渔村，后来转而生产砖块，这些砖块沿达梅河和施普雷河被运往市中心；然而是铁路机车，让此地人口在十年间从 200 人增至 2 000 人。施瓦茨科普夫工厂在二战期间转型到军备生

---

① 轻轨线 S46 在柏林东南端的终点是柯尼希斯伍斯特豪森，前一站即是维尔道。

产，它连同一家工程学校成为民主德国重工业生产的一部分。这个依旧给人乡村感的村庄，如今成为商业园区和一家正处于上升期的高等技术学院①的所在地。

柏林生活的其他方面也在持续改观。到访这座城市的游客人数和它的人口一样激增：1883 年时有 350 000 名外国人到此一游，而到了 1906 年时这个数字已超过 100 万人。[11]游客要吃饭、住宿，因此 19 世纪 80、90 年代是众多城市著名餐厅和酒店蓬勃发展的时期。贝特霍尔德·凯宾斯基（Berthold Kempinski）1872 年从东普鲁士来到柏林，并在弗里德里希大街做起了成功的酒商生意。1889 年他迈出了新的一步，在莱比锡大街开了一家规模很大的新餐馆，并使用皇帝名下的工厂生产的瓷砖加以装饰。此举既彰显爱国情怀，又十分精明，皇帝在开张夜亲自驾临，这让凯宾斯基的餐馆立即升级为城中时尚场所。第一家大酒店是位于威廉广场的凯泽豪夫酒店，于 1875 年竣工，但在开业不久后就毁于火灾。重建后的酒店由皇帝揭幕，据说他曾这样说过，"我自己家都没有这些玩意儿"，此话当然千真万确，因为皇宫以各种不舒适著称。1858 年，维多利亚女王的女儿维多利亚［Victoria 即众所周知的"维姬"（Vicky）］嫁给了当时还是王储的威廉长子弗里德里希。当她被带到柏林生活时年仅 18 岁（丈夫 27 岁），她讨厌皇宫。宫中没有浴室，如果她想洗澡，就必须让位于弗里德里希广场的罗马人酒店送热水过来，然后不得不穿过弗里德里希·威廉三世的房间才能

---

① 这里指的是维尔道应用技术大学（Technische Hochschule Wildau，TH Wildau），成立于 1991 年，但其前身可以追溯到于 1949 年建成、旨在培养铁路机车制造人才的专科学校，以及在此基础上于 1964 年成立的维尔道机械制造学校。

抵达自己的套房，那个房间原封不动地保持着先王辞世时的样子，她因此确信那里会闹鬼：没有壁橱，一间房里堆满了数千只死蝙蝠。维姬也不太喜欢柏林，她在给母亲的信中称这里是"可怕的洞穴，让人胆战的路面，有令人作呕的气味"。和所有霍亨索伦家族的优秀成员一样，她和弗里德里希也想方设法尽快搬去了波茨坦。因此，皇室对舒适的新酒店青睐有加也就不足为奇了。

皇帝会将他的宾客安置在阿德隆酒店，这让这家酒店成为柏林这个行业的领军企业——这一地位一直保持至今。它就建在申克尔位于巴黎广场最出色的一栋建筑原址上。事实上，为了容纳新建筑，不得不拆除原来的，而要取得这一授权只能是皇帝也支持该项目。当它于 1907 年开业时，最初的客人惊讶地发现，不仅每间房间都配备隔音装置，还有自己的浴室，并且可以用电话而不是按铃召唤工作人员。其他酒店也迅速跟进，这让柏林成为欧洲最舒适的城市之一——只要你掏得起钱。到 1914 年前后，这里拥有 12 家五星级酒店。[12]然而社会的另一端，啤酒馆（Bierstuben）也呈现出同样的爆炸式增长。一家名叫阿申根的连锁品牌经营着大约 40 家酒馆，它可以在你订购啤酒时提供免费面包卷和三明治，因此家喻户晓，这也很快成为柏林的规矩。

19 世纪晚期的柏林可能也是欧洲人口最稠密的城市（如果用 1920 年之前盛行的狭义城市边界来定义的话），但事实上，它长期以来享有比许多城市更多的绿色空间。除了 22 平方公里的格伦瓦尔德——它是一片与任何一个主城区都近在咫尺的森林，以及占地 520 英亩（约 210 公顷）的蒂尔加滕公园之外，还有弗里德里希海因人民公园，它是 1840 年在伦内启发下为纪念弗里德里希大王登基 100 周年而建造的。这座面向城市东部、占地 128 英亩（约 52

公顷）的公园成为普伦茨劳贝格和弗里德里希海因等最贫困地区的一片绿洲。它是一座真正的人民公园（Volkspark），最迷人的景致之一是童话喷泉（Märchenbrunnen）。柏林市议员路德维希·霍夫曼（Ludwig Hoffman）①因为看到附近出租兵营的孩子们聚集在公园里玩耍，下定决心要做点什么来改善他们的体验。

　　虽然这个想法最初是在 1893 年提出的，但由于皇帝的阻挠，喷泉直到 1913 年才真正完工。数以百计的柏林穷孩子在一战期间从代表格林童话中九个角色的雕塑中获得了极大的乐趣。这处喷泉在二战时期遭到严重轰炸，但得到了妥善修复，如今似乎正在进行新一轮的翻新。人民公园的另一角则是安葬 1848 年 3 月开放不久后即献出生命者的墓园，即三月烈士公墓（Friedhof der Märzgefallenen）。俾斯麦仇视这里，认为墓碑上镌刻的铭文"自由与正义"是对"上帝的嘲弄"[13]，但墓园依然成为表达对为各种革命而战的自由斗士的崇敬的国家纪念地。每座墓都清晰地注明埋葬于此的人所从事的职业，但还有一些令人惋惜的例子，他们只是被简单地记录为年轻的学徒（Lehrling）。虽然附近的兰斯贝格大道交通繁忙，但这里依然是一处静谧而庄严的处所，春季盛开的花朵得到了精心培植。墓园引道恩斯特·齐纳路以那位在街垒中被枪杀的锁匠的姓名命名，此外还有纪念 1918—1919 年遇难者的纪念碑。民主德国后来在那里竖起了一块纪念碑，纪念所有为自由而牺牲的人，但耐人寻味的是，其中并未包括 1953 年东柏林事件的受害者。当然，自由依然是一个

---

①　其德文名字应写作"Ludwig Hoffmann"。霍夫曼本职是一名建筑师，于 1896—1924 年担任柏林市政建设顾问。童话喷泉是由他与另外三位雕塑家合作完成的城市景观，于 1913 年 6 月完工。

主观的观念。

　　另一个吸引人的公共场所是柏林动物园（Zoologischer Garten）。弗里德里希·威廉三世一直非常中意自己建在孔雀岛上的动物园，这是波茨坦附近的一座小岛。他的父亲曾将这座小岛作为自己的爱巢，并在那里修建了一栋小而愚蠢的建筑。直到 19 世纪 20 年代，弗里德里希·威廉三世才委托申克尔和伦内为他的动物布置一座公园和包括棕榈屋、鸟舍在内的园林。对他和奥古斯塔·冯·哈拉赫而言，这是一处充满异国情调的隐居之所，不过他也允许柏林人每周上岛三天，观赏他不断增加的野生动物收藏。弗里德里希·威廉四世并不具备父亲的热忱，因此马丁·欣里希·利希滕施泰因（Martin Hinrich Lichtenstein，柏林大学的教授，也是亚历山大·冯·洪堡的一位朋友）在 1841 年说服国王改造他位于蒂尔加滕的雏鸡房舍，以便打造一处合适的动物园。伦内再次受命进行设计。1844 年，柏林动物园首次开门营业。在经历了缓慢起步之后，一个新的管理团体在 19 世纪 60 年代筹集齐资金，不仅打造出令人耳目一新的东方风格建筑，还努力增加馆藏，以至于到 1900 年时，它已从最初的小型私人动物园蜕变为拥有最多欧洲动物物种的动物园，而且还正在推行更为野心勃勃的饲育计划。柏林人非常自豪于他们的动物园，其中的一些动物更是家喻户晓。1939 年前后动物园本应有动物 4 000 只左右，虽然到 1945 年时已少了不少。孔雀岛则继续保持原样，它对柏林人而言仍是静居之所。虽然有时相当拥挤，但它确实是一个极富魅力、能够逃离市中心酷暑的避难所，那里有定期摆渡服务连通万湖轻轨站，包括迷你宫殿、申克尔的鸟舍和伦内的花园在内，全部保存完好。

　　随着地铁的引入，柏林人的生活出现了另外一项重大改变。到

19 世纪 90 年代时，柏林人口已接近 200 万，正面临着重大交通问题。轻轨线路一直在持续改进，现存的柏林环线是在 1882 年投入运营的。西门子的建议是再兴建一条地面铁路，但 AEG 却认为轻轨已经能够提供相关的运营，因此它们应当转向地下。1902 年，首条连接弗里德里希海因的施特劳门与动物园的短线开通（动物园即将成为城市的主要交通枢纽，直到今天依然如此），还包括一条通往波茨坦广场的支线。这条线的大部分段线，即主干段（Stammstrecke），其实都是在地面上行驶，由西门子建设；但随后迅速跟进的扩展段则进入地下，通往华沙大街和恩斯特·罗伊特广场，后者在当时被叫作"克尼"。施特劳门今天已不复存在，成为两座因在二战中遭到严重破坏而无法复原的地铁站中的一座。

在接下去的 50 年中，地铁尽管经历了一战的中断，依然持续发展壮大，其中有些车站设计出自瑞典人阿尔弗雷德·格伦南德（Alfred Grennander）之手。由他建造的第一座车站是恩斯特·罗伊特广场，总共设计了 50 座之多。他早期是新艺术风格，大量使用瓷砖和装饰柱，亚历山大广场和索菲·夏洛特广场的 U2 线站台便是突出的例子。后期于 20 世纪 20 年代晚期完成的车站，则更具现代主义风格。许多在轰炸中幸存下来的车站即便经历了 1945 年后的城市分裂，仍得以完整保存下来。其实柏林从很早以前就开始开挖地下了。施普雷河谷松散的沙质土壤让挖掘变得很容易，但正如可怜的施吕特在皇宫前的塔楼倒塌时所发现的那样，沙质土壤十分不稳定，地下水位又很高。当然，这些地下水相当有用，它们为城市提供清洁且便利的水源，现如今各区广泛使用管道供水，有助于减少疾病，改善公共健康。它还有其他用途，比如酿酒，柏林的许多啤酒厂都是从取用地下水起步的。

✣ ✣ ✣

在 19 世纪的最后几十年中，柏林已经成为一座世界城市（Weltstadt），一座大都会；虽然位于鲁尔的一些规模较小的德国工业城市发展速度更快，但它依然是德国乃至欧洲发展最迅猛的大城市。如今它拥有自己的学校、医院、电力和供水系统、交通运输体系，还有公园、酒店和餐馆。这座城市的社会福利标准相比 15 年前要高得多，但它依然是一座被一分为二的城市，但这种分裂不仅仅是因为收入和生活方式（这对于 19、20 世纪之交的大多数欧洲主要城市来说普遍如此），更多是受到政治游说与意愿的强烈影响。一半人视柏林为德国首都、皇帝驻地、政府所在地、金融和制造业中心、军事大本营，是一座自信、成功、能够成就非凡事业的城市；另一半人则觉得这座城市是被一个不宽容的专制政权统治的城市，唯军队马首是瞻，民主制度虚假，缺乏社会关怀，文化受到严重制约。后一个群体中的大多数人可能也分享了柏林的成功。的确，柏林的成功得益于许多人从旁协助，无论如何他们不应该成为被剥夺的人。确切来说，他们是"柏林不乐意"精神的继承人，那些将霍亨索伦家族视为专制君主的人，虽然也对德意志国家的建立赞不绝口，但他们更希望看到一个民主和自由的国家。

这种紧张局面随着老皇帝威廉一世在 1888 年以 91 岁高龄驾崩而得到极大缓解。现如今的他不再是那位打算在 1848 年炮轰抗议者的霰弹亲王，而是普鲁士之父，是德国的建立者和它的首位皇帝。当他沿着菩提树下大街行进时曾受到人们夹道欢迎，他也是一个令人感到舒服的、长辈式的挂名元首，后来被他的孙子尊崇备至，还制作了大量的雕塑；他代表了稳定和传统，这个国家对于这些品质的珍视可能远胜许多国家。老皇帝的王位由他的儿子短暂继承。57 岁的弗里德里希三世思想开明，迎娶了英国公主维多利亚，但他却在即位 99 天之后就因癌症离世，并将王位留给了长子——29 岁的威廉二世。那些认为弗里德里希三世能够缓和俾斯麦的政策并支持改革的人对他的辞世感到悲哀，也构成一个长期争论不休但毫无意义的问题：如果他还活着，欧洲将何去何从？但他确实给柏林留下了特殊的遗产：他建立了民族志（Völkerkunde）和工艺美术（Kunstgewerbe）博物馆，二者均开始进行重要的收藏品工作；也让柏林、德国和欧洲拥有了威廉二世这位由霍亨索伦家族培养出来的王子。威廉反复无常，以自我为中心到近乎偏执，咄咄逼人，极具侵略性且最终转化为破坏性。在短短 30 年中，他即将摧毁其家族 500 年来努力打下的基业。曾在 1897 年聆听过他演说的格特鲁德·贝尔（Gertrude Bell）认为，"如果有人近距离看到他，会备感失望；他看上去既夸张又病态，我从未见过如此神经质的人。他喋喋不休，一刻不停"[14]。

许多人尝试对威廉二世进行心理分析。他出生时一只手臂萎缩，自幼就缺乏自信，讨厌自己的母亲，因此几乎不与她对话。而当他成为皇帝，这种自信心缺乏就转变为侵略性，因此在他的性格里似乎融入了被很多人认为是自三十年战争以来深刻影响德国的受害者情感。三个因素让后果变得尤为不堪设想，并可能导致霍亨索伦王朝的垮台。首先，由俾斯麦创建的统治机器将对军事和外交的控制权完全交到了他手上。其次，他好像真心实意地相信自己对政治、军事和文化的非凡判断力是与生俱来的。然而，威廉二世虽自

恃为天才，却没有意识到自己是一个生来就享有特权的人，必须以
更为务实的行动促进国家利益，保卫自己的王朝（就像弗里德里希
大王所成功达成的那样）。最后，他得到了军队的支持，俾斯麦在
19 世纪 60 年代的有效部署让军队享有非凡的权力与威望，而他们
也认为这是自己的宿命，因此要善加利用。正是上述这些令人不满
的地方最终带给柏林难以言喻的痛苦与苦难。

　　第一个因素在威廉一世在世时就已浮出水面。一旦德国成为一
个国家，而且俾斯麦确定普鲁士的主导地位能够服众，他就开始将
注意力转向社会主义者。1878 年针对皇帝的一次未遂刺杀①被作为
采取镇压行动的理由。社会民主党和进步党被禁止，大批工人俱乐
部和社团遭取缔，45 家报纸被勒令关门。同时，俾斯麦还开始掉
转枪头对准罗马天主教会，开展所谓的"文化斗争"（Kultur-
kampf），他认为天主教徒的行为违背了普鲁士位于德国南部和波兰
的利益。但这些政策的效果适得其反。社会民主党几乎登时获得了
同情，支持者们"沿着讲台向人逾中年的奥古斯特·倍倍尔致敬，
因为他在他的宠物金丝雀和一车书的陪伴下，被送进了监狱"[15]。

　　从前广泛支持体制的社民党，如今却强烈反对当权的政府。但
俾斯麦的镇压只会提高社民党的声望，该党在 1890 年的国会选举
中获得了 150 万张选票，成为最大的当选政党。其核心选区是柏林
东部和北部的工人阶级区。俾斯麦在 80 年代后期试图通过社会保
障计划改变自己的立场，这一揽子计划其实极富远见，包括健康保

---

　　①　指 1878 年 5 月 11 日失业工人马克斯·霍德尔（Max Hödel，1857—1878）在菩
提树下大街向威廉一世开枪，但并未击中皇帝。事后俾斯麦以霍德尔是社民党成员为理
由，于 5 月 24 日发起首个反社民党的非常法提案。该提案虽未获国会多数通过，但却标
志着俾斯麦镇压社会民主党和工人运动的开始。

险（至 1914 年时已覆盖 1 400 万人）、意外保险和全面的工厂立法。但此举并未削弱社会主义的吸引力。[16]同样未能取得成功的是反对天主教会的措施。虽然耶稣会已于 1873 年被取缔，到 1881 年时德国四分之一的教区已经没有了神父，但俾斯麦并没有找到有效途径来推进自己的措施。他已经不考虑对付天主教势力了，毕竟后者曾经经受住了太多狂风暴雨的考验[17]；而他的所作所为只会让自己落入那些批评政府镇压行动者的手中，并使得原本属于国会中立派的自由党人滑向社会党人一边。

这些措施也表明，国会连同它的局限性是无力阻止坚定的首相和皇帝的。到威廉一世去世时，俾斯麦的魔力开始逐步消退，不过他依然是外交事务的权威声音。而相比内政处理上的日益混乱，他依然能证明自己善于维护德国在欧洲的地位，并在 1871 年之后保持和平的局面。1878 年，他支持召开了旨在解决巴尔干地位悬而未决的问题的会议，从此将柏林置于欧洲外交界的中心。虽然很多柏林人憎恨俾斯麦，但当威廉二世在 1890 年强迫他辞职时，他们也大为震惊。他的继任者则是一系列不称职的谄媚者，他们的主要优点似乎只剩下竭尽所能地吹捧皇帝。从 1890 年到 1918 年，坐上这个大权在握的位子的人，没有一个人具备俾斯麦的能力或决心，他们因此将德国外交政策的运作拱手交给反复无常的皇帝。

虽然这是一个对整个德国构成影响的问题，但在柏林可以更近距离地感受威廉二世的性格缺陷，尤其体现在他建造的建筑物和雕塑之中。他的首个任务是纪念自己的祖父和刚刚被解职的首相。1894 年，他清除了柏林宫以西的建筑物，为威廉一世皇帝竖起一座巨大的纪念碑。虽然为此组织了竞赛，且有八名建筑师提交方案，但威廉二世随后还是坚持将自己最欣赏的建筑师赖因霍尔德·

贝加斯（Rheinhold Begas）加到名单里。最初的四位建筑师相继放弃，贝加斯不出意外地胜出。这幅作品于 1897 年揭开面纱，但赞者寥寥。雕像在二战中损毁严重，随后又被民主德国拆除，但它并非唯一的一座纪念碑。柏林最为奇特的教堂之一是位于库达姆东端的威廉皇帝纪念教堂。这是一座罗马风格的建筑，于 1895 年受皇帝委托完工，以其举足轻重的地位而非艺术价值而著称。它还作为柏林如何直面自己的过去并将其融入建筑与城市生活中，而不是试图加以掩饰的典范而闻名于世。这座教堂连同库达姆的东段曾遭到严重轰炸，但它却并未被拆除，教堂废墟作为博物馆被保留下来，在它旁边新建了一座主要由蓝色玻璃构成的教堂。无论人们如何看待这件替代品（且意见大相径庭），这里都是一处纪念场所。

纪念老皇帝的风气实在走得太远了。一位对此深感困扰的法国游客、记者朱尔·于雷（Jules Huret）就在 1907 年写道："当游客离开（柏林）火车站时，有两件事会给他留下难以磨灭的印象。一是大量电车在街道上飞奔，二是皇帝威廉一世或俾斯麦的塑像。一开始我还常常去数这些塑像的数量，还专门保留有关它们的明信片，其实都是些发黑的雕像，这个和那个也差不多。很快我就放弃了，它们实在太多了。"[18]

但柏林依然没有一座严格意义上的大教堂。柏林宫内是有一座被称为"大教堂"的礼拜堂，而作为柏林大教堂临时替代品的是位于御林广场上的法兰西大教堂。另外，对于许多人来说，尼古拉教堂仍代表这座城市教堂的心脏。但这些教堂，连同申克尔最初为其巨大的哥特式大教堂所做的未竟设计，都根本不能与伦敦或巴黎教堂的规模相提并论。这让皇帝感到柏林在某些方面落了下风。成功融合路德宗和加尔文宗的虔敬派传统，当然是不需要通过任何外观

华丽的宏伟建筑来赋予其内涵的，但重点不在于此。天主教徒在弗
里德里希广场拥有他们的大教堂，犹太人有他们的新会堂，因此新
教徒必须拥有自己的大教堂。弗里德里希·威廉一世对此曾经有过
考虑，并选定了地点，但此事除了无休无止的设计并无任何进展，
反倒让柏林人将大花园以东的区域称为柏林最贵的草皮。直到 1894
年，由尤里乌斯·卡尔·拉申多夫（Julius Carl Raschdorff）设计
的大型建筑才开始动工，这栋建筑物将覆盖埋葬于柏林宫旧礼拜堂
地下的霍亨索伦家族墓。今天耸立在那里的柏林大教堂，虽然庞大
但并不美观，它伫立在由施吕特重建的柏林宫的南面以及申克尔的
老博物馆北面，看上去多少有些粗陋，但它依然值得一游，原因有
两点。首先，它作为柏林新教的物质表现，无论存在多少缺陷，都
可以用其精神层面的总和加以弥补，尤其是通过它的音乐之美；每
周日晚的演出不容错过。

　　其次，威廉二世希望它既是霍亨索伦家族的墓地，又是敬拜之
所，因此他将约 90 口石棺放置于地下室中（亦可供参观）。陵墓本
身并不十分有趣，但将这么多的霍亨索伦家族成员聚集在一起，倒
也令人印象深刻，虽然氛围毫无疑问是阴郁的。而像大选侯和"西
塞罗"约翰这样的人一定会反对迁址和重新落葬。大选侯躺在一个
巨大的红色大理石棺枢内，两侧分别是他的两任妻子。大选侯的儿
子弗里德里希一世则躺在他左侧一个简朴的大理石墓室中，身边是
索菲-夏洛特。尽管他可能会为没能用上两件浮夸庸俗的金棺而恼
火不已，但这算得上是出自施吕特之手的最后一件作品。地下室楼
梯顶端的礼拜堂内则空无一物。

　　威廉二世对于家族出身的痴迷或许是他不安全感的另一种体
现。他的家族在 1415 年时还被视为暴发户，但当柏林大教堂于

1905 年正式揭幕时，霍亨索伦家族已拥有王位近 500 年，比其他大多数的欧洲王朝都要长久。在夏洛滕堡宫还有一个关于霍亨索伦家族的有趣的永久性展览，在这里你可以看到荒诞的肖像画，它们声称自己的祖先可以追溯到古典时代的英雄人物。但在威廉二世试图证明自己的王朝历史悠久且合法的操作中，最大的昏招是修建了胜利大道（Siegesallee），它几乎遭到了一致的嘲讽。这是 32 位历代勃兰登堡统治者的雕像，自"大熊"阿尔布莱希特起，至皇帝威廉一世止。它们沿着一条 500 米长的大道一字排开，以胜利柱为起点，横穿蒂尔加滕公园后在国王广场与勃兰登堡门平行，最后抵达靠近波茨坦广场的公园南端。如果它今天仍屹立不倒的话，就会将苏联战争纪念碑一分为二。每一位统治者的两侧都配有两位为君主统治做出贡献的著名人物，一位代表战争时期，一位代表和平时期，毕恭毕敬地仰视自己的主公。以弗里德里希·威廉三世为例，他的两侧是布吕歇尔和冯·施泰因。但令人恼火的不仅仅是这个主意本身的鄙俗，还在于它的执行过程蠢笨不堪。在柏林，这条路被嘲笑为"玩偶大道"（Puppenalle）。贝加斯再一次受命制作一批采用所谓古典姿态的平庸雕像。每座雕像面前都设有一个公园长椅，供路人以舒适的方式沉思这些人物的伟大，还特别鼓励中小学生在这条林荫大道上开展历史教学。

但皇帝对此十分满意，他洋洋自得地评论称，通过这条道路，他可以"向全世界展示践行艺术意图最令人满意的方式，不是成立委员会或宣布举办竞赛，而是采取在古代久经考验的方式以及在中世纪通过赞助人和艺术家的直接联系来达成"[19]。没人信他的话，只有一家有创新精神的公司在他们的牙膏广告中使用了胜利大道。尽管蒂尔加滕公园周边在二战期间曾发生过激烈的战斗，这条道路却未受严重破坏。不过占领西柏林的盟国认为这些塑像太容易让人联想起刚刚被他们击败的好战德国，因此准备将其运往托依弗尔山的瓦砾堆。战后负责柏林纪念设施的欣纳克·沙佩尔（Hinnerk Schaper）对此进行了干预，并请求保留这些塑像。幸存下来的 26 座塑像随后被埋在附近美景宫的花园中，几经辗转，最终才被安置在今天人们可以看到它们的施潘道城堡中。

可怜的赖因霍尔德·贝加斯！他的作品似乎注定是在执行皇帝的心血来潮，然后被摧毁。但他从来不是唯一一个被折腾的人。霍夫曼之所以大费周章才在弗里德里希海因的人民公园建成童话喷泉，就是因为皇帝坚持自己对著名童话故事的看法，继而从中作梗。不过贝加斯还是出色地完成了一项工作，这便是位于亚历山大广场上的波塞冬喷泉，就坐落在玛利亚教堂前，如今每天都有数以千计的人在此驻足观赏。这座喷泉其实是受市议会委托献给威廉二世的礼物，因此后者无法过多干预设计。喷泉的设计是让波塞冬端坐在代表伟大的德国河流——莱茵河、易北河、奥得河和维斯瓦河——的四位女神中间。这也是一件具有功能性的作品，它构成了聚集众多人口的柏林市中心开放空间的中心点。贝佳斯还制作了起初矗立在国王广场、现在搬到大角星广场的俾斯麦塑像，以及洪堡大学位于菩提树下大街入口处的亚历山大·冯·洪堡塑像。

不过在 19、20 世纪交替之际建成的所有柏林建筑中，最著名也最具象征意义的当属帝国国会大厦。国会议员们自 1871 年起就在他们位于莱比锡街的临时集会场所召开会议，有关他们位于国王广场的新“家”的设计始终争论不休。今天许多柏林人因为他们旷日持久的新机场修建和运营而感到沮丧，但他们其实应该对此安之若素，因为围绕国会大厦的争论已经表明，无法贯彻执行重大项目在这座城市的历史上从来不是什么新鲜事。首先是有关选址的分歧，议员们一致认为国王广场距离原来的市中心太过遥远——它在不久之前还只是城市驻军的另一处检阅场。而在议员被说服之后，来自哥达的建筑师路德维希·博恩施泰特（Ludwig Bohnstedt）就在 1872 年组织的设计竞赛中夺魁。但政府随后发现，他们其实无法获得国王广场地块，这样一来又花了十年时间来处理问题。待到问题解决，当初那场比赛的结果已经作废，又不得不重新举办竞赛。这一次的获胜者是此前名不见经传的法兰克福人保罗·瓦洛特（Paul Wallot），但他现在面临着几乎不可能完成的任务，即要同时满足皇帝（不过 1882 年时还是老皇帝威廉一世）、国会议员和俾斯麦三方的要求。他必须要打造一栋象征新生的德意志民族及其包含的民主理念的建筑物。

瓦洛特的作品最终于 1894 年完成，它本就不指望取悦所有人，也确实没有人对它表示满意。果不其然，新皇帝称它"达到索然无味的高度"，而其他人则认为这是一栋无法确定自己想要表达什么的建筑，"几乎每个立面都呈现出不同的外观，而它的穹顶又是另一种截然不同的样式"。它与其说是德国统一的象征，不如说是"德意志帝国内部严重分裂，议会无能到无法自己当家做主"[20]的例证。不过，不管人们怎么想，除了代表这座城市和德国颜面的勃兰登堡门之外，国会大厦可能比柏林其他任何建筑物都要重要。1945年 5 月，苏联军队认定国会大厦的倒塌将成为纳粹最终垮台的象征后，更让它声名远播。写在入口处的著名铭文"为德国人民（服务）"（Dem Deutschen Volke）是这栋建筑最为人熟知的地方，但它是在 1916 年才添加上去的，并非出自瓦洛特之手。

✤　✤　✤

　　威廉二世对自己的文化的"一贯正确性"深信不疑，再加上他在俾斯麦之后启用的大臣个个软弱无能，也导致政府与柏林之间的关系在掀起另一种类型的文艺复兴方面迅速变得紧张起来。尽管 19 世纪中叶在文化上的表现有些枯燥（特别是和早期的百花齐放相比），但等到威廉二世即位时，一群才华横溢的年轻作家开始影响文学和戏剧界，他们眼中的世界与波茨坦那些身着制服的官老爷看到的截然不同，喜爱可以互相沟通交流的媒体。1872 年，柏林拥有了真正具有全国影响力的首张日报，即由鲁道夫·莫斯（Rudolf Mosse）创办的《柏林日报》（*Berliner Tageblatt*）。

　　但这显然不是突然的转变，像特奥多尔·冯塔纳（Theodore Fontane）这样的作家，他的现实性远胜过他引发的争议。冯塔纳是一名药剂师之子，1819 年生于新鲁平。虽然距离《波茨坦敕令》已过去 200 年，但这位胡格诺派教徒依然能说一口流利的法语。如同他定义了柏林和勃兰登堡那样，柏林和勃兰登堡也塑造了他，它们是贯穿于其作品的线索。冯塔纳早年是一名记者，半心半意地参加了 1848 年起义，部分是因为给他配备的枪支老旧了，会带给他远超其他任何士兵的危险，部分是因为他也无法确定自己是否应该支持破坏现有秩序。然后他前往伦敦待了一段时间，报道过所有俾斯麦发动的战争。他曾在法国人防线上迷路，差点被当成（普鲁士）间谍挨了枪子。不过他当时辩称自己正在找寻圣女贞德的出生地栋雷米村，捕获他的法国人立刻领着他来了一场参观之旅。冯塔纳最脍炙人口的作品《勃兰登堡马克漫游记》（*Wanderungen durch die Mark Brandenburg*）压根儿不是一部小说，而是以充满爱意的口吻描述他漫步的祖国。这部作品在 1862—1889 年出版了五卷，涵盖了历史、自然、景观和地方故事，并成为激发数以千计的柏林年轻人前往乡间漫步的畅销书。他们是追随雅恩前往莱比锡的那些体操爱好者的继承者；而这种对自然、乡野和徒步的热爱，也成为传遍整个德国，尤其是整个柏林的强大传统。这一传统日渐风靡的表现形式是"候鸟"（Wandervogel）运动，它是一类奇特的混合体，将希望走出城市 ［其座右铭是"离开柏林"（Los von Berlin)］，在勃兰登堡乡间寻根与进行体育锻炼杂糅在一起。参与该运动的成员举起右臂，并用"万福"（Heil）[1] 互相问候。纳粹的举手礼就是以此为基础，这个问候礼的始作俑者正是运动的发起人卡尔·费舍尔（Karl Fischer）。

冯塔纳的批评者称其在描述贵族城堡和庄园时过于毕恭毕敬，但其实冯塔纳关注的重点是人本身，而非发表社会评论。他从 19 世纪 70 年代起开始创作小说，共完成 14 部作品。他的故事围绕人展开，通常是行为举止理性的富人，但他关注的是作为角色的人，而不是他们不得不解决的社会问题。冯塔纳最为人熟知的小说可能是《艾菲·布里斯特》（*Effi Briest*，它被文学评论家认为是与《包法利夫人》或《安娜·卡列尼娜》并驾齐驱的作品）和《迷惘与混乱》（*Irrungen，Wirrungen*），后者被（英）译为《门当户对》

---

① "Heil"在德语中有"幸福、平安、保佑"等多重意思，而纳粹礼的"Heil Hitler"一般通常翻译成"希特勒万岁！"。

（*A Suitable Match*）①。在《艾菲·布里斯特》中，艾菲的美满婚姻在丈夫察觉她多年前通奸的行为后宣告破裂。他并没有对艾菲火冒三丈，但贵族的荣誉要求他与她的情人决斗，随后他在决斗中杀死了后者。这一切毫无意义，两个家庭被一个没有人能真正理解的概念摧毁了。在《迷惘与混乱》中，博托·冯·里纳克（Bothovon Rienäcker）成了莱内·宁普奇（Lene Nimptsch）的情人，莱内是一个住在库达姆与选帝侯街交界处的工人阶级女孩。他们彼此相爱，却无法结合，因为她配不上皇家胸甲骑兵中尉。最终两人分别嫁娶更合适的人，但都没有获得幸福。这些故事没有戏剧性的结局，没有谋杀或自杀，却是对 19 世纪晚期柏林社会阶层分化最痛心的注脚。

　　冯塔纳是一个相信改革的自由主义者，但他并不诅咒自己笔下的角色，而是以更客观也更悲天悯人的笔触描摹他们的境况。在这之后，他开始直截了当地批判普鲁士人对贵族（他曾被指责迎合这一群体）和皇帝政府的痴迷；他还尤其厌恶威廉二世开启的殖民计划。冯塔纳给后人创造的伟大贡献并不是作为一名社会改革家，而是为我们呈现了当时的柏林社会。格哈特·豪普特曼（Gerhart Hauptmann）的视角则截然不同，这也让他成为皇帝最嫌弃的作家。身为西里西亚人的豪普特曼，于 1884 年来到柏林。他是一位多产的作家，从小说到诗歌，几乎无所不能，但最为人知晓的身份还是剧作家，并在皇帝龙颜震怒的情况下荣获 1912 年诺贝尔文学奖。如果说冯塔纳观察到了社会问题的症结所在，那么豪普特曼则对此直接发起攻击。但他的成功很大程度要归功于剧院经理奥托·布拉姆（Otto Brahm）。1889 年，布拉姆和一群朋友创办了"自由

---

　　①　此指英译本书名，中译仍沿用冯塔纳原书名。

舞台"（Freie Bühne），这是一家专门排演舞台剧的剧院。它的首场
演出是易卜生（Henrik Ibsen）的《群鬼》（*Ghosts*）。这出戏两年
前在柏林首演后即遭禁止，但长袖善舞的布拉姆通过将剧院包装成俱
乐部后重新将其搬上舞台。豪普特曼的首部戏剧《日出之前》（*Vor
Sonnenaufgang*）正是在自由舞台上演的。戏剧的场景选在西里西亚
的一个小矿场社区，讲述了一个"有过通奸行为、性格残暴、酗酒、
乱伦未遂并企图自杀"的人物无休无止的忧郁故事。[21] 柏林人从未见
识过此类题材，因此一半观众厌恶它，另一半则趋之若鹜。

　　"戏剧不只是戏剧，"布拉姆后来曾这样说过，"而是文学宣传
的载体，也是最有力的载体。"豪普特曼最著名的剧本《织工》
（*Die Weber*）是关于 1844 年大饥荒时期的西里西亚织工，1892 年
在德意志剧院首演后就遭到禁演，警方还试图以煽动叛乱罪逮捕作
者。为避风头，布拉姆再次将剧场变为私人俱乐部。虽然《织工》
迅速走红全欧洲，皇帝却在 1896 年出手阻挠豪普特曼获得赫赫有
名的席勒文学奖，执意将其授予一个名叫恩斯特·冯·维尔登布鲁
赫（Ernst von Wildenbruch）的怪人——此人因撰写有关霍亨索伦
家族的历史剧出名，但他的作品无聊到能让观众当场鼾声大作。而
对英国的一切又爱又恨的皇帝，还热衷于要让（德国的）莎士比亚
作品超越伦敦。一天晚上，他在《亨利四世》演出期间告诉一脸茫
然的格特鲁德·贝尔，"伦敦从未上演过莎士比亚的戏剧，我们一
定听说过只有德国人真正研究透了或真正理解了莎士比亚"[22]。但这
或许也是柏林反复吟唱对这位诗人[①]爱意的另类表达。

---

　　① 此处原文为"The Bard"，"Bard"意为抒情诗人，但这里是"埃文河畔的诗人"
（The Bard of Avon）的缩写，特指莎士比亚。

　　《织工》彻底变革了柏林的剧院，豪普特曼的另一部杰出戏剧《硕鼠》（*Die Ratten*）则讲述了 1884 年的柏林，尤其是出租兵营里的生活——尽管这出戏剧直到 1911 年才真正制作完成。《硕鼠》对柏林穷苦大众生活中的贫困、绝望、酗酒和苦难发起猛烈抨击。豪普特曼选定的主角是一个名叫施皮塔（Spitta）的戏剧学生，作为他的代言人。施皮塔正求学于一位极其严厉的退休戏剧导演哈森罗伊特（Hasenreuter），此人境况艰难，和各色人等一同生活在一栋老鼠频繁出没的公寓楼里。当施皮塔提出"在艺术面前，就像在法律面前一样，人人平等"时，哈森罗伊特怒不可遏，提出为什么他的学生会觉得一个柏林清洁女工能像李尔王或是麦克白夫人那样适合成为戏剧主题。他告诉施皮塔，他就是只挖帝国墙角的"老鼠"，企图把皇冠拖进土里。而住在这栋房子里的其他角色，有人被杀，有人被军官始乱终弃，有人是卑鄙的罪犯，还有一位约翰太太——她就是施皮塔建议可以成为戏剧主题的那个人，最终选择结束自己的生命。那些允许这些苦难存在的人才是真正的"硕鼠"。

　　但相对更保守一些的柏林人继续厌恶豪普特曼。克洛德维希·楚·霍恩洛厄-希林斯菲斯特（Chlodwig zu Hohenloe-Schillingfürst）亲王在看过他的戏后写道："一部怪异、恶劣的作品……总而言之面目可憎。散场后去了博尔夏特（餐厅），香槟和鱼子酱才让我们恢复人类的心态。"[23]但豪普特曼似乎从未在德国以外获得和在国内一样的认可，这或许是因为他晚年对待纳粹模棱两可甚至支持的态度。不过，《硕鼠》和《织工》一样，开始确立柏林剧院作为充满活力、推动变革的强大力量的地位。

　　各类剧院在柏林越来越受欢迎，不断有新剧院开业。西方剧院（Theater des Westens）于 1896 年开业，席勒剧院于 1906 年开业，到 1907 年时已有 30 个场馆上演戏剧。但柏林并不仅仅拥有高雅的剧院，那里还有在 1914 年之前的十年间日益流行的音乐厅文化。即兴卡巴莱在无数小酒馆（Kneipe）中大获成功，（歌舞剧院）"温室"（Wintergarten）的经理尤里乌斯·巴隆（Julius Baron）用柏林土话进行表演，给予其资产阶级式的尊重，也使它成为机灵的柏林人的语言而广为人知。当时坐落于米特，如今位于波茨坦大街的"温室"也是第一家放映电影的剧院。[24]

这座城市对音乐继续保持狂热。它包括了从无休无止的军乐队音乐会（身着漂亮制服的军乐队不仅演奏鼓舞人心的爱国歌曲，还有严肃音乐）的广受欢迎到对古典音乐和歌剧的浓厚兴趣。一位有上进心的军乐队手本雅明·比尔泽（Benjamin Bilse）在离开军队后组建了一支巡回轻音乐团。他在莱比锡大街租下一个场地，开始定期举办周末音乐会，结果大受欢迎；其中一个主要原因是音乐会允许观众携带儿童入场，还可以在演出期间点食品和饮料。但此举毫不出人意料地激怒了音乐家；1882 年该团大多数人离职，重新组建自己的柏林爱乐乐团（Berlin Philharmonic）。几乎在同一时期，指挥家汉斯·冯·比洛（Hans von Bülow）在柏林指挥了勃拉姆斯的曲目，他的演出强度引发轰动。五年后，冯·比洛重新归来并担任柏林爱乐乐团的指挥。新的音乐厅建在一座溜冰场的旧址上，柏林最闻名遐迩的音乐遗产可能就是这样被创造出来的。柏林爱乐乐团即将在下一个世纪继续吸引全世界最伟大的指挥家和音乐家，例如阿图尔·尼基施（Artur Nikisch）、威廉·富特文格勒（Wilhelm Furtwängler）和赫伯特·冯·卡拉扬（Herbert von Karajan）。此后大量其他音乐厅相继出现，因此到世纪交替之际，每年都会举行数百场公开音乐会。

对歌剧的需求也在不断增长。虽然即便是皇帝的审查员都发现很难深入干预纯粹的音乐表演，但他们还是积极地努力确保歌剧能够符合主上对什么是艺术的看法。无数"奉上谕"组织起来的无聊演出大多以霍亨索伦家族的荣耀或坚不可摧的政府的必要性为主题。皇帝更是直接插手，委托意大利人列昂卡瓦罗将亚历克西斯的小说《柏林的罗兰》（*Der Roland von Berlin*）改编成歌剧，但立即遭遇失败，《阿格内斯·冯·霍亨斯陶芬》（*Agnes von Hohenstaufen*）和《西里西亚营地》（*Feldlager in Schlesien*）也遭遇同样的命运。不管怎样，有一个人至少在一定程度上保护了歌剧免遭宫廷毒手，这就是富于魅力的博托·冯·许尔森（Botho von Hülsen），他担任王家剧场总经理（General Intendant der Königlichen Schauspiele）长达 30 年。他曾是一名热爱表演的青年近卫军官，虽然也有人批判他有时对可上演剧目的宽容度不够，但许尔森确实设法让更多的歌剧能够被搬上舞台，因此 1905 年位于弗里德里希街的喜歌剧院（Komische Oper）才能得以开张，到 1914 年，这里已献演了 500 多场奥芬巴赫的《霍夫曼故事集》（*Tales of Hoffman*）。1912 年，德意志歌剧院在夏洛滕堡开业。理查德·施特劳斯（Richard Strauss）① 在 1898 年被任命为国家歌剧院音乐总监，并担任这一职务长达 15 年。但在经历了一开始的蜜月期之后，即《特里斯坦和伊索尔德》（*Tristan und Isolde*）和《蝙蝠》（*Die Fledermaus*）大获成功后，他不可避免地与皇帝发生争执，后者认为他的作品《火荒》（*Feuersnot*）是"诋毁普鲁士道德观"。威廉宣布，施特劳斯是一条爬到他胸前的蛇。自那时起，柏林人就把施特

---

① 理查德·施特劳斯为德国作曲家、指挥家，曾创作歌剧《莎乐美》《玫瑰骑士》等。

劳斯戏称为"帝国胸口的毒蛇"。

博托·冯·许尔森的故事后来出现了充满讽刺意味的反转。王家剧场总经理一职由另一位冯·许尔森，即格奥尔格·冯·许尔森-黑斯勒（Georg von Hülsen-Haesler）[①] 将军接替，而这位许尔森因为在这个职位上的表现赢得了荣军公墓里的一席之地，他在墓园拥有一处华丽的墓地，周围用铸铁栏杆围起来，上面还镌刻着家族的冬青叶图案。到了 20 世纪 60 年代，柏林墙紧挨着这处墓园，就在冷战期间，许尔森墓地的栏杆竟凭空消失，重新出现在尼古拉教堂附近的著名咖啡馆"核桃树"（Zum Nussbaum）周围，直到 1989年之后才被一位目光敏锐的家族成员发觉。如今这些栏杆经过修复后重新回到它原本的地方。而在许尔森-黑斯勒华丽的墓地边上，则是赫尔穆特·冯·毛奇简朴到不起眼的灰色花岗岩墓碑。

皇帝对戏剧和歌剧的干涉是一种戕害，但在艺术领域，他与现代主义者观点冲撞最激烈的领域还是绘画。阿道夫·门采尔（Adolf Menzel）1815 年生于布雷斯劳，1830 年来到柏林，他之于柏林艺术界的影响力一如冯塔纳之于文学。他是一位正从古典主义迈向现代主义的艺术家，能以比德迈尔式的艺术家从未采用的方式描绘极其生动和大气的生活场景。但他的作品客观性有余而革命性不足，其结果是招致两方阵营的批评。皇帝觉得他对工业场景的描绘，例如 1872 年的《轧钢厂》（*The Rolling Mill*），过度展现了（工厂的）艰辛，而且他的一些战场场景突兀而病态。现代主义者

---

① 格奥尔格即博托之子，博托于 1849 年迎娶作家、伯爵小姐海伦娜·冯·黑斯勒（Helene von Haeseler，1829—1892），后将两人姓氏连缀并由子女传承下去。格奥尔格自 1903 年担任王家剧场总经理，其父已于 1883 年退休。

则嘲讽他在名作如《圆桌会议》(*Tafelrunde*,即弗里德里希大王在无忧宫的圆桌会议)或更为著名的《长笛演奏会》(*Flötenkonzert*,即弗里德里希大王吹长笛)中所呈现出的惬意舒适的宫廷生活。门采尔在柏林过完他受人尊敬的一生,获封"冯·门采尔",皇帝还出席了他的葬礼。1905 年 3 月,国家美术馆为他举办了一场由皇帝赞助的作品纪念展,并设立特别基金会,以便由国家出面收购他的海量作品:在他漫长的一生中,共创造了将近 7 000 幅油画等绘画作品。

但与他同时代人们的际遇则大相径庭。获得皇帝强烈支持的保守画派代表人物是安东·冯·维尔纳(Anton von Werner),维尔纳被任命为皇家学院院长。威廉一世在凡尔赛宫宣布称帝和威廉二世为国会揭幕的形象都出自他的手笔。但真正的现代主义者和早期的印象派画家则遭到皇帝严厉斥责。1892 年,挪威画家爱德华·蒙克(Edvard Munch)应柏林艺术家协会之邀在柏林展出画作,但他的作品遭到评论家们的极度排斥,两天后不得不结束画展。但蒙克的遭遇引发了日后被称为分离派(Sezession)运动①的行动,画家们在马克斯·利伯曼(Max Liebermann)、瓦尔特·莱斯蒂科(Walter Leistikow)、凯绥·珂勒惠支领导下举办了自己的画展。展览最初设在西方剧院,于 1898 年夏开幕;1905 年搬到库达姆,并成为这座城市一处永久展览和主要艺术运动。皇帝蔑称其为"阴沟里的艺术",并下令打算参观此类堕落艺术展的官员不得身着制

---

① 19 世纪末艺术领域的分离派运动主要指的是以利伯曼等人为代表的德、奥艺术家脱离官方艺术组织,另组社团并展出作品,以期不受干预地呈现他们认为有价值的艺术表现形式,在慕尼黑(1892 年)、维也纳(1897 年)和柏林(1898 年)的分离派运动最为突出。

服。他格外讨厌莱斯蒂科，用他的话来说，后者画的《格伦瓦尔德湖》（*Der Grunewaldersee*）永远摧毁了他对森林的喜爱。印象派也完全不受欢迎。一位名叫詹姆斯·胡内克（James Huneker）的游客到访柏林后写道："参观柏林的国家美术馆让我忍无可忍。看到这么多纯粹浪费体力、在数英亩的画布上泼洒肮脏而糟糕的颜料的作品，不禁让我怒不可遏。"美术馆违背圣意购置的印象派作品都被藏在一处阁楼里，"因触怒官方而遭禁的画家有莫奈（Monet）、马奈（Manet）、毕沙罗（Pissaro）、雷诺阿（Renoir）、西斯莱（Sisley）和塞尚（Cézanné）"[25]。

分离派运动的领袖马克斯·利伯曼是地地道道的柏林人，生在这座城市，是著名的制造业和银行业家族的后裔。他的创作时光都是在其位于巴黎广场的工作室和坐落在万湖畔的舒适别墅中度过的。他喜欢用柏林话交谈，用反应迅速、尖刻的柏林式评论打击客户。一位富有的银行家正在利伯曼的工作室内欣赏自己委托其刚刚完成的肖像画。"真是惟妙惟肖！"银行家说。"没错，"利伯曼回道，"所以令人作呕。"[26]他的作品，从绘制于 1871 年的《拔鹅毛的女人》（*Women Plucking Geese*），到完工于 1887 年的《亚麻织工》（*Flax Spinner*），再到后期的印象派作品，都为一窥当时德国和柏林的生活提供了无与伦比的视角。任何人到访柏林，却没有去参观他位于万湖的别墅、花园和画作，都将是不完整的经历，在万湖还保留着一个有关利伯曼的小型博物馆，十分迷人。同时展出的还有雷瑟·乌里（Lesser Ury）的作品（他曾是利伯曼的学生，虽然两人后来闹翻了），他对柏林夜景的描绘，出色地捕捉到了这座城市20 世纪初的氛围。

相比之下，凯绥·珂勒惠支的作品则更饱含感情。珂勒惠支是德国在 20 世纪初遭遇艰难困苦岁月的当之无愧的象征，她的绘画和雕塑强烈表现出柏林所受的折磨。珂勒惠支来自东普鲁士一个信仰虔诚的社会主义者家庭，她嫁给了一位柏林的医生，住在普伦茨劳贝格，他们在那里为穷人服务。她在 1896 年完成的画作《织工》（*Die Weber*）促使门采尔提名她获德国艺术大展（Große Deutsche Kunstausstellung）金奖。但完全可以预料的是皇帝又出手了，部分原因是他讨厌她的作品，部分原因则如他告诉门采尔的那样，"奖章和荣誉应当属于令人敬仰的男人的胸膛"，而不是一个女人。[27]珂勒惠支接下去创作的是有关 16 世纪农民战争的系列，再次呈现了被剥削者的痛苦。今天，位于菩提树下大街"新岗哨"的德国国家纪念馆中央，便是她感人至深的作品《母亲与亡子》。

　　海因里希·齐勒是另一位描绘 1914 年之前柏林帝国首都生活的艺术家。齐勒其实是一位漫画家，他捕捉到了这座城市日常生活中的幽默和荒诞不经，但同时也看到了它的坚忍不拔。他绘制的出租兵营生活、柏林的妓女和严峻的贫困事实的图画很有趣，但所有藏污纳垢之所都一览无遗。这是他耳熟能详的世界，画家本人成长于出租兵营，他是这样描述自己与绘画的首次相遇："油印当时刚刚被发明出来……这是穷人们的'油画'。这些画片很廉价，而且可以'装点'公寓，但同时也发挥着捕虫器的作用。我依然清楚地记得，在一间小得可怜、住着七个人的房间里，我轻轻动了一幅威廉皇帝的画像……画像背后爬满了虫子。"[28]齐勒深受朋友埃贝林博士（Dr. Ebelin）的影响，后者告诉他："70％的柏林孩子不知道日出是什么样子，76％不知道什么是露水，82％从未见过云雀，还有一半人从未听说过青蛙。"[29]这让齐勒深感震惊。他的画作像《妓女谈》（*Hurengespräche*）一类的作品无疑是严肃的。而他的其他一些作品，比如柏林的沙滩场景，则更具喜剧色彩。齐勒相当受欢迎，其作品在他有生之年竟演变成一种柏林模式。虽然齐勒一开始就抗议称自己算不上真正的艺术家，但利伯曼将他引入分离派，如今在尼古拉街区还有一座收藏他作品的小型博物馆。

还有一位为柏林做出杰出贡献的人物则代表了截然不同的类型。威廉·冯·博德（Wilhelm von Bode）1872 年被任命为老博物馆助理馆长时，年仅 27 岁。他认为博物馆应当让参观者了解特定时期的生活面貌，因此强烈反对当时不考虑、不解释历史背景的物品展示习惯。他提出，博物馆应当给参观者提供某类特定生活方式或某个时代的整体印象，将图片与为反映某种历史风格而设计的房间中的家具和雕塑相结合。经过旷日持久的谈判，1898 年博德设法取得必要的许可和资金，建造了一座新的博物馆——它位于一座岛屿的最北端，而这座岛屿的北半部今天就被称为"博物馆岛"。这便是弗里德里希皇帝博物馆，1956 年为了纪念他更名为博德博物馆。柏林松散的沙土一如既往地让施工难以推进，在施普雷河两条河道交汇的地方尤其如此，但因此建成的建筑物，连同它低低的穹顶，面向下游的弧形外墙和它位于岛屿尖角处的广场，成为柏林最令人满意的去处之一。它原本正对着如今已经被毁的蒙比永广场，那里曾是弗里德里希一世非常中意的地方，起到连通作用的桥梁也以此命名。

1906 年，博德续任柏林国立博物馆总馆长，他是一位令人望而生畏但又极其高效的资金募集人，会利用与皇帝的友谊从潜在捐助人那里榨取资金。他也是一位目光敏锐的收藏家，今天柏林所拥有的宝藏都归功于他的慧眼。尽管来自美国新兴收藏家的竞争力日益增强，博德依然设法购入了伦勃朗、丢勒和哈尔斯的作品，还有如今大名鼎鼎的纳芙蒂蒂半身胸像①，它如今被收藏在新博物馆。在博德开始他的长期任期之际，大花园北面的博物馆岛由申克尔最初设计的老博物馆，它背后由施蒂勒尔设计的新博物馆，以及被设计成古希腊神庙式样并于 1876 年开放的国家美术馆组成。而等到他 1920 年卸任时，不仅弗里德里希皇帝博物馆已经竣工，附近佩加蒙博物馆的施工也在顺利推进中；之所以建造后者就是为了存放大量涌入柏林的瑰宝，它们大多是由德国考古学家在近东和中东古城发掘出土的。从 19 世纪 40 年代在埃及进行发掘的卡尔·里夏德·莱普修斯（Carl Richard Lepsius），到历时八年在爱琴海东部挖掘古城佩加蒙（博物馆的名字源于此）的卡尔·胡曼（Carl Humann），到所谓"普里摩阿斯的特洛伊宝藏"的发现人海因里希·施里曼（Heinrich Schliemann），再到当时正在伊拉克开展工作的罗伯特·科尔德韦（Robert Koldewey），柏林发现自己接收了数量最为庞大的古代文物。佩加蒙成为成功修复后的巴比伦伊什塔尔门和米利都的罗马市场大门所在地，这两件文物也使它成为今天德国访问量最大的博物馆。而博德精明的收购行动，也让柏林在 1914 年就成为欧洲的博物馆之都。尽管在战时遭到广泛破坏，且相当一部分藏品在 1945 年之后被俄国掠走，其中就包括施里曼从特洛伊带回的具有争议的"普里摩阿斯宝藏"，但博德的大多数成果依然得以保留下来。1989 年之后，博物馆岛开启广泛而持续的修复计划，这让它再次成为世界上独特的文化收藏地之一。

---

① 　纳芙蒂蒂胸像是一尊刻画了古埃及第十八王朝法老阿蒙霍特普四世（Amenophis Ⅳ，即阿肯那顿）的王后纳芙蒂蒂（Nofretete/Nefertiti）的塑像，1912 年由德国埃及学家路德维希·博尔夏特（Ludwig Borchardt）发掘出土。该塑像是柏林新博物馆的镇馆之宝之一。

✛　✛　✛

　　皇帝对于艺术的态度如此令人忧心忡忡的原因还在于，他真心实意地相信自己应该成为艺术仲裁者。在一次演讲中，他说道："违背我（及我的首都）所给出的总体法则和界限的艺术，就不再是艺术；它充其量就是一件工厂制成品，一门手艺。"然后他接着说道："对于我们，对于德国人民来说，理想已成为永久的财富，而其他民族或多或少已经丢弃了它们。只有德意志民族将它们保留了下来，我们被要求保存、培育和延续这些伟大的理想。"[30]这种个人的和民族的自信，在未被部长或议会压制，又得到军队支持时，就变得格外危险。后者坚信自己在19世纪60和70年代建立德意志民族国家发挥着关键作用，未来亦然。为了避免遗忘，1895年9月2日举行了一场庆祝法军在色当投降25周年的盛大游行，勃兰登堡门上张挂着一条写着"上帝指引下的伟大转折"（Welch eine Wendung durch Gottes Führung）的条幅。所有参加战役的老兵都获颁带有皇帝肖像的银质勋章。色当纪念日（Sedantag）成了公众假期。整个柏林社会将军人捧上了神坛，虽然军阶和制服遭到社会主义者的鄙视，但大多数柏林人对此艳羡不已。

　　有一则故事在柏林流传甚广：一个名叫威廉·福格特（Wilhelm Voigt）的小混混1906年来到柏林申请居留许可，但因为有过小偷小摸的犯罪记录而遭到拒绝。无奈之下，他偷了一名陆军上尉的制服，出现在柏林众多卫戍兵营中的一处，然后命令10名士兵陪同他乘坐火车前往克珀尼克。抵达后，他便带领着他的小分队前往市政厅，并在那里逮捕了市长和警察局长，随后又在自己洗澡时释放了他们。福格特告诉市长自己被派来调查这里的各种违规行为，命令他拿出 4 000 马克现金，市长立马照办。然后福格特就带着他的小分队回到了柏林，并在自己拿钱跑路前将队伍解散。不久之后，当他再次因其他轻罪入狱并在狱中吹嘘自己时，才让此事曝光。这个故事很快被公之于众，不仅让可怜的市长沦为笑柄，也让柏林那些痴迷权威的制服控成了笑话；但对这个故事皇帝笑不出来，军队更是将这一事件称为"第二次耶拿（战役）"。它后来被卡尔·楚克迈尔（Carl Zuckmayer）① 改编成戏剧，在柏林大受欢迎，特别是该剧还使用了大量柏林方言，包括脍炙人口的《夜莺，我听你啼唱》（*Nachtijall icke hör dir trapsen*）。预备役军官的薪酬极为可观，他们可以继续从事本职工作，但也享受特权及穿戴代表军衔的装饰。军官则可以在商店里获得优先服务，在剧院里拿到位置最好的票，许多人还自认为凌驾于法律之上。

尽管社民党大获全胜，但大批柏林人在 1900 年时依然普遍是民族主义者并拥护君主制。《柏林画报》（*Berliner Illustrierte Zeitung*）在 1898 年进行了一项民意调查，就刚刚过去的那个世纪向柏林人提出 27 个问题，调查结果让皇帝大为放心：最伟大的德国人是俾斯麦；最重要的女性是普鲁士王后路易斯；皇帝威廉一世是最伟大的柏林人，与亚历山大·冯·洪堡并驾齐驱。门采尔是最杰出的艺术家；而且让皇帝兴高采烈但让现代主义者懊恼不已的是，贝加斯是最出色的雕塑家。考虑到这里涉及的对象包括欧洲所有的

---

① 卡尔·楚克迈尔（1896—1977），魏玛共和国时期的著名编剧。1931 年创作了根据福格特事件改编的戏剧作品《克珀尼克的上尉》（*Der Hauptmann von Köpenick*）。

艺术，因此这个结果多少让人感到惊讶。不过，最伟大的思想家是毛奇而非康德或黑格尔，或许才是最让人匪夷所思的。只有一个柏林人用典型的柏林范为"谁是最伟大的柏林人?"作答，他答道："压根儿没有什么最伟大的柏林人。"[31]

中产阶级的生活舒适而安宁。瓦尔特·本雅明描述了自己成长于一个 1900 年前后的富裕家庭。这段童年时光充满安全感，热闹非凡。有稳定的住处：祖母的"一朵巨大的绒花"，即位于波茨坦的度假屋，正是在那里，他学会了骑自行车；有游泳课，有令人心安的家的声响，比如在庭院里拍打地毯；有散步、用餐和一切比德迈尔式的舒适，德语将其概称为"Gemütlichkeit"①。本雅明出身犹太人家族，他所描述的世界反映出 20 世纪初是柏林犹太人社群最安全的时期，许多人成功实现了成为德国人的目标，他们是德国籍的犹太人，而不是碰巧生活在德国的犹太人。诚然，一些势利眼还是把他们排除在某些职位之外，但像利伯曼或是拉特瑙这样的商人的成功，带给这个群体以声望。到 1900 年时，柏林犹太人社群已经不再被视为一个单一的共同体：他们中既有像本雅明这样富有且有根基的家族，也有源源不断地涌入的"东部犹太人"（Ostjuden），即来自东欧的犹太移民——1900 年有 12 955 人到达柏林。后者被一些人指责为柏林犹太人负面形象的罪魁祸首，这群人倾向于聚居在谷仓区这样的地方，那里被视为小偷小摸者和卖淫嫖娼者的聚集地。而让瓦尔特回忆录读起来格外凄美的原因还在于，当他开始记录这一切时，那个令人倍感安心的世界已被摧毁许久了。

本雅明的回忆录和 1898 年《柏林画报》民意调查结果表明，

---

①　即德语的"舒适"。

至少柏林的中产阶级是拥护稳定的，而这种稳定其实部分也有赖于君主制和政府的努力。但这种奉承本身又反过来要求皇帝、他的宫廷和军队行事能够符合柏林资产阶级对他们的看法，但事实并非如此。1907年，倾向于社会主义的柏林周刊《未来》（*Die Zukunft*）的编辑马克西米利安·哈登（Maximilian Harden）发表了一篇文章，强烈指责皇帝的两名核心顾问，即菲利普·冯·奥伦堡（Philip von Eulenburg）亲王与柏林卫戍部队指挥官古诺·冯·毛奇（Kuno von Moltke）伯爵存在亲密关系，两人还和近卫团士兵纵酒狂欢。尽管皇帝竭力主张起诉哈登，但奥伦堡拒绝从命并辞职了事，反倒是冯·毛奇将哈登告上了法庭。同性恋在当时的德国并不合法，不过柏林已经普遍比大多数的欧洲城市更能包容这种性取向，但此事的破坏性在于它将皇室牵扯了进来。

　　类似的被揭露出来的事情，在很多柏林人看来很滑稽，因为这让法院与政府显得虚伪和不合时宜。与此同时，德国的外交政策也进展不顺。1907年，英国、法国和俄国签订三国协约，这意味着三国虽未结成军事同盟，但承诺签署各方在未经其他各方同意的情况下不得与德国单独签订协议。这是对德国与奥地利和意大利结成三国同盟的回应。同样遭到强烈批评的还有德国的殖民政策，皇帝坚决认为德国应当拥有与其他欧洲国家旗鼓相当的海外资产份额。但此时这座城市的态度开始发生转变，社会主义者慢慢取得影响力。1900年，延斯·比克霍尔姆（Jens Birkholm）创作了一幅令人动容的绘画作品，他将其命名为《穷人的福音》（*The Gospel of the Poor*）。画面中，一位演讲者正向全神贯注的听众讲授社会主义，背景里有一座马克思的半身像，两名警察则在一旁注视着演讲人。1911年，150 000名柏林人在特雷普托公园抗议德国出兵摩洛哥。同一年，两名工人在与警察的冲突中丧生，150 人受伤；有超过 100 万人参加了被杀害的示威者保罗·辛格（Paul Singe）的葬礼，他们从死者家到位于弗里德里希费尔德的公墓之间排成了长达 11 千米的队伍。1912 年，社民党在国会选举中获得了 35％的选票，这让中央党都相形见绌，他们的席位因此也增加了一倍。此时柏林的人口已接近 400 万，他们在政治上变得越发活跃，也日益倾向社会主义。

若是要详细阐述在 1914 年夏天导致欧洲滑向第一次世界大战的一连串事件，超出了本书的范围。不过对很多人来说，好像也没人真正了解为什么要打仗。生于英国，生活在柏林的布吕歇尔·冯·瓦尔施塔特王妃①写道："战争的真正原因是什么，似乎无人知晓。"[32]尽管如此，宣战在柏林赢得公众空前支持，至少暂时将那些政治分歧都搁置一边。7 月 31 日下午 5 点，一位年轻的近卫军中尉站在位于菩提树下大街的弗里德里希大王雕像旁，大声朗读戒严令。公民的权利被喊停，柏林现在处于军队的实际控制和道德控制之下。

8 月 1 日，德国正式向俄国、法国和比利时宣战，皇帝出现在柏林宫的阳台上（1848 年，他的伯祖父曾在同一地点向抗议者发表讲话），并在宣布"我认为，如今战斗摆在我们面前，党派将不复存在于我的人民之中"时赢得热烈掌声，"我们当中只有德国人……而今至关重要的是，我们如同手足般并肩作战，上帝将帮助德意志

---

① 这里指的是伊夫林·布吕歇尔·冯·瓦尔施塔特（Evelyn Blücher von Wahl-statt，1876—1960），出身英国贵族家庭，1907 年嫁给普鲁士贵族格布哈德·布吕歇尔·冯·瓦尔施塔特（Gebhard Blücher von Wahlstatt，1865—1931）亲王。伊夫林是一名日记作家和回忆录撰写者。

之剑获得胜利"。"对我来说，每天越来越清楚的一件事，"布吕歇尔王妃继续写道，"这边或对面的老百姓都不希望打仗，但这里的人们现在正在被爱国主义绑架，他们的眼里只有如此众多来自四面八方的敌人。"³³而在 8 月 4 日宣布对英国开战时，庆祝活动则更为盛大。蒂洛·迪里厄（Tilla Durieux）是一位生活在柏林的女演员，"我们发现这座城市充斥着激动人心的咆哮"，她在自己的回忆录中写下：

> 到处是人群和列队行进的士兵，人们向他们投掷鲜花。每个人的脸上都洋溢着喜悦：我们要打仗啦！咖啡馆里，乐队不停地演奏着《万岁，胜利者的桂冠》（*Heil Dir im Siegerkranz*）和《保卫莱茵河》①。所有人都站起来跟着合唱；饭菜凉了，啤酒倒是热了。人们排着队为自己的汽车登记（允许）紧急征用，车站前的士兵收到了成堆夹着黄油的面包、香肠和巧克力。³⁴

1914 年，AEG 创始人埃米尔·拉特瑙的儿子瓦尔特·拉特瑙（Walther Rathenau）受命负责筹备战争物资。他觉得社会主义者的欢呼声和其他人一样热烈。在过去十年间，德国和英国之间形成了一种奇怪的敌意，但耐人寻味的地方在于，这两个国家曾经是亲密的盟友。"人民将祈祷上帝保佑德国发动针对英国的防御战并赢得海上自由，"著名历史学家弗里德里希·迈内克（Friedrich Meinecke）如是说——今天库达姆附近的同名街道就是以他命名。而

---

① 《万岁，胜利者的桂冠》在 1795—1871 年为普鲁士国歌，德意志帝国成立后成为主要在与皇帝有关的场合演奏的半官方国歌，《保卫莱茵河》则是另一首半官方的德意志帝国国歌。

埃里希·马克斯（Erich Marks）教授则认为，"英国，才是我们真正的死敌"[35]。有一首名为《仇恨之歌》（*Hasslied*）的流行歌曲在柏林到处传唱，这是一首"赞美仇视英国"的歌曲，其中有这样一句："我们有一个敌人，而且只有一个——英国！"

许多原本可能会反对战争的人士如今也支持战争。1914 年 10 月，93 位艺术家和作家签署了一份宣言，公开支持德国的军事行动。不过鉴于德军被指控在比利时犯下暴行，也有一部分人认为此举并不明智。但这张名单上还是出现了一些令人惊讶的名字，包括格哈特·豪普特曼、马克斯·利伯曼、威廉·冯·博德、马克斯·克林格尔（Max Klinger）[①] 以及剧院经理马克斯·赖因哈特（Max Reinhardt）。[36]只有社民党领袖奥古斯特·倍倍尔提出反对意见。他在国会大厦起身宣布，这"将会是一场灾难……1 600 万到 1 800 万男性，不同国家的花朵，将装备着致命武器，互相厮杀……我坚信，这场大进军之后将是大崩溃……结果将如何？在这场战争过后，我们将面临大规模的破产、大众的苦难、大批失业以及大饥荒"，但他遭到了耻笑。有一个人冲他喊道："倍倍尔先生，战争过后境况自然会变好。"这是倒退回了俾斯麦的时代，但俾斯麦永远不会同意德国同时在两条战线上开战。[37]1947 年，弗里德里希广场更名为倍倍尔广场，以纪念这位勇敢的政治斗士。

大多数国家都拥有同一个奇怪的习惯，即在他们的年轻人将被牺牲时举行盛大庆典。那年夏天的柏林好像过于亢奋了，但在这个技术改变了士兵屠戮能力，却没有告知或授予他们自己手中可怕武器使用方法的时代，那种由来已久、对自己是否能抵挡入侵的恐

---

① 马克斯·克林格尔（1857—1920），德国象征主义画家和雕塑家。

惧，那种古老的受害者意识，又改头换面出现了。来自舍内贝格的 13 岁女孩马琳·黛德丽（Marlene Dietrich），当时是个前途可观的小提琴演奏者，她这样写道："士兵们在街上行进，枪膛上插着鲜花，欢笑、歌唱、亲吻着妇女，窗户上挂满了旗帜……野蛮人正在庆祝战争爆发。"[38]

凯绥·珂勒惠支试图阻止爱子彼得报名参战，但即便如此，她也感到无法将自己与席卷而来的公众情绪分割开来。她在整个战争期间写下极为详尽的日记，那年夏天的开篇就是柏林为 8 月 7 日列日沦陷和 8 月 11 日阿尔萨斯沦陷举办的庆祝活动。8 月 21 日，德军进入布鲁塞尔。珂勒惠支也从经济上支援了战争。8 月 14 日，她在一次由普伦茨劳贝格区长召开的会议上认捐了 6 000 马克支援战争。人们走上街，高唱"一枪一个俄国佬；一拳一个法国佬；一脚一个英国佬(Jeder Schuß-ein Russ; jeder Stoß-ein Franzos; jeder Tritt-ein Brit)"[39]。那年 7 月，基尔施泰特家去格赖夫斯瓦尔德度假，他们在宣战前一天回到柏林。"排山倒海般的狂热，"格尔达·基尔施泰特（Gerda Kirstaedter）在她的回忆录中写道，"每个人都觉得战争很快会结束，没有人能猜到它的可怕后果。我的父亲，他是一位预备役上尉，立刻应征召去了施潘道的军服仓库。"赫尔穆特（Helmut）和维尔纳（Werner）兄弟俩志愿加入第 35 步兵团。"欢送会的气氛非常悲伤，维尔纳的那句'格尔达，我们再也不会相见了'依然回响在我耳畔。"[40]

从 9 月下旬开始，新闻开始变少。虽然东线的兴登堡仍有好消息传来，但西线的情况好几天都没有报道了。10 月初，彼得完成军事训练，凯绥·珂勒惠支挥手欢送他加入驻扎比利时的军团，此前因为他膝盖有关节炎而耽误了入伍。彼得抓紧一切机会写信，10

月 24 日，珂勒惠支收到了他的一封信，信上说一切平安，但他现在能听到枪声。然而，到了 30 日，她的日记只有一行字："您的儿子已阵亡。"（Ihr Sohn ist gefallen.）事实上，彼得死于 10 月 22 日，当他的最后一封信寄到家时，他已不在人世。在那之后，珂勒惠支的日记口吻就变得比较平淡了。彼得房间依然保持着原样，仿佛他从未离开，但珂勒惠支说儿子的死是一道永远无法愈合的伤痕。她也因此创作出自己风格最鲜明的作品——《死于行动》（Killed in Action），展现了一位母亲在被告知儿子死于前线时的惊恐反应，这是她最令人动容和战栗的作品之一。后来她还为儿子位于比利时战争公墓的墓地雕刻了一座同样感人的纪念碑——"悲伤的父母"（The Grieving Parents），情绪强烈，令人震颤不已，但又饱含同情心。如果说彼得消逝的生命能带来什么益处的话，那便是让珂勒惠支能够利用石材以如此感人的方式，表达出众多柏林家庭所经历的丧亲之痛，最终促使她完成位于新岗哨的、属于她的《圣母怜子像》①。41

当彼得阵亡的消息传来时，柏林最初的欣喜也已开始消退。虽然兴登堡已于 8 月下旬在坦能堡彻底击败俄国人，但巴黎依然没有沦陷。不仅如此，赫赫有名的史里芬计划（总参谋部始终坚信能凭借该计划迅速取得西线的胜利）导致德军不得不撤出巴黎，现在他们又为争夺（英吉利）海峡港口而被困在佛兰德斯动弹不得。10 月就此成为那漫长、艰难和痛苦的四年的开端。而柏林人也开始认命，他们意识到自己之前如此热情欢呼过的战争到底意味着什么。英国最早采取的行动之一便是封锁德国港口，这样一来，食品和原

---

① 即前文提到的雕塑《母亲与亡子》。

材料无法进口，柏林的工厂也失去它们的市场。英国人的海上封锁战是第一次世界大战当中很少被谈及的战斗，但它确实是导致德国兵败的最关键一役。8 月 9 日，多罗特亚街张贴出首批阵亡将士名单，这些名单贴了多久，人们震惊和沮丧的心情就持续了多久。10月，珂勒惠支的日记记录了她认识的一个家庭已经失去了五个儿子。而就在彼得阵亡后不久，维尔纳·基尔施泰特也在西线挖战壕时被法国人的子弹击中头部。他又活了十天，虽然有时意识清醒，但终究还是没有挺过来。他的兄弟赫尔穆特和他在一起，精神彻底崩溃了，于是被送回位于埃尔克纳的精神病院。接着便是失业率飙升至 20%，原因是工厂无法销售产品；还有大批工人发现自己被征召进这座城市正在组建的五个新军团里。9 月，城市开始设立面向无收入家庭的施汤所，但到了冬天，食品供给开始减少。1915 年 2月，面包配给制开始实施，但当时供暖和交通运输所需的燃料也长期短缺。尽管如此，市长阿道夫·韦穆特（Adolf Wermuth）依然提出，"帝国首都必将在纪律和牺牲意志上发挥带头作用"。韦穆特的任期是从 1912 年至 1920 年，虽然他的演说没有吸引任何人，但他依然能将在艰难战争年代中保持城市行政部门运作的功劳揽在自己身上。[42]

　　随着战争在冬季停滞不前了，柏林发现自己处在某种略显尴尬的境地。对于德国的其他地方而言，它成了被怀疑和遭唾弃的对象。许多德国人觉得，正是政府中枢造成如此多的困难，而且像拉特瑙这样的人在努力指引战时经济的同时，无可避免地使越来越多的决策变得集中化。随后是产业工人召回这个棘手问题。随着战时经济进入生活，被招募入伍的熟练工人被召回到他们原来的工作岗位上，而柏林恰恰是最大的制造业中心之一，因此这一点更适用于

柏林人，而非其他地方的德国人。有超过 90 000 人从战时召回中
受益，但全柏林本身也只动员了 60% 的合格人员入伍（而这个比例
在这个国家其他地方接近 80%）。然而，这并没有让柏林人感到有
多好受，战争所需要的人数对于这座城市而言依然是沉重的。尽管
工业召回得以贯彻执行，但柏林依然派出了数量相当可观的士兵。
此外还有 44 000 名强壮的近卫军。这支部队和平时期驻扎在柏林
和波茨坦，从德国各地招募兵员，但毫无疑问包含了大量的柏林
人，还有许多人加入当地招募的第五师和第六师。他们起先在西线
作战，1917 年调往东线以抵抗俄国人克伦斯基的进攻，之后南下
前往意大利，直到 1918 年被再次送回法国。

1915 年春天，为了鼓舞士气，帝国首相广场上建起了一座仿
制战壕。刊登在《前进报》（Vorwärts）上的一篇文章指出，"它所
引发的兴趣主要集中在充当防空洞上。一个可以容纳 50 个人的防
空洞，配备了所有现代舒适设施。当然，军官们的防空洞将更加豪
华，配有桌子和像样的家具。中士的房间布置得再好不过了——在
和平时期也是如此，甚至现场还有一个墨水瓶"。但这只是宣传。
反倒是凯绥·珂勒惠支曾经历过的痛苦，往往反复出现。在柏林为
纪念战争阵亡者的纪念碑中，有一座非常特别，也鲜为人知，它便
是位于为 1936 年奥运会所建的奥林匹克体育场内的朗格马克大厅
（Langemarckhalle）。纳粹党人在公众的眼皮子底下为在 1914 年 10
月朗格马克战役（英国人称之为"第一次伊普尔战役"）中阵亡的
10 000 名德国人建造了一座纪念大厅。这则通常被称为"朗格马克
神话"的故事是关于一支年轻的德国预备役师。这是一支被仓促动
员并由大批柏林大中学生组成的部队。这些年轻人高唱着和他们的
行为如出一辙的爱国歌曲，以充满英雄气概但毫无意义的勇气冲向

协约国防线，孤注一掷地试图突破至海峡。历史的真相其实平淡无奇，但当时的德军总参谋长冯·法金汉（von Falkenhayn）想要的是一个更动人的故事，而不是承认自己在战争第一阶段的最后一次突围尝试以失败告终。在这些男孩中，有一个名叫维尔纳·普法芬贝格尔（Werner Pfaffenberger），他是一名政府官员的儿子，年仅18 岁，和自己班上大多数同学一起在就读的文理中学志愿参军。他曾经梦想成为一座小村庄的牧师，住在一栋被挚爱的甜美女孩用鲜花装点的房子里。他的老师和同学将他的信件和诗歌编辑成册，题名《英雄来鸿》（*Letters From Heroes*），将为祖国献身的荣光进一步浪漫化。普法芬贝格尔的母亲虽深受丧子的打击，但对此表示强烈赞同。[43]

对于纳粹来说，朗格马克事件不仅是一次宣传的机会，也是制造为他们所滥用的，半是中世纪、半是普鲁士、半是浪漫主义、半是身体崇拜的庆典的机会。这个想法便是为本应参加奥运会，却为祖国献出生命的人建造一座大厅。它成为纳粹建筑的一个经典案例：灰色石墙上悬挂着纪念参战编队的黑色铁制盾牌，所有人的名字用银色标示出来。这里没有朝向体育场的窗户，因此也不会被奥运会所代表的那个毫无警觉的世界窥探到。大厅墙上还雕刻着瓦尔特·弗莱克斯（Walter Flex）的词句，这位民族主义诗人 1917 年战死，也是希特勒最钟爱的作家，正是他写下了被广泛引用的普鲁士军事誓言："普鲁士旗帜下的起誓者，不会留下任何属于他自己的东西。"[44]

因此很难将朗格马克大厅视为所有死去的柏林年轻人的纪念场所，而不是当成纳粹宣传的一部分；另一类纪念则体现在一首歌中。1915 年 4 月 3 日晚，"燧发枪卫队"的汉斯·莱普（Hans Leip）

在他位于公路大道的军团兵营值勤，这座兵营绰号"金龟子"兵营，得名于燧发枪卫队这个军团的标志。他很恼火，因为这是他被派往喀尔巴阡前线前在柏林的最后一晚，但他宁愿和自己崇拜的女孩贝蒂·玛莲（Betty Marleen）待在一起。贝蒂·玛莲就是莉莉，是与莱普合住的菜贩家的女儿。但当他站在兵营门口，莉莉出现了。她站在路灯下，这样他就能看到她。莱普根据这一场景写出了歌曲《莉莉·玛莲》（*Lily Marleen*），这首歌悲伤地展示出各国一代代士兵所承受战争和分离的代价。

> 在军营前，在大门前，
> 如果有一盏灯，如果它还在那前面，
> 我们还将再见
> 我们就站在那路灯下
> 就像莉莉·玛莲从前那样

　　"金龟子"兵营现已不存，但它的位置就在公路街和哈贝萨特街的拐角处，如今这里是一栋大型匿名建筑，它被委婉地称为"联邦通讯社总部"（Bundesnachrichtendienst Hauptquartier）①。

　　到了1917年，柏林的生活开始变得极其困难。食物异常短缺，当时依旧是许多柏林穷人赖以生存的马铃薯出现歉收。而为了争夺萝卜和替代食物"K"〔"K"即战争（Krieg），是用马铃薯或是许多人以为用硬纸板做成的黑面包〕，还引发了食品骚乱。1918年，肉类消费量下降到1914年的12%，鱼下降到5%，鸡蛋则为13%。

---

　　①　原作者在这里玩了一个文字游戏，他使用的是德语单词"Nachrichtendienst"的字面含义"通讯社"，但其实这里特指德国联邦情报局（简称"BND"）总部。

布吕歇尔王妃写道:"这里严寒刺骨,这种寒冷半个多世纪以来都无人知晓。一群饥肠辘辘、疲惫不堪的人瑟瑟发抖地穿行在白雪覆盖的街道上……我们现在通通瘦骨嶙峋,眼周都有了发青的阴影。我们满脑子都是下一餐饭会是什么,还梦想着过去的美好事物。"[45]许多学校关闭,部分原因是有 3 600 名柏林教师被征召上前线,部分原因是没有煤炭供暖。不仅如此,学童们还被派去格伦瓦尔德收集橡子和浆果。马琳・黛德丽家已因为战争迁居德绍。她回忆起女孩们的"木炭和马铃薯旅行","她们的夜晚或在火车站度过,为奔赴战场的士兵歌唱,他们越来越年轻,或是在军队医院用歌声送他们走向最终的安宁"。

越来越多的女性应征从事工业生产,或是在服务业中充当辅助角色。柏林正在变成一个"女人"的世界,一个"没有男人的世界"[46]。不过,相比许多欧洲城市,柏林对于女性的压迫确实要小得多。自 1876 年弗兰齐斯卡・蒂布尔齐乌斯(Franziska Tiburtius)开设了自己的妇女诊所之后,女性就开始投身于医生职业;女性从 1908 年起还可以进入大学学习。这里与众不同的地方在于:女性如今可以进入过去只属于男性的领域。女演员蒂洛・迪里厄曾在一家军医院担任过护士。"我强忍着才没有哭出来,没有试着逃离所有的痛苦,"她这样写道,"这太难了。一到晚上我就累得昏睡过去,我的脚肿得太厉害了,以至于不得不用湿毛巾把它们包起来。护士人手严重不足,一名护士、一名助理,要看护 30 名重伤男子。我第一次参加手术时还差点昏过去,我被塞了一条被锯下来要拿去处置掉的人腿。当时我用尽全力才振作起来,时至今日我依然能感觉到那条腿的分量。"[47]格尔达・基尔施泰特也在一家医院工作,她的第一份工作就是"拿出猫的内脏",把它们装进小袋子里,再把伤口缝合起来。后来她被转移至位于艾森纳赫街的军医院，在那里为从前线返回的伤员洗衣服，还得准备午饭。"我依然还能想起那些事，"她后来写道，"令人毛骨悚然。"[48] 1915 年，她与堂兄赫尔穆特订婚，此时他已经从致命打击中慢慢恢复过来，并不影响他俩在战时结婚。

在工厂做工的玛尔塔·库普斯（Martha Kups）能从工厂领到一份配给的食物，即"马肠、马肉和人造黄油"，真正让她忍无可忍的是寒冷：

> 轻轨上的条件非常糟糕，等车厢里塞满了人才能暖和些。但火车又三不五时要停车，我们就要再挨一次冻。工厂里也没有煤，你不得不用冻得麻木的手开工，这样一来，挣得就更少了。白湖站那里倒是偶尔会有一辆运煤车。我很幸运有一辆手推车，这样就能带着我能找到的最大的口袋冲过去。但冲上运煤车总要经历一场硬仗，而且提着一个装满了的口袋需要很大的力气。任何有一丝犹豫的人都会被无情地推到一边。[49]

让人恼火的是，有钱人依然能吃香喝辣，像阿德隆这样的酒店从未歇业。如此一来，愤怒就变得无法遏制，尤其休假回家的士兵仅凭表象就能看出，有些人靠着战争利益过着高档生活，但东部和北部的大部分地区还在挨饿。不过，一名在 1916 年 10 月首次访问柏林的伤兵倒对此印象不深，但阿道夫·希特勒（Adolf Hitler）本来就不喜欢柏林。① 他曾这样写道，这座城市"带给人数以千计

① 1916 年 10 月，希特勒在法国巴波姆附近的战斗中腿部被炸伤，被送往柏林附近疗养。

肤浅的印象，随处可见廉价的霓虹灯广告和虚假政治"[50]。反战情绪正变得日益公开。"四年来我为这场疯狂的战争付出了自己的一切，然后一切都没有了，没了，没了，"因包豪斯声名鹊起的瓦尔特·格罗皮乌斯（Walter Gropius）写道，"这是多么令人沮丧的命运，为了实现一个甚至存疑的爱国理想，就要牺牲掉一切能让生命变得有意义的东西！"[51]有人听到柏林的部队在色当纪念日那天歌唱《马赛曲》（Marseillaise）。瓦尔特·拉波尔特（Walter Rappolt）是在德贝利茨营地训练新兵的近卫炮兵中尉，他写道，"每次去柏林，我都身穿便服，因为作为一名军官，（我会）面临肩章被撕掉的危险"[52]。"要么有，要么一无所有"的心态影响了这座城市，"有钱人"被认为是战争暴发户，绰号为"家里的英国佬"。"国外的英国人让我们的生活变得非常艰难，"社会主义日报《前进》对此猛烈抨击，"而剩下的都是国内的英国佬干的。"[53]

愤怒的矛头还指向了社民党，该党被认为无论是在向民众施以援手，还是在向政府施压停战方面，都做得太少。从 1916 年起，德国国会内部开始形成各种分裂的团体，从由卡尔·李卜克内西（Karl Liebknecht，著名的社会党人威廉·李卜克内西之子）和波兰社会主义者罗莎·卢森堡（Rosa Luxemburg）领导的极左翼斯巴达克同盟（Spartakusbund），到在 1917 年主张采取更强硬反战路线的独立社民党，再到右翼的祖国党。但它们都对停战无能为力。军方牢牢控制局面，权力掌握在兴登堡和鲁登道夫这两位坦能堡的胜利者手中，他们的地位至少在 1918 年中之前是无可撼动的。皇帝战时都待在他的前线指挥部，这个指挥部在 1918 年初迁往比利时的斯帕。正因为他的缺席，削弱了柏林对于战争的支持度。威廉本人似乎生活在一个虚幻的世界中，他认为战争过后，欧洲将恢复到 1914 年前王朝国家的舒适安宁之中。他曾于 1894 年被维多利亚女王任命为英国骑兵团——皇家龙骑兵团——的名誉上校。因此，举凡这个兵团的军官被俘，他便会指示参谋人员立即禀报；然后命人为他们订制全新"餐具包"，也就是军官出席晚宴时穿着的精致军礼服，并邀请他们共进晚餐。而当这些人一个个拒绝邀请时，他在震惊之余非常生气。

1917 年俄国爆发的四月革命令人精神为之一振，然而俄国并未因此退出战争。正因为如此，当天主教中央党政治家马蒂亚斯·埃尔茨贝格尔（Matthias Erzberger）提出和平倡议，几乎得不到任何政治支持。兴登堡和鲁登道夫则想方设法让皇帝保持住了信心，并由他们执掌大权。国会大厦外竖立起一尊巨大的兴登堡木雕，爱国人士可以购买钉子作为标记钉在雕像上，以此为战争筹款，但此时兴登堡这个名字已经逐渐黯淡。柏林流传着这样一个笑话："为什么兴登堡看上去就像一轮国家旭日？""因为他从东边升起，在西边落下。"拥有武装的逃兵群体，他们中有许多人是斯巴达克同盟的支持者，躲藏在城市的周边。例如一支名叫克尔默小队（Der Gruppe Klemer）的队伍，就在 1917 年 10 月与警方展开激战，殴打警察并夺走他们的武器。而到了夜间，他们会出来张贴反战和支持斯巴达克分子的海报，就在那年冬天，越来越多的逃兵加入了他们的行列。

1918 年 1 月 27 日，像往常一样，大教堂举行了庆祝皇帝诞辰的仪式。但这将是大花园和宫殿广场最后一次充满"金色刺绣礼服、装饰品和闪亮的星星"[54]。在接受了臣民的美好祝愿之后，皇帝起身前往前线。1 月 28 日，3 000 名工人罢工。1 月 30 日，20 000 人聚集在特雷普托公园举行抗议示威。在莫阿比特与警察的交火中，有一名警察被杀。但罢工并未发展成其组织者所希望的群众运动，它的影响力暂时看来依然有限。而到了 2 月 2 日，150 名组织罢工的带头人被逮捕入狱，大部分受到波及的工厂已复工。所有应召回令回到故乡的工人，（一旦查明参与罢工）即行返回前线；与此同时，士兵开始在街上巡逻。但这只是一种警告。"那些消息灵通人士，"年轻的外交官阿尔布莱希特·冯·贝恩施托夫（Albrecht Graf von Bernstorff）伯爵这样写道，"忧心忡忡。罢工组织不善、运作糟糕只是偶然，我们已经处在暴动（Putsch）边缘，除非出现重大变革，不然它将如期而至。"[55]

1918 年 3 月，《布列斯特-里托夫斯克和约》的签署，最终消除了来自东线的威胁，但西线的新攻势始终停滞不前，再加上美国人现在也在法国作战，即便是陆军最高统帅部也心知肚明：无法取得这场战争的胜利。随着处于危急关头的西线的消息变得越来越绝望，德军也在协约国的攻势下开始退缩，柏林人揭竿而起。

第八章

1918—1933 年　喧嚣年代

柏林人的想象力边界比他们的城市范围更狭隘，已经有一段时间了。

——库尔特·图霍尔斯基（Kurt Tucholsky），
柏林记者、撰稿人和讽刺作家，1919 年

1918 年 9 月 27 日，柏林媒体报道称战争胜利了：虽历经艰辛、饥馁和生命的消亡，但即便是最铁杆的社会主义者，仍坚信德国终将且必将胜利，德国总能打胜仗。然而，这是一条令人不堪卒读的假新闻。就在鲁登道夫的春季攻势止步不前之际，8 月 8 日——这一天也被鲁登道夫描绘成德国的"至暗之日"——协约国发起了反攻。德军无力招架接踵而来的"百日"攻势，现正在撤退。9 月 29

日，英法军队开始进攻一度坚不可摧的兴登堡防线①。就在同一天，兴登堡和鲁登道夫向皇帝坦言，战争其实已毫无胜算；9 月 30 日，两人将这一情况告知帝国国会。首相格奥尔格·冯·赫特林（Georg von Hertling）及其内阁遂集体辞职。一位跟皇帝沾亲带故的表亲巴登亲王马克斯（Prince Max of Baden），被任命为首相，这是一张生面孔。皇帝始终对家族纽带的重要性深信不疑，即便各国此时已互相残杀四个年头。因此他认为，巴登亲王作为拿破仑的后裔之一②，将会是谈判的上佳人选。社民党则认为，此人是可能的人选中军国主义色彩最少的一位，何况巴登的行政部门还吸纳了社民党主席菲利普·谢德曼（Philipp Scheidemann）和工会分子古斯塔夫·鲍尔（Gustav Bauer）。而兴登堡和鲁登道夫因为热切期盼着将即将到来的战败责任甩给政客，因此至少在一开始也接受了这位首相。由于深陷战争泥淖，伤亡人数不断攀升，巴登试图与协约国方面谈判，但后者却对德国人的真实动机表示怀疑，尤其当鲁登道夫在 10 月中旬改变主意，下令军队必须继续战斗，协约国的担心与日俱增。最终，鲁登道夫于 10 月 26 日被皇帝解职。

形势开始急转直下，并超出了巴登和陆军最高统帅部的可控范围。在战争中付出巨大代价的德国海军（除了曾在日德兰半岛短暂停留）正集结于基尔附近，士气十分低落，而就在 10 月的最后一

---

① 兴登堡防线，指德国于 1916 年起在法国东北部边境修建的大型防御工事体系，自朗斯至凡尔登一带，于 1917 年竣工。

② 巴登亲王马克斯的母亲为拿破仑继子兼亲信副官欧仁·德·博阿尔内的孙女。德·博阿尔内虽与拿破仑不具血缘关系，但仍被外界视为拿破仑家族的重要成员，并娶巴伐利亚公主为妻。拿破仑倒台后，博阿尔内 1814 年从其岳父巴伐利亚国王那里获得罗希滕贝格公爵称号，并定居巴伐利亚。

周，当他们得知他们正在为向英国人发起显然是自杀行动的最后一搏做准备之际，几艘战舰拒绝服从命令。11 月 3 日，舰上人员在基尔发起公开示威游行，要求"和平和面包"。11 月 4 日他们就取得了对这座城市的控制权，而被派去处置事件的军队要么被制服，要么索性加入他们的队伍。士兵们组成了"水手与士兵代表会"，并草拟了一份以军事改革而非政治改革为主的十四点要求，这份文件随后迅速传遍整个德国。

1918 年 11 月前后，柏林的日常生活也几近崩溃。人们平均每日摄入的食物只有过去的一半，仅能勉强维持健康。城市医院中一半死者是由于营养不良。除了 44 000 名伤残退伍军人，还有 34 000 名战争遗孀和 50 000 名孤儿亟须照顾。海上封锁依然固若金汤，丝毫没有缓解的迹象，事实上，封锁还将维持 9 个月之久。商店里仅能买到的食物是大白菜和芜菁，虽然黑市交易十分活跃，但普通人根本无力承受。几乎买不到任何煤充当燃料，第一波西班牙流感也在那个夏天袭击了柏林，夺去了 40 000 人的生命。已容纳了 250 000 名伤兵的医院，早就不堪重负。6 380 名儿童活不到他们的周岁生日，婴儿死亡率一夜回到中世纪。

不过，无论事态如何趋于恶劣，事无巨细详尽记录的柏林好习惯依然保留下来。当局一直试图让人们离开这座城市，广告柱子上张贴的海报是一名身在柏林忍饥挨饿的悲惨退伍老兵，和一个身处乡间满面笑容、营养良好人士的对比。"柏林没有吃的，没有活干，"配图文字这样写道，"所以没有收入，精神面貌糟糕。柏林以外有着充沛的优良食物和工作机会，所以收入良好，精神面貌愉悦。详情请洽离您最近的招工办公室。"[1] 至 1918 年底，柏林在社会福利方面的支出已达 2.2 亿马克，这个数字接近城市总预算的四分之一，而其负债则为 8.75 亿马克。柏林人生活悲惨，满腔怒火，他们也想要和平和面包，水手们的消息因此立刻在这里找到了现成的听众。"苦涩的不信任感逐渐开始牢牢抓住所有人，"小说家斯特凡·茨威格（Stefan Zweig）写道，"不相信日益丧失价值的货币，不相信总参谋部、军官和外交人员，不相信政府和总参谋部的任何公开声明，不相信报纸和它刊登的消息，不相信战争本身及其必要性。"[2]"我回到了柏林，"被征召上西线的艺术家兼讽刺作家格奥尔格·格罗茨（George Grosz）写道，"这座城市犹如一具灰白色的石筑尸体。房屋摇摇欲坠，油漆和灰泥斑驳，死板、肮脏的窗框上还能看到深深的裂痕。"[3]

从 1916 年起，社会主义运动的分歧日益加深。社会民主党依旧是帝国国会的最大党；随着巴登和谢德曼开始执政，它也被许多人视为取代现政权的最佳选择。社民党的领袖是出身社会底层的政治家弗里德里希·艾伯特（Friedrich Ebert），1913 年接替奥古斯特·倍倍尔的职务。艾伯特虽是一名社会主义者，却持中间立场，且坚决支持发动战争。1916 年时社民党被公认无所作为的批评，他全盘接受，他还对脱离左翼阵线的独立社民党及由李卜克内西和卢森堡创立的更为激进左倾的斯巴达克同盟充满怀疑。

然而 1917 年在柏林发生的事件在不经意间壮大了斯巴达克同盟的声势。帝国政府全面迫使俄国退出战争，同时也出于对克伦斯基（Kerensky）的四月革命①未能达成这一目的的失望，转而向列

---

① 原文如此。这里应指克伦斯基领导的俄国资产阶级革命"二月革命"，爆发于 1917 年 3 月 8 日至 12 日，俄历 2 月 23 日至 27 日。

宁提供资助并帮助其返回圣彼得堡。4月11日，一列载有布尔什维克最高指挥的特殊列车悄悄驶入（柏林的）波茨坦广场站。数小时后夜幕降临，列宁一行在斯德丁换乘后，被秘密转移回俄国。一年后，布尔什维克发动十一月革命①成功夺取权力，作为回报，列宁如期签订《布列斯特-里托夫斯克和约》。柏林深受马克思和恩格斯思想指引，又拥有数量庞大、躁动不安且日益激进的无产阶级，曾在19世纪90年代居住于此的列宁对这一切比较了解，因此他认为共产党人推翻城市的时机正在成熟。整个1918年，他倾注大量的资金，到处寻找革命代理人，位于菩提树下大街的俄国大使馆在极具说服力的大使阿道夫·阿布拉莫维奇·约费（Adolph Abramovich Joffe）领导下开展这项工作。约费出身犹太富商家庭，但却是一名忠诚的革命者，并参与《布列斯特-里托夫斯克和约》谈判。他在大使馆竖起巨大的锤子和镰刀，号召全世界工人阶级在共产主义的旗帜下团结起来，引发部分人的反感。但结果是李卜克内西和卢森堡创建的斯巴达克同盟成长为一支受到广泛关注的重要力量，早已今非昔比——虽然它的两位领导人在战争后期的大部分时光是在狱中度过的；反倒是独立社民党似乎无法获得足够的支持来应对严峻挑战。

　　因此，当基尔兵变的余烬向南散播之时，柏林燃烧了起来。这场大火是由两个对立的团体所煽动的：社民党所控制的国会和试图控制街道的斯巴达克同盟成员。事件在1918年11月9日达到顶峰，这一天也成为柏林历史上最非同寻常的日子之一。11月8日晚，革命团体发出次日进行总罢工和群众游行示威的倡议。皇帝在

---

① 原文如此。"十月革命"爆发于1917年11月7日，俄历1917年10月25日。

10 月 29 日的最后一刻离开了这座城市，此举摧毁了他的权威；这一天也成为霍亨索伦王朝君临柏林的末日。协约国方面以要求皇帝逊位作为停战的前提，11 月 1 日，巴登亲王获参议院批准宣布皇帝退位。但皇帝却因误判全德和军队对他的支持，在军事总部前拒绝就范。他似乎并未意识到混乱笼罩着全国且革命已经蔓延至慕尼黑、汉堡和鲁尔。鉴于当前柏林局势已经失控，群众抗议和总罢工又迫在眉睫，巴登遂决定自行宣布皇帝逊位，随后辞去首相一职。最终兴登堡说服暴怒的皇帝他已别无选择。11 月 10 日，皇帝在斯帕登上火车流亡荷兰，从此再未回到德国。

在抵达柏林并受万众拥戴达 503 年之后，最后一位霍亨索伦家族成员就这样灰溜溜地跑了，在他的首都正面临 17 世纪 30 年代以来最糟局面的情况下一走了之。霍亨索伦家族曾经贡献了一批闻名欧洲的有为君主，然而这个伟大的王朝最终还是断送在它最不肖的子孙手里。王朝的逝去令一部分柏林人深感落寞，他们大多生活富裕（但这一点也并不绝对），将君主制视为他们所津津乐道的 19 世纪繁荣的支柱；在他们看来，霍亨索伦王朝是德意志民族的化身，这让他们作为普鲁士人引以为傲。但对于大多数人，尤其是那些正在忍饥挨冻、失去亲人或身受重伤的人来说，皇帝滚得好！

不过也没什么时间为失去皇帝而感到惋惜。军队已被动员起来阻止抗议示威，11 月 9 日凌晨 3 点，柏林城到处是设卡的军人。清晨 6 点，革命委员会开始在工厂大门口分发传单，通过为工人提供大量前军人的武器来组织武装。安娜·雷梅（Anna Rehme）是随后前往位于柏林市中心的兵营的一员，"我们解除了军官们的武装……然后去了营房，跟士兵们辩论。我们要求他们在营房集中，在那里对他们发表讲话。许多人交出了他们的枪。我拿到了一弹带的机枪子弹，和一位同事接着前往沙恩霍斯特大街"[4]。8点，他们说服军队不对游行者动用武力；9点，游行队伍在宫殿广场聚集，示威者举着要求结束战争、废除君主制的标语，打出诸如"公正与自由"和"兄弟别开枪"之类的口号。至上午11点，心怀不满的士兵开始示威，要求在布吕歇尔兵营前领回拖欠的军饷，他们还在亚历山大广场上设立路障。游行队伍于中午时分抵达帝国国会，事态也波及周边街道。随后有三名示威者被军官射杀于"金龟子"兵营前，那里正是汉斯·莱普向莉莉·玛莲献歌的地方。首名死者是24岁的机床工人埃里希·哈贝萨特（Erich Habersaath），他当时正冲在最前面。随后遇害的是机修工弗朗茨·施温格勒（Franz Schwengler）和螺丝工匠理夏德·格拉特（Richard Glathe）。他们马上成了英雄。

　　枪击改变了示威者的心态，他们开始变得更加暴力。下午1点，示威者闯入城市周边的各座监狱并释放因犯。随后谢德曼在下午2点走上帝国国会的阳台，宣布战争结束，共和国成立。他的举动表明这似乎完全是临场反应，因为当示威者抵达时，他正在国会餐室内与艾伯特共进午餐。尽管准备不充分，但他那段"让我们团结一致，忠贞不贰，勇于承担责任。老旧陈腐的秩序和君主制已经瓦解。新秩序万岁！德意志共和国万岁！"[5]的话语却毫无疑问流传开来。下午4点，谢德曼的话犹在耳畔，不久前才出狱的卡尔·李卜克内西就设法登上柏林宫的阳台，宣布"一个自由的社会主义德意志共和国成立"，而且他将创建一个"工兵政府"和一套无产阶级的新国家制度。5点，游行示威者接管《柏林本地指南》（*Berliner Lokal-Anzeiger*）的办公室，印刷了斯巴达克同盟的革命报纸《红旗》（*Die Rote Fahne*）第一版。下午6点，宫殿广场发生交火，战斗持续了整个晚上，约有 20 人因此丧生。但身兼出版人、外交官、军人和见多识广的日记作家数职的哈里·凯斯勒伯爵（Harry Kessler）却不觉得有什么大不了，不过是"前线的平静一晚"[6]。"震惊世界的革命犹如一部侦探电影那样瞬间穿过柏林的日常生活。"[7]

玛塔·格罗比希（Martha Globig）是一名年轻的斯巴达克同盟志愿者、速记员和独立社民党党员，她这样回忆那天晚上的兴奋和激动。"大街上全是人。士兵们扯下他们的徽章和勋章，看不到一个军官。到处飘扬着红旗，而且往往是从帝国旗帜上撕下来的红色部分。素不相识的陌生人互相拥抱。我们听说他们需要有人在警察总局那里帮忙，在收到了红袖章之后，我们十个年轻姑娘和小伙就出发了。我们被要求负责转接电话，电话声此起彼伏，十分热闹。"随后出现了只在高度重视遵守规则的城市会出现的情况，"一支军人小分队被解散了，因为我们打了个电话称有人打算进入国家博物馆"却没有门票。[8]但一辆蔬菜推车被盗，一家杂货铺被闯入或许更能说明问题。

第二天一早，柏林陡然发现自己有两个自称执政党的政党。皇帝是没了，但西线的战斗仍在持续。仅 1918 年 3 月至 11 月，德国就有约 900 000 名士兵丧生，其中至少有三分之一死于战斗，对许多柏林人来说，停战是当务之急。这一天终于到来了：11 月 11 日。对于一些虽然撤退了但从未被真正打败的德国军人来说，柏林发生的事件意味着"背后一刀"（Dolchstoß）——这一观点也构成了纳粹意识形态的一部分。不过，战斗终于结束了，这让大多数人松了一口气。但柏林在接下去的两个月中依然充斥着暴力和混乱。11 月 10 日，3 000 名"工人和士兵"在靠近哈克集市的布什广场集会，它是少数能够容纳这么多人的建筑之一。李卜克内西组织了此次集会，试图以此打乱谢德曼和艾伯特正在组建政府的计划，但结果是人多势众的议会批准结束军国主义并建立一个社会主义共和国，而这两点正是社民党的目标。11 月 11 日，德国签署"骇人听闻的停战协议"[9]，西线的战斗最终画上了句号。

社民党和斯巴达克同盟同时都在组织示威游行，后者使为 11 月 9 日的遇害者举办的葬礼演变为一次重要的政治集会。11 月 20 日，遇害者的棺椁被送往弗里德里希海因公墓以加入 1848 年死难者行列，大批群众紧随其后。但另一个因素也正在发酵：军队开始从西线返回，他们中的许多人对所发生的一切感到痛心、绝望和愤怒。柏林的核心军力依然完整，忠于其长官，并且装备精良。艾伯特于是和军方的实际领导人威廉·格勒纳（Wilhelm Groener）将军达成协议：格勒纳保证军队与艾伯特的政府合作，这对于过去直接向皇帝效忠的军队而言无疑是一桩新鲜事，但格勒纳此举是为了换取艾伯特关于解散工兵委员会及恢复秩序的承诺。现在，斯巴达克同盟在政治上被日益边缘化，再加上计划举行一次更为激烈的革命，他们发现自己在街头所要面对的是一个个军事单位，这些军事单位被称为"自由军团"（Freikorps），得名于反拿破仑的志愿者。艾伯特将自由军团交由强硬的古斯塔夫·诺斯克（Gustav Noske）指挥，此人后来成了他的国防部部长。12 月 6 日，还是在莱普的"金龟子"兵营外，燧发枪卫队枪杀了 16 名抗议者。这些变故似乎总是发生在"金龟子"兵营的门外，其实是因为它就位于坐落在公路大道北端的大型军备工厂的隔壁。

尽管政治上遭遇挫败，但李卜克内西仍试图在普鲁士议会召集会议，以期再次阻挠艾伯特的倡议。12 月 15 日，512 名来自德国各地的代表举行会议，但他们再次投票赞成社民党的议题，支持议会民主制和国民议会选举。另外，他们还拒绝了基尔水兵的十四点要求和李卜克内西要求核心工业收归国有的提议。形势并没有按照斯巴达克同盟和列宁的计划发展，艾伯特政府还将约费作为不受欢迎者遣送回俄国。

此前在华沙执行外交任务的凯斯勒于 12 月 17 日回到柏林，他评论道，"看不到一面红旗，只有黑白红、黑白的旗帜，以及到处都是黑红金的旗帜。大多数的士兵和军官重新戴上徽章和肩章"[10]。虽然自由军团在平安夜那天用大炮驱散大批在柏林宫马厩前为自己的境遇示威游行的水兵，但对许多人来说，圣诞节活动仍如期举行。"手摇琴声萦绕在弗里德里希大街上，街头摊贩们在售卖室内烟花和银箔。菩提树下大街上的珠宝店照常开张，窗明几净，灯火通明。莱比锡大街上圣诞节的人群一如既往地将大商场挤了个水泄不通。千家万户都点亮了圣诞树……帝国马厩里停放着死者，新近在宫殿和在德国造成的创伤不过是刻在圣诞夜的一个豁口。"[11]

斯巴达克同盟的下一步行动发生在 1919 年 1 月 1 日，就在普鲁士议会的舞厅里，李卜克内西和卢森堡正式建立德国共产党（KPD）。此举实质为吞并独立社民党，尽管许多柏林人依然在未来的几个月中继续保留着自己的独立社民党党证。艾伯特随后于 1 月 4 日解除了埃米尔·艾希霍恩（Emil Eichhorn[①]）的柏林警察局长之职，此人是一名左翼分子。但艾希霍恩拒绝离任，他将自己的大本营封闭起来，坐镇其中，并向其支持者发放武器。1 月 5 日，

---

　　① 原文将其姓氏误记为"Eichorn"，译文予以修改。

100 000 名抗议者在艾希霍恩的授意下举行游行，随后的四天，柏林陷入公开的叛乱之中，斯巴达克分子与自由军团展开巷战——但这场叛乱是自然而然发生的，完全没有经过策划。军人中几乎没有出现革命团体，组织更完善的自由军团逐步建立起自己的权威。1月 11 日，弗朗茨·冯·斯特芬尼（Franz von Stephani）少校和他的波茨坦军团清除了斯巴达克同盟的最后一个阵地，李卜克内西和卢森堡不得不躲藏起来。1 月 15 日，一支由极端保守的奥地利军官瓦尔德马·帕布斯特（Waldemar Pabst）率领的自由军团小队对他们实施抓捕，并把两人拖至位于动物园附近的伊甸园酒店内的"骑兵卫队"兵营。一同被逮捕的还有一位名叫威廉·皮克（William Pieck①）的年轻共产党员，他日后成为民主德国首位（也是唯一一位）总统。皮克凭借自己的巧言善辩得以脱困，但李卜克内西和卢森堡却遭到帕布斯特的审讯。在他们被押往据说是位于莫阿比特的监狱时，曾有士兵用枪托敲击了两人的头部。随后他们又被带至蒂尔加滕公园，并在那里遭到枪杀。李卜克内西的尸体被扔进蒂尔加滕公园内的池塘"新湖"，而卢森堡的尸体则被丢弃在预备役运河。

　　但这并非两人的最后结局，他们在被杀之后成为革命和德国共产党的象征。路德维希·密斯·凡·德·罗（Ludwig Mies van der Rohe）受德共委托，在两人被杀的地方建起一座纪念碑。这一纪念碑于 1926 年 6 月 13 日揭幕，很快就成了德国共产党集会和朝圣的热门地点，日后它也成为与纳粹党人战斗中丧生者的墓地。因此，纳粹掌权后将这里夷为平地，还给参加 11 月革命的革命者打上

---

①　皮克的全名应写作"Wilhelm Pieck"，作者使用的是英文"威廉"的写法，特此说明。

"十一月罪人"（Novemberverbrecher）的标签，并声称这些人要为王朝覆灭和 1918 年的停战负责，就不足为奇了；而民主德国在 1945 年之后将李卜克内西和卢森堡认定为英雄，同样也在人们的意料之中。民主德国政府向那些像皮克一样参加过战斗的人颁发"1918—1923 年德国工人阶级革命斗争参与奖章"，上面刻着让人自豪的铭文："与反动派作斗争的斗士"（Kämpfer Gegen Die Reaktion）。从 1946 年起，乌布利希（Walter Ulbricht）每年都会组织游行纪念李卜克内西和卢森堡的遇害。普伦茨劳大道是东北方向出柏林的主干道，它的西端被更名为卡尔·李卜克内西大街，一直沿用至今。在纳粹时代一度成为"霍斯特·韦塞尔广场"的比洛广场，在 1945 年后被重新命名为罗莎·卢森堡广场。如今，穿过这一广场的同名街道罗莎·卢森堡大街，最后汇入舍恩豪斯大道①。

最激烈的巷战还是如期而至。因为担心自由军团扩大它们的控制权导致城市日益军事化，德共号召在 1919 年 3 月上旬举行总罢工，就此引发忠于政府的自由军团与支持革命的军事单位如人民海军师（Volksmarinedivision）② 及斯巴达克同盟的民兵组织之间多次血腥的战斗。大多数的战斗都发生在东柏林的弗里德里希海因附近，人民海军师在那里筑起了路障。自由军团则以坦克和大炮殿后。至 3 月 13 日冲突结束时，约有 1 200 人被杀；其中只有 75 名

---

① 舍内豪斯大道是柏林东北部普伦茨劳贝格地区的交通主干道。

② 人民海军师是在十一月革命期间在柏林出现的武装编队。1918 年 11 月 11 日，柏林及其周边地区成立大柏林水兵委员会，并成立由原帝国海军中的革命水兵组成的人民海军师，一开始的主要职责是作为武装警察部队为柏林新任警察总监（即埃米尔·艾希霍恩）提供维护治安的支持。但随后这支部队日益支持激进左翼，反对艾伯特和谢德曼的现政府。

死者属于自由军团，绝大多数是投降后被处决的斯巴达克同盟成员。3 月 12 日，11 名囚犯在默伦多夫的公墓遭枪杀，其中包括同为 18 岁的卡尔·鲁道夫（Karl Rudolf）和瓦尔特·珀曼（Walter Poemann），两人因为持有机枪弹带而被捕。如今这个地点矗立着一块标示牌以纪念死者。

❖　❖　❖

至 1919 年 3 月，柏林已稳步迈进一个虽然仍不稳定，但总体形势基本稳定下来的时期。全国大选已于 1 月举行，这是德国历史上妇女第一次拥有投票权，且投票门槛降至 20 岁的选举。但由于国民会议是在魏玛而非柏林召开，因此人们用魏玛共和国来称呼纳粹到来之前的这个政权。据说是艾伯特认为建立起与魏玛（歌德与席勒的家园）的联系有利于改善德国的战后形象，但事实是柏林的暴力和街头巷战使得议会无法在那里召开。但无论艾伯特的想法如何，它对于随后而至的《凡尔赛和约》的严苛内容几乎不构成任何影响。德国不得不接受对其武装力量的严格限制、巨额经济赔偿，并丢失了它的全部殖民地（虽然在所有的《凡尔赛和约》条款中，这一条其实最终挽救了德国，使其免于经历英法日后经历的由非殖民化带来的极大伤痛）。《凡尔赛和约》还包含了"战争罪责"条款，它指责德国是 1914 年唯一的侵略者，因此在柏林引发强烈反感。德国军方感觉自己不仅是在没有被打败的情况下被迫停战，如今还要承担起全部战争罪责。正是这两个问题加深了德国人对法国的仇恨，并深刻影响了纳粹的未来议题。

在格勒纳的建议下，艾伯特政府接受了这些条件，事实上他也别无选择。6 月 22 日，（德国）公海舰队在斯卡帕湾自沉舰船，拒绝将其交给英国人。① 次日一早，柏林大学生在弗里德里希大王雕像前焚烧法国国旗。7 月 9 日，国民会议接受《凡尔赛和约》条款。8 月 21 日，艾伯特政府根据新宪法宣誓就职。当时在场的凯斯勒认为"围绕此事的是一出出悲剧。但这出无关紧要的戏剧仍构成了重大事件如战争和革命的结局，若是要思考其中深意，则只会让人泪流满面"[12]。

在接下来的四年中，柏林成为斯巴达克同盟（或其余部）与自由军团继续战斗的所在地，后者如今使用卐字符作为它们的象征。在 3 月总罢工遭到残酷镇压后，这座城市正式进入戒严状态，并且在很大程度上处于自由军团的控制之下。12 月，32 名领导斯巴达克同盟暴力活动的水兵被处决，它被描述为"受只会激发出最极端仇恨的非人道主义的变态精神的驱使"[13]。

在 1920 年即将到来之际，《凡尔赛和约》在巴黎正式通过②，这导致了德国国会（它已于当年早些时候从魏玛迁回柏林）外爆发骚乱，造成 30 人死亡和 400 人受伤。3 月，一名前民事长官兼"背后一刀"神话的拥护者沃尔夫冈·卡普（Wolfgang Kapp），与柏林

---

① 这一自沉行动应发生在 1919 年 6 月 21 日。1919 年 6 月，由于《凡尔赛和约》签署在即，且其中包含了完全削弱德国军事实力的条款，从 1918 年 11 月下旬被协约国扣押并驶入英国奥克尼群岛斯卡帕湾的德国公海舰队军官决定自行凿沉所有战舰（共 74 艘），避免其落入英国人手中。6 月 21 日 11 时，德国军官乘英国战舰出海后在舰船上挂出德国国旗，在收到信号后统一采取行动。整个自沉行动共持续 6 个小时，共有 52 艘德国军舰沉入海底。

② 事实上，《凡尔赛和约》是协约国和同盟国代表于 1919 年 6 月 28 日在凡尔赛宫签署，并于 1920 年 1 月 10 日正式生效。

正规军的指挥官瓦尔特·冯·吕特维茨（Walther von Lüttwitz）将军发动反政府政变，因为艾伯特和诺斯克此前试图迫使他们解散自由军团中的一个极端组织"埃尔哈特旅"，埃尔哈特旅就驻扎在柏林附近，并应对城市发生的大部分暴力活动承担责任。左翼针锋相对地发起总罢工，令柏林整整瘫痪六天，局面一度相当艰难。3月22日，凯绥·珂勒惠支在她的日记中抱怨这一切已持续一周。"整整一周了，整个地区没有电灯，没有水，没有任何意义上的交通，没有供给，没有蔬菜。"[14]然而罢工也迫使埃尔哈特旅撤退并最终解散。尽管右翼仍占据绝对上风，但继承李卜克内西和卢森堡衣钵者依然活跃，他们依然在思考共产主义柏林的未来。革命或许已经失败，但它需要被重新评价。一名来自莱比锡的前士兵，瓦尔特·乌布利希，与一群心怀不满的前独立社民党人和斯巴达克分子一起加入了刚刚起步的德国共产党。乌布利希本人被描述为"非常勤奋，总是愿意采取主动，极度靠谱；没有恶习，也没有明显的弱点；不抽烟，不喝酒，也没有私交"[15]。如果不是被送到莫斯科接受训练，柏林将会看到瓦尔特·乌布利希的更多身影。

1922年6月，整个柏林被外交部部长瓦尔特·拉特瑙遭暗杀的消息唤醒，当时他正驾车从位于格伦瓦尔德的家中前往坐落在威廉大街的外交部。拉特瑙是犹太人，非常能干，他也是德国通用电气公司的创始人埃米尔·拉特瑙之子。他曾是出身中产阶级，最能代表柏林的那批成功商人中的一位，是"仿佛炽热的流星落入装饰着马鬃家具的冰冷世界的人"[16]。他代表着艾伯特政府的对外形象，给人留下深刻印象，并有利于强化德国继续前行的设想。"如此高级的衣料突出了他那优美的高大身形，"匈牙利部长兼作家米克洛什·班菲（Miklos Banffy）这样写道，"这让他得到了几乎言过其

实的夸赞。他留着短短的锥形胡须，就像一个半蒙古、半犹太的
梅菲斯特。他似乎能说所有的语言……他发表了最为感人的演
说，用最悲惨的语言描述德国的贫困。这确实是一场优美动人的
演说。"[17]

　　但拉特瑙在推动共和国发展方面取得的成就招致了极右翼的嫉
妒和愤怒。他被一个名为"领事"的极端反共、反犹组织杀害，这
个组织的成员大多出自埃尔哈特旅。该组织声称他们之所以杀害拉
特瑙是因为他最近与苏俄签署了《拉巴洛条约》。但大多数柏林人
相信他之所以被杀是因为他是一位成功的犹太人部长，为魏玛共和
国政府的工作鞠躬尽瘁。然而，拉特瑙之死在柏林引发巨大反响。
"领事"组织已经暗杀了财政部部长马蒂亚斯·埃尔茨贝格尔，他
也是在 1917 年提出和平建议的人。尽管这个组织谋杀了数以百计
的他们的政敌，但只有一个人的死掀起如此巨大的愤怒浪潮，因为
柏林人视其为自己人。6 月 25 日星期六，有超过 200 000 人在大花
园举行抗议，听取捍卫共和国并谴责凶手的演说。现场已成为一片
黑红金旗帜的海洋，与自由军团的黑白旗形成鲜明对比。6 月 27
日，拉特瑙的葬礼在国会举行，甚至民族主义者也出席了葬礼。拉
特瑙的母亲坐在从前的御用包厢里，包厢依旧装饰着大大的字母
"W"，那是皇帝最后一次露面后留下的。随后灵柩在军队的护送下
被运走。"拉萨尔梦想成为共和国总统穿越勃兰登堡门的愿望，"凯
斯勒在日记中写道，"今天由犹太人拉特瑙实现了，他为服务德国
人民而献身。"[18] 随着极左翼和极右翼之间的紧张在未来十年中不断
加剧，柏林人将像拉特瑙这样的人视为证明共和国虽然脆弱，但仍
旧运作的例子。

❖　❖　❖

柏林还试着从恶性通货膨胀的破坏性影响中恢复过来，政府此前为支付赔款而放任马克贬值，最终却重创了德国。1914 年 1 美元可兑换 4 马克，1921 年达到 75 马克。到 1923 年 2 月为 48 000 马克，10 月为 4.4 亿马克，11 月为 42 亿马克，此时的德国马克已不具备实际价值。一条面包从 9 月的 1 700 万马克飙升至 11 月的 1.4 亿马克。柏林人推着装满钞票的手推车去买一条面包的情景随处可见。但毫无疑问，也有一部人，即所谓的"Raffke"（"暴发户"），极其巧妙地利用制度。他们用美元开办企业，然后用完全不值钱的马克支付工人工资。胡戈·施廷内斯（Hugo Stinnes）就以这种方式建立起一个庞大的煤矿帝国，虽然他因为货币最终稳定而破产并不出人意料。

真正受苦受难的是老人和穷人，是那些省吃俭用存钱或依靠固定收入过日子的人。因为无力支付账单和养家糊口，自杀变得司空见惯。1914 年被登记为"死于饥饿"的人数为五人，1923 年这一数字增至一百多，但没有被登记在册的人数更多。至当年年底，有超过 100 000 名柏林人在公共施粥所接受食品救济。[19]企业不得不按天向工人支付报酬，否则等到一周结束，他们的工资就会化为乌有。更糟糕的是，外国人却可以凭着相当有限的收入过上极其舒适的生活，这就强化了柏林人认为《凡尔赛和约》不公平的印象。不过，尽管柏林人正在忍饥挨饿，高雅的生活照旧，和战争的最后岁月别无二致。1922 年 11 月，凯斯勒出席由住在罗恩大街、巨富的前安全警察首脑主办的晚宴。他们享用了一顿"百万富翁"大餐，出席晚宴的是各色政治人物，例如有来自克罗伊茨贝格的柏林人古斯塔夫·施特雷泽曼（Gustav Stresemann），他即将成为总理；又如"旧宫廷残余"普拉滕伯爵（Count Platen），以及"'晚会瑰宝'冯·瓦西尔科夫人（Frau von Wassilke）——她是乌克兰部长的妻子。瘦小纤弱的部长夫人仿佛完全是由染成鲜红色的头发和钻石组成的，那张脸常年涂满油彩和珐琅。她手指上的钻石足有鸽子蛋那么大，又如纯净水般毫无瑕疵。琳琅满目的钻石中间还夹杂着大颗的珍珠。我的第一个想法是，她代表的是一个苏维埃国家，却把全体乌克兰贵族被没收的珠宝都戴了出来"[20]。

日记作家克里斯塔贝尔·比伦贝格（Christabel Bielenberg）则与她的园丁奈斯先生（Herr Neisse）有一段更发人深省的对话。奈斯多年来一直都在努力存钱，为的是能够买下一小块土地并迎娶心上人希尔德（Hilde），但现在他手上的一切都一文不值了："这通货膨胀，夫人，您看！突然间我们一无所有。我的积蓄只够买一套杯碟给希尔德，而不是带给她结婚证。很可笑不是吗，我是不是应该去爱碟子？"比伦贝格回忆道："他的声音因为激动而颤抖不已，而他惯常简洁的手部动作变得紧张和不安。小金库化为乌有不仅粉碎了他可能会对宪法或政府所抱有的任何信念，也沉重打击了他活下去的基础、他的自尊和他被尊重的权利。碟子，可能碟子是有什么值得尊敬的地方。"[21]已经一把年纪的成功作家马克西米利安·贝恩（Maximilian Bern）的结论是他太老了，无法重新开始。他从银行里取出自己的全部积蓄，把它们全花在一张地铁票上，然后将自己锁进公寓。几周后他被发现死于饥饿。[22]

女演员洛特·莱尼亚（Lotte Lenya）此时正试图在柏林开启自

己的职业生涯，她自认为很幸运，因为"我还有些可以变卖的珠宝"。莱尼亚住在位于吕措街某栋房子顶楼角落的一个小房间里，她有一个灯泡和一张尼金斯基（Nijinsky）①的照片，这是她从杂志上剪下并装裱起来的。她的女房东照例要为她做饭，但"好几次，我试图弄清楚我在吃什么。那玩意看起来像'柯尼斯堡肉丸子'（Königsberger Klopse），跟我以前在瑞士吃到的（肉丸）差不多，但味道完全不同。我曾问过她那些肉丸里到底是什么，然后她用那独特的柏林土话答道：'您这吃的肯定巴（不）会是猫肉！不过，小姐，您可别荒（忘）了，我们搭（打）战搭（打）输了。'我再也没问过这个问题，一声不吭地把她做的丸子都吃完了"23。

　　通货膨胀在 1923 年达到顶峰，这一年，法国以德国拖欠赔款为由占领了鲁尔区；而政变仍在继续，例如纳粹的啤酒馆暴动就发生在 11 月。这就使得德国经济状况越发恶劣。希特勒虽然被判入狱，但 1924 年他便重获自由。11 月，柏林的失业人数也攀升至近300 000 人，但当时城市只能为其中一半的人提供救济。"一切正变得越来越糟，"凯绥·珂勒惠支在 11 月哀叹道，"到处是抢劫、谋杀未遂和饥饿！一条面包从 1 400 亿'降价'至 800 亿。汉斯·普伦格尔（Hans Prengel）无工可开。亚历山大被免职了。饥饿！饥饿无处不在。马路上挤满了失业者。"24 不出所料，人们开始寻找替罪羊，而且以地道的柏林方式指责犹太人，说他们正在搞投机倒把和囤积居奇的营生。谷仓区因此发生了严重骚乱，犹太人遭到殴打，有些人甚至被谋杀，再次毫不出人意料的是，警察反应迟缓。

---

① 指波兰裔俄国芭蕾舞演员、编舞瓦斯拉夫·尼金斯基（Vaslav Nijinsky），他被称为 20 世纪芭蕾舞史上"最伟大的男演员"。

这是柏林的一段不光彩的历史。约有 50 000 名德国犹太人参加了战争，在他们中间，4 000 人晋升为军官，这放在前几十年都是闻所未闻的；1 200 人荣获铁十字勋章，另有 12 000 人战死。总的来说，对柏林而言，1923 年是悲惨的一年。

情况从第二年开始好转。施特雷泽曼想方设法启用一种全新的货币，即地产抵押马克（Rentenmark），这种货币保持住了它的价值。政府还做出决策，停止在鲁尔与法国人针锋相对，1925 年法国人终于离开了。美国人查尔斯·道威斯（Charles Dawes）在 1924 年提出的道威斯计划也为支付赔偿问题建立起一部分秩序。柏林从春天起可以喘口气了。只不过，这座城市依然出现了一些重大变化。曾在战时因有效安排配给卡分配而广受爱戴的成功市长阿道夫·韦穆特，在 1920 年策划了柏林的行政区合并。现有的 6 个行政区，即米特（包括柏林宫和菩提树下大街的区域）、蒂尔加滕、弗里德里希海因、克罗伊茨贝格、普伦茨劳贝格和维丁，与此前独立存在的自治市夏洛滕堡（它是普鲁士仅次于柏林、第二繁荣的城市）、利希滕贝格、潘考、新科伦、舍内贝格、威尔默斯多夫和施潘道，连同近 60 个小型农业乡镇，一起并入大柏林。这座新生的特大城市被分成 20 个行政区，每个区都拥有自己的区长和本地区议会，但这些机构均隶属于韦穆特及设于红色市政厅内的市议会。这一合并举措使柏林变得空前庞大，占地超过 878 平方公里，相当于整个鲁尔工业区的面积。普通读者或许对市政区划重组的历史意义兴趣不大，但韦穆特此举确实意义非凡，因为由他确定的行政区和边界，将重新划定自由世界的边界。

这座新城拥有超过 350 平方公里的森林、公园和湖泊，这也让柏林成为欧洲最大首都的同时，也成为人烟最为稀少的城市，这一点直到今天依然如此。它始终有一种颇具吸引力的乡村感（虽然法国人曾这样诽谤过大选侯，说是后者曾问过他们他的首都如何才能比肩巴黎，法国人答：在巴黎没人会在大街上放牛）。如今，随着鲁多和布考模式①被建立起来，乡村日益成为柏林生活中不可或缺的一部分，愈来愈多的柏林人（或者至少是那些能够负担通勤费用的人）开始居住在郊区，并搭乘轻轨和地铁上下班。柏林的地名也依旧传递给人一种空间感：阿伦斯费尔德、荣费恩海德、格伦瓦尔德、舍内魏德、利希特费尔德、白湖、格松德布鲁能，此类清单还有长长的一列。② 而这种连缀也增强了柏林人业已十分强烈的地方认同感和对自己所在地区的忠诚度。

虽然战争及其后果带给柏林的是极度的艰辛，但移民仍源源不断地涌入这座城市。在 20 世纪 20 年代早期，许多移民是俄国人，尤其是白俄罗斯人。他们曾认为布尔什维克的统治可能只是一个过渡时期的希望。1918 年时共有 50 000 名俄国人生活在柏林城区，其中大多数住在夏洛滕堡（它因此也被戏称为夏洛滕格勒）。但到了 1922 年前后这一数字达到 100 000 人，1924 年则为 300 000 人。这些人中一部分是富人，例如奥博连斯基（Obolensky）这样的公爵

---

① 鲁多（Rudow）和布考（Buckow）均位于柏林市南端，与勃兰登堡州交接的郊区地带。从 20 世纪 70 年代起，柏林市在这里逐步兴建起大型居住区，并以地铁及轻轨线（如 U7、S2）连通城区。

② 这些地名均为音译。但仍需说明如下：阿伦斯费尔德（Ahrensfelde）、利希特费尔德（Lichterfeld）中的"-feld（e）"指空场、场地；荣费恩海德（Jungfernheide）亦可译为"少女林"，其中的"-heide"为松树林的意思；格伦瓦尔德（Grunewald）中的"-wald"指树林，舍内魏德（Schöneweide）中的"-weide"指草地、牧场；格松德布鲁能（Grundbrunnen）中的"-brunnen"指泉水。这些表示地点的后缀在柏林的地名中十分常见。

家族；有些人则很贫困；还有些是流亡的文化人，例如画家康定斯基
（Kandinsky）和钢琴家弗拉基米尔·霍洛维茨（Vladimir Horowi-
tz）。几位杰出的俄国作家也来到了柏林，例如高尔基（Gorky）、
帕斯捷尔纳克（Pasternak）和弗拉基米尔·纳博科夫（Vladimir
Nabokov）①，这些知识分子创办了一份俄文报纸，起名《舵》
（Rul），立刻大获成功。还有很多人是苏俄的密探，这让他们所聚
集的夏洛滕堡、诺伦多夫广场周遭本就氛围狂热和可疑的街道充斥
着阴谋与不信任感。

❖   ❖   ❖

　　20 世纪 20 年代有时会被称为柏林的黄金时代，但这一点其实
很难被理解。对于大多数柏林人来说，这充其量是他们 1914 年以
来不断经历苦难的短暂停顿。在此之前，他们要么是自己在前线遭
了四年罪，要么是他们的家人忍受饥饿、疾病、寒冷，遭遇失业、
革命和血腥镇压，然后是可怕的通货膨胀，它摧毁了他们曾经拥有
的存款和希望，而他们的国家也从欧洲最值得自豪、最成功的国家
一落千丈为遭到唾弃的国际弃民。瓦尔特·格罗皮乌斯这样说道，
这场战争"不仅是一场失败的战争，一个世界终结了"²⁵。然而，公
平地说，就这个时代所创造出的文化多样性而言，它确实是一个黄

---

　　①　因与列宁政见不合，同时也为了治疗肺结核，高尔基曾于 1921—1924 年在柏林
逗留。帕斯捷尔纳克（1890—1960）后来撰写了《日瓦戈医生》（1957 年），1921 年时
他曾在柏林与家人短暂共同生活。纳博科夫（1899—1977）是《洛丽塔》（1955 年）一
书的作者，1922 年随家人迁居柏林并一直在此生活，直到 1940 年前往美国。

金时代，柏林人不用再体会永不缺席的皇家审查官的反对意见，人们也可以为那个失败得如此彻底的体制广泛寻找替代品。但仍需铭记的一个重点是，这种文化自由其实对如今这座城市 400 万居民中的大多数人几乎不构成任何影响。像讽刺漫画家格奥尔格·格罗茨这样的达达艺术家描绘了普通柏林人对于当代绘画、雕塑和建筑既无法理解又置身事外的困惑。格罗茨本人是达达运动的主要倡导者之一，这场艺术运动质疑一切传统文化。"如果'达达'这个词有什么含义的话，"格罗茨写道，"那就是沸腾的怒火、不满和玩世不恭。"[26] 他们在 1920 年举办了一场令左右两派都瞠目结舌的展览，其中一张海报上写着"业余爱好者起来反抗艺术！"[27]。虽然格罗茨本人的画作极受欢迎，但达达主义从未以一场运动的方式流行开来——这才是真正的重点。

从 1918 年起，这座城市的文化自由在很多方面都成为日益松动的社会结构的副产品。如果有人想了解这将造成如何深重的灾难，那么看到的不仅仅是对军事影响力的尊重日益式微（但正如纳粹所证实的那样，它始终隐藏于表面之下），整个社会也变得日益无序、宽松、胆大妄为，甚至到了荒淫无耻的地步。虽然一直以来柏林比世界上其他城市都要自由，但 20 年代将这一点推向了新的极致。它体现在这座城市对待性的态度上。柏林人对待性十分坦然，他们认为性更像是人类的一种基本需求，就跟享用食物一样，当然在战后年代，这张菜单上的所有东西都是以在伦敦根本无法想象的方式出现的。"所有的道德约束似乎都消失了。"[28] 格罗茨写道。

1921 年来到柏林的俄国作家伊利亚·爱伦堡（Ilya Ehrenberg）曾回忆过受邀前往一家新开的俱乐部。他们步行几公里来到郊区，似乎一直走在泥泞、漆黑的道路上，最后才抵达一处相当体面的公寓，并在那里得到兑了烈酒的柠檬水"香槟"的款待。随后，向导的两个女儿赤条条地出现，为他们起舞，而她们的母亲则开始打听爱伦堡和他的朋友是否愿意为姑娘们掏外币。遭到拒绝后她叹息道："这就是命吗？这是世界末日！"[29]柏林的剧院里也在上演女孩裸体或半裸的节目。美国黑人歌手约瑟芬·贝克（Josephine Baker）除了那条著名的香蕉裙外也几乎一丝不挂，她于 1925 年在选帝侯大街首演的巡回演出《黑人评论》（*La Revue Nègre*）席卷整座城市，但仍有些评论带有强烈的种族主义："在她身上，祖辈从刚果移植到密西西比河的野性被最真实地保留下来。"[30]《柏林日报》如是评价。

对许多人来说，20 年代的柏林——它一切的性自由、娱乐活动、声名狼藉和潜在的悲哀——都可以用"卡巴莱"（Cabaret）这种歌舞表演形式加以概括。伊舍伍德的小说讲述了女演员兼歌手萨丽·鲍尔斯（Sally Bowles）的故事，这个角色取材自同样租住在施罗德小姐①处的琼·罗斯（Jean Ross）。其实罗斯并不走红，她在马克斯·赖因哈特制作的奥芬巴赫歌剧《霍夫曼的故事》中扮演一个无足轻重的小角色：作为一对恋人中的一方被抬上舞台。因此，萨丽·鲍尔斯虽然是个英国人，对众多柏林人而言却开始象征能够提供逃离令人沮丧的社会现实的世界。

赖因哈特［其实是马克斯·戈尔德曼（Max Goldmann）的化名］对柏林的剧院影响重大。他一开始是在德意志剧院 1894 年制作的戏剧《强盗》（*Die Räuber*）中担任演员，随后买下了这家剧院

---

① 施罗德小姐是伊舍伍德在柏林的房东。

和位于造船工大道的另一座剧院。1919年，赖因哈特建造了大剧场（Große Schauspielhaus），直到1980年它都是柏林最大的场馆之一。至1930年时，他总共经营着柏林的11家剧院，还与施特劳斯、霍夫曼斯塔尔①一起创立了萨尔斯堡音乐戏剧节。赖因哈特曾签署1914年的《九十三人宣言》，但后来他表示后悔。1928年8月31日，贝尔托·布莱希特（Bertolt Brecht）的《三分钱歌剧》（*Die Dreigroschenoper*）在赖因哈特的造船工大道剧院上演。这部以古老的英国歌剧《乞丐歌剧》（*The Beggar's Opera*）为蓝本的布莱希特作品——它通常也被称为《三便士歌剧》（*the Threepenny Opera*）——被认为是一出配乐戏剧。它也是对资本主义发起的一次猛烈攻击，仅仅开演一周，全德就有50家剧场预定了这出戏。剧中"先填饱肚子再谈道德"的台词后来成为柏林左派的标语。来自巴伐利亚的布莱希特是又一个因为自己的生活和工作而融入柏林的人。他是一个有争议的人物，《三便士歌剧》的大获成功让他"比过去任何时候都更自大、更富有，也越发倾向于共产主义"[31]，也让他在未来的岁月中成为左派最重要的鼓舞人心者与发声者。

许多柏林的主流作家都曾为《世界舞台》（*Die Weltbühne*）撰稿，这本杂志从1926年起由库尔特·图霍尔斯基（Rurt Tucholsky）主编，他是柏林人、犹太人和独立社民党党员。作为十年间最负盛名的记者之一，图霍尔斯基利用他著名红色小册子上的版面警告纳粹的崛起。另一位可能比布莱希特更出名的作家是阿尔弗雷

---

① 施特劳斯指理查德·施特劳斯；霍夫曼斯塔尔指奥地利作家、诗人胡戈·冯·霍夫曼斯塔尔（Hugo von Hofmannstall，1874—1929），他曾多次与施特劳斯合作，为其撰写歌剧剧本。

德·德布林（Alfred Döblin），他出版于 1929 年的小说《柏林，亚历山大广场》（*Berlin Alexanderplatz*）讲述了一个以亚历山大广场为中心的恶性犯罪世界的故事，这个世界没有希望，似乎也不可能从中脱逃；他同样警告了民族社会主义的降临。和卡巴莱抑或《三便士歌剧》一样，《柏林，亚历山大广场》成为 20 年代柏林的象征。德布林也不是土生土长的柏林人，他生于斯德丁，但和其他许多人一样，直到不得不因纳粹而流亡前，他从未离开过这里。"我属于柏林"，他曾这样说道。[32] 而经常给图霍尔斯基写稿的作者还有曼（Mann）兄弟，也就是相对保守些的托马斯（Thomas）和他更激进些的哥哥亨利希（Heinrich）。

正是亨利希对旧帝国制度发起攻击。他的小说《垃圾教授》（*Professor Unrat*，最好还是翻译成《小镇暴君》）被拍成了柏林早期有声电影经典之一——《蓝天使》（*The Blue Angel*）。这部电影也成为原本渴望成为小提琴家的舍内贝格女演员马琳·黛德丽的人生的重大突破。然后还有汉斯·迪岑（Hans Ditzen）[①] 非凡的讲故事能力。迪岑曾和一位名叫汉斯·迪特里希·冯·内克（Hans Dietrich von Necker）的友人相约自杀，当时两人刚刚 18 岁。他们计划将自杀布置成一场决斗，冯·内克没有击中迪岑，然而自己被迪岑的子弹射中。惊慌失措的迪岑于是朝自己胸口开枪，却侥幸没有送命。在精神病院接受完治疗后，他得以慢慢恢复并开始写作。迪岑为自己取了笔名"汉斯·法拉达"（Hans Fallada），"法拉达"这个名字取自格林兄弟童话中那匹在死后依然继续说真话的马。他1932 年出版的小说《小人物，怎么办？》（*Kleiner Mann，was tun？*）

---

① 其本名应为鲁道夫·迪岑（Rudolf Ditzen）。

一炮而红，讲述的是一个出身中产阶级、有抱负的销售员约翰内斯·皮内贝格（Johannes Pinneberg）的故事，由于小说表现了 20 年代发生的种种事件让中产阶级跌落至与工人阶级相同的地位，他们的尊严和梦想也随之粉碎，这让大批柏林人感同身受。但也正因有像皮内贝格这样陷于沮丧和痛苦的人，才让纳粹有机会夺取权力。法拉达日后对纳粹政权的批判也清晰地体现了这一点。

音乐是让柏林人能够放松身心，不再持续应对挑战的领域，即使在极度艰难的那些年里，这座城市对于演奏和聆听音乐的痴迷都从未中断。位于御林广场的国家歌剧院最受欢迎的是施特劳斯和普契尼（Puccini）的作品。1922 年威廉·富特文格勒接任柏林爱乐乐团指挥，他即将在这个职位上开始长达 23 年的工作，并毫无争议地领导这支乐团度过了最艰难的时期。1929 年，施特劳斯和托斯卡尼尼（Toscanini）联袂献演于第一届柏林音乐节，当时这座城市正陷于大萧条的苦难之中。但相比戏剧和文学，音乐创作却出奇的保守。克罗尔歌剧院始建于 1841 年，随后于 1895 年并入国家歌剧院。它在战后复兴并上演了各种较为现代的作品，但似乎从未能抓住那些品味更偏于传统音乐的大众的热情。1931 年歌剧院关门大吉。它的演奏厅原本能容纳 2 300 人，对面就是国会，因此没过多久，就被大势将去的议会征用了。

表面看来，柏林在 20 年代变化不多，但为数不多的变化都具有重大意义。1919 年，刚刚从西线回到国内的瓦尔特·格罗皮乌斯在魏玛创办了包豪斯学校。包豪斯的原则是将简单的设计与美感和实用性结合起来，并能够实现大规模生产。虽然由路德维希·密斯·凡·德·罗建立的柏林分校直到 1930 年才开张，但它仍对柏林的建筑史形成了深远影响。最终柏林才得以摆脱诸如柏林大教堂和国会大厦之类深深烙有帝制时代标记的厚重而华丽的建筑，布鲁诺·陶特（Bruno Taut）、马丁·瓦格纳（Martin Wagner）和埃里希·门德尔松（Erich Mendelssohn，这个才华横溢的家族的另一名成员）等人才得以进行实验。

尽管早在 1918 年之前柏林就已经出现一些现代主义建筑，例如彼得·贝恩斯（Peter Behrens）建造的德国通用电气涡轮机厂，但从 20 年代起最令人满意的一处建筑是由陶特和瓦格纳设计，位于布里茨的幸运马蹄铁居住区。布里茨位于新科伦，是 19 世纪中期柏林城市迅速扩张时期并入城市的又一个村庄。幸运马蹄铁居住区是一个半圆形的工人住宅区，社区还规划有花园和池塘。它在某些方面就是一处现代的，或说更先进的"出租兵营"，只不过利用现代技术加以改造。它也在战争中幸存下来，因此非常值得一游。传统的"出租兵营"大楼最终于 1925 年被禁止。另一座引人注目的建筑则是位于波茨坦爱因斯坦科学公园内的爱因斯坦塔。它由门德尔松于 1924 年设计，其中还包括一个旨在证明爱因斯坦相对论的望远镜。爱因斯坦自一战开战以来就一直居住在柏林，他还是凯斯勒的亲密友人，因此并没有真正在波茨坦工作过，据报道，他对以自己名字命名的建筑物也持保留态度。但门德尔松却声称这一构思出自"爱因斯坦宇宙的奥秘"，一下就让他人尽皆知。[33] 不过住房短缺是贯穿整个 20 年代的严重问题。无家可归者人数从 1918 年 13 000 人急剧上升至 1922 年的 78 200 人；这一人数虽然在 1923—1929 年有所下降，但随后又再次迅速反弹。

❖　❖　❖

　　至 1929 年前后，柏林人终于有机会回顾过去的这五年，并认为他们至少要比之前那十年过得好多了。尽管 14 年间换了 16 届政府，但共和国依然能够勉强维持运作，但早期给这座城市造成的伤害实在太深。柏林依然"犹如一口滚烫的大锅，无从分辨到底是谁在煽风点火，但所有人都明白，这口大锅随时都有可能沸腾……这一切叠加在一起变成了一场诅咒的狂欢，而新生共和国的力量又过于孱弱，无法抵御即将到来的崩溃"[34]，格罗茨写道。柏林即便并不真心支持共和国，至少也认可它的存在。但直到 1928 年国会选举，社民党人才以 30% 的选票重回全国最大党的宝座，德共在这座城市的选票也增加了 130 000 张。有意思的是，民族党人仅获得全国 3% 的选票，差点失去在国会露脸的机会。红色柏林似乎日益名副其实，但左右之间的对峙依然严峻。几乎每个阶级都心怀强烈的不公平感，认为自己是未曾被打败的首都中未曾被打败的民族，并坚称《凡尔赛和约》（尤其是它有关战争罪责的条款）带有报复性质。哈里·凯斯勒在理发时和他的发型师开玩笑说，他认为媒体上所有有关与苏联签订条约的报道，一定都是德国重新入侵法国的前奏。

　　由于当时的柏林警方效率奇低，分布广泛的城市犯罪网络十分强大，极具破坏力。有 62 个大型犯罪团伙（Ringvereine）在城市各处活动，以较为贫困的北部和东部最为猖獗，但其实这些团伙无处不在。它们控制着利润丰厚的毒品市场——已远远超出政府可以掌控的范围，以及同样市场巨大的男女卖淫交易。这些团伙最初是作为帮助重新融入社会的前囚犯而成立的组织，但讽刺的是，它们成了这些前囚犯的主要雇主。两个甚至具有国际影响力、各自有其复杂规矩的巨大团伙——伊门特罗伊（Immentreu）和北方海盗（Nordpiraten）——在 1929 年爆发激烈火并，双方开枪射击超过 100 发子弹。但随后在莫阿比特举行的审判中，却愣是找不到人愿意提供证据。直到 1934 年，这些团伙才最终被纳粹铲除，许多团伙死硬分子死于集中营。

但最终让柏林这口大锅沸腾起来的是经济问题，而非政治议题或犯罪问题，更不是愤世嫉俗的作家和编剧。1929 年 10 月美国华尔街市场崩盘，由此引发的大萧条对德国脆弱经济的重创远超大多数国家。柏林作为国家政治和经济中心，更是遭到最严重的打击。企业接二连三的倒闭致使 1931 年全国有 500 万人失业，柏林失业人口为 636 000 人。甚至博尔西希也宣布将最终关闭其工厂。1931 年圣诞节前不久，它在工厂门口张贴布告，告知全体员工他们将失去工作。所有的行业无一幸免，导致虽然无家可归者众多，但数以千计的独栋住房和公寓空置。而且这一次，柏林还面临着纯粹由移民引发的问题，因为最后来到城市的人不可避免地最先遭难。苏联社会受到的打击格外严重，许多民众因此移居法国或美国，甚至有人勇敢地返回祖国。咖啡店和商店关门大吉，报纸停刊，每天都有数千人在街头施粥所门口排队。自杀是如此稀松平常，以至于都不会被报道出来。一切仿佛 1922—1923 年的恶性通货膨胀噩梦从未消失，那些从第一次灾难中缓过来的人如今发现自己再一次彻底破产了。

以儿童故事《埃米尔与侦探》（*Emil and the Detectives*）闻名的小说家埃里希·克斯特纳（Erich Kästner），在他的小说《法比安》（*Fabian*）中塑造了受过高等教育的主角雅各布·法比安（Jacob Fabian），以这个角色集中体现因大萧条而来的愤怒与沮丧，他"32 岁，工作不稳定，目前是广告文案，住在沙佩尔街 17 号，心脏虚弱，棕色头发"。尽管有能力，并且以嘲讽而开阔的视野看待世界，但法比安"注定要从事一份卑微且报酬低下的工作，可即便这样的工作也不一定牢靠"[35]。在法比安的世界里，一切能让生命值得活下去的东西都变得过于昂贵或是被禁止了，这让他的"嘲讽悲观主义"变得越发沉重。

　　纳粹正是在这种不幸和动荡的背景下开始壮大自己的势力。纳粹党的权力根基在德国南部，在慕尼黑而非柏林。但希特勒在 1923 年政变失败后意识到，如果他要在国内树立自己的权威，就必须控制首都。纳粹主义之所以难以定义，就在于它"既是一种非理性的信仰，又是希望从阿道夫·希特勒的煽动中获利的社会势力的偶然联合"[36]，不过纳粹大部分扭曲的意识形态所立足的观念和运动都出自柏林。首先是它与普鲁士国家及普鲁士军国主义的联系，这两种传统都为纳粹所利用。另外，柏林是曾经被拿破仑打败的城市，是统一德国的文化之都，也是民族主义和"民族"（Volk）概念孕育的地方。费希特的演说、黑格尔的国家至上概念、冯·特莱奇克的长篇大论，以及"候鸟"（Wandervogel）运动的举手礼都构成了纳粹思想的一部分。甚至还有为浪漫主义者所推崇备至的海因里希·冯·克莱斯特（Heinrich von Kleist），他在《给德意志人的教义问答》（*Catechism for Germans*）中写道："你爱你的祖国吗，我的儿子？是的，父亲！那么你为什么爱它？因为它是我的祖国。"[37]

　　更现实的问题是，现在有这样一群幻想破灭的人，他们在政治上表现狂热，定期发起反犹太人的迫害行动，最近还表现出暴力倾向。1926 年 11 月，希特勒任命约瑟夫·戈培尔（Joseph Goebbels）担任纳粹党在柏林市的党部头目。戈培尔面临一项艰巨的任务。在 1925 年的地方选举中，即使是在表现最好的施潘道区，纳粹党也仅获得 137 票，与之形成对比的是社民党的 604 696 票和德共的 347 381 票——而一般来说纳粹党在柏林郊区的选情要好过城区。戈培尔是一个由耶稣会教士教育长大的莱茵兰人，他既能干又邪恶，若不是他缺乏导师们的道德感，他一定能从中习得坚贞虔敬的重要性。戈培尔开始着手在柏林设立纳粹党党部。在将大本营搬到吕措街时，他用了一个词来描绘柏林："冷酷无情"。因为他觉得这一点"已经在人们身上得到体现。这里的座右铭是：'要么通吃要么饿死！'任何没有学会用自己的胳膊左右推搡的人"，都会坠入与共产党人冲突的深渊。[38] 得益于恩斯特·罗姆（Ernst Röhm）的冲锋队（Sturmabteilung，SA）——这是纳粹的民兵组织——在幕后协助，戈培尔通过不断精心策划与德共及其红色阵线（Red Banner)[①] 战士的街头斗争以持续扩大纳粹党的人数。随着纳粹党控制的不断扩大，他们最终在 1928 年的国会选举中赢得十个席位，而戈培尔也获得了其中的一个。

与戈培尔的能力同时奏效的，或者说真正让纳粹获得支持的，是经济衰退。当时的柏林存在这样一种论调：既然一切都失败了，纳粹党兴许能拿出一套解决方案呢？纳粹主义的聪明之处在于它能为所有人提供一切；它推崇社会主义，自然不是陈腐的保王党的一分子；它又支持民族主义，因此会促进德国的价值观和社会秩序。

---

①　这里指的是德共的准军事组织，其全称为"红色阵线战士同盟"（Roter Frontkämpferbund，RFB），简称为"红色阵线"，成立于 1924 年。

它是爱国的，似乎具备了在这种城市中完成这一任务的令人钦佩的能力，而且它还能吸引从未真正消失过的新军国主义分子。至关重要的是，社民党、共和国都被认为是失败的，是它们让无数有能力、有抱负的人失去了工作或积蓄，而纳粹党可以提供替代方案。

戈培尔还是一位宣传大师，他把握住了1930年发生的一桩事件，从而将纳粹党塑造成富有吸引力的政党。一个名叫霍斯特·韦塞尔（Horst Wessel）的年轻冲锋队街头斗殴分子被另一个属于红色阵线、名叫阿尔布莱希特·赫勒尔（Albrecht Höhler）的政治煽动者射杀。父亲是尼古拉教堂牧师的韦塞尔，是个没有半点吸引力的小混混和皮条客，他因为租金过高而和同住的妓女起了争执。这位女房东叫来了本地负责维持治安的红色阵线民兵，领导这些人的正是赫勒尔，他赶了过来，朝韦塞尔开了一枪。赫勒尔同样全无魅力可言，而且刚刚出狱不久，工作也不稳定。在拖了六个星期之后，韦塞尔死了。这对戈培尔来说于无异于天赐良机，他的宣传机器马力全开，迅速将韦塞尔包装成一名殉道者，不仅是为纳粹党，也为德国献身：一个"年轻的、信仰社会主义的基督徒，选择生活在那些蔑视和唾弃他的人中间"[39]。韦塞尔的葬礼演变为一起重大公共事件，冲锋队和红色阵线之间爆发了多次战斗。但戈培尔最巧妙的地方是搞出了一些据称出自韦塞尔之手的诗歌，然后将它们变成了一首纳粹党的行军曲。《韦塞尔之歌》遂成为纳粹党党歌，与《保卫莱茵河》一样家喻户晓。而在希特勒最终掌权之后，这首歌也成为德国的代国歌。

随着纳粹势力的壮大，就业机会的减少以及幻灭感的增加，柏林发现自己重新陷入和这十年开头那几年类似的街头暴力之中。纳粹真正掌权前的1932—1933年冬天，克里斯托弗·伊舍伍德依然生活在柏林，他撰写有关冲锋队和红色阵线之间团伙械斗的文章。在文章中他回忆起在咖啡馆无意听到的一个年轻的纳粹党人和他女友讨论未来的对话："哦，我知道我们会赢，毫无问题，"他不耐烦地喊道，"但这不够！"他用拳头捶打桌子，"必须要流血！"女孩摩挲着他的手臂安抚他……"当然当然，会流血的，亲爱的……元首保证过的。"[40]然后伊舍伍德沿着比洛街漫步：

> 沿着人行道走在我前面的是三个冲锋队队员。他们将纳粹旗帜扛在肩上，看上去就像来复枪一样。旗帜紧紧地卷在旗杆上，旗杆上有锋利的金属尖头，做成了箭镞的式样……猝不及防他们就和一个十七八岁的年轻人对峙起来，后者穿着普通人的衣服，急匆匆地朝着反方向跑去。我听到一个纳粹分子喊道："就是他！"三个人立即扑向了那个年轻人。年轻人惊叫了一声并试图逃跑，但那三个人很快就追了上来，一边猛踹，一边用手里拿的旗杆上的金属尖头戳他。

一番拳打脚踢过后，伊舍伍德发现这个年轻人躺在一个门洞前，左眼球掉出来一半，头上鲜血直冒。"此时已有几十号人围观。他们似乎很惊讶，但没有人表现得特别震惊。这种事如今太平常了。"[41]

当然，这种暴力行为大多数针对的是犹太人，随着纳粹势力扩张，他们的反犹说辞也日益增多。1933 年时共有 160 000 名犹太人生活在柏林，占城市总人口的 4%。暗流涌动的反犹主义在 1919—1922 年就已表露出来，如今又因犹太人成为经济衰退的新替罪羊而卷土重来。伊舍伍德曾在入住后不久就惊讶地听到迈尔小姐（她也是施罗德小姐的房客）在庆祝纳粹打砸莱比锡大街上犹太人商铺的行动。"干得漂亮！"她喊道，"这城里到处是犹太人，随便扒开块石头都能爬出来好几个。他们在我们喝的水里下毒，勒索、打劫我们，还吸我们的血。"[42]

不过，当德国的其他地区都放弃抵抗民族社会主义的虚假承诺时，柏林却踌躇了。纳粹相信"美德存在于大自然中未遭玷污的孩子身上，例如存在于巴伐利亚阿尔卑斯山区顽强的山民身上"[43]。它不存在于柏林这样的城市之中，那里的移民、犹太人和知识分子似乎根本无法理解他们信条中的精髓。就在纳粹党通过 1930 年选举获得国会 107 个议席之时，27％的柏林人把票投给了德共，而只有 14％的人选择了希特勒。1932 年 11 月，德共在柏林的得票率升至 31％，超过社民党而成为这座城市最大的政党。虽然纳粹党此时已是全国最大党，但其得票率仅为 28％。甚至当希特勒于 1933 年 1 月正式夺权，并明目张胆地威逼和操纵选举，在 1933 年 3 月选举中，也只有 34％的柏林人把票投给纳粹；相反仍有 24％的人投票给德共。戈培尔可能试图赢得柏林，但他失败了。在接下来的 11 年中，这座城市尽管充满恐惧、压抑且最终被钉死在十字架上，但它仍将被视为德国最不纳粹的地方。

1933 年，伊舍伍德准备离开这座他纵使谈不上热爱，但也逐渐喜爱且享受其中的城市，柏林的冷酷无情似乎已经影响了他。

> 柏林是一座拥有两个中心的城市——环绕（威廉皇帝）纪念教堂的昂贵酒店、酒吧、电影院和店铺，光彩夺目的核心区就像一颗假钻石，在破败不堪的城市暮色中闪亮；还有自发形成的市民中心的建筑，小心翼翼地围绕菩提树下大街排布。它那宏伟的国际风格是从复制品那里复制而来，维系着我们作为首都的尊严——议会、几家博物馆、国家银行、大教堂、歌剧

院，还有一打大使馆；没有任何东西被遗忘掉。一切都如此自负，但又如此正确……但柏林真正的心脏其实是一小片潮湿、幽暗的森林——蒂尔加滕。每年这个时候，寒冷开始驱使农家男孩离开他们朝不保夕的村庄，来到城市寻找食物和工作。然而，在夜空下的平原上熠熠发光、充满诱惑力的这座城市，却是寒冷、残酷和死气沉沉的。它的温暖只是一种幻觉，是冬季沙漠里的海市蜃楼。它无法接纳这些男孩，因为它无法给予他们任何东西。严寒将他们赶出街道，赶入森林，那里是这座城市冷酷之心的所在地。他们蜷缩在长凳上，忍饥挨饿，冻得瑟瑟发抖，幻想着离他们远去的村社炉灶。[44]

伊舍伍德离开后，柏林即将迎来有史以来最艰难的十年。

第九章

1933—1945 年　暗无天日

火海流过了（柏林的）法国大使馆，我怀着沉重的心情和不祥的预感看着它过去。

——安德烈·弗朗索瓦-庞塞，1933 年

1933 年 3 月 21 日，戈培尔在波茨坦卫戍教堂，也是弗里德里希大王的安葬之处，策划了一场游行。这个日后被称为"波茨坦日"的纪念日，是一次将希特勒及纳粹党与老弗里茨和普鲁士取得军事胜利的辉煌岁月联系在一起的无耻尝试。希特勒在那天脱下了他日常穿着的单调纳粹制服，换上了晨衣和大礼服。老迈不堪但依旧是一国总统的兴登堡则身着佩有成排星章和勋章的全套军服，头戴他的尖顶头盔。所有未执行任务的军队都带着他们的军乐队前往教堂，这就不可避免地与纳粹的冲锋队和党卫队武装结

伴而行。希特勒发誓要维护长眠于卫成教堂内的那些逝者所代表
的荣誉和传统。据报道，兴登堡当时情绪失控，泪流满面。在那
之后这位老人变得越来越糊涂。当另一场大型纳粹游行从他位于
威廉街办公室的窗下经过时，他评论道，"我都不知道我们在坦
能堡俘虏了这么多人"。3 月 21 日那天晚上，国家歌剧院上演了
瓦格纳的《纽伦堡的名歌手》（*Die Meistersinger von Nünberg*），
希特勒也前往捧场。

　　这一天也是新一届国会正式开幕的日子，但此时希特勒并未获
得绝对多数支持。在 1933 年 3 月的选举中，他仅获得全国 43.9%
的选票。但到了 3 月 23 日，他想方设法通过了他的《授权法》，动
用各种威胁恫吓手段，不仅阻挠所有德共党员和大部分社民党党员
参会，同时还向其他右翼政党施压。法案的通过让国会将绝对权力
拱手相让于希特勒，还将自己排除在此后长达 11 年的柏林故事之
外。国会议员们不得不聚集在克罗尔歌剧院，因为国会大厦本体已
在 2 月 27 日毁于戈林（Hermann Göring）策划的一场大火之中。
戈林这个希特勒浮夸的副手，令人难以置信地说服了一个名叫马里
努斯·范·德·卢贝（Marinus van der Lubbe）的荷兰人实施纵
火，这个人头脑简单，坚称自己是一名共产党人。"这个 20 岁的傻
瓜，"凯斯勒写道，"应该是在国会的 30 个不同地点存放了易燃材
料，并点燃了它们。但无论是他的出现，他的行动，抑或是他放置
的如此大量的材料，都没有被任何人发现。最后，他还小心翼翼地
脱掉自己身上除裤子外的所有衣物径直跑进警察局。"[1] 这并不是柏
林历史上第一次将火灾归咎于某个替罪羊。就在那天晚上，全柏林
共有 4 000 名共产党人和纳粹党的政敌遭到逮捕，其中包括《世界
舞台》的主编卡尔·冯·奥西茨基（Carl von Ossietzky）。

现在纳粹在这座城里的镇压行动越发肆无忌惮。5 月 10 日，戈培尔安排了一场全德性的焚书行动，这几乎是中世纪的场景再现：一群冲锋队队员将被认为是反政府的、由犹太人撰写的，或是在其他方面表现为"退化"的书籍，投入公开架设的篝火之中。在柏林，焚书地点选在国家图书馆"五斗橱"外的弗里德里希广场。戈培尔或许当时并不知道海涅在 1821 年的戏剧《阿尔曼佐》（*Almansor*）中写下的名言，"在他们焚烧书籍的地方，总有一天也会焚烧人类"，但正因为爱因斯坦、曼、布莱希特、格罗茨、德布林，以及其他人数更为可观的本地作者的作品被扔进火里，这些作者意识到他们必须离开。唯一真正目睹自己的作品被投入火堆的作者是埃里希·克斯特纳，他的《法比安》因为对当下道德的呈现过于直白，被纳粹认为令人不适。今天，一个简洁而令人印象深刻的纪念牌被用来标记戈培尔焚书的地点，它被镶嵌在倍倍尔广场（这是弗里德里希广场今天的名字）的鹅卵石地面上，透过一个玻璃罩子可以望向一间摆满空书架的房间；在它旁边的一块饰板上则镌刻着海涅的名言。附近洪堡大学的学生每年都会在 5 月 10 日这天举办图书售卖活动以纪念这一事件。

书行至此，柏林的故事仍主要围绕移民展开，以及为何成千上万人受到吸引而来到这座城市，其中有很多人是艺术家、作家和思想家，他们虽然生在别处，但却感觉柏林才是自己能够获得最大发展、最多实践和最好生活的地方。但 1933 年的事件改变了这一切，两个最重要的群体——艺术家和犹太人——开始移民，或者更确切来说，开始流亡。对于作家和艺术家而言，这是一个艰难的决定。剧作家卡尔·楚克迈尔就曾写下："一旦你拥有柏林，你便拥有了世界；一旦你失去了柏林，你便丢了整个世界。"而且最初纳粹党能否幸存并不明朗。阿尔弗雷德·德布林在 1933 年离开时告诉人们，他们只能等待风暴过去。然而，在国会纵火案和焚书事件之后，文学界开始不安起来——并不仅仅是因为戈林那句他一听到"文化"二字就想伸手去摸自己的左轮手枪的评价。1933—1939 年，约有 1 300 名作家离开柏林，他们中有一部分人前往欧洲其他国家，大多数人去了美国。1933 年身在瑞士的埃里希·克斯特纳此时却返回柏林，因为他决心撰写一部有关纳粹的小说。虽然他可能从未动笔，但他设法在战争中幸存了下来。

　　虽然像布莱希特、曼兄弟和格奥尔格·格罗茨这样国际知名的大人物，知名度足以让他们在其他地方也备受欢迎，但其他一些小镇记者、评论人和自由作家则在"言论自由寿终正寝之际失去了他们的谋生之道"。加布里埃莱·特吉特（Gabriele Tergit）便是一个作家职业生涯被纳粹毁了的例子。她起初是一名法庭记者，1931 年成功出版了自己的首部小说《克泽比尔占领选帝侯大街》（*Käsebier erobert den Kurfürstendamm*），小说英译本的标题是《克泽比尔占领柏林》（*Käsebier Takes Berlin*）。原名为加布里埃莱·希尔施曼（Gabriele Hirschmann）的特吉特（这是她的笔名）嘲讽柏林需要一个完全没有才华、极度平庸的艺人——"不起眼的歌手"克泽比尔（字面意思是"奶酪啤酒"①），并使他一炮而红。小说以巧妙、诙谐的方式揭露了柏林文化界的虚伪，但它也被认为是对德国传统价值观的嘲弄——况且特吉特还是犹太人。她先逃到了捷克斯洛伐克，然后前往伦敦，但再也没能重启写作职

---

　　①　克泽比尔的德语写作"Käsebier"，是由"Käse"（奶酪）和"Bier"（啤酒）组成的复合词。

业生涯。[2]甚至可怜的哈里·凯斯勒也被告知他可能会被捕，因此他逃往巴黎，再也没有回到柏林。但离开的不仅仅是作家。建筑师瓦尔特·格罗皮乌斯和密斯·凡·德·罗走了，弗洛伊德和爱因斯坦流亡海外，柏林剧院失去了赖因哈特，音乐界丢了勋贝格（Schoenberg）、威尔（Weill）、埃斯勒（Eisler）、瓦尔特（Walter）、克伦佩雷尔（Klemperer）和克莱伯（Kleiber）。[3]而刚刚开始跟木头打交道的凯绥·珂勒惠支被普鲁士艺术学院开除，不得再举办画展。

　　在洪堡大学位于菩提树下大街的主楼（过去是海因里希亲王的宫殿）一楼的长廊上，排列着一些最杰出的校友——例如诺贝尔奖获得者——的相片。沿着这些相片前行是一段发人深省而又令人心生悲哀的经历，它展现了纳粹是如何不宽容，而德国又是如何损失惨重。物理化学高级讲师格特鲁德·科恩费尔德（Gertrude Kornfeld）是首位取得此类职位的女性，但她的教师资格因其犹太背景而被吊销，因此被迫移民。杰出的经济学家夏洛特·洛伊布舍（Charlotte Leubuscher）是第一位获得自然科学学科以外教授资格的女性，于 1933 年被迫离职。历史学家黑德维希·欣策（Hedwig Hintze）1933 年因为她的犹太血统而遭解雇，后前往美国。拉埃尔·希尔施（Rahel Hirsch）是普鲁士第一位女性医学教授，1933 年被迫离职。细胞学专家罗达·埃德曼（Rhoda Erdmann）遭到公开指责并于 1935 年被解雇。内政部中小学部门的负责人格特鲁德·博伊默（Gertrude Bäumer）于 1933 年被解职。名单如此之长，让每个凝视着这个令人哀伤的杰出群体的人不禁会想，相信全盘剥夺德国智识天赋的纳粹能够创建千年帝国是何等的不理智。科学家莉泽洛特·赫尔曼（Liselotte Hermann）的相片或许是其中最令人动容的一幅，1933 年她因签署"捍卫柏林大学的民主权利和自由"的呼吁而被解雇，随后于 1938 年在普伦岑湖^①被处决。

在那些可能会离开的人中，有一些人却留了下来。但他们是否真的即便不那么认同这个政权，但也不会积极反对它，尚存争议。最著名的例子莫过于威廉·富特文格勒领导下的柏林爱乐乐团。这个交响乐团在 1933 年陷入严重的财政危机，但这让当时不仅已和戈培尔称兄道弟，而且似乎还对他欣赏有加的富特文格勒看到了整顿乐团财政和留住音乐家的机会。当然他也为此付出了代价：戈培尔几乎对乐团一切日常事务都要指手画脚。1935 年乐团共演出 178 场；在节目单中，贝多芬出现 85 次，勃拉姆斯 45 次，巴赫 28 次，亨德尔 16 次，费兹纳 15 次，罗伯特·舒曼 20 次，理查德·施特劳斯 29 次，瓦格纳 16 次，韦伯 19 次，布鲁克纳 16 次，海顿 26 次，莫扎特 28 次，舒伯特 20 次。只有一位非德国裔的作曲家柴可夫斯基，其作品的演奏次数达到两位数。而更险恶的现实是，1935 年团里已经没有犹太音乐家，而戈培尔和他的党羽还要追捕那些妻子是犹太人的德国音乐家。所以后来，国际犹太音乐家拒绝与该团联袂献演，富特文格勒旋即表现出音乐自尊心受伤害的做作感，并不能太当真。

理查德·施特劳斯也留了下来，并于 1933 年接替托斯卡尼尼担任德国国家音乐协会主席和拜罗伊特音乐节总监。他后来被指控为同情纳粹者，但施特劳斯辩称自己为像斯特凡·茨威格这样的犹太音乐家提供支持^②，且竭尽所能保护其家族中的犹太成员。更富

① 此指普伦岑湖监狱。莉泽洛特·赫尔曼本身也是一名德共党员，她是因为从事地下抵抗运动而于 1938 年在斯图加特遭盖世太保逮捕，1938 年被转移至柏林直至被杀。

② 这里指的是 1935 年由斯特凡·茨威格撰写脚本，由施特劳斯配乐创作的喜歌剧《一个沉默的女人》。

争议的人是格哈特·豪普特曼，因为他真的申请加入了纳粹党。戈培尔视其为德国最伟大的作家之一，还在 1942 年豪普特曼八十寿诞之际上演他的戏剧以示庆祝。正是此举让他今天的声誉大打折扣。不过说来奇怪，和选侯约翰·西吉斯蒙德和威廉二世皇帝一样，希特勒也坚信德国人比英国人更了解莎士比亚。莎翁的戏剧在 20 世纪 30 年代被频繁搬上舞台，但希特勒评论称"没有一个国家的莎士比亚演出能和英国一样差劲"[4]。

　　同样意识到必须离开的群体是柏林的犹太人。虽然他们中的许多人一再相信希特勒的反犹主义言论只是选举策略，并期待他一朝掌权就会缓和自己的观点。事实并非如此，反犹措施几乎是立即开始执行的。犹太人被排除在所有公职之外，商界的"雅利安化"也拉开了序幕。1933 年 4 月 1 日，包括大型商场韦特海姆、卡迪威和卡尔施塔特在内的犹太人商店遭罢买。但更糟糕的是，1935 年《纽伦堡种族法》颁布后，德意志人和犹太人之间的婚姻也被视为非法。而《帝国公民法》则剥夺了犹太人的基本公民权，包括禁止犹太医生、律师和其他专业人士执业。纳粹当时的政策是打算迫使所有的犹太人离开柏林。戈培尔在他 1938 年 6 月 10 日的日记中写道，"我其实是在刺激他们，不带丝毫感情。法律不重要，重要的是骚扰。犹太人必须滚出柏林。警察会帮我达成这个目的"[5]。1938 年 6 月 16 日，数千名犹太人被指控从事毒品交易而遭到围捕，但更恶劣的事件是 11 月 9 日的"水晶之夜"（Kristallnacht，也称"砸玻璃之夜"）。犹太会堂、犹太商店和企业的窗户被砸得粉碎后遭洗劫一空，许多房子还被纵火焚烧。随后约有 12 000 名犹太人遭到逮捕，许多人被指责要为他们自己的财产损失负责。

11月10日上午7点，鲁特·安德烈亚斯-弗里德里希（Ruth Andreas-Friedrich）正待在她的公寓里。她的门铃被连续摁响十次，"就像有人在咚咚咚敲门一样"。来者是一位律师朋友魏斯曼博士（Dr. Weissmann）。"'快把我藏起来，他们就在我后面！'他喘着粗气说道。'谁？你在说什么？我不明白。'她答道。'你活在月球上吗？'他极为恼火地问。'魔鬼在柏林横行！会堂着火了！犹太人的血正从刀刃上淌下来。冲锋队四处出击，砸碎窗子……他们像捕猎兔子那样追捕我们。他们害我跑了半条库达姆街，还在我后面大喊犹太猪、刽子手，去死吧……警察就这么干看着。'"[6]就在那天晚些时候，她也目睹了一伙人砸毁了豪斯福格特广场上的一家犹太人商店。"五个身穿皱巴巴的便服，头戴尖盔的家伙，他们的脸因为用力都扭曲了"，从外面敲着窗玻璃。"他们，"她想着，"既没有仇恨，也没有怨怼，既没人发疯，也没人暴怒。"围观的人群同样面无表情，沉默不语。"这是在发泄无意识产生的愤怒吗？"她问自己，"不，根本不是那样。如果这五个人被命令去用鞭子抽死德国所有的扫烟囱工，他们也会去，然后不留一个活口。他们没有激情，也没有怜悯，并不是因为他们憎恨扫烟囱工，而是因为他们热爱服从，热爱到巴不得整副灵魂都扑倒在这东西面前。"[7]

从1938年11月起，镇压便以一种无休无止的痛苦和极度的卑鄙持续推进。11月12日，柏林的犹太人被迫为水晶之夜的损失买单。11月15日，犹太儿童被禁止进入公立学校；12月3日，犹太人的驾驶执照被吊销，而从5日起犹太公务员的退休金被收回。同日，犹太人被禁止出入剧院、电影院和市中心。

至1939年时，已有一半的犹太人离开柏林，但还剩下75 344

人。问题在于，对于那些穷困的家庭而言，尤其是那些居住在谷
仓区的东欧犹太人，移民并不容易，更别提找到愿意接受他们的
国家。而那些比较富裕、人脉又广的犹太人，则早早离开。他们
要么是因为预见到即将发生什么，像瓦尔特·本雅明就逃到了法
国；要么就像极度反纳粹的知名剧评人阿尔弗雷德·克尔（Al-
fred Kerr），因为他知道自己必须得走，不然就等着被抓。克尔的
女儿尤迪特是一位著名的儿童作家，她在《当希特勒偷走粉兔
子》（*When Hitler Stole Pink Rabbit*）中记录了自己作为一个犹太
小姑娘在 30 年代的柏林成长的恐惧。逃亡时她只能带一个玩具
上路，因此她选择了一只长毛绒小狗，而不得不留下自己同样心
爱的粉色兔子。在她笔下是纳粹迫害过程中最贪婪的一面，犹太
家庭甚至不能携带宠物。克尔一家来到了英国，还有其他许多来
自柏林的孩子也来到了这里。水晶之夜之后，英国政府联合法
国、比利时和荷兰政府一起组织了一项旨在在英国重新安置被纳
粹占领国家的犹太儿童的计划，该计划被称为"儿童撤离行动"
（Kindertransport）。令人敬佩的弗洛伦斯·南基韦尔（Florence
Nankivell）亲自前往柏林组织疏散柏林（犹太）人，尽管纳粹竭
力各种阻挠，但她最终还是组织到了第一班火车，载着 196 名儿
童，于 1938 年 12 月 1 日启程。该计划一直持续到德国入侵波兰，
而英国对德宣战也使其难以为继，但总计仍有 10 000 名儿童得到
营救。对他们中的许多人来说，这是一段掺杂了痛苦和快乐的经
历，他们最终成为自己家族中唯一的幸存者。但他们也不得不面
对可怕的个人损失，并且还要在一个陌生的国度开展新的生活，
学习新的语言。这一行动也证明了柏林犹太团体的资源丰富，这让很
多人得以拥有成功的人生，例如画家弗兰克·奥尔巴赫（Frank

Auerbach)①；但也证明了英国政府多少有些耐人寻味的开放姿态，以及收养这些孩子的家庭的善良。

另一个柏林"流亡"群体是"儿童乡村疏散"计划（Kinderlandverschickung，KLV）支持疏散至乡村的柏林儿童。从1940年9月起至11月，共有189 543名儿童被疏散，大部分是因为他们的父母害怕遭遇空袭。虽然有些孩子喜爱乡村生活，但大多数人对此却备感陌生，而且讨厌被要求干农活。还有很多人被送往东普鲁士、西里西亚和萨克森，那些地方在1945年的情况更恶劣，这些孩子同样再也见不到自己的父母。[8]祖母是犹太人的伊尔莎·克恩（Ilse Koehn）和全校同学被转移到位于波希米亚的一个小村庄里。"我们看着窗外，呼吸着新鲜空气，享受着枞树的美妙芬芳——突然间，我们陷入了深深的沮丧，感觉掉进了一个陷阱，孤身一人，远离家乡。"[9]

然后是共产党人。1933年6月，在克珀尼克发生的共产党人抗议希特勒的活动中，冲锋队逮捕了500余人，并将他们投入集中营。91具残缺不全的尸体后来被发现漂浮在达默河上。新闻审查制度也已就位。柏林在1927年时拥有147家独立报纸，但到1933年底已无一幸存，社会主义者和共产党人失去了他们的领袖和发言权。不过，莫斯科倒是为像瓦尔特·乌布利希和威廉·皮克这样的人做好了安排。未来的民主德国领导人将在流亡中度过纳粹统治的岁月，计划并等待着他们目睹右翼无可避免地倒台和共产主义在他们来到的城市取得胜利。他们觉得，这一切是如此接近1919年。

---

① 弗兰克·奥尔巴赫 1931 年生于柏林，1939 年在父母的安排下，通过"儿童撤离行动"被送往英国，但其父母于 1943 年先后死于奥斯威辛集中营。

今天柏林即将开放一座流亡博物馆。创意出自著名收藏家贝恩德·舒尔茨（Bernd Schultz），克里斯托弗·施特尔策尔管理的流亡基金会巧妙地将馆址选在安哈特火车站，很多人正是从这里开启他们告别这座城市的旅程。这也将首次讲述那些被迫离开者的人生和故事，而他们的流失也让柏林变得虚弱不堪。对于许多流亡者来说，之所以如此艰难，不仅是被迫离开的残忍和不公，甚至还包括失去他们的生命——这对那些秉承门德尔松传统的犹太人来说尤其如此。他们始终自视为德国人，然后是犹太人，而不是碰巧生活在德国的犹太人。许多人在第一次世界大战中为自己的国家而战，并付出巨大的代价，但这个国家随后却拒绝承认他们。电影导演奥尔格·斯特凡·特罗勒（Georg Stefan Troller）说："从来没人问过我流亡的深义，或是为此道歉——但那实际上有点像你丢失了生命的中心，失去了约束它的绳索。"[10]

鉴于暴力已达如此程度，20 世纪 30 年代的柏林俨然一个危险且不宜居住的地方。但这其实仅限于犹太人、共产党人或是因为其他原因遭到当局迫害的人。对于许多柏林人来说，虽然 70％的人没有把票投给希特勒，但 1933—1939 年的日子相对稳定而快乐。"20世纪 30 年代很美好。"格尔达·基尔施泰特这样记录着。她父亲的烈酒生意因为经济衰退损失惨重，家里不得不变卖曾让她在自己婚礼上令人印象深刻的家具和银器。但现在失业率大幅降低，马克保持稳定，柏林街头的小偷小摸也消失不见了，但很多乐子和夜生活依然存在。虽然剧院和音乐会更稀有了，但游客依旧纷至沓来，酒店业因此发展蓬勃。

但纳粹党人并不喜欢柏林，希特勒永远不会原谅柏林人在 1933

年对他的拒绝。夺权后纳粹党的年度大型集会①因此照旧放在可以期待人们热情欢呼的纽伦堡，而不是人人秉承怀疑态度的首都。不过希特勒依然认为，作为帝国首都，柏林还是得加强地位。他认为这里只是"不加管理的建筑物的堆砌。唯一具有纪念意义的部分是菩提树下大街、皇宫及其周边环境"。它无法与巴黎或维也纳相提并论，柏林"必须提升到相当高的城市规划水平和文化水平，才能与世界上的其他首都一较高下"[11]。但此时格罗皮乌斯的包豪斯已经关闭，密斯·凡·德·罗的新帝国银行大楼设计方案被拒绝后，转而采用由海因里希·沃尔夫（Heinrich Wolff）设计的坚固块状结构（如今它是德国外交部的一部分），希特勒打算将自己的新首都交给一个名叫阿尔伯特·施佩尔（Albert Speer）的莱茵人。施佩尔因为在纽伦堡集会设计巨大布景和背景而引起希特勒的注意，这些布景由照射在黑、红、白的纳粹党标志上的火炬、通红的灯光和探照灯组成。

　　希特勒和施佩尔构思出了一个名为"日耳曼尼亚"（Germania）的计划，这个新名字将清除柏林所有令人生厌的遗产。它将成为一个以机场为基础，可容纳 1 000 万人的城市。一条宽阔的迎宾大道始自城市南部的滕珀尔霍夫，延伸 3 公里后抵达国会大厦东侧。安哈特和波茨坦车站将被移除。在北端，希特勒设计了一个让国会大厦和勃兰登堡门都相形见绌的巨大会堂（希特勒自认为具备建筑师的水平），比罗马的圣彼得大教堂还要大 16 倍。它将成为当时世界上最大的建筑物，可以容纳 150 000 人。而在大道的南端将是一个同样巨大的典礼拱廊，上面镌刻了 180 万个在一战中丧生的德国人

---

　　①　即纳粹党的党代会。

的名字，但犹太人并不包括在内。幸运的是，尽管纳粹确实忙于将威廉街附近的区域变成自己的行政中心，但日耳曼尼亚，连同其他几个柏林项目（如申克尔大教堂）从未建成。

1933 年，恩斯特·扎格比尔（Ernst Sagebiel）开始为戈林设计一个全新的航空部，戈林在他五花八门的任命和闲职之外，又兼任了帝国航空部部长。这栋大楼于 1935 年竣工，它是欧洲最大的办公建筑，共有 2 000 个房间，位于威廉街和莱比锡大街的转角处，是原来普鲁士战争部的所在地，而且紧挨着联邦议会（也就是过去的普鲁士上院）。这栋庞然大物般的建筑物最神奇的地方是它几乎完好无损地在战争中幸存下来。在民主德国时期，它成了“部委之部”（Ministry of Ministries），这是一个奥威尔式的奇妙称呼。如今它是联邦财政部的所在地，不过位于莱比锡大街的一面墙还是留下了民主德国呈现其民主德国人民幸福日常生活的壁画。1991 年，在同名的社民党政治家被“红军旅”暗杀之后，这栋大楼改称“德特勒夫·罗威德大楼”①，但它依然是柏林市中心纳粹风格保留最完整的建筑。而在航空部背后，面朝威廉街东西向坐落着希特勒的总理府。每一个到访柏林的人似乎都想去总理府一探究竟，找出希特勒最后自杀的地方，然而它在战后已被苏联人夷为平地。现在原址入口的地方是一家中餐馆，如果想要最近距离接触总理府，那么可以去看附近的摩尔人街地铁站。这座车站 1945 年时受损严重，是

---

① 德特勒夫·罗威德（Detlev Rohwedder, 1932—1991），社民党籍政治人物。两德启动统一进程后，他被任命为信托中心主管（1990—1991），负责民主德国经济重建和私有化。信托中心即位于正文所述大楼内。1991 年 4 月 1 日，罗威德在杜塞尔多夫的家中遭国左翼恐怖组织“红军旅”枪杀，凶手至今不明。1992 年联邦政府将罗威德曾工作过的大楼以他的名字命名，以示纪念。

用从总理府的断壁残垣中取出的红色大理石重建而成的。

　　另一栋臭名昭著的纳粹建筑是位于阿尔布莱希特亲王大街
(1951 年被民主德国更名为尼德基希纳街) 的党卫队总部大楼。党
卫队 (Schutzstaffel) 逐步取代冲锋队成为纳粹党的正式军事组织。
1934 年 6 月 30 日, 在海因里希·希姆莱 (Heinrich Himmler) 的
领导下, 党卫队发动了得到希特勒授意的清洗罗姆并解散冲锋队的
行动, 据称是因为希特勒担心恩斯特·罗姆会发动政变反对自己,
同时也是为了巩固帝国背后的军方领导人地位。这次行动被称为
"长刀之夜", 在三天的血腥屠戮中, 数百名冲锋队员被杀。从 1934
年起, 党卫队成为纳粹主要的安全部门。它接管了面朝同名大街的
阿尔布莱希特亲王酒店, 并将盖世太保和帝国安全总局 (Reichs-
sicherheitshauptampt) 置于同一屋檐下, 二者均向赖因哈特·海德
里希 (Reinhardt Heydrich) 负责。1944 年冬, 当克里斯塔贝尔·
比伦贝格 (Christabel Bielenberg) 前往拉文斯布吕克集中营为她关
押在那里的丈夫辩护时, 她发现这是一个可怕的地方。"我的外套
是用合成羊毛制成的, 这是战争爆发以来的一项新发明, 是用木头
制成的材料, 但触感像羊毛, 而且好像还用了可以保暖的棉花织
法。但当我驻足在那些宽阔的石头台阶上时, 我开始有些发抖。
就是这里。带着绿色挂锁的货车每天都停在这儿, 然后吐出受害
者……他们所有人悉数拾级而上, 带着期望, 期望着最后一丝希
望。这个地方的气氛是可怕的、寂静的、带着回声, 冷冰冰的, 死
一般的寒冷。"[12] 这栋建筑在战争中被摧毁, 现在是 "恐怖地形图"
(Topografie des Terrors) 所在地, 这是一个可以活动的, 展示纳
粹恐怖及其他呈现柏林如何拒绝掩饰其过去的重要展览场所。总理
府的对面是戈培尔所谓的启蒙部, 也就是宣传部, 他也是在这里统治

整个柏林。宣传部附近是希特勒副手鲁道夫·赫斯（Rudolf Hess）的办公室。

　　而希特勒和施佩尔则意识到一点，虽然他们计划修建一条宏伟的南北向大道，但柏林的主轴线长期以来一直是东西向的：沿菩提树下大街穿过勃兰登堡和蒂尔加滕公园。他们将胜利柱从它原来位于国会大厦对面的国王广场上的位置，移到位于蒂尔加滕公园中间的主路夏洛滕堡大街上（这条路如今被称为六月十七日大街）。他们还扩宽并改善了蒂尔加滕外围的陆军大街（Heerstraße，意为军用道路），这条军用道路始建于 19 世纪 70 年代，为的是能够快速从施潘道调集军队。而它现在很快就将服务于另一个重要目的：1936 年由柏林主办的奥运会，比赛就放在施潘道新建成的体育场内举行。

　　柏林被授予 1936 年奥运会的主办权，这座城市原本打算成为 1916 年奥运会的举办地（因显而易见的原因取消了）。但现在，希特勒决心让奥运会成为展示纳粹政权的样板。维尔纳·马尔希（Werner March）受命会同施佩尔重建位于施潘道的老德意志体育馆。马尔希建造了一个包括三部分的建筑群：真正的体育场馆，可容纳超过 100 000 名观众，同时为希特勒等一众党政要员设立特殊的贵宾区；"五月大会"（Maifeld），这其实是一块占地 28 英亩（约 0.113 平方千米）的运动场，后来成为纳粹集会的所在地；"森林舞台"（Waldbühne），这是一个拥有 25 000 个座位的圆形剧场。场馆的入口处是著名的钟楼。整个建筑群在第二次世界大战中都未遭到严重损坏，除了钟楼后来被苏联人拆除了，但如今也重建了起来。它在冷战期间长期充当驻扎在柏林的英军总部，英国部队主要集中在施潘道。

　　此时的戈培尔则竭尽所能地从这桩运动盛事中榨取价值。8月1日，29 000名希特勒青年在大花园迎接奥林匹克圣火，但此举并未沿用古老的奥林匹克传统，而是戈培尔为追求戏剧效果而想象出来的。随后圣火穿过蒂尔加滕，沿陆军大街前进的路线传递，最终被带到11公里外的体育馆，沿途由40 000名党卫队队员护卫。希特勒跟在一个仪式性的游行队伍后面，笔直地站在车里，面无笑意，举手行纳粹礼。当他抵达体育馆并被护送入包厢时，乐队奏响瓦格纳的《致敬进行曲》（*Homage March*）。当纳粹最高领袖施展魅力攻势之时，戈林则在永不停歇地举办派对。甚至连持怀疑态度的英国外交官罗伯特·范西塔特（Robert Vansittart）也暂时被戈培尔收服了。"我在他身上发现了很多富有魅力的东西——一个走路一瘸一拐但口齿伶俐的雅各宾派，口才敏捷得好像一条鞭子。他尖刻得像把刀子，对此我毫不怀疑。"他在报告中这样写道。"这些神经高度紧绷的人，会让我们看上去就像个C班生国家。"戈培尔则在用日记发泄对一些纳粹同僚的厌恶，例如他讨厌约阿希姆·冯·里宾特洛甫（Joachim von Ribbentrop），"买了个姓，为了钱结婚，然后耍花招把工作骗到手"。但后者也确实吸引了全世界的注意力，只不过并不包括英国政客奇普斯·卡农（Chips Canon）。卡农更加恶毒地评论冯·里宾特洛甫太太穿着"让人无比震惊的卡其色衣服……是不是因为他们的女人太缺乏魅力，导致大多数德国男人都不喜欢女人？"纳粹电影制作人莱妮·里芬斯塔尔（Leni Riefenstahl）也是一位活跃的宣传员。虽然她后来辩称自己的作品是艺术，但在当时，她阻挠除她的工作人员以外的任何人进行拍摄，惹恼了一众外国媒体。

　　不过，即便是希特勒，也无法阻止美国黑人运动员杰西·欧文

　　约翰·胡梅尔的《福斯别墅里的象棋赛》是对众人向往的安定家庭生活的总结。

1848年3月的"革命"——军队向街垒开火。但起义的规模比日后评论者想让我们了解的那些小得多。

"我与我的人民之间插不进一张纸。"这是漫画家对弗里德里希·威廉四世著名的宪政承诺的诠释。

"出租兵营"里的生活。19世纪中叶，柏林住房极度短缺。

由海因里希·齐勒绘制的东柏林街头生活漫画。齐勒跟随家人刚来到这座城市时，就栖身于一个狭窄、破旧的出租兵营街区。

德皇威廉二世憎恨马克斯·利伯曼的作品（如《亚麻织工》）和他支持的分离派运动。

诸如恩斯特·亨泽勒（Ernst Henseler）这样的艺术家才更合皇帝的口味。这是他的画作《俾斯麦出席帝国国会会议》。

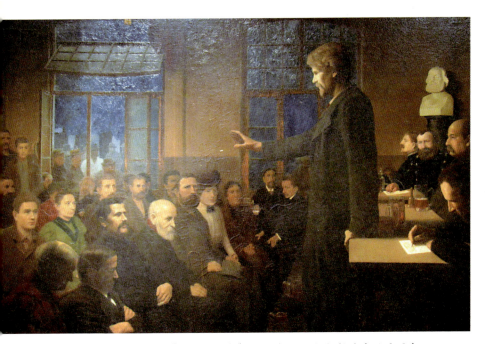

延斯·比克霍尔姆的《穷人的福音》则是对 20 世纪初柏林生活更写实的描绘。

利奥·乌里*在《夜幕下的诺伦多夫广场》中呈现的氛围。（*乌里的全名是利奥·雷瑟·乌里。）

　　德皇威廉二世认为他的胜利大道（这是一条位于蒂尔加滕、霍亨索伦家族统治者雕塑林立的林荫道）是一次艺术上的胜利，但柏林人不敢苟同。

　　1918 年 11 月 9 日革命爆发。一队革命水手穿过为庆祝停战而装点一新的勃兰登堡门。

（左）凯绥·珂勒惠支的《母亲与亡子》，灵感来源于她在 1914 年经历的丧子之痛。如今这幅作品是申克尔设计的"新岗哨"国家纪念馆的焦点所在。
（右）格奥尔格·格罗茨对纳粹分子的看法，这解释了他为何在后者夺权的 1933 年迅速离开了柏林。

"在他们焚烧书籍的地方，总有一天也会焚烧人类。"海涅精准预言了 1933 年 5 月 10 日戈培尔在弗里德里希广场（倍倍尔广场）公开焚书之后纳粹主义的发展走向。

　　希特勒痛恨柏林，认为柏林还不够宏伟壮丽到足以充当自己千年帝国的首都。他和施佩尔因此设计了一座新的首都——日耳曼尼亚，这将对许多老城区域造成破坏，幸运的是，这个新首都从未建成。

纳粹政权的末日。1945 年时大批柏林守军其实是男孩，他们中只有少数人被俘后从苏联战俘营中归来。

1945 年 5 月，苏联坦克进入柏林市中心。一位柏林市民拿着她的皮鞋驻足观望——皮革当时是严格限制供应的物资。

苏联国旗飘扬在国会大厦上方。苏联人将国会大厦视为城市心脏的象征。

德国守军走出地下掩体。

虽然苏联人可以拿走一切他们想要的东西，但自行车和手表特别受欢迎。

一片废墟的柏林市中心。

一名佩戴红星勋章的苏联士兵坐在"元首地堡"内希特勒的沙发上。

"瓦砾妇女"。柏林妇女赤手空拳冲在清理城市废墟的最前线。

"空中走廊"行动。1948 年 6 月至 1949 年 5 月苏联封锁柏林期间，盟国完全依靠空运为城市提供补给。

恩斯特·罗伊特戴着他标志性的黑色贝雷帽，他成为西柏林的国际代言人。

东柏林守卫与西柏林人。西方盟国几乎无力阻止柏林墙的竖立，但西柏林人自发举行强烈抗议。

　　发表 1963 年著名演说时的肯尼迪、勃兰特和阿登纳。肯尼迪在演说中不经意地提到自己是一枚"柏林果酱包"（"Ich bin ein Berliner"）。阿登纳则讨厌柏林，称这里让他想起亚洲。

　　柏林墙使柏林成为冷战的焦点。图为在弗里德里希大街对峙的美苏坦克。

亚历山大广场。这里是民主德国"社会主义消费天堂"的中心和柏林电视塔的所在地。让反基督教的乌布利希极为恼火的是，电视塔的旋转圆顶会在阳光普照时出现一个十字架。

洪堡广场。它是对柏林宫的巧妙重建，将施吕特最初的设计与一个现代风格的东立面结合在一起。

斯（Jesse Owens）赢得四枚金牌，他只能拒绝为后者授予任何一枚金牌，并叫嚣："我绝不会跟他握手。"奥运会的另一个意图是掩饰这个政权的反犹政策。一位名叫海伦娜·迈尔（Helene Mayer）的犹太妇女被允许加入德国击剑队并夺得一枚银牌；恶毒的反犹报纸《冲锋者》（Der Stürmer）也在奥运期间暂时停刊。但这一切都是假象。体育馆里藏着朗格马克大厅，而且正如戈培尔在奥运会行将结束之际所写的那样，"奥运会之后我们将变得无情。然后会有一些枪击事件"。负责管理奥运村的军官沃尔夫冈·福斯特纳（Wolf-gang Fürstner）上尉有一位犹太祖父，还在奥运举办期间，一些偏执狂已经拉起横幅，上书"打倒犹太人福斯特纳"。"奥运会结束后两天⋯⋯福斯特纳穿上他最好的制服，佩戴上勋章，穿过奥运村，来到树林里的湖边。他拔出手枪，将枪管抵住自己的额头，扣动了扳机。"[13]

❖ ❖ ❖

1936 年 3 月，希特勒直接撕毁《凡尔赛和约》，重新占领莱茵兰，法国和英国均未对此做出干预。1938 年 3 月，德国军队进入奥地利，将其"并入"（anschluss）帝国。1938 年 9 月，希特勒在慕尼黑再次智胜英法，这让他在当年 10 月成功占领捷克斯洛伐克的苏台德地区。1939 年 3 月，德国军队吞并捷克斯洛伐克的剩余领土。虽然这些恐怖行动都发生在国外，但盖世太保正如戈培尔所承诺的那样，开始在家门口——尤其是在柏林——开展同样的行动。柏林在 30 年代拥有数座监狱，主要位于莫阿比特、施潘道和夏洛滕堡的普伦岑湖。按照德国法律的严苛规定，司法处决是以一种怪异的中世纪方式执行，即用斧子把人头砍下。而行刑的主要地点就位于普伦岑湖，从 1890 年至 1932 年，共有 36 人在那里被处以极刑，其中绝大多数是谋杀犯。相比之下，从 1933 年纳粹开始掌权至 1945 年，这一人数达到 2 891 人，最后一名死刑犯是在苏联人即将占领该地时被处死的。纳粹的极刑一开始也是采取在监狱院子里砍头的方式，后来才使用断头台或绞刑。许多密谋在 1944 年 7 月 20 日用炸弹炸死希特勒的人也是在普伦岑湖被处死的。其他人则是这个政权的无辜受害者，例如汉斯·多布罗茨基（Hans Dobroszcyk）是一位于诺伦多夫广场的乌发电影院的卖票员。他从一栋被炸弹炸毁的大楼废墟中捡起一只手提包，并把它交给了警察。但随后他就被指控抢劫，经柏林地区法院第二特别庭审判并被判处死刑。1943年 3 月 3 日，他被送上了普伦岑湖的断头台。在最后一封写给妻子和女儿的信中，他写道："亲爱的妻子和女儿，我虽然无辜，但依然被判处死刑。我不知道为什么。祝健康快乐！你的，爸爸。"[14] 经过了一番极其病态且令人厌恶的周折之后，受害人家属不得不向刽子手支付 300 马克，才被允许收回他们的财产。如今普伦岑湖竖立着一座动人且悲伤的纪念碑，纪念所有失去生命的男男女女。

但这些监狱依然无法满足纳粹发动的大规模逮捕和拘留的需要。1933 年，他们接管了位于滕珀尔霍夫机场北角的一个旧军事监狱——"哥伦比亚大楼"，这座监狱直到 1945 年都被用来收押盖世太保在阿尔伯特王子大街的受害者。从 1934 年起，它成为柏林市内的一座集中营，主要用于关押政治犯，不过柏林的主集中营仍是令人不寒而栗的萨克森豪森，它位于奥拉宁堡。奥拉宁堡是柏林少数强烈支持纳粹的边远郊区之一。其地方党部是纳粹党在普鲁士

最早建立的支部之一，至 1933 年前后，这里投票给纳粹的人远远
超过支持社民党和德共的人。1933 年 3 月，纳粹在当地议会赢得
15 个议席，而社民党为 7 席，德共则为 6 席。集中营的首批犯人一
部分就是这些刚刚当选为议员的共产党人。萨克森豪森是在 1933
年由冲锋队在一座啤酒厂旧址上建立起来的，它被用来监禁上述纳
粹政敌，其中有 16 人遭到处决。不过由于行刑是在通往柏林的主
干道上进行，被认为过于明目张胆，于是被处决的尸体被运回柏林
进行处理，但一次偶然让尸体从卡车上翻落下来，掉在了马路上。
直到 1936 年党卫队接管这里，才开始将其布置为"模范"集中营，
并将所有集中营的行政人员搬迁至此。

　　从 1936 年到 1945 年，共有 200 000 人被关押于萨克森豪森，
其中数万人死于营养不良、疾病，或遭枪决或在毒气室被处决。另
有数千人在 1945 年因随集中营撤退而死在"死亡行军"途中，以
至于当苏联人在 1945 年 4 月抵达时，他们发现这里只剩下 3 000 名
体弱多病者。随后苏联人将这里改建为战俘营并一直运作到 1950
年。作为战俘营，它总共关押了 60 000 人，其中有 12 000 人死亡。
因此，这里始终是一个充满悲伤与危险的参观地。几乎原封不动地
保存下来——监室、厨房、工场、检阅场和绞刑架，还有一个卓越
的博物馆。但这个集中营能够在距离柏林如此近的地方运营，本来
就非同寻常；而更让人匪夷所思的是，那么多人在那里受苦、死
去，却从没有引起当地的注意。轻轨 S1 线在北部的终点站便是奥
拉宁堡。你可以在参观宫殿的同时，出于接受教育的目的访问萨克
森豪森。柏林再一次选择坦然将其历史公之于众，从未试图掩饰这
里曾经发生过什么。

　　对于纳粹的早期胜利，进军莱茵兰，吞并奥地利，柏林人普遍

持接受态度，并将它们视为对德意志民族自豪感的重建。但在可能入侵捷克斯洛伐克的问题上，情况就不同了。1938年9月27日，当部队穿越柏林，沿途收到的却是上班途中的柏林人的沉默不语，而当希特勒出现在总理府阳台上准备检阅部队时，他发现人群中没人为他欢呼。不过，当时在柏林工作的美国记者威廉·夏伊勒（William Shirer）提到，后来柏林人确实为《慕尼黑协定》欢呼雀跃，但那是因为他们认为德国赢得了一场不流血的胜利，避免了战争。[15]许多柏林人也不反对11月发生的"水晶之夜"。《每日电讯报》（Daily Telegraph）的记者写道，一部分人连同他们的行为"令人作呕……种族仇恨和歇斯底里似乎完全控制了这些在其他方面很体面的人"。但还是有许多柏林人感到震惊和不安。汉斯·维尔纳·罗贝克（Hans Werner Lobeck）记录说，醉醺醺的纳粹冲锋队队员从库达姆一家被砸烂的馆子——它靠近雉鸡街上已火光冲天的犹太会堂，老板是匈牙利犹太人——里冲出来，手里拿着一瓶瓶抢来的葡萄酒，走向围观群众炫耀，"一股寒意穿过人群，引得他们连连后退。人群迅速散去，只剩下几个冲锋队队员独自站在人行道上"[16]。不过柏林人也围观了希特勒1939年4月20日的50岁生日庆典，虽然许多人是带着纯消遣的怀疑心态前来。当时希特勒坐车沿着通往奥林匹克体育场的东西轴线行进，整条游行线路都装饰着全新的旗杆。不过当党卫队合唱团为希特勒唱响小夜曲时，他们还是毕恭毕敬地聆听着，然后愉快地观赏了第二天举行的40 000人大阅兵和令人印象深刻的空军（Luftwaffe）飞行表演。

8月持续不断有关战争的讨论还是让人的神经紧绷了起来。但当1939年8月24日里宾特洛甫与苏联外长莫洛托夫（Molotov）签署协议后，柏林人再次放声欢呼。与《慕尼黑协定》的情况一样，他们欢呼是以为自己再次避免了战争，这座城市至今对1914—1918年记忆犹新。然而，那个炎热、潮湿月份最后一周的新闻越来越变味，到处是战争一触即发的传言。媒体上充斥着所谓波兰人的暴行，而当夏伊勒坐在自己位于阿德隆饭店的房间里，他甚至看到士兵们在安装高射炮。士兵仿佛一夜之间出现在城市各个角落，街道上到处是经过的军车和行进的部队。8月31日，全城进行空袭警报演练，这可是件新鲜事，但同样让人感到恐惧。街道马上空无一人，人们迅速躲进地下室和地铁站。

　　1939年9月1日凌晨，希特勒宣布德国在那天早上发起对波兰的进攻。上午10点，在布施马戏团举行的会见照常进行，然后他驱车前往国会大厦并发表声明。但纳粹高层惊讶而恼火地发现，街道上空无一人。完全没有像25年前那样到处是欢呼的人群、投掷的花束，或普遍兴奋和庆祝的氛围。这一次的柏林，是一座充满安静、顺从但焦虑不堪的人群的城市。美国大使馆的一名外交官注意到，就连附近建筑工地上的工人都懒得停下手上的活计听一听讲话；而当希特勒的汽车返回总理府，迎接他的也是"令人毛骨悚然的沉默"。"没有狂热，没有喜悦，也没有欢呼。即使称不上沮丧，也到处是压抑着的平静。全体德国人似乎都笼罩在一种不正常的恐惧之中。"[17]纳粹党人卡尔·瓦尔（Karl Wahl）写道。而多罗特亚·冯·施万恩弗吕格尔（Dorothea von Schwanenflügel）回忆起父亲转向母亲时所说的话："我的天呐！我们这辈子经历一场战争还不够吗？"两天后的9月3日，英国对德宣战，加剧了这种气氛。"我还记得，"17岁的女学生埃尔莎·迪德里希斯（Else Diederichs）在赶火车时写下，"我们全都坐在那里，面面相觑。我们很沮丧，感觉有什么非常可怕的事情即将发生。"[18]

波兰很快就被占领了，虽然间或有几架波兰飞机掠过柏林上空，但空袭终究没有发生。到了10月的第二周，一切都结束了。虽然波兰人从未真正投降，但他们现在就是一个被占领的国家。10月10日，柏林人聚集在收音机旁，因为希特勒要发表一次公开演讲，所有人都认为他将宣布现在进入和平时期。美国外交官威廉·拉塞尔（William Russell）也加入了聚拢在一家带扬声器的收音机店外的人群之中。希特勒讲了40分钟，他"结束讲话后，充满激情的'胜利万岁！胜利万岁！'（Sieg Heil! Sieg Heil!）的喊声透过嘈杂的扬声器传了出来。只字未提新的和平……所有人都感到困惑和失望"[19]。次年7月，法国沦陷，公众的反应依然是沉默，虽然已经变得热情起来。夏伊勒仍留在柏林工作，因为当时美国还未与德国进入交战状态。他写下了这样的话，"德国人占领巴黎，对这里很多人来说，宛如咒语"；而在巴黎广场上，在菩提树下大街上，还举行了盛大的传统胜利游行。这一次有了鲜花、欢呼和节日气氛。但柏林人的热情更多是因为他们又一次觉得胜利会带来和平，也因为他们很高兴自己的丈夫和儿子活着回来了。战争爆发第一年阵亡的60 000名德国士兵中很多人是柏林人。但情况并非总是如此。英国人继续战斗，并且任何能够早日解决问题的机会都消失不见了。1941年2月，希特勒出兵支持意大利在北非对抗英国的努力以失败告终。1941年4月，德国入侵南斯拉夫和希腊，6月入侵苏联。柏林人意识到，他们不得不忍受一场漫长的战争。

在接下去的四年中，直到1945年4月他们的城市被摧毁前，柏林人的战争体验是饥饿，是盖世太保和警察不断升级的恐怖活动，是丧亲之痛，但最直接的体验可能还是英美的轰炸。虽然配给制立即执行，且囤积行为将遭到严厉惩处，但人们依然迫切想要储存物资。1939年的圣诞节就已预示即将到来的事情，但情况几乎没有得到缓解，人们开始质疑帝国供给系统的效率。但和第一次世界大战的情况一样，问题出在海上封锁上，而一旦与苏联交战切断来自东方的供给，在喂饱庞大的战争机器之后，食物和燃料就变得稀缺了。配给制度是一个很复杂的体系，它根据人们从事的工作分成不同的类别。体力劳动者获得的配给最多，办公室雇员居中，另外还有专门分配给孩子的比例，但人们依然认为这个系统容易被滥用。牛奶和柏林的主食马铃薯总是供不应求，由于缺乏将它们送进城市的交通工具，情况越发糟糕。煤炭也一直很稀缺，取暖成了一桩奢侈的事情。而随着战争的推进，汽油越来越难弄到，于是，出租车和私家车几乎从街道上消失了。服装也是配给的，每个人只允许拥有两双鞋。就像在第一次世界大战中一样，一个欣欣向荣的黑市不可避免地产生了。有钱人的日子似乎总比穷人好过得多。甚至到了战争最后一年，那些时髦餐厅里依然能提供开胃菜、炸鱼和充足的饮料，在1942—1945年偷偷写日记的（这是非法的）记者乌苏拉·冯·卡多夫（Ursula von Kardorff）就有这样的记录。她还记得暂住在位于巴黎广场的施佩尔军需部地堡时的绝对幸福，因为她有热水。[20]而柏林人的记忆里永远是饥饿、寒冷、反复出现的疲倦和伴随大部分时间的恐惧，部分是出自对警察的恐惧，但大部分原因还是轰炸。

随着战争开始对德国不利，针对犹太人的恐怖活动开始不断加剧。到1943年时，柏林只剩下约75 000名犹太人，他们都是些无处可去或没有能力离开的人，而且很多人依然相信，事情不会变得更糟。但镇压措施仍在继续。1941年9月，以一种令人毛骨悚然的回归中世纪的方式，所有的犹太人都被强制佩戴黄色六芒星。他们的配给卡被盖上"J"的字样，这就意味着他们所能获得的食物更少，并且被隔离在防空洞内。随后在 1942 年 1 月，纳粹高级领导人聚集在环境雅致的马利尔别墅内——这栋坐落于万湖的湖畔建筑是 1914 年为德国一位最富有的人所建造的，它后来又被卖给了煤炭大亨弗里德里希·米诺斯（Friedrich Minoux）。① 万湖在 19 世纪后期定位为富裕柏林人的居住地而进行开发，它位于波茨坦北部，由哈维尔蜿蜒而下形成的同名湖泊南端的半岛上，树木环绕，坐拥田园诗般的地理环境。一些富裕的柏林人在这里拥有别墅，其中也包括马克斯·利伯曼，他的房子和花园格外迷人、宁静，一直延伸到水边。但和奥拉宁堡一样，万湖的纳粹党势力一直十分强盛。早在 1933 年，那里的湖滨浴场就贴出告示，禁止犹太人在此游泳，这个举动非常可怕，因为这一地区生活着大量犹太人口，而他们的孩子经常会在湖中嬉戏。1941 年党卫队收购了马利尔别墅，作为史上最骇人听闻的讽刺之一，他们现在选择这个坐拥最优美的自然风光的地点策划"最终解决方案"，以解决在他们看来很成问题的 1 100 万欧洲犹太人。正是在这次由海德里希主持的会议上，确定了在集中营中大规模屠杀犹太人的计划。会议由阿道夫·艾希曼（Adolf Eichmann）做记录。今天的马利尔别墅作为博物馆和教育基地被保留下来。

1942 年 1 月，留在柏林的犹太人中有 10 000 人已被送进大多位于波罗的海和苏联西部的集中营。1943 年 2 月，"工厂行动"进

---

① 别墅最早的拥有者名叫恩斯特·马利尔（Ernst Marlier，1875—1948），是一位德国企业家。1921 年，马利尔以 230 万马克的价格将别墅转卖给米诺斯。由于弗里德里希·米诺斯是犹太人，1938 年他被迫以低价将自己名下的企业变卖给纳粹政府并接受调查。1941 年他被判入狱服刑并处巨额罚金，其拥有的马利尔别墅也是在此时被出售给党卫队。

一步快速提高这一比例，就连当时在军工厂工作的犹太人也遭到围捕。这些人经历了一段悲哀的旅程，首先他们被带到索菲教堂（原本是一家犹太养老院）附近大汉堡大街的中心，或是位于莱韦措街的犹太会堂，接受"处理"；然后从安哈特和波茨坦火车站前往集中营：位于捷克斯洛伐克的特雷津城，位于波兰的奥斯威辛或其他一些集中营。柏林抵抗运动组织者兼日记作家鲁特·安德烈亚斯-弗里德里希记录下对一次工厂行动过程的观察。"从今天上午 6 点开始，卡车就在武装党卫队的护卫下穿梭于柏林各处。它们停在工厂大门口，停在私宅门前；它们装载的货物是人类——男人、女人、孩子。灰色的帆布罩下挤满了心烦意乱的面孔。一个个痛苦的人被圈在一起，挤来挤去，仿佛牛群被赶进围栏。越来越多的新人抵达，在枪托重重推搡下，他们被塞进拥挤不堪的卡车。"[21]

至 1945 年，有超过 50 000 名留在柏林的犹太人在 122 次运输途中死亡，每个死亡案例都被党卫队以冷酷的高效率记录在案。而剩下的 25 000 人中，估计有 7 000 人自杀，约有 5 000 人设法躲了起来。虽然这一人数应该不多，但一部分人确实是被他们勇敢的柏林邻居藏了起来。剩下的则躲在城市周边，其中有一小群人就隐藏在位于泰格湖上的赖斯韦德岛。这座小岛曾是一处大受欢迎的柏林周末度假胜地，但在战时从未启用，因为当时它被一对名叫哈利和玛格丽特·博努斯（Harry and Margarete Bonus）的夫妇租了下来。他们将五名犹太人藏匿于度假屋内：格哈德和埃尔娜·弗莱克（Gerhard and Erna Fleck），他们偷偷传递出有关"工厂行动"的消息；赫尔曼·迪茨（Hermann Dietz）是一名商店店员，他的商店遭到轰炸，母亲是犹太人，父亲则是天主教徒；1942 年目睹父母遭逮捕的洛特·巴施（Lotte Basch）；还有一个名叫格尔达·莱塞（Gerda Lesser）的 18 岁女孩。但最终因为遭人出卖，盖世太保坐船过来将他们全部逮捕。博努斯夫妇被允许留下来，格尔达·莱塞被送进奥斯威辛，她在抵达那里时被杀害。[22]

尽管如此，仍存在极少数例外。少数特权人士确实逃脱了，例如指挥家利奥·布勒希（Leo Blech）在戈林的安排下偷渡至瑞典。但绝大多数人无路可逃，甚至连德国领袖商业家族的成员也无法幸免。1944 年 1 月，盖世太保来到万湖别墅逮捕著名出版家族的成员，94 岁高龄的弗里茨·施普林格（Fritz Springer），他的女儿设法拖延了几分钟，为老人争取到服毒自尽的时间，第二天他便去世了。他的亲戚，84 岁的恩斯特·施普林格（Ernst Springer）则仍被驱赶至特雷津城，并在那里被杀害。马克斯·利伯曼侥幸逃过一劫，他去世于 1935 年，但他的妻子玛尔塔被迫在 1940 年出售他们挚爱的万湖别墅。1943 年 3 月 5 日，在位于巴黎广场的住所内，重病缠身、卧床不起的玛尔塔被告知将被送往特雷津城；她也设法在警察到来之前，结束了自己的生命。如今在她原来的住所门外有一块"绊脚石"（Stolperstein），这是柏林的一个优秀习俗，标记遭到驱逐的犹太人曾经居住在那里。①

很多例子都是一家人宁愿结束自己的生命，也不愿面对即将到来的事情。赫尔穆特·冯·毛奇写信给他的妻子，称自己"昨天告

---

① "绊脚石"其实是一块嵌在路面上的水泥砖块，长、宽均为 96 毫米，高 100 毫米，上面覆有一层记录了姓名、生卒年和最终命运等基本信息的黄铜薄片。它是 1992 年由艺术家贡特·德米希（Gunter Demnig）发起的纪念项目，旨在通过在路面上嵌入纪念装置的方式纪念在纳粹统治时期遭到谋杀、驱逐、迫害或被逼自杀的人（其中大多数是犹太人）。1996 年嵌入第一块"绊脚石"，2005 年该项目得到柏林市政府的支持，并在全德乃至全欧洲铺开。

别了一位著名的犹太律师，他曾获得过一等和二等铁十字勋章、霍亨索伦家族勋章、伤兵金质徽章。他在杀了自己妻子后自杀，因为他们今晚就要被带走了"[23]。而那些娶了非犹太妻子的犹太人则在"工厂行动"后以"特别筛查"为由被隔离起来。但随后就发生了一桩柏林战时最非同寻常的事件：1943 年 3 月 7 日周日晚，数千名犹太人的雅利安妻子聚集在玫瑰街关押她们丈夫的大楼前，举行大规模示威游行。她们在那里待了整整一晚，直到周一上午，党卫队宣布这些人的丈夫将作为"特权者"拥有特殊身份，并被允许留在柏林。[24]

　　当然，恐怖并不仅仅针对犹太人。数以万计的普通柏林人也成了受害者。共产党人、知识分子、宗教领袖以及任何直言不讳公开反对政府的人，都可能发现自己被送进了集中营。许多柏林人最后的归宿是萨克森豪森。这座城市还有一些抵抗组织，其中一些是由共产党人组成的，并与苏联有联系，例如恩斯特小组（Gruppe Ernst）和"红色乐队"（Rote Kapelle）。还有一些组织，像鲁特·安德烈亚斯-弗里德里希的"埃米尔叔叔"（Onkel Emil），主要庇护那些逃避盖世太保追捕的人，她把人藏在她位于施泰格利茨的酒窖内。"埃米尔叔叔"是一个大约 20 人的队伍，大多数是专业人士；还有一些类似"埃米尔叔叔"的组织——但鉴于 1945 年的崩溃，许多这样的抵抗组织从未因其勇敢而获得应有的嘉奖。一个经常被拿出来问柏林人的问题是，他们为何不再多采取些措施反对纳粹？大多数柏林人，即便不是德国人，都不会用陈词滥调的"责任感"作为回答，而是坦言，当他们意识到这头野兽的本质时为时已晚。帝国安全机关彻底垄断了暴力，对这座城市实施严密监控，几乎与数年后才出现的斯塔西如出一辙，因此积极抵抗几乎是不可能的。他们还会提到，1944年7月暗杀希特勒的密谋牵扯了许多非常勇敢的人，他们也因为勇气遭受可怕的折磨。

想要了解这一切的绝佳途径是前往德国抵抗运动纪念馆（Gedenkstätte Deutscher Widerstand），它坐落于德国联邦国防部（Das Bundesministerium der Verteidigung）背面的本德勒街区内，这里被识时务地命名为施陶芬贝格街。1944年7月20日，克劳斯·冯·施陶芬贝格上校（Colonel Claus von Stauffenberg）在位于东普鲁士军事总部的简报室内，在希特勒身边放置了一枚炸弹。但由于这枚炸弹在爆炸前被移到了一个坚固的桌腿后面，恰好为希特勒提供了保护，让他仅受轻伤，逃过一劫。希特勒被杀可能会发生什么，已经经过数小时的争论，密谋者的计划是推翻政府并与盟国进行谈判——后者当时已在法国诺曼底成功登陆。但行动失败了，施陶芬贝格和他的直接共谋者则通通遭到逮捕，当天夜里就在本德勒街区的院子里被处决，这也是纪念博物馆选址于此的原因（在他就义的地方还悬挂着一块牌匾）。在接下来的几个月中，有超过7000人被逮捕，哪怕他们和密谋者仅构成模糊关系，也不例外。他们被交由最臭名昭著的纳粹官员罗兰·弗赖斯勒（Roland Freisler）领导的"人民法庭"进行审判，约有5000人被处决，许多人的行刑地就设在普伦岑湖。纪念馆呈现了当时反对希特勒的范围实际有多广泛，尽管展示的并非全部是柏林人，但很多人确实是。

让人颇为在意的是柏林教会的态度。教会曾因未以更激烈的姿态反抗纳粹而备受指责，他们以恪守加尔文宗传统为自己辩解：忠君和虔敬主义，即宗教是用于内部指导而非外部行动。虔信主义或许确实为普鲁士提供诸多助力，但现在需要发起一种道德挑战时，它就无能为力了。位于马林多夫的马丁·路德纪念教堂甚至在其一侧的祈祷室内并排放置希特勒和路德的肖像；而它新落成的布道讲坛更是由一名希特勒青年、一名冲锋队队员和一名士兵的雕塑支撑。[25] 尽管如此，一部分教会领袖仍公开蔑视希特勒。迪特里希·邦赫费尔（Dietrich Bonhoeffer）是一个"典型的柏林人"：他出生在布雷斯劳，但在柏林大学获得博士学位，留校教授神学，还在这座城市得到牧师任命。虽然频繁出国讲课和布道，但直到 1938 年当局禁止他入境前他经常返回柏林。然而就在战争结束前夕，邦赫费尔因涉嫌参与 1944 年密谋而在弗洛森比格集中营被处决，一同遇害的还有他的一位兄长和两位姐夫。

本德勒街区的纪念馆还记录了柏林的罗马天主教主教约翰·康拉德·玛丽亚·奥古斯丁·费利克斯·冯·普莱辛·利希滕尼格-莫斯（Johann Konrad Maria Augustin Felix Graf von Preysing Lichtenegg-Moss）伯爵的抵抗行为。他更为人熟知的名字是冯·普莱辛主教，1935 年被任命为柏林主教。他从一开始就旗帜鲜明地反纳粹，曾在 1933 年纳粹党当选之初说过，柏林"落入了罪犯和傻子之手"[26]，并在整个战争期间都坚持直言不讳地予以批评。由于冯·普莱辛主教在德国极受尊重，因此，尽管他鼓动其他天主教主教采取更积极的行动反对纳粹，盖世太保也不敢轻易逮捕他。战争期间，出入柏林教堂的人数不断增加，这一点并不出人意料，而且人们觉得，相比加尔文宗的布道，罗马天主教的圣餐礼所完成的神圣崇拜更能带给人心灵的慰藉。[27] 尽管如此，这座城市从未丢掉它怀疑一切有组织宗教的传统。一位匿名的妇女，也就是撰写了 1945 年柏林最感人也是最恐怖的故事之一，即《一个女人在柏林》（A Woman in Berlin）的无名作者，认为"在柏林，在这个杂陈五段故事的出租大楼里，你很难找出一群愿意聚在一起念主祷文的人"[28]。

　　普莱辛主教尤其批评枢机主教阿道夫·贝尔特拉姆（Adolf Bertram）和德国罗马天主教会高层是绥靖分子，并在其表兄——同样令人敬佩的明斯特主教克莱门斯·奥古斯特·冯·加伦（Clemens August Graf von Galen）伯爵——公开布道反对纳粹的安乐死计划时说道："他头脑简单，但这一次圣光照耀了他。"[29]因为后者最初支持希特勒发动战争。普莱辛主教在战争中幸存了下来，并因其抵抗行为而被教皇任命为枢机主教。但在被告知自己的红帽子将按照习俗挂上他的主教座堂屋顶时，他说他没有屋顶，因为位于弗里德里希广场的圣黑德维希大教堂①遭轰炸被毁。一直到战后，普莱辛主教的反纳粹活动才得以被完整披露，其中还包括派遣抵抗分子渗透进帝国各个部门。他还在 1944 年 7 月密谋之前为施陶芬贝格祝福。

❖　❖　❖

　　随着战争进入第四个年头，柏林人对于纳粹的热情迅速消退。在战争初期，戈培尔就下定决心要让生活尽可能保持正常，体育赛事照常举行，电影院、剧场和大多数的餐馆也如常营业。但伴随着配给收紧和空袭的开始，要做到这一点就变得越来越困难，但真正的转折点是斯大林格勒会战。对于德国来说，东部的战争开局不

---

　　①　圣黑德维希大教堂即前文提到的弗里德里希大王时期建造的天主教教堂，后成为天主教柏林总教区的主教座堂。

错，1941 年时德军就已准备攻打莫斯科和列宁格勒（圣彼得堡在当时的名字）。然而，由于对苏联冬天的气候准备不足，缺乏适时的空军补给，而苏联一次次顽强地重新组织防御和进攻，再加上尝试进攻的规模过大，致使德军进展缓慢。1942—1943 年冬天，进攻在斯大林格勒被打断，德军南翼彻底崩溃，约有 850 000 名德国和轴心国士兵死伤，至少 250 000 人阵亡。而从 1943 年春天开始，尽管德军在库尔斯克发动大规模反攻，但战争的走向已经改变，以至于希特勒的军队在 1943 年底至 1944 年被迫撤回波兰，接着又退至东普鲁士。斯大林格勒会战的失败，让柏林宣布进入"总体战"。这就意味着"戈培尔大笔一挥就废掉了所有令人愉悦的东西。没有剧场，没有娱乐节目，没有舞厅，没有酒吧。柏林成了世界上最无聊的首都"。挪威记者特奥·芬达尔（Theo Findahl）这样抱怨道。[30]

柏林人感觉到，尽管希特勒和戈培尔不断宣传苏联行将瓦解，但苏联人终究会找上门来。柏林人关心的是空中和东部的战争，而非欧洲的西线。"我们的命运，"《一个女人在柏林》的匿名作者写道，"正从东部滚滚而来，它像另一个冰河时代一样改变了气候。"[31]"柏林盛行的悲观情绪让他们选择扭头就走，有时甚至会激怒他们。"冯·卡多夫在记录前线返回人员时这样写道。[32]她自己还发现，虽然街道很肮脏，"但人们彼此间比过去更礼貌，而且他们以一种礼貌的方式面对自己的命运。我在电车上听一个女人说'我现在什么都不怕。只要警报一响，我就走去地下室。一开始我还常常跑去林子里过夜，但我现在要说，你该被击中就会被击中，然后一切结束。这都是命，躲都躲不开'"。[33]家庭成员已经习惯于等待可怕的邮差到访，"那个信封上有黑框和军方标记……"一位目睹信件投递的街坊邻居写道，"邮递员把信扔进门内的邮箱，然后冲下台阶，这样她就不用听到穆勒太太的惊声尖叫。但她冲得还是不够快"[34]。

1942 年 11 月 9 日，乌苏拉提到自己送别了她心爱的弟弟，23 岁的于尔根·冯·卡多夫（Jürgen von Kardorff）。1943 年 2 月 13 日，她就被告知弟弟的死讯。发表在报纸上的正式讣告这样写道，"我们挚爱的幼子和兄弟，某装甲团中尉连长，于尔根·冯·卡多夫，于 2 月 2 日在多尼茨河的激战中阵亡。他去世时，一如他生时，是勇士，是忠实的基督徒"。但乌苏拉觉得自己早就知道会是这样的结局。[35]第二年春天，她和朋友在柏林郊外度过了一个周末。"那天晚上，我们坐在一棵树龄肯定有好几百年的椴树下。这家的大儿子几天后就要返回东线。突然他凑近我，以轻到其他人都听不到的声音说道，'我知道我不可能活着回来。这是我最后一次坐在这儿'。然而他又换上了普鲁士人特有的冷漠口吻，'不过，我还是可以观察萝卜从地下长出来'"[36]。

但对柏林人来说，让生活变得最艰难的地方是盟军的空袭，柏林从战争一打响就担心空袭。尽管戈林极不明智地一再保证不会出现敌方轰炸机，但从 1939 年 9 月起就严格执行的灯火管制，使夜晚出行变得十分困难，而且浪费时间。令人忧心忡忡的波兰人袭击倒是从未出现。1940 年 8 月 25 日，95 架英国飞机轰炸了位于滕珀尔霍夫和西门子城的目标，它对这座城市造成的心理冲击远大于物理冲击。它恰到好处地激怒了希特勒，后者马上从他巴伐利亚的休养地贝格豪夫返回柏林，把戈林狠狠羞辱了一番，也让戈培尔错误地认为现在所有的柏林人都感觉自己参与到战争之中。德国人的回应是改善柏林的防空系统。戈林任命胡贝特·魏斯将军（此人曾在法国指挥德国防空部队）成立空军第三特遣队（Luftgaukommando Ⅲ），负责首都的防御工作。魏斯则派遣约瑟夫·卡姆胡贝尔（Josef Kammhuber）组建后来被英国皇家空军称为"卡姆胡贝尔线"的防空系统。这个系统由从被占领的丹麦一直延伸到法国北部的"照明区"组成，任何想要进攻柏林的飞机都会途经这里。德国人用高效的福雷亚（Freya）雷达、声音探测设备和观察哨覆盖这个区域。它还能提示德国空军的夜间战斗机即将被紧急拦截。唯一的问题是德国空军没有夜间战斗机，因为戈林认为没必要。为此空军不得不重新部署他们的日间战斗机和 JU-88 重型轰炸机，虽然二者都经实践证明是最高效的武器。

卡姆胡贝尔在城市周围集中布置了探照灯和大量非常高效的高射炮，但希特勒十分反感探照灯，他幻想柏林人必须亲眼看到敌机被击落才会相信帝国真正在保护他们。于是柏林开始遍布防空炮台，在希特勒的坚持下建造了 3 座巨型高射炮塔。这些巨大的混凝土结构物墙体厚达 3.5 米，可以抵挡当时所有已知的盟军武器。每座炮塔都配有维尔茨堡雷达，并装备了 8 门 128 毫米高射炮和 32 门 20 毫米机关炮，每分钟发射子弹可达 8 000 发。这些高射炮塔都是按照两个一组建造的———一组设在弗里德里希海因，一组在动物园，另一组（部分完好无损）则位于格松德布鲁能车站附近的洪堡海因。当时的构想是可以通过炮塔间的合作覆盖整个市中心，而且洪堡海因炮塔还可以保护莫阿比特和维丁的工业区。

卡姆胡贝尔的防空系统非常有效，它确保柏林在 1940 年和 1941 年整整两年间都没有遭到盟军的袭击，英国皇家空军当时服役的双引擎轰炸机机队也在其射程范围内。1941 年 11 月 7 日，由 160 架轰炸机组成的大规模袭击以折损 20 架飞机再次证明英国的空袭以失败告终，但这次行动也被证明是一个转折点。后来被称为"轰炸机哈里斯"的空军上将亚瑟·哈里斯（Arthur Harris）爵士接管轰炸机司令部，英国皇家空军遂开始引进大型四引擎"兰开斯特"轰炸机，该机型还配备有性能经过大幅改进的攻击目标导航系统。哈里斯的主要目标是摧毁"敌方平民，尤其是产业工人"的士气。[37]但在 1942 年剩余的时间里，他的注意力仍主要集中在法国海岸线及汉堡、不来梅和威廉港等港口的德军潜艇洞库，因此直到 1943 年哈里斯才开始认真实施他的政策，致力于摧毁帝国首都。

针对柏林的第一次大规模袭击发生在 1943 年 1 月 16 日—17 日夜间，但当时 190 架新型兰开斯特轰炸机并未组织起有效进攻，它们唯一的功绩是彻底炸毁了德国大礼堂，当时那里的马术表演正在如火如荼地进行。但由于轰炸造成的实际人员伤亡极少，哈里斯再次将注意力转移至鲁尔和汉堡的工业区，不过到了 11 月他就又把视线转回柏林。1943 年 11 月至 1944 年 3 月，英国皇家空军对柏林共进行了 16 次大规模突袭，每次出动至少 900 架飞机并造成重大破坏：约有 4 000 人丧生，10 000 人受伤，近 50 万人无家可归。在当时已被提升为少将的卡姆胡贝尔看来，他的防空体系再次运作良好，英国皇家空军损失超过 500 架飞机，折损率接近 6%，这个比例被认为高到离谱。但与此同时，柏林的大部分地区已沦为一片废墟。威廉皇帝纪念教堂周围连同库达姆东端的大部分区域被炸毁，教堂本体"像一把炽热的火炬那样"熊熊燃烧，乌苏拉·冯·卡多夫还补充道，"这是它有史以来第一次看上去有点浪漫"[38]。当时已经搬出柏林的克里斯塔贝尔·比伦贝格后来曾步行穿过这里，"当我到达被炸成两段的纪念教堂时，我被一片由断砖碎片组成的冰冷废墟包围了。我从未见过像这样的轰炸。布达佩斯大街上一栋接着一栋的住宅都只剩下空荡荡的框架，没有一栋建筑物幸存下来。这里是希特勒强权帝国首都柏林的中心，他曾吹嘘能够持续千年，但我现在却仿佛独自穿行于一座寂静的鬼城"[39]。动物园和夏洛滕堡宫遭到重创，宫殿主体部分被毁。动物园失去了三分之一的动物，包括七头大象，不过它们的肉倒是很受欢迎；幸存下来的动物则成了柏林名流，因为整座城市都对它们如何生存下去兴趣盎然。军需部和武装党卫队学院已经消失，总理府区的英国、法国、意大利和日本大使馆也是如此。施潘道连同它的兵营和军工厂遭受的打击格外严重。1945 年 4 月，波茨坦市中心同样有多处兵营毁于轰炸。上述这些地点周围街道上的普通住宅和公寓也变得一片焦黑，无法居住。

1944 年春，英国皇家空军将注意力都放在为诺曼底登陆做准备上。但如果说柏林认为因此得以避免英军更频繁的夜间空袭，那么它现在实际要面对的是美国第八和第十五航空队及大批 B-17 "空中堡垒"和 B-24 "解放者"轰炸机。美国空军的战术在两个重要方面不同于英国皇家空军。首先，他们更喜欢白天突袭，因为这样可以保持紧密编队；其次，他们钟爱攻击工业目标，而非民用目标。此外，美军还开始使用非常高效的 P-51 "野马"战斗机，但这一机型未能引起希特勒和戈林的重视。美军的战略是向柏林派出大量日间轰炸机编队，以此吸引德国空军的日间战斗机，而表现优于德国机型的 "野马"将在轰炸机群执行攻击城市的任务同时撕碎德国战斗机。1944 年 3 月 6 日，由 600 架飞机执飞的美国首次空袭任务共投下 1 600 吨炸弹，其战斗机护航编队还击落了 20％的德国空军拦截机。至 1945 年时，第八航空队在其充满活力的指挥官杜利特尔（Doolittle）将军领导下，在超过 500 架 "野马"的护航下，共进行了 1 000 次轰炸。1945 年 2 月 3 日，他们对柏林的铁路系统发起攻击；战争进入这个阶段时，德军防御力量已极为薄弱，因此美军只损失 36 架飞机，但空袭引发的大火却持续燃烧了 4 天。美军随后在 2 月 26 日发动的袭击又导致 80 000 人无家可归。进入 3 月和 4 月，苏联人也开始进行轰炸，但他们的攻击更多是为了支援地面部队，并不具备战略目的。

尽管经常有人提出，轰炸无论是对柏林的士气还是工业生产能力几乎不构成影响，但许多经历过空袭的人则持相反的观点。心理上的影响真实存在，这也给戈培尔带来了难题。他已不可能再嘲笑英国人的攻击无效，于是他现在将此类行动表述为懦弱，对无辜平民进行"恐怖"袭击，但德国媒体从未承认其空军在伦敦闪电战中也轰炸过民用目标。轰炸还给纳粹对于战争的总体宣传造成了麻烦。如果说德国的战事推进一如大众被告知的那般一切顺利，那么这些由经验丰富的轰炸机组成的大规模飞行编队是如何能够夜复一夜地深入帝国？这反而戳穿了英国即将投降的谎言。威廉·夏伊勒写道："英国持续一周夜间轰炸的主要影响是在这些人的心中散播下极大的幻灭感，并在他们心中种下怀疑。今天有人对我说：'我永远也不会相信他们说的其他事情。如果他们对我撒谎说德国其他地方遭受了和柏林一样的袭击，那些地方情况一定更糟。'"[40]同样让民众恼火的还有当局在一次严重空袭后分发额外配给时那种故作亲切的做派："香烟、咖啡、肉。一如陀思妥耶夫斯基的'大法官'所言，'给他们面包，他们会支持你。'"[41]

袭击还严重破坏了柏林的工业生产能力。1944 年时，德国 27 架主要飞机制造厂已被分成 729 个较小的单位，发动机工厂也从 51 家拆分为 249 家，运输和物流系统压力巨大。柏林的工厂几乎都未能完成当年的生产配额。希特勒的建筑师阿尔伯特·施佩尔当时是帝国战争生产部部长，他在战后这样写道：

　　　　我驱车前往城里那些重要工厂的所在地。我们行驶过布满
　　　瓦砾的街道，两旁都是着了火的房屋。遭遇轰炸的家庭成员就
　　　站在房门前。几件被抢救出来的家具和其他财物散落在人行道
　　　上。到处是气味刺鼻的烟雾、煤烟和火焰，环境恶劣。人们有
　　　时会发出怪异的歇斯底里的大笑，这种情形经常可以在灾难中
　　　看到。城市上空则悬着一团烟雾，大概有六千米高。即使在白
　　　天，它也让这种可怕的场景宛如夜晚般黑暗。我一直试图向希
　　　特勒描述我的印象，但他几乎每次都是一开头就打断了我的
　　　话："顺便问一句，施佩尔，下个月你能交付多少辆坦克？"[42]

无路可退的柏林人不得不开始他们的地下生活。夜间活动几乎完全
停止了，停电让夜晚出行变得非常危险，每条街道都有警察和安全
部门的人员巡逻。防空洞中的生活开始形成自己的模式，在那些人
们过夜最多的地下室和车站里，社区逐步形成。

　　　　慢吞吞地拖着脚步前进。手提箱撞在了什么东西上。卢茨·
　　　莱曼（Lutz Lehmann）惊叫道："妈妈（Mutti）！"要抵达地下
　　　避难所，我们不得不穿过街道来到侧门，往下走几级楼梯，头
　　　顶上是点点星光和像蜜蜂一样嗡嗡作响的飞机。沿着走廊穿过
　　　一个方形的院子，然后再走下很多级楼梯，穿过更多的门和走
　　　廊。最后，我们进入避难所，它位于一扇重达一百磅的铁门后
　　　面。官方说法是防空洞，但我们称之为洞穴、地下世界、恐怖
　　　的地下墓穴、万人坑。[43]

避难所起初组织良好，但就其本身而言，它逐渐变成某种证明这个
政权如何伴随战争进程而败迹初现的证据。很多避难所是地铁站的
延伸部分。尽管戈培尔反复保证，每个避难所都有两米厚的钢筋混

凝土，但其实大多数只有一米厚。按计划每平方米分配一人，然而随着空袭日益频繁，人口压力渐增，大多数避难所都人满为患。但与此同时，数十万人被送进这座城市，在防空系统和工厂中工作的奴工则不享有任何避难条件，因为他们是消耗品。据估计，有12 000 家德国公司存在各种形式的奴隶劳动，这些奴工大多是苏联囚犯，但在战后他们又被苏联人告知：他们当时就不该让自己被德国人掳走，因此现在应该被押往古拉格。而为了扩大避难所的容量而引入的通风系统，现在也不够用了。

1946 年 1 月，普伦茨劳贝格的女学生被要求写一篇有关她们曾经在防空洞的经历的作文。"屋子里充满了喋喋不休和欢笑"，有人写道，

> 但这一切都笼罩着一种令人神经紧张的情绪。那儿，攻击就在附近！高射炮开火了。冲击也越来越强烈。喋喋不休的声音轻了下去，笑声完全停止。突然，一声震耳欲聋的巨响！灯光闪烁，屋子开始摇晃。我们所有人都受到了惊吓，畏惧起来。我对面的老妇人开始轻声祈祷。一个孩子把头埋在妈妈的腿上，呜咽不止。他那呜呜的哭声仿佛化身我们的恐惧，悬在空气里。一击接着一击！我们每个人都感到死亡即将降临。可能是三分钟，可能是两分钟，也可能只有一分钟！我边上的年轻女人目光呆滞，愣在那里，和我们所有人一样，她已经放弃活下去了。[44]

高射炮塔内的生活则呈现出一种与现实略有差距的奇怪氛围。炮塔的设计除了作为防空设施，也可以用作地上避难所。每座炮塔都拥有可以容纳 10 000 名平民的空间，并配备有医院。在为这座城市

进行的决战中，每处高射炮塔都收容超过 30 000 人。苏联人后来因为发现人数过多难以带走，最终放弃接收并说服他们投降。盟军飞行员也倾向于避开炮塔，但它们偶尔还是会被击中。在 1943 年 11 月的一次突袭中，施佩尔正身在其中的一处，"尽管塔楼有坚固的混凝土墙，但附近的猛烈攻击仍撼动了它；受伤的高射炮手互相挨着躺在我身后的楼梯上，是炸弹爆炸掀起的气浪把他们甩到了墙上。当炸弹雨停歇，我冒险走上平台。附近的一个政府部门已沦为火场"[45]。

高射炮塔，以及整个柏林防空系统一个极其卑劣的做法是主要让年轻男孩，也就是预备役炮兵（Flackhelfer）操纵。1943 年 1 月 7 日，为了释放出尽可能多的成年士兵履行前线作战义务，纳粹下令，所有生于 1926 年和 1927 年（即年龄在 16—17 岁）的中学男生，都必须应征进入全德的防空部队服役。一年防空服役期满后，他们随即进入空军服役；1928 年出生的男孩则顶替了他们。但事实上，很多人在被征召时年仅 15 岁，还有很多人在面对苏联人一败涂地的军队中走向死亡。共有约 200 000 名男孩被征召，据称他们白天继续学习，夜间则操纵高射炮，但其实他们大多已成为全职辅助人员。男孩子们穿着深灰色的德国空军工作服，佩戴着希特勒青年团的袖章，很多人十分讨厌这个袖章，因为它上面的纳粹卐字符可能会招来苏联人的立即处决，因此他们一有机会就把它扔掉。这支部队建立起来还不到 14 天，就有首批的 6 个男孩在 1943 年 3 月 1 日袭击柏林的行动中丧生。

对这些男孩自己来说，这番经历无疑是可怕的，任何最初的兴奋都迅速被轰炸带来的恐怖淹没。"突然，在北部城市周边，重型高射炮启动了……在防空火力之外，我们听到轰炸机编队低沉的轰鸣声。顿时，一连串红光出现在莱辛图赫，在城市上空遮天蔽日，又徐徐下降"，那是由"探路者"飞机投下的标记信号弹。"'集群射击（Gruppenfeuer）。'长官咆哮道。我赶紧跑到炮管下的位置。爆炸仿佛倾倒的墙一般向我袭来，我以为自己的耳膜已经被炸裂了。但在猛烈的炮火中，我还听到了另一种声响，那种多次爆炸产生的可怕轰鸣，仿佛让大地都颤抖起来。"卡尔·海因茨·施勒西尔（Karl Heinz Schlesier）这样记录。[46]另一个预备役炮兵名叫彼得·施密特（Peter Schmidt），他是动物园炮塔上一门火炮的操作员，空闲时他还会去柏林动物园帮忙。1944年1月30日那天，动物园再次遭到重创，彼得和他的同事赶紧帮着拯救一头名叫"克瑙奇克"（Knautschke）的小河马。尽管小河马被严重烧伤，但彼得和他的同事还是想方设法为它腾出足够大的地方，让它能够跑出笼舍，跳进水池，这才捡回一条命。"克瑙奇克"一直活到1988年，是35个孩子的父亲，一直被认为是柏林的英雄，今天在河马笼舍外还有一座按它真实大小制作的青铜雕像。

❖　❖　❖

1944—1945年的冬天，一种精疲力竭到几近绝望的感觉影响了整个柏林。1945年4月，乌苏拉·冯·卡多夫用这样的句子归纳出许多人的感受："我所珍爱的东西已不复存在，我的理想已被玷污，我的朋友要么在行动中被杀，要么被绞死。教堂、城市，所有留给我最愉悦回忆的地方，都被烧毁了。人们现在应该希望什么，应该相信什么，应该为什么而奋斗？"[47]城市变得越来越拥挤，除了

800 000 名奴工和"外国工人"外，还有赶在苏军抵达前从波兰和东普鲁士出逃的难民，食物和燃料的供给因此日益雪上加霜。但如果柏林人都觉得生活艰难，那么现在的形势只会令人更加难以想象。

1945 年 4 月，苏联军队已到达距离柏林 80 千米的奥得河。1945 年 2 月在雅尔塔会议上，美、英、苏商定，无论是西方盟国还是苏联首先抵达柏林，这座城市都将被分割成三部分，后来修改为四部分，即苏联、美国和英国，以及新增加的法国。1945 年 2 月，虽然尚不清楚苏联人是否一定会先于盟军到达柏林，但支持穿越德国中部展开广泛进攻，且未对柏林做出特殊安排的艾森豪威尔将军，此时做出了一个奇怪的决定，他允许将首都开放给苏联人。艾森豪威尔的决定极不受伦敦待见，不过当这条消息在 1945 年 3 月 28 日被传递给斯大林时，莫斯科对此丝毫不掩满意之情。对苏联来说，在经历了一切苦难之后，占领帝国首都这个"法西斯野兽的巢穴"，将不仅是一场巨大的心理胜利。斯大林意识到，这将强化他在战后中东欧建立起来的共产主义控制力。它还将有利于他夺取德国的核研究机构，即位于西南柏林的威廉皇帝研究所（Kaiser-Wil-helm-Institute）。他知会盟军方面自己只会将柏林作为次要攻击目标，并计划于 5 月下旬展开进攻；但他实则已授意苏联最高统帅部（Stavka）立即计划进攻。4 月 1 日，领导进攻的两位苏军高级指挥官，朱可夫元帅（Georigi Zhukov）和科涅夫（Koniev）元帅，被召回苏联参加作战计划会议。虽然两人均认为重新部署军队并完成补给需要时间，但斯大林只给了他们 48 小时制订计划。

1945 年 4 月苏军以三个"方面军"与德军交战。北面是面向波罗的海的罗科索夫斯基（Rokossovsky）元帅的白俄罗斯第二方面军。罗科索夫斯基的南面是格奥尔吉·朱可夫元帅的白俄罗斯第一方面军，直指柏林。朱可夫的南面则是科涅夫元帅的乌克兰第一方面军，位于柏林以南，但又能够实现向北侧转，并从西南方进攻首都。[48]再往南还有乌克兰第四方面军以及后来的第二方面军，他们将进攻捷克斯洛伐克，而乌克兰第三方面军则将开进匈牙利和奥地利。但苏联最高统帅部的焦点仍是柏林，而且要赶在英国人或美国人之前占领那里。两支巨型方面军，每支部队都拥有数百万军人，要在柏林汇集，朱可夫和科涅夫两人就必须一同发起进攻，斯大林深知两位元帅之间的竞争将确保他们会争先恐后地进入这座城市。朱可夫的优势在于他距离柏林以东仅 80 千米左右，并且他在 1945 年 3 月已经将一部分部队部署到奥得河以西、屈斯特林以北的地方。这样一来，他就不必从自己所在的阵地穿过宽阔湍急的河流再发动攻势。但他的劣势在于面对泽洛高地，这是他阵地以西的一片低山丘陵地带，控制着整个奥得平原。而科涅夫虽然将从更远的东部出发，但他稍后面对的地形将相对简单。

德国的柏林保卫计划则一团糟，这也表明德国国防军（Wehrmacht）在经历了六年的持续战斗后已经精疲力竭。能够编队的只有一小部分他们的有生力量，后勤补给毫无计划，空中支援几乎不存在。苏联军队约有 600 万人，这可能也是史上规模最为庞大的军队，他们要对抗理论上应该有 200 万的德国人及其盟友，但实际数字要少得多。苏联人在装备上也有巨大优势。其工业已经从 1941 年的损失中恢复过来，现在可以生产简陋但高效的坦克、枪支和飞机。此外，他们还从盟国的租借计划中受益匪浅，该计划为他们提供了非装甲车辆、服装和食物。以朱可夫为例，他的进攻每推进近 4 米就要使用一门大炮。德国人当然不希望面对这样的战斗。轰炸不仅让德国工业疲惫不堪，也严重阻碍了它的发展，导致所有军备产能远低于预期。工业生产还受到希特勒执着于"奇迹武器"的额外不利影响，"奇迹武器"意味着资源被投入生产少量技术先进的武器，如喷气式飞机和虎式坦克，而不是以数量取胜。

　　1945 年 2 月，希特勒宣布柏林要成为坚守到底的堡垒（Festung）。按照这套逻辑（如果可以这么说的话），如果苏联人进入这座城市，就应该和他们战斗到底。这个想法或许能吸引纳粹统治集团，却很难说服柏林人。但希特勒依然坚信他将击败苏联，因此完全没有部署军队进行防御。负责保卫城市的军官是赫尔穆特·赖曼（Hellmuth Reymann）将军，他现在发现他不得不用自己拼凑起来的武装承受苏联猛攻的全部压力，除此之外他还要与整个装腔作势的纳粹组织周旋，他们每一个都控制着自己的一套人马。除了他可以召集的正规军，他不得不和已将成员投入战斗的希特勒青年团、党卫队、陆军预备役和本地党部〔它们负责管理人民突击队（Volkssturm）〕打交道。一些希特勒青年团的成员才十来岁。多罗特亚·冯·施万恩弗吕格尔写道，当时她看到一个孩子模样的士兵正在街上哭泣，"我走到他跟前，发现他还是个孩子，穿着明显对他来说大太多的制服，身边是一枚反坦克手榴弹。眼泪从他脸上滑落，他显然非常害怕每个人……他被命令在这里等着，一旦有苏联坦克接近，他就要冲到它下面并引爆手榴弹。我问他那要怎么做，但他不知道"[49]。

　　在位于菩提树下大街军械库的大本营内，赖曼试着制定了一套方案。计划是在奥得河附近利用自然屏障形成一条前方防御线，接着是围绕城市边界形成外围防御圈。再往里是一个内环，大致对应轻轨环线；然后是一个位于中心的终极堡垒（Zitadelle），包括环绕亚历山大广场和克尼（今天的恩斯特·罗伊特广场）的要塞。这个计划听上去令人印象深刻，但长期缺乏训练有素的部队和装备使得计划无法实施。大部分的保卫者，要么是年纪大到无法服兵役的人民突击队队员，要么是希特勒青年团的男孩子。苏联情报部门计算得出的结果是他们可能要面对多达100万的正规军，以及总计20万的希特勒青年团和人民突击队，包括10 000门大炮、1 500辆坦克和3 500架飞机。但结果证明这是一个过高的估计。战后他们认为总数要少得多，至少从他们进入市中心后遭遇的情况来看是这样的。

3月9日，赖曼向这座城市发出本应让人热血沸腾的号召："守卫帝国首都，（我们）将战斗到最后一个人、最后一颗子弹。"敌人"肯定不懂哪怕一分钟和平都必须燃烧和流血致死"。"对于帝国首都的每一位守卫者而言，是否完美掌握军事科学技术并不重要，但每一位战士都为狂热的'要战斗'的意志所激励和贯穿。"然而，如今的柏林人已经看过太多狂热纳粹文学，他的演说在被聆听时就已被厌弃了。赖曼最后以"柏林之战可能会决定战争的结果"作为结束语，但对于那些听着苏联大炮带有威胁性的轰鸣声的柏林人来说，他们的首要任务是能活下来。[50]

朱可夫和科涅夫的进攻始于4月16日。朱可夫的部队花了四天时间才扫清泽洛高地，并开辟出西线。正是凭借占据制高点和一些激烈的战术指挥手段，德国人的抵抗要比预期的顽强得多。德军仓促撤出泽洛高地并转向零星战斗，苏联人此时才开始占据上风，德国人的阵地崩溃了。朱可夫原本的计划是让两支坦克部队直接冲入市中心，但现在他改主意了，他转而从北部和东北部、南部和西南部进入城市，这一行动也是为了防止科涅夫的部队从南部环状包

围，直取目标。4 月 20 日中午 11 点（这个历史上相当精妙的历史
转折之一，恰好也是希特勒的生日），当他正在总理府下的地堡内
接待纳粹剩余的高级指挥官时，朱可夫打响了攻打这座城市的第
一炮。

　　苏联人总是坚定地认为，他们的大炮在接下来的十天内对柏林
造成的破坏，远比盟军在过去四年里的轰炸所造成的破坏更大。但
不管怎样，对于柏林人来说，这是一种可怕的、极具破坏力的全新
体验。当朱可夫还在从东部快速移动他的部队，科涅夫的主力部队
已经抵达柏林南部郊区，只不过被位于措森的德军大本营的庞大建
筑群以及巴贝尔斯贝格的集中营挡住了去路。4 月 23 日，科涅夫的
主力——由雷巴尔科（Rybalko）将军率领的近卫坦克第三集团军
与朱可夫的主力部队——由崔可夫（Chuikov）将军率领的近卫第
八集团军，在舍内费尔德会师，那里是柏林短命的新机场所在地。
斯大林现在同意在两方面军之间划定界限，即从马林多夫沿铁路线
至安哈特火车站。这样一来，帝国国会大厦就处于朱可夫的控制范
围内。他通知先头部队不惜一切代价拿下它。

　　4 月 28 日，雷巴尔科率军向西转移，崔可夫的部队则对"终极
堡垒"发起最后攻击。跟一贯的作风一样，希特勒解除了赖曼的职
务，并已于 4 月 22 日换上原本指挥 LVI 装甲军的炮兵军官赫尔穆
特·魏德林（Helmuth Weidling）将军；不过事实是希特勒曾将魏
德林召唤至地堡，要求了解他据称擅自撤退的理由。而魏德林正是
在这次谈话中"脱颖而出"，并被委以意在部分恢复防御秩序的重
任。按照他的估计，在战斗阶段，他拥有五个师的兵力，另外还有
40 000 人的人民突击队、希特勒青年团、帝国劳动服务团和警察。
希特勒将总理府周围的地区置于自己的直接指挥之下，由党卫队将

领蒙克（Wilhelm Mohnke）领导。这支部队约有 2 000 名党卫队士兵，其中很多人出自希特勒自己的党卫队警卫旗队（Leibstandarte SS）阿道夫·希特勒师。魏德林将其总部移至本德勒街区，他可以从那里合理掌控市中心的战斗——虽然他发现自己的控制区域正在迅速缩小。与此同时希特勒也勃然大怒，因为他下令柏林以外的德军部队进攻城市，但部队却按兵不动。他们之中有一部分人的确对科涅夫的部队发起成功反击，但其他部队决定向西移动，以便向美国人投降。苏联人在科特布斯附近包围了一支近 20 万人的德军，虽然有少部分人设法突围了出去，但这支庞大队伍中的绝大部分要么被杀，要么被带往苏联关押起来，大多数人再也没能回来。

在柏林进行的战斗对缺乏夺取城市经验的苏联军队来说是一个相当大的挑战，因为即使是在列宁格勒和斯大林格勒的战斗中，他们主要也是死守。而从 1943 年起，苏联部队就习惯于在开阔的乡村地带作战。因此他们现在采取粗暴但有效的战术，依靠的是自身的人数和在火炮上的压倒性优势。但这就意味着柏林遭到的严重破坏远远超过被西方盟国占领的其他城市。每一条街道被分配给一个团，每个团有 1 000～1 500 人；每个团拥有三个营，每个营有 400～500 人；其中两个营分别去占领街道两侧，而第三个营则充当后备力量。这也意味着在 200～250 米外就要正面应对多达 1 500 名士兵，而且在坦克、大炮和突击炮的支援下，他们火力十足。此外，苏联部队还拥有装备了炸药和火焰喷射器的工程兵负责清理地下室。军团以上的部队，其编队要将火力集合在一起，因此一支苏联军队一般拥有超过 800 门火炮，轮流开火。从 4 月 24 日起，天色刚亮他们就对当天的军事目标进行一个小时的炮击。大炮在令人闻风丧胆的喀秋莎（Katyusha）火箭炮加持下倾泻炸药。一旦炮击任务完成，坦克就会向前推进，逐一摧毁每一栋建筑以消灭狙击手。其结果是大量争夺激烈的地区不仅被摧毁，甚至沦为废墟。

　　4 月 27 日，德军控制地区已缩小至以夏洛滕堡宫为中心，东西向约 16 公里、南北向约 6 公里的区域内。最后的战斗在 4 月 28 日打响了。崔可夫和雷巴尔科分别从东北和东南方向发起进攻，朱可夫的另两支部队［别尔扎林（Nikolai Berzarin）的突击第五集团军和库兹涅佐夫（Kutznetsov）的突击第三集团军］则一直向北包抄。但当别尔扎林的部队一路战斗穿过克罗伊茨贝格，库兹涅佐夫的主力部队已经从东北部经普伦茨劳贝格进入米特。他的先头部队，佩列韦尔特金（Perevertkin）少将的步兵第 79 军现已抵达距离国会大厦以北仅几百米处。库兹涅佐夫通知佩列韦尔特金，第一个将国旗插上国会大厦的部队指挥官将成为苏联的英雄。但要达成目标，佩列韦尔特金的部下必须首先夺取横跨施普雷河的毛奇桥，这座桥今天仍伫立在位于威利·勃兰特大街原地。虽然德国人试图摧毁该桥，但经过激烈的近身肉搏战，苏联人还是于 4 月 30 日凌晨成功通过；至天亮时，他们已占领了希姆莱的大本营内政部，但希姆莱本人已于 4 月 22 日以与瑞典人商讨投降条款为由离开了柏林。中午时分，两个完整的苏联师已经集结，准备对国会大厦发起攻击。让他们非常担心的是在进攻部队和目标之间似乎存在一个巨大的反坦克壕沟，但其实那是一条正在建设中的地铁延伸线。下午1 点，89 门大炮在距离国会大厦仅仅几百米外的地方一齐开火，这让建筑物顿时消失在扬起的尘土和浓烟中。在密集火力的掩护下，第 756 步兵团的步兵在第一营营长涅乌斯特罗耶夫（Neustroyev）大尉的带领下开始向前推进（当时他和他的侦察部队冲在最前面）。当德国守军撤退至建筑物开阔的地下室时，他们抬着火炮炸开了大门。涅乌斯特罗耶夫派中士叶戈罗夫（Yegorov）和坎塔里亚（Kantariya）在屋顶上插上红旗，后来那张声名远扬的照片其实是在第二天重新摆拍的。当天大楼内的激烈战斗一直持续到午夜。5月1日，战争即将结束，库兹涅佐夫、崔可夫和别尔扎林的部队已经会合。5月2日下午3点，苏军停火。

实际上，德国人事先曾试图投降，但始终相信奇迹会发生的希特勒直到4月30日还在胡言乱语，向想象中的部队发布命令。戈林和希姆莱一样逃跑了，但是因为他很不明智地向希特勒发出信号，称一旦得不到元首的消息，那么他将做最坏的打算并接管政府。此话立刻激怒了元首，后者马上解除了戈林的职务，并命令富于魅力的一级上将罗伯特·里特尔·冯·格莱姆（Robert Ritter von Greim）接替他成为空军总司令。冯·格莱姆被召唤到元首地堡接受任务——但这不是一场轻松的旅程，因为当时地堡已经被三支苏联军队包围。但冯·格莱姆并没有被吓倒，他〔在他同样传奇的情妇、王牌飞行员汉娜·赖奇（Hanna Reitsch）陪同下〕驾驶一架福克-沃尔夫190战斗机起飞，他坐在驾驶座上，赖奇则整个人躺在他身后的机身上，两人设法在加托降落。① 他们在那里换上了一架轻型菲泽勒"鹳"式联络机，最终用了点手段才降落在蒂尔加滕的东西轴线上。当他们终于安全抵达地堡，接收到的却是精神错乱的希特勒一通有关神话般的喷气式飞机编队的胡话。

4月30日，希特勒终于接受了自己被打败的事实，他和他的秘书爱娃·布劳恩（Eva Braun）结婚，然后双双自杀，尸体随后在总理府花园中被焚烧。此时的戈培尔似乎已经有了苏联人可能会和

---

① 冯·格莱姆和赖奇是从慕尼黑起飞，加托位于柏林市西南部。

他进行投降谈判的念头。5 月 1 日凌晨，他派克雷布斯（Krebs）将军举着白旗前往崔可夫位于滕珀尔霍夫的大本营，试图讨论投降条件。克雷布斯受到了意料之中的冷遇，并被告知，现在唯一可接受的举动是无条件投降。他返回后将情况告知了戈培尔，后者于是下令继续采取敌对行动；而作为回应，城里的每一杆苏联枪都上了膛。党卫队将军威廉·蒙克将他的大本营设在位于摩尔人街地铁站的总理府附近，他和他剩余的党卫队士兵仍继续抵抗，以至于苏联人费了好大一番工夫才拿下他。但蒙克这位希特勒的忠实拥趸在被苏联人囚禁十年之后依然活了下来。他回到德国后成了一名汽车经销商，直到 2001 年才去世。

与此同时，魏德林亲自向崔可夫发出希望交出柏林地区的信号。5 月 2 日早上 6 点，他在波茨坦桥上向苏联人投降。到达滕珀尔霍夫后，当时在场的还有戈培尔的另一名使者弗里奇博士——后者傲慢地称交出这座城市是他的工作。崔可夫以一种真正苏联式的做派，选择不采信一介平民，而接纳了魏德林。

算总账的时候到了，而这个数字实在骇人听闻。在短短 12 天内，苏联人已有 304 887 人阵亡或受伤。从纯军事的角度来看，苏军摧毁了 93 个德军师，俘虏 480 000 人，其中 134 000 人是在柏林俘虏的。此外，德国人还损失了 1 500 辆坦克和 10 000 门大炮。在这末日时刻，很可能有超过 100 000 名德国人（包括军人和平民）在柏林丧生，远远高于轰炸造成的死亡人数。但由于记录数据遭彻底毁坏，无法给出准确的数字。但死者中有很大一部分是被征召加入人民突击队和希特勒青年团的老人和年轻男孩。那些在 1945 年 3 月还有家可回的人如今流落街头，不过仍有一些没有被激烈争夺的郊区毫发无损地幸存下来。确实有相当一部分德军设法成功向西突围，在易北河上向英国人和美国人投降；他们很幸运地在经历短暂囚禁之后被遣返回国。

大多数柏林人，或者至少是那些没被征召进临时部队包围首都的人，试图在地下度过 4 月的最后几周。所有有办法逃离的人都逃走了。但大部分人无能为力，因为他们根本无处可去。公路和铁路上挤满了难民；因为自觉即将面临被接收的结局，警察和党卫队在报复心驱使下，在逮捕甚至常常在处决那些被认定逃跑的人时表现出一种异常的喜悦。4 月 22 日，随着苏联人进攻的顺利推进，党卫队将莫阿比特监狱中剩余的 16 名政治犯带走并枪杀，其中包括迪特里希·邦赫费尔的一个哥哥克劳斯。但对于那些幸存下来的人来说，等待未知同样是一种痛苦的折磨。由于没有收音机，只能偶尔阅读消息极为有限的党报，信息变得十分珍贵。对于其他人来说，当务之急是生存。"她刚闯了进来，"与"寡妇"合住一栋房子的"匿名女人"写道，"一切都好起来了。一枚炮弹击中了黑夫特肉市场外的队伍中央，三死十伤，但他们已经重新排上队了。寡妇演示了人们如何用袖子抹去肉票上的血迹，'不管怎么说，就死了三个人，'她说道，'跟空袭比算得了什么啊？'"[51]

这位在柏林的匿名妇女发现自己与苏联人的初次谋面让人相当放心。她住在东柏林，因此她所在的地区是这座城市最早被占领的地区之一。"他们在街对面的车库里搭了一个野战厨房。这是我们第一次能够看清面庞、五官和人物——他们的前额饱满、宽阔，头发剪得短短的，吃饱喝足，无忧无虑。苏联人眼里没有一个平民，仿佛那是自家街道。但在每栋楼下人们都在窃窃私语，瑟瑟发抖。"[52]但后来她将讲述一个完全不同的故事。

时年 17 岁的女孩莉泽洛特的经历则截然不同，她从 4 月 30 日开始记日记：

> 4 月 30 日：炸弹击中的时候我在楼梯顶上。俄国人来到这里，他们完全喝醉了。5 月 1 日：俄国人来来往往，所有的钟都没了。马匹躺在院子里我们的床上。地窖已被人闯入。我们逃到了施图本劳赫街。5 月 2 日：和平的第一晚。从地狱到天堂。当发现院子里盛开着丁香花，我们哭了。所有的无线电设备必须上交。5 月 3 日：仍旧待在施图本劳赫街。可不能走到窗户那儿，以免被俄国人看到。5 月 4 日：在德尔夫林街。没有爸爸的消息。5 月 5 日：回到凯泽大街。一片狼藉！5 月 6 日：我们的房子被击中了 12 次！清理和打包花了一整天！我爬到床底下，生怕俄国人进来。但房子只是因为炮击而咯咯作响。5 月 8 日：把街道铲干净。排队买面包。得到了爸爸还活着的消息。5 月 9 日：停战。[53]

祖先曾是大选侯大臣的彼得·冯·耶拿（Peter von Jena）和他的家人战时一直住在柏林，他当时因为年纪太小，无法应征入伍。他家位于哈伦湖的房子也免于轰炸破坏。但这种情况即将改变。醉酒的苏联士兵前来寻找贵重物品……酗酒严重影响了苏联人的行为方式。清醒且有长官在场的情况下，他们有担当，甚至彬彬有礼；然而一旦喝醉，他们就变得不可预测。

苏联随后在东欧和苏联士兵在柏林的一些行为，使我们今天常常无法对那些年轻的苏联男男女女的勇敢无畏，抑或是他们在击败纳粹主义方面发挥的根本作用抱有好感。但他们的损失确实惊人，许多人目睹希特勒对苏联西部极度残忍但最终毫无意义的占领过程中，家人被屠，家园被毁。柏林有两座苏联纪念碑。第一座非常醒目，因为它就位于蒂尔加滕公园内，勃兰登堡门以西，恰好坐落在威廉二世粗俗不堪的胜利大道上。就在战争结束后不久，一座苏联士兵雕像被竖立起来，他的手向前伸，做出压制的动作。柱廊表面取自已化为废墟的希特勒总理府的大理石。而纪念碑背后，穿过树林，便是国会大厦。纪念碑的碑文写着"为了苏联独立和自由与德国法西斯侵略者斗争牺牲的英雄们永垂不朽"。2 000 名苏联士兵埋葬于此，纪念碑的两侧是一门苏制 152 毫米火炮和两辆 T-34 坦克。这里的坦克颇有意思。T-34 是被大规模量产的苏军主力坦克。最初它安装的是 76 毫米坦克炮，但后期，尤其是到了柏林战役时期，大多已升级为 85 毫米炮。这里的两辆坦克编号分别为 200 和 300，都是比较老的型号，炮管也较小。它们是营级指挥官的坦克，并没有上前线，因此未配备更大的炮管。另外，如果仔细观察其中位于左边的那辆，就会发现一个洞，如果前面的装甲板即斜面板，被一门 50 毫米德国反坦克炮击中的话，就可能丧失作用。

但主要的苏联纪念馆还是位于特雷普托公园内，它距离市中心有一定距离。这是一处令人感动的宁静之所，既是一片容纳 7 000 名士兵的墓地，又是一座纪念碑。它是柏林人——尤其是那些生活在民主德国另一半的人——所珍视的地方。因此当它在 1989 年之后遭到蓄意破坏，人们纷纷出手协助修复。两面由出自原总理府的同一块红色大理石制成的苏联红旗位于一条大道的两侧。这条大道穿过代表 16 个苏联加盟共和国的石棺，通向一尊巨大的尼古拉·马萨洛夫（Nikolai Masalov）中士的雕像，他的手上还抱着一名女婴。马萨洛夫是一位真正的英雄，他冒着炮火跑过一座桥，救出了母亲已遇害的女婴。而这座桥横跨预备役运河，坐落于波茨坦大街，旁边是国家美术馆。马萨洛夫和小女孩都活了下来，他直到2001 年才去世。现在他斜靠在剑上，战斗结束了，脚下是被碾碎的卐字符。纪念碑的周围是一排排的俄国大树，它们为俄罗斯母亲哭泣，但又挺身纪念她的士兵。

第十章

1945—1961 年　战后的挣扎

热爱自由的柏林人民将会筑起一道大坝，赤潮想要冲破大坝不过是徒劳。

　　　　　　　　　　——恩斯特·罗伊特（Ernst Reuter），1948 年

　　第三帝国最反纳粹的城市柏林遭到严重破坏。米特、夏洛滕堡和蒂尔加滕几乎完全被摧毁。弗里德里希海因、克罗伊茨贝格、普伦茨劳贝格、维丁、莫阿比特、威尔默斯多夫和舍内贝格的大部分地区也是一片废墟。没有人知道确切的人口数量，但据推测现在还有约 200 万人（1939 年时的城市人口为 400 万），其中三分之二是女性，四分之一超过 60 岁。[1]人们可以从建筑周围的损毁情况辨认出苏军主要的行进路线：南面，崔可夫的近卫第八集团军以马丁·

路德大街和乌拉尼娅旁大街①（这是一条宽阔的马路，足以承载乌拉尼娅的车流）为行进主线。近卫坦克第一军则利用波茨坦大街，因此这些地方遭受破坏的区域一直延伸到了预备役运河。东面的大法兰克福大街（在被短暂更名为斯大林大道后，如今它的名字是卡尔·马克思大道）是库兹涅佐夫部进攻的主线，因此也被彻底摧毁。如今，许多朝东的建筑物墙上依旧可以看到很多弹痕。超过50万栋房屋完全被毁，更有成百上千栋受损严重，超过 3 000 个地点断水，医院无法正常运作。废墟下腐烂的尸体散发出令人作呕的气味，运河里也到处都是腐烂的尸体。

4 月 24 日，在柏林沦陷前，斯大林就选定此前率领突击第五集团军进攻的尼古拉·别尔扎林将军作为柏林的指挥官。别尔扎林将苏军总部从位于柏林东南面利希滕贝格区卡尔斯霍斯特的德国旧兵营迁至米特的路易斯街，那里是朱可夫接受德国正式投降的地方。他在柏林有两件事要优先处理。首先是要想方设法恢复部分行政功能，他要养活的不仅是 200 万留在柏林的人，还有 200 万驻守在这里的苏联士兵，他们现在几乎无所事事。解决饥荒是最重要的事，绝大部分住在城里的人都濒临饿死。纳粹政府的配给制度在有食物能够分配时可以运转得很好，但过去一个月的战斗意味着在城郊之外几乎没有任何食物供应。苏联接手了纳粹囤积在西港仓库的储备粮，还突袭了周围的农场。5 月中的情况令人绝望。那个匿名女人写道，即便是设法找到一些可以吃的东西，"饥饿还是如同一头野兽折磨着我"。她读了一本小说，里面写道："她飞快地瞥了一眼还

---

① 这条街道名为 "An der Urania"，因靠近始建于 1888 年的乌拉尼娅天文台而得名，"乌拉尼娅" 是古希腊神话中掌管天文的缪斯。

没有吃过的饭菜，起身离开了桌子。"她发现自己"神奇地被那句话吸引住。这句话我肯定来回读了十遍，书上满是抓痕，仿佛被详细描述出来的饭菜就在那里，我可以把它们从书上刮下来吃掉"[2]。而比阿特丽斯·柯林斯（Beatrice Collins）则称，如果一匹马因为过度工作和营养不良倒下（苏军、德军都曾非常依靠马匹来运输），那么手拿刀叉的家庭主妇登时就会把它给吃了：

> 拉车的马匹摇晃着向前跪倒。男孩手上握着缰绳，带着哭腔叫喊："加油啊……天哪！……快跑！你怎么停下来了？快跑！跑起来！"他用鞭子抽打马凸起的棕色脊背，一次，两次，三次。马突然退缩了一下，露出了它的眼白，然后伴随着一声轻微的呻吟，吸气，出气，便奄奄一息了。它重重地倒在地上，瘫成一堆皮包骨。但马头才撞上地上的鹅卵石，十几个女人就从门内和小巷子里冲了出来，手拿刀叉、碗盏和杯子。她们无视男孩的哭喊、泪水和哀求，开始屠宰尸体，锯断骨头，切开血管，让汩汩热血流进她们的碗里。[3]

动物园只剩下几个活物：一头唯一幸存下来的大象；一头曾帮着运输物资，名叫"暹罗"的公牛；河马"克瑙奇克"，还有雌性黑猩猩"苏斯"，它们都是小有名气的本地"名流"，必须有武装警卫保护它们。别尔扎林给这座城市带来了苏联的口粮，并兑现了现有的口粮卡。柏林人起初并不相信他，那些被认为仍然有存货的店铺已被搜刮一空。但即使是苏联人的粮食也就勉强糊口——14 盎司马铃薯、7 盎司面包、0.8 盎司肉、0.35 盎司盐和 0.7 盎司咖啡——但至少是有点吃食了。苏联的分配体系以一种苏联式的、虽然很基础但却有效的方式运作。疾病也是一个大问题，腐烂的尸体会传播传染病，而且几乎无药可医。痢疾肆虐不难理解，但伤寒、白喉和肺结核亦广泛传播；到仲夏时分，每天都有 4 000 人死亡，很多都是上了年纪的人，整座城市不到 30 岁的人只占 10%，其中 5 万多人是无家可归的孤儿。女人的人数超过了男人，那些穿制服的男人遭到抓捕并被运往东方，其中还包括许多被迫在最后几周战斗的男孩。直到 1946 年，苏联人依然在逮捕和驱赶德国人：汉斯-于尔根·基尔施泰特（Hans-Jürgen Kirstaedter）1946 年在柏林的某个火车站遭一群苏联人绑架，从此再没人见过他。

别尔扎林也开始慢慢整治强奸案，虽然未能完全杜绝此类猖狂的恶行，但其实还是处决了一批罪大恶极的犯罪分子。相比之下抢劫就不是什么大问题，因此苏联人在刚抵达柏林的前几周里就得到了大部分他们想要的东西。自行车特别受欢迎，虽然很多人压根儿不知道怎么骑车。但最值钱的还是手表，苏联士兵一条胳膊上挂四五块都不足为奇。对别尔扎林来说，由于柏林人愿意服从命令，一些在这座只剩空壳的城市里还称得上日常生活的东西，即使是从莫斯科时间（虽然它比柏林时间早两个小时，但苏联人坚持使用莫斯科时间）来看，也正在迅速恢复。但其实并没有什么大变化，只不过大多数柏林人的手表都被偷了，他们白天的日子变得更长了。

5 月 25 日，别尔扎林授权建立了一支城市警察部队，并且重新开放检察官办公室和法院。地铁相比地面交通受损较少，因此 5 月 14 日第一条地铁线就恢复运行了。5 月 20 日，第一份《柏林报》（*Berliner Zeitung*）发行。5 月 26 日，柏林爱乐乐团在施泰格利茨并未受到严重损坏的泰坦尼亚宫举办了他们战后的首场音乐会。不出所料，演出单仍然严重偏向德国作曲家，只是现在意味深长地加上了柴可夫斯基的《第四交响曲》和门德尔松的《仲夏夜之梦》

（*Ein Sommernachtstraum*）序曲——因为门德尔松是犹太人，他的作品此前一直被纳粹禁止。到了 5 月底，乐团中大部分亲纳粹分子已被解雇，威廉·富特文格勒因被盖世太保怀疑参与（1944 年）"7 月密谋"已逃往瑞士，后来又因早年与纳粹政权交好而受到审判，但被无罪释放。

"这一切快得惊人，"玛格丽特·博韦里（Margaret Boveri）在 5 月 13 日的日记中写道，"市民们自发组织起来清扫街道上成堆的垃圾，其中许多人还被征召参加更广泛的清理工作；公共事业机构的职员和工人参与保障公共设施的工作，他们在空袭期间熟练掌握了维修技术。在弗里德瑙，一些街道已经恢复水电供应……我们的地窖也供了两次水，每次一小时。"她又补充道："在弗里德瑙，人们还有额外的食物配给，因为弗里德瑙没打仗就投降了。"[4]清除瓦砾成了当年柏林人最著名的成就之一。大部分工作由女人完成，很少有男人帮忙，因为即使有，他们也被苏联人带去干别的体力活。这些"瓦砾妇女"（Trümmer frauen）大约有 50 000 人，她们参与清理被摧毁房屋的碎片，恢复街道，清理砖块，以备将来重建工作使用。虽然基本工资非常低，但她们可以实实在在地拿到更好的食品配给卡。她们几乎没有任何清理工具或设备，大多数人利用手推车、旧婴儿车、麻袋和任何自己身边能用的东西，装运瓦砾，然后送往各个收集点。最主要的一个收集点便是托依弗尔山，它位于格伦瓦尔德西面，是一座约 120 米高的人工山丘，覆盖了 1 800 万立方米的碎石，如今它已成为人们周末散步的好去处。在潘考、舍内贝格和弗里德里希海因还有其他几个垃圾场。"瓦砾妇女"已成为柏林经久不衰的形象之一，照片中的她们，往往是带着自己年幼的孩子，耐心地从事繁重的劳动。她们为战争写下浪费和愚昧的注脚，但也成为柏林人充满韧劲的写照。

这个城市还面临政治犯、外国强制劳工和战俘问题，他们现已被释放，或至少现在是自由的，这就演变成一个巨大的运输难题。这些人分成如下几类：首先是盟军战俘。柏林周围有几个战俘营，这些人容易对付——英国人、美国人、法国人、荷兰人和斯堪的纳维亚人都被送回了老家。比较复杂的是苏联和波兰的战俘。他们知道，回家意味着从一个战俘营到另一个战俘营。因为任何人都可能被指控与德国人交好，而苏联人对通敌的定义包括自愿投降被俘。还有大量为柏林军备制造业服务的强制劳动营的囚犯；登记在册的劳动营就有 666 个，收容了数十万劳工，其中又有许多是苏联人或波兰人。萨克森豪森和巴贝尔斯贝格的集中营已被解放，尽管苏联后来又继续用萨克森豪森集中营关押了他们的囚犯好多年。不过，对于柏林而言，最麻烦的可能还是来自东普鲁士和波兰的大量难民，这些人在苏军抵达前就逃离了家园，涌入首都。据估算，在1944—1945 年的冬天，每个月都有 50 万人抵达。纳粹禁止他们进入城市，并将其中的大多数转移到其他地方。但从 4 月起，很多人——特别是说德语的波兰人——利用政府崩溃的机会，躲进这座废墟之城。现在的解决办法是建立临时转运营，至 7 月时，柏林已建立了 48 座临时转运营，剩下不到一万犹太人就运行着其中的 7座。迟至 1945 年 12 月，美国人还在他们的占领区管理着 6 个主要的转运营。但在混乱中，许多被疏散走的柏林学童被彻底遗忘了。约阿希姆·齐德勒（Joachim Ziedler）和他全校同学一起被送到波希米亚，现在只能靠他们自力更生了：他和一个同学开始徒步返回柏林，他们饿了就向农民讨点吃的，困了就睡在谷仓里，终于回到了自己已被炸得面目全非的家园。[5]

别尔扎林迅速在柏林人心目中确立起相对受欢迎的形象，但他还有其他优先级更高的事务需要完成。按照雅尔塔会议达成的协议，无论谁先抵达柏林，战后这座城市都将被划分成苏联、英国和美国三个占领区，但到 5 月时，美、英军队依然还在几千米开外的易北河上。斯大林意识到，他现在有机会在盟国到来之前将柏林牢牢掌握在苏联人手中，并帮助自己获得他所认为苏联应得的赔偿。别尔扎林因此奉命竭尽所能拖延西进的盟军，包括告知盟军方面柏林仍需排雷，他们才能安全抵达。

苏联人的这种行为十分奇怪，似乎部分原因是要让德国人为他们对苏联的所作所为付出代价，部分原因是打算窃取他们所能获得的一切技术优势（比如接管柏林的核研究计划），还有部分原因是出于一种近乎孩子气的愿望，即想要带走任何苏联所没有的东西，因此可以料想到他们的第一步行动。5 月 15 日，费奥多·诺维科夫（Feodor Novikov）少校来到帝国银行，拿走了那里剩余的东西。数量倒不大：90 根金条、450 万美元的硬币和 4 亿美元债券——因为大部分其他储备早已因为空袭而被转移走了。接着所有的打字机被没收，理由是不能用它们来撰写任何反共材料。但更离谱的是，柏林所有的电话也被收走了，而在此之前，柏林工业系统中所有能带走的设备都已被系统拆除下来。一列列的火车满载着从大柏林工厂拆下来的机器和设备向东驶去。被拆下来的西门子电力设施其实根本无法再使用，但即使能用，苏联工程师也不懂如何操作。柏林工厂遭到大规模的拆解，包括铁路上的大部分机车和 11 800 公里的轨道，这标志着柏林作为德国工业首都的显赫地位不再。尽管日后的民主德国会在即将成为东柏林的地方重建工业体系，但随着"孤岛"的成形，对柏林人而言，商业前景将更多集中在金融业和服务业，而不再是制造业。

苏联人还利用这几周来收集柏林的艺术珍品。早在1940年早期的空袭之后，博物馆就已明智地开始转移藏品。一部分被带出柏林城，大多数被转移到奶制品集市的地窖、博物馆岛的地下室或弗里德里希海因和动物园的高射炮塔内，例如佩加蒙祭坛就被拆分后带到动物园的高射炮塔，但米利都的罗马市场大门仍被留在原处，用沙袋保护起来。纳粹党内有不少人反对这次文物疏散行动，因为它说明一切进入非常状态。因此国家美术馆举办了两次展览以示支持战争。第一次展览于1940年3月举行，题为"伟大德国为自由而战"（Greater Germany's Struggle for Freedom），主题关于拿破仑战争。第二次则有关普俄联盟，但这场展览让戈培尔后悔不已，1941年后便匆匆撤展。①

从1943年起，疏散艺术珍品行动开始加快脚步，国家美术馆的藏品被送往格拉斯勒本的一处盐坑，其余那些方便携带的作品也被撤出博物馆。1943年11月，新博物馆直接被击中，随后毁于大火。1945年2月3日的空袭则对佩加蒙博物馆造成严重破坏，弗里德里希皇帝博物馆（现为博德博物馆）的表面受损，米利都市场大门的局部被击中。老博物馆和国家美术馆则在1945年4月的战斗中受损严重。更不幸的是，国家美术馆位于苏联向蒂尔加滕推进的主干道之一。在战争最后的日子里，数千人藏身于佩加蒙博物馆。因此，苏军在盟军到来之前已经巡视完整座城市，并发现很多他们想要带走的东西已经打包好了，其中大部分——包括曾经存放在动物园高射

①　此处指1941年6月纳粹德国撕毁《苏德互不侵犯条约》，苏德战争爆发。

炮塔中的施里曼的特洛伊宝藏——找到了它们返回俄国的途径。^① 其中一部分收藏后来在民主德国统治时期归还柏林，但至今仍有大量藏品被留在俄罗斯，这一点经常被德国领导当作外交话题拿出来交涉。而那些相对不那么重要且体积较小的物件，则被苏联士兵抢走，最后被拿到黑市上售卖，此后时不时会"重现江湖"。

　　但苏联人的政治企图是在盟军最终抵达前巩固他们对这座城市的控制。别尔扎林可能只执掌军事指挥权，因为早在5月1日，就有两架飞机从莫斯科起飞（但讽刺的是，飞机是跟美国人租借的），搭乘飞机的是瓦尔特·乌布利希和柏林共产党的主要领导人，或者至少是那些在"大清洗"中幸存下来的人，毕竟单凭外国共产党员的身份，可不一定能从卢比扬卡^②的地下室里被救出来。被派往柏林的乌布利希肩负着非常明确的使命，即要求他建立一个听命于苏联的政府。因此他不需要向别尔扎林负责，而是通过内务人民委员部（简称"NKVD"，即后来的克格勃）直接向斯大林负责。6月16日，别尔扎林在交通事故中意外死亡。——有传闻称他是因为过于高调而招致杀身之祸，但这种可能性并不高。因为在此之前，乌布利希已有效控制了柏林。5月17日，在有名无实的市长阿图尔·维尔纳（Arthur Werner）博士领导下，一个正常运作的市政府已就位。维尔纳的副手库尔特·马龙（Kurt Maron）是乌布利希核心

---

　　① 此处可能包含两层含义：首先，海因里希·施里曼（1822—1890）虽出生于德国北部的梅克伦堡，但他于1847年加入俄国国籍。其次，施里曼曾希望将自己于1873—1876年在土耳其发掘出的大量古代文物（即本书提到的"普里阿摩司的珍宝"或"特洛伊宝藏"）出售给欧洲各大博物馆，如伦敦的大英博物馆、法国卢浮宫，也包括圣彼得堡的冬宫博物馆，但当时这些博物馆均未给出积极回应，最终这批文物才花落柏林。

　　② 卢比扬卡（Lubyanka）指的是位于莫斯科的一处广场，是苏联时期历代情报部门所在地，设有监狱。

圈子的成员之一。柏林各区的区长也以同样的方式被选举出来：即使相对持中间立场的人能够当选部分较富裕的西部地区领导人，他们身边仍会被安排一位掌握实权的铁杆共产党副手。沃尔夫冈·莱昂哈德（Wolfgang Leonhard）曾是乌布利希圈子里一名年轻的共产主义者，他十几岁时就逃到了莫斯科，但后来逃往联邦德国。他对乌布利希早年的做法嗤之以鼻并严词控诉，称乌布利希曾告诉他，"它得看上去很民主，但我们必须控制一切"[6]。

❖ ❖ ❖

三巨头在雅尔塔会议上达成共识将整个德国——而不仅仅是柏林——分区占领，如果法国愿意的话，它也将受邀接管一个占领区。所有占领区都归总部设在柏林的盟国管制委员会管辖，但在雅尔塔会议上三国并未商定边界。当时盟国方面也不清楚战争结束时谁将在哪里，这也是为什么需要单独商定一个协议，以同样的方式来划分首都柏林；同样，如果法国愿意的话，它仍可接管一个占领区。柏林在地理上如此靠近东南，极有可能被划入苏占区。但即使到了 1945 年 2 月，这一点也并非全无转圜之地。原因是英国人之后占领了包括汉堡和鲁尔在内的德国北部，美国人占领了南部，法国人则进入西南部。只不过到 1945 年 5 月时，斯大林是否还会遵守他在雅尔塔达成的协议，这一点就不得而知了。考虑到他的方针是在那些现在被他的军队占领的中东欧国家贯彻苏联式的统治，那么他是否会在德国复制这一切？他不指望控制易北河以西的德国，但打算在易北河以东建立一个牢固的共产主义地带，而让美、英军队驻扎在柏林会被视为挑衅。因此，苏军几乎是一到柏林就接到指示，阻挠盟军抵达柏林。因此别尔扎林的说法是，柏林街道上布满地雷，不利于盟军进入。

这套拖延战术持续了六周之久，直到6月23日，由弗兰克·霍利（Frank Howley）上校率领的一队美国侦察兵才出发，长驱直入抵达巴贝尔斯贝格才折返。6月30日，艾森豪威尔的副手卢修斯·克莱（Lucius Clay）将军和英方代表、将军罗纳德·威克斯（Ronald Weeks）爵士直接飞抵柏林，与朱可夫谈判并最终达成两项协议。这两项协议后来都引发了严重问题。第一，他们同意苏联的要求，即未来盟国只能通过一条主干道、一条铁路线和两条空中走廊进入柏林。第二，他们同意盟国管制委员会所做决议需得到一致同意，也就是需要苏联、英国、美国，以及随后加入的法国一致同意方可实施。尽管如此，克莱和威克斯的访问让美、英军队开始从易北河移动。7月1日，霍利的小队再次出发，虽然碰到了一堆极不情愿放行的苏联岗哨，但这一次他们获准进入。第二天，英国人也到了。盟国这种让苏联人措手不及的做法，造成一个极为糟糕的后果。美军在5月7日全欧停火协议生效之前已对易北河以东的德国北部和德国中部进行了充分考察，现在经图林根一路推进至莱比锡。苏联人坚决要求其撤出。许多人因此收拾行囊，随撤出的美军逃往西部，他们在之后的44年都回不来了。

柏林的分区管制完全是依据市长阿道夫·韦穆特在1920年规定的地区边界划定。苏联人占据了市中心米特、普伦茨劳贝格和弗里德里希海因，还有特雷普托、克珀尼克和利希滕贝格这几个边远郊区，其中包括苏军总部所在地卡尔斯霍斯特，以及白湖，直至北面的潘考。英国人占领了西部和西北部，即蒂尔加滕、夏洛滕堡、施潘道和威尔默斯多夫。米特和蒂尔加滕之间的边界因此成为英、苏之间的边界，这也是柏林墙日后为何直接延伸至勃兰登堡门前的原因。英国人最初还占据了维丁和赖尼肯多夫，但这两个北部地区于 8 月 12 日被移交给法国人。美国人占领了西南部的克洛伊茨贝格、舍内贝格、新科伦、滕珀尔霍夫、施泰格利茨和策伦多夫。盟国管制委员会在舍内贝格的上诉法院（Kammergericht）大楼建立，负责整个德国的盟国占领区，而柏林的四个占领区指挥官将在达勒姆会面，商讨如何管理这座城市。

柏林人密切关注着这些事态的发展。而让英国军队着实感到惊讶的是，当他们乘坐着重新涂装的车辆，身穿全新的制服而不是他们在全欧洲作战时的舒适衣服抵达柏林时，发现自己受到热烈欢迎。"成百上千的德国人"出来迎接他们，"一点都不郁郁寡欢或心怀怨恨，一些报纸明天还将刊登报道，影响还会更大；他们目不转睛地看着，很多人面带微笑，有人挥手，有人欢呼。这一切看起来确实更像是一场解放行动，而不是以胜利者的姿态进入被征服的城市"[7]。鲁特·安德烈亚斯-弗里德里希同样很高兴看到美国人，仿佛他们能够抵抗苏联人一般："美国人来了……从 4 月初开始，我们一直在等待来自西方的胜利者。每一天、每一晚都变得越来越期待。"[8]另一些人虽然觉得英国人很好，但态度就有所保留了。卡拉·赫克尔（Karla Höcker）留在夏洛滕堡住所的所有东西都被征用了。"主持会面的是一位英国军官，聪明、傲慢、说一口流利的德语。他身边是一位非常年轻的上校，有着一头金发和典型的盎格鲁-撒克逊人的上嘴唇，不苟言笑。两个人面前都有一份清单，向我们宣读必须腾出房子的条款。英国人彬彬有礼，但立场坚定，而且完全没有人情味。"[9]英国人对接管施潘道最近腾出来的兵营的反应就不那么积极了。营房、橱柜和地窖里到处是"污秽的人类排泄物"，排水系统已经好几个月没有正常工作了，苏联人把所有能拿的东西都拿走了，包括每一件家具。英国士兵还震惊地发现，所有洗手间的投币贩卖机里都装满了避孕套，这是德军以每个20芬尼的价格为士兵提供的，但显然苏联人一个都没拿走。

盟国在那年夏天开始的波茨坦会议占据上风。会议于7月17日召开，与会者有斯大林、哈里·杜鲁门（Harry Truman，罗斯福在4月12日逝世后他作为副总统继任美国总统）和丘吉尔（他在当月的英国大选中败北）。他们在波茨坦的采齐林霍夫宫会面，这是一座为末代皇储仿照都铎式英国郊区别墅修建的奇特建筑。它位于哈维尔众多湖泊的一处湖泊岸边，环境优美，坐落于一个宁静的花园之中，但与勃兰登堡整体形象格格不入。宫殿周围的波茨坦是一堆废墟，4月的轰炸摧毁了市中心。幸运的是，无忧宫并未受到影响。如今采齐林霍夫宫已恢复些许往日的氛围，和城里的其他地方一样，它设有有关此次会议的详细展览，贯通过去与当下。

波茨坦会议形成了一些重要结论，它们将直接影响柏林正在发生的事情。首先，据称会议目的是"要让德国人民相信，他们已遭遇彻底的军事失败，且负有不可推卸的责任。他们自己发动的残酷战争与纳粹疯狂的倒行逆施摧毁了德国经济，由此造成的混乱和痛苦无可避免"[10]。此番声明是盟国领导人视察柏林废墟后做出的。接着，盟国方面又提出，地方自治政府应根据民主原则，特别是通过选举议会，尽快在德国各地重建起来；所有民主政党都应允许存在；尽管德国中央政府尚未恢复，但它应被视为一个独立的经济单元。盟国还同意苏联从其控制地区获得赔偿，同时还可以从英、美占区获得 15％的赔偿，而这只是将已经在做的事情正式敲定下来。

　　盟国领导人还抓紧在柏林逗留的时间举行了胜利游行。7 月 21 日，英国人在贯穿蒂尔加滕的东西中轴线夏洛滕堡大街举行阅兵式，丘吉尔便在此接受致敬。然后当他为设在库达姆、专门为英军开设的温斯顿俱乐部揭幕时，他被德国人的欢呼声吓到了。丘吉尔"看上去不知所措，他举起手臂，似乎想要感谢掌声，但又放了下来"。"这个老伙计看起来不错。"一个德国人说。另一个人则似乎不敢相信自己的眼睛，他喃喃自语道："这应该是个暴君吧，是吧？"11盟军的主要阅兵式则放在 9 月 7 日，但风头全让朱可夫占了，他"整个人闪闪发光，制服两边挂满勋章，一直到肚脐的位置"。按照柏林人的说法，哪怕是戈林都没挂过这么多勋章，不过他也不会这么干；要挂就挂一块，上面写着："请查清单。"乔治·巴顿（George Patton）将军也在场，美国的第 82 空降师也来了，英国近卫团和法国的骑兵军乐队"身穿整洁的猩红色绒面革制服，戴着白色的羔羊皮手套"。但给人印象最深的还是苏联步兵，"他们的连队如此密集……人与人挨得很近，仿佛重叠在一起"。他们有一种"无限的力量"，一种"极其鲜明的压迫气场"，犹如一支庞大的中世纪军队。12

　　当会议和游行告一段落，柏林又将重返凛冬将至的严酷现实。食物仍然很匮乏，每个人都得自己种点菜，因此"田间盗案"司空见惯。9 月的一天晚上，卡拉·赫克尔去自己位于林登大道的菜园浇水，赫然发现菜园"遭遇了难以形容的野蛮洗劫。个头还小得很的块茎、还没长成的马铃薯撒得到处都是；这场景完全是谋杀孩童的现场。我整个人都崩溃了，我们费了千辛万苦才找到的马铃薯种子！这些马铃薯原本可以卖到两百镑，它们是过冬的救命稻草啊！"13

"这就是柏林,迷人但令人沮丧,"乌苏拉·冯·卡多夫在她9月20日的日记中写道,"所有人看起来都有点神志不清,为了挣扎着活下去而疲惫不堪。不管怎样,他们都很善良、热情好客、饶有风趣。但一切太可怕了。我们睡在位于萨维尼广场贝辛的旧公寓中,一间没有外墙的屋子里。"[14]黑市上到处是俄罗斯商人,尽管苏联军队对此掩饰得很好,但英国宪兵依然发现了他们并逮捕了一名苏联少将,其罪名是在其管区出售赃物。在国会大厦附近的蒂尔加滕甚至还有一个半官方性质的黑市。虽然原来的帝国马克依然通用,但香烟才是最受欢迎的硬通货,尤其是美国和英国的进口牌子。一种全新的柏林职业"烟头收集者"(Kippensammler),就此诞生。男孩们将军营和俱乐部附近丢弃的烟头收集起来,然后再加工成整支香烟。无数柏林的传家宝,无论是在战时抢来的还是保存下来的,现在要么拿来换取盟国手上的口粮,特别是巧克力、白面包和咖啡,要么以勉强换几根烟头的价格转手。

非纳粹化委员会成立了,它对所有与前政权有牵连的人士〔24个组织的成员被认定为纳粹支持者,它们从纳粹党党内组织到帝国电影协会(Reichsfilmkammer)及德国基督教团(Deutsche Christen Bewegung)①,不一而足〕展开调查。虽然波茨坦会议已决定要对纳粹头目进行审判,但问题在于成千上万以某种方式为纳粹党效力的小公务员将如何处置?随着城市逐渐恢复生机,他们中的许多人对于恢复急需的服务至关重要,西柏林许多人因此得以重操旧业。但情况在苏占区则截然不同,新成立的德国内政部(Deutsche

---

① 德国基督教团(简称"DC")起初是1931年在德国中部图林根成立的宗教派别,1933—1945年成为按照元首原则组建的基督教新教团,信奉种族主义和反犹主义观点。

Verwaltung des Innern，DVdI，它是共产党人以内务人民委员部为
蓝本建立起来的警察部队）逮捕了所有牵扯纳粹嫌疑的人，还有相
当多的自由主义者以及其他被认为在某种程度上反对这一政权的
人。这些人都被关进纳粹最近撤出的集中营里，萨克森豪森在揭过
血腥历史的一页之后，又开启了残酷的全新篇章。据估计，苏联总
计拘留了超过 15 万德国人，许多人再也没有回来。据说一名男子
在回到他曾被纳粹关押的同一个集中营后，直接露出了他手腕上的
文身并问道："我可以用同一个号码吗？"

据预测，1945—1946 年的冬天将非常寒冷，很多柏林人因此
将在没有墙壁，更不消说拥有窗户、门或壁炉的房子里过冬。但其
实这个冬天并没有预想的那么糟糕，这座城市除了从东普鲁士（如
今部分属于波兰，部分属于俄罗斯）接收了数千名德国人（1945—
1950 年估计有近 300 万人被驱逐到德国）外，愣是咬牙挺了过来。
反倒是 1946—1947 年冬天十分可怕，数千人死于寒冷和饥饿。驻
扎在格伦瓦尔德附近施潘道的英军，胆战心惊地被警告，有人看到
森林边张贴的指示牌上写着小心狼出没。要恢复正常生活似乎还有
很长的路要走。"让我最为惊讶的第一印象，"乔治·克雷尔
（George Clare）在那年冬天写道，

> 不是亲眼看到的，而是亲耳听到的。1938 年的柏林以激
> 烈刺耳的渐强、无调性、高分贝的声音冲击着人们的耳朵；混
> 合着刺耳的汽车喇叭声，吱吱作响的刹车声，呼啸而过的公交
> 车，电车的当当声，还有报贩的叫卖声。但现在——就像骷髅
> 之舞发出的缓慢而诡异的鼓声——每一种声音都是单独出现并
> 始终保持这种状态，通常是木鞋底的咯噔声，手推车的嘎吱

声，间或夹杂着电车的动静，使用木材燃料的公交车，还有盟军卡车上的齿轮声。城市生活失去了持续的喧嚣，这比看到断砖残垣下的蓝天更令人不安……但柏林并非全无生命的月球表面。它以某种行尸走肉般的方式存在着，这也反映在与我擦肩而过的很多人呆滞的神情里；这种神情在男性脸上比女性脸上更容易察觉。只不过，这些男人大多上了年纪甚至老态龙钟。他们低着头，满面愁容。周围零星的几个年轻人——他们是曾经征服几乎整个大陆的军人的残影——穿着破烂不堪的国防军制服，看上去十分凄凉，似乎尝尽了苦难。[15]

令人惊讶的是，犹太人社区开始自我重建。就在 1945 年 5 月 6 日柏林投降的那一天，和苏联军队一同进入的波兰首席拉比在康德大街举行的仪式上吹响了羊角号（这是一种用于宗教仪式的希伯来乐器）。5 月 11 日，教士马丁·里森堡（Martin Riesenburger）在洛林大街的一个犹太小会堂里主持了另一场仪式。"来了一些人，"他这样写道，"他们第一次从地下走出来，重见天日，那么多年来他们一直东躲西藏。"慢慢地，聚集起大约 8 000 人，他们一同悲伤地缅怀自己惨遭杀害的 56 000 名亲属。由于波兰发生了（反犹）屠杀①，再加上那年晚些时候大批德国人被驱逐出波兰，柏林犹太人口大幅增加。他们在抵达柏林时得到了一个名为"Joint"的美国犹太人援

---

　　①　这里指的是 1946 年 7 月 4 日在波兰东南部城市凯尔采爆发反犹暴力事件。事件的起因是一名 8 岁波兰男童声称自己遭一名犹太人绑架，波兰军警遂对当地聚集着从集中营死里逃生、等待返乡的犹太难民的犹太社区展开调查，但最终引发当地波兰民众对犹太难民的攻击。这一暴力事件共造成 42 名犹太人身亡，超过 40 人受伤。

助组织①的帮助，这个组织因为人们提供食品、燃料和香烟而大受欢迎。一位官员颇为气恼地写道:"犹太教如今早就不是精神滋养的源泉，而是人们渴望得到朝思暮想的'Joint'包裹的手段。"16

　　按照波茨坦会议的决议，1946 年 10 月，柏林举行了 11 年来的首次投票，选举新的市政府班子（Magistrat）。1945 年 6 月波茨坦会议之前就存在的三个主要政党：德国共产党、社会民主党和更右翼的基督教民主联盟（CDU）已进行了民主化改革。乌布利希吸取 1918—1919 年的教训，决心要组成一个统一的左翼政党。1946 年 4 月，他强行让德共与社民党合并，成立统一社会党（Sozialistische Einheitspartei，SED）。但令他火冒三丈的是，西柏林的社民党竟然拒绝按照他的计划行事，继续保持独立。该党独立参选，获得议会 120 个席位中的 63 个，基民盟赢得 29 个席位；而乌布利希的统一社会党仅获得 26 个席位，这是对苏联统治的明确拒绝。市政府成员聚集到一起后，他们选择社民党领袖奥托·奥斯特罗夫斯基（Otto Ostrowski）出任市长，但苏联人则坚持要求他应该与乌布利希的候选人奥托·格罗特沃尔（Otto Grotewohl）共同管理这座城市。奥斯特罗夫斯基因同意妥协而被迫下台，议会遂推举恩斯特·罗伊特——他曾经是共产党人，如今却是一位坚定的社会民主党人——取代奥斯特罗夫斯基。乌布利希厌恶罗伊特，视其为共产主义事业的叛徒，因此拒绝与他共事。

　　1947 年 6 月，在欧洲经历了可怕的冬天之后，乔治·马歇尔（George Marshall）将军（时任杜鲁门的国务卿，战时曾担任美国

---

① 这个组织的全称是"美国犹太人联合救济委员会"（The American Jewish Joint Distribution Committee，JDC）。

陆军参谋长）宣布制订马歇尔计划，计划通过美国提供的慷慨援助尝试振兴欧洲经济。援助也同样面向苏联，但后者出于自身考虑及控制东欧国家的需要而拒绝了美国的援助。而要让德国恢复到某种正常状态的关键是需要一种稳健的货币。柏林仍在使用严重贬值的旧马克，人们对于继续使用这种货币几乎没有什么信心（用香烟作为交易物的情形依然存在）。因此，与马歇尔计划同时推进的一项计划便是于1948年6月23日在德国西部的英、美、法占区及柏林引入一种新的货币，即德国马克，新发行的纸币上印有红色的"B"字样。每个人都能以非常优惠的汇率，用一文不值的60旧帝国马克兑换新的德国马克，实际上等于免费送每人60个德国马克。效果立竿见影，商品几乎一夜之间就出现在商店里。英国人和美国人此前就达成共识，在他们位于德国西部的占领区，柏林除外，应根据新的德国宪法实行自治。他们迈出的第一步是同意合并各自的经济管理机关，成立"双占区"；因德国过快恢复国力而倍感困扰的法国随后也不情愿地加入了，最终形成"三占区"。

　　如今有了新货币，苏联意识到他们正在失去经济和政治控制力，于是试图加以阻挠，称需要所有四个大国的同意方可引入货币。他们试图在五天内就在柏林推出自己的货币方案，称为"东部马克"，其实就是在旧的帝国马克钞票上贴上一张马铃薯淀粉胶贴纸，还不怎么牢固。果不其然，这个方案失败了，柏林人几乎人人使用"B"记马克。盟国将领——但其中不包括6月16日离开（柏林）的苏联元帅索科洛夫斯基（Sokolovsky）——宣布，苏联推出的货币命令并不适用于他们的管区。尽管乌布利希派暴徒四处出击，进行各种恐吓威胁，但市政府依然投票坚持自己的主张。罗伊特最终宣布，两种货币将继续在各自的占领区流通。斯大林和乌布利希的计划进展并不顺利，任何打算把盟军赶出柏林，然后将西柏林人置于统社党领导之下的想法都必须经过重新考量。斯大林虽然不愿意，但可能也无法面对战争的风险，因此他尝试采取另一种迫使西方盟国退出的方法。

6月24日，苏联封锁了通往柏林的所有公路、铁路和水路，实施封锁的目的是让西柏林和盟国尝尝挨饿的滋味，然后主动投降。柏林食品供应被切断，电力和天然气供应也被切断，因为这座城市大部分的供给都是来自苏占区，而苏联早已把英占地区的发电站拆了个精光。盟国面临巨大困境，如果通过陆路强行补给则不得不面对苏联军队，这很容易激化矛盾。但他们又不能就这么让他们管区内250多万柏林人忍饥挨饿；在过去三年里，随着来自波兰和东普鲁士的移民不断增加，城市人口不断膨胀。这也是为什么斯大林的如意算盘是逼迫盟国完全放弃柏林。但他没有考虑到两件事：一是美英的军事力量，虽然两国自战争结束以来均大幅削减武装力量，但它们仍然拥有相当规模的航空运输机编队；二是柏林人不甘受辱屈服的决心。

现在进入柏林的唯一途径是空运。卢修斯·克莱将军正确地估计到可以在不引发战争的情况下实现空运补给，受他启发，杜鲁门总统被说服于6月25日授权首批"空中霸王"① 向滕珀尔霍夫机场运送补给。但这是一项重大挑战。柏林每天需要约8 000吨补给，这就需要约1 000次飞行，三架空中霸王根本无法满足需求。柏林人对此几乎不抱希望，因为他们知道德国空军无法为冯·保卢斯（von

---

① "空中霸王"（Skymaster）指1942年2月试飞成功的美军C-54战略运输机，该运输机型在战时即以航程远、载重量大而著称。

Paulus）的军队提供补给后斯大林格勒会发生什么。但美国拥有两位了解大规模空中补给行动的人物。第一位是刚好在德国的阿尔伯特·魏德迈（Albert Wedemeyer），他曾在 1944—1945 年从印度通过"驼峰航线"向蒋介石在中国的军队提供补给。巧的是，20 世纪 30 年代他曾就读于柏林的军事学院。第二位则是航空运输专家威廉·特纳（William Tunner）中将，他曾在威斯巴登指挥过空运，同样拥有在中国工作的丰富经验。通过从美国在世界各地的空军基地抽调空中力量（据估计，有四分之三的美国军用运输机被投入柏林行动），并在提供四分之一的飞机的英国皇家空军的大力支持下，特纳实现了几乎不可能的目标：到 1949 年春天，他每天执飞 1 383 架次，搭载物资 12 849 吨。这就意味着每 60 秒就有一架飞机降落在柏林，柏林地勤人员只需 20～30 分钟就可以将物资卸下飞机。

　　这次行动危险而代价昂贵，共有 39 名英国和 31 名美国机组人员丧生，还有 13 名德国平民丧生，在滕珀尔霍夫机场有一座令人感动的纪念碑以纪念他们。苏联战斗机以低空掠过的方式干扰进入苏占区领空的飞机，迫使飞行员极速闪避。而如此众多的飞机按照紧张的时间表起飞、降落，机场空间又如此有限，再加上天气因素，让运输变得异常困难。特纳后来写道，1948 年 8 月 13 日那个大雾的周五是最困难的日子之一，当一架"空中霸王"在滕珀尔霍夫机场冲出跑道时，"当时他们的飞机像黑暗中的灰色怪物一样颠簸，飞行员们在空中不停地喊叫，近乎惊慌失措地想知道发生了什么。地面上，飞机为了能在三分钟内进入返程带而离开卸货线，但这样一来就造成了交通堵塞，由于担心与头顶上盘旋的飞机相撞，飞机被拒绝起飞"[17]。幸运的是，特纳还是成功地指挥所有盘旋的飞机返回基地。

缺乏机场也是一个问题。位于美占区的滕珀尔霍夫机场，其跑道数量不足，不得不在 1948 年夏天重建。英占区的加图机场不仅承载量不足，还距离哈维尔河西岸的市中心很远。于是盟国计划在法占区的泰格尔修建第三座机场。至 1948 年 11 月，17 000 名柏林志愿者利用城市储备充足的砖块和瓦砾建起一条长 1 676 米的跑道，还拆了一根苏联人正在使用的无线电杆。其实法国并未参与空运，但时任法国指挥官的加内瓦尔（Ganéval）将军对苏联将军科季科夫（Kotikov）的一番奚落，让法国在这段历史中占有了一席之地。科季科夫对自家无线电杆无故被拆一事十分恼火，愤然质问："你们怎么干得出这种事？"加内瓦尔则回答："靠法国工程师和炸药啊。"这三座机场将一直运行下去，直到 20 世纪 90 年代。尽管颇具讽刺意味的是，今天恰恰是泰格尔成为城市主要的交通枢纽，至少在新的舍内费尔德机场完全启用之前是这样的。

被斯大林和乌布利希忽视的一个因素是柏林人——尤其是生活在西面的柏林人——对苏联在东柏林的管制敌意之深。尽管面临种种困难，柏林人准备好忍受新一轮的物资匮乏，因为他们深知，如果不这样做且盟国被赶走的话，他们的未来就将完全被人摆布。头几个月的生活尤其艰难，每户平均供电时长被限制在两小时以内，每月限供 25 磅的煤，热量摄入也勉强维持在饿不死的状态，不过随着空运效率提高，到 1949 年 4 月，柏林人每天摄入的热量为 2 300 卡路里，已经比仍实行战时配给制的伦敦人要多了。关于空运最具说服力的事实之一是，虽然柏林人可以不受限制进入苏占区，那里每天都有从苏联控制的广大地区进口的新鲜食物，但只有 4% 的人能够做到，而且他们往往是那些在西面生活、在东面上班的人，或是统社党党员。许多东柏林人偷运食物越过边境。吉塞拉·比尔斯基（Gisela Bilski）

就经常这样干，给她住在动物园附近的姑姑带去食物和煤炭。她的头两次旅行一切顺利，但到了第三回，警方决定在弗里德里希大街车站对她那班火车上的所有人进行搜查。她设法把一篮苹果扔出窗外，因此引起警方的怀疑。等到第四次，她因为身上带了一磅黄油和五块煤被抓了个现行。尽管她当时只有 13 岁，还是被关进了监狱。虽然很快就被释放，但不得不服从禁止谈论自己所作所为的苛刻条件。从那时起，她就被打上了"经济犯"的烙印。[18]

恩斯特·罗伊特表达了这种坚持抵抗的决心，他成为柏林抵抗运动的政治领袖与情感导师。罗伊特是一个典型的柏林人，他出生于石勒苏益格-荷尔施泰因，但以柏林为家。第一次世界大战时他曾在东线服役，被俄国人俘虏，在服刑期间皈投共产主义。罗伊特逐渐与列宁搭上线并得到了后者的赏识，因此于 1918 年被派往柏林，很快便在德共党内崭露头角。但他与党内对手的竞争让他逐步看清德共存在的问题，因而转投社民党，从此再也没有动摇过。1933 年纳粹上台时，他是马格德堡市长、国会议员，并因此经历集中营的短暂拘役，获释后他前往土耳其，并在那里度过了战争岁月。回到柏林后，1946 年他入选市政府，随后当选市长。他因为《时代》（*Time*）杂志封面和那篇标题简洁的文章《柏林先生》（"Herr Berlin"）而为世人所知[①]，他头戴招牌黑色贝雷帽、帽檐拉得低低的形象，已成为柏林抵抗的国际象征。

可以想见，他不得不与支持苏联的反对者作斗争，他们人多势

---

① 恩斯特·罗伊特于 1950 年 9 月登上美国《时代》杂志封面，而《柏林先生》则发表于 1953 年 10 月，由于罗伊特已于同年 9 月 29 日逝世，因此是一篇纪念他的文章。标题中的"Herr"在这里语带双关，它既有德语中"先生"的意思，又可以被理解为"主宰者、主人"。

众。1948 年 8 月 26 日市政府召开会议谴责封锁行动，但遭到一伙统社党员的骚扰，指控他们犯有反人类罪。由于背后有苏联人的支持，警察在不受人待见的前纳粹头目保罗·马克格拉夫（Paul Markgraf）① 领导下采取了各种政治倾向明显的行动，甚至是在西柏林大肆逮捕自由主义者，这让统社党格外遭人愤恨。因此在 8 月的早些时候，市政府批准由约翰内斯·施图姆（Johannes Stumm）领导建立一支独立的西柏林警察部队。此举立即吸收了四分之三的现役军官。在 8 月 26 日的会议上，感觉受到乌布利希暴徒威胁的基民盟成员提出一项动议，要求市政府搬离红色市政厅，改在盟国管区内召开会议。该动议最初遭到社民党的抵制，但在 9 月 6 日召开的第二次会议上，市政府成员再次遭到攻击，还被统社党雇来的凶徒和东柏林警察封锁在他们的办公室内。因为当成员们试图离开时，他们赫然发现大楼已经被警察和苏联士兵包围。最终经过盟国与科季科夫的交涉，成员们才重获自由，随后市政府中的西部成员就此出走，在舍内贝格的市政厅召开会议。然而，真正的影响出现在三天后。约有 30 万柏林人聚集在如今更名为共和广场的国王广场，聆听罗伊特在烧得只剩空壳的国会大厦前发表演讲。罗伊特告诉他们，柏林将对共产主义说"不"，而"热爱自由的柏林人民将会筑起一道大坝，赤潮想要冲破大坝不过是徒劳"。他最后在盟军飞机掠过人们头顶起降时说道："身处这个世界的人们，珍视这座

---

① 保罗·马克格拉夫 1931 年加入德国国防军，1939 年以士官身份参战，逐步晋升为上尉，1942 年因参加斯大林格勒会战被苏军俘虏。被俘期间马克格拉夫接受反法西斯改造，成为由受共产主义影响的德国被俘士兵与军官团体"自由德国全国委员会"（Nationalkomitee Freies Deutschland）的成员，同时加入苏联红军。1945 年作为乌布利希团队成员回到柏林，负责组建民主德国警察部队。

城市吧，想想你们不应该也不能抛弃这座城市和这里的人民。"

　　人群的情绪被他的话点燃了，人们穿过勃兰登堡门涌入巴黎广场，但他们在那里被东柏林警察团团围住。15 岁的沃尔夫冈·朔伊内曼（Wolfgang Scheunemann）在试图保护一名年轻女子时遭枪杀，另有 12 人受伤。英国人急忙赶去保卫不远处蒂尔加滕的苏联战争纪念馆，以防怒火中烧的民众前去搞破坏。那年 12 月，柏林再次举行选举，要为西面选出一个市政府班子。这个冬天寒冷、灰暗、可怕，每个人都饥寒交迫，但有 86％的合格选民参与投票，64.5％的人投票支持罗伊特和社民党，19.4％的人支持基民盟，16％的人支持自由民主党，统社党则没有参与选举。现在，柏林显然已经在政治上分裂为东西两部分。

　　尽管罗伊特成了柏林的挂名领袖，但这座城市的坚定决心也让它扬名国际、备受瞩目。过去它被视为"法西斯野兽的巢穴"，当时的世界并不知道它是多么的反纳粹。但现在，它被看作对抗苏联的民主前线。虽然那些每分钟都满载食物和燃料着陆的机组人员与四年前拼命投下致命炸弹的人是同一批人，但一种真正同情柏林人——尤其是儿童——的心态油然而生。一位名叫盖尔·哈沃森（Gail Halvorsen）的美国飞行员开始养成一个习惯：当他的飞机降落在滕珀尔霍夫时，会为孩子们投下糖果。这种做法很快就流行开来，以至于工作人员会准备带有糖果的迷你降落伞，当他们即将抵达时投下去。孩子们称这些飞机为"葡萄干轰炸机"（Rosinen-bomber），它成为"空中走廊"和美英友善的象征。哈沃森在靠近目的地时会开始倾斜他的机翼，让孩子们做好准备，这为他赢得了"摇翅膀叔叔"（Onkel Wackelflügel）的绰号。柏林儿童的自尊心给他留下深刻印象。"这些孩子没有巧克力，尽管他们真的很想吃，但也绝不会低三下四地乞讨，"多年后他告诉《每日镜报》（*Der Tagesspiegel*），"所以即使他们有（巧克力），我们也会再多给他们两条口香糖。但这些孩子更想拥有的是自由。"[19]

1946 年 9 月，美国人在舍内贝格成立柏林广播电台，即美占区广播电台（Rundfunk im Amerikanischen Sektor，RIAS）。它强大的无线电发射台可以让它每天 24 小时广播。在空运期间，它吸引了大批听众。尽管电台归政府所有，但也吸引了各种各样的德国人才。1948 年圣诞节首播的节目《小岛居民》（*Die Insulaner*）成了王牌节目，据估计，尽管电力短缺，但在那个黑暗的冬天有近四分之三的柏林人收听该节目。

到 1949 年 5 月，苏联人已明确意识到封锁政策失败了。而且由于西方的报复措施，严重限制了从联邦德国来的物资供应，而这些物资是民主德国在经过苏联控制后发展经济所必需的，这就开始给苏联人造成了麻烦。5 月 11 日，公路和铁路悄然重新开放。1948 年 6 月 24 日以来，共有 277 804 次航班运送了 40 万吨食品和燃料；此外，还有 83 000 吨货物被空运出柏林，以便至少有一些工厂能够销售它们的产品，还有 68 000 人因医疗或个人原因被带出西柏林。[20] 这是一个令人印象极度深刻的巨大成就，但它仍然在苏占区内留下了一座分裂的城市，而盟国控制的德国其他地区如今已变成一个独立的国家。封锁甫一结束，英、美、法占领区就摇身一变为德意志联邦共和国。显而易见，柏林不可能成为这个新国家的首都，于是波恩被另立为首都。

许多柏林人视之为一个积极的信号，因为假设新政府想要拥有一座永久性的首都，那么他们是否应该选择法兰克福或汉堡？但现在的选择却是一座相对默默无闻的莱茵城市，这是否意味着，在他们内心深处，依然想要看到柏林最终重新扮演自己的角色？首次选举于 8 月 14 日举行，最终由康拉德·阿登纳组建联合政府，他的基民盟在联合政府中以微弱优势获胜。10 月，苏联建立了德意志民主共和国（Deutsche Demokratische Republik，DDR；"GDR" 是它的英文缩写）。柏林当然是它的首都，设有 2 000 人组成的议会，议员绝大多数是统社党党员；选票上只有一个政党选项，这一点并不出人意料。1919 年差点和李卜克内西、卢森堡一起被处决的威廉·皮克成为首任总统，奥托·格罗特沃尔担任他的首位总理，但权力依然掌握在德共第一书记瓦尔特·乌布利希手中。这两个新国家的国旗都采用了 1848 年的旧民族主义色——红、黑、金，但民主德国在国旗上加了一个指南针、一把锤子和一捆谷物，代表工业、科学和农业。他们还将党的警察部队即德国内政部，并入国家机关，称为国家安全部（Staat-sicherheitsdienst），简称"斯塔西"（Stasi）。

　　西柏林的经济在摆脱封锁后慢慢恢复，但它的失业率仍超过 30％，远高于新成立的联邦德国政府的 11.5％的水平。[21] 苏联的控制、战争中持续不断的破坏以及封锁本身，都影响着工厂产能。但当联邦德国打算独立建国，柏林又发现自己有点被孤立了。阿登纳本来就不喜欢这个城市，他有一句名言，说自己在穿过易北河时拉下了火车车厢里的百叶窗，因为那里的风景让他想起了非洲大草原。作为虔诚信仰天主教的莱茵兰人，他还曾说过，"尽管柏林人有一些宝贵的品质，但我在柏林总觉得自己像是待在一座异教城市"[22]。柏林由盟国军事管制总部管理，后者与罗伊特及市政府的合作日益密切，并向波恩议会派遣观察员——因此至少在官方层面上，柏林并不属于联邦德国。阿登纳为此进行了一些说服工作，并在美国的压力下，波恩也开始向柏林提供直接财政援助。美国亦提供了近 30 亿美元的援助，柏林这才在某种程度上逐渐实现与联邦德国经济持平。联邦德国经济在 20 世纪 50 年代的年增速为 8%，是欧洲增长最快的国家，创造了所谓德国"经济奇迹"。

然而，当西柏林的生活从 1950 年起渐趋稳定并逐步改善，原本从 1945 年以来与西边生活无甚差别的东柏林，情况开始逐渐恶化。玛吉特·侯赛尼（Margit Hosseini）住在西柏林，但在 50 年代经常去探访东边的家人。她这样描述自己走出轻轨站，"即使是一个孩子，也能立即察觉并发现气氛转换之快"：

> 一走上弗里德里希大街，那里便出现了宣传社会主义及其优越性的巨幅海报。当你走入东柏林、远离市中心时，气氛变得阴沉了起来；没有那么多色彩鲜艳的海报，一切都是灰色的……这里的许多地方还是一片废墟，整条街道和建筑物都化为瓦砾……人们迈着灰色的步伐无休止地走在街上，但彼此没有交谈情景还印刻在我的脑海中。而在西柏林，我们有说有笑，比画各种手势。[23]

民主德国已经被认为是共产主义阵营中经济发展最快的国家之一，但与联邦德国相比，它还差得很远。"民主德国状况不好，我们经常被告知要在工作中做些什么，加入像自由德国青年团这样的组织之类，但我没参加其中的任何一个。"来自东柏林的年轻司机哈迪·菲尔（Hardy Firl）这样说："如果你不想入党，就会面临很多不利因素。每个人都有工作，但我们挣得很少，也没有什么东西可买，不像西柏林什么都有。从战争结束到 50 年代初，情况变得越来越糟，几乎什么东西都买不到。我父母想买些钉子，但连那种东西都没有。"[24]

乌布利希对经济问题的看法，和他对安全问题的看法一样强硬，这并不让人意外。由于他和统社党坚持推行农业集体化，在工业方面实行复杂的国家计划，经济增长因此放缓。重工业生产比消费品生产更受重视，这就意味着商店里几乎没有什么可以给单调乏味的生活带来欢乐的东西。到了 1953 年，由于国家计划不合理，约有 75 万公顷耕地还未开垦。民主德国政府也越来越担心越境到联邦德国居住的人日益增多，显然民主德国的生活不如联邦德国有吸引力。1952 年，斯大林向盟国开出一个令人惊讶的条件，他提出可以通过自由选举实现德国重新统一，但前提是统一后的德国不加入任何军事同盟。但问题的关键在于，这个新德国的（东部）边界将沿奥得-尼斯河划分；换句话说，曾经的东普鲁士领土将永远被划归俄罗斯和波兰。正是这一点让这个提议在波恩引发强烈反响，因为那里的东部难民组织很强大；而重新统一的建议也不可避免地遭到法国的反对，因为后者将在几十年间始终坚决反对任何形式的（德国）统一。法国的理由是，举凡德国统一，平均每 23 年就要入侵法国一次。反倒是阿登纳似乎从未将斯大林的提议当真，他反正觉得易北河以东的德国是亚洲的一部分，而且他更愿意维护如今自己与西方成功建立起来的密切关系。结果是乌布利希说服了斯大林，称现在应该通过独立才能保护民主德国。同年，他开始加固两个德国之间的边界。

一条 5 公里宽的狭长地带被清理了出来，居住在这个区域的人遭到粗暴驱逐，通常是在很短的时间内通知他们离开，随后一道带刺的铁丝网沿实际边界线竖立起来。进入这 5 公里宽的区域需要特别许可。再后来，带刺铁丝网将被一道几乎无法穿透的围栏取代，围栏周围布满了地雷、绊线、探照灯和机关枪，所有这一切都由训练有素但又耀武扬威的 47 000 名警卫负责，他们被称为边防部

队（Grenztruppen，通常称为"边防守卫"）。两个德国的内部边界
（Inner German Border，IGB）成为铁幕的实物象征，"铁幕"一词
最初出自丘吉尔 1946 年 3 月在（美国）密苏里州的一次演讲，它
指的是西方自由世界和东方共产主义阵营之间的边界。这条德国内
部边界线从波罗的海开始绵延了 1 400 公里，一直延伸到捷克斯洛
伐克边境，生活在界线两侧的德国人，以及长期在此巡逻的几代英
美士兵都对它非常熟悉。乌布利希还对在东柏林拥有土地或地产的
西柏林人采取行动，没收了所有西柏林人拥有的财产，这种行动对
于众多仍依靠他们的小块土地获取供不应求的马铃薯和蔬菜的柏林
人来说，过于贪得无厌了。

　　乌布利希的麻烦在于，尽管他关闭了民主德国和联邦德国之间
的边界，但柏林仍然是一个开放的城市。他现在可以阻止他的人民
直接进入联邦德国，但他无法阻止人们进入他们的首都柏林，然后
越过苏联和盟国之间的开放边界前往联邦德国。随着民主德国的情
况逐渐恶化，政治和文化限制变得日益严格而不是放松，数量众多
的民主德国公民选择离开：1950 年是 197 788 人，1951 年是
165 648 人，1952 年是 182 393 人。其中的大多数人比较年轻，也
更雄心勃勃，是试图重建自身和经济的社会绝不能失去的那类人。
乌布利希对这一点一清二楚。1952 年年底，他设法说服斯大林
（斯大林似乎总是对这个冷酷的萨克森人很心软）应允他在边境上
进行巡逻。但这一次命运没有眷顾他。斯大林于 1953 年 3 月去世，
苏联暂时陷入政治瘫痪。莫洛托夫、贝利亚（Beria）、赫鲁晓夫
（Nikita Khrushcheve）和葛罗米柯（Gromyko）一系列寡头先后在
莫斯科掌权，他们均认为乌布利希过于强硬。曾在 1945 年指挥近
卫第八集团军并接受魏德林投降的崔可夫元帅，如今已是苏联称苏

军驻德集团军（the Group of Soviet Forces Germany，西方简称为
"GSFG"）的总指挥，受命与德共进行对话。他的指示是建议后者
放松人民的生活，这也是政治局的合理建议，如此一来或许可以减
少想要离开者的人数。

　　乌布利希现在处于潜藏危险的两难境地。他失去了他的保护
人，国内形势又在持续恶化。他不仅要面临已秉承更开放的改革路
线的部长们的批评，现在连他的苏联导师都开始反对他。但乌布利
希似乎对批评无动于衷，以一种毫不妥协的老派共产党人的方式坚
信解决的办法是推行严厉的社会政策、更多的集体化和更多的重工
业。他开始收紧对所有私营企业的监管，取消许多仍拥有财产的
"资产阶级"分子的配给卡，拒绝放松对教会的管制。最具争议的
一点是他将"劳动定额"（即工人为了拿到相应薪水而必须完成的
工作量）提高了 10%。1953 年 6 月，他被召到莫斯科，就如何改
革民主德国以促使人民安居乐业做出说明。这次经历对他来说一定
十分痛苦。回到柏林后，他被迫于 6 月 11 日发表声明，称自己犯
了错误。此番声明堪称闻所未闻，民众对此十分喜闻乐见。

　　这表明乌布利希的地位出现动摇。6 月初，捷克斯洛伐克发生
骚乱，工人暴动抗议他们的高压政府。在东柏林，可能是因为柏林
人对 6 月 11 日的声明过于关注，再加上与仅有几个街区之遥的西
方邻国之间的鲜明对比始终存在，因此在许多人看来，这是一个机
会。6 月 16 日，一群在斯大林大道（这是沿一片废墟的大法兰克福
街重新进行开发的项目，要以乌布利希的方式展现东柏林奇迹）工
作的建筑工人决定举行游行，要求奥托·格罗特沃尔放弃提高劳动
定额。他们的起点是施特劳斯贝格广场，那里矗立着 1951 年苏联
人向柏林赠送的巨大斯大林铜像，然后沿斯大林大道前进，穿过亚

历山大广场后再沿莱比锡大街来到位于戈林旧航空部大楼内的总理办公室，一路上高唱 1918 年革命时的行军曲 *Brüder, zur Sonne, zur Freiheit*（《兄弟们，向着太阳前进，向着自由前进》），这首曲子的最后一小节类似于"打破奴隶枷锁，为最后的圣战而战"。一路上他们聚集起大量的支持者，成千上万的人要求格罗特沃尔出来进行交涉。但不出所料，他躲在办公室拒绝现身，被推出去解决问题的是统社党书记海因茨·勃兰特（Heinz Brandt），他承诺会取消增加的劳动定额。但这并没让人们感到满意，他们反而觉得政府是在搪塞敷衍。

抗议人士遂号召大家第二天，即 6 月 17 日，进行大罢工，发布消息的并非国家控制的官方媒体，而是来自西柏林的美占区广播电台，但民主德国的大多数人都会收听这个电台的节目。第二天，有近 50 万人在民主德国各地聚集抗议。在柏林，他们聚集在弗里德里希海因的施特劳斯贝格广场，并再次向市中心进发，他们沿着菩提树下大街经过了苏联大使馆，在那里高呼反苏口号。当时十来岁的约阿希姆·鲁道夫（Joachim Rudolph）也加入其中，"我们路过一家鞋厂，"他回忆道，"许多妇女探出窗外，看着我们，朝我们挥手欢呼……我们喊道：'下来！加入我们吧！看看，知道今天全国都在罢工吧！'她们答道：'是的，我们也想参加，但经理把所有的门都锁上了，我们出不去。'紧接着就有人翻过铁门，设法撬开了锁……许多妇女穿着工作围裙就下来参加游行了。"[25]勃兰登堡门上的红旗也被扯了下来。人们涌入莱比锡大街，高喊着反乌布利希的口号，如"山羊胡必须下台！"（乌布利希习惯留山羊胡）和"山羊胡、胖肚腩和四眼都不是群众的意愿"，后两个指的是体形肥胖的皮克和格罗特沃尔。[26]不过他们更为严肃的诉求依然是有关新的劳

动定额。政府似乎再次陷入瘫痪。国家计划委员会主席布鲁诺·洛
伊施纳（Bruno Leuschner）因突发心脏病倒地不起。随着越来越
多的示威者抵达，警察似乎同样感到困惑。约阿希姆·鲁道夫和一
伙人试图进入一栋归统社党所有的大楼：

> 门当然是锁着的。我们爬了几层楼，敲了敲其中一层的某
> 扇窗玻璃……边上还有一个卷帘，既拉不开又扯不坏。站在这
> 些障碍物前的是一名残疾的退伍军人，他在战争中失去了一条
> 腿。他怒不可遏，站在台阶上咆哮，用拐杖戳着卷帘，砸碎了
> 所有的窗玻璃……我能看到一些窗户的窗帘后面有人脸的轮
> 廓。那是统社党的大人物，他们也瑟瑟发抖。[27]

然而，乌布利希在一夜之间就筹划好了毫不妥协的回应。经过与驻
扎柏林的新任苏联军事指挥官彼得·阿基莫维奇·迪布洛夫
（Pyotr Akimovich Dibrova）将军和苏联专员弗拉基米尔·谢苗诺
夫（Vladimir Semyonov）磋商，后者同意动用苏联军队。上午晚
些时候，当人群试图冲进政府大楼时，苏联 T-34 坦克就开上了莱
比锡大街。起初坦克走不了多远，因为周围都是人，他们对着士兵
咆哮，并在坦克两侧用粉笔写上"耻辱"之类的字样。苏联士兵似
乎也动摇了，这出乎迪布洛夫的意料。尽管喇叭不断要求人群撤
离，但人实在太多，导致没有人能听到。迪布洛夫只得下令坦克前
进。"我们从他的嘴型看出他在大喊大叫，发出威胁并挥舞着拳头。
然后，在 10 米或 15 米开外，下一辆坦克在拐角处跟了上来。不过
它们只是驶入人群。"[28]警察的胆子壮了起来，他们用警棍发出警告。
不出意外，大部分人开始四散奔跑，但仍有很多年轻人继续原地不
动，他们朝警察投掷石块，站在波茨坦广场边上的西柏林人目睹了

这一场景。到了晚上，有超过 50 名示威者死亡（确切人数难以确定），另有 18 人在城郊被立即处决，其中还包括一名不走运的西柏林人威利·格特林（Willi Göttling），他因为刚好路过惨遭抓捕，最终被当成挑衅者站在墙根被枪杀。起义已经蔓延至整个民主德国，然而全世界的注意力都集中在柏林，因为抗议在那里表现得最为突出，但在全国各地还有无数其他英勇的示威游行。所有人都遭到同样残忍的镇压。

更令人难过的是之后一轮不可避免的逮捕与处决，1 500 人被监禁，处决人数无法估计。其中还有 12 名苏联士兵，大多是坦克手，他们拒绝向手无寸铁的示威者开火。尽管迪布洛夫以惯常的苏式风格坚称示威者是有武装的并且受到盟国资助。前航空部的一处立面有一幅描绘存在于乌布利希心目中的、世界充满欢乐和丰裕的社会主义壁画，也正是这幅壁画前的空地上，许多示威者遭到枪杀，这里因此在 1989 年后更名为 1953 年人民起义广场（Platz des Volksaufstandes von 1953）。广场上最有意思的一个纪念装置是一幅示威者的照片，他们交叠着双臂走在人行道上。哈迪·菲尔在试图逃跑时遭到抓捕。他丢下标语，被塞进一辆军用卡车的后排，随后被带往霍亨舍恩豪森的斯塔西监狱。他受到一名高级警察的讯问，警察先说菲尔是为中情局效力，因为他穿着一条美国牛仔裤。他对此予以否认。但警察马上又拿出他在示威现场的照片，这下他不得不承认自己参与了示威游行。他被告知必须认罪，否则就会招来警棍伺候。他照做了，因此被判处三年监禁，被关进重刑监狱（Zuchthaus，这是一种更为残酷的监狱类型）。抵达监狱后，他便被要求脱光衣服、剃光头、穿上条纹囚服，然后就被关进一间关押着四名犯人的牢房，牢房里有两张木制双层床，只铺了一条毯子和一些稻草。

西柏林提出了抗议，但收效甚微。罗伊特还是做了他力所能及的一切：在西柏林，六月十七日成为公共假日；从勃兰登堡门以西的蒂尔加滕，到恩斯特·罗伊特广场（广场后来为纪念不久之后死于心脏病的这位伟人而更名）的夏洛滕堡大街被更名为"六月十七日大街"。这条大街还直接穿过苏联战争纪念馆。1956 年匈牙利人起义反抗苏联，也遭到了类似的无情镇压，对柏林人来说，他们第一个反抗苏联统治，这也是另一个光荣的第一次。然而这次起义更直接的影响是，乌布利希非但没有被削弱，反而说服了赫鲁晓夫（当时在莫斯科掌权的正是他），只有他那严肃且毫不变通的解释才能在民主德国立足。两位试图推翻他的政治局委员威廉·蔡塞尔（Wilhelm Zaisser）和鲁道夫·赫恩施塔特（Rudolf Herrnstadt）被解职。乌布利希和他的政治局同僚离开了他们一直居住的潘考，搬到一个戒备森严的大院即瓦尔德住宅区（Waldsiedlung，也就是"森林住宅区"），这个住宅区位于柏林以西 30 公里的地方，靠近万德利茨，周围环绕着高耸的安保围栏。此时的东柏林将面临的是一个严峻、阴暗的未来。成千上万的柏林人，大部分是年轻人，认为这样的柏林并不适合他们。

❖ ❖ ❖

20 世纪 50 年代东柏林的文化生活有限，或许并不足为奇。贝托尔特·布莱希特在美国度过了战争岁月，他在那里创作了一些他最反战的文学作品，例如《战争入门读本》（Kriegsfibel）。1949 年，他经瑞士返回柏林。考虑到他对共产主义的同情，他定居东柏林并不出人意料。布莱希特在造船工大道翻修过的剧院（现在依然存在，就在弗里德里希大街的桥上）成立了他的"柏林剧团"戏剧公司。布莱希特的戏剧尤其是《大胆妈妈和她的孩子们》，对共产党当局很有吸引力，但布莱希特本人开始远离政权，也近乎封笔。不过他并不支持 1953 年的起义，因此被认为是乌布利希镇压行动的强烈支持者。但仅仅几个月后，布莱希特就撰写了一首谴责诗，回敬民主德国作家协会秘书长库尔特·巴特尔（Kurt Bartel），此人曾出版过一本极尽谄媚的小册子，称作为一名称职的社会主义者，对示威者的行为感到羞愧。布莱希特的回答是"解决方案"（Die Lösung），其中有这样几句话：

> 6 月 17 日起义之后
> 作协秘书长
> 在斯大林大道上分发小册子
> 说人民
> 丧失了对政府的信心，
> 只有通过加倍努力，
> 才能重新赢得人民。
> 在这种情况下，对于政府来说，
> 解散人民，
> 然后重新再选，
> 可能更容易？

直到 1959 年，联邦德国的《世界报》（Die Welt）拿到诗稿，它才得以出版。

　　歌剧院于 1951 年重新开放，可以想象它可以上演的剧目是有限的。还有一座新的喜歌剧院在贝恩斯街开张，而弗里德里希大街上的旧剧院受损严重，已无法修复。随着柏林爱乐乐团在西方的地位日益稳固，1952 年，民主德国重启最初成立于 1924 年的柏林交响乐团。虽然它永远不可能达到与竞争对手相同的水准或具有国际吸引力，但它也给许多东柏林人带来片刻的快乐和对现实的逃避。东柏林的音乐和歌剧也无法规避政治影响，因为这个政权的口号是"我们共和国的音乐扎根于社会主义现实主义的背景"，但它仍然能够创作出备受推崇的演出。[29]柏林人对于音乐的长期热爱，将支撑那些注定要在未来的黑暗日子里只能留在东柏林的人。尤其是在 60 年代，人们会感到，无论他们的乐谱如何社会主义现实主义，音乐家们都会同情那些身处艰难困苦生活中的听众。

乌布利希和他的政治局面临的一个主要问题是重建东柏林，既然米特是他们引以为傲的新社会主义共和国首都的心脏，那么东柏林就不能一直是一片废墟。此外还有一个问题，即大量最优美的建筑遗产，它们建造于威权的普鲁士政权时代，对塑造一个合格的共产主义共和国形象是不利的。于是一些建筑物的未来就被简单粗暴地决定下来。许多方面散发着皇室和特权气息的歌剧院，人们知道它不会被拆除，因为可以拿来举办健康向上的社会主义演出，于是它于 1951 年重新开放。以冯·洪堡的名字重新命名的大学很快启用了，尽管课程设置和能够选择的科目与过去大相径庭。1931 年以来一直被用作第一次世界大战死难者纪念地的新岗哨在原址上继续保留：它因轰炸而严重受损，经过重修后于 1960 年作为"法西斯主义和军国主义受害者纪念地"重新开放。不久之后，人们在位于建筑物内部中央的玻璃金字塔中点燃"长明之火"，一名无名士兵和集中营受害者被埋葬在它的下面。两位来自民主德国近卫团（即弗里德里希·恩格斯卫队）的士兵在那里执行站岗任务，换岗时会举行整齐划一的仪式。这些都是民主德国做得很不错的事情。

一个更棘手的问题是沉重压抑的柏林宫残骸，这座宫殿在1945年2月3日遭到严重轰炸后，大火连烧了好几天。虽然建筑物内部大部分都被摧毁了，但破坏并不严重，外墙多少还算完整。它因此仿佛一具黑黝黝的骨架，主宰着城市中心。其实1918年以来，这座宫殿就没怎么被利用过。纳粹将它作为艺术画廊，并在他们在大花园没完没了地举行军事游行时将它作为悬挂巨大旗帜的背景板。到了战争末期，一位颇有上进心的煤炭商人收回了其中一些可用的房间，到1946年时，它已恢复成一处临时的展览中心，在那里举办过一场法国印象派画家的展览。著名的白厅也得到修复，足以满足城市举行一个名为"柏林计划"（Berliner Plant），旨在满足渲染相对乐观的情绪的小型展览的需要。1948年举办了一场1848年百年纪念的展览。对许多人来说，柏林宫代表着柏林的历史，是城市中心和心脏的象征，可乌布利希不这么想。他认为这座宫殿代表柏林的一切负面形象，但王宫广场和大花园是"一个用来示威的大广场，人民的斗争和进步意志在这里得到表达"，不过这是他在1950年时说过的话，早于1953年他的大麻烦出现。因此他不顾大量反对意见，还是在1950年的最后4个月里将柏林宫夷为平地，公开说法是这座宫殿因英美"恐怖分子"轰炸损毁严重，无法继续保留。如今，柏林宫的很大一部分静静躺在弗里德里希海因人民公园的碎石山上。而它曾经矗立的地方变成一个巨大的停车场，这再次让人们感到，民主德国干了一件不好的事。

旧宫唯一被保留下来的部件是面向大花园的阳台，因为据称

1918年11月9日卡尔·李卜克内西（他如今是民主德国革命者万神殿中的英雄之一）是在这里宣布他现已夭折的社会主义共和国诞生的。当然，具有戏剧性的是，1914年皇帝宣布开战时所站立的也是同一个阳台。但问题在于如何填补它身后的这片现在被更名为马克思-恩格斯广场的空间。1948年，东柏林的一个代表团前往莫斯科，回来之后便对那里正在建造庞大的"斯大林主义哥特式"的摩天大楼印象深刻。为此他们制订了一套建设此类建筑的方案，并绘制出草图，草图展现出的是一栋类似的建筑物，占据着大花园的中心，快乐的社会主义青年在那里游行、跳舞。走运的是这幅草图并未付诸实施，除了为民主德国政治局在五一游行上接受致敬而搭建起一个相当简易的检阅台之外，其他什么都没有。突兀的施吕特建筑立面和李卜克内西阳台，连同同样受损严重、只剩下框架的柏林大教堂，让这片区域看上去相当荒诞。

乌布利希格外讨厌教会系统，他也曾打算炸掉柏林大教堂的残骸，但这样会在国际上引发负面影响，他最终被说服保持其原样。最终他决定将这里重建为某种类型的政府广场，它被称为"民主德国U型政治中心"。破土动工的首座建筑物是国务院大楼（Staatsratsgebäude），位于广场南侧，乌布利希还下令要将李卜克内西的阳台门嵌入其中。但由于阳台在1918年至1945年间饱受战争洗礼，早已千疮百孔，因此在搬运过程中摔得粉碎。边上一扇同样被保留下来的门就此正式承担起神圣的社会主义遗迹的职能。乌布利希也不喜欢主窗上方的普鲁士王冠和鹰，因此也把它们移走了。呈"U"形结构的另外两座建筑将在几年后建成。[30]

在博物馆岛上，佩加蒙博物馆、如今被命名为博德博物馆的老博物馆，终于都重新开放了。战时出于安全原因被带往联邦德国保存的文物 1956 年从威斯巴登和策勒被送回柏林，存放在西柏林新建的博物馆里。而其中一些被苏联带走的文物则在 1958 年被归还给博物馆岛。但受损严重的新博物馆的命运仍悬而未决，直到 1963 年柏林统社党第一书记保罗·维尔纳（Paul Verner）建议将其拆除，并以一栋生气勃勃的社会主义建筑取而代之时，它仍然只是一个空架子。乌布利希阻止了这一方案的实施，这是他罕见的几次具有建设性意义的行动之一。这座旧建筑这才得以慢慢修复，但直到 2009 年才重新开放，从 1945 年起就一直被保存于联邦德国的纳芙蒂蒂胸像重新安置原处。

勃兰登堡门现在正好位于苏占区和英占区交界的地方，它也成了一个问题。哪怕是戈培尔，也不敢轻易拆走四马战车，担心这样做会被视为对盟军轰炸的屈服。勃兰登堡门因此在后来的一次空袭中遭到严重破坏，好在纳粹还是做了预防措施，事先制作了石膏模型。勃兰登堡门的重建是战后为数不多的民主德国和联邦德国的合作之一，双方商定由民主德国修复大门，而联邦德国则负责重铸战车。联邦德国按时完成了工作，并将它留给了民主德国，1958 年它被竖立了起来。但让联邦德国十分恼怒的是，民主德国在将战车竖立起来之前，不仅砍掉了女神权杖上的普鲁士鹰，还将花环上的铁十字勋章拿走，因为民主德国禁止任何对铁十字的描述。这样一来，从 1958 年起女神坐镇重修后的大门，她的手上却没有了鹰和铁十字架。民主德国现在宣布，女神是世界和平的象征。

其他一些普鲁士王宫得到有限修缮。威廉·皮克以总统之尊在舍恩豪森安顿了下来，就住在弗雷德里希大王的王后伊丽莎白-克里斯蒂娜守活寡时住的房间里。为了彰显自己对极权主义的钟爱，他为这里增添了厚重、花哨、新洛可可风格的装饰和家具，但与这里瑰丽的 18 世纪墙纸和王后的年轻侍女们的甜美肖像极不协调。他还将装饰有镶板的"松木屋"作为自己的私人影院，这或许可以解释为什么民主德国沉迷于在众多官方建筑中重复使用笨重镶板。那里还有一套供到访贵宾使用的套房，包括几间并不舒适的房间和一间装饰了恶俗紫色的浴室，套房里还装满了窃听器。1960 年皮克去世后，乌布利希接任总统一职，因此舍恩豪森的主要职能是充当官方招待的场所。起初，其他民主德国领导人都聚集在潘考的舍恩豪森周围，直到1953 年出于对自身安全的考虑，他们搬去了瓦尔德住宅区。

民主德国还不得不面对城市郊区遭大规模破坏所带来的问题，尤其是住房短缺。乌布利希设想重建位于突击第三集团军的进攻主路线上，且至今仍是一片废墟的大法兰克福大街，将其打造成新生共和国的展示窗口。这条大街长两公里，并被更名为斯大林大道（后来又更改为卡尔·马克思大道）。1953 年事件中的工人就是受雇为该项目工作，因劳动定额出现调整而举行罢工。这里最终被修建成一条宽阔的马路，是通往东面的主要高速路，道路两旁排列着7～10 层的高楼，灵感来自莫斯科的风格——毫无特色、庞大、实用，但它以一条直线的方式通往法兰克福门，仍不可思议地带给人深刻印象。始于东柏林，但对西柏林产生影响的建筑施工持续十年之久，到 1960 年时乌布利希的计划总算是完成了。无论是作为政治宣言，还是建筑声明，它都发挥着作用。时至今日，沿着这条道路行驶，最引人注目的或许是在那些新建的巨大街区和旧建筑遗迹的交会点上，1945 年留下的弹孔依然清晰可辨。

西柏林的重建问题则在于它没有中心。伊舍伍德曾说过，柏林在 20 世纪 30 年代有两个中心：位于米特的旧政治中心和位于威廉纪念教堂附近库达姆东端的艺术中心。由于政客们如今聚集在相当不起眼的舍内贝格市政厅，正是这第二个区域更接近西柏林所能形成的中心。国会大厦之于西柏林的困扰，一如柏林宫之于东柏林。（德国）联邦议会如今在千里之外的波恩，因此它已无法恢复最初的职能，但也不能真的就此沦为废墟。这就是现实。1961 年人们对其进行了有限的修复工作，使这座建筑后来成为展现德国历史的永久性展览场地，"追问德国历史"（Fragen an die deutsche Geschichte），展览设计精良，唯独缺少民主德国的部分。与之形成对比的则是受损严重的克罗尔歌剧院，它在 1951 年被拆除。

歌剧院腾出来的部分地皮将用来建设西柏林最引人注目的项目之一，即会展中心。"空中走廊"事件及柏林如今已成冷战前线的事实，都意味着这座城市正在与美国发展出一种特殊的纽带关系。因此，美国人为柏林人设计了一座可以容纳 1 200 个座位的礼堂来铭记这一点，这栋建筑物由休·斯塔宾斯（Hugh Stubbins）设计，1957 年对外开放。会展中心因其形状奇特而被称为"怀孕的牡蛎"。它是一座地标性建筑，其建设资金的筹措主要归功于 1953—1959 年担任美国国务卿的约翰·福斯特·杜勒斯（John Foster Dulles）与其妹埃莉诺（Eleanor）① 的努力，两人均格外眷恋这座城市。中心所在的主要道路即大帐篷旁街，被更名为约翰·福斯特·杜勒斯大道。这多少令人有些遗憾，柏林人前往蒂尔加滕购买饮料小食的"大帐篷"的传统路线从此销声匿迹。这栋建筑物被设计成可以从东柏林就能望到它的样式。在 60 年代，举凡波恩的联

---

① 埃莉诺·杜勒斯是一名外交官，二战结束后被派往欧洲工作。1952—1959 年，她成为美国国务院德国事务局柏林分部的主管，主导并参与了许多维护柏林社会生活稳定的工作。

邦议会要在柏林开会，都会选在会展中心举行，丝毫不掩对苏联的挑衅之心。它的屋顶曾在 1980 年发生过一次小型坍塌事故，不过早已修复如新，今天它被称为世界文化之家，用于举办各类活动和展览。早在 1948 年，美国人在无法接受洪堡大学被苏联摆布的大学生们的劝说下，慷慨支持在达勒姆设立柏林自由大学；而英国则帮助夏洛滕堡的高等技术学院转型为（柏林）工业大学。

　　一个与艺术相关的新建筑群，即柏林文化广场，也在紧邻波茨坦广场的西面开始形成；20 世纪 50 年代的波茨坦广场因为紧挨着苏占区，还是一片荒芜。文化广场是作为西柏林对博物馆岛的回应而专门规划的一系列场馆。汉斯·沙龙（Hans Scharoun）设计的柏林爱乐音乐厅于 1960 年破土动工，对许多人来说，它已成为全新的、具有前瞻性的城市象征，只不过它无法满足所有人的口味。格尔达·基尔施泰特的曾祖父母最初在马蒂亚教堂旁建造了他们自己的房子。她就遗憾地说，虽然这座教堂也是战后重建的，但沙龙的建筑让"这个地区看起来很冷清"，因为所有的老房子都被拆光了；她还觉得"新造的柏林爱乐音乐厅是一栋奇怪的建筑物，看起来像个帐篷"。尽管如此，音乐爱好者仍强调它具有绝佳的音响效果。1963 年 10 月，赫伯特·冯·卡拉扬在这里指挥了贝多芬的《第九交响曲》，正式宣告音乐厅启用。与 1956 年担任爱乐乐团首席指挥的富特文格勒一样，冯·卡拉扬被指控靠支持纳粹发展自己的音乐事业。不过他和富特文格勒一样，也被法庭宣判无罪。很快人们就折服于他的音乐天赋，将注意力集中在他与柏林最优秀的管弦乐队的合作上，不再纠结于他的过去。卡拉扬担任首席指挥直到 1989 年，他的名字也因此与他所选择的城市联系在一起。蒂尔加滕西面的德意志歌剧院也进行了重建，并于 1961 年重新开业，这样一来，西柏林也有了一家歌剧院。密斯·凡·德·罗的新国家美术馆 1968 年开幕。其他建筑则需要耗费更长的时间修建，但到 20 世纪 80 年代，整个柏林文化广场已包括柏林画廊美术馆、工艺美术博物馆和国家图书馆等建筑物。

与东柏林一样，西柏林需要最先考虑的问题是住房。位于蒂尔加滕北部施普雷河湾的汉萨街区在 1943 年的轰炸中几乎被完全摧毁。1952 年，这座城市宣布举办一场旨在重建这里的国际竞赛，希望到 1957 年举行国际建筑展（Interbau）时，能够展示成果，形成一系列由世界顶尖建筑师打造的、令人印象深刻的建筑。这也是引导城市开发方向的一种巧妙手段，跟 19 世纪 70 年代的情况一样，建筑热潮推动了其他经济活动。就在同一年（1957 年），第 10 万套政府资助的新式公寓正式落成。

1945 年，一位到访柏林的英国游客觉得这座城市散发着"死亡和灰尘"的气味。但当他于 1949 年故地重游时，他认为"一种真正的柏林精神已被重塑起来。虽然它混合难闻的柴油味道、廉价的雪茄味、数以千计的出租公寓里没来得及打扫的味道以及酸菜的气味、刺鼻的香水味、啤酒味，还有奇怪的皮革味"。他几乎回想不起 1945—1946 年有见过哪怕一朵花，但到了 1949 年，处处是鲜花：在蒂尔加滕，鲜花被装点在依旧破损的屋内、无数的橱窗里、商店门前，还有"屋顶花园的巧妙装饰里"。其实当时柏林的鲜花远远少于巴黎或罗马，但它们更受欢迎，因为它们是希望的象征。到 1960 年前后，人们对未来的信心，无论在战后黑暗的日子里是多么脆弱，至少已部分得到了救赎，但这一切仅限于西柏林人。[31]

第十一章

1961—1989 年　分裂与对抗

一切自由人，无论他们住在何方，皆为柏林公民，所以作为一个自由人，我为"我是柏林人"（Ich bin ein Berliner）这句话而感到自豪。

——约翰·F. 肯尼迪（John F. Kennedy），美国总统，1963 年

1958 年时的乌布利希感觉很安全。苏联人在 1956 年镇压了匈牙利的起义，其手段和他们在东柏林所实施的行为类似。而尼基塔·赫鲁晓夫牢牢控制着莫斯科。1958 年 10 月 27 日，乌布利希发表演说猛烈攻击西方，并将整个柏林描述为民主德国的一部分。他坚持认为，西方现在必须承认这一点，并与民主德国签署条约。11 月 10 日赫鲁晓夫在莫斯科重申了这一点，再次试图迫使盟军离开。他向美、英、法三国发出最后通牒，要求它们的军队在六个月内撤

出。西柏林的回应是在 12 月 7 日的选举中选择强硬反苏的威利·勃兰特（Willy Brandt）担任市长，勃兰特的社民党获得 78 个议席，基民盟获得 55 个议席；而主张温和路线的自由民主党则出局了。勃兰特随后选择与基民盟联合，这样一来就不存在反对派了。勃兰特将延续罗伊特建立的传统，成为西柏林战后两位伟大领导者中的另一位。

勃兰特本名赫伯特·恩斯特·卡尔·弗拉姆（Herbert Ernst Karl Frahm），出身吕贝克的穷苦家庭。勃兰特年轻时曾加入政治上毫无影响力的小党——社会主义工人党，该党传达的思想介于社会民主党和共产党之间。但年轻的勃兰特很快因为他锋芒毕露的政治演说，尤其是对纳粹党的攻击，引起人们的关注。因为害怕被捕，1933 年他穿越波罗的海偷渡至挪威，在那里学习挪威语并加入挪威军队，为避免被发现，他改名为勃兰特。当纳粹入侵挪威时，他再次偷渡至瑞典。战争结束后，他以记者身份返回德国，报道纽伦堡审判，随后又作为挪威军队的少校被派往柏林担任军事新闻官。尽管面对一些对其战时行为的批评，但他依然通过重新建立作为德国人的身份认同，与罗伊特和社民党紧密合作，并被很多人视为罗伊特的推定继承人。但他并非罗伊特的直接传人，而是直到 1957 年 8 月才当选市长。勃兰特外表英俊、富有魅力，和罗伊特一样，他被视为西柏林在艰难岁月中挣扎前行的化身。

这确实是一段极度艰难的岁月。艾森豪威尔总统通过英国首相哈罗德·麦克米伦（Harold Macmillan）牵线搭桥，设法让赫鲁晓夫冷静下来，邀请他于 1959 年前往美国进行会谈，但直到 1960 年约翰·F. 肯尼迪当选美国新总统，危机依然未能解除。盟军依然待在这座城市，而苏联人仍要求他们撤离。1961 年 6 月，即猪湾事件爆发两个月之后，当时美国人试图颠覆卡斯特罗（Castro）在古巴建立的政权，却以失败告终。此时肯尼迪的政权也并不稳定。他与赫鲁晓夫在维也纳会面，而后者似乎认为他可以迫使新总统屈服。但这场峰会没有取得进展：赫鲁晓夫在回国时宣布与民主德国签订条约，明确终止第三方对柏林享有任何占领权利；而肯尼迪则回敬以任何阻碍美国进入西柏林的行动都将被视为战争行为。他宣布增加 32.5 亿美元国防开支，增兵 20 万人，同时也鼓励其北约盟友如法炮制。肯尼迪提出，"柏林如今前所未有地成为考验西方勇气与意志的伟大地点，是我们自 1945 年以来的庄严承诺与苏联人的野心根本对抗的焦点所在"[1]。人们普遍相信战争风险真实存在。

但赫鲁晓夫和乌布利希没有坦然面对的真正问题是民主德国正在不断失去它的人民，尤其是对国家未来至关重要、有能力的年青一代。据估计，至 1961 年时，至少有 250 万民主德国人西迁，占全国总人口的六分之一，实际数字可能还要更高，上限估计接近350 万人。1953 年事件的余波又导致 40 万人外流，1954 年下降至29 万人，但这一数字在 1955—1957 年又再次攀升；到 1959 年前后，已 "稳定在" 25 万人。[2] 乌布利希在 1958 年统社党大会上吹嘘民主德国将在食品和消费品生产方面超过联邦德国，而赫鲁晓夫则宣布苏联的经济已经超越美国。然而，没有熟练劳动力，乌布利希的主张就无法实现。大规模的人口外流也是民主德国疲软的一个非常明显的迹象。统社党或许可以称逃离共和国（Republikflucht），即 "离开民主德国，是一种政治和道德落后与堕落的行为"，但随着西方生活的魅力日益凸显，人们恰恰选择这样做。赫鲁晓夫和乌布利希既未严词揭露盟国的虚张声势，又不敢冒为柏林开战的风险，因此不得不另找出路。

1961 年 6 月 15 日，乌布利希再次发表讲话，他称民主德国无意封锁东西柏林之间的边界。他说道："没人打算建一堵墙（Niemand hat ein Absicht ein Mauer zu errichte)。"[3]但他接着又说，民主德国在与苏联签订协议之时，就打算好控制一切进入他设想的"自由柏林"的陆上和空中线路。柏林人现在对乌布利希的话很敏锐，此话一出，难民人数立刻蹿升：当月就有 19 000 人选择离开，7 月增至 30 415 人，其中一半以上未满 25 岁。乌布利希遂对进入东柏林的民主德国公民人数重新加以限制，并在边界采取严厉的新措施，然而收效甚微。在 8 月的头 12 天，又有 21 828 人逃离。显然，民主德国必须采取措施，而乌布利希正在决定最终要做什么。

"玫瑰行动"（即封锁柏林边界并建造柏林墙的行动代号）由民主德国政治局的安全部部长、49 岁的萨尔人埃里希·昂纳克（Erich Honecker）进行缜密的计划和部署。昂纳克是一位共产主义者，终其一生以自己的矿工父亲为榜样。作为 20 世纪 20 年代德国共产党的一员，他在 1937 年被纳粹党人以叛国罪关押在柏林附近臭名昭著的戈尔登监狱，侥幸活了下来。他很快被苏联人释放，并作为一名可靠官员被推荐给乌布利希。因此他年纪轻轻就被提拔为统社党青年委员会主席，并成为统社党中央委员会成员。昂纳克和乌布利希关系密切，被视为后者的第一副官，一如勃兰特之于罗伊特。

玫瑰行动将成为昂纳克面临的重大考验，而一旦成功通过考验，他作为继承人的地位就无法撼动。但要封锁半个现代化大都市并非易事，尤其很多重要区域仍处于一片废墟之中。因此玫瑰行动的准备工作相当复杂，包括协调苏联军队、民主德国自己的人民军（Nationale Volksarmee）、人民警察（Volkspolizei，VoPo）、边防卫队（Grenzers）、工人阶级战斗队（Betriebskampfgruppen，这是一个民主德国特有的组织），以及自由德国青年团（民主德国的青年组织）；同时还要严格保密。因为一旦计划泄露，很有可能会引发大规模穿越边境过境的尝试。然而，如此多的人员和如此大量的建筑材料转移（需要 400 辆卡车），不可避免会引发人们的注意。通常他们都是拿苏联人当挡箭牌，说那只是一次演习，但这一次似乎有些牵强。民主德国的部队将从事隔离墙的实际建设，同时两个苏联师，即第一和第八机动步枪师，则在承担建设任务的部队身后形成第二道防线，以确保 1953 年的事件不会重演。

诚然小心谨慎如昂纳克，但此前的警告信号对于西方而言依然明显不过。肯尼迪本人曾在 7 月表示，他确信乌布利希会封锁边界。8 月初，乌布利希在莫斯科获得了来自赫鲁晓夫的最终批示，而美、英、法占区总司令部派驻"驻德苏军"联络官时则惊讶地发现，8 月 10 日与他们在驻德苏军位于温斯多夫总部进行常规通话的人不再是雅博夫斯基（Yaubovski）将军，而是 1945 年柏林征服者之一——科涅夫元帅。他早就退休了，这说明苏联正在认真思考问题。但科涅夫本人似乎很享受他的新角色，而他的出现令本就困惑不已的盟国越发摸不着头脑；虽然他向后者保证，驻德苏军确实有很多动作，但不会威胁到西柏林的安全。在东柏林，乌布利希和昂纳克还严格限制政治局了解他们的计划。8 月 12 日，乌布利希在位于瓦尔德利茨维另一边的德尔内湖的一栋房子里举行了一场游园派对，宴请其他高级官员，这栋房子原本属于戈林的猎手，被称为"比尔肯之家"（Haus zu den Birken）。晚宴过后，乌布利希将宾客们聚到一起，对即将发生的事情进行说明。不过在边境封锁正式开启之前，任何人不得离开此地。没有人对此提出异议。

1961 年 8 月 13 日一早，让柏林人最先意识到有事将发生的迹象是从东柏林开往西柏林的城市轨交停了下来，乘客们都被赶下车。西柏林人获准继续步行前往，但所有的东柏林人通通被拦了回去。而就在他们往回走时，他们看到长龙一般的人民军车辆，卡车上满载着电线和混凝土桩子。封闭作业从凌晨1点开始，到4点左右，一排由混凝土桩支撑的带刺铁丝网已经从南面的瓦尔特斯多夫大道（那里是美占区的新科伦和苏占区的特雷普托的交界处）延伸43公里至北部法占区的赖尼肯多夫与苏占区潘考连接民主德国边界的地区。

起初西方对此的反应很平静。威利·勃兰特得知消息时还在一辆从纽伦堡开往基尔的火车上，彼时他正准备竞选波恩的（联邦）总理一职。他马上转飞柏林，要求盟军立即沿隔离墙部署军队，但后者颇为踌躇。客观来说，盟军对此无能为力，况且西柏林与联邦德国之间的路线既没有像之前那样被封锁，也没有像赫鲁晓夫最初威胁的那样出现封锁迹象，这让盟国方面松了一口气。但勃兰特对此极为愤慨，大骂西方军事指挥官一通后，又提笔给肯尼迪总统写了一封措辞强硬的信，要求美国增援。他声称，柏林人现在怀疑三大国是否有能力采取果断行动，他们的不作为和防御态度将导致信任危机。肯尼迪一开始被这封信搞得很不愉快，"他以为他是谁？"他这样说道。但在接下来的那个周末，他便派出副总统林登·约翰逊（Lyndon Johnson）和柏林人最爱戴的美国将军，即"空中走廊"的英雄卢修斯·克莱，公开欢迎一支由1 500人组成，以完全应战模式从联邦德国飞来的美国战斗机群。苏联人则竭尽全力避免事态发酵，这种事在某种程度上都可以被视为敌对行动了。不过不得不说，出动战斗机群的选择是明智的。它的规模极小，不足以被视为严重的军事威胁，但很快又能表明，这是一场具有象征意义的增援。这次行动的指挥官是已被苏联军官一天天的迷惑行为逼疯了的约翰斯（Johns）上校，他终于把车开进了设在从黑尔姆施泰特进入西柏林防线的高速公路上的德雷林登检查站〔它后来众所周知的名称是"太棒了"（Bravo）检查站〕，并与副总统一起公开亮相。

对民主德国的行动感到愤怒不已的西柏林人因此变得越发活跃，好几群人已在隔离墙前示威多日，他们向建筑队扔石头，一边观察东柏林人，一边冲他们大喊：跑！快！不然就晚了！很多人照做了。不过在那个阶段并没有人因此被射杀。但边界的突然关闭还是让很多家庭分崩离析，他们的生活也发生了巨大变化。在柏林为美国情报部门工作的德裔美国人阿道夫·克纳克施泰特（Adolf Knackstedt）回忆道：

> 我从未在成年男女脸上见过像在那些日子里流过的那么多泪。母亲、父亲、祖父母、孩子，还有站在边境线上看着新竖立起的围栏和路障的好奇的人们，他们希望能够看到自己的亲朋好友，或是能和他们交谈。在城市东南边界上的某个地方，是在新科伦区，我遇见了一对新婚的年轻夫妇站在围栏的西侧，向她站在围栏另一侧大约 100 米处的父母挥手，她的父母被冷漠而咄咄逼人的边防卫兵包围着……这对父母被禁止参加女儿的婚礼……一个站在我们这边的小男孩央求一位民主德国边防士兵将他手上的花献给自己的祖母，他的祖母就站在围栏东面大约 50 米的地方。一个民主德国军官接过了花，但却没有把它们递给倚靠在建筑物边上抽泣的老祖母，而是扔在地上踩了几脚。[4]

柏林人普遍讨厌被派来取代本地柏林人充当边防卫队的萨克森人，

因为柏林人被认为太软弱，也太容易对自己的同胞产生恻隐之心；萨克森人则被认为政治上可靠，但柏林人觉得他们粗鲁、好斗。吉塞拉·比尔斯基回忆说，她和朋友把他们叫作"第五占领国"。柏林人觉得这帮人"好吹牛"而且专门针对柏林人。世仇看来一时半会儿难以化解。

还有一些东柏林人，他们在苏占区快乐地生活，但现在发现自己被困在了西边。19 岁的多丽丝·科恩（Doris Kohn）住在东边，但在西边上学。在 8 月 12 日那个周六，她去西边参加她姐姐家的一场家庭聚会。由于地铁停运，她和家人无法回家，随后被带到一处难民营，这让她已在战时轰炸中失去一切的母亲痛苦不堪。但多丽丝相当高兴，因为她知道自己在西柏林学校的考试成绩不会被民主德国承认。[5]

现在想要进入东柏林已经不可能了，在西边工作的东柏林人也失去了他们的工作。起初，西柏林人依然可以进入东柏林，尽管很多人也是不得已而为之，这一点不难理解。但到了 8 月 23 日，乌布利希宣布，未来这批人需要取得民主德国签发的签证，而他将在西柏林设立两家签证中心。勃兰特立即予以拒绝，他也别无选择。因为一旦接受，就意味着他不仅承认民主德国政权是合法的，也承认建立隔离墙是合法的。但如此一来的结果是，从那之后再也没有西柏林人能够访问东面，这进一步加剧了家庭悲剧。接着是在 8 月 24 日，发生了第一起死亡事件：一个名叫君特·利特芬（Günter Litfin）的 24 岁裁缝，一直住在东边的白湖，但在西边打工，还在那儿买了一套公寓。边境被封锁时，他正打算搬家，因此他决定继续前进。他觉得隔离墙一定有漏洞，并确定这个位置在洪堡码头（这里是柏林施潘道运河汇入施普雷河的驳船处）那里。然而在穿过铁桥时他已经被人发现，正当他潜入水中即将游过境之际，遭到射杀。五天后，罗兰·霍夫（Roland Hoff）也在试图游过泰尔托运河时被枪杀，他俩是那年 16 名死者中最早遇害的。

那年秋天最剑拔弩张的日子出现在 10 月 22 日，当时一位名叫莱特纳（Lightner）的美国外交官被民主德国人民警察拦住，后者要求他穿越查理检查站去歌剧院时出示证件。他本来就有权穿越边境，何况作为美国人，只有苏联人能让他停下脚步，而不是民主德国人。这是人民警察碰触压力底线的惯用伎俩，但他们显然小看了莱特纳和克莱将军的决心。军官坚持要检查他的证件，莱特纳掉头返回检查站，发现克莱已动员起整整一个排的美国兵。人民警察不得不靠边站，在新护卫的护送下，莱特纳开着车绕苏占区转了两圈，还捎带上一些相当不安的美国大兵。可想而知，苏联人对此怨声载道，但克莱则乘机贯彻自己的想法。他派出两名着便衣的美国军官穿越边境，当人民警察再次要求他们出示证件时，他不仅安排了步兵，还部署了一个坦克中队，这些坦克就大摇大摆地停在查理检查站前，它们的炮筒直指民主德国检查站所在的弗里德里希大街。作为回应，苏联人也在这里部署了他们的坦克，到了第二天，就出现了两列装甲车对峙的局面，形势因此骤然紧急，肯尼迪和赫鲁晓夫都收到了简报。美国人一时间不能确定他们面对的 T-34 坦克，到底是苏联人的，还是民主德国人的。此时，两名美国军官以惊人的勇气穿越边境，设法爬进其中的一辆坦克，当时坦克里的人员因为听取简报而离开，还留了一份苏联报纸的复印件，这证明他们的确是苏联人。10 月 28 日，就在华盛顿和莫斯科进行紧急磋商时，依然执掌驻德苏军的科涅夫开始撤出他的坦克，美国人也照做了。形势这才渐趋缓和，但也走进了死胡同。从那一刻起到 1989

年，只要人民警察要求盟军出示证件，他们就一律拒绝。

就在 1961 年秋天，最初一条简简单单的带刺铁丝网变成了更复杂、更险恶的障碍带，因此想要翻越它越来越困难。8 月仍有 25 605 人成功翻越，其中有很多人是士兵、边防卫队和人民警察；但到了 12 月已减少至 2 420 人；再往后，只有寥寥数人才能成功。从西边看过去，这堵墙仿佛一座高大的混凝土路障，顶端还架设了一根圆管，更增加了翻越的难度。隔离墙本身是建在实际边界之后的，因此在墙前面的一条狭窄的人行道严格来说是民主德国领土，可以让边防卫队清理屡禁不止的涂鸦。而在墙的后面，也就是靠东边一侧，是一条使用探照灯照明的"死亡地带"，是建有混凝土瞭望塔的无人区，在瞭望塔后面则是一排排的"捷克刺猬"，即反坦克锥。而在"捷克刺猬"后面又是一或两道高耸的通电栅栏和另一堵墙。加固隔离墙的工作几乎从未停止，这让它逐年变得越发难以穿越，直到 1989 年时仍在继续。它切断了 62 条街道和 131 条道路、12 条城市轨交线和地铁线，还有运河、河流和下水道。

但昂纳克的计划不得不对经过房屋的地区边界线适当做出妥协。在贝恩瑙大街（它是维丁与米特的分界线）上，房屋属于东部边境，而屋外的人行道则属于西部。昂纳克派人封了大门和底层的窗户，这样就把居民困在东部；但他们后来发现人们会从楼上的窗户把自己放下去，有两个人就因为这么做而送命：8 月 19 日，鲁道夫·厄本（Rudolf Urban）在试着爬下去时摔倒；8 月 22 日，59 岁的伊达·西克曼（Ida Siekermann）则跳了下去。很快，楼上的窗户也被用砖砌了起来。和解教堂（Versöhnungskirche）的西门也是类似的情况，它的主入口在西边，而圣坛门则在东边。民主德国的边防卫队将教堂作为观察哨，一直到 1985 年他们最终把这里炸毁。如今矗立在教堂遗址上的是一座令人耳目一新的现代小教堂，它使用黏土并混合旧教堂的大部分瓦砾建造，成为贝恩瑙大街游客中心的一部分。新科伦的情况则正相反，有一条街是房子属于西边，人行道属于东边。因此隔离墙直接建在房子前面，完全遮挡了它的采光。老柏林关注细节的传统可谓"从未远去"。

在所有令西柏林忍无可忍的行动中，尤其让人出离愤怒的行为是昂纳克居然用墙把勃兰登堡门封锁了起来，这让它现在看起来既丑陋又充满威胁。从西边望过去，你可以看到它的顶部和战车但面对你的是一堵混凝土白墙。从蒂尔加滕穿过勃兰登堡门，一路来到菩提树下大街，原本壮丽的柏林景观，现在无论是从心理上还是从物质上，都被这条混凝土带状赘生物给生生打断。雕塑家格哈德·马克斯（Gerhard Marcks）用一件名为《哭泣者》（*Der Rufer*）的青铜雕塑表达人们对这种隔绝的沮丧。这尊青铜雕塑，几乎正对着苏联战争纪念碑，从那里可以俯瞰整个隔离墙，雕塑人物双手举到嘴边，呼唤"和平"。它的灵感出自彼得拉克（Petrarch），后者曾写道，自己在世界各地徘徊，为了"和平，和平，和平"而哭泣。《哭泣者》至今仍伫立在那里。话说回来，勃兰登堡门前的那堵墙日后好歹可以移除，但昂纳克铲平波茨坦广场的举动却堪称伤筋动骨。申克尔为波茨坦门设计的柱廊，以及凯宾斯基"祖国之家"的剩余部分，还有包括莱比锡广场在内的大片区域都被夷为平地。曾经大受欢迎的城市中心，如今成了一片一无所有的空地，杵在隔离墙的东侧。它看上去非常可怕，对许多柏林人来说，这里成了他们城市中象征隔离墙所造成的破坏与荒凉的区域。它也即将成为纷至沓来的外国游客前来凝视自由世界与共产主义阵营竖起屏障的地方；它还是他们能够尽可能接近希特勒地堡的地点。这里成了一个家喻户晓的神话，至今依然流传。

　　昂纳克最初设想了十二座过境点，但很快就减少至七座，理论上西柏林人可以使用其中的四座，从南到北分别是位于新科伦和特雷普托之间的松嫩大道、克罗伊茨贝格和米特之间的奥伯鲍姆桥、蒂尔加滕和米特之间的荣军街，公路大道附近还有一座。还有两座是预留给联邦德国公民的，分别位于王子街和博恩霍尔姆街——后一座也可以供西柏林人通行。而盟国军事和外交人员及外国人则必须从位于弗里德里希大街上臭名昭著的查理检查站通过。弗里德里希大街是一个交汇点，是一处复杂的轨道交通枢纽，城市轨交线、地铁线与普通铁路在此交接。众所周知，那里的检查站又名"泪宫"（Tränenpalast），因为那里承载了太多悲伤的告别，东柏林人挥手告别他们的西柏林家庭。它还将因为出现在众多间谍故事中而广为人知。隔离墙还切断了西柏林与民主德国的联系，超过112公里的隔离墙环绕整个盟国占领区。因此对于西方盟国以及访问西柏林的联邦德国人而言，重要的是通往汉堡、黑尔姆施泰特和南部三条高速公路过境线路保持开放，同时从波茨坦和施潘道附近的格里布尼茨湖进入西柏林的铁路运输线也继续开放。

　　成功穿越隔离墙逃亡已成柏林神话。许多故事充满戏剧冲突，睿智且大胆，并因此吸引国际媒体的关注。但这一切并不能掩盖这样的事实：很多人几乎完全是受极度悲惨的境遇驱使不得已而为之，而故事最终往往以重伤或死亡结束。尽管昂纳克精心设计了防御措施，并让隔离墙成为名副其实的防御工事，但仍有5 043人成功逃脱，其中565人是安全部门或武装部队的成员。大约5 000人在试图逃跑时被捕，至少有80人丧生。民主德国后来承认其安全部门向逃跑者开枪超过 1 500 次。查理检查站有一个充分展现逃跑计划如何实施的博物馆，个中设计不可不谓别出心裁，从微型潜水艇到假棺材再到数条隧道，但所有的故事传递的悲伤都是一样的。在建墙初期的成功逃脱者中，最出名的案例之一当属 18 岁的民主德国士兵康拉德·舒曼（Conrad Schumann），他发现自己需要在（1961 年）8 月 15 日值班，负责监督在贝恩瑙大街建设隔离墙的工人工作。他前后犹豫了一个小时，纠结是否要开小差，西柏林这边有一个名叫彼得·莱宾（Peter Leibing）的人将这一切看在眼里，他叫来一辆联邦德国警车，并且不断喊舒曼让他过来。最终，舒曼下定决心逃跑。"那一刻我的神经几乎是崩溃的，"他事后说，"我害怕极了，我突然发力，跳了过去，然后上了车……三四秒后，一切都结束了。"莱宾的照片因此一炮而红。但在那之后，斯塔西将舒曼的家人都抓了起来，试图将他诱捕回来接受惩罚。这是一个结局极为不幸的故事，我们稍后还将提到。

　　1962 年 8 月 17 日在克罗伊茨贝格发生的事件则更为残酷，并引发国际社会的普遍反感。两名均有家人生活在西边的建筑工人讨论逃跑已有段时日了，他们决定躲在楼上的房间里，然后趁边防卫兵不注意，跳入"死亡地带"，试图以这种方式穿越。赫尔穆特·库尔拜克（Helmut Kulbeik）成功了，但彼得·费希特尔（Peter Fechter）被击中臀部，立刻因伤倒在隔离墙前的"死亡地带"。尽管当时有很多民主德国安全人员在那附近，却没有人前去施以援手。他在一群人的注视下哀号求救，一个小时后终因失血过多而死。这可怕的一幕被西方媒体完整录了下来。

　　对于那些成功穿越的人（还有很多人因为民主德国不需要他们而遭驱逐，其中包括大批养老金领取者）来说，他们的第一个新家园是玛利亚费尔德的难民中心，位于滕珀尔霍夫，那里最初是为应对 1953 年 6 月 17 日之后东面大批人口外流而开设的。玛丽亚费尔德的工作是接纳、照顾难民，试着从中筛选出无处不在的民主德国间谍，发给他们珍贵的联邦德国身份证，然后尽快把人安置到联邦德国。考虑到高峰时期每天要处理超过 1 000 人，他们的管理算得上相当高效了。这里工作人员最忙碌的日子之一是 1961 年 8 月 12 日，也就是边境关闭的前一天，那一天他们共处理了 2 662 人。其实许多难民想留在柏林，这里是他们的家园，然而通常只有那些柏林本地人才有此待遇。而那些来自民主德国各地的人则被迫转移至联邦德国。然而，无论西柏林经济表现如何，它都根本无力承担如此规模的人口。但各种技术行业都出现了例外，一些聪明的东柏林人会突然声称自己是他们知之甚少的某门技术的专家。

到了 1962 年前后，柏林墙已是国际公认的冷战象征，随着美国和苏联在世界各地的相互对峙局面形成，对许多人来说，柏林成了"失去自由意味着什么"的缩影。1963 年，肯尼迪在"一脸笑容的勃兰特和脸色阴沉的阿登纳"[6]的陪同下访问柏林。6 月 26 日，他在舍内贝格市政厅前面向大约 30 万群众发表了著名演说，以此表明美国对于柏林人的声援。这场演说情感十分强烈。"这世上有很多人，"肯尼迪说道，"他们不理解，或者说根本就不明白自由世界与共产主义国家之间的巨大差异。让他们来柏林吧……一切自由人，无论他们住在何方，皆为柏林公民，所以作为一个自由人，我为'我是柏林人'（Ich bin ein Berliner）这句话而感到自豪。"他的话赢得了热烈的掌声，虽然总结词多少有些破坏了整篇演讲，因为有些人将其演绎为"我是一个果酱包"〔"ein Berliner"就是外地人所说的"Pfannkuchen"（油炸面饼），这是一种柏林特产面点①]，而不是"我是柏林人"。但这无伤大雅，它所展现出的团结姿态大受欢迎。[7]一周之后，赫鲁晓夫访问东柏林，并发表有关在德国建立独立社会主义国家的重要演说，却并未产生同等的影响力。

✤　✤　✤

从乌布利希的角度看来，无论赫鲁晓夫的演说效果如何平平无奇，修建隔离墙已是大功一件。东柏林几乎再无骚乱，当然也没有大规模抗议活动。如今他可以安心地躲在他的新屏障之后，集中精力建设民主德国的经济，因为他知道工人已不可能再逃往西边，或者至少如果他们这么干了就会被射杀或逮捕。但逃亡事件仍在继续，其中最大规模的一次发生在 1964 年 10 月，当时有 57 人从施特雷利茨大街挖掘隧道，从地下穿越隔离墙。乌布利希试图将这一事件转变为一场宣传战，因为年轻的边防卫兵埃贡·舒尔茨（Egon Schultz）在试图阻止他们时遭枪杀——虽然据后来泄露出来的消息称他是被一位同事开枪误杀。隔离墙让他如此众多的臣民付出生命的代价，但无论故事如何悲伤，对乌布利希来说都意味着，他可以自由地发挥自己对社会主义国家建设的设想，这一切只有在他拥有绝对控制权的情况下才能实现。出于这个原因，乌布利希十

---

①　这里的"Berliner"其实就是"Berliner Pfannkuchen"（柏林油炸面饼）的简称。"Berliner"与德国其他地区同名面饼的不同在于，它是一个圆圆的面包，内有果酱，表面还会涂上糖霜。

分依赖斯塔西。斯塔西可能也是史上最具攻击性且无所不在的国家内部安全机构之一，虽然它的效率奇低，也不像人们通常想象中的那么致命。这是一个通过官方机构进行间谍活动的组织，但也不排除采取其他更险恶的手段，当然其人员也是被雇用的。在其鼎盛时期，斯塔西共雇用了 91 015 名全职员工，控制了由 174 000 人组成的线民网络，遍布整个民主德国。至 1989 年前后，它已积累了长度超过 178 公里的档案，保存了 600 万人的记录，这个数字相当于民主德国三分之一的人口；奇怪的是，它还拥有数以千计装有人类气味的罐子。据称，这是有史以来最大规模对全体人口采取的最严密的监视行为。而令人格外难受的地方在于，斯塔西将间谍安插在家庭中，鼓励家庭成员在办公室、工厂、军队、艺术领域和政府部门内部互相监视。它也耗费大量资源试图破坏联邦德国，尤其是西柏林的稳定局面。据估计，斯塔西在西部曾拥有 3 000 名间谍，而且即使穿越边界实施绑架，它依然手到擒来。

斯塔西对联邦德国惯用的伎俩是"罗密欧"计，也就是让斯塔西特工与孤独的（联邦德国）女职员交朋友。在这方面最成功的特工之一是赫伯特·施罗特（Herbert Schröter），他于 1964 年被派往巴黎参加语言课程，任务是去"掳获"一位日后可能受雇于波恩政府的联邦德国女子的芳心。他的行动极为成功，先是引诱了一位名叫格尔达（Genda）的年轻姑娘，后者最终入职联邦德国外交部，并成为一位活跃的斯塔西间谍。两人同居九年直到她厌倦他并自首。施罗特逃回了东柏林，然后前往保加利亚度假，并迅速东山再起。这一次他和卡琳（Karin）走到了一起，后者后来设法在波恩的总理府找到了一份工作。最终她于 1977 年暴露并因此入狱。格尔达和卡琳只是众多容易上钩的年轻女子中的两个，她们所有人的人生都被斯塔西毁了。但斯塔西最轰动一时的成功发生在 1974 年，曾在威利·勃兰特在波恩担任总理期间充当办公室助理的君特·纪尧姆（Günter Guillaume）被揭露是斯塔西的长期间谍。勃兰特不得不引咎辞职，而纪尧姆则被送进监狱，但他后来在一次间谍交换中被送回了东柏林。斯塔西的高级官员后来质疑就此让勃兰特下台是否值得，因为他对柏林了如指掌；他们坚称整个事件就是一个错误。但事实上，他们成功将一名特工渗透进联邦德国最高政治机关，已经被很多人视为一巨大成功。

和其他政权的安全部门相比，斯塔西规模极为庞大；甚至处于鼎盛时期的盖世太保，在纳粹占领的所有领土上也仅雇用了 31 000 人。克格勃在 20 世纪 60 年代的比例是每 600 名公民配备一名军官，而它的波兰同行则是每 1 575 人配备一名。不过斯塔西并不像盖世太保或克格勃那样致命。据估算，有 208 人在民主德国因政治罪被处决，这确实是一个可怕的数字，但与纳粹德国相比，微不足道。因此人们常说，纳粹留下的是堆积如山的尸体，而斯塔西留下的则是堆积如山的文件和不在少数的破碎心灵。[8]

斯塔西不仅是一支秘密警察部队，还履行内容广泛的其他安全职责，例如管理监狱、边境管控、签发护照和独立调查。这个组织由埃里希·米尔克（Erich Mielke）掌管，他也是位老共产党员，1927 年就入了党。米尔克是柏林人，1907 年出生于维丁一个贫穷的工人家庭。1931 年，可能是乌布利希下令，米尔克枪杀了两名柏林警察，即保罗·安劳夫（Paul Anlauf）和弗朗茨·伦克（Franz Lenck），乌布利希认为两人不断骚扰德国共产党。为了避免被起诉，米尔克随后被德共偷偷送到莫斯科。他在苏联安全机构接受训练，并被派往西班牙参加内战，他在那里的工作是铲除共产主义者队伍中的"反革命分子"。1939年他在法国被拘留，辗转各类劳工营，度过了并不光彩的战争时期。[①] 1945年他返回柏林，迅速在德共党内升至高位，开始领导内务警察部门，还（像昂纳克一样）进入乌布利希信任的核心圈子。但苏联人对他的战时记录有所怀疑，花了一些时间才接受他的回归。1957年他被确定为国家安全部部长人选，这个职位他一直担任到1989年。米尔克在一座大庄园里享受奢侈的私人生活，他可以在那里尽情享受猎鹿的乐趣。他认为自己的使命就是全面保护民主德国，尤其是统社党。

斯塔西在柏林的两个主要据点（它在这座城市里总共拥有4 200处彼此独立的办公地点）是位于弗里德里希海因（区）鲁施街的总部和设在霍亨舍恩豪森的监狱，这两个地方现在都作为博物馆被保留下来。总部带给人的启示是它展示了真正的间谍活动是多么索然无味。实际上，那里就是一个巨大的文件柜，如今这个博物馆通过精心布置以呈现斯塔西使用过的肮脏伎俩。同样吸引人的还有米尔克的私人办公室和套间，这表明民主德国的高级官员并不反对得到悉心照料，而且它们还是20世纪60年代东方阵营沉重的苏联风格的典型例子。霍亨舍恩豪森则更为阴森，它既是博物馆，也是一处受难者纪念地。霍亨舍恩豪森的大多数受害者都是政治犯。它最初是1945年在一处纳粹旧工厂原址上设立的苏联内务人民委员部监狱，后由斯塔西接管。斯塔西将整个地区作为行动基地进行清理并封锁，这里不会出现在地图上，与柏林市中心亦相去甚远，因此并

---

① 这里应指米尔克在西班牙内战后进入比利时，由于德国占领比利时，而于1940年5月（而非原作者所说的1939年）作为德国公民被送入法国拘留营，随后辗转转移和流亡的经历，直到1944年再次被捕，此后他被送进托德组织从事军事设施的建设。

不引人注目。斯塔西在这里对受害者进行初步讯问，利用一系列精神和肉体暴力手段折磨他们直到认罪。牢房和审讯室被保留下来，这是一个邪恶而压抑的地方，一些带领参观者参观的导游本身就是前囚犯。

瓦尔特·扬卡（Walter Janka）的遭遇体现了这个政权处理反对派的典型方式。扬卡对监狱并不陌生，他曾因是德共党员而被纳粹关进包岑和萨克森豪森（集中营），而后又因参加西班牙内战被关押在法国。1945 年后，他在东柏林经营着一家电影制作公司和出版社。随着苏联的生活因斯大林逝世而出现松动，他要求民主德国对乌布利希的严格社会主义模式进行同样的改革。1956 年 12 月匈牙利起义后，他被斯塔西逮捕，在霍亨舍恩豪森待了六个月。之后又因成立反革命组织罪被判处五年有期徒刑，扬卡再次被送往包岑服刑，但由于他的身体已经在霍亨舍恩豪森被搞垮了，因此被提前释放。事实上，他依然活了下来，并亲眼见证了 1989 年。另一位备受瞩目的囚犯是马克斯·费希纳（Max Fechner），他曾担任民主德国的司法部部长，但因宣布参与 1953 年"6·17"罢工的人可获司法豁免而遭解职。被斯塔西逮捕后，他因"煽动抵抗"而被判处八年徒刑。演员海因里希·格奥尔格（Heinrich George）曾是战前柏林最知名的演员之一，曾出演《柏林，亚历山大广场》。1945 年他被苏联人逮捕，原因是他制作了一部反犹主义电影《犹太人苏斯》（*Jud Süß*[①]），而且据说他曾呼吁柏林人留下来直到战争结束。

---

① 原文写作"*Jud Suß*"，已更正。《犹太人苏斯》是 1940 年在戈培尔支持下拍摄的反犹主义历史题材电影，影片根据纳粹种族意识形态，将犹太人塑造成道貌岸然并妄图控制全世界的形象。海因里希·格奥尔格在其中扮演符腾堡公爵一角，而非电影制片人。

他在霍亨舍恩豪森遭遇恶劣对待，由于吃不上饭，他体重骤减 37
千克左右，一年之后逝世。另一位离世的囚犯是一位名叫鲁道夫·
福格尔（Rudolf Vogel）的神学家，他的罪行是为在战时照料的 50
名俄国强制劳工施洗，苏联人认为这是一项严重罪行，于 1949 年
将其逮捕，1951 年他在霍亨舍恩豪森去世。

斯塔西人员并不认为民主德国的边界必然适用于他们。1950
年，他们将联邦议会议员库尔特·穆勒（Kurt Müller）诱骗至东
柏林，以穆勒曾担任盖世太保军官并策划对苏联的恐怖袭击为由将
其逮捕。① 米尔克在霍亨舍恩豪森亲自对他进行残酷审讯，随后穆
勒被苏联法庭定罪并送往劳改营服刑 25 年，直到 1955 年苏联迫于
国际压力才将其释放。但他们最无耻的行动是逮捕了西柏林律师瓦
尔特·林泽（Walter Linse），林泽长期从事苏占区侵犯人权行为的
调查工作。1952 年 7 月 8 日上午 7 点半，他在位于美占区法院街的
家门口遭到斯塔西绑架并被带往霍亨舍恩豪森。他被移交给苏联
人，送至莫斯科处决。利希特费尔德有一条纪念他的瓦尔特·林泽
街，还有很多鲜为人知的人也在霍亨舍恩豪森受苦受难。

沃尔夫冈·格贝尔（Wolfgang Göbel）是一名资深共产党员的
儿子，但他对民主德国已失望透顶。在服完兵役后，他拒绝加入统
社党，因此无法晋升为军官。格贝尔选择了自我放逐，前往联邦德
国与女友家人相处了三个月。在那之后他自愿回到东柏林，却遭到

---

① 库尔特·穆勒（1903—1990）是坚定的德共党员。1929 年成为德共青年团主
席，1931 年成为共产国际执委会主席团候选人，1934 年因领导巴登地区共产党活动而
遭盖世太保逮捕，直到二战结束前从萨克森豪森集中营被转运时才被盟军解救。战争结
束后，他留在汉诺威重建西占区的德国共产党，并成为主要领导人之一，1949 年当选联
邦议会议员。

逮捕，并被关押在霍亨舍恩豪森。他被关在一间只有简单木凳的多
人共用牢房整整两个月，那里"不见天日，也没有厕所"，只有一
个桶。"当你不得不上厕所的时候，就非常尴尬了，每个人都不得
不观看、聆听，还得闻上一闻。那是一段非常折磨人的日子，"他
回忆道，"我不得不忍受夜间审讯，这些审讯非常痛苦、残忍。每
晚 9 点你会被接走，然后通宵被审。一大早你又被释放了，回到一
间一整天都不准睡觉的牢房里。如果你被这样对待三个星期，你就
不知道自己到底在哪儿了。但我的优势是我真的什么都没干。"他
幸亏没走联邦德国的难民通道，所以并没有受到任何来自情报部门
的审问。这也意味着他不可能被判处军事间谍罪，虽然这是斯塔西想
要达成的结果，足够他吃上五年牢饭。因此格贝尔一被释放就立即逃
往西柏林，再也没有回来。具有讽刺意味的是，他在那里开了一家名
叫"带刺铁丝网边的工作室"（Studio am Stacheldraht）。彼时西柏林
的电台沿隔离墙设置霓虹灯标语，试图以此影响边防卫兵，告诫他们
未来如果有事发生，那么他们将因为任意射杀而被追究责任。[9]

　　然而，不能潦草地对斯塔西加以平面化的描述，这一点同样至
关重要。它的很多军官都是正派的爱国者，将在斯塔西工作视为改
善家庭生活的一种方式。米卡尔·亚当（Mikael Adam）的父亲是
波茨坦的一名斯塔西军官。他说，生在一个斯塔西家庭其实很艰
难，因为当地所有人都知道你父亲是斯塔西军官，他们往往就会怀
疑你。"当时我们需要搬新家，我父亲去市政府寻求帮助，但他们
说，'哦，你怎么不叫斯塔西来帮忙整理？'我父亲当场否定，说那
是滥用特权，最后他自己盖了房子。虽然当时建材可以贷款 99 年，
但这依然是一笔巨大开支和一个浩大工程。"[10] 而守卫隔离墙的边防
卫兵也并非全是好勇斗狠的萨克森人。许多人会给他们西边的同行

递条子，通常是要些东西或钱。"你能不能帮我从墙那边搞双无缝袜过来？九号半的，颜色别太鲜艳那种？"这是陌生纸条中的一张，更常见的是要香烟。[11]

20 世纪 60 年代，柏林作为东西方（阵营）的交会点，成为欧洲间谍之都；好莱坞还让弗里德里希大街车站和格利尼克大桥成为闻名遐迩的间谍桥梁。格利尼克大桥是连接柏林和波茨坦的交通要道，它跨越了属于美占区的万湖和位于民主德国波茨坦的哈维尔河。大桥得名于位于柏林一侧的迷人宫殿格利尼克宫，它由申克尔建造，是弗里德里希·威廉三世的小儿子卡尔（Karl）亲王的乡间度假别墅。它的附近是巴贝尔斯贝格城堡，这座迷你温莎城堡亦由申克尔为威廉一世所建；而相比阴郁的柏林旧宫，维姬公主也觉得这里更自在些。柏林的分界线沿着哈维尔河中央延伸，因此东西方的边界是贯穿桥梁中心的一条线。在电影里，它总显得影影绰绰，表现出当时十分普遍的氛围，但其实是城郊风景最优美的地方之一。这座桥被作为间谍交换的地点是因为东部的检查站是由苏联人而非民主德国人民警察管理。第一次交换发生在 1962 年 2 月 10 日，当时用 1960 年被俄国人击落的 U2 间谍机飞行员加里·鲍尔斯（Gary Powers）交换苏联间谍鲁道夫·阿贝尔（Rudolf Abel）。1985 年 6 月则有 23 名美国特工被释放，这次的交换场景盛况空前。但最著名的交换事件可能还是 1986 年交换人权活动家阿纳托利·夏朗斯基（Anatoly Shcharansky）。

1963 年 11 月肯尼迪遭暗杀，一年之后赫鲁晓夫被强硬的列昂尼德·勃列日涅夫（Leonid Brezhnev）赶下台。随着冷战在世界范围内愈演愈烈，柏林继续成为不稳定的最前线。隔离墙令人不安已是既成事实，它的未来走向更构成广阔政治舞台正在发生的一部分。乌布利希也决心让首都成为他的社会主义共和国的展示舞台。在赫鲁晓夫谴责斯大林时，他被迫附和，并下令拆除了后者位于施特劳斯贝格广场上的巨大青铜英雄像，还将斯大林大道更名为卡尔·马克思大道。但如今他也开始将资源投入远比隔离墙更和平的建筑项目上，其中最引人注目的例子是亚历山大广场上的电视塔。亚历山大广场曾因充斥着小偷小摸、卖淫嫖娼而声名在外，德布林的小说更让它的形象"永垂不朽"，但乌布利希把它视为他新首都的心脏。

拆除在战争中损毁的建筑物，其实是创造出了一个更大的开放空间。1965年，柏林硕果仅存的几处中世纪街区之一的渔夫街区（Fischerkiez）就被拆了个一干二净（但这里替乌布利希的规划师们说句公道话，考虑到空袭对城市的破坏程度，这种拆除在所难免）。电视塔建在古老的玛利亚教堂背后，旨在向全世界展示民主德国是一个多么先进的国家。它按照苏联人钟爱的火箭样式建造，高386米，是当时世界上第二高的电视塔，识趣地比莫斯科的奥斯塔基诺塔矮了一些。它拥有一座旋转餐厅，在晴朗的日子里可以将方圆80公里的景色尽收眼底。不过，它在1969年10月开张时，却给乌布利希出了个难题：餐厅所在的圆形大厅位于塔尖下方，它使用不锈钢砖建造，在晴天时会将阳光反射成十字架的形状。结合乌布利希对教会的仇恨，这座塔很快就被戏称为"教皇的复仇"或"圣瓦尔特"。给砖上色也于事无补，十字架也就被保留了下来。而在原来渔夫街区的地方，新建起六座公寓楼，附带餐馆、商店和休闲中心，以东柏林的标准来看，这是个非常理想的社区。中央百货公司（Centrum Warenhaus）成为民主德国的时髦地标，相当于东柏林的哈罗德[①]。

　　但留给乌布利希沉浸于观赏电视塔的时间不多了。他在 1971
年失去了莫斯科的信任，因为勃列日涅夫正在逐步转向——虽然十
分缓慢——与西方和解并减少对抗的政策。乌布利希的经济改革也
没能奏效，虽然他已把他的劳动力重重围困。人们还觉得他日益与
时代脱节。1971 年 5 月 3 日，迫不及待上位的昂纳克迫使其去职。
但相比勃列日涅夫对赫鲁晓夫的许可，乌布利希被允许更有尊严地
生活，他继续担任国务委员会[②]主席，并在 1973 年因中风去世后获
得国葬荣誉。1971 年 9 月，昂纳克和勃兰特（时任联邦德国总理，
此前直到 1966 年都担任西柏林市长）共同起草《有关柏林的四方
协定》，由苏联、美国、英国和法国签署。该协定并未改变任何大
局方针，但确实让一些人放松了下来。东西柏林人现在可以相互打
电话，虽然要按国际长途收费；西柏林人和联邦德国人现在要访问
东边也变得容易许多。联邦德国和民主德国又在第二年签署的条
约[③]中相互承认对方的主权地位并互换大使。民主德国随即于 1973
年作为一个国家在联合国占据一席之地。这也是东柏林被认为适合
当首都的原因之一。

　　昂纳克对于建筑的主要关切在于解决基础住房依然严重短缺的
问题。西柏林到 1964 年前后已新建公寓 250 000 套，将东柏林远远

---

　　①　哈罗德是英国伦敦最负盛名的百货公司，以贩售奢侈品著称。

　　②　民主德国的国务委员会（Staatsrat）是从 1960 年 9 月 12 日通过修改宪法设立的
代表国家元首的中央集体领导机关，机构的最高领导为国务委员会主席。

　　③　这里指的是 1972 年 12 月 21 日签署的《两德关系基础条约》（Vertrag über die
Grundlagen der Beziehungen zwischen BRD und DDR），简称《基础条约》（Grundlagen-
vertrag）。

甩在后头。因此昂纳克优先考虑的是使用预制混凝土砌块建设郊区建筑大楼——不仅仅是在柏林，而是在整个民主德国铺开。时至今日，这些大楼依然主导着许多德国东部城市的街道。这些大楼外观丑陋，公寓面积也很小，但十分实用，能够满足东柏林的需求。至 1989 年时，东柏林三分之一的人口居住在三座卫星城镇：东北面的霍亨舍恩豪森，以及东面的马灿与海勒斯多夫。其中仅马灿就建成了 56 000 套公寓。1975 年，市议会以其痴迷数字的官僚主义作风自豪地宣布：现有 489 659 套住房可入住，其中 82.2% 拥有冲厕，62.7% 带有浴缸或淋浴设施——但其中只有 20.2% 提供集中供暖。昂纳克主导的住宅区在 1989 年后被拆除，理由据说是建筑质量差、不美观。不过，如果没有这些住房，很难估量柏林今天如何满足它所面对的住房需求。

在 20 世纪 70 年代初，昂纳克不得不做出决定：在柏林宫所在的巨大开放空间里，应该放些什么进去。这里现在是柏林市中心一片突兀的空地。国务委员会人楼（Staatsratsgebäude）占据了南侧，1964 年施普雷河的西边则建起体量庞大的外交部，这让许多人愤慨不已，因为它牵涉到要拆除申克尔的建筑学院的残余部分。1973 年，位于东侧，正对着大教堂的共和国宫破土动工。三年后建筑完工，这是一座矩形的平屋顶建筑，采用功能主义的共产主义风格，它取代了斯大林式的哥特风格成为苏联阵营首选的建筑风格。建筑内部设有人民议会（它是乌布利希和昂纳克用来粉饰民主的议会）、文化中心、餐厅、保龄球馆和音乐厅。这里也被东柏林人称只有电话能正常工作，因为所有的东西，包括餐厅里的盐和胡椒都逃不过斯塔西的监视。而与 70 年代早期的许多建筑物一样，建材包含了大量的石棉。宫殿广场成了阅兵场，它如今位于被称为"民主德国

U 形政治中心"[12]的露天中心，对面就是大花园。

昂纳克执政早期的东柏林人生活算不上一团糟，正如西柏林的生活也不见有那么好。但想要前往东方阵营以外旅行依然困难重重，对于有工作的人来说几乎不可能；而那些试图逃亡的人依然面临被射杀，甚至到隔离墙倒塌前仍有 49 人被杀。不过，统社党已经意识到，他们必须致力于将民主德国改变成一个适于生活的地方，而柏林应该成为这方面的典范。官方说法是这样的，"东柏林是民主德国社会主义的展示场"。它是"社会主义的消费天堂"，"由民主德国引进的奢侈品商店提供优质的服装、化妆品和食物"，但这只说对了一部分。有一家出售所谓奢侈品的连锁商店，名叫"Exquisit"（"精品店"），但它似乎从来无货可卖。一则家喻户晓的柏林笑话是这么说的："有个人走进一家 Exquisit，想要买一双鞋。店主答道：'抱歉，您来错地方了。这儿没鞋买，去隔壁吧。'"[13]

官方继续宣称，"政府也特别关注文化。众多剧院、电影院和博物馆使东柏林转变为民主德国的文化之都"[14]。这可能是一厢情愿的想法，但很多民主德国人对此深信不疑。对于出生在 20 世纪 30、40 年代的东柏林人来说，70 年代的生活在他们看来是稳定的。他们有工作，有足够的食物，而且大多数人还有房子住。他们不再挨饿，有充分的医疗保障，尽管生活可能乏味无聊，但他们对此一无所知。芭贝特·施特布勒-基斯滕（Babette Stäbler-Kirsten）这样写道：

> 1971 年，我那刚坠入爱河的父母从图林根来到东柏林，他们那时刚考完"Abitur"（是德国大致对应英国 A 级测试的

考试）① 不久，我父亲就收到了国家航空公司 "Interflug" 的工作面试。两人于是兴高采烈地一同探索首都。旅行的亮点是新近开业的电视塔餐厅。他们必须提前预订 "Tele-Café"（餐厅名称）的座位，而他们被允许停留在 207 米高空的时间只有一小时。餐厅在那段时间里旋转 360 度，（他们）周围还环绕着钢琴演奏者的音乐伴奏。

这次参观成了他们人生中的高光时刻，两人将当时的菜单作为纪念品保留了下来，并于 2017 年送给了芭贝特。[15]

柏林的主要文化产品——足球、酒吧和音乐，在东西柏林并无差别。民主德国的足球比赛也十分激烈，甲级联赛（Oberliga）球队之间的竞争对抗性十足。这些球队的名字或许还有些社会主义色彩，但柏林迪纳摩（BFC Dynamo）和柏林联盟（Number 1 FC Union）之间的竞争经常引起足球流氓间的暴力行为，但人民警察对此似乎非常宽容。在所有算到米尔克头上的罪行中，有一桩让他从未获得原谅：德累斯顿迪纳摩（Dynamo Dresden）在 1978 年第三次击败他心爱的柏林迪纳摩，赢得全国冠军。他被指控派斯塔西特工渗透进德累斯顿队，并对球队的三名核心球员提起指控，此后柏林迪纳摩连续十次夺冠。东柏林的酒吧文化，以及当地人对本地小酒馆的忠诚，也不是斯塔西能随便插上手的——虽然它通常十分反对家族生意。许多柏林最老牌的酒吧，例如普伦茨劳贝格的"梅茨角"（Metzer Eck）仍由其所有者的家族管理；直到今天"梅茨角"的经营者依然是法尔克纳（Falkner）家族。东柏林还在弗里

---

① "Abitur"指德国高级中学毕业考试，学生在通过该考试后可获得进入大学学习的资格，凭考试成绩申请大学学位。

德里希费尔德建立了自己的动物园。三只柏林熊——南特（Nante）、耶特（Jette）和于尔兴（Julchen），从 1953 年起就生活在科伦公园①里一处特殊的熊舍里，它们因此成为这座城市的流行象征，被视为一起受苦受难的伙伴。它们可能还会"发现"自己正在永无止境地被制成玩具或巧克力之类的纪念品。

　　知识分子的生活和艺术创作则变得越发艰难，因为这是斯塔西格外关注的领域。它希望所有的艺术创作都由设在波德维尔宫的青年人才之家（Haus der jungen Talente）引导。这个名称固然很社会主义，但它确实吸引了一批有能力的音乐家和演员。但它永远无法吸收无意在如此明显的政府控制下工作的那拨人。东柏林真正的文化生活是在地下进行的，作曲家和艺术家通过这种方式表达他们对政权的反感。西柏林人被允许到访后，许多朋友相聚成为他们记忆中饱含强烈情感的场景，再加上永不缺席的斯塔西的存在，让这一切越发令人兴奋不已。伊雷妮·肯普夫（Irene Kempff）是一位联邦德国外交官的女儿，因此也引起了斯塔西的兴趣。她觉得自己定期去那里演奏音乐、高声朗读、喝酒、跟众多朋友聊天时，经常会被人盯上。"坐在地板上，喝掉易拉罐里最后一滴啤酒，那感觉真让人兴奋。"她回忆说。"在那种压抑而愚蠢的威权氛围下，总有些什么让人们聚到一起，让他们学会珍惜，只言片语，一段音乐，任何东西都比在西柏林的更有价值，相比之下，我们发现西柏林才是堕落的。人们可以在那里轻易获得一切。"[16]

　　正是这批人，日后发行了极具影响力的讽刺杂志《米卡多》

---

　　①　这是位于柏林市中心米特区沿施普雷河的一处城市纪念公园，是在 18、19 世纪的早期要塞遗址上建立起来的。

(*Mikado*)①，尽管在1983年至1987年间发行的12期里，没有一期的印数超过100份，但它们却被大量阅读和广泛传播。它拥有由知名艺术家绘制的醒目封面，内容侧重展示威权统治下的生活。东柏林的很多团体都建立起深厚的友谊、共同的价值观，具有在逆境中形成的真诚与忠实。许多参与者发现，今天在这种重新统一的城市里，他们尤为怀念当年那种特殊的氛围。然而，斯塔西依然依靠他们的线人网络渗透进其中的几个非正式文化团体。当时最活跃的团体之一位于普伦茨劳贝格，斯塔西在20世纪80年代设法塞进去两名线人——萨沙·安德森（Sascha Anderson）和赖纳尔·谢德林斯基（Rainer Schedlinski）。他们的目的是利用争吵和意见分歧说服斯塔西嘴里的"敌对团伙"少写政论文章并汇报其中的个人动向。但这些行动效果如何仍值得商榷。其实普伦茨劳贝格团体已经是公认不那么政治的了，但这或许跟斯塔西的秘密影响一样，是一个抉择问题，团体中的一些人认为，想要对事件施加更为微妙的影响，更主流的做法是写作。这可能是又一个斯塔西全力促成，但收效甚微的例子。[17]

教会同样是思想自由的坚定支持者。教会负责照料那些被政权剥夺权利的人，那些试图逃离这个国家的人，还有超出当局理解范围的"朋克"，为他们提供工作和住处。米特的救世主教堂因其挑衅的姿态与举办兼顾音乐会和布道在内的信仰服务——这些服务本身超出了许可范围——著称。虔敬主义在18和19世纪的工作开展

---

① 这里的"Mikado"指"游戏棒"，是一种老少皆宜的游戏，游戏规则是游戏成员将原本并拢的31根不同颜色的游戏棒撒在桌面上，然后用手逐一去取游戏棒，但不得触动其他游戏棒，最后记分。

顺利，在 20 世纪上半叶失去了柏林人，但现在似乎又恢复原状。

　　伊雷妮·肯普夫对西柏林的看法获得了广泛认同。然而不仅仅是愤怒和嫉妒的东柏林青年有这样的看法，隔离墙给西面造成的问题几乎跟在东面一样多。首先，它让西柏林日益成为一座孤岛，无论它如何受国际社会关注，还从美、英、法军队的驻扎中获得好处，并且当勃兰特成为联邦总理后越发得到波恩的重视，它都变得越发不宜居。如果联邦德国的其他地方能够提供更好的前途和更轻松的生活方式，年轻人绝对不愿意留下来。阿德烈亚斯·奥斯提尔特（Andreas Austilat）1957 年出生在当时尚未分裂的柏林，在美占区长大成人。他还记得自己听一个来自加利福尼亚的美国大兵的儿子说他更喜欢柏林而不是洛杉矶时的那股子嘚瑟劲，他回忆说，当时美国兵的反应是"匪夷所思，他们根本无法理解。但我们觉得，'这孩子是我们的人'，他喜欢待在这里，这里是他的家。但很多人确实理解不了。因为外界对柏林的观感是：它是一座分裂的城市，一座孤岛，因此我们不管怎样都生活悲惨，但其实我们感觉不到，我们觉得我们一切安好。有时想去度假的话确实有点麻烦，但基本上没什么问题"[18]。

　　无论奥斯提尔特的感想如何，到 1971 年前后，65 岁以上的西柏林人占城市总人口的 25％，而在整个联邦德国范围内，这个比例是 15％。只有 15％的西柏林人未满 15 岁，再次低于联邦德国 23％的比例。有些人觉得西柏林年轻人可免除兵役是一种优势，但在大批联邦德国年轻人关注苏联阵营并将在联邦国防军服役视为己任的情况下，这种优势的吸引力相当边缘。波恩还开始推行"Zittergeld"［它的字面意思是"动荡（补偿）金"］，这是为说服人们留在这座城市的特殊津贴。但来自德国以外的移民持续涌入，讽刺的是民主德国还促成了这一切。1961 年时，西柏林只有 20 000 名非德国人，但到了 1975 年时，这一人数增加至 190 000 人，其中许多人移民去了民主德国，但执政当局又迅速将其全部"打包"运过隔离墙，如此一来，西柏林就不得不照顾这批人。这个人数到 1989 年前后更上升至近 30 万人，其中土耳其人占到总人口的 6％；相比之下，东柏林同期只有 20 000 名非德国人。柏林一如既往是一座移民城市。

西柏林从极为广泛而自由的文化生活中受益匪浅。这也让它看上去好像更加耽于享乐，因为墙另一边的生活是如此灰暗。尽管民主德国更早使同性恋合法化，甚至还早于一些西方国家，但在"有墙"的年代，（西柏林的）性自由堪比 20 世纪 20 年代。柏林的夜生活也和它的剧院、音乐和艺术一样活跃。像大卫·鲍伊（David Bowie）这样的国际巨星来此生活的理由和 20 年代如出一辙：你可以在西柏林做你想做的，没有人会对你评头论足。鲍伊住在舍内贝格，和伊舍伍德以自己的柏林生活为灵感创作小说一样，鲍伊也在那里录制了他的柏林三部曲专辑。他发现这座城市温暖而鼓舞人心，他和伊基·波普（Iggy Pop）可以不受干扰地进行实验。当时伦敦的氛围依然苛刻而严肃，柏林却能提供艺术（创作）的自由。鲍伊称其为"人类所能想象到的最伟大的文化盛宴"[19]。

西柏林也成为强烈反对资本主义生活方式的团体聚焦目光的地方。在这场运动中，最富魅力但又似乎充满矛盾的领导人是鲁迪·杜奇克（Rudi Dutschke）。杜奇克出生于勃兰登堡一个虔信宗教的家庭，起初加入自由德国青年团，是一个前途光明的运动员，而且看起来准备全身心地投入共产主义事业。然而，1956 年苏联残酷镇压匈牙利起义让他改变了看法，他因拒绝在民主德国服兵役被禁止上大学。不过，他在隔离墙建起来前三天，设法跨越边境，转而就读于西柏林新创立的（柏林）自由大学。在完善自己的观念体系后，他便退学成为德国大学生运动的领袖人物，这场运动有时也被称为 APO，即"议会外反对派"（Außer Parlamentarische Opposition）。杜奇克呼吁结合基督教与社会主义原则对政治和社会进行彻底改革，他本人也终身保持虔诚的基督教信仰，这一点让他的许多批评者略感不适；同时他还呼吁第三世界、苏联阵营和西方国家进行改革。1967 年他组织了反对越南战争和伊朗国王访问西柏林的大规模抗议活动，其间警察曾开枪示威，打死了一位名叫本诺·奥内佐格（Benno Ohnesorg）的大学生。奥内佐格的死导致抗议活动数量激增，这些行动均由杜奇克领导。1968 年 4 月，一个名叫约瑟夫·巴赫曼（Josef Bachmann）的年轻反共分子，在库达姆悄悄接近他，并朝他头部开了枪。杜奇克活了下来，不久便只身去了英国，在那里继续求学，直到被学校开除。他随后又前往丹麦，最终因自己的枪伤而死。约阿希姆·弗里德里希大街和库达姆交会处的人行道上，有一块纪念他的标牌，还有一条以他名字命名的街道，位于弗里德里希大街和奥拉宁街之间。柏林极为擅长铭记它的子弟，不论他们如何另类。

杜奇克的重要性在于，他所留下的思想将朝着他本人可能都不希望的方向发展。其支持者声称，阿克塞尔·施普林格（Axel Springer）的出版帝国对杜奇克进行妖魔化，正是它的报纸鼓舞了巴赫曼。施普林格出版社最初来自汉堡，1959 年收购《柏林晨邮报》（*Berliner Morgenpost*），这之后在战后的柏林一直颇具影响力。这家出版社激烈反对共产主义，强势地将自己的办公室建在隔离墙对面，以此作为蔑视民主德国的具体行动。当然它对 APO 和大学生运动采取强硬的右翼路线。相比杜奇克作为一位思想者并致力于制定章程，由他发起的反对运动的后继者的立场则更接近无政府主义。就在杜奇克遭枪击的那一年，一位名叫乌尔丽克·迈因霍夫（Ulrike Meinhof）的和平主义者搬到柏林，在此遇见了安德烈亚斯·巴德尔（Andreas Baader），一个即将因纵火焚烧商店锒铛入狱的暴力革命者。迈因霍夫帮助后者免除了牢狱之灾，两人前往巴勒斯坦，并在那里接受成为恐怖分子的训练。返回德国后，他们的"红军旅"（Red Army Faction，因此被西方媒体称为 RAF）挑起了一场针对德国当权者的恐怖运动。巴德尔和迈因霍夫被逮捕后，他们的追随者仍继续制造恐怖事件——其中包括劫持一架最终在摩加迪沙迫降的汉莎喷气式客机①——直到 1988 年。对于许多经历战争并品尝其恶果的老柏林人来说，这是对他们曾努力实现的一切的背叛。但年轻的柏林人对于促成"红军旅"行动的那种愤怒感同身受，尽管极少有人原谅他们的所作所为，但很多人仍对他们表示同情。

　　"红军旅"只是西柏林在 20 世纪 70、80 年代难以调和的问题之一。更本质的问题是这座城市将在未来几十年中何去何从。如今和解的氛围正在蔓延，那么民主德国又将会发生什么？苏联人是否依然决定将西柏林从他们的地图上抹去？如果是这样的话，波恩和联邦德国（现已是北约成员国）是否会给予支持？事实上，相比驻德苏军数十万的兵力，西柏林区区数千人的盟军根本无力招架。他

----

　　①　这里指的是 1977 年 10 月 14 日，4 名巴勒斯坦恐怖分子在西班牙马略卡岛的帕尔马劫持汉莎公司一架飞往法兰克福的波音 737 客机。劫机者除要求赎金外，还要求释放 10 名服刑中的"红军旅"成员及 2 名巴解组织成员。最终 10 月 18 日客机在摩加迪沙降落，乘客及机组成员获救。

们只能作为一种威慑，但一旦发生攻击，他们很快就会被击溃。而苏联如果进攻西柏林，其实质是向美、英、法宣战，那么盟国是否甘愿为了这座建在沙地上的城市中的孤岛冒这极易升级为核战争的风险呢？又或是，苏联人真的会认真对待和解吗？昂纳克政权的态度会缓和下去，甚至可能考虑两个德国以某种方式统一吗？

表面来看，70年代末和80年代初苏联的威慑力似乎一如既往地真实存在。盟军继续维持在柏林的军事联络任务，其主要工作是突破隔离墙并试图找出驻德苏军的目的。驻联邦德国的苏联也抱持同样的使命。一套最初于1946年创立、在英国和苏联两国间寻找战俘、失踪人员和战争墓地的"代表团"机制，后来也被美国人和法国人效仿；到了70年代，无论是"英国代表团"（BRIXMIS）还是"苏联代表团"（SOXMIS），都成为"官方"军事间谍活动的代名词。他们会通过格利尼克大桥进入民主德国，因为它通常由苏联军人把守，而非民主德国边防卫队。随后他们在试图调查苏军动向时还要尽量避免被跟踪。这是一项刺激但又危险的工作，因为苏联和民主德国都竭尽全力加以阻挠，因此难免会有人员伤亡。

当这些"代表团"装备高规格摄像机的装甲车驶过桥梁，必然会被斯塔西尾随，然后被记录下去向。因此要甩掉这些"尾巴"需要高超的驾驶技术和强大的神经。斯塔西还常常试图袭击他们，尤其是当这些"代表团"靠近任何他们认为特别敏感的地点时。彼得·威廉姆斯（Peter Williams）当时是英国代表团的一名上尉，发现自己无意中路过了位于阿滕施泰特边境附近的一个雷达基站。当他们正准备通过入口时，一辆十吨重的民主德国空军卡车撞了上来，试图暗杀他和他的乘客——新近获得任命派驻柏林的一位旅指挥官。车上的装甲跟边上的一棵果树救了他俩的命，这棵树挡住了汽车，阻止它翻滚。当时的卡车司机在德国重新统一很久后告诉威廉姆斯，他因为此事获得两周额外假期，但如果他暗杀成功，就将获得四周假期和 1 000 马克奖励。1985 年 3 月 23 日，苏联确实暗杀了美国代表团的少校亚瑟·尼科尔森（Arthur Nicholson），当时他正在什未林附近拍摄苏军坦克。

　　通过此类代表团行动取得情报，是北约了解苏联驻民主德国军力状况并维持战备状态的一种途径——尽管他们的士兵大多都是百无聊赖的新兵，为了寻求刺激会从自家的坦克里偷含酒精的制动液来喝。不管怎样，北约面对着两个德国的边界维持庞大兵力，每天都在为预防苏联的大规模进攻进行演练，还要年复一年针对各种可能的情况进行演习：如果驻德苏军打算向北环行，是先前往汉堡和丹麦，还是直取鲁尔？是否应该在边境予以拦截，还是允许其深入联邦德国后进行反击？可想而知，后一种情况在盟军军事战略家那里，要比在波恩受欢迎得多。此外，冲突何时会"升级到核（冲突）级别"？是否允许盟军使用现有的战术核武器来阻止预想中的苏联装甲军团，抑或这样一来会导致轮流使用核武器？类似的问题在整个 70 和 80 年代始终困扰着西方的军事战略家，并为此要在联邦德国保留大量军队；在相关人员看来，这些问题似乎都极其现实。但在所有这些情况下，西柏林都被一笔勾销了。

　　沿着从联邦德国到西柏林的走廊旅行，必然可以体验因两个德国的边界——德德边界（IGB）① 和隔离墙，以及因众多苏军存在

---

　　① "德德边界"即上一章提到的两个德国的内部边界（IGB），为与前一个边界做区分，故此处写作"德德边界"。另外需要说明的是，"IGB"的概念其实并不包含柏林墙，因此此处才会写作"德德边界和隔离墙"。

而产生的古怪压抑氛围。当年我刚从大学毕业，还是对冷战现实一派天真懵懂的年轻军官，却赫然发现自己要指挥英国军用列车定期从不伦瑞克经黑尔姆施泰特（火车会在那里穿越德德边界）到柏林的格里布尼茨湖，列车在那里穿过隔离墙进入美占区。这段旅程充满烦琐的礼节，我们必须穿上最漂亮的制服，如此才能给人留下好印象。15 点 50 分，火车准时从不伦瑞克出发——80 年代的德国火车非常准时，可惜德铁如今已把这个习惯给丢了。27 分钟后到达黑尔姆施泰特，火车头会被取下，换上民主德国的火车头和他们的列车组人员。然后它会在马林博恩停一下，我不得不在那里下车，和一名翻译一起将包含全部乘客的名单交给当值的苏联军官，他同样被命令要在周日保持最佳状态。这是我第一次遭遇可怕的"俄国佬"，但这家伙很友好，又有些书呆子气，还跟我要了香烟。火车从马林博恩出来，就进了一条由混凝土、带刺铁丝网、瞭望塔、布雷区和坦克陷阱组成的走廊，这些东西让人顿时深刻理解了冷战是真实存在的。然后火车开往马格德堡，在那里穿越易北河，随后经过勃兰登堡，还路过了存放皇帝私人御用火车的发动机库房，最后抵达波茨坦。

我们曾在不同的时间点在餐车里被盛情款待过大餐，目的是向任何偶然瞥见的民主德国人展示我们的生活是多么舒适惬意。但在波茨坦，这一切就被推翻了。民主德国的火车头和列车组人员被换了下来，以柏林的人马取而代之，人民警察在火车上搜索非法越境者的能力极为出色。我们再次穿越由混凝土、通电铁丝网和瞭望塔组成的灰暗世界，于 19 点 59 分驶入夏洛滕堡火车站，刚好距离我们离开四小时零九分钟。对于任何经历过那次特殊旅行的年轻人而言，只会留下战争一触即发的印象。相比之下，西柏林的存在就似乎不那么协调了，它就像黑暗的海洋中的某种人造光，但几乎不可避免地将被熄灭。

对于盟军军官来说，通过查理检查站进入东柏林相对容易，却再次将人带入一个看似超现实的世界。我重新穿上最好的制服给人留下好印象，并避免向人民警察出示任何证件，但穿过隔离墙后给我的直接印象是：这是一片灰色的空白。相比西部的喧嚣、嘈杂和车水马龙，东柏林的街头似乎空无一人。即使转弯进入弗里德里希大街，向北眺望查理检查站后面的车站，也好像从来没有人存在一样。一离开市中心，你还会发现许多建筑物依然布满弹孔。

虽然官方汇率是一比一，但没人会这么干。在开启任何（前往民主德国的）旅行之前，第一站都是西柏林的动物园，你可以在那里用一个联邦德国马克换五到十个民主德国马克。这样一来，东柏林商店就变得便宜到离谱，可以购入少数由民主德国生产的品质极为精良的产品，例如双筒望远镜和光学元件。在亚历山大广场上的中央百货公司里，挤在它宽敞通道里的盟国人员和民主德国人一样多。餐馆也非常便宜，最好的餐馆是位于造船工大道的"酒保"（Ganymed）。它起初是面向船舶工人的小酒馆，在 30 年代被转手并改造为一家时髦餐厅，其内部装饰极为高雅（haute monde）。战后，它由设计斯大林大道的同一位建筑师赫尔曼·亨泽尔曼①（Hermann Henselmann）操刀翻修，因此成为东柏林精英阶层的挚爱。餐厅以东柏林的标准提供精美的食物，但让人感到难过的是，

---

① 赫尔曼·亨泽尔曼（1905—1995）是 20 世纪 50—60 年代民主德国最著名的建筑师。他在 1950 年以前的设计坚持现代主义风格，但这一建筑审美在 1951 年遭到严厉批评，他转而修建苏联式的社会主义古典风格的建筑。

在你用餐时，有四位老人在你身旁演奏。他们战时就在这家餐厅演出，如今都年逾古稀。除了偶尔会演奏一些活泼的曲子，大多数时候都是些缓慢而凄美的音乐，仿佛在诉说着被荒废的生命。但其实在那里吃饭很是尴尬，因为极少数人所享用的一餐饭相当于东柏林人一周的工资，这一点四重奏乐队也感同身受。"酒保"如今依然健在，成为高档餐厅蓬勃发展。

能给东柏林带来一丝慰藉的，可能只剩下音乐了。它也是极权政权最难控制的一门艺术。柏林交响乐团可能比不上西面的爱乐乐团，但它依然能够提供精彩的演出，其他几支乐团也大抵如此。坐在音乐厅里，观众感觉自己可以在不受任何干扰或斯塔西监视的情况下，安全地思考和幻想片刻。音乐会提供了难得的私密空间与逃避现实的时刻，音乐家私下学习和演奏音乐的伟大柏林传统也是如此，这一传统在 20 世纪 70、80 年代东柏林的传承和 200 年前一样受欢迎。

当我在探索东柏林时，很多时候排山倒海般涌上心头的体验是悲伤、对生活的沮丧、机会被白白浪费，还有愤怒。对我们来说难以想象的是，人们必须省吃俭用好几年才能买得起一辆特拉比（Trabi），这是一种用塑料制成的小汽车，配有类似割草机用的两驱发动机，后来被视为民主德国的象征。这种车污染严重，给东柏林带来独特的橡皮泥味。我们想知道为什么东柏林人能默默忍受这一点，许多在 20 世纪 80 年代初生活在苏联阵营的人可能会更有信心提出这个疑问。苏联的统治，与对形势的误判以及故意为之的政策取向一样，无疑都是真实存在的，但由于事态的发展已不太可能开倒车，某种维持现状的默契也被建立起来，这种威胁似乎正在慢慢消退。柏林人似乎也察觉到了这一点。

昂纳克本人确实在某些方面态度缓和了下来。1975 年，他签署了《赫尔辛基协议》，名义上承诺民主德国将更尊重人权。虽然民主德国的措辞总是刻意淡化对该协议的遵守，但签署协议本身至少切实给予了该政权的反对者以一定的合法性。1981 年基民盟政治家理查德·冯·魏茨泽克（Richard von Weizsäcker）当选西柏林市长，在他身体力行跨越柏林墙进行访问的推动下，民主德国在一些领域与西柏林的合作正在不断增强。例如西柏林愿意采取行动，以阻止东柏林污水污染其河道。双方还达成协议，铺设一条从苏联至西柏林的天然气管道。西柏林还同意接手在东柏林运作下行将崩溃的城市轨交系统。如今的民主德国已是一个得到国际承认的主权国家，因此昂纳克也修正了他对德国历史的看法。以往任何"普鲁士"的东西都被视为军国主义的，最好被通通遗忘；但现在，如果民主德国是德国，那么德国历史必然至关重要，对吧？曾被毫不客气地从菩提树下大街的洪堡大学门外移除并运往波茨坦的弗里德里希大王骑马雕像，是克里斯蒂安·达尼埃尔·劳赫（Christian Daniel Rauch）的传世杰作，如今重新回到原址，还举办了一个名为"普鲁士——一幅完整画卷的尝试"的展览。

昂纳克计划借 1987 年柏林建城 750 周年的机会声明民主德国才是真正的德国，东柏林才是与之相配的首都。考虑到柏林在这方面的对手是波恩，要论证这一点轻而易举。因此从 1981 年至 1987 年，东柏林开始对遭受战争破坏但仍未修复的市中心地带进行重建，尼古拉街区得以基本修复。尽管建筑师君特·施塔恩（Günter Stahn）的处理方式后来遭到大量批评，但鉴于在大多数情况下他都是从零开始重建，这项工作完成得并不坏。施塔恩设法保留了中世纪城市的原始布局，以及这一布局将教堂作为商店、集市和住宅的中心的构思。西柏林为这座城市 750 岁诞辰的献礼是在世界文化之家附近建造了一座钟楼"钟琴"（Carillon，但它通常被称为黑钟楼）。它采用电子装置播放钟声，音乐选择也十分成功。

然而，昂纳克的态度表面上确实有所缓和，但他在三个方面出现了严重误判。首先，他的计划经济方针存在重大失误，而这一失误又因 80 年代初由石油价格上涨引发的经济危机而进一步恶化。颇为讽刺的是，民主德国认为自己可以在整个苏联阵营内部以低价购买石油和天然气，将其精炼后出售给联邦德国并从中获利。这个计划从理论上来说有其合理性，但它涉及投资造价高昂的炼油设备，而这笔投资只有在削减其他关键性基础设施投资的情况下，国家才能负担得起。但随着油价的下跌，民主德国陡然发现自己背负上了以联邦德国货币计价的巨额债务，加之由于购买进口商品的资金枯竭，人民生活水平持续下降。昂纳克不得不将目光转向联邦德国，1982—1984 年，他通过谈判从联邦德国获得总计 20 亿德国马克贷款，作为交换，他同意"释放"民众，因此 1984 年有 35 000 名民主德国人获准跨越边境。其实这种拿"人头换钱"的方式已经持续一段时间了，而经济危机将其提升到一个新高度，这也证明民主德国经济不可持续。

其次，昂纳克错误地认为联邦德国的友好态度是对他和他的政权的某种真心接纳，由此形成了未来德国必将包括他未改革的社会主义国家的想法。1987 年，在最终获得莫斯科的批准之后，他对联邦德国进行了正式访问，在波恩举行会谈过后，他访问了自己的老家萨尔，并在慕尼黑受到欢迎。但到了当年 6 月 12 日的西柏林建城 750 周年纪念典礼上，美国总统里根在勃兰登堡门前发表讲话，提出"只要这扇大门依然紧闭，只要这堵墙的伤疤还在……这就不仅仅是德国人的问题，而是关乎全人类自由的问题"。最后他还以"戈尔巴乔夫先生，拆掉这堵墙吧！"作结。紧随其后的是联邦德国总理赫尔穆特·科尔（Helmut Kohl）的讲话，他在谈到隔离墙时说道："分裂禁不住时间的考验。"[20] 其结果是昂纳克撤销对西柏林市长埃伯哈德·迪普根（Eberhard Diepgen）参加东柏林相应庆典的邀请。

最后，他最致命的误判是未能正确解读莫斯科正在发生的事情，这一点和他的前任乌布利希如出一辙。勃列日涅夫已于 1982 年去世，继任者是尤里·安德罗波夫（Yuri Andropov），他在任两年之后也去世了，接下来是康斯坦丁·契尔年科（Konstantin Chernenko）。但契尔年科仅执政一年，1985 年便由米哈伊尔·戈尔巴乔夫（Mikhail Gorbachev）接任。20 世纪 80 年代对苏联而言是一个艰难时期。1979 年入侵阿富汗让它卷入一场代价极其高昂的游击战，和其他在阿富汗的干预行动一样，苏联人也极难从中脱身。同时他们又在美国总统里根身上看到一位决不妥协的西方领导人，他一边发起他的"星球大战"计划（并威胁将破坏核均势），一边于 1983 年在欧洲部署潘兴 2 中程导弹。苏联的经济表现也日益欠佳，整个苏联阵营内部的改革呼声因此不断高涨。但当戈尔巴乔夫开始启动他的"perestroika"（意为"新思维"）和"glasnost"（意为"开放"）政策来应对这些问题时，昂纳克依然坚持自己对极权政治的承诺。那些试图穿越隔离墙逃跑的人依旧遭到枪杀——1987 年的卢茨·施密特（Lutz Smith），1988 年的英戈尔夫·迪德利希斯（Ingolf Diederichs）、克里斯·盖弗鲁瓦（Chris Gueffroy）

和温弗里德·弗洛伊德贝格（Winifred Freudenberg）①；但现在他们的死讯被掩盖，其家人仅被告知他们已经去了西边。

1988 年罢工和示威潮席卷波兰，1989 年初波兰政府垮台。1989 年 5 月，戈尔巴乔夫出访波恩，被欢呼的人群团团包围。6 月 27 日，匈牙利开放了与奥地利的边界，并表示允许民主德国人借道穿越；至 9 月前后已有 25 000 名民主德国人成功穿越国境。10 月 6 日，戈尔巴乔夫访问东柏林，庆祝民主德国成立 40 周年。但他并不喜欢昂纳克，他早在 1985 年就知会民主德国领导层，"该从幼儿园毕业了，没人会再牵着他们的手。他们要对自己的人负责"21。如今他再次重申自己的观点，但昂纳克对此置之不理，提出民主德国将通过自己的社会主义手段解决问题。而数百名在场外为戈尔巴乔夫喝彩的大学生则被警察粗暴地驱散了。然而，即使昂纳克真的坚信他可以做出改变，也为时已晚。随着数以千计的东柏林人借道匈牙利离境，隔离墙随时都面临着成为毫无用处之物的危险。10 月 18 日，民主德国政治局一致通过罢免他，甚至连米尔克都投了反对票。昂纳克遂以"健康原因"正式辞职，他的副手埃贡·克伦茨（Egon Krenz）取而代之。克伦茨后来因为"马脸"的绰号家喻户晓，原因是他当选的新闻被播出时，东柏林人正在观看一个引发轰动的电视节目《每个人都想拥有一匹马》（*Everyone Dreams of a Horse*）。但克伦茨也没好到哪里去。

11 月 4 日，东柏林有史以来最大规模的示威活动在亚历山大广

---

① 温弗里德·弗洛伊德贝格于 1989 年 3 月 8 日遭射杀，他也成为最后一位因试图翻越柏林墙而死的受害者。弗洛伊德贝格与英戈尔夫·迪德利希斯、克里斯·盖弗鲁瓦均于 1989 年 1—3 月死亡，而非作者所写的 1988 年，特此说明。

场举行，数十万人高呼反政府口号并要求改革。但这一次，民主德国人民警察采取袖手旁观的态度。民主德国现在背负着来自其他苏联阵营国家的压力，被要求采取措施阻止难民流动；尤其是捷克人，他们报告称正在被如潮水般涌入其城市的民主德国人淹没。除了考虑签发护照，克伦茨并无新法，此举或许能缓解人口外流，并允许政府进行控制。11 月 7 日，实际代表政府的统社党政治局辞职，尽管新的任命马上出台，但却没有任何替代方案。11 月 9 日晚，柏林的统社党发言人君特·沙博夫斯基（Günter Schabowski）正在举行例行新闻发布会，宣布哪位部长将在政治局担任何种职务。他被一位记者问及政府将如何回应捷克的要求和未来的旅行章程。当时沙博夫斯基手里有一份政治局的说明文件，称针对某些受限移民的旅行禁止令将于第二天结束。因此他回答说，政府现在将按需签发护照，民众可利用护照往返两个德国。"那这（个政策）什么时候生效？"沙博夫斯基被问道。"立刻吧。"他回答说。他是在没有收到其他不同内容的简报的情况下做出了上述推断，而做出这个声明的时间是下午 6 点 57 分。几分钟后，由特拉比小车组成的"舰队"浩浩荡荡地在过境点聚集起来，尤其是在查理检查站和格利尼克大桥上，他们要求获准进入西柏林。边防卫队并未收到任何指示，但他们之中有些人听了沙博夫斯基的声明。随着人口聚集和压力陡增，深夜 11 点 30 分，在博恩霍尔姆大街执勤的斯塔西军官哈拉尔德·耶格（Harald Jäger）最终下令撤除障碍，特拉比小车在欢呼声中开了过去。柏林，乃至整个世界，都发生了翻天覆地的变化。

第十二章

1989 年之后　重生

柏林只是曾经陷于不幸，它不会再重蹈覆辙，永远不会。

——卡尔·舍夫勒（Karl Scheffler），

柏林艺术史学家，1910 年

"这个新柏林，还有已超越方言成为一种全新城市语言的柏林
话，代表的是一座移民之城、智识之城，这座讽刺实验场是唯一真
正国际化的德国城市。这里不可避免要借用卡尔·舍夫勒的名言：
这座'被诅咒永远一路向前却永远无法抵达目的地的'城市"，于
1989 年 11 月 9 日诞生了。[1]讽刺的是，民主德国，这个德意志的社
会主义国家，在同一天崩溃了；这一天也是 1918 年卡尔·李卜克
内西试图建立社会主义国家却功败垂成的日子，共和国也在同一天
诞生。它还是 1923 年希特勒在慕尼黑发动的政变失败的日子，也

是"水晶之夜"发生的日子。

对于那天晚上发生的既出人意料又令人困惑不已的非常事件，柏林的反应喜忧参半。起初，这座城市确实笼罩着一种真心实意的兴奋气氛，东柏林人穿梭于东西之间，索要他们应得的 100 马克（Deutschmarks）欢迎金，放声高歌、手舞足蹈、痛饮、聚会。数百人爬上隔离墙，从东西两边爬上去的人们还相互帮助。"这真是幸福的场景，"美国广播公司的新闻这样播报，"正如各位所见，隔离墙虽然依旧屹立，但已是一座政治废墟。"人们也开始努力把它变成一座真正的废墟，用锤子两面夹击。"他们带着难以置信的喜悦、错愕、泪水和幽默感穿越边界，歌声从柏林墙上下和两边传来，所有人都神采奕奕。这绝对是令人兴奋不已、前所未有的时刻之一，再普通不过的门外汉们接手了一切，而所有的专业人员——从预言家到边防卫兵——都悄然离场。"《卫报》（*Guardian*）如是报道。[2]但这种说法其实与事实有出入，因为仍有尽责的守卫用水枪喷射人群，不过他们很快就放弃了行动。而更危急的情况是斯塔西曾于 11 月 10 日召开危机会议，决定是否动员军队并重新关闭过境点。幸运的是，他们意识到事态已无法挽回。人们在勃兰登堡门庆祝的场景占据那个周末全世界媒体的头版头条，这是一幅自由柏林的标志画面。此时的勃兰登堡门确已成为"和平门"，只不过与乌布利希原本设想的方式相去甚远。第二天一早，统社党党报《新德国》（*Neues Deutschland*）感到它必须发点声，但又不允许自己完全说出事情真相。于是它将那个动荡之夜的事件总结为："过境交通十分繁忙。"[3]

麻醉师安妮玛丽·雷费特（Annemarie Reffert）声称自己是民主德国真正穿越边境的第一人。她听完沙博夫斯基的新闻发布会后难以置信，便和女儿钻进她们的特拉比，从她家住的戈麦恩开车来到边境。当她们经过一个竖着"民主德国公民的最后一次转变"标语时，她女儿问道："妈妈，如果他们不让我们回来怎么办？"安妮玛丽"当时就吓坏了，只想掉头回去"。她家那儿的检查站守卫什么都没听到，他让她们继续前进，但还有更多的检查。然后她才感到了"真正的恐惧"，等待最后一道关卡最为艰难，时间仿佛过去了一万年。她们会被逮捕还是被遣返？最终，她们被告知可以继续前进，而且时机恰好到达西边，一到那儿，她们便被摄像机团团围住。安妮玛丽本打算给丈夫买罐啤酒回去，但太贵了，所以她转身就开车往回走。"你们的社会截然不同。"她告诉等候的媒体，而且第二天一早她要做的第一件事是去手术室。边防卫兵见她们返回也颇为惊讶。最后她们到家的时间是晚上 10 点 30 分。[4]

随着兴奋消退，宿醉过后的人们开始清醒，问题便出现了：接下去会发生什么呢？威利·勃兰特在 11 月 10 日总结了许多人的感受："现在，属于彼此的东西将一同成长。"[5] 11 月 28 日，联邦德国总理赫尔穆特·科尔提出两德统一的"十点计划"①，令整个欧洲大跌眼镜。英法都无法确定德国人对此的想法。但其实，这股推动力既来自民主德国，来自东柏林，也来自波恩。1990 年 3 月，民主德国举行了第一次自由选举，选民们头一遭有机会把选票投给统社党

---

①　科尔的"十点计划"提出了实现统一的"三步走"方案：第一步是联邦德国接受民主德国总理莫德罗提出的"条约共同体"构想，主张在经济、交通、环保、卫生和文化领域建立两德联合委员会；第二步是在两德之间建立"邦联结构"，通过建立一系列联合行政和立法机构为最终建立联邦做准备；第三步逐渐过渡至统一的中央政府，实现德国统一。参见吴友法、黄正柏等：《德国通史》，第六卷　重新崛起时代（1945—2010），南京：江苏人民出版社，2019，第 453 - 454 页。

"橡皮图章"以外的其他候选人。统社党获得了 16％的选票，社民党仅获得 22％的选票，而科尔的基民盟以 40％的选票轻松获胜。到 1990 年 7 月前后，德国马克取代已毫无价值的民主德国马克，联邦德国的法律也取代了民主德国的法律。1990 年 9 月，柏林的四个占领国——英、美、法、苏——正式同意新的泛德解决方案，但莫斯科赞同是联邦德国用承担拆解和遣返驻扎民主德国部队费用换来的。就在距离隔离墙首次被占领不到一年的 1990 年 10 月 3 日，民主德国宣告不复存在，领土并入德国。这一刻，柏林正式重新统一。

柏林人称这一年为"转折点"（die Wende）。它的确是一个转折点，一切都以迅雷不及掩耳的速度发生变化：虽然它本应带来许多令人振奋的机会，许多东柏林人最看重的是如今可以去苏联阵营之外的地方旅行，但它也带来极为严峻的困难和幻灭。弗里特约夫·巴尼施（Frithjof Banisch）上校是隔离墙倒塌当晚值班的高级边防卫兵，他对于所有聚集起来过境的东柏林人只有厌恶。"说实话，我为这些人感到尴尬，"他说，"这事依然让我感到痛心。想想我们在民主德国所做的一切……所有这一切都被踩在脚底下，这让我很伤心。"巴尼施在伤残退伍军人家庭长大，他看着他们从苏联人的战俘营里侥幸生还，他的祖父只剩下一个肺和一只眼睛。他告诉《泰晤士报》（*The Times*），每周五晚上他们家会用支架玩纸牌，因为他的两个叔叔失去了手臂。"他们一直都说，（这一切）不会再发生，不会再发生了。"他还认为民主德国是确保持久和平的一种途径。他对民主德国的指挥系统在 11 月 9 日似乎失灵了这件事耿耿于怀。人群不断聚集，但他依然没有收到任何命令。而听完沙博夫斯基的广播，他别无选择，只能让人们过境。[6]

　　"人们相信社会主义是正确的，"《新德国》编辑沃尔夫冈·许布纳说，"当时只有极少数人——但我不是其中之一——认为：它没有朝着正确的方向发展。事情本不应该如此。"[7] 卡特琳娜·赫尔曼（Katharina Hermann）在总结了许多东柏林人的感受后说道："我震惊有关统一的讨论到来得如此之快。我出生于一个距离战争和柏林墙建设已过去很久的时代。我并不真正认为自己是属于一个更大的德国的一分子。我和许多联邦德国人没有太多的共同之处……重新统一，对我来说是一个陌生的想法。我曾经想过，也希望更有可能的进程是成为欧共体的一部分，我可能更喜欢那样。"[8] 米卡尔·亚当的父亲是波茨坦的一名斯塔西军官，他还记得自己当时害怕极了。"我们中有很多人当然希望民主德国做出改变，但我们并不想放弃它。1989 年对双方来说都是一个奇迹，但它也很容易跑偏。然后我们就看到 12 月在罗马尼亚发生的事［即齐奥塞斯库（Ceausescu）和他的妻子被草率审判和处决］，我们觉得柏林的风向可能还会发生变化。对于我们这样的斯塔西家庭而言，那是一段非常艰难的时期。"[9]

　　"当时有这样一种假设，"卡特琳娜·赫尔曼继续说道，"如果你身在东边，或者出生在东边，而且你不是一个积极的持异见分子，那你要么被自动归为斯塔西的人，要么就是一个大错特错或一点都不民主的人。这个假设的前提是：你应该立即接受联邦德国是好的、民主德国是坏的的观念。有太多像我父母（举个例子）这辈人的负面宣传，其实他们一辈子都在努力创造一些非常有价值和积极的东西——一个平等主义的社会实验，虽然它存在很多缺陷。"[10] "你有一种一无所有的感觉，"伊丽莎白·海勒（Elisabeth Heller）补充说，"面对那些不明白你为什么失业和没有工作的人，你总有一种想要替自己辩白的冲动。这种状态太让人恼火了，一直持续到我能拿养老金的岁数。"[11] 或许，最让东柏林人难以接受的，正是这种生命被白白浪费的感觉，对于像海勒这样难以适应的人来说尤其如此。一部分东柏林人确实感到他们的生活并不像过去那么充实了，但许多人——可能是大多数人——并没有这种感觉，他们只是憎恶西边那些根本不替人着想的家伙随便应付带来的后果。柏林可能已经在形态上实现了重新统一，但要让柏林人感到机会平等并团结一致，还要花上一代人的时间。

新的德国，还有新的柏林，所采取的一些行动似乎确实带有报复性质，但这可能也无法避免。昂纳克就遭到粗暴对待。他被赶出瓦尔德住宅区的住所，前往苏联人那里避风头，然后被偷偷带往莫斯科。1991 年 12 月苏联解体，他又前往智利驻莫斯科的大使馆避难，理由是他在皮诺切特（Pinochet）发动政变后为智利人提供庇护，而他的女儿也嫁给了一个智利人。然而他们把他赶了出来，他被送回了柏林并被关押在莫阿比特。1992 年，昂纳克在柏林受审，他被指控建造隔离墙并煽动和鼓励格杀勿论政策。在刑事调查期间，他还被发现由他批准的死亡人数远远大于试图逃跑的人数，但此时的昂纳克已罹患严重肝癌。在经历无休无止的司法争论之后，尽管遭到隔离墙受害者家属的强烈抗议，但他依然被释放。昂纳克飞往智利，于 1994 年去世。米尔克因为穿越隔离墙导致的大量死亡和其他一系列罪行而与昂纳克一同受审，他还被指控曾在 1931 年谋杀安劳夫和伦克两位上尉。米尔克的罪行成立，被判处六年有期徒刑，但在 1995 年他 87 岁时被释放，据称是因精神失常无法继续服刑；2000 年，他在柏林一家养老院中安然离世，他所遭受的屈辱在很多方面相比昂纳克好得多。1989 年 11 月，他被传唤至民主德国议会——这是在政府辞职后重新组织并开始行使一定权力的机构。在被要求为自己的立场和行为辩护时，米尔克发表了一番漫无边际且语无伦次的演说，他使用的是统社党官员惯常使用的那套毫无意义的说辞。但一旦面临挑战，他就彻底崩溃了。他的最后一句话是："我爱所有人——所有人类，真心实意的。我把自己挖心掏肝地放在你们面前。"议员们哄堂大笑。但至今仍有人对轻松放过米尔克一事耿耿于怀。一位在斯塔西监狱担任向导的前囚犯就苦涩地评论道，这老家伙因为抱怨霍亨舍恩豪森监狱条件太差，被转去西柏林监狱了。

　　级别较低的斯塔西官员也受到指控。以杀害彼得·费希特尔的两名边防守卫为例，他们被判处过失杀人罪而非谋杀罪，因此获刑时间较短。但许多人仍认为判罚并不公平，理由是他们只是服从命令，这种历史悠久的诉求与围绕纳粹分子的有争议判罚遥相呼应。不过，让民主德国的官员感到愤慨的是，他们实际领取的养老金要低于他们的联邦德国同行。过去，相比民主德国的其他官员，斯塔西获得的养老金更优厚，如今他们的养老金比例被下调至和人民警察同一水平。其他公职人员同样也感受到歧视。只有一名民主德国的外交官被德国外交部聘用，只因此人恰好在进行战略武器限制谈判。

　　虽然他们感到备受歧视，但遭斯塔西围捕的那些人的经历可能才更令人不安。1989 年，斯塔西竭尽所能烧毁和粉碎他们的档案，但由于数量过于庞大，又缺乏碎纸机，因此只完成了部分工作；大量汽车曾被派往西面购买更多的碎纸机——这一点相当讽刺。因此，1990 年 1 月，一大群人冲进斯塔西位于利希滕贝格的总部大楼，截留下大批档案。（议会）经过旷日持久的辩论后，最终裁定个人有权查阅他们的档案。伊雷妮·肯普夫就跑去查阅了自己的档案。光她在东柏林参加文学之夜活动累积起来的无聊细节记录，让她本人都瞠目结舌。对她而言，档案不过是记录了她曾经的兴趣；但她发现，观察其他人更让她难过，他们在阅读档案过程中发现竟有如此多的父母与兄弟姐妹、朋友、亲属和同事，都在充当斯塔西的线人，许多人的信任纽带就此被打破。

开放档案的决定仍存有争议。一些前民主德国人就认为此举摧毁了前民主德国公职人员的职业前途，这样一来那些前联邦德国人就不会面临就业竞争，因此后来还是推行了一些限制措施。对于那些成功逃往西边的人而言，隔离墙的倒塌也不见得意味着幸福的团聚。1961 年 8 月跳过铁丝网的年轻士兵康拉德·舒曼在巴伐利亚英戈尔施塔特的奥迪工厂工作了 27 年，当他终于能和家人朋友团聚时，却发现彼此很难和解。斯塔西后来对他的家庭进行了迫害，还有人视他为叛徒。1998 年，舒曼被发现在家附近树林里自缢身亡。他从未靠那张让柏林墙成为象征的照片中赚过一分钱。

这些都是统一带来的负面后果的一部分，但它们并未能掩盖柏林墙倒塌带来的巨大兴奋与机遇。如果民主德国的生活如此美好，那么为什么数百万人迫切地想要离开？自 1933 年以来，柏林在政治上已整整 56 年没有那么自由过了；甚至可以这样说，第一次世界大战、恶性通货膨胀和经济大萧条的后果让这座城市从 1914 年以来就没有真正"自由"过。基民盟资深政治家沃尔夫冈·朔伊布勒（Wolfgang Schäuble）就曾说过，"这是我政治生涯的最高点"，大多数德国人都会同意他的看法。[12]市政府的整顿工作相对容易，选举于 1990 年 12 月在柏林举行。由西柏林执政市长埃伯哈德·迪普根领导的基民盟虽然获得最高票，但仅拥有 101 个议席，不得不与社民党组建联合政府，这就是当时的情况。统社党虽然已经解散，但其剩余的支持者以民主社会主义党（Parteides Demokratischen Sozialismus）的身份参选。他们虽然只获得了不到 10％的选票，但这表明并非所有人都支持重新统一。

随着 1990 年签署完所有遗留权力问题的文件，盟国的军事角色至此已完全结束。除了充当阻止苏联入侵的"绊脚石"成果显著之外，它们还承担着其他任务：直到 1987 年，四国依然联合看守着希特勒的副手鲁道夫·赫斯。赫斯在战后的纽伦堡审判中被判处无期徒刑，服刑地点位于施潘道监狱。他是一开始就被关押在那里的七人之一（阿尔伯特·施佩尔和其他人已获释），一直活到 93 岁[①]，孤身一人被关押在一座设计容纳 600 人的 19 世纪大型监狱中，相当可悲。赫斯一死，这座监狱就被拆除了，以防它成为新纳粹的圣地。赫斯由英、苏、美、法四国的 37 名士兵轮流看守，再加上规模庞大的行政人员，这让联邦德国纳税人每年损失 670 000 美元。然而，任何有关释放或转移赫斯的建议都会立即遭到苏联人否决，这难免让人感觉他们不单是想要报复，还想进入西柏林。

1994 年 9 月，这种城市满怀热情正式挥别盟国部队，告别仪式与盟军 1945 年抵达时大致相同，游行队伍穿过了勃兰登堡门。"今天，当你们离开柏林，"科尔总理说道，"我们可以斩钉截铁地说一句：自由胜利了。"其实当年前来监视法西斯巢穴的军人们很快就意识到，柏林人与众不同，大多数人厌恶希特勒。但驻扎柏林的盟国依然留下丰富的遗产。自由大学、工业大学、会展中心，还有泰格尔机场，都是其中的一部分。不过这部分遗产中有一些颇令人费

---

① 1987 年 8 月 17 日，赫斯在狱中自缢身亡。

解，柏林人对于咖喱香肠（Currywurst）的热爱就是其中一例。英军受印度的强烈影响，有吃不完的咖喱。在饥肠辘辘的年代，一名英国军需官捐了一些咖喱粉出来，有创新精神的柏林人遂将其撒在香肠上，这让他们重新振作了起来，这个习惯也随之流行开来。

  但正如我们所见，最棘手的问题在于柏林是否应当再次成为德国的首都。在 1991 年 6 月 20 日位于波恩的联邦议会以 338 票支持、320 票反对取得微弱优势后，柏林如今不得不做好准备再次成为这个欧洲最繁荣、经济最强大的国家的首都。事实也证明，这无论是在物质上还是在精神上都是一次巨大挑战。首先需要一大批全新的政府办公室，并最终决定设在正对国会大厦北面的沿施普雷河的环路上。柏林建筑师阿克谢尔·舒尔特斯（Axel Schultes）在设计这些办公建筑的竞赛中显然一骑绝尘，他的"施普雷环路"（与米特、蒂尔加滕和莫阿比特相交）似乎将整座城市连在了一起。想要观赏这一切的最佳途径是坐上众多施普雷河游船中的任意一艘进行游览，更优的选择是从国会大厦向下俯瞰。作为国家元首的德国总统，则将附近的美景宫作为官邸，从而形成一片极为便利的城市政府职能区域。

  另一个遭遇尴尬的决定是如何处理国会大厦，既然选择柏林而非波恩，那么它应该光明正大地成为德国联邦议会的新家，但这一决定招致多方反对。左翼觉得国会大厦代表了德意志帝国，因此它并不适合成为民主的新德国的焦点；右翼则认为它永远象征德国的耻辱与失败。出生在保加利亚的美国艺术家克里斯托（Christo）和他的妻子让娜-克洛德（Jeanne-Claude）锲而不舍地游说当局"包裹"这座建筑物已有一段时间了。他们两人专门从事此类针对公共建筑的再创作，这个点子最早产生于冷战时期，不过在游说了 24 年之后，依然没有取得任何进展。但将首都迁回柏林的决定让一切峰回路转。对于那些始终坚称柏林是一个不体面地标的政客而言，"包裹"或许正是他们心心念念寻求转变的有效方式。克里斯托的计划因此最终于 1994 年获批准。1995 年 6 月 24 日，100 名专业攀岩者从建筑物的正面降下，展开聚丙烯织物，然后用蓝色的绳索将其固定到位。"包裹"持续了两周，估计有 500 万人观看。但当时一些德国政界高层人士依然心存怀疑，称此举是在搞两极分化，而非团结民众，而且这也是对柏林历史的贬低。然而今天回顾这一切就可以发现，克里斯托的计划被普遍认为是成功的，尤其是它的资金全部来自出售原地包裹建筑的模型和照片所得，没有让公共资金掏一分钱。

这场活动也使国际媒体聚焦国会大厦以及围绕它的翻新竞赛上，竞赛向参与竞争的建筑师提出的问题和 19 世纪 80 年代瓦洛特所面对的那些不相上下。它必须是联邦议会议员工作集会的地方，同时象征着新德国的希望与抱负，并且所有现有结构基本不得改变。最终赢得比赛的是英国建筑师诺曼·福斯特（Norman Foster）爵士，他的设计规划包含一个壮观的中央玻璃穹顶，附带一系列镜子，可以将光线折射进室内。整个工程于 1999 年完工，他的方案实际上将建筑物内所有的东西都掏空了，只剩下外壳。但和可怜的瓦洛特不同，这个方案得到普遍赞赏。福斯特成功地使新联邦议会既能彰显重要地位，又平易近人。他的方案在环保理念方面也是超前的，包括它使用室内热源供暖——柏林人很快发现，暖气是由大厦内的人员大量生产出来的。整个方案的总目标是让国会大厦变得开放而透明，因此才采用穹顶和光的处理；也正是本着这种精神，整座建筑物完全对游客开放。沿着穹顶环行十分精彩，可以将城市各处地标美景尽收眼底。

　　还需要处理的问题是乌布利希的"U形政治中心"，这个空旷的广场连同它不怎么可爱、但对许多东柏林人来说意义非凡的建筑物，占据着柏林宫曾经矗立的位置。围绕这个问题，意见相左的观点再次出现。对于传统主义者而言，50年代拆除柏林宫是一场犯罪，为了给外交部大楼腾地方而将申克尔的建筑学院夷为平地，则更是十恶不赦。他们坚持认为共和国宫是邪恶政权的丑陋象征，应当拆除。这些建筑共同代表着"对城市发展的侮辱"[13]，必须消灭。其他人则认为，哪怕其他建筑不够格，但共和国宫诉说了柏林的一段历史，应当予以保留。这一派的观点在争论中落了下风，理由是至少电视塔可以成为代表民主德国的更好象征，何况人们还发现共和国宫到处是石棉（当然它的支持者会说这只是加速拆除的借口）。最终的决定是拆除共和国宫，但在它空虚而寂寞地伫立14年之后，又应该用什么来取代它呢？这个问题继续引发激烈争议，考虑到这里是欧洲最大首都之一的市中心空间，争议之激烈也不足为奇。那些赞成保留共和国宫的人已经出局，因此争论出现在另两派之间，一部分人认为柏林宫不应被拆除，也无可取代；另一部分人则坚持新的德国需要一座展现机遇与团结的未来主义建筑。

　　这场争论让柏林一分为二，但它其实对老一代人的意义更为重大。年轻的柏林人似乎对此意兴阑珊，反而为舍内费尔德机场方案遭遇失败而激动不已。传统主义者由一位名叫威廉·冯·博迪恩（Wilhelm von Boddien）的汉堡商人领导，他于1993年成立柏林宫支持协会（Förderverein Berliner Schloss），致力于恢复宫殿的本来面貌。他声称，"我从19岁开始就对柏林宫充满热情"[14]。他的计划包括在脚手架上张挂一幅画在帆布上的柏林宫，这样一来柏林人就能看到它的样子，以此实现"重建"。但当代建筑师、政客和记者强烈反对这一计划，他们认为柏林宫代表了一个反动的时代，而德国已继续前行。尽管如此，冯·博迪恩的支持者开始筹集大量资金，有一段时间，一些德国家庭的葬礼正式通知要求为柏林宫募捐而非携带鲜花的情形屡见不鲜。2000 年，德国和柏林政府成立了一个由 17 名国际专家组成的委员会，试图解决这一问题。考虑到周边建筑、柏林大教堂以及大花园对面的老博物馆，委员会中的 15 人最终决定新建筑的尺度和平面图都与原来的柏林宫保持一致。有 8 人投票赞成建筑重建巴洛克式风格的外立面和施吕特的庭院。东立面面朝亚历山大广场，俯瞰河流，因为从未建成过巴洛克式风格，因此将呈现现代风格。由于柏林宫一直都是各种风格混合的代表，因此这里的现代立面会将东边的新建筑与菩提树下大街的传统建筑联结起来。这个方案最终于 2002 年 7 月 4 日获得联邦议会批准。联邦政府将出资 4.78 亿欧元，柏林市承担 3 200 万欧元，冯·博迪恩的协会出资 1.05 亿欧元，其中包括重建外立面的费用。

新建筑将于 2020 年 10 月竣工，被称为"洪堡广场"（Humboldt Forum），是洪堡大学、柏林市和普鲁士文化遗产基金会共享的广场。[①] 柏林收藏的杰出的亚洲与人种志藏品将永久"落户"此地[②]，虽然如保罗·施皮斯（艺术史学家兼柏林城市博物馆基金会主席）所说，其"目的是展现世界在柏林的存在感和柏林在世界的存在感"[15]。但人们对洪堡广场的评价毫不客气，一位评论家将其描

---

① 本书英文版出版之时洪堡广场尚未竣工，但它已于 2021 年 7 月 20 日正式向所有公众开放。

② 这里指"洪堡广场"计划建立一座展现非欧洲艺术的博物馆，其展品原本收藏于柏林西南郊区达勒姆的民族志博物馆。

绘成"切尔诺贝利——堆砌在问题之上的混凝土"[16]，有关西方博物馆是否应当展出过去通过征服和殖民取得的民族文化遗产的争论也还在继续。尽管如此，洪堡广场将为柏林提供一处激动人心的新场所，它将为这座城市创造一个开放且可以造访的焦点，同时具备多种用途。"它不是一座博物馆，"前东柏林人、新任馆长哈特穆特·多格洛（Hartmut Dorgerloh）说，"它也不是一座宫殿。它是一个广场，一个可以进入的地点，一个方便各方聚集并讨论不同观点的地方。"[17]大英博物馆前馆长尼尔·麦格雷戈曾撰写了大量有关德国的文章，是受德国政府委托完善该项目的三位馆长之一。他提出，这将是"一个吸引新观众的绝佳机会"，而且能让"博物馆从接受高等教育者的保留地转变为吸引好奇心的所在"。他还说服当局免费向公众开放，这在柏林是异乎寻常的。[18]

无论柏林人是否支持洪堡广场的构想方式，无论他们是否属于现代主义者的阵营，他们中的大多数人都同意一点，即这个项目是在为他们的城市重建一个中心。当脚手架最终从柏林宫及其周边地区拆走，暌违柏林长达 75 年的关注焦点将重新出现。随着博物馆翻修工程的完成，柏林和德国将拥有它所亟须拥有的视觉、文化和历史中心。

"柏林，"麦格雷戈接着说道，"通过它的建筑物来纪念一切。"最清晰的例子是自 1989 年以来，柏林选择承认德国在第二次世界大战中犯下的罪行，尤其是大屠杀（Holocaust）。几乎没有城市像柏林这样通过建造大屠杀纪念地（Holocaust Mahnmal，即欧洲被害犹太人纪念碑）来公开承认国家所犯下的罪行。它不是遮遮掩掩地藏在郊区，而是正大光明地位于柏林绝对的心脏地带，那里也是柏林墙联结勃兰登堡门和波茨坦广场的地方。在面向蒂尔加滕的地面是由 2 710 块石碑——其实是混凝土砌块——组成的"波浪"，没有明确的意义和出口。它们对不同的人而言代表了不同的东西；它们是随机的，墓碑一般的，显然没有任何理由，就像大屠杀本身一样。地下则是一座大屠杀博物馆，它毫不留情地如实讲述着一个骇人听闻的故事：600 万人被谋杀。这里每年接待超过 50 万游客，但一些柏林人并不认可它达到了纪念的效果，认为有太多家庭在这些石碑上野餐或是儿童冲进去玩耍。还有一些人则认为它在达成目标方面的努力令人感动，是成功的。但无论人们如何看待它，它在柏林所处的中心位置，以及它所发表的声明，都无可辩驳。

柏林是德国城市中最反纳粹的，但它不得不为曾是希特勒帝国的首都付出沉重的代价。另一处极为发人深思的二战博物馆是"恐怖地形图"，这处展示纳粹恐怖活动的展览，坐落于一栋位于盖世太保总部旧址上的新建筑中，这里曾经被称为阿尔布莱希特亲王大街，现在更名为尼德克什纳大街。这里同样对容易受惊吓者毫不宽容，它的展览既令人着迷，又让人不寒而栗。

民主德国崩溃的一个特殊好处是可以复原勃兰登堡门上的战车女神。这位可怜的女神兼柏林的象征被铸造出来后便遭遇盗窃、取回、复制、轰炸，她的权杖还被砍断，如今她终于回归 1815 年时的形象——当年申克尔赋予了她一枚铁十字勋章和一只普鲁士鹰。有关她是否应佩戴这些普鲁士军国主义象征物的争论无可避免，直到有人指出，铁十字勋章是为那些在拿破仑战争中与法国暴政作斗争的人所设计，而正是乌布利希移除了它和鹰。于是二者很快回到她身边，并于 1991 年 8 月 6 日重新现身。类似的还有如何处理"新岗哨"，弗里德里希·恩格斯卫队已名正言顺地成为历史。总理科尔认为德国需要一座国家纪念碑，但他不幸又踩进了一个政治雷区：这座纪念碑到底要纪念谁？那些被杀害的德国人，抑或是那些被他们杀害的人？那么你将如何同时缅怀二者？况且为何要选择一座具有普鲁士军国主义传统，而且不久之前还被踢着正步的共产党人所守卫的建筑物？但科尔坚持认为，"新岗哨"是一座可以追溯德国"光荣过去"的建筑物，它可以合理地纪念所有德国人。但抗议者高声反对，希特勒的法官罗兰·弗莱斯勒虐杀成性、酷爱绞刑，他在轰炸中丧生，难道也要和他的受害者一起被铭记吗？即便如此，科尔依然还是亲眼见证了自己的计划行将实现；但作为妥协，他在"新岗哨"外设置了一块牌匾，上面记载了哪些人应该被纪念，哪些人不配。他还用放大后的凯绥·珂勒惠支作品《母亲与亡子》取代海因里希·特森诺（Heinrich Tessenow）的花岗岩和起初用来献给在第一次世界大战中丧生者的银质花圈纪念碑。即便如此，依然没能让所有人满意，有些人觉得《母亲与亡子》传达出一种令人绝望的悲哀；另一些人则认为它是致敬必要的受难与牺牲。今天大多数的参观者，在体验完菩提树下大街的喧嚣之后，选择在这寂静的圣殿中毕恭毕敬地伫立，脑海中只有德国普遍遭受的损失，尤其是柏林所遭受的一切。[19]

　　由于缺乏资金和热情，民主德国并未完全修复柏林的遗产，因此这方面还有很多工作要做。1989 年时东柏林大部分地区依然维持 1945 年的风貌；我还记得有一次自己站在佩加蒙博物馆外等一位同事，靠数墙上的弹孔打发时间。甚至直到今天，许多非常典雅的建筑物依旧布满弹孔，比如坐落在哈克集市北面通往索菲教堂的一小片商圈里的迷人建筑。一个棘手的问题是如何处理被铲平的波茨坦广场，它算得上是柏林的一次失败尝试。波茨坦广场，连同波茨坦门和同名车站，还有往东通向市中心的莱比锡广场，一直被认为是这座城市的中心之一，弗里德里希大王陵寝及申克尔最富德意志色彩的大教堂，最初都选址于此。可悲的是，1989 年之后，城市允许商业公司在不做任何总体美学规划的前提下购买地块并进行开发，虽然建成了一些夺人眼球的摩天大楼，但作为一个整体的波茨坦广场给人的感觉却是一片混乱、缺乏整体性，即便它成为柏林最繁忙的交通枢纽也于事无补。

　　还有一个长期困扰柏林的问题，即哪些人的雕像可以保留，哪些人的必须被移除；哪些人名可以放在街道名称里继续予以纪念，哪些人名需要去掉。斯大林毫无疑问已被移出施特劳斯广场，但原先的斯大林大道以卡尔·马克思大道的名字得以保留，因为马克思是一个柏林人，或者至少是因为他在柏林逗留的时间已长到足以被看作柏林人。那么列宁呢？1992 年柏林政府成立一个委员会，就哪些纪念设施应当予以保留、哪些应当移除提供建议。乌布利希曾于 1970 年向列宁广场——它是弗里德里希海因一处被新建住宅包围的广场——进献了一尊近 19 米高的花岗岩列宁雕像。尽管这是一座位列保护名录、出自尼古拉·托姆斯基（Nikolai Tomsky，苏联艺术学院院长）之手的纪念雕塑，但迪普根要求移除该雕塑。1991 年，这件雕塑被拆毁，其残余部分被运往穆格贝格掩埋。谁知没过多久，雕塑的头部就从它的沙土“坟墓”里冒了出来，并被带回位于施潘道的不受欢迎的柏林雕塑画廊。[20]

　　但更加错综复杂的是位于普伦茨劳贝格的恩斯特·台尔曼

（Ernst Thälmann）的纪念雕塑。台尔曼 1925 年至 1933 年遭纳粹逮捕，随后死于布痕瓦尔德集中营。他从始至终都是德国共产党的领导人，但同时也是斯大林的坚定拥护者。1986 年，昂纳克亲自为他握紧拳头、身后飘扬红旗的巨大半身像揭幕，这件作品也再次成为新建住房开发项目的核心。它的鼻子内部安装有加热系统，防止其冬天结冰。尽管委员会建议移除台尔曼雕像，但当地仍有很大一部分人支持保留，加之移除这件雕塑代价高昂，因此被怀疑其中存在利益输送；最终它依然屹立在普伦茨劳贝格。而原本矗立于共和国宫前的马克思坐像和恩格斯站像则成功获得委员会保留的建议。这座双人雕像一直吸引着大量柏林人在此抖机灵，众所周知的有"下一次我们承诺做得更好"或"等待申请移民"，马克思的膝盖还是人们坐下来拍照的热门位置。[21]

　　类似的问题还有是否保留隔离墙的一切，因为柏林既不打算掩饰自己的历史，何况墙仍"健在"时就已成为柏林主要的旅游景点。因此，即使是到 1989 年之后，一些游客依然将其与柏林这座城市联系在一起，人们想要一睹其真容。考虑到已有大量墙体被凿下后制成纪念品，或保存，或在柏林市场上出售，它还能有所保留堪称奇迹。随着城市的重新统一，主要路段必须贯通，但隔离墙的一些部分仍被保留下来。想取得最佳体验的地点位于贝恩瑙大街，隔离墙从（沿街）房屋的背面穿过，民主德国还摧毁了那里的和解教堂。这里后来设立了一处纪念设施，用铁质的刑具和新栽种的树木勾勒出隔离墙实际经过的路线，并附有一座优秀的博物馆。米伦街还保留了 1 300 米长的墙体，沿着原来分隔美占区的克罗伊茨贝格和苏占区的弗里德里希海因的河道蜿蜒延伸。这一段墙体和大部分的隔离墙体一样，起初完全为涂鸦所覆盖。1990 年，艺术家在

此庆祝铁幕的瓦解，它遂成为一处即兴发挥的露天艺术画廊。今天
这里被称为东边画廊，它既是参观隔离墙的最佳地点，也可以在此
观赏一些美妙的即兴艺术。其中最著名的当属 1979 年勃列日涅夫
亲吻昂纳克的画像，以及苏联人权活动家安德烈·萨哈罗夫（An-
drei Sakharov)[①] 的死亡石膏面像。在城市的很多地方，例如德国
国会大厦东面，抑或是勃兰登堡门前，还会在道路上嵌入一条由双
排石头构成的线路，以此标记隔离墙的确切走向。

✣　✣　✣

　　2006 年，德国主办了世界杯，决赛在柏林的奥林匹克体育场
举行，这一切仿佛是上天的安排：虽然德国队在半决赛中被意大利
击败，但这场比赛仍被视为德国队的重大胜利。决赛在希特勒在战
前举办奥运会的同一个场地举行，德国人为德国队欢呼，挥舞德国
国旗，这一切都象征着德国的新秩序。资格赛在民主德国和联邦德
国的体育场举行，在柏林墙倒塌 17 年之后，德国似乎真正团结了
起来，柏林既是它的天然首都，也是政治首都。
　　不过，现代的柏林依然和过去一样，是充满各种冲突的家园。
社会主义团体依然存在，其成员对于民主德国的消亡以及他们所认
为值得尝试的实验——无论它存在多少缺陷——的失败而感到惋

---

　　① 　安德烈·萨哈罗夫（1921—1989)，苏联原子物理学家，被誉为"苏联氢弹之
父"。萨哈罗夫从 60 年代开始投入反核运动，1980 年起反对苏联入侵阿富汗及高压内
政，因此遭逮捕和监视。他于 1975 年获得诺贝尔和平奖。

惜。他们依然陷于（或赞美）民主德国情怀（Ostalgie）① 之中，阅读《新德国》，并把选票投给左翼党（Die Linke）——该党是统社党及统一后的民主社会主义党（PDS）② 的继承者。左翼党在重新统一后的柏林市议会的 160 个席位中拥有 27 个，但对老派共产主义者而言，他们的议程已越来越陌生。这座城市中传统的右翼分子则占 15% 左右的份额：德国选择党（Alternative für Deutschland）③ 拥有 25 个席位。大多数的柏林人依然把票投给基民盟或社民党。但与之前的不同之处在于联盟 90/绿党（Bündnis 90/Die Grünen）④ 的崛起，尽管这在全德都比较普遍，但柏林尤其突出；该党共拥有 27 个席位。

一个强大的犹太人社群也再次出现，他们的许多人尽管在大屠杀中丧失了亲人，但依旧选择回归。出于不看好中东当前局势的悲观情绪，越来越多的以色列年轻人来到这里。苏联的解体也让许多苏联犹太人将柏林视为自己的家园，犹太人为这座城市勇于直面可怕的过去而感到欢欣鼓舞。除了大屠杀纪念地，柏林还拥有由达尼埃尔·利贝斯金德（Daniel Libeskind）设计的犹太博物馆，这所博物馆广受好评，参观人数众多。新犹太会堂已经修复，至少部分修

---

① "Ostalgie" 是一个合成词，由 "Ost"（东，指代民主德国）和 "Nostalgie"（怀旧之情）组合而成。它指的是部分民主德国人对于民主德国及其社会主义体制生活的怀念。

② 德国民主社会主义党（Partei des Demokratischen Sozialismus，PDS）于 1989 年 12 月成立，由原来民主德国的统一社会党改组而来，2005 年改称左翼党。

③ 德国选择党于 2013 年 2 月在柏林成立，是一个右翼民粹主义政党，持保守主义立场，反对欧洲一体化，反对欧盟。

④ 联盟 90/绿党是德国中间偏左的环境保护主义政党，由 1980 年在卡尔斯鲁厄成立的绿党和 1989—1990 年由一些前民主德国民权活动团体组成的"联盟 90"（1991 年正式建党）组成，后者于 1993 年并入绿党。目前该党为德国执政联盟成员之一。

复如初，因此它那夺人眼球的金色圆顶得以再次占据市中心北部的天际线。用于举办万湖会议的迷人别墅也被改造成纪念博物馆。但还不止于此。从奥斯威辛集中营幸存下来的匈牙利小说家伊姆雷·凯尔泰斯（Imre Kertész）在 2000 年 80 岁高龄之际搬回柏林，虽然他的家人很多都已惨遭纳粹杀害。2009 年，他撰写了一篇题为《为什么选择柏林》的文章。他在文中这样解释道：他心心念念的是"可以在街上听到许多语言，其实压根儿没什么人关心你从哪儿来，他感到自己是被接纳的，柏林长期以来乐于阅读和支持默默无闻的外国作者"。他觉得柏林是一座可以让他做自己的城市，这座城市"可以拥抱着我，拂去伴随忧郁而来的沉闷氛围，不留任何痕迹，犹如清风吹散了清晨空气中的薄雾"[22]。

犹太人社群相较历史上的规模而言要小，而穆斯林（主要是土耳其人，还有中东和北非人口）现已超过 6%，由于德国已不再记录公民的宗教信仰，因此这一数据并不精确。德国和土耳其的关系一直很牢固，这一点可以追溯到第一次世界大战，但土耳其人的大量涌入，肇始于 20 世纪 60 年代援助（德国）经济重建。由于克罗伊茨贝格和新科伦的生活成本较低，靠近隔离墙，不受柏林人欢迎，反倒吸引了许多土耳其人在此定居。紧随其后的是具有相当规模的越南人群体。越南人最初是以合同工的形式被邀请来民主德国的，他们前来填补那些前往联邦德国的民主德国人留下的空缺，其中许多人是在服装行业工作的妇女。为了不让他们永远定居下来，民主德国的政策是定期轮换，也不提倡他们与当地人打成一片；那些来自莫桑比克和古巴的合同工也是如此。虽然这是一项令人不快的歧视性政策，但大批越南人还是想方设法留了下来。此外还有同样人数众多的俄国人。20 世纪 20 年代那则夏洛滕堡实为夏洛滕格勒的笑话至今依然适用，但今天这些俄国人和他们享受优待的祖辈截然不同。再接下去是无穷无尽的各类文化、政治的小圈子和压力集团，以及欧洲最大的同性恋平权（LGBT）运动所在地之一。柏林一直自豪于它的性宽容，因此同性恋平权运动的彩虹色在这座城市呈现出的是对此的信念，而非愧疚。

和许多方言一样，柏林话的使用也愈来愈少。不过，它在东部被听到的频率有时要比在西部高，因此已发展成受特定群体欢迎的语言，《柏林晨邮报》就设有一个名为《卡祖普克如是说》（*Kasupke sagt*）的栏目。卡祖普克是一名出租车司机，一个"典型"柏林人，用柏林话点评时事。但其实现在大多数柏林司机都不会说柏林话，因为德语对他们而言是第二语言。但令人欣慰的是，年青一代正在努力保留柏林文化中的独特部分。

但也有人担心这座城市中的一些元素正在被移民扼杀。这一观点坚持认为，柏林张开双臂欢迎远道而来者并迅速将其同化的传统优势已日渐式微，现在面临的是城市生活被扼杀的危险。按照基民盟籍的国会议员卡斯滕·林内曼（Carsten Linnemann）的说法，（移民）儿童在学会说德语前应当禁止其上学。他担心"平行社会"正在德国兴起。[23] 但只要快速了解一番事实就会知道，至少在柏林这个观点大错特错。柏林人口在过去的 25 年间没有出现增长，1995 年时的城市人口为 360 万，今天依然差不多是这个数，其中只有 15％ 的人在德国以外的地区出生（6％ 在欧洲，9％ 在欧洲以外）。相比之下，2016 年布鲁塞尔这一数字占到 35％，其中 12％ 出生在欧洲以外的地区。柏林的失业率也很低，为 8％，虽然高于德国平均水平，但仍低于布鲁塞尔的 17％。

悄然改变的是柏林的房价。2015 年至 2018 年，柏林的房地产价格约上涨 40％。这座城市现在拥有约 170 万套公寓，但价格不断走高。2018 年的一项调查显示，有 80％的柏林人表示经济适用房一房难求。造成这一切的原因并非移民过多，而是柏林正在经历的"士绅化"进程。正因为它日益成为一座宜居城市，很多人都想居住于此，因此大批富人和外国人致力于投资第二套房产。[24]令人意想不到的是，尽管柏林是一座伟大的首都城市，它至今仍是欧洲人口最少的城市之一，在一个开放空间变得弥足珍贵的世界里，它因此具有巨大吸引力。没有哪座首都能公开宣称自己的居民与 5 000 头野猪和谐共生。这些野猪在格伦瓦尔德茁壮成长，面对交通危险也越发能灵活应对，你可以看到它们会按照柏林的规矩，排队有序穿过人行横道。由此可见，问题并不出在安吉拉·默克尔（Angela Merkel）允许叙利亚移民进入柏林——其实很多柏林人也以热情和善意回应了这一倡议，有近 1 000 个家庭欢迎他们入住。问题在于，有太多的财富正在追逐太少的房源。

2018 年，《泰晤士报》记者大卫·查特（David Charter）在离开柏林时记录下自己大晚上被他那公认性格乖张的邻居吵醒的事，此公当时正用锤子敲击他位于普伦茨劳贝格的公寓。好不容易才等到邻居冷静下来，他给出的理由却十分忧伤：自重新统一以来他就以低廉的租金租住此，但现在随着房地产价格飙升，普伦茨劳贝格的公寓变得十分抢手。位于东面的普伦茨劳贝格和克罗伊茨贝格是柏林最时髦的两个地区，紧随其后的是土耳其人和中东人聚集的新科伦。于是，他的房东兼投资客就向他施压，要求他搬出热爱了30 年的房子。他因为搬走获得 20 000 欧元补偿，而如今这间空置的房屋价值已翻了两倍。[25]

那么，这会改变柏林吗？如果是的话，那将是一场悲剧。这些由约 800 年前的商人和渔民定下基调的城市性格，业已被证明具有超强的韧性：一个多元、开放的共同体，人们遵守法纪，但又独立于权威之外，生活在一座地理上一无所有，但凭借其人民的天赋进入世界舞台的城市之中。霍亨索伦家族依然蠢蠢欲动，现任家族首领格奥尔格·弗里德里希（George Friedrich）是末代德皇的曾孙，他将德国政府告上法庭，称后者侵占了属于其家族而非国家的宫殿和艺术收藏品。他所援引的法律规定对被苏联和民主德国没收财产的德国人进行赔偿。不过这部法规有一条规定，它不适用于大力支持纳粹的家族。这个案例耐人寻味，因为柏林和波茨坦的重要收藏都因此受到威胁。

《魏玛宪法》的序言中有一句非常有趣的话："德意志国民团结各类人，同心同德共期改造邦家，永存于自由正义之境，维护国内外之和平，促进社会之进步。"[26] 这句话极好地总结了许多民主国家所渴望的东西。德国花了 70 多年时间才实现这一目标，并在 1989—1990 年令人心悦诚服地达成了魏玛政治家所渴望的民主胜利。最终，1945 年在联邦德国、1989 年在民主德国，打乱德国国家前进步伐的独裁与军国主义被彻底战胜。今天，在德国有许多有关政治两极分化的讨论，无论是左翼还是右翼，都在以消耗中间力量的方式变得日益激进，一如 20 世纪 20 年代后期的情形，且东西两德之间也日益分道扬镳。因此，更为重要的是聚焦于柏林现在所拥有的一切，正如那句出自 13 世纪的话所说，"团结各类人"。斯拉夫人还是罗马人，天主教徒还是新教徒，加尔文宗还是路德宗，保王派还是共和派，启蒙派还是反动派，军国主义者还是和平主义者，马克思主义者还是法西斯主义者，社会主义者还是保守主义者，本地人还是移民，他们都曾经是或现在是柏林人。德国在它的首都中找寻到了长期渴望拥有的模式。

注释

第一章　1237—1500 年　柏林氛围

1　*Memoirs of the House of Brandenburg*，p. 211.

2　Richie，*Faust's Metropolis*，p. 20.

3　Read & Fisher，p. 9.

4　柏林玛利亚教堂游客指南：*St. Petri-St. Marien mitten in Berlin*。

5　玛利亚教堂图书馆（Marienkirchebibliothek）馆藏如今收藏于柏林州立档案馆（Landeskirchlichen Archiv）内。

6　Nachama，Schoeps & Simon，*Jews in Berlin*，p. 11.

7　引自《雅各布斯·冯·布鲁格游记》（*Reisebericht des Jacobus von Brügge*），1987 年亚德里安·冯·穆勒（Adriaan von Müller）从各种渠道收集材料描绘了 13 世纪的柏林。

8　Müller，*Jacobus von Brügge*，p. 36.

9　*Memoirs of the House of Brandenburg*，p. 214，引自 Loxelius in 1364。

10　*Memoirs of the House of Brandenburg*，p. 215.

11　Richie，pp. 29 - 30.

12　Mander，*Eagler & Bear*，p. 7.

13　*Memoirs of the House of Brandenburg*，p. 215.

14　引自 Richie，p. 32。

15　此处译文出自玛利亚教堂的英文出版物，摘自彼得·瓦尔特（Peter Walther）的《柏林圣玛利亚教堂的死亡之舞》（*Der Berliner Totentanz zu St. Marien*，Berlin 1997，p. 69）。

16　*Memoirs of the House of Brandenburg*，p. 20.

17　Mander，p. 6.

18　这本城市施政登记簿是在 1728 年一位市长的遗物中发现的，随后它便失去踪迹，直到 1812 年才出现在不来梅城市图书馆。1836 年不来梅将其转交给柏林，如今藏于柏林州立档案馆。

19　Schneider，*Berlin：Eine Kulturgeschichte*，p. 42.

20　Richie，p. 29，引自城市施政登记簿。

21　尼古拉教堂对其肖像的评论。

22　1334 年奢侈条例，引自 Werner，*Berlin 1 000 Jahre Geschichte*，p. 27。

23　Werner，p. 42.

24　*Jews in Berlin*，p. 12.

第二章　1500—1640 年　"柏林不乐意"的起点

1　数据来源于 Paul Hohenberg & Lyn Lees，*The Making of Urban Europe 1000－1950*，CUP 1985。

2　*Memoirs of the House of Brandenburg*，p. 216.

3　Taylor，*Berlin and its Culture*，p. 14.

4　*Memoirs of the House of Brandenburg*，p. 218.

5　Wolf Jobst Siedler，*Das Schloss lag nicht in Berlin-Berlin war das Schloss*，复印自柏林城市宫城市博物馆，2016，p. 9。

6　同上。

7　有关渎圣丑闻的完整描述，参见 *Jews in Berlin*，p. 12。

8　Snyder，*Documents of German History*，pp. 63 – 6.

9　George Ganss，*Martin Luther und der Ablass*，p. 540.

10　1884 年马堡档案馆才将此事公布于众。

11　Stegmann，*The Reformation in Berlin-Cölln*，p. 22.

12　大部分有关此事的信息出自 Sträßner，*Elisabeth von Dänemark*。

13　Stegmann，p. 22.

14　康奈尔大学的桑德·吉尔曼（Sander Gillman）1977 年 4 月在 *The Sixteenth Century Journal*（Vol. 8，No. 1）上发表的 "Johannes Agricola of Eisleben's Proverb Collection" 一文对约翰内斯·阿格里科拉的作品进行了分析。

15　*Jews in Berlin*，p. 13.

16　Taylor，*Berlin and its Culture*，pp. 23 – 4.

17　Taylor，*Berlin and its Culture*，p. 30.

18　参见 Ribbe，*Geschichte Berlin 1*，pp. 300 – 2，更详细的研究或可参见 Agathe Lasch，*History of Written Language in Berlin*，Dortmund 1910，尤其是第七章。

19　*Memoirs of the House of Brandenburg*，p. 219.

20　*Memoirs of the House of Brandenburg*，p. 220.

21　*Memoirs of the House of Brandenburg*，p. 220.

22　Eikermann & Kaiser，*Die Pest in Berlin 1576*.

23　Clark，*Iron Kingdom*，p. 4.

24　*Verordnung zur Sauberhaltung von Berlin-Cölln*，1583.

25　Ribbe，*Geschichte Berlins 1*，1600.

26　Strohmaier-Wiederanders，*Glaubenskonflikte und Toleranz im Berlin 17. Jahrhunderts*，p. 34.

27　Wedgwood，*The Thirty Years War*，p. 44.

28　参见 Lisa-Gerda Henkel Stiftung Lecture No. 5302，*Anna von Preussen*。

29   Wedgwood，p. 47.

30   *Memoirs of the House of Brandenburg*，p. 40.

31   格奥尔格·威廉致信皇帝，引自 *Memoirs of the House of Branden-burg*，p. 48。

32   有关货币缺斤短两时代的优秀解读，参见迈克·达什（Mike Dash）2012 年 3 月 29 日发表于 *Smithsonian Magazine* 上的"Kipper und Wipper：Rogue Traders，Rogue Princes and Rogue Bishops：The German Financial Meltdown 1621—1623"。

33   Medick & Marschke，*Experiencing the Thirty Years War*，pp. 105 - 9.

34   引自 Schiller，*The Thirty Years War*，p. 87。

35   从 1566 年起，帝国塔勒作为标准货币在整个神圣罗马帝国境内流通，并且直到 1750 年普鲁士自行铸造自己的塔勒之前，在勃兰登堡和普鲁士得到广泛使用。考虑到三十年战争造成的币值波动，因此无法准确估算 30 000 塔勒的价值，但据粗略统计，它可能相当于 1 000 万～1 500 万英镑，这对饱受摧残的勃兰登堡而言是一个天文数字。

36   此处及后文引用的彼得·蒂勒的说法出自 Mortimer，*Eyewitness Accounts of The Thirty Years War*，p. 165。

37   Mortimer，牛津伯德利图书馆原件第五号插图。

38   Mortimer，p. 165.

39   Richie，p. 47.

40   Mortimer，p. 166.

41   Richie，p. 47.

42   Mortimer，p. 165.

43   *Memoirs of the House of Brandenburg*，p. 39.

44   Schiller，p. 84.

45   Green，*Reluctant Meister*，p. 7.

46   斯蒂芬·格林的译文，引自 *Reluctant Meister*，p. 16。

47　Mortimer，p. 178.

48　Schiller，p. 4.

49　*Memoirs of the House of Brandenburg*，p. 226.

第三章　1640—1740 年　大选侯

1　McKay，*The Great Elector*，p. 22.

2　Des Noyers，Secretary to Queen Louise Maria of Poland，引自 McKay，p. 96。

3　Wedgwood，p. 439.

4　Wedgwood，p. 441.

5　McKay，p. 21.

6　McKay，p. 20.

7　McKay，p. 30.

8　McKay，p. 35.

9　Julia Heeb，"Sheds and Bones：Fragments of Everyday Life from Baroque Berlin"，引自 Jungklaus *Kindersterblichkeit und Lebensbedingungen* in Jan Mende（ed.），*Palace. City. Berlin：The Residence Shifts to the Centre*，Stadtmuseum Berlin 2016。

10　McKay，p. 52.

11　McKay，p. 62.

12　这种向负担军人住宿支出的"兵役国库"纳税的制度直到 1720 年才有所改变。

13　Johannes Schultze，*Der Ausbau Berlins zur Festung*，Verein für die Geschichte Berlins Jahrbuch，1951.

14　宫廷雇员的数据出自"Smart，Clean & Neat：The Baroque Palace and its Domestic Staff" in Jan Mende（ed.），*Palace. City. Berlin*。

15　Zorn & Hanus，*Museum Island*，p. 17.

16　McKay，p. 74.

17　更具体的分析参见 Clark，p. 149。

18　1650 年，柏林的勃兰登堡等级议会就以正在进行的战争造成沉重税收负担为由正式向选侯提出抗议。抗议书全文参见 *Documents of German History*，p. 91。

19　McKay，p. 183.

20　Taylor，*Berlin and its Culture*，p. 37.

21　Beeskow，*Paul Gerhard 1607—1676*，p. 64.

22　*Jews in Berlin*，p. 16.

23　Jewish Museum Vienna，*Samuel Oppenheimer*.

24　McKay，p. 186.

25　Mansel，*King of the World*，p. 308.

26　Mansel，p. 316.

27　Read & Fisher，p. 20.

28　Taylor，*Berlin and its Culture*，p. 35.

29　"Refugees Welcome: Population Policies and the Intake of Refugees as the Foundation of Berlin's Urban Development in the Wake of the Thirty Years War" by Brenda Spiesbach in *Palace. City. Berlin*，Stadtmuseum Berlin 2016.

30　McKay，p. 238.

31　McKay，p. 235.

32　参见 Julia Heeb，"Sheds and Bones: Fragments of Everyday Life from Baroque Berlin"，in *Palace. City. Berlin*，p. 38。

33　McKay，p. 261.

34　*Documents of German History*，p. 94.

35　教皇致信路易十四，1701 年 4 月 16 日，引自 *Documents of German History*，p. 98。

36　Friedrich & Smart，*The Cultivation of Monarchy and the Rise of Berlin*，p. 389.

37 Von Besser，*History of the Prussian Coronation*，引自 Friedrich & Smart，pp. 248 – 51。

38 Christoph von Dohna，*The Original Memoirs on the Reign and Court of Friedrich I*，引自 Friedrich & Smart，p. 395。

39 Toland，*An Account of the Courts of Prussia and Hanover*，p. 21.

40 Toland，pp. 24 – 7.

41 Mander，p. 19.

42 Toland，p. 33.

43 Taylor，*Berlin and its Culture*，p. 38.

44 *Memoirs of the House of Brandenburg*，pp. 171 – 2.

45 *Memoirs of the House of Brandenburg*，p. 180.

46 Mander，p. 19.

47 Toland，p. 31.

48 Toland，p. 31.

49 Toland，p. 17.

50 菲利普·雅各布·施宾纳致信弗里德里希一世，引自 Taylor，*Berlin and its Culture*，p. 48。

51 *Memoirs of the House of Brandenburg*，p. 241.

52 Friedrich & Smart，p. 155.

53 Clark，p. 71.

54 Friedrich & Smart，p. 390.

55 Friedrich & Smart，p. 362.

56 Clark，p. 78.

57 Clark，p. 78.

58 Förster，*Friedrich-Wilhelm I König von Preussen*.

59 Marschke，*A Conspicuous Lack of Consumption*，p. 98.

60 Read & Fisher，p. 30.

61 Princess Wilhelmine，引自 Mander，p. 17。

62 Museum Island，p. 22.

63 Blanning，*Frederick the Great*，p. 28.

64 本段引文均引自弗尔斯特。

65 Marschke，*Le Charactère Bizarre*，p. 52.

66 Marschke，*Le Charactère Bizarre*，p. 53.

67 Richie，p. 62.

68 *Memoirs of the House of Brandenburg*，p. 245.

69 *Memoirs of the House of Brandenburg*，p. 247.

70 数据出自 Clark，p. 157。

71 Taylor，*Berlin and its Culture*，p. 54.

72 *Memoirs of the House of Brandenburg*，p. 248.

73 Marschke，*A Conspicuous Lack of Consumption*，p. 107.

74 Richie，p. 64.

75 *Jews in Berlin*，p. 33.

76 Marschke，*Le Charactère Bizarre*，p. 49.

第四章 1740—1786 年 柏林"启蒙运动"

1 Blanning，p. 371.

2 Mander，p. 24.

3 Heyde，*Der Roggenpreis*，p. 83.

4 物价出自 Heyde，p. 93 及 Uwe Winkler，*How the Electoral Capital Became Prussia's Largest Garrison City*。2016 年出版的 *Palace. City. Berlin*，Stadtmuseum Berlin 进行了重新编辑，参见第 50 页。

5 Heyde，p. 72.

6 Heyde，p. 35.

7 Blanning，p. 258.

8 Blanning，p. 60.

9　伏尔泰致信黎塞留公爵，引自 Blanning，p. 332。

10　Mander，p. 31.

11　Mander，p. 25.

12　Blanning，p. 334.

13　*Memoirs of the House of Brandenburg*，p. 223.

14　弗里德里希致信达朗伯，引自 Blanning，p. 336。

15　Blanning，p. 336.

16　Taylor，*Berlin and its Culture*，p. 70.

17　Blanning，p. 137.

18　Taylor，*Berlin and its Culture*，p. 72.

19　Taylor，*Berlin and its Culture*，p. 74.

20　Blanning，p. 59.

21　Blanning，p. 434.

22　Blanning，p. 434.

23　Jan Mende，"Smart，Clean & Neat：The Baroque Palace and its Domestic Staff"，*Palace. City. Berlin*，Stadtmuseum Berlin 2016，p. 70.

24　同上，第 71 页。

25　弗里德里希致信德拉·艾·德洛奈（de la Haye de Launay），引自 Richie，p. 70。

26　Richie，p. 74.

27　Boswell，*Boswell on the Grand Tour*，pp. 70 – 97.

28　Richie，p. 5.

29　Erlin，*Berlin's Forgotten Future*，p. 45.

30　Erlin，p. 101.

31　Erlin，p. 82.

32　均引自 *The Life & Times of Herr Magister Sebaldus Nothanker*，转引自 Erlin，pp. 82 – 90。

33 Erlin，p. 97.

34 Uwe Winkler，"How the Electoral Capital Became Prussia's Largest Garrison City"，*Palace. City. Berlin*，Stadtmuseum Berlin 2016，p. 49.

35 Schoeps etc，p. 33.

36 Erlin，p. 132.

37 Blanning，p. 371.

38 Blanning，pp. 379 – 80.

39 Richie，p. 81.

40 均引自 Erlin，pp. 160 – 9。

41 Goethe，1823.

42 Mander，p. 38.

43 Blanning，p. 343.

44 Mander，p. 39.

第五章 1786—1840 年 从战争中蜕变

1 De Staël，*Germany*，p. 114.

2 De Staël，pp. 114 – 6.

3 Clark，p. 267.

4 Balfour，*Berlin：The Politics of Order 1737—1989*，p. 30.

5 Clark，p. 255.

6 Clark，p. 269.

7 Clark，p. 256.

8 Mander，p. 47.

9 马克博物馆内有一幅他们中的一些人身着制服的优秀绘画作品。

10 Parthey，*Tagebücher*，p. 111.

11 Schwerin，*Vor hundert Jahren*，p. 112.

12 Schwerin，p. 111.

13 *Journal des Campagnes du Baron Percy*，Tallandier，1986，p. 95.

14　Schwerin，p. 165.

15　数据引自 Richie，p. 166。

16　完整列表参见 *Staatliche Museen zu Berlin* Museum Island，pp. 28 – 35。

17　Clark，p. 313.

18　Schwerin，*Vor hundert Jahren*，p. 162.

19　Mander，p. 50.

20　Johann Gottlieb Fichte，*Addresses to the German Nation*，Harper & Row 1968，p. 215. 原文引自 Balfour，p. 30。

21　出自 *Encyclopaedia Britannica* 的一篇文章（vol. 25，p. 872），作者为约翰·霍兰德·罗斯（John Holland Rose）。

22　Richie，p. 114.

23　引自泰格尔宫导览手册（第 8 页），DKV Art Guide No. 150，英文版。

24　柏林的德国历史博物馆有一幅由格哈德·冯·屈格伦（Gerhard von Kügelen）绘制的他佩戴代表该军团饰品的肖像。

25　Richie，p. 109.

26　Sarah Knowles Bolton，*Famous Types of Womanhood*，1892 Thomas Crowell & Co. New York，p. 57.

27　转引自 Clark，p. 356。

28　德国历史博物馆陈设。

29　Ludwig Rellstab，*Aus Meinem Leben*，Berlin 1861 vol. I p. 165，引自 Richie，p. 111。

30　引自 Richie，p. 113。

31　Balfour，p. 35.

32　申克尔和吉利的设计草图都保留了下来，见 Balfour，pp. 21 and 35。

33　Clark，p. 401.

34　有关这些数据的具体展开，参见 White-Spunner，*Of Living Valour*，pp. xviii-xix。

35　藏于下萨克森州立博物馆。

36　科隆的瓦尔拉夫-里夏茨博物馆。

37　柏林城市博物馆。

38　引自 Richie，p. 122。

39　Taylor，*Berlin and its Culture*，p. 135.

40　Taylor，p. 143.

41　Mander，p. 62.

42　Taylor，*Berlin and its Culture*，p. 150.

43　柏辽兹在他的回忆录中这样写道，引自 Taylor，*Berlin and its Culture*，p. 150。

44　McLellan，*Karl Marx：A Biography*，p. 15.

45　Richie，p. 154.

第六章　1840—1871 年　迈向多面的现代城市

1　Mander，p. 76.

2　由扎比内·施赖克翻译，2020 年 1 月。

3　数据来源于 Richie，p. 125。

4　Read & Fisher，p. 84.

5　Dr. Gustav Kühne，*Carneval in Berlin*，由 *The Foreign & Quarterly* Volume 2，Article XVII，p. 283，London 1843 转载。

6　未做改动，转引自 Read & Fisher，pp. 68‐9，完全从原版译出。

7　Südekum，*Großstädtisches Wohnungselend*，p. 12.

8　摘自 Mander，p. 77 及其译文和歌词。

9　Streckfuss，*Berlin in 19. Jahrhundert*，p. 341.

10　这里所有引用卡尔·路德维希·蔡特勒的话均摘自 Doris Tüsselmann（ed.），*Angeschossen sein，soll wehe tun：Errinerungen eines Zeitzeugen*（*Berliner Geschichte Ausgabe 13*）。

11　3 月 14 日冯·普菲尔在柏林下达的命令，引自 Geist & Kürvers，

Das Berliner Mietshaus 1740—1862，p. 347。

12　Richie，p. 128.

13　Clark，p. 473.

14　Field Marshal Alfred von Waldersee，*A Field Marshal's Memoirs*.

15　引自 Verein für Geschichte Berlin，Bär 16 Jg. 1889，p. 570。

16　H. W. Koch，*A History of Prussia*，转引自 Sullivan & Krueger，*Berlin: A Literary Guide for Travellers*，p. 70。

17　Mander，p. 89.

18　转载于 *Berlin Geschichte Ausgabe 13*，p. 35。

19　Ladd，*Ghosts of Berlin*，p. 101.

20　数据出自 Richie，p. 124。

21　Theodore Fontane，*Wanderings in the Mark of Brandenburg*，转引自 Read & Fisher，p. 96。

22　Richie，p. 151.

23　*Jews in Berlin*，p. 80.

24　文本摘录可参见 *Documents of German History*，p. 192。

25　1850 年宪法第 12 条保障宗教自由。

26　Crankshaw，*Bismarck*，p. 9.

27　俾斯麦 1878 年在帝国国会告知奥古斯特·倍倍尔。

28　*Documents of German History*，p. 186.

29　Bauer，*Berlin: Illustrierte Chronik bis 1870*，Berlin 1988，亦引自 Taylor，*Berlin and its Culture*，p. 161。

第七章　1871—1918 年　繁荣与艰难

1　*Documents of German History*，p. 262.

2　有关 1871 年宪法的完整描述，参见 *Documents of German History*，p. 226。

3　Isherwood，*The Berlin Novels*，p. 259.

4　Read & Fisher，p. 103.

5   Benjamin，*Berlin Childhood*，p. 46.

6   本段及上一段的数据和细节来源于 Hughes，*Networks of Power*，第 7 章。

7   Hughes，pp. 181 – 200.

8   Schultz，*In Berlin in Stellung*，p. 72 及 Glatzer，*Berliner Leben 1870— 1900*，p. 270。

9   Pollard，*A Study in Municipal Government*.

10   来源于 Zeitler，*Angeschossen sein*，*soll wehe tun*。

11   柏林警方保留了所有必须完整填写登记卡的游客的准确记录。这些数据来自 Masur，*Imperial Berlin*，p. 136。

12   数据来源于 Masur，p. 139。

13   俾斯麦致信其妻，1849 年 9 月 16 日。来源于《俾斯麦书信集》，斯图加特 1919 年版，编者为赫伯特・冯・俾斯麦。

14   Gertrude Bell，*The Letters of Gertrude Bell*，1897 年 2 月 12 日，引自 City-Lit，*Berlin*，p. 105。

15   Richie，p. 178.

16   数据来源于 Richie，p. 178。

17   数据来源于 Clark，p. 569。

18   引自 Taylor，*Berlin and its Culture*，p. 169。

19   引自 Taylor，*Berlin and its Culture*，p. 169。

20   引自 Ladd，pp. 86 – 7。

21   Taylor，*Berlin and its Culture*，p. 200.

22   Gertrude Bell，*The Letters of Gertrude Bell*，引自 City-Lit，*Berlin*，p. 104。

23   Richie，p. 182.

24   Peter Jelavich，*Berlin Cabaret*，p. 22.

25   James Huneker，"Max Liebermann and some phases of German Art"，

发表在 *Ivory*，*Apes* & *Peacocks*，New York 1917，p. 173，此处转引自 Masur，p. 226。

26 引自 Masur，p. 148。

27 Herbert Bittner，*Käthe Kollwitz*，Thomas Yoseloff 1959，p. 1.

28 Fischer，*Zille*，p. 22.

29 Richie，p. 186.

30 Ernst Johann Editor，*Reden des Kaisers*，Munich 1996，p. 102，格哈德·马苏尔译。

31 该问卷刊登于 1898 年圣诞节《柏林画报》第 52 期。

32 Blücher，*Princess Blucher*.

33 Sullivan & Krueger，p. 10.

34 Durieux，*Meine Ersten 90 Jahre*，p. 212.

35 二者均引自 *Documents of German History*，p. 344。

36 所谓《九十三人宣言》，指 1914 年 10 月 4 日发表的《德国学术界告文明世界书》。

37 倍倍尔演说的译文出自 Richie，p. 255。

38 Steven Bach，*Marlene Dietrich*，p. 24.

39 Durieux，p. 216.

40 出自 *Erinnerungen von Gerda Kirstaedter*，为与作者分享的私人家庭手稿。

41 此处均引自 Kollwitz，*Die Tagebücher 1908—1943*，1914 年 8 月至 10 月的条目。

42 引自 Clay Large，*Berlin：A Modern History*，p. 109，不过他将韦穆特写作安东（Anton）。

43 普法芬贝格尔教授 2020 年 5 月 8 日致信作者。

44 此处向为作者解释朗格马克纪念大厅的尼格尔·东克莱（Nigel Dunkley）致以诚挚感谢。

45　Blücher，p. 161.

46　Bach，p. 25.

47　Durieux，p. 215.

48　*Erinnerungen von Gerda Kirstaedter.*

49　Glatzer，*Berliner Leben 1870—1900*，p. 299.

50　Thomas Friedrich，*Hitler's Berlin*，Stewart Spencer 译。

51　Walter Gropius，引自 Richie p. 295。

52　Peter Hart，*The Last Battle*，p. 325.

53　Altenhöner，*Vor der Revolution.*

54　Altenhöner.

55　Altenhöner.

第八章　1918—1933 年　喧嚣年代

1　所有这些数字和引述均来源于马克博物馆 2018 年举办的有关 1918—1919 年革命的精彩展览。海报由乔·勒文施泰因（Joe Lowenstein）设计。

2　转引自 Steven Bach，*Marlene Dietrich*，p. 29。

3　Grosz，*A Small Yes and a Big No*，p. 91.

4　Anna Rehme，转引自 *Berliner Tageblatt 9. 11. 18*，p. 436。

5　取自 Juchler，*Die Deutsche Revolution*。

6　Kessler，*The Diaries of a Cosmopolitan*，p. 6.

7　Kessler，*The Diaries of a Cosmopolitan*，p. 632.

8　Martha Globig，*Weiße haben hier nichts zu suchen*，Berliner Leben 1914—1918，p. 460.

9　Kessler，*The Diaries of a Cosmopolitan*，p. 6.

10　Kessler，*The Diaries of a Cosmopolitan*，p. 36.

11　Kessler，*The Diaries of a Cosmopolitan*，p. 42.

12　Kessler，*The Diaries of a Cosmopolitan*，p. 109.

13　Kessler，*The Diaries of a Cosmopolitan*，p. 114.

14　Kollwitz，*Tagebuch*，1920 年 3 月 22 日。

15　Ernst Wollweber，KPD Official，引自 Taylor，*The Berlin Wall*，p. 25。

16　Kessler，*Walther Rathenau*，p. 4.

17　Bánffy，*Transylvanian Trilogy*，p. xiiii.

18　Kessler，*The Diaries of a Cosmopolitan*，p. 186.

19　Dr Jürgen Wetzel，*Die Inflation in Berlin 1923*，Berliner Geschichte Ausgabe 20. 前述面包价格上涨的数据亦出于此。

20　Kessler，*The Diaries of a Cosmopolitan*，p. 199.

21　Bielenberg，*The Past is Myself*，p. 56.

22　这个故事出自 Walter Henry Nelson，*The Berliners*，p. 107。

23　Lenya，*Speak Low*，pp. 21 - 2.

24　Kollwitz，*Tagebuch*，1923 年 11 月底。

25　Taylor，*Berlin and its Culture*，p. 210.

26　Grosz，p. 103.

27　Clay Large，p. 200.

28　Grosz，p. 94.

29　Read & Fisher，p. 170.

30　引自 Clay Large，p. 211。

31　Nelson，p. 108.

32　Taylor，*Berlin and its Culture*，p. 234.

33　Wolf von Eckardt，*Erich Mendelssohn*.

34　Grosz，p. 115.

35　Kästner，*Fabian*，Rodney Livingstone 所撰导言，p. xiv。

36　Mander，p. 129.

37　引自 Mander，p. 130。

38　戈培尔日记，引自 Read & Fisher，p. 188。

39　Read & Fisher，p. 188.

40 Isherwood，*The Berlin Novels*，p. 479.

41 Isherwood，*The Berlin Novels*，p. 482.

42 Isherwood，*The Berlin Novels*，p. 409.

43 Mander，p. 129.

44 Isherwood，*The Berlin Novels*，p. 465.

第九章　1933—1945 年　暗无天日

1 Kessler，*Diaries*，p. 448.

2 特吉特于 1982 年逝世，令人振奋的消息是今天柏林有一条以她的名字命名的道路：加布里埃莱·特吉特林荫道，从预备役运河一直延伸至莱比锡广场。2019 年，《纽约书评》以英文出版了《克泽比尔占领柏林》，门德尔松研究所的埃尔克-维拉·科托维斯基博士为确定她的文学遗产做了很多出色的工作。

3 Taylor，*Berlin and its Culture*，p. 263.

4 Stargardt，*The German War*，p. 120.

5 *Jews in Berlin*，p. 192.

6 Andreas-Friedrich，*Berlin Underground*，p. 18.

7 Andreas-Friedrich，p. 23.

8 有关 KLV 计划的更全面报道，参见 Stargardt，pp. 114 – 6。

9 Ilse Koehn，*Mischling zweiten Grades*，p. 111.

10 Stiftung Exil 网页，2020 年 1 月。

11 Read & Fisher，p. 204.

12 Bielenberg，p. 229.

13 均引自 Hilmes，*Sixteen Days in August*。

14 来源于普伦岑纪念展。

15 Shirer，*Berlin Diary*.

16 均引自 Read & Fisher p. 127 记录的故事。

17 引自 Moorhouse，*Berlin at War*，p. 18。

18 Moorhouse，p. 20.

19　Russel，*Berlin Embassy*，p. 76.

20　Kardorff，*Diary of a Nightmare*，pp. 84，92.

21　Andreas-Friedrich，*Berlin Underground*，p. 90.

22　这个故事出自 2020 年 1 月 25 日《泰晤士报》上的一篇文章，文章介绍了克里斯蒂娜·卡斯滕斯（Christiane Carstens）关于赖斯韦德岛的作品。

23　引自 Moorhouse，p. 179。

24　Andreas-Friedrich，p. 92.

25　细节见 Stargardt，p. 29。

26　《时代周刊》，1946 年 1 月 7 日。

27　Kardorff，p. 18.

28　佚名，*A Woman in Berlin*，p. 51。

29　引自 2019 年 11 月 20 日对德国抵抗运动纪念馆馆长埃克哈特·克劳萨（Eckerhardt Klausa）的专访文章。

30　Theo Findahl，引自 Moorhouse，p. 347。

31　*A Woman in Berlin*，p. 18.

32　Kardorff，p. 13.

33　Kardorff，p. 63.

34　Moorhouse，p. 252.

35　Kardorff，p. 31.

36　Kardorff，p. 111.

37　Middlebrook & Everitt，*The Bomber Command War Diaries*，p. 92.

38　Kardorff，p. 70.

39　Bielenberg，p. 207.

40　Shirer，p. 387.

41　Kardorff，p. 92.

42　Speer，*Inside the Third Reich*，pp. 393 - 5.

43　*A Woman in Berlin*，p. 23.

44　*1945：A Documentation*，Text 4.

45　Speer，pp. 393 – 5.

46　Karl Heinz Schlesier，Flakhelfer to Grenadier，p. 37. 且施勒西尔实际上描述的是他在杜塞尔多夫而非柏林的经历，但大炮、演习和效果都是一样的。

47　Kardorff，p. 180.

48　伊万·斯捷潘诺维奇·科涅夫（Ivan Stepanovich Koniev）元帅的姓氏 "Koniev" 有时会拼写为 "Konev"，为同一人。

49　引自 Moorhouse，p. 363。

50　*1945：A Documentation*，Text 8 Bengt von zur Mühlen *Der Todeskampf der Reichshauptstadt* Kleinmachnow *1994*.

51　*A Woman in Berlin*，p. 45.

52　*A Woman in Berlin*，p. 66.

53　*1945：A Documentation*，Text 114.

第十章　1945—1961 年　战后的挣扎

1　Taylor，*The Berlin Wall*，p. 287.

2　*A Woman in Berlin*，p. 20.

3　Beatrice Collins，*The Luminous Life of Lily Aphrodite*，引自 Sullivan & Krueger，p. 207。

4　*1945：A Documentation*，Text 115.

5　Pfaffenberger，*50 Jahre Zentralstelle für Auslandsschulwesen-Bundesverwaltungsamt 2018*. 齐德勒后来成了施泰格利茨的一名教师。

6　Leonhard，*Die Revolution entlässt ihre Kinder*，p. 294.

7　Richard Brett-Smith，*Berlin'45 The Grey City*，pp. 43－4.

8　Ruth Andreas-Friedrich，引自 Clay Large，p. 384。

9　*1945：A Documentation*，Text 106.

10　*Documents of German History No. 160*.

11　*Guardian*，1945 年 7 月 17 日。

12　本段所有引述均出自 Brett-Smith，pp. 58－66。

13　*1945：A Documentation*，Text 117.

14　Kardorff，p. 213.

15　Clare，*Berlin Days 1946—1947*，p. 16.

16　*Jews in Berlin*，p. 228.

17　Tunner，*Over the Hump*，p. 161.

18　吉塞拉·比尔斯基接受扎比内·施赖克的采访，2016 年；亦引自 Kendall，*The Cold War：A New Oral History*，p. 67。

19　盖尔·哈沃森 2013 年接受《每日镜报》采访，以及奥利弗·莫迪 (Oliver Moody) 2019 年 2 月 21 日在《泰晤士报》的报道。哈沃森后返回柏林参加"空中走廊"70 周年纪念仪式。

20　有关"空中走廊"的相关史实与数据出自（英国）皇家空军博物馆的档案。

21　*Trading Economics*，1949 年以来德国失业率数据可参见 Barry Eichengrenn & Albrecht Ritschl，*Understanding West German Economic Growth in the 1950s*，Humboldt University SFB Seires 649。

22　引自 Clay Large，p. 412。

23　玛吉特·侯赛尼接受伊恩·麦格雷戈的采访，见 *Checkpoint Charlie*，p. 18。

24　Hardy Firl，引自 Kendall，p. 159。

25　Kendall，p. 164.

26　引自 Clay Large，p. 426。

27　Kendall，p. 166.

28　Kendall，p. 167.

29　民主德国作曲家恩斯特·赫尔曼·迈尔（Ernst Hermann Meyer）写于 1987 年，亦援引自 Taylor，*The Berlin Wall*，p. 377。

30　本段大多数细节出自作者与马克·梅茨格（Marc Metzger）的对话，

以及他的小册子《柏林宫》（*Das Berliner Schloss*）。

31 Brett-Smith，p. xi.

第十一章 1961—1989 年 分裂与对抗

1 引自 Fredrick Taylor，*The Berlin Wall*，p. 133。

2 数据来源于 *Between Deterrence & Welcome*（德国高等教育与研究中心会议论文，2016 年 11 月）。

3 瓦尔特·乌布利希，1961 年 6 月 15 日。

4 引自 Iain Macgregor，*Checkpoint Charlie*，p. 53。

5 多丽丝·科恩（Doris Kohn，如今姓蒂瑟尔曼）向沃尔夫冈·普法芬贝格尔教授所做口述，后者于 2020 年 5 月 11 日转告作者。

6 Read & Fisher，p. 284.

7 引自 Iain MacGregor，p. 99。

8 此处与上文数据引自 Karl William Friche，*Bedrückende MfS-Erforschung*，Deutschland Archive 33，6（2000）：1026，及阿默斯特学院历史系论文《斯塔西》（*The Stasi*）。

9 沃尔夫冈·格贝尔 2018 年接受扎比内·施赖克采访，由作者整理成文。

10 米卡尔·亚当与作者的对话，2019 年 7 月。

11 柏林城市博物馆展览"东柏林"（East Berlin）记录，埃弗拉伊姆宫，2019 年。

12 Metzger，*Das Berliner Schloß*，p. 45.

13 沃尔夫冈·普法芬贝格尔教授告知作者，2020 年 5 月 11 日。

14 Stadt Museum，*East Berlin* exhibition.

15 Stadt Museum，*East Berlin* exhibition.

16 伊雷妮·东克莱（Irene Dunkley）与作者的对话，2019 年 11 月 22 日。

17 有关斯塔西行动的更详细说明，参见 Lewis，*Die Kunst die Verrats*。

18 阿德烈亚斯·奥斯提尔特 2018 年接受扎比内·施赖克采访，由作者整理成文。

19 David Bowie，1978，引自 Märkische Museum。

20　来源 Youtube，*Reagan Library*。

21　Rice & Zelikow，*Germany Unified and Europe Transformed*：*A Study in Statecraft*，p. 35.

第十二章　1989 年之后　重生

1　*Nachdenken über Preussen*，见 2019 年施特尔第尔教授分享给作者的讲座讲义。

2　《卫报》社论，1989 年 11 月 10 日。

3　引自《新德国》编辑沃尔夫冈·许布纳（Wolfgang Hübner）与《金融时报》（*Financial Times*）的托比亚斯·布克（Tobias Buck）的访谈，2019 年 11 月 2 日。

4　安妮玛丽·雷费特接受《金融时报》盖伊·沙灿（Guy Chazan）采访，2019 年 11 月 9 日。

5　威利·勃兰特 1989 年 11 月 10 日，引自 Fredrick Taylor，p. 430。

6　弗里特约夫·巴尼施接受《泰晤士报》记者奥利弗·莫迪采访，2019 年 11 月 9 日。

7　引自《新德国》编辑沃尔夫冈·许布纳与《金融时报》托比亚斯·布克的访谈，2019 年 11 月 2 日。

8　引自 Kendall，p. 547。

9　米卡尔·亚当接受作者采访，2019 年。

10　引自 Kendall，p. 553.

11　引自 Kendall，p. 554.

12　沃尔夫冈·朔伊布勒接受《金融时报》盖伊·沙灿采访，2019 年 3 月 23 日。

13　Metzger，p. 47.

14　威廉·冯·博迪恩接受《金融时报周末》（*FT Weekend*）弗里德里克·施图德曼（Frederick Studemann）采访，2019 年 9 月 14 日。

15　保罗·施皮斯接受作者采访，2019 年 11 月 22 日。

16 引自保罗·施皮斯，2019 年 11 月 22 日。

17 哈特穆特·多格洛接受《金融时报周末》弗里德里克·施图德曼采访，2019 年 9 月 14 日。

18 尼尔·麦格雷戈接受作者采访，2019 年 8 月 6 日。

19 更多细节参见 Ladd，pp. 217 - 24。

20 更多细节参见 Ladd，pp. 196 - 7。

21 引自 Ladd，p. 205。

22 引自 Braun，*City of Exiles*，p. 29。

23 引自 *The Times*，2019 年 8 月 8 日。

24 数据来源于柏林 - 勃兰登堡统计局和柏林抵押银行（*Berlin Hyp. Statbel.*），转引自《金融时报》，2019 年 6 月 15 日。

25 引自 David Charter，"From Our Correspondent"，*The Times*，2018 年 7 月 23 日。

26 译自 1919 年 8 月 11 日《魏玛宪法》。

推荐阅读书目

本书的资料来源多种多样。首先，我要诚挚感谢扎比内·施赖克在柏林的一系列博物馆和档案馆开展的工作以及她所收集的丰富原始资料。我也十分感谢她为我进行的大量采访，及提供了她此前已为布里奇特·肯德尔（Bridget Kendall）的《冷战：新口述史》（*The Cold War：A New Oral History*，这是一部极富价值的著作）和伊恩·麦格雷戈广受好评的作品《查理检查站》（*Checkpoint Charlie*）完成的采访。我从中提取了那些在前两本书被引用且在书中得到充分肯定的材料。其次，我要感谢成立于 1985 年的柏林历史协会（Verein für die Geschichte Berlins），这个团体给人留下深刻印象，此处谨向从始至终乐于向我伸出援手的沃尔夫冈·普法芬贝格教授致以真诚的谢意。这个协会在新马施塔尔（Neuer Marstall）即柏林宫对面原来的王家马厩拥有一流的图书馆和档案馆，由最乐于助人的志愿者团队管理，并定期出版杂志《柏林历史》（*Berliner Geschichte*），每一期都聚焦于这座城市在某个方面的历史细节。他们还出版了一本名为《柏林熊》（*Der Bär von Berlin*）的年鉴，定期介绍各种专题。我非常依赖他们的出版物和各种帮助。再次，通过普法芬贝格教授，我非常幸运地获得了基尔施泰特家族的档案，这个普通柏林家族的故事并非寻常意义上对伟人和好人的记录，极富研究价值。最后，还有两个柏林历史社团和一个英国柏林历史协会，后者倾向于研究最近的历史，并且还会举办一些出色的讲座和访谈。

有关柏林的历史书写和虚构小说的数量之多并不令人意外，我也不可免俗地大量引用此前出版的相关书籍。因此我在如下参考文献中列出其中的主要内容，虽然信息业已十分丰富，但远称不上详尽无遗。不过其中英文的历史书籍并不多，有关早期历史的内容也不多，只有一部深入探究这座城市起源的作品，即亚历山德拉·里奇（Alexandra Richie）的权威作品《浮士德的大都会》（*Faust's Metropolis*）。这是一部研究相当完整且透彻的作品，篇幅将近 1 000 页。它对 19 世纪和 20 世纪的研究相比早期更为深入，尽管也没有涉足宗教改革，但仍不失为开创性的作品。约翰·曼德尔（John Mander）的《鹰与熊》（*The Eagle and The Bear*）则是言简意赅地描述这座城市双重性格的出色作品：它既是一个国际化的独立贸易共同体，又是霍亨索伦家族的首府。安东尼·里德（Anthony Read）与大卫·菲舍尔（David Fisher）合著的《柏林：一部城市传记》（*Berlin：The Biography of a City*）则是一部可读性很强的有趣简史，瑕疵在于未能列出来源及出处。然后是罗里·麦克莱恩（Rory MacLean）的《柏林》（*Berlin*），这本书通过 23 个柏林人和游客或真实或想象的经历讲述这座城市的故事，是一部精彩的作品，在很大程度上捕捉到了柏林古往今来的氛围。布赖恩·拉德（Brian Ladd）的《柏林幽灵》（*The Ghosts of Berlin*）和艾伦·巴尔福（Alan Balfour）的《柏林：1737—1989 年的秩序政治》（*Berlin：The Politics of Order 1737—1989*）都是对城市建成区及其建筑的出色考察；而保罗·沙利文（Paul Sullivan）和马塞尔·克鲁格（Marcel Krueger）的《柏林：旅行者文学指南》（*Berlin：A Literary Guide for Travellers*）、希瑟·雷耶斯（Heather Reyes）和凯蒂·德比希尔（Katy Derbyshires）的"城市文学丛书"《柏林》（*Berlin*），则是优秀的柏林文学选集。克里斯托夫·克拉克（Christopher Clark）教授的《钢铁王国：普鲁士的兴衰（1600—1947）》（*Iron Kingdom：The Rise and Downfall of Prussia 1600—1947*）尤为杰出，对于任何对柏林感兴趣的人而言都是必读作品，而且它在德语世界和在英语世界一样广受欢迎，这一点难能可贵。另一本更广泛涉及德意志民族的精彩之作是尼尔·麦格雷戈的《德国：一个民族的记忆》（*Germany：Memories of a Nation*，本书以英文写成，但被重新译为德语），它原本是麦格雷戈为英国广播公司广播 4 台（BBC Radio 4）所做的讲座，大受好评后集结成文出版。

另外四本我读来大有收获的作品则涵盖了本书所涉故事的全部时期：第一本是《柏林：日期里的历史》（*Berlin：Geschichte in Daten*），这是一张有趣的时间表，按照日期列出这座城市所发生过的一切。它乐观地将起点设于公元前 60 000 年，但直到 1237 年，柏林的事件才丰富了起来。第二本是《犹太人在柏林》（*Jews in*

Berlin），由安德烈亚斯·纳哈玛（Andreas Nachama）、尤里乌斯·舍普斯（Julius Schoeps）和赫尔曼·西蒙（Hermann Simon）主编。尤里乌斯·舍普斯博士教授是摩西·门德尔松的后人，他也是摩西·门德尔松基金会的董事会主席。第三本是由罗纳德·泰勒教授撰写的《柏林及其文化》（*Berlin and its Culture*），他曾是苏克塞斯大学的德语教授，比大多数英国人更了解德国文化，尤其是柏林文化。遗憾的是，泰勒教授已于 2013 年仙去。最后一本是由纽约的路易斯·L. 斯奈德（Louis L. Snyder）教授编纂的《德国历史文献》（*Documents of German History*），本书出版于 1958 年，是汇集了一些影响柏林的核心文献的优秀档案集，并附有颇具见地的评论。

令人颇感遗憾的是，将柏林的历史、文化与实用信息结合起来的优秀指南却尤其缺乏。早年出版的《卡多根指南》（*Cadogan Guide*，出版于 1991 年）如今早已过时，而其他当代指南往往只能归入"在米特必须要做的十件事"之类。目前最好的一本指南是约瑟夫·皮尔逊（Joseph Pearson）的《柏林城界》（*Cityscope Berlin*，2017），它有关历史的介绍性文字还不错，还有涉及柏林生活不同面向的有趣文字。

读者诸君可参阅参考文献以获取更为详细的书目，我在下文中还列举了一些可能特别有趣的英文资源（当然德文资料更为丰富，但我仅列举了个别德文书籍）。

早期历史

除里奇的作品外，英文文献堪称少之又少，因此对于那些想要深入探究这段历史的人而言就是一个温习德语的过程。《柏林历史》

曾出版过多册有关中世纪柏林的内容，其中对了解早期教会、城市贸易路线的发展和宗教改革最有帮助的几期分别是第 4、8、9、14期。1864 年，阿道夫·施特赖克福斯（Adolph Streckfuss）出版了《500 年柏林——从渔村到国际城市》（*Berlin seit 500 Jahren-von Fischerdorf zur Weltstadt*），其中第一卷读来收获最大，如果能找到非花体字印刷的版本则更为受益。英文版的弗里德里希大王的《勃兰登堡家族回忆录》（*Memoirs of the House of Brandenburg*，此书最初以法文写成）行文简洁、有趣，大多数内容符合事实。只不过需要牢记一点，即便弗里德里希饱受霍亨索伦家族祖传的不安全感之苦，他撰写此书的目的仍是为证明其家族的悠久历史与统治合法性，同时才是记录的历史。然后是巧妙利用原始手稿进行虚构创作的《雅各布斯·冯·布鲁格游记》（*The Travels of Jacobus von Brügge*），由此可以深入了解 13 世纪的柏林生活。

16—17 世纪

相对于当代对于书写历史的浓厚兴趣及极大丰富的选题，有关勃兰登堡-普鲁士在三十年战争之前和之后发生的重大事件，无论是用德语还是用英语写作的作品都很罕见。考虑到这场战争对塑造现代德意志民族的形态与精神十分重要，这一点就显得尤为奇怪。卡琳·弗里德里希（Karin Friedrich）的《勃兰登堡-普鲁士 1466—1806》（*Brandenburg-Prussia 1466—1806*）十分精彩，但它更适合专业读者。皮尔逊的"权力档案"系列丛书中由德里克·麦凯（Derek Mckay）撰写的《大选侯》（*The Great Elector*）一书也同样出色。三十年战争方面，没有一本书能出 C. V. 韦奇伍德

（C. V. Wedgwood）的通史著作《三十年战争》（*The Thirty Years War*）之右。弗里德里希·席勒的《三十年战争》是对德意志历史经验的充分总结，而汉斯·梅迪克（Hans Medick）和本雅明·马施克（Benjamin Marschke）的《经历三十年战争》（*Experiencing the Thiry Years War*）是一部优秀的简史，其中包含了记录有一手经历的档案文献。埃伯哈德·法登（Eberhard Faden）1927 年出版的《三十年战争中的柏林》（*Berlin im Dreißigjährigen Kriege*）则包含了大量细节。

18 世纪

同样匮乏的还有有关弗里德里希一世和弗里德里希·威廉一世的生平记载。走运的是，当时已有一些有关柏林的一手资料，其中很多都收录于卡琳·弗里德里希和萨拉·施玛特（Sara Smart）的《君主制的培育与柏林的崛起》（*The Cultivation of Monarchy and the Rise of Berlin*）中，还见诸约翰·托兰 1702 年对其大使馆的私人描述。1835 年，弗里德里希·弗尔斯特（Friedrich Förster）博士在柏林出版了三卷本的弗里德里希·威廉一世传记，我们还即将幸运地迎来本雅明·马施克对此所做的当代评价，他撰写了大量有关 18 世纪早期柏林和普鲁士宫廷的文章。黑尔加·舒尔茨（Helga Schultz）的《柏林 1650—1800》（*Berlin 1650—1800*）则是帮助最大的一项实证研究。如果说在 1740 年之前资料匮乏，那么随着弗里德里希大王的登基，"水闸"就此打开。可以肯定，有关他的传记比几乎所有其他欧洲君主都要多。但迄今为止最优秀的作品出版于 2015 年，是由蒂姆·布兰宁（Tim Blanning）教授撰写的《弗里德里希大王》(*Friedrick The Great*)。从 18 世纪 50 年代起，我们能够获取到的专门论述柏林的文章日益增加，原因在于这座城市拥有了独立于霍亨索伦宫廷的自我认同。其中一项最为有趣的研究是马特·埃林（Matt Erlin）教授的《柏林被遗忘的未来》(*Berlin's Forgotten Future*)，我高度依赖于这本书所提供的有关这一时期柏林文学与文化生活的信息。对有关弗里德里希的政府体系如何在柏林运作的更多具体细节感兴趣的读者，也可以阅读休伯特·约翰逊（Hubert Johnson）的《弗里德里希大王及其官僚》(*Fredrick the Great and His Officials*)，而面包师傅约翰·弗里德里希·海德对七年战争期间日常生活的描述《黑麦价格》(*Der Roggenpreis*)则是从市井视角出发，但我尚未发现该书有英译本。这里不再赘述本书正文中已提及的德国伟大文学作品，值得一提的是 18 世纪后期一些包含丰富信息的游记作品。1764 年詹姆斯·博斯韦尔的《大旅行》(*Grand Tour*) 提出了一个有趣而发人深省的问题：柏林是如何出现在英国游客面前的？德·斯塔尔夫人的《德意志》(*Germany*) 于 1810 年首次出版，其中包含了许多有关柏林的内容。斯塔尔夫人是一位早期革命知识分子，她比许多人都更早意识到拿破仑雄心的真实本质，其著作文笔流畅、内容丰富。尼古拉对于柏林和波茨坦的经典描述以德法双语出版，但可能只有那些想要获得对这两座城市的更详细描述的人才有兴趣阅读。

19 世纪

数以百计乃至数以千计有关拿破仑战争的历史作品完整展现出了拿破仑的时代。大卫·钱德勒（David Chandler）的《耶拿

1806》(*Jena 1806*) 篇幅虽短，却是对法国入侵普鲁士的优秀研究。而对工业革命的拥趸而言，托马斯·休斯（Thomas Hughes）的《电力网络》(*Network of Power*，1983) 开启了对电气化影响别开生面的探索。格哈德·马苏尔（Gerhard Masur）的《柏林帝国》(*Imperial Berlin*，1971) 是研究 19 世纪中叶以来柏林城市的出色作品，而戈登·克雷格的《德国 1866—1945》(*Germany 1866—1945*，1978) 则涉猎更为广泛。俾斯麦的传记数量之多堪比弗里德里希大王。爱德华·克兰克肖（Edward Crankshaw）1981年出版的《俾斯麦》(*Bismarck*) 是其中最为平易近人的作品之一，但最完整的作品之一当属乔纳森·斯坦伯格（Jonathan Steinberg）2011 年的同名传记《俾斯麦》。阿利斯泰尔·霍恩（Alistair Horne）的《巴黎沦陷》(*The Fall of Paris*) 仍是到目前为止有关1870 年最精彩的叙述。而瓦尔特·本雅明的《柏林童年》(*Berlin Childhood*) 则回顾了一战前柏林舒适的资产阶级生活，迷人又令人回味无穷。如果想了解 1890 年至 1900 年柏林生活的第一手资料，还可阅读伊夫林·布吕歇尔王妃的日记《一部私人回忆录》(*A Private Memoir*)。

20 世纪

大卫·克莱·拉奇（David Clay Large）的《柏林：一部现代历史》(*Berlin：A Modern History*) 是对 1870 年至 1989 年柏林变迁的精彩叙述，读来趣味盎然。而涉及 20 世纪 20 年代的八卦记录，则无人能打败哈里·凯斯勒的《世界主义者日记》(*Diaries of a Cosmopolitan*)，抑或同样出自他手的出色人物传记《瓦尔特·拉特瑙》（*Walter Rathenau*）。克里斯托弗·伊舍伍德的《柏林故事》（*Berlin Novels*）尽管严格来说是一部虚构作品，但它真实呈现了纳粹夺权之前令人神注的柏林生活。威廉·夏伊勒（William Shirer）的《柏林日记》（*Berlin Diary*）是一位美国记者直到 1941 年被迫离开前，在愤怒驱使记录下的 30 年代的柏林。克里斯塔贝尔·比伦贝格的《过去的自己》（*The Past is Myself*）是当仁不让的经典之作，而鲁特·安德烈亚斯-弗里德里希的《柏林地下铁 1938—1945》（*Berlin Underground 1938—1945*）和乌苏拉·冯·卡多夫的《噩梦日记》（*Diary of a Nightmare*）是那些憎恨纳粹者的一手资料中的两个例子。罗杰·穆尔豪斯（Roger Moorhouse）的《战时柏林》（*Berlin at War*）深入研究了 1939—1945 年柏林的日常生活，而尼古拉斯·斯塔加特（Nicholas Stargardt）的《德国战争》（*The German War*）则将德国作为一个整体，透彻观察其对希特勒战争的反应。有三本书对有关 1945 年和这座城市陷落的叙述尤为引人注目。安东尼·比弗（Antony Beevor）的《柏林》（*Berlin*）如今是当之无愧的经典；比弗还对出自无名氏之手的《一个女人在柏林》进行了编辑，这个故事讲述了一个不知名的柏林妇女的生活和她多次被强奸的经历。第二本是约翰·埃里克森（John Erickson）的《通向柏林之路》（*Road to Berlin*）。还有一本忧伤而迷人、令人回味无穷的作品，是托马斯·哈丁（Thomas Harding）的《湖畔之家》（*The House by the Lake*），讲述了一座位于格利尼克的房子和居住于其中的家庭的故事。

弗里德里克·泰勒的《柏林墙》（*The Berlin Wall*）和伊恩·麦格雷戈的《查理检查站》是两部描摹柏林墙时代的非凡作品，而安娜·丰德（Anna Funder）的《斯塔西国家》（*Stasiland*）和布里奇特·肯德尔的《冷战》则生动描述了柏林墙背后的生活。斯蒂芬·格林（Stephen Green）的《不乐意大师》（*Reluctant Meister*）和《亲爱的德国》（*Dear Germany*），提供了一位深谙柏林人的作者在深思熟虑之下看待德国的视角。斯图尔特·布劳恩（Stuart Braun）的《逃亡之城》（*City of Exiles*）则对 20 世纪往来柏林的人进行了研究，读来颇为感人。

　　囿于篇幅，我只能在此给出一个简短书目。要了解这个令人兴奋不已、最引人入胜的欧洲首都的最佳方式，还是去那里一探究竟，就从以无与伦比的方式将这城市的故事娓娓道来的马克博物馆开始，然后开始城市漫步。如果你多少和我有点像的话，那么时过境迁，在 40 年后依然会选择漫步柏林街头。

参考文献

出版物

Alexis, Willibald, *Der Roland von Berlin* (Rütten & Loening, 1987)

Andreas-Friedrich, Ruth, *Berlin Underground 1938—1945* (Paragon, 1989)

Anonymous, *A Woman in Berlin* (Virago, 2011)

Antill, Peter, *Berlin 1945: End of the Thousand Year Reich* (Osprey, 2005)

Arenhövel, Willmuth, *Berlin 1945* (Verlag, 1995)

Arnold, Benjamin, *Princes and Territories in Medieval Germany* (CUP, 1991)

Aster, Misha, *The Reich's Orchestra: The Berlin Philharmonic 1933—1945* (Souvenir, 2010)

Bach, Steven, *Marlene Dietrich* (Harper Collins, 1993)

Balfour, Alan, *Berlin: The Politics of Order 1737—1989* (Rizzoli, 1990)

Bánffy, Miklós, *Transylvanian Trilogy* (Arcadia, 1999)

Barraclough, Geoffrey, *The Origins of Modern Germany* (Blackwell, 1979)

Bath, Matthias, *Berlin-eine Biografie: Menschen und Schicksale* (Nünnerich-Asmus Verlag, 2016)

Bauer, Frank, *Napoleon in Berlin: Preußens Haupstadt unter Französischer Besetzung 1806—1808* (Story, 2006)

Beeskow, Hans-Joachim, *Paul Gerhardt 1607—1676* (Heimat-Verlag Lübben, 2006)

Beevor, Antony, *Berlin: The Downfall 1945* (Viking, 2002)

Benjamin, Walter, *Berlin Childhood*, trans. Howard Eiland (Harvard, 2006)

Bielenberg, Christabel, *The Past is Myself* (Corgi, 1993)

Blanning, Tim, *Frederick The Great, King of Prussia* (Penguin, 2016)

Blücher, Fürstin Evelyn von Whalstatt, *Princess Blucher, English Wife in Berlin: a private memoir of events, politics and daily life in Germany throughout the War and the social revolution of 1918* (Constable, 1920)

Böhme, Helmut, *An Introduction to the Social and Economic History of Germany*, trans. W. R. Lee (Blackwell, 1978)

Boie, Heinrich Christian, *Briefe aus Berlin 1769—70* (Gerstenberg, 1970)

Boswell, James, *Boswell on the Grand Tour 1764*, ed. Frederick A. Pottle (Heinemann, 1953)

Braun, Stuart, *City of Exiles: Berlin From Outside In* (Noctua, 2015)

Brett-Smith, Richard, *Berlin 1945: The Grey City* (Macmillan, 1966)

Bunsen, Marie von, *A Winter in Berlin*, trans. Mrs Dugdale (Edward Arnold, 1899)

——*The World I Used to Know*, trans. Oakley Williams (Butterworth, 1930)

Citino, Robert M. , *The German Way of War* (University Press of Kansas,

2005)

Clare, George, *Berlin Days 1946—47* (Pan, 1989)

Clark, Christopher, *The Iron Kingdom: The Rise and Downfall of Prussia 1600—1947* (Penguin, 2006)

Clay Large, David, *Berlin: A Modern History* (Penguin, 2000)

Craig, Gordon, *Germany 1866—1945* (OUP, 1978)

Crankshaw, Edward, *Bismarck* (Papermac, 1981)

——*The Fall of the House of Hapsburg* (Papermac, 1963)

Danyel, Jürgen, *Ost-Berlin 30 Erkundungen* (Christoph Links, 2019)

Dietrich, Marlene, *Gott Sei Dank, Bin Ich Berlinerin* (Ullstein, 1990)

Donath, Matthias, *Architecture in Berlin 1933—1945: A Guide Through Nazi Berlin* (Lukas Verlag, 2006)

Durieux, Tilla, *Meine ersten 90 Jahre* (Ullstein, 1991)

Duwe, Georg, *Berlin in fremder Hand* (Osnabrück, 1991)

Eckardt, Wolf von, *Masters of World Architecture: Erich Mendelssohn* (Mayflower, 1960)

Eikermann, Diethelm & Kaiser, Gabriele, *Die Pest in Berlin 1576* (Basiliken Presse, 2012)

Erickson, John, *The Road to Berlin* (Grafton, 1985)

Erlin, Matt, *Berlin's Forgotten Future: City, History and Enlightenment in Eighteenth Century Germany* (University of North Carolina Press, 2004)

Evans, Richard J., *The Third Reich in History & Memory* (Little Brown, 2015)

Faden, Eberhard, *Berlin im Dreißigjährigen Kriege* (Deutsche Berlagsgefellschaft für Politik und Geschichte Berlin, 1927)

Fallada, Hans, *Alone in Berlin*, trans. Michael Hofman (Penguin, 2010)

Fehring, Günter, *The Archaeology of Medieval Germany* (Routledge, 1991)

Fischer, Gerhard, *Hugenotten in Berlin* (Union, 1988)

Fischer, Lothar, *Zille* (Rowholt, 1979)

Fontane, Theodore, *Effi Briest* (Penguin, 1967)

——*Irrungen, Wirrungen* (Reclam, 1991)

——*Wanderungen durch die Mark Brandenburg*: 5 Vols. 1. *Die Grafschaft Ruppin*; 2. *Das Oderland*; 3. *Havelland*; 4. *Spreeland*; 5. *Fünf Schlösser* (Inselverlag, 1993)

Förster, Dr Frederick, *Friedrich-Wilhelm I-König von Preussen*, 3 vols (Berlin, 1835)

Fraser, David, *Frederick The Great* (Penguin, 2000)

Friedrich, Karin, *Brandenburg-Prussia 1466—1806* (Palgrave Macmillan, 2012)

——with Smart, Sara, *The Cultivation of Monarchy and the Rise of Berlin* (Ashgate, 2010)

Friedrich, Ruth-Andreas, *Der Schattenmann* (Suhrkamp, 2000)

Friedrich, Thomas, *Hitler's Berlin*: *Abused City*, trans. Stewart Spencer (Yale UP, 2016)

Funder, Anna, *Stasiland*: *Stories from Behind the Berlin Wall* (Granta, 2003)

Ganss, Henry George, *Johann Tetzel* (Robert Appleton, 1912)

Geist, Johann Friedrich &. Kürvers, Klaus, *Das Berliner Mietshaus 1740—1862* (München, 1980)

Gerard, James W. , *My Four Years in Germany* (Hodder &. Stoughton, 1917)

Giebel, Wieland, *Die Franzosen in Berlin 1806—1808* (Story, 2006)

Glatzer, Ruth, *Berliner Leben 1870—1900 Errinerungen und Berichte* (Rütten &. Loening, 1983)

——*Berliner Leben 1914—1918* (Rütten &. Loening, 1983)

Green, Stephen, *Dear Germany*; *Liebeserklärung an ein Land mit Vergangenheit* (Theiss 2017)

——*Reluctant Meister* (Haus, 2016)

Grosz, George, *A Small Yes and a Big No*, trans. Arnold J. Pomerans (Zenith, 1982)

Gutt, Barbara, *Frauen in Berlin* (Arani, 2017)

Hagen, William, *Ordinary Prussians*: *Brandenburg Junkers and Villagers 1500—1840* (CUP, 2002)

Harding, Thomas, *The House by the Lake* (Windmill, 2015)

Haverkamp, Alfred, *Medieval Germany* (OUP, 1988) (insert above Harverkamp)

Hart, Peter, *The Last Battle*: *Endgame on the Western Front 1918* (Profile, 2018)

Heine, Heinrich, *Briefe aus Berlin* (Hofenberg, 2017)

Heinrich, Prof. Dr Gerd, *Kulturatlas Brandenburg* (Bäßler, 2015)

Henkys, Albrecht, *Berlin's Nikolaikirche Stadtmuseum* (Berlin, 2015)

Hessel, Franz, *Walking in Berlin* (Scribe, 2018)

Heyde, Johann Friedrich, *Der Roggenpreis* (Akademie-Verlag Berlin, 1988)

Hilmes, Oliver, *Sixteen Days in August*, trans. Jefferson Chase (Bodley Head, 2018)

Hinterkeuser, Guido, *Berlin Palace* (Schnell &. Steiner, 2014)

Hubatsch, Walter, *Frederick The Great*: *Absolutism and Administration* (Thames &. Hudson, 1973)

Hughes, Thomas P. , *Networks of Power* (Johns Hopkins University Press, 1983)

Hugues, Pascal, *Ruhige Strasse in guter Wohnlage* (Rowohlt, 2019)

Hürliman, Martin, *Berlin*: *Königsresidenz*; *Reichshauptstadt*; *Neubeginn* (Atlantis, 1981)

Ingrid, Heinrich-Jost, *Adolf Glassbrenner* (Stapp, 1981)

Isherwood, Christopher, *The Berlin Novels* (Vintage, 1999)

Isherwood, Christopher, *Christopher and His Kind* (Littlehampton, 1978)

Janetzki, Ulrich, *Henriette Herz-Berliner Salon: Erinnerungen und Portraits* (Ullstein, 1984)

Jelavich, Peter, *Berlin Cabaret* (Harvard, 1996)

Johnson, Hubert C. , *Frederick The Great and His Officials* (Yale, 1975)

Jones, Dan, *Crusaders* (Head of Zeus, 2019)

Kähler, Susanne, with Krogel, Wolfgang & Uhlitz, Manfred, *150 Jahre Metropole Berlin* (Elsengold, 2015)

Kardorff, Ursula von, *Diary of a Nightmare: Berlin 1942—1945*, trans. Ewan Butler (Hart-Davis, 1965)

Kästner, Erich, *Fabian*, trans. as *Going to the Dogs: The Story of a Moralist*. Introduction by Rodney Livingstone (NYRB, 1990)

——*Emil & The Detectives* (Red Fox, 1995)

——*Das Blaue Buch: Geheimes Kriegstagebuch 1941—1945* (Atrium, 2018)

Kendall, Bridget, *The Cold War: A New Oral History* (BBC Books, 2018)

Kerr, Alfred, *Aus dem Tagebuch eines Berliners* (Paperview, 2008)

Kerr, Judith, *When Hitler Stole Pink Rabbit* (Harper Collins, 1974)

Kessler, Harry Graf, *The Diaries of a Cosmopolitan 1918—1937* (Phoenix, 2000)

——*Walther Rathenau* (Fertig, 1969)

Keun, Irmgard, *Gilgi-Eine von Uns* (Ullstein, 2005)

Kiaulehn, Walther, *Berlin: Schicksal Einer Weltstadt* (Beck, 1976) (insert above Kollwitz)

Koehn, Ilse, *Mischling zweiten Grades: Kindheit in der Nazizeit* (Rowohlt, 1987)

Kollwitz, Käthe, *Die Tagebucher 1908—1943* (BTB Random House, 2007)

Kotowski, Elke-Vera, *Gabriele Tergit: Großstadtchronistin der Weimarer Republik* (Hentrich, 2017)

Kühne, Gustav, *Carneval in Berlin* (Braunschweig George Westermann, 1880)

Ladd, Brian, *The Ghosts of Berlin* (University of Chicago Press, 1997)

Lange, Friedrich, *Großberliner Tagebuch 1920—1933* (Westkreuz Verlag, 1982)

Lange, Helene, *Lebenserinnerungen* (Herbig, 1921)

——*Briefe: Was ich hier geliebt* (Wunderlich, 1957)

Legg, J. W. , *An Account of the Anointing of the First King of Prussia in 1701* (Harrison, 1899); reprinted from *Archaeological Journal*, June 1899

Lehndorff, Ernst Ahasverus Heinrich von, *Dreissig Jahre Am Hoffe Friedrichs Des Grossen* (Friedrich Andreas Berthes, 1907)

Lenya, Lotte, *Speak Low-The Letters of Kurt Weill and Lotte Lenya* (University of California Press, 1996)

Leonhard, Wolfgang, *Die Revolution entlässt ihre Kinder* (Ullstein, 1970)

Lewis, Alison, *Die Kunst des Verrats* (Würzburg, 2003)

Leydecker, Karl, *German Novelists of the Weimar Republic* (Camden House, 2006)

Löhken, Wilfried, *Die Revolution 1848: Berlin und Berlinerinnen aus den Barrikaden* (Hentrich, 1990)

MacGregor, Iain, *Checkpoint Charlie: The Cold War, the Berlin Wall and the Most Dangerous Place on Earth* (Constable, 2019)

MacGregor, Neil, *Germany: Memories of a Nation* (Penguin, 2014)

MacLean, Rory, *Berlin* (Weidenfeld & Nicolson, 2014)

Mander, John, *Berlin: The Eagle & The Bear* (Barrie & Rockcliff, 1959)

Mann, Golo, *The History of Germany Since 1789* (Chatto & Windus, 1972)

Mann, Thomas, *Royal Highness*, trans. A. Cecil Curtis (Minerva, 1997)

Mansel, Dr Philip, *King of the World: The Life of Louis XIV* (Allen Lane, 2019)

Masur, Gerhard, *Imperial Berlin* (Routledge & Kegan Paul, 1971)

Materna, Ingo & Ribbe, Wolfgang, *Geschichte in Daten Berlin* (Koehler & Amelang, 1997)

McKay, Derek, *The Great Elector* (Longman, 2001)

McLellan, David, *Karl Marx: A Biography* (Paladin, 1977)

Meckel, Christoph, with Weisner, Ulrich & Kollwitz, Hans, *Käthe Kollwitz* (Inter Nationes-Bad Godesberg, 1967)

Medick, Hans & Marschke, Benjamin, *Experiencing the Thirty Years War: A Brief History with Documents* (Bedford Series in History, 2013)

Meier, Norbert W. F. , *Berlin im Mittelalter* (Story, 2012)

Metzger, Marc, *Das Berliner Schloss* (Story, 2018)

Meyer-Abich, Adolf, *Alexander von Humboldt* (Rowohlt, 1967)

Meyerbeer, Giacomo, *Briefwechsel und Tagebücher 1860—64* (Gruyter, 1959)

Middlebrook, Mathew & Everitt. C. , *The Bomber Command War Diaries* (Viking, 1985)

Mirabeau, Comte Honoré Gabriel, *Secret Memories of The Court of Berlin* (M. Walter Dunne, 1901)

Mitford, Nancy, *Frederick The Great* (Hamish Hamilton, 1970)

Moorhouse, Roger, *Berlin at War: Life and Death in Hitler's Capital 1939—1945* (Vintage, 2011)

Mortimer, Geoff, *Eyewitness Accounts of the Thirty Years War 1618—1648* (Palgrave, 2002)

Müller, Adriaan von, *Edelmann, Bürger, Bauer, Bettelman* (Harde & Spener, 1979)

——*Berlin Vor 800 Jahren*: *Städte*, *Dörfer*, *Wüstungen von der Gründung bis zu*, *14. Jh.* (Bruno Hesling, 1968)

——*Reisebericht des Jacobus von Brugge 1220* (SMPK Staatliche Museum, 1987)

Müller-Mertens, Eckhardt, *Berlin im Mittelalter* (Druckerei Schweriner Volkszeitung, 1987)

Nachama, Andreas, with Schoeps, Julius &. Simon, Hermann, *Jews in Berlin* (Henschel, 2002)

Nelson, Walter Henry, *The Berliners*: *Portrait of a People and a City* (Longmans, 1969)

Nentwig, Franziska, with Bartmann, Dominik, *West*: *Berlin-Eine Insel auf der Suche nach Festland* (Stadt Museum Berlin, 2015)

Neudegger, Johannes OSB, *Die Vergessene Generation*: *Aus dem Alltag eines Flakhelfers 1944—45* (EOS, 2010)

Nicolai, Friedrich, *Description De Villes De Berlin Et De Potsdam* (Berlin, 1769; reproduced by Wentworth Press, 2018)

——*Das Leben und die Meinungen des Herrn Magister Sebaldus Nothanker* (Reclam Leipzig, 1938)

Parthey, Lili, *Tagebücher aus Berliner Biedermeierzeit* (Leipzig, 1926)

Percy, Pierre-Franc,ois, *Journal des Campagnes du Baron Percy* (Tallandier, 1986)

Pollard, James, *A Study in Municipal Government*: *The Corporation of Berlin* (Forgotten Books, 2017; reprint of original 1894 edition)

Rachel, Hugo, Papritz, Johannes &. Wallich, Paul, *Berliner Großkaufleute und Kapitalisten. Erste Band*: *Bis zum Ende des Dreißigjährigen Krieges* (Gesillius, 1934)

Read, Anthony &. Fisher, David, *Berlin*: *The Biography of a City* (Pimlico, 1994)

Reis, Friedhelm, *Berlin-Geschichten und Anekdoten* (Berlin Flair, 2017)

Reissner, Alexander, *Berlin 1675—1945* (Oswald Wolff, 1984)

Ribbe, Wolfgang &. Schmädeke, Jürgen, *Kleine Berlin Geschichte* (Historischen Kommission zu Berlin, 1988)

Ribbe, Wolfgang, *Schloß und Schloßbezirk in der Mitte Berlins* (BWV Berlin, 2005)

——*Geschichte Berlins 1 – von der Frühgeschichte bis zur Undustrialisierung* (C. Beck, 1988)

——*Geschichte Berlins 2 – von der Märzrevolution bis zur Gegenwart* (C. Beck, 1988)

——*Berlin-Geschichte in Daten* (Koehler &. Amelang, 1997)

Rice, Condoleezza &. Zelikow, Philip, *Germany United and Europe Transformed: A Study in Statecraft* (Harvard University Press, 1995)

Richie, Alexandra, *Faust's Metropolis* (Carroll &. Graf, 1998)

Rürup, Reinhard (ed.), *Berlin 1945: A Documentation* (Landesarchiv Berlin, Arenhövel, 1995)

Russell, William, *Berlin Embassy* (MacFadden, 1962)

Saherwala, Geraldine, *Bürger, Baurer, Edelmann-Berlin im Mittelalter* (Nicolai, 1987)

Schäche, Barbara &. Thamer, Hans-Ulrich, *Alltag in Berlin: das 19. Jh* (Elsengold, 2017)

Schiller, Frederick, *The Thirty Years War* (Jefferson Publications, 2016)

Schlesier, Karl-Heinz, *Flakhelfer to Grenadier: Memoir of a Boy Soldier* (Helion, 2014)

Schneider, Rolf, *Ritter, Ketzer, Handelsleute-Brandenburg und Berlin im Mittelalter* (Bebra, 2012)

Schneider, Wolfgang, *Berlin: Eine Kulturgeschichte in Bildern und Dokumenten* (Kiepenheuer, 1980)

Schoeps, Professor Doktor Julius, *Das Erbe Der Mendelssohns: Biografie einer Familie* (Fischer, 2013)

Schultz, Helga, *Berlin 1650—1800: Sozialgeschichte Einer Residenz* (Akademie-Verlag Berlin, 1987)

Schultz, Violet, *In Berlin in Stellung* (Hentrich, 2000)

Schwerin, Gräfin Sophie von, *Vor hundert Jahren: Errinerungen der Gräfin Sophie Schwerin* (Stargardt, 1909)

Seldeneck, Lucia Jay von, Huder, Carolin &. Eidel, Verena, *111 Orten in Berlin die Geschichte Erzählen* (Emons, 2018)

Shirer, William, *Berlin Diary* (Sphere, 1970)

Sidgwick, Mrs Alfred, *Home Life in Germany* (Lightning Source, 2019)

Snyder, Louis L. (ed.), *Documents of German History* (Rutgers University Press, 1958)

Speer, Albert, *Inside the Third Reich* (Sphere, 1971)

Staël, De, Madame Anne-Louise Germaine, *Germany*, 2 vols (Hurd &. Houghton, 1844)

Stargardt, Nicholas, *The German War* (Vintage, 2015)

Steegmann, Eva Rieger, *Göttliche Stimmen: Lebensberichte berühmter Sängerinnen von Elisabeth Mara bis Maria Callas* (Insel, 2002)

Steinitz, Regina &. Neumärker, Uwe, *A Childhood and Youth Destroyed: My Life and Survival in Berlin* (Foundation Memorial to the Murdered Jews of Europe, 2017)

Stöver, Bernd, *Berlin: A Short History*, trans. Donna Stonecipher (C. H. Beck, 2012)

Streckfuss, Adolph, *Von Fischerdorf Zur Weltstadt: Berlin Seit 500 Jahren*

(Berlin Seidel, 1864)

——*Berlin in 19. Jahrhundert* (Berlin Seidel, 1867)

——*1848 die Märzrevolution in Berlin*: *ein Augenzeuge Erzählt* (Köln, 1983) (Insert above Sullivan)

Südekum, Albert, *Großtädtisches Wohnungselend* (Verl, 1908)

Sullivan, Paul &- Krueger, Marcel, *Berlin*: *A Literary Guide for Travellers* (I. B. Tauris, 2016)

Sutcliffe, Anthony (ed.), *Metropolis 1890—1940* (Mansell, 1984)

Taylor, Frederick, *The Berlin Wall* (Bloomsbury, 2006)

Taylor, Ronald, *Berlin and its Culture* (Yale, 1997)

Tergit, Gabriele, *Käsebier Takes Berlin* (New York Review of Books, 2019)

Toland, John, *An Account of the Courts of Prussia and Hanover* (first published 1705; this edn Manuscript Publishers, 2013)

Tunner, William, *Over the Hump* (Duell, Sloane &- Pierce, 1964)

Unger, Helene Friederike, *Briefe über Berlin*: *aus den Briefen einer reisenden Dame an ihren Bruder in H. 1798* (Aldus, 1930)

Varnhagen, Rahel, *Jeder wunsch wird Frivolität gennant* (Luchterhand, 1983)

——*Briefe au Aufzeichnungen* (Luchterhand, 1983)

Veigel, Hans Joachim, *Die mittelalterliche Handelsstadt Berlin-Cölln* (Märkisches Museum, 1987)

Virchow, Rudolf, *Briefe an seine Eltern 1839 bis 1864* (Wentworth, 2018)

Volks, Sybil, *Torstraße 1* (dtv, 2014)

Warnecke, Heinz, *Barrikadenstandorte 1848* (Luisenstädt, 1999)

Wassiltschikow, Marie, *Die Berliner Tagebücher der Marie 'Missie' Wassiltschikow* (Btb, 1990)

Watson, Alexander, *Ring of Steel*: *Germany and Austria-Hungary at War 1914—1918* (Allen Lane, 2014)

Webber, Andrew J. , *The Cambridge Companion to the Literature of Berlin* (CUP, 2017)

Wedgwood, C. V. , *The Thirty Years War* (Methuen, 1981)

Werner, Henry, *Berlin 1000 Jahre Geschichte* (Elsengold, 2014)

Wernicke, Kurt, *Vormärz-März-Nachmärz : Studien zur Berliner Politik und Sozialgeschichte 1843—1853* (Luisenstädt, 1999)

White-Spunner, Barney, *Of Living Valour* (Simon & Schuster, 2015)

Wilson, Peter H. , *German Armies 1648—1806* (UCL Press, 1998)

Winteroll, Michael, *Die Geschichte Berlins* (Nicolai, 2012)

Wirth, Irmgard, *Berliner Biedermeier* (Rembrandt, 1972)

Zorn, Olivia, with Hanus, Christina, *Museum Island : History & Stories* (Elsengold, 2019)

展览与展览手册

Fragen an die deutsche Geshichte : Ideen, Kräfte, Entscheidungen Von 1800 bis zur Gegenwart (Berlin Bundestag Press, 1984)

The East German Handbook : Art & Artefacts from the GDR (Wende Museum Produced by Benedikt Taschen, 2014)

Berlin 18/19 : Das Lange Leben Der Novemerrevolution (Märkisches Museum, 2018—2019)

学术论文

Altenhöner, Florian, *Vor der Revolution : Berlin in der Endphase des Krieges Zwischen Januarstreik und Waffenstillstandersuchen* (Berliner Geschichte Ausgabe 15)

Asche, Matthias, *Wie tolerant waren die Hohenzollern?* (Berliner Geschichte Ausgabe 19)

Börsch-Supan, Helmut, *Neues Kunstleben Nach Der Kriegs-Katastrophe*: *Der Grosse Kurfürst Als Mäzen* (v Juli 2015)

British Army Public Information, Berlin, *Fotoreihe von den 49 Jahren der Anwesenheit des Britischen Militärs in Berlin* (Army Public Information Berlin 1994)

Brumme, Carina, *Stiftung, Sühne, Konkurrenz -die mittelalterliche Kirche Berlin-Cöllns* (Berliner Geschichte Ausgabe 8)

Deuschle, Matthias A. , *Reformations-gedenken im Berlin des 19. Und 20. Jahrhunderts* (Berliner Geschichte Ausgabe 8)

Escher, Felix, *Mittelalterliche Herrschaft in Berlin und Brandenburg* (Berliner Geschichte Ausgabe 14)

Feuerstein-Praßer, Karin, *Königin Elisabeth Christines Leben am Preußischen Hof* (Berliner Geschichte Ausgabe 16)

Finkelnburg, Klaus, *Die preußischen Verfassung von 1848 und 1850* (Berliner Geschichte Ausgabe 13)

Fischbacher, Thomas, *Mythos Grosser Kurfürst* (Berliner Geschichte Ausgabe Juli 2015)

Juchler, Ingo, *Die deutsche Revolution 1918—1919 in Berlin* (Berliner Geschichte Ausgabe 15)

Kaiser, Dr Michael, *Anna von Preussen*: *Der Gewinn des Niederrheinischen Erbes* (Lisa-Gerda-Henkel-Stiftung 5 302)

Kirstaedter, Gerda, *Errinerungen von Gerda Kirstaedter*

Krogel, Wolfgang, *Totendanz und Elendgilden-Kirchen, Klöster und Hospitale* (Berliner Geschichte Ausgabe 14)

Krosigk, Klaus-Henning von, *Lenné und sein grünes Erbe in Berlin* (Berliner Geschichte Ausgabe 10)

Lange, Markus, *Fer 18. März und due Folgen* (Berliner Geschichte Ausgabe 13)

Marschke, Professor Benjamin, *Vater und Sohn*: *Die Gefahr vom Kronprinzen*. *Friedrich der Große und die Dynastie der Hohenzollern* (Stiftung Preußische Schlösser und Gärten, Potsdam 29 September 2011)

——*A Court Society without a Court*: *Power*, *Communication and Monarchical Self-Representation in King Frederick William I's Prussia* (1713— 1740) (Forschungskolloquium, Geschichte der Frühen Neuziet, Friedrich Meineke Institute, Freie Universität, Berlin. 15 June 2010)

—— '*Hard Working*, *Sincere & Frugal*': *Changes and Continuity in Monarchy and Political Culture in the Eighteenth Century*: *The Case of Frederick William I of Prussia* (1713—1740) (University of Oregon, Eugene, 5 May 2009)

—— '*Le Caractére Bizarre*: *Princes' Power*, *Aristocratic Norms and Personal Eccentricities*: *The Case of Frederick William I of Prussia* (1713— 1740)' (German Studies Association Annual Conference, San Diego, 4 October 2007)

—— '*Von dem am Königl. Preußischen Hofe abgeschafften Ceremoniel*': *Monarchical Representation and Court Ceremony in Frederick William I's Prussia* (Frühe Neuzeit Interdisziplinär International Conference, Duke University, Durham, 7 April 2005)

Melisch, Claudia & Garlisch, Ines, *Die Gründung Berlins und seine ersten Bewohner* (Berliner Geschichte Ausgabe 14)

Schultz, Kurt, *Wagenschott und Berliner Roggen-Handel und Handwerk* (Berliner Geschichte Ausgabe 14)

Seelow Scholar: British Army Berlin Battlefield Study Guide 2019 Stegmann, Andreas, *Die Reformation in Berlin-Cölln* (Berliner Geschichte Ausgabe 8)

Stolpe, Manfred, *Der Fromme Kurfürst*: *Friedrich Wilhelms Religionspolitik* (Berliner Geschichte Ausgabe Juli 2015)

Stölzl, Prof. Dr Christoph, *Nachdenken über Preussen* (Lecture Berlin)

Sträßner, Ulrike, *Elisabeth von Dänemark und die Reformation in Branden-burg 1485—1555* (Lisa-Gerda-Henkel Stiftung 5305)

Strohmaier-Wiederanders, Gerlinde, *Glaubenskonflikte und Toleranz im Berlin 17. Jahrhunderts* (Berliner Geschichte Ausgabe 8)

Studemann, Frederick, *Berlin's Memory Palace* (*Financial Times* magazine, 14 – 15 September 2019)

Uhlitz, Manfred, *Die Hugenotten in Berlin* (Berliner Geschichte Ausgabe 19)

——*Der Aufstieg Brandenburgs Unter Dem Grossen Kurfürsten* (Berliner Geschichte Ausgabe Juli 2015)

——*Die Hugenotten und die Berliner Wirtschaft* (Berliner Geschichte Ausgabe 19)

Violet, Robert, *Globalisierung vor 200 Jahren-Das weltweite Netzwerk einer Refugié-Familie* (Berliner Geschichte Ausgabe 19)

Wagner, Volker, *Juden im mittelalterlichen Berlin* (Berliner Geschichte Ausgabe 14)

Welz, Joachim, *Biedermeier auf dem Vulkan* (Berliner Geschichte Ausgabe 13)

Wendebourg, Dorothea, *Die Reformation im Heiligen Römischen Reich Deutscher Nation* (Berliner Geschichte Ausgabe 8)

Wetzel, Jürgen, *Die Französische Gemeinde in Berlin* (Berliner Geschichte Ausgabe 19)

——*Zwischen Königstreue und Bürgerinteressen* (Berliner Geschichte Ausgabe 13)

Wimmer, Clemens, '*Nach Der Heutigen Art Ein Ganz New Werck*': *Der Berliner Lustgarten Unter Dem Grossen Kurfürsten* (Berliner Geschichte Ausgabe Juli 2015)

Zeitler, Carl Ludwig, '*Angeschossen sein, soll wehe tun!*' (Berliner Geschichte Ausgabe 13)

致谢

　　有太多人真诚地帮助我完成本书的写作,以至于我在此无从一一致谢。但我的感谢仍必须首先从已故的迈克尔·西森斯开始,他是我在彼得斯·弗雷泽和邓洛普出版社(Peters Fraser & Dunlop)的代理人,然而,就在委托和出版本书期间,他不幸辞世。这是迈克尔负责的最后一本书,我也希望不辜负他的正直。和其他许多比我更优秀的作者一样,我也愧对他的鼓励、友善和所给予的灵感。我还要将诚挚的谢意送给菲奥娜·彼得雷姆(Fiona Petheram),是她接手了迈克尔未竟的工作,见证了本书的诞生。我也十分感谢伊恩·麦格雷戈,他当时是西蒙·舒斯特出版社(Simon & Schuster)非虚构作品部门的负责人,对柏林极为熟悉,并在本项目启动时给予我莫大的支持。还要感谢的是伊恩的继任者伊安·马歇尔(Ian Marshall)和路易斯·戴维斯(Louise Davies)及西蒙·舒斯特出版社的其他所有人,感谢他们一直以来的关照。

如果没有作为学者、译者、良师兼益友的扎比内·施赖克耗费大量时间搜寻柏林的档案所给予的莫大帮助；如果没有康拉德·德弗雷尔（Conrad Deverell）和乔纳森·巴尔（Jonathan Barr）的精准翻译，我也不可能写出本书，我谨在此向他们致以万分感谢。如果没有沃尔夫冈·普法芬贝格教授及柏林历史协会始终乐于助人的工作人员，特别是他们位于新马施塔尔的档案管理人员，我同样不可能完成此书。

英国方面，我想致以最诚挚谢意的人是菲利普·曼塞尔（Philip Mansel）博士，感谢他的帮助并为我引荐玛丽-路易斯·冯·普雷森（Marie-Louise von Plessen），她给予我莫大的鼓励。感谢格林勋爵（Lord Green）颇有见地的建议，也感谢蒂姆·丘奇（Tim Church）为我们牵线搭桥。感谢爱玛·特赖希尔（Emma Treichl）动员了她无穷无尽的通讯录中的所有关系，也感谢我的商业伙伴乔治·巴斯比（George Busby）的宽容大量和四处推荐。我还要特别感谢尼尔·麦格雷戈，他比大多数人都要了解柏林，感谢他的亲切介绍、建议和为我花费的时间。

柏林方面，我尤其感谢奈杰尔·邓克利（Nigel Dunkley）从未停歇的援助，他还在推进20世纪的柏林及紧随其后的1945年苏联部分的写作时花费大量时间对我进行指导。我还要诚挚感谢阿斯特里德·冯·戴希曼（Astrid von Deichmann）的睿智与建议；感谢柏林最古老也是最杰出家族之一的代表彼得和伊莎贝尔·冯·耶拿（Peter and Isabel von Jena）；感谢法尔克·亚历山大与克里斯蒂娜、冯·厄因豪森男爵夫妇（Falk Alexander and Christina, Freiherr und Freifrau von Oeynhausen）及弗里德里希-卡尔·瓦克斯（Friedrich-Carl Wachs）教授的建议和热情款待；感谢米卡尔·

亚当对 1989 年的回忆；感谢门德尔松研究所的尤里乌斯·舍普斯教授和埃尔克-维拉·科托维斯基（Elke-Vera Kotowski）博士；感谢德国抵抗运动纪念馆的埃克哈德·克劳萨（Ekkehard Klausa）博士；还要特别感谢柏林城市博物馆董事兼馆长保罗·施皮斯博士和柏林流亡基金会——计划在旧安哈特火车站开幕的新建博物馆"流亡博物馆"的——主席克里斯托弗·施特尔策尔教授。

　　扩展到全德范围，我要特别感谢洪堡大学的本雅明·马施克教授为使 18 世纪早期的柏林形象栩栩如生而给予我的指点；感谢图宾根大学的亚当·施托林（Adam Storring）博士层出不穷的睿智建议；感谢布索·弗莱泽（Busso Freise）、夏洛特·冯·萨尔登（Charlotte von Saldern）和伊玛加德·冯·普特卡默-莫格（Irmgard von Puttkamer-Moog）所给予的一切帮助，是他们让我找到如此妙趣横生的材料。

　　最后，非常感谢我的家人和宠物狗，感谢他们在我选择花费大量时间待在密室中啃柏林历史，而不是和他们待在一起时所给予的宽宏大量。

译后记

　　之所以会在焦头烂额的 2021 年毅然决然接手本书的翻译工作，原因只有两个字：情怀。2012 年秋我作为联培博士生第一次踏上国外求学之路，地点正是德国首都柏林。其实在柏林待的时间并不算长，即使加上博士毕业后出于各种原因的短暂逗留，也仅仅两年出头，远够不上"第二故乡"的标准（虽然也有人说，只要"在柏林一落地，你就是柏林人"）。但于我而言，2012—2019 年曲折的求学、求职经历，让柏林成为当时自己寻求片刻逃离和喘息的逗留之地与后来的记忆之所。正是基于这段特殊的个人经历和体验，让我在思量之后接受了中国人民大学出版社崔毅先生的邀约，动手翻译此书。

　　正如本书的英语书名 *Berlin：The Story of a City* 所明确传达的那样，与其说这是一部考据严谨的城市史学术专著，不如说它是由古往今来生活、逗留或仅是到访柏林的人们及其活动构成的无数故事组成的鲜活城市传记。虽然作者似乎有言在先，"这座城市的故事是一部霍亨索伦家族叙事",而本书章节也确以霍亨索伦诸君的统治时期(及进入现代之后政权更迭的时间)划分。然而在他的叙述中,更突出的是"选侯、国王与他们的首都相互交缠的故事":无论是直到1918年之前的勃兰登堡-普鲁士统治者家族,抑或1918年之后主导城市(及整个国家)发展方向的政客,他们的所思、所为只塑造出柏林形象的某一方面,真正构成柏林城市性格并影响至今的因素,即作者所称的"多元包容""挑战权威",甚至爱好音乐的传统,是由不同出身与籍贯、不同阶层,乃至不同民族与宗教信仰的人们所赋予和强化的。他们可以是促成天主教柏林皈依新教的宗教改革家、设立城市孤儿院的慈善家、奠定城市风貌的建筑师,也可以是亲眼见证乃至参与重大历史事件的普通人。他们还可以是一个个群体,而不仅仅是孤立的个体:为柏林日常生活注入大量法国元素的胡格诺派教徒,两次世界大战过后卑微而坚韧地生存下去的普通市民,当然还有从不会在德国历史书写中缺席的犹太人。

本书还是一部城市游记,无论读者是否曾经到访过柏林,都可以跟随作者漫步城市的各个角落:这场漫步,可以按照时间线索,探究这座城市从古至今的形成与发展;也可以紧紧围绕某一个地点,通过作者娓娓道来的文字穿越时空。因为柏林尤其在进入近代之后的历史反复经历激烈变动,甚至同一个建筑都能成为亲历多个不同时代的沉默见证者。另外,作者或许还存有撰写一部"结合历史、文化与实用信息的优秀指南"的意图,在讲故事之余,他还经常会附上大致的交通站点,鼓励读者前往一探究竟。

值得一提的还有本书作者。巴尼·怀特-斯普纳虽是著有多本军事题材作品的非虚构类畅销书作者,但他不仅不是专业出身的历史学家,所从事的主业更与文字工作相去甚远。怀特-斯普纳曾是一位英国职业军人:1979年参军,先后在德国、波斯尼亚、北马其顿、阿富汗、伊拉克等地执行和指挥军事行动，其间晋升为陆军中将，2011年正式退伍。正如他本人在一次访谈中所言，军事生涯让他接触到自己想更深入了解的事件和地点，也有了执笔写作的冲动，而20世纪70—80年代派驻德国以及"游历民主德国并穿越柏林墙的"经历构成了他对柏林城市的兴趣。怀特-斯普纳的非专业历史学者身份，无疑令本书叙事中的个人风格十分强烈，无论是对历史人物及轶闻的描述、引述还是评论，读来都十分诙谐有趣。不过也正因为他非学者的身份，加上本书通俗历史作品的定位，对于部分史实的把握仍有欠缺，例如他混淆了1814—1815年维也纳会议决议建立的德意志邦联与此前效忠拿破仑的莱茵邦联及其相关机构。考虑到直接修正或对原文结构产生影响，我仅在能力所及的范围内以译注形式予以更正。另外，涉及二战结束至两德分裂历史的叙述，尽管怀特-斯普纳尝试更真实、全面地展现和平衡这座城市的形象与生活的写作意图十分明显，但他的国籍和职业背景依然使得这部分处理呈现为一种西欧民主国家标准视角下的德国现当代史叙事。当然这一点对于专业读者而言，或许反倒是一个相当有趣的话题。最后，由于本书从英文译出，在没有列出德语出处的情况下，一些专有名词（或诗句）可能会与德语原文有出入，还请读者见谅！

虽微有瑕疵，但本书无数的故事与细节仍激起我对这座城市的怀念和向往，也希望它能成为读者手中一本优秀的城市故事和实用的城市指南。期待时疫过尽、春回大地之时，能够如本书作者所言"重新漫步柏林街头"。

王琼颖

2022年1月27日 于上海

图书在版编目（CIP）数据

金色沼泽：柏林的严谨与叛逆 /（英）巴尼·怀特-斯普纳（Barney White-Spunner）著；王琼颖译. -- 北京：中国人民大学出版社，2024.4
（列城志）
书名原文：Berlin：The Story of a City
ISBN 978-7-300-32648-1

Ⅰ.①金… Ⅱ.①巴… ②王… Ⅲ.①城市史-柏林
Ⅳ.①K561.9

中国国家版本馆 CIP 数据核字（2024）第 056220 号

列城志
金色沼泽
柏林的严谨与叛逆
[英] 巴尼·怀特-斯普纳（Barney White-Spunner） 著
王琼颖 译
Jinse Zhaoze

出版发行	中国人民大学出版社			
社　　址	北京中关村大街 31 号	**邮政编码**	100080	
电　　话	010 - 62511242（总编室）	010 - 62511770（质管部）		
	010 - 82501766（邮购部）	010 - 62514148（门市部）		
	010 - 62515195（发行公司）	010 - 62515275（盗版举报）		
网　　址	http://www.crup.com.cn			
经　　销	新华书店			
印　　刷	北京联兴盛业印刷股份有限公司			
开　　本	890 mm×1240 mm　1/32	**版　　次**	2024 年 4 月第 1 版	
印　　张	18.75 插页 20	**印　　次**	2024 年 11 月第 2 次印刷	
字　　数	434 000	**定　　价**	108.00 元